이 책은 흉악 범죄를 어떻게 받아들여야 하는지, 또 그것을 어떻게 단숨에 페이지가 넘어가도록 전해야
하는지를 완벽하게 보여주는 진정한 범죄 스릴러 걸작이다. 누구나 공감할 수 있도록 빼어나게 구성한
이 책을 능가할 수 있는 책은 나올 것 같지 않다.
　　타임

"분쟁"과 그 여파에 대한 혹독한 성찰. … 과연 대가답다.
　　이코노미스트

촘촘하게 짜여진 한 편의 소설처럼 속도감 있게 읽히는 논픽션. 키프는 진 맥콘빌 살해사건을 프리즘으
로 써서 북아일랜드의 분쟁의 역사를 조명한다. 충돌 관련 당사자들을 인터뷰해 그 시대의 비극적인 피
해와 낭비를 눈에 불을 켜게 하는 흥미진진한 사화로 변모시킨다.
　　뉴욕타임스

정치적 동기에 의한 범죄에 대한 참혹한 이야기. 이보다 더 잘 말해질 수 없다.
　　커커스 리뷰

놀라울 정도로 특출하다. 북아일랜드의 불안정한 풍경을 탐험하는 이 책은 엄청난 충격을 가한다. 저자
는 아찔한 역사의 파노라마를 명료하게 보여준다.
　　월스트리트 저널

1960년대 후반부터 1998년 "성금요일협정"에 이르기까지 북아일랜드의 "분쟁"에 대해 탐구한 이 책은
살해된 사람들뿐만 아니라 살인을 저지른 사람들의 도덕적 대차대조표에 대한 참신한 설명을 제공한다.
… 젊음의 열정, 폭력의 장기적 결과, 그리고 망각의 정치에 관해 많은 울림을 준다.
　　워싱턴포스트

스케일과 야심에 숨이 멎는다. … 저자는 전쟁에서 진실의 본질과 폭력 및 기만으로 인한 희생에 대한
혹독한 고찰을 구성해냈다. … "분쟁" 관련 최고의 책으로 자리매김할 것이다.
　　선데이타임스

초현실적인 현재를 잊어버리게 하는 역사적 딜레마만큼이나 불가해하고 가슴 아픈 것은 없다. 이 작품
은 실재하는 "범죄물" 장르에 해당하지만 … 대단히 명료한 방식으로 과거를 환기시키며 탁월하게 직조
함으로써 여러 면에서 범죄물이라는 장르를 뛰어넘는다. … 무엇보다도 이 작품은 우리가 살고 있는 이
유아론적唯我論的 시대에 재앙은 언제나 상대적이라는 사실을 상기시킨다.
　　보그

아직도 미래를 부정하고 규정하는 과거에 대해 심오하면서도 흥미진진하게 풀어나간다. … 국외자만이
이렇게 훌륭한 책을 쓸 수 있을 것이다. … 찬사를 바치지 않을 수 없다. 깊이가 있고 공감과 설득력을 자
아내며 깨달음을 준다. 북아일랜드의 과거가 지루하다고 생각한다면 이 책을 읽어보라.
　　더 타임스(영국)

강력한 작품. 등장인물과 구성과 이야기를 진행하는 속도마저 뛰어나다.

아이리시 타임스

키프의 내러티브는 복잡하고 논쟁적인 재료를 갖고 전문가의 솜씨로 능숙하게 지어낸 건축학적 쾌거이다. … 이 민감하고 지적인 책은 어쩌면 대답할 수 없는 질문, 곤혹스러운 문제를 제기한다.

뉴욕타임스 북 리뷰

실종된 어머니의 미스터리를 조사하면서 여전히 날 것 그대로인 폭력적인 과거를 드러낸다. … 소설처럼 읽히지만 평소 「뉴요커」에서 그의 글을 읽어온 사람이라면 증언할 수 있듯 키프는 강박적인 기자이자 조사원이자 내러티브 논픽션의 달인이다. … 믿을 수 없을 정도로 놀라운 이야기이다.

롤링 스톤

키프는 북아일랜드를 끊임없이 괴롭혀온 폭력을 실재의 추리극에 짜 넣음으로써 마음을 울리는 이야기를 전한다.… 이루 말할 수 없는 슬픔이 감도는 이 작품은 자신들이 믿었던 신념을 지지하며 끔찍한 만행을 저질렀던 사람들의 인간적인 고뇌에 대한 고려마저도 놓치지 않는다.

퍼블리셔스 위클리

키프는 등장인물과 스토리에 대한 자료와 조사, 글쓰기까지 거의 완벽하게 제어한다. 주제에 대한 공감능력과 이해도는 그가 북아일랜드의 충돌을 다른 방식으로 생각하는 데 도움을 준 것으로 보인다. 어떤 면에서는 역사물로, 또 어떤 면에서는 범죄 미스터리물로, 또 어떤 면에서는 도덕적 심판으로 읽히는 이책은 걸작이라는 말로 표현할 수밖에 없다.

시애틀 타임스

끔찍하게 몸서리쳐지는 이야기인데 마침내 누군가가 그것을 말할 배짱을 갖게 되어 무척 기쁘다.

제레미 픽스만, 영국 언론인

한 편의 소설을 읽는 것 같다는 느낌이 드는 것은 이 책이 훌륭한 소설의 특성을 그만큼 많이 갖고 있기 때문이다. 이 작품을 읽는 동안 나는 진 맥콘빌이 실존 인물이고 그녀의 자녀들도 실존 인물이라는 것을 잊게 된다. 물론 그녀를 납치하고 살해한 자들마저도…. 키프는 타고난 이야기꾼이다. … 이 책은 구성이 대단히 영민하다. 우리는 피해자에게서 가해자에게로 그러다가 또 피해자를 따라가며 수십 년 후 그들과 다시 맞닥뜨리는데, 이 구성이 마치 한 편의 형사물 같다. … 그중에서도 키프가 가장 잘 포착한 것은 사람들을 훼손하고 황폐하게 만든 비극과 도덕적 상해이다. 그 결과는 강렬하고 충격적이다.

로디 도일, 아일랜드 소설가

추리소설과도 같은 이 작품의 화자로서 키프는 영국 정부, 북아일랜드 경찰, 맥콘빌 가족이 거의 50년 동안 답을 찾고 있던 질문에 답하며 썩은 양파의 껍질을 한 겹 한 겹 벗겨내듯 과거를 드러내는 데 탁월한 기량을 발휘한다. … 등장인물들은 섬세하면서도 다채롭다. … 이 책은 현재에도 계속되고 있는 북아일랜드의 트라우마를 상기시킨다.

패디 허시, 미국 공영 라디오방송NPR

Say Nothing

세이 나씽

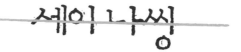

Say Nothing

세이 나씽

북아일랜드의 살인의 추억

패트릭 라든 키프

지은현 옮김

꾸리에

루션과 펠릭스에게

모든 전쟁은 두 번 싸운다. 처음에는 전장에서,
다음에는 기억에서.

_비엣 타인 응우옌Viet Thanh Nguyen

차례

제 3 부 심판

보물실

2013년 7월

존 J. 번스 도서관은 보스턴 칼리지의 녹음이 무성한 교정에 웅장한 신고딕 양식의 건축물로 자리잡고 있다. 석조 첨탑들과 스테인드글라스로 장식되어 있어 그 모습이 성당과 매우 흡사하다. 1863년, 예수회는 아일랜드에서 감자 대기근을 피해 달아난 가난한 이민자들의 자녀들을 교육시키려고 대학을 설립했다. 보스턴 칼리지는 이후 150년에 걸쳐 성장하고 번창하면서 고국과 긴밀한 유대관계를 유지하고 있다. 25만 권의 장서와 약 1,600만 점의 사본을 갖춘 번스 도서관은 미국에서 가장 광범위하게 아일랜드의 정치적, 문화적 유물을 소장하고 있다. 여러 해 전, 희귀자료 책임자였던 도서관원은 1480년에 인쇄된 성 토마스 아퀴나스의 소책자를 소더비에 팔려고 하다가 붙잡힌 뒤 수감되기도 했다. 도서관은 귀중한 유물을 구입하는 것으로 명성이 자자했기에 나중에 부임한 부서 책임자는 아일랜드인 도굴범이 자신에게 고대 라틴 십자가와 복잡한 원과 비문이 새겨진 훔친 판석묘를 팔려고 했을 때 직접 FBI에 연락해 요원들을 불러야 했던 적도 있었다.

번스 도서관에서 매우 희귀하고 귀중한 물품들은 따로 특별히 마련된 이른바 보물실에 보관되어 있다. 정확히 온도가 조절되고 최첨단 화재 진압 시스템을 갖추고 있는 안전한 공간이다.[4] 보물실은 여러 대의 감시카메라가 작동하며 전자패드에 암호를 입력하고 특수 열쇠를 돌려야만 들어갈 수 있다. 열쇠를 반납할 때는 서명하고 시간을 기록해야 한다. 엄선된 소수의 사람들만이 그렇게 할 수 있다.

2013년 여름 어느 날, 형사 둘이 번스 도서관으로 성큼성큼 들어왔다. 보스턴의 형사들이 아니었다.[5] 사실 그들은 북아일랜드경찰청의 중대범죄부 형사들로 북아일랜드 수도인 벨파스트에서 이제 막 미국으로 비행기를 타고 온 것이었다. 형형색색의 스테인드글라스 창문 아래를 지나 그들은 보물실로 다가왔다.

형사들은 거의 10년간 보물실에 보관하고 있던 일련의 기밀 자료를 수거하러 온 것이었다. 그곳에는 일련의 녹취록들뿐만 아니라 음성녹음까지 포함된 소형디스크들도 있었다.[6] 보스턴 칼리지의 사서들이 자료를 우편으로 벨파스트에 보내주기만 하면 형사들은 굳이 그곳까지 오는 수고를 덜었을 것이다. 그러나 그 녹음물들에는 민감하고 위험한 비밀들이 담겨 있었기에 형사들은 자료를 수중에 넣을 때 극도로 주의를 기울여 다루어야 했다. 녹음물들은 현재 형사소송 절차에서 공식적인 증거였다. 형사들은 살인사건을 수사하고 있었다.

제1부   깨끗하고, 순수하고, 완전한 일

1
_____

납치

진 맥콘빌은 실종되었을 때 서른여덟 살이었으며, 거의 반평생을 임신하거나 출산에서 회복하느라 보냈다. 그 기간 동안 열네 명의 자식을 낳고 그중 넷을 잃었기에, 스무 살인 앤에서부터 앙증맞은 눈망울의 여섯 살 쌍둥이인 빌리와 짐에 이르기까지 열 명의 자식을 두고 있었다. 열 명의 자식을 낳는다는 것은 물론, 하물며 돌본다는 것은 불가능한 인내심의 쾌거인 것처럼 보인다. 그러나 1972년의 벨파스트에서는 제멋대로 구는 천방지축 자식들을 낳는 대가족이 표준이었기에 진 맥콘빌은 어떤 상도 바라지 않았으며 아무런 상도 받지 못했다.

　도리어 남편인 아서가 죽었을 때 그녀의 삶은 추가로 시험대에 올랐다. 남편은 혹독하게 병을 앓은 뒤 갑작스레 세상을 떠났고 그녀는 홀로 남겨졌다. 몇 푼 안 되는 연금으로 보수를 받는 직업도 없이 자식들을 모두 혼자 돌보아야 하는 홀어미로 남겨진 것이었다. 말도 못 할 곤경에 처해 의기소침해 있으면서도 평정심을 유지하려고 발버둥쳤다. 주로 집에 틀어박혀 나이가 좀 든 자식들이 어린 자식들을 어르고 달래는 모습에 기대며, 연달아 담배를 피우며, 마치 현기증이 난다는 듯, 쓰러지지 않도록 균형을 잡고 있었다. 진은 자신의 불행을 헤아려보고는 앞날에 대한 계획을 세우려고 애썼다. 그러나 맥콘빌 일가의 진정한 비극은 이제 막 시작되었다.

최근에 가족은 아서가 마지막 나날을 보냈던 아파트에서 나와 디비스 플래츠의 조금 더 큰 집으로 이사했다. 서西벨파스트에 있는 우중충하고 거대한 공공주택 단지였다. 추운 12월이었고 오후가 저물 무렵이면 도시는 완전히 어둠에 휩싸였다. 새 아파트에는 조리용 난로가 아직 연결되지 않았기에 진은 열다섯 살인 딸 헬렌을 피시앤칩스 한 봉지를 사오라며 동네에 있는 포장전문 음식점으로 보냈다.[3] 나머지 가족이 헬렌을 기다리는 동안 진은 뜨거운 물을 욕조에 틀어놓았다. 어린 자식들이 있을 때 때로는 혼자 있고 싶은 순간을 찾을 수 있는 유일한 곳은 잠긴 욕실 문 뒤이다. 작고 창백하고 섬세한 이목구비의 진은 검은 머리칼을 얼굴 뒤로 묶었다. 그녀는 물속으로 미끄러지듯 들어가 몸을 담갔다. 막 욕조에서 나와 살갗이 붉게 달아올라 있을 때 누군가가 현관문을 똑똑 두드렸다.[4] 일곱 시쯤이었다. 아이들은 헬렌이 저녁을 갖고 온 게 틀림없다고 여겼다.[5]

그러나 아이들이 문을 열자 사람들 한 패거리가 안으로 들이닥쳤다. 너무도 급작스럽게 일어난 일이라 맥콘빌 아이들 중 누구도 정확히 몇 명이었는지 말할 수 없었다. 대략 여덟 명 정도였지만 열 명이나 열두 명쯤 되었을 수도 있다. 남자들도 있었고 여자들도 있었다. 일부는 방한모를 얼굴까지 끌어당겼으며, 나머지는 머리 위로 나일론 스타킹을 쓰고 있어서 얼굴이 엽기적인 가면처럼 일그러져 있었다. 그들 중 적어도 한 명은 총을 들고 있었다.[6]

진이 옷자락을 끌어당기며 나타나자 겁에 질린 아이들이 그녀를 에워쌌다. 남자들 중 한 명이 우악스럽게 "코트 입어"라고 말했다. 침입자들이 그녀를 아파트에서 끌어내려 하자 그녀는 온몸을 덜덜 떨었다. "무슨 일이에요?" 공포심이 솟구친 그녀가 물었다. 아이들은 그때 미쳐 날뛰었다. 열한 살이었던 마이클은 어머니를 부여잡으려고 했다. 빌리와 짐은 어머니를 두 팔로 덥석 끌어안고 엉엉 울었다.⁹ 패거리는 진을 다시 데려오겠다고 말하며 아이들을 진정시키려고 했다. 그냥 할 얘기가 좀 있다고, 몇 시간만 지나면 돌아올 거라고 했다.¹⁰

집 안에서 제일 나이가 많은 열여섯 살난 아치는 어머니가 가는 곳에 같이 가도 되는지 물었으며, 패거리는 그래도 된다고 했다. 진 맥콘빌이 트위드 코트를 입고 머리에 스카프를 두르는 동안 나이가 어린 아이들은 방 하나로 몰아넣어졌다. 아이들을 방으로 들어가라고 재촉하면서 침입자들은 대놓고 아이들의 이름을 똑똑히 부르고 있었다. 그중 두어 남자는 마스크를 쓰고 있지 않았으며, 마이클 맥콘빌은 경악스럽게도 어머니를 데려가는 사람들이 낯선 사람들이 아니라는 것을 깨달았다.¹¹ 이웃사람들이었다.

디비스 플래츠는 에셔의 그림에 나오는 악몽과도 같은 곳으로, 콘크리트 계단과 복도들이 줄지어 늘어서 있고 사람들로 복작거리는 아파트였다. 엘리베이터들은 내내 고장 나 있었기에 진 맥콘빌은 양쪽에 거칠게 팔짱을 끼인 채 아파트에서 나와 통로를 통해 계단을 내려갔다. 보통 그곳에는 겨울철에도 밤에 사람들이 주위에 있었다. 입구에서 공을 차는 아이들이 있거나 일터에서 집으로 돌아오는 노동자들이 있었다. 그러나 아치는 아파트 단지 일대가 마치 거의 싹 치워진 것처럼 불가사의하게 텅 비어 있다는 것을 알아차렸다. 불러 세우거나 위급함을 알릴 수 있는 이웃이라곤 아무도 없었다.¹²

아치는 어머니에게 바짝 붙어 질질 따라갔으며 어머니도 아들을 놓치지 않으려고 꼭 붙들고 있었다.¹³ 그러나 계단 맨 밑에 더 많은 사람들이 무리지어 기다리고 있었다. 스무 명 정도로 평상복 차림에 방한모로 얼굴을 가리고 있었다. 그들 중 몇몇은 총을 갖고 있었다. 푸른색 폭스바겐 밴이 길가에 시동이 켜진 채로 있었는데 그때 돌연 남자들 중 한 명이 아치를 향해 어둠 속에서 희미하게 번득이는 권총으로 둥그렇게 원을 그리며 아치의 뺨에 총구를 대고 피융 소리를 내며 "꺼져"라고 했다.[14] 아치는 얼어붙었다. 차가운 금속이 살갗을 짓누르는 것을 느낄 수 있었다. 아치는 필사적으로 어머니를 보호하려 했지만 무엇을 할 수 있겠는가? 그는 아이였고, 그들은 수적으로 우세했으며, 그는 무기를 갖고 있지도 않았다. 하는 수 없이 그는 돌아서서 계단을 올라갔다.[15]

아파트 벽들 중 한쪽에 2층 높이로 구멍이 뚫린 세로줄무늬 형태의 가늘고 긴 나무판자가 일렬로 늘어서 있었는데 맥콘빌 아이들은 그것을 "비둘기 장"이라고 불렀다. 아치는 그 뚫린 구멍 사이로 어머니가 밴에 실린 다음 밴이 디비스에서 빠져나가 사라지는 것을 지켜보았다. 나중에서야 아치는 일당들이 자신을 어머니와 동행하도록 허용할 의도가 전혀 없었다는 생각이 들었다. 진을 아파트에서 나오게 하려고 그를 이용하고 있었을 뿐이었다. 그는 끔찍이도 냉랭한 적막이 감도는 그곳에 서서 방금 무슨 일이 일어났는지 또 이제 무엇을 해야 하는지를 파악하고자 했다. 그런 다음 다시 아파트 쪽으로 돌아가기 시작했다. 어머니가 그에게 마지막으로 한 말은 "내가 돌아올 때까지 애들 좀 잘 봐"[16]였다.

2

알버트의 딸들

어린 소녀였을 때 돌러스 프라이스가 특히 좋아하는 성인들은 순교자들이었다. 돌러스는 친가 쪽으로 독실한 가톨릭교도인 고모가 한 분 있었는데[1] 고모는 "하느님과 아일랜드를 위하여"라고 말하곤 했다. 다른 가족들은 늘 아일랜드가 먼저 나왔다. 돌러스는 1950년대에 서벨파스트에서 자라면서 매일 착실하게 성당에 갔다. 하지만 부모님은 그렇지 않다는 것을 알아차렸다. 열네 살쯤 되었을 때 어느 날 그녀는 선언했다. "다시는 미사에 가지 않으려고요."[2]

어머니인 크리시가 말했다. "가야 해."

"아뇨, 안 갈 거예요."

"가야 한다니까." 크리시가 반복했다.

돌러스가 말했다. "그럼 집 밖으로 나가서 30분 동안 길모퉁이에 서 있다 와서는 "미사에 다녀왔어요"라고 말할 거예요. 하지만 전 미사에 다녀오지 않았을 거예요."

그녀는 어린아이였을 때도 고집이 셌기에 그걸로 끝이었다. 프라이스 가족은 슬리브갤리온 드라이브라고 불리는 앤더슨스타운의 깔끔하고 비탈진 거리에 있는 임대 주택에 살았다.[3] 세미-디태치드 하우스Semi-Detached House라고, 집 두 채가 붙어 있는 작은 반-단독주택이었다. 아버지인 알버트는 의자 천갈이 업자였기에 비좁은 거실에는 의자들이 들어차 있었다.[4] 그러나 다른 집안이 가족 휴가 중에 찍은 행복한 사진들로 벽난로 위의 선반을 장식하는 반면 프라이스 가족은 굉장한 자부심을 갖고 감옥에서 찍은 사진들을 진열해 놓았다.[5] 알버트와 크리시 프라이스 부부는 아일랜드 공화주의라는 대의에 열렬히 헌신했다. 즉, 영국이 수백 년 동안 아일랜드섬에서 점령군이었으며, 그랬기에 아일랜드는 필요한 모든 수단을 동원해서라도 그들을 몰아낼 의무가 있다는 신념을 갖고 있었다.

어렸을 때 돌러스가 알버트의 무릎에 앉으면[6] 알버트는 1930년대에 자신이 아직 어린 소년이었을 때 아일랜드공화국군IRA에 가담한 얘기와 어떻게 십 대인데도 폭탄 공격을 감행하려고 잉글랜드로 떠났는지에 관한 얘기를 들려주곤 했다. 발바닥에 난 구멍을 때울 형편이 안 됐기에 신발에 골판지를 덧댄 채 용감하게 막강한 영국제국에 덤볐다고 했다.[7]

철제 안경테를 쓰고 담배로 인해 손가락 끝이 누렇게 물든 작은 체구의 알버트는[8] 오래전에 죽은 애국자들의 전설적인 무용담을 열변을 토하며 들려주곤 했다. 돌러스에게는 데미언과 클레어라는 형제자매가 두 명 더 있었지만 막냇동생인 마리안과 제일 친했다. 자기 전에 아버지는 자식들을 모아놓고 데리시에 있는 감옥에서 다른 스무 명의 수감자들과 함께 시설 밖으로 곧장 이어지는 땅굴을 판 뒤 탈옥한 당시의 이야기[9]로 자식들을 즐겁게 해주는 것을 좋아했다. 한 재소자는 탈옥하는 소리를 덮으려고 백파이프를 연주했다고 했다.[10]

알버트는 너희들이니까 믿고 비밀 얘기까지도 말한다는 투로 돌러스와 형제들에게 "불꽃이 단 한 번만 튀어도 골로 가기"[11] 때문에—절대 금속은 안 되고!—나무 주발과 나무 도구를 갖고 즉석에서 폭발물을 혼합하는 가장 안전한 방법에 관해 일장 연설하곤 했다. 그는 영국인들이 교수형에 처한 그리운 동지들을 떠올리며 추억에 잠기곤 했으며, 돌러스는 그런 것이 세상에서 가장 자연스러운 것이라고 생각하며 자랐다. 즉, 모든 아이들의 부모들은 교수형에 처해진 친구들이 있다는 것,[12] 말이다. 아버지의 이야기를 듣고 있노라면 감정이 격해져 때때로 전율이 일면서 온몸에 소름이 쫙 돋았다.[13]

　　정도의 차이는 있어도 가족 모두가 감옥에 다녀왔다. 크리시의 어머니인 돌란 할머니는 IRA 여성협의회인 커마나만Cumann na mBan 회원이었으며 아마 교도소에서 3개월간 수감된 적이 있었다. 왕립얼스터보안대(Royal Ulster Constabulary, 1922년~2011년까지 북아일랜드를 관할한 경찰. 분쟁 당시 IRA의 공격으로 319명의 RUC 경찰들이 사망했으며 거의 9,000명이 부상을 입었다. 하지만 당하기만 한 것은 아니라서 55명을 죽였고 그중 절반 이상인 28명이 민간인이었다-옮긴이)의 한 경찰에게서 무기를 빼앗으려고 시도했기 때문이었다.[14] 크리시 또한 커마나만에서 복무하다가 세 자매와 함께 "금지된 상징"을 착용했다는 이유로 체포된 후 아마 교도소에서 형기를 살았다.[15] 부활절 봉기 기념 백합으로 알려진 주황색과 흰색과 푸른색의 조그만 종이꽃이었다.

　　대개 북아일랜드의 집안이 그렇듯, 프라이스 집안사람들도 마치 꼭 지난주에 일어난 일처럼 지나간 과거의 참화에 관하여 얘기하는 버릇이 있었다. 결과적으로 영국과 아일랜드 사이의 아주 오래된 싸움이 처음에 시작된 지점을 정확히 찾아내는 게 어려울 수 있다. 진짜로 프라이스 집안에서는 "대의"라고 언급하는 것 이전의 아일랜드를 상상하기란 어려운 일이었다. 어디서부터 이야기를 시작했는지는 별로 중요하지 않았다. 대의는 언제나 있었기 때문이다. 그것은 개신교와 가톨릭교 사이의 구분보다도 앞서 있었으며, 개신교 교회보다도 더 오래되었다. 사실상 거의 1000년 전, 12세기에 새로이 정복할 땅을 찾아 배를 타고 아일랜드해(아일랜드섬과 잉글랜드 사이-옮긴이)를 건넌 노르만족 침략자들로 거슬러 올라갈 수도 있다.[16] 또는 잉글랜드가 아일랜드를 완전히 예속시켜야 한다고 주장했던 16세기 튜더 왕가의 헨리 8세 통치 시절로 돌아갈 수도 있다. 또는 17세기에 걸쳐서 아일랜드로 서서히 유입하여 게일어를 구사하는 토착민들이 이전에는 그들 소유의 땅이었던 곳에서 소작인과 노예가 되도록 대규모 농장을 세웠던 스코틀랜드와 잉글랜드 북부 지역의 개신교 이민자들 시절로 돌아갈 수도 있다.

그러나 이 대하소설 속에서 슬리브갤리온 드라이브에 있는 집에 가장 크게 다가오는 장은 1916년의 부활절 봉기이다. 일단의 아일랜드 혁명가들은 더블린의 중앙우체국을 점거하여 아일랜드공화국의 자유와 독립을 선언했다. 돌러스는 부활절 봉기의 위풍당당한 영웅들과 저항의 지도자들 중 한 명이었던 감수성이 풍부한 시인 패트릭 피어스에 관한 전설을 들으며 자랐다. "모든 세대에서 아일랜드 국민은 국가의 자유와 주권을 주장해왔다"[17]라고 피어스는 우체국 계단에서 선언했다.

피어스는 피의 희생이라는 이상에 깊이 매료되었던 뿌리깊은 낭만주의자였다. 어린아이였을 때도[18] 그는 무언가를 위해 삶을 바치겠노라고 꿈꾸었으며, 유혈의 참극이 "청소"라고 믿게 되었다.[19] 피어스는 앞서간 아일랜드 순교자들의 그리스도적인 죽음을 예찬하며[20] 봉기가 일어나기 몇 년 전에 "대지의 오랜 심장은 전장의 적포도주로 데워져야 할 필요가 있다"[21]라고 썼다.

그는 소원을 이루었다. 짧은 영광의 순간이 지나간 뒤, 더블린에서 영국 당국은 저항군을 무자비하게 진압했으며, 피어스는 열네 명의 동지들과 함께 군법재판에 회부되어 총살대에 의해 처형당했다.[22] 아일랜드 독립전쟁(1919년부터 1921년까지 아일랜드공화국군이 아일랜드를 지배하고 있던 영국 정부에 대항하여 일으킨 전쟁. 아일랜드공화국군이 승리하면서 영국으로부터 자치권을 획득하였다-옮긴이)은 아일랜드 분할로 이어져 1921년에 섬은 두 개로 갈라졌다. 남부의 26개 주는 아일랜드 자유국으로서 독립을 쟁취한 반면, 북부의 남은 6개 주는 계속해서 대영제국의 지배를 받았다. 다른 강경한 공화주의자들과 마찬가지로 프라이스 집안은 자신들이 거주하게 된 곳을 "북아일랜드"라고 지칭하지 않았다. 대신 그들은 "아일랜드 북부"라고 말하였다. 그 고장 특유의 어법에서는 적절한 명사조차 정치적일 수 있다.

순교에 대한 숭배는 위험한 일이 될 수 있었다. 북아일랜드에서는 "깃발 및 상징 법령"에 따라 기념 의식이 엄격하게 규제되었다.[23] 아일랜드 민족주의에 대한 두려움이 그렇듯 확연히 천명되면서 북부에서는 공화국의 삼색기를 전시하는 것만으로도 투옥될 수 있었다. 소녀시절, 돌러스는 부활절에 제일 아끼는 하얀 드레스를 입고 팔에는 달걀이 가득 담긴 바구니를 끼고 가슴에 부활절 백합을 꽂아 실패한 저항을 기념하였다. 어린아이에게는 비밀 무법자 조직에 가담하는 것처럼 들뜨게 하는 의식이었다. 그녀는 경찰관이 오는 것을 보면 손으로 백합을 가리는 법을 알게 되었다.[24]

그렇지만 그녀는 대의에 헌신함으로써 치를 수 있는 개인적인 희생에 대해 어떤 환상도 갖고 있지 않았다. 알버트 프라이스는 첫 아이인 장녀를 본 적이 없었다.[25] 철창 속에 갇혀 있는 동안인 아기 때 죽었기 때문이다. 돌러스에게는 어머니인 크리시의 자매 중 하나로 브리디라는 이모가 있었는데 젊었을 때 투쟁에 참여했었다. 1938년 어느 때인가, 브리디가 은닉한 폭발물을 옮기는 것을 도와주고 있을 때 갑작스럽게 폭발물이 터졌다.[26] 폭발로 인해 브리디의 양손은 손목까지 갈기갈기 찢어지고 얼굴은 흉측하게 망가지고 눈은 영원히 멀게 되었다. 그 일이 일어났을 때 스물일곱 살이었다.

의사들의 예상과 달리 브리디 이모는 살아남았다. 그러나 불구가 되었기에 남은 평생 보살핌을 요해야 했다.[27] 손도 없고 눈도 멀어서 옷을 갈아입을 수도 없었고 코를 풀 수도 없었으며 다른 사람의 도움을 받지 않고는 다른 많은 것들을 스스로 할 수 없었다. 브리디는 수시로 슬리브갤리온 드라이브의 집에 오랫동안 머물렀다. 설령 프라이스 가족이 그녀에게 동정심을 느꼈더라도 이상을 위해 모든 것을 기꺼이 내놓겠다는 의지에 대한 존경심에 비하면 부차적인 것이었다.[28] 브리디는 병원에서 퇴원해 화장실이 집 바깥에 있는 코딱지만 한 집으로 돌아왔다. 사회복지사도 없고 연금도 없었다. 앞날이 캄캄한 삶이었다.[29] 그럼에도 그녀는 아일랜드를 통일한다는 명목하에 그러한 희생을 한 것에 대해 조금도 후회하는 심정을 내비치지 않았다.[30]

돌러스와 마리안이 어렸을 때 크리시는 "가서 브리디 이모와 얘기 좀 하라"[31]고 지시하며 자매를 위층으로 올려 보내곤 했다. 이모는 어둠 속에서 홀로 침실에 머물러 있었다. 돌러스는 계단을 오를 때 발끝으로 살금살금 걷는 것을 좋아했지만 이모의 청각은 유난히 예민해서 언제나 오는 소리가 다 들린다고 했다. 이모는 줄담배를 피웠으며, 돌러스는 여덟아홉 살 무렵부터 담배에 불을 붙여 이모의 입술 사이에 부드럽게 끼워주는 일을 맡았다.[32] 돌러스는 그 책무를 몹시 싫어했다. 역겨웠다.[33] 그녀는 이모에게 일어났던 일에 잔뜩 공포심을 느끼며 어떤 누군가가 다른 사람을 뚫어져라 쳐다볼 때보다도 더 찬찬히 이모의 얼굴을 뜯어보곤 했다.[34] 돌러스는 보통 아이들이 그렇듯 머릿속에 불쑥 떠오르는 생각이라면 무엇이든 재잘대는 아이였다. 가끔은 브리디 이모에게 묻곤 했다. "그냥 죽어버렸으면 좋았겠다 싶지 않으세요?"[35]

돌러스는 이모의 뭉툭한 손목을 고사리 같은 두 손으로 잡고 미끌미끌한 살갗을 쓰다듬곤 했다. 손목을 보면서는 "꼭 야옹이 발 같아요"라고 말하곤 했다. 이모는 검은 안경을 썼는데 돌러스는 안경 뒤에서 쭈글쭈글한 뺨으로 눈물이 주르륵 흘러내리는 것을 지켜본 적이 있었다. 그러자 돌러스는 문득 의아한 생각이 들었다. '눈이 없는데 어떻게 울 수가 있지?'[36]

* * *

1969년 1월 1일 춥고 맑은 아침, 벨파스트 시내에 위치한 도네갈 광장의 시청 바깥에 한 무리의 학생 시위대가 모였다. 그들의 계획은 벨파스트에서 110킬로미터 정도 떨어진 성곽 도시 데리로 걸어가는 것이었다.[37] 며칠이 걸릴 행진이었다. 그들은 북아일랜드에서 가톨릭교도들에 대한 제도적 차별에 항의하고 있었다. 아일랜드가 두 개의 종교 공동체로 분할된 것은 수 세기 동안 긴장감을 자아내면서 두 공동체로 하여금 각기 궁지에 몰린 소수처럼 느끼게 하는 비뚤어진 상황을 만들어냈다. 즉, 개신교도들은 북아일랜드 인구의 대다수를 형성하지만 전체적으로 볼 때 섬에서는 소수였고 가톨릭 아일랜드에 포함되는 것을 두려워했다. 또 가톨릭교도들은 섬에서는 대다수를 이루지만 북아일랜드에서는 소수였고 6개 주에서 차별을 받는다고 느꼈다.

북아일랜드는 100만 명의 개신교도들과 50만 명의 가톨릭교도들의 생가였으며, 가톨릭교도들이 예사롭지 않은 차별에 직면한 것은 사실이었다.[38] 그들은 좋은 직업과 주택에서 숱하게 배제되었으며 자신들의 상황을 개선할 수 있게 해주는 정치권력 같은 것도 거부당했다. 북아일랜드는 벨파스트 외곽의 스토몬트에 기반을 둔 자치 정부와 의회가 있었다. 반세기 동안 가톨릭교도는 요직을 차지한 적이 없었다.[39]

조선업과 그 외 괜찮은 직업에서 배제된 가톨릭교도들은 조국에서는 구할 수 없는 일을 찾아 잉글랜드나 아메리카 또는 오스트레일리아로 이주하며 고향을 훌쩍 떠나버렸다. 북아일랜드에서 가톨릭교도 출생률은 개신교도 출생률의 약 두 배에 달했지만 그럼에도 데리로의 행진에 앞선 지난 30년 동안 가톨릭 인구는 사실상 특별한 변동 없이 고정된 상태 그대로였다.[40] 그토록 많은 사람들이 떠나는 것 외에는 달리 선택권이 없었기 때문이다.

북아일랜드에서 미합중국의 인종 차별과 유사한 계급제도를 인식한 젊은 가두행진 참가자들은 명백히 미국의 민권운동을 모델로 택했다.[41] 그들은

돌러스와 마리안 프라이스.

1965년에 마틴 루터 킹 목사 등등의 민권운동 지도자들이 앨라배마주의 셀마에서 몽고메리까지 행진한 사례를 연구했다. 그들은 더플코트를 껴입고 서로 팔짱을 낀 채 벨파스트에서부터 터벅터벅 걸어가면서 "민권행진"이라고 적힌 현수막을 들고 "우리는 승리하리라"를 노래불렀다.

행진자 중에는 돌러스 프라이스도 있었다. 동생인 마리안도 시위에 동참했다. 열여덟 살의[43] 돌러스는 대부분의 다른 행진자들보다 어렸고, 행진자들 중 많은 이들이 대학생이었다. 그녀는 검붉은 머리칼과 반짝이는 청록색 눈동자, 옅은 속눈썹을 가진 시선을 사로잡는 아름다운 젊은 여성으로 성장해 있었다. 마리안은 몇 살 아래였지만 자매는 떼려야 뗄 수 없는 사이였다. 앤더슨스타운 주변에서는 모든 이들이 그들을 "앨버트의 딸들"[44]로 알고 있었다. 서로 아주 친했고 또 툭하면 붙어다녔기에 쌍둥이처럼 보일 수도 있었다. 그들은 서로를 "도츠"와 "마"라고 불렀으며,[45] 침실뿐만 아니라 침대까지 함께 쓰며 자랐다.[46] 돌러스는 대범하고 거침없는 성격에다 장난기 어리게 불손했으며, 자매는 활기차게 수다를 떨며 터벅터벅 행진했다. 모난 듯한 각진 벨파스트 억양은 서벨파스트에 있는 엄격한 가톨릭 여자고등학교인 세인트 도미니크 학교에서 교육받아 조금 비스듬해졌으며,[47] 서로 주거니 받거니 재담을 나누는 도중 간간이 한바탕 웃음이 터져나왔다.[48]

돌러스는 훗날 자신의 어린 시절을 "세뇌"라는 말로 설명했다.[49] 그러나 그녀는 언제나 극도로 독립적인 성향이었으며, 신념을 지키는 데는 전혀 능하지 못했다. 십 대 시절, 그녀는 그간 키워왔던 교리에 의문을 품기 시작했다. 때는 1960년대였고 세인트 도미니크 학교의 수녀들이 하는 일이라곤 세상에 요동치고 있는 새로운 문화의 물결이 덮치지 못하도록 저지하는 것이었다. 돌러스는 로큰롤을 좋아했다. 벨파스트의 많은 젊은이들처럼[50] 그녀 또한 피델 카스트로와 함께 싸운 사진발 잘 받는 아르헨티나의 혁명가 체 게바라의 사상에 고취되었다. 체 게바라가 볼리비아군에게 총살당했다는 사실은(브리디 이모처럼 죽음의 증거로 두 손이 절단되었다는 사실도) 그녀가 떠받드는 혁명적 영웅들 속에 그를 자리매김하는 데 일조할 뿐이었다.

그러나 북아일랜드에서 가톨릭교도들과 개신교도들 사이의 긴장이 고조되고 있을 때에도 돌러스는 부모가 싸워온 무장투쟁은 과거의 유물로서 구시대적 해결책일 거라고 믿게 되었다. 알버트 프라이스는 탁월한 이야기꾼이자 활발한 달변가로 한 팔은 다른 사람의 어깨에 두르고 다른 한 손에는 늘 담배를 든 채 역사와 일화를 재미나게 들려주며 자신의 방식으로 세상사를 보도록 설득할 때까지 유쾌하게 입담을 늘어놓았다.[51] 그러나 돌러스는 뻔뻔스러운 논객이었다. 그녀는 아버지에게 말하곤 했다. "IRA 좀 보세요. 아버지도 그렇게 애썼지만 결국 졌잖아요!"[52]

IRA의 역사는 어떤 면에서는 실패의 역사인 것은 사실이었다. 패트릭 피어스가 말했듯, 모든 세대는 이런저런 식으로 저항을 벌였으나 1960년대 후반에 와서 IRA는 대체로 휴면상태였다. 노장들은 여전히 공화국 국경 이남의 주말 훈련캠프에 모여 이전의 전투에서 쓰다 남은 골동품 총으로 사격 연습을 하고 있었다. 그러나 아무도 그들을 전투세력으로 진지하게 받아들이지 않았다. 섬은 여전히 나뉘어져 있었다. 가톨릭교도들의 상황은 개선되지 않았다. "아버지는 실패했어요."[53] 돌러스는 아버지에게 다음과 같은 말을 덧붙였다. "다른 방법이 있어요."

　돌러스는 "인민민주주의"라는 새로운 정치단체 집회에 참석하기 시작했다.[54] 집회는 퀸즈 대학의 학생회관에서 열렸다. 체 게바라와 마찬가지로, 그리고 또 행진에 참여했던 많은 다른 동료들과 마찬가지로, 돌러스는 사회주의에 동의했다. 개신교도들과 가톨릭교도들 사이의 종파 분립은 해로운 동란일 뿐이라며 그녀는 다음과 같은 것을 믿게 되었다.[55] 개신교도 노동자 계급은 이 점을 좀 누렸을 수는 있지만 그들 역시 수시로 실업 때문에 고생하고 있었다. 벨파스트의 샨킬로드에 늘어선 볼품없는 주택에 사는 개신교도들 역시 집 안에 화장실을 갖추고 있지 못했다. 그들이 만약 통일된—그리고 사회주의인—아일랜드에서 삶이 더 나아지리라는 것을 알 수만 있게 된다면 수 세기 동안 두 공동체를 끈질기게 괴롭혀온 불화가 마침내 사라질지도 모른다.

　가두행진의 지도자 중 한 명으로 데리 출신의 이몬 맥캔이라는 한량 같으면서도 논리정연한 젊은 사회주의자가 있었다. 돌러스는 행진하는 동안 그를 만나 금세 친구가 되었다.[56] 맥캔은 동료 시위자들에게 개신교도 노동자들을 악마화하지 말라고 촉구했다. "그들은 어떤 의미에서든 우리의 적이 아닙니다"[57]라고 맥캔은 주장했다. "그들은 값비싼 양복을 차려입은 착취자들이 아닙니다. 그들은 체제에 기만당하는 사람들로 지주 및 산업자본가 통합론주의자들의 희생양입니다. 그 사람들이야말로 작업복을 입은 사람들입니다." 그 사람들은 사실상 우리 편이라고 맥캔은 말하고 있었다. 다만 아직 알지 못하고 있을 뿐이라는 것이었다.

* * *

아일랜드는 가장 넓은 지점을 가로질러도 320킬로미터 미만인 작은 섬이다. 오후 한나절이면 차를 몰고 해안 끝에서 끝까지 갈 수 있다. 그러나 행진자들은 도네갈 광장에서 출발한 순간부터 시위 반대자들에게 시달렸다. 영국 왕실에 열렬하게 충성을 바치는 개신교 "통합론주의자들"이었다. 그들의 지도자는 로널드 번팅이라는 건장하고 귀가 앞으로 돌출된 44세의 남자였다. 영국육군 장교 출신의 전직 고등학교 수학 교사로 추종자들 사이에서는 "소령"으로 알려져 있었다. 그도 한때는 진보적인 관점을 가졌음에도 열성적인 반가톨릭주의 목사인 이안 페이즐리의 영향을 받아 무너졌다. 페이즐리가 번팅의 죽어가는 어머니를 살펴봐 주었기 때문이다. 번팅은 오랫동안 가톨릭교도에 반대한다는 뜻을 천명해온 개신교도 형제조직인 오렌지단圈 단원이었다. 그와 그의 지지자들은 자신들의 깃발인 유니언색을 들어올리는 한편, 항의 현수막들을 잡아 뺏으려 하면서 행진자들을 거칠게 밀치고 야유를 퍼부었다. 어느 시점에선가 한 기자가 번팅에게 행진자들을 그냥 내버려두고 아예 무시하는 편이 더 낫지 않겠냐고 물었다.

번팅이 말했다. "형제님, 악마를 무시할 순 없습니다."

번팅은 편협한 광신도였을지 모르지만 그의 염려 중 일부는 널리 공유되었다. 북아일랜드의 테렌스 오닐 영국 위임정부 총리는 그해에 이렇게 말했다. "북아일랜드에서 개신교도들의 근본적인 두려움은 로마 가톨릭교도들에 의해 이계교배異系交配될 거라는 데 있습니다." 결국엔 그런 식으로 개신교도들이 수적으로 우세한 경우, 런던이 그들을 구출하러 오지 않는 것 또한 불 보듯 뻔한 일이었다. 영국 "본토"에 있는 많은 사람들은 스코틀랜드 연안에 있는 이 가만히 있지 못하는 지방에 대해 어렴풋하게만 인식하고 있는 것 같았으며, 그 외의 사람들은 순순히 북아일랜드를 놓아버리자고 할 터였다. 결국 영국은 수십 년 동안 식민지들을 버려왔지 않은가. 당시 한 영국 기자의 말에 따르면,[61] 북아일랜드 통합론주의자들은 "영국을 전혀 신경쓰지 않는 영국인보다도 더욱 영국적인 집단"이었다. 특히 열성적인 통합론주의자들로 알려진 "왕당파"들에게 이 시위는 자신들을 절멸 위기에 처한 국가의 정체성을 지키는 최후의 수호자로 보는 경향을 만들어냈다. 러디어드 키플링은 1912년에 쓴 "얼스터"라는 시에서 이렇게 읊었다. "우리는 안다, 필경, / 항복하면 사멸한다는 것을."[62]

그러나 번팅 소령이 이 행진으로 인해 위협받는다고 느끼는 데는 보다 사적인 이유가 있었을 수 있다. 히피 노래를 부르고 정의로운 현수막을 든 꾀죄죄한 시위자들 중에 아들이 있었던 것이다.[63] 구레나룻을 북슬북슬하게 기른 퀸즈 대학 학생인 로니 번팅은[64] 1968년 여름 동안 급진적인 정치운동에 휩쓸렸다. 행진자들 가운데 그가 유일한 개신교도는 아니었다. 실제로 아일랜드의 독립을 믿었던 개신교도의 전통은 오래전부터 있었으며, 1798년 영국의 지배에 대항하여 격렬한 저항을 이끌었던 아일랜드 공화주의의 영웅 중 한 명인 울프 톤도 개신교도였다. 그러나 로니는 행진자들 중 유일하게 아버지가 골치 아픈 반시위를 설계한 기획자로 직접 왕당파 행진자 무리를 이끌며 확성기로 가톨릭에 반대하는 독설을 퍼부으며 쉴 새 없이 괴롭히는 활동을 펼치고 있었다. "우리 아버지는 저기서 스스로 조롱거리가 되고 있어."[65] 로니는 창피해하며 친구들에게 투덜거렸다. 그러나 이 오이디푸스 콤플렉스적인 역학관계는 아버지와 아들 양쪽 모두의 결의를 더욱 첨예하게 다지는 것처럼만 보였다.[66]

프라이스 자매와 마찬가지로 로니 번팅도 "인민민주주의"에 동참했다. 한 집회에서 그는 데리로의 행진을 진행하지 않는 편이 더 나을 수도 있다고 제안했다. "뭔가 나쁜 일"[67]이 벌어질 것 같은 생각이 들기 때문이라고 했다. 경찰은 이전에 벌어진 몇 차례 시위에서 강력하게 폭력적으로 진압했었다. 북아일랜드는 전혀 자유 표현의 보루가 아니었다. 가톨릭교도의 봉기에 대한 두려움으로 인해 분할 시기에 만들어진 "특별권한법"이라는 엄격한 법은 영구히 비상사태에 준하는 상황을 만들어냈다.[68] 즉, 정부는 집회와 특정 유형의 연설을 금지할 수 있으며, 구속영장 없이도 사람들을 수색하고 체포할 수 있으며, 재판 없이도 무기한으로 투옥할 수 있는 법이었다. 왕립얼스터보안대는 압도적으로 개신교도였으며, B특공대라고 알려진 임시 보조대를 두고 있었다. 무기로 무장한 그들은 흔히 열성적인 반가톨릭 통합론주의자들이었다. 한 초창기 대원은 B특공대 대원을 뽑는 방법에 대해 이렇게 요약했다. "나는 사나이 대장부들이 필요하다. 더 어리고 더 거칠수록 더 좋다."[69]

행진이 시골 지역을 통과하면서 통합론주의자의 거점인 개신교 마을에 이르게 되었다. 이런 일이 생길 때마다 몽둥이로 무장한 현지 남자들이 떼 지어 나타나 학생들의 접근을 막았고 비상선을 친 경찰들이 행진자들을 따라다니며 특정한 마을을 우회하도록 했다.[70] 번팅 소령의 부하들 중 일부는 행진자들을 따라 걸으며 조롱을 일삼았다. 한 남자는—소위 대형북인—람베그 드럼을 가슴에 얹고 다녔는데 그 불길하게 쿵쿵대는 소리는 푸른 언덕과 작은 마을에 울려 퍼지면서 신체 건강한 반시위자들을 집에서 불러냈다.[71]

학생들은 과거에 격렬한 충돌이 있었다면 대비해야 한다고 느꼈다. 실제로 학생들 중 일부는 그러한 생각을 기꺼이 받아들였다.[72] 마틴 루터 킹의 셀마 행진은 경찰의 무자비한 진압을 도발했으며, 실제 변화를 촉발시킨 것은 다른 무엇보다도, 폭력적으로 과잉 반응하는 모습이 텔레비전으로 중계되었기 때문이었을 것이다.[73] 학생들 사이에서는 가장 다루기 힘든 불의가 평화적인 시위를 통해 애쓴 보람도 없이 원상태로 되돌아갈지도 모른다는 느낌이 있었다. 때는 1969년이었으며, 전 세계의 젊은이들은 선봉에 서 있는 것 같았다. 어쩌면 북아일랜드에서는 더는 개신교도들과 가톨릭교도들, 혹은 공화파들과 왕당파들의 충돌이 아니라 과거의 세력과 미래의 세력인 노인 대 청년 간의 충돌이 되도록 전선이 다시 그어질 수도 있을 터였다.

행진 나흘째이자 마지막 날, 데리 외곽 16킬로미터의 교차로에서 시위자 중 한 명이 확성기로 "저들이 돌을 던질 가능성이 큽니다"라고 외쳤다. 앞으로 골치 아픈 문제가 생길 수 있는 듯 보였다. 벨파스트에서 출발한 이래 며칠 동안 더 많은 젊은이들이 행렬에 동참하였으며, 이제 수백 명의 행진자들이 길을 가득 메우고 있었다. 확성기를 든 남자가 외쳤다. "다쳐도 괜찮습니까?"[74]

행진자들이 한목소리로 받아쳤다. "네!"

* * *

전날 밤, 행진자들이 클로이디 마을의 회관 바닥에서 잠을 자는 동안 번팅 소령은 데리에서 추종자들을 집결시켰다.[75] 번팅은 그곳을 런던데리라고 불렀다. 포일강 둑에 웅장한 석조와 스테인드글라스로 장식된 건물인 길드홀 안에 수백 명의 분기탱천한 왕당파들이 모여들었다. "기도회"로 알린 것이었다. 그리고 거기에 무리를 반길 준비가 된 이안 페이즐리가 있었다.

페이즐리는 광적인 추종자를 거느린 극단적인 인물로 침례교 목사의 아들이었다. 웨일스 변두리의 복음주의 대학에서 교육받은 후 직접 강경노선의 교회를 세웠다. 190센티미터의 거구에 눈은 사팔뜨기에 뻐드렁니가 나 있었으며, 머리는 매끄럽게 뒤로 넘기고 턱 아래로 늘어진 살은 출렁거렸다. 그는 연단 위로 상체를 숙이고는 "로마가톨릭교 괴물"[76]을 맹렬히 규탄했다. 바티칸과 아일랜드공화국이 비밀리에 결탁하여 북아일랜드 정부를 전복시키려는 사악한 흉계를 꾸미고 있다고 열변을 토했다. 가톨릭교도들이 꾸준히 힘과 수를 축적하면서 "먹이를 갈기갈기 뜯어 먹을 태세가 된 호랑이"로 자랐다고 했다.

페이즐리는 "피리 부는 사나이"와도 같은 선동가로 추종자들을 가톨릭교도 동네로 끌고 다니는 것을 즐겼으며 가는 곳마다 폭동을 유발했다. 특유의 저음으로 가톨릭교도들이 얼마나 인간쓰레기인지, 어떻게 "토끼처럼 새끼를 낳고 해충처럼 불어나는지"에 대해 설파했다. 현란하고 대담한 언변으로 분란을 조장하는 인물로 선동의 대가였다. 실제로 그는 몹시 몰인정하고 극심한 편견을 노골적으로 드러냈기에 일부 공화파들은 모든 점을 감안할 때 그가 자신들의 운동에 유익할 거라고 느끼게 되었다. "우리가 왜 페이즐리를 죽여야 하는데?" 돌러스 프라이스의 어머니 크리시는 이렇게 말한 것으로 알려져 있다. "그는 우리의 가장 큰 자산이야."

데리의 인구는 가톨릭교도가 지배적이긴 했지만 왕당파들의 상징적 상상 속에서 데리는 여전히 개신교 저항운동의 살아있는 기념비였다. 1689년, 새로운 왕인 윌리엄 3세에게 충성하는 개신교 세력은 제임스 2세에게 충성하는 가톨릭 군대의 포위 공격에 맞서 간신히 도시를 장악했다. 세계의 다른 일부 지역에서는 그렇듯 빛바랜 의의를 가진 사건은 그것을 기념하는 안내판에 새겨 정보를 제공한다는 차원에서 장점이 있을 것이다. 그러나 데리에서는 지역 개신교 단체들이 해마다 그 격돌을 기념하는 행진을 벌이고 있었다. 이제 페이즐리와 번팅은 다음 날 아침 데리로의 행진을 계획하고 있는 학생 시위대가 포위 공격을 재현할 거라고 말했다.

페이즐리는 추종자들에게 민권 옹호론자들은 자신들이 평화로운 시위자인 척하지만 실은 "IRA 놈들"이 위장한 자들일 뿐이라고 했다. 그는 추종자들에게 가톨릭교도들의 침략에 맞서는 방어벽으로서의 런던데리의 역할을 상기시켰다. "도시를 수호하기 위해 다시 한번 들고일어날 준비가 되었습니까?" 환성이 터졌다. "할렐루야!" 페이즐리는 보통 군중을 격렬하게 자극한 다음 실제로 돌을 던지기 전에 현장에서 후퇴하는 습관이 있었다. 그러나 그가 지명한 부관인 번팅 소령은 "사나이 대장부다운 역할"[82]을 하고 싶은 사람이라면 누구라도 "적합하다고 느끼는 장비라면 어떤 것이든 상관없이" 무장해야 한다고 폭도들에게 지시했다.

그날 밤 어둠 속에서 데리로 가는 길 위의 들판에 현지 남자들이 돌 무기고를 쌓아놓기 시작했다.[83] 그러한 대의에 공감하는 한 동네 농부는 발사체를 모으는 데 도움을 주려고 트랙터를 제공하기도 했다. 그것들은 자잘한 자갈이 아니라 이제 막 채석한 상당한 크기의 돌멩이들이었다. 그들은 매복에 대비하여 전략적으로 간격을 유지해 차곡차곡 쌓아놓았다.

* * *

마지막 날 아침, 이몬 맥켄은 돌러스 등 시위자들에게 상기시켰다. "우리는 애초부터 비폭력으로 행진하겠다고 말한 바 있습니다. 오늘 우리는 그 경건한 선언의 시험대에 오르게 될 것입니다."[84] 행진자들은 다시 대열을 가다듬어 천천히 움직이기 시작했다. 전율이 고조되고 있었다. 그들은 비좁은 시골길에 집결해 있었는데, 그 길에는 산울타리가 높이 둘러져 있었다. 번톨렛 다리가 놓여 있는 앞쪽에 병목현상이 있었다. 다리는 폰강을 건너는 오래된 석조 구조물이었다. 돌러스와 마리안 등등의 청년 시위자들은 다리를 향해 계속 터벅터벅 걸어갔다. 그때 산울타리 너머 지반이 급격히 솟아오른 들판에 한 남자가 나타났다. 흰 완장을 차고는 보이지 않는 황소를 불러내는 투우사처럼 연극적으로 정교하게 일련의 수신호를 쓰며 팔을 휘두르고 있었다.[85] 곧 다른 형체들이 나타났다.[86] 건장한 젊은 남자들이 능선을 따라 불쑥불쑥 나타나고 있었다. 그들은 그곳에 몇 명씩 무리지어 서 있으면서 행진자들을 내려다보았다. 이제 길에는 수백 명의 사람들이 있었는데 산울타리에 갇혀 있었기에 달아날 곳이 없었다. 들판에 더욱더 많은 남자들이 나타났다. 팔뚝에 흰 완장을 찬 남자들이었다. 그때 첫 돌멩이가 시야에 들어왔다.

행진을 조직한 이 중 한 명인 돌러스의 친구 버나데트 데블린에게 그 모습은 발사체 "커튼"처럼 보였다.[87] 좁은 길 양쪽에서 수십 명의 남자들과 청년들이 돌멩이와 벽돌, 우유병 따위를 던지며 불시에 나타났다. 공격자들 중 일부는 길 위의 고지대에 있었으며, 다른 일부는 길가의 산울타리 뒤에 있었고, 또 다른 일부는 다리에서 행진자들의 앞을 가로막아 도주로를 차단하려고 계속해서 떼 지어 몰려들고 있었다.[88] 선두에 선 행진자들은 다리를 향해 전력 질주하는 한편, 후미에 있는 행진자들은 빗발치는 돌멩이들을 피하려고 후퇴했다. 그러나 돌러스와 마리안은 무리 한가운데에 끼어 있었다.[89]

그들은 산울타리 너머로 기어 올라갔지만 돌멩이들이 계속 날아오고 있었다.[90] 그러더니 이제는 아예 남자들이 달려 내려와 행진자들의 신체를 공격

번톨렛 다리에서의 매복.

하기 시작했다. 돌러스에게는 할리우드 서부영화에서 인디언들이 대초원으로 돌진할 때의 한 장면처럼 보였다.[91] 몇몇 공격자들은 오토바이용 헬멧을 쓰고 있었다.[92] 그들은 곤봉, 쇠막대기, 납 파이프, 나무토막 따위를 휘두르며 내려왔다.[93] 어떤 남자들은 못이 박힌 나무판자를 갖고 있었는데 그것으로 시위자들을 공격해 살갗을 찢어발겼다. 시위자들은 머리를 덮으려고 코트를 끌어당겼기에 앞이 하나도 안 보이는 혼란스러운 상황이라 발을 헛디뎌 넘어졌으며, 보호하려고 서로 단단히 움켜잡았다.[94]

들판으로 달아나는 동안 행진자들은 의식을 잃을 때까지 땅바닥에 내동댕이쳐지고 발로 걷어차였다.[95] 삽을 든 누군가가 어린 소녀의 머리를 후려쳤다.[96] 신문사 사진기자 둘도 두들겨 맞고 돌팔매질을 당했다.[97] 폭도들은 사진기자들의 필름을 낚아채고는 다시 돌아오면 죽여버리겠다고 했다. 그 모든 일의 중심에는 최고사령관인 번팅 소령이 있었다.[98] 지휘자처럼 팔을 휘두르는 코트 소맷자락은 피로 얼룩져 있었다.[99] 그가 시위자들에게서 현수막을 하나 휙 낚아채자 누군가가 그것에 불을 질렀다.

행진자들은 저항하지 않았다. 그들은 사전에 비폭력에 대한 서약을 존중하기로 동의했었다.[100] 돌러스 프라이스는 얼굴에 깊은 상처가 나고 눈으로 피가 줄줄 흐르는 젊은이들에게 둘러싸여 있다는 것을 알았다.[101] 그녀는 강으로 첨벙 뛰어들어 얼음장처럼 차가운 물속에서 이리저리 허우적거렸다.[102] 저 멀리서 행진자들이 다리 아래로 밀쳐지며 강으로 떨어지고 있었다.[103] 물속에서 버둥거리던 그녀는 한 공격자와 눈이 마주쳤다. 곤봉을 든 남자였다. 그리고 남은 평생 동안 그녀는 그가 게슴츠레하게 뜬 눈으로 혐오스럽게 쳐다보던 그 순간으로 돌아가곤 했다.[104] 그녀는 그의 두 눈을 들여다보았으나 아무것도 보이지 않았다.[105]

마침내 왕립얼스터보안대의 한 경찰이 그 소동을 끝내게 하려고 강을 헤치며 걸어 들어왔다. 돌러스는 그의 코트를 움켜쥐고 놓아주지 않았다.[106] 그러나 그 건장한 경찰이 그녀를 안전한 곳으로 데리고 가는 데 도움을 주는 바로 그 순간에도 무섭다는 생각에 사로잡혀 있었다. 그날 그곳에는 수십 명의 왕립얼스터보안대 경찰들이 있었지만 그중 대부분이 거의 개입하지 않았다. 공격자들이 흰 완장을 찬 이유는 경찰이 시위대로부터 친구들을 구분할 수 있도록 하기 위해서였다는 주장이 나중에 제기되었다.[107] 실제로 번팅 소령의 추종자들 중 많은 남자들—폭행을 하고 있던 바로 그 남자들—이 경찰 보조인 B특공대 대원들이었다.[108]

나중에 데리에 있는 올트나젤빈 병원으로 가는 길에 돌러스는 안도감과 좌절감, 실망감이 복잡하게 뒤얽힌 기이한 감정에 사로잡혀 울부짖었다.[109] 돌러스와 마리안이 마침내 벨파스트로 돌아와 슬리브갤리온 드라이브에 있는 작은 집 문간에 흠씬 두들겨 맞아 멍든 채로 나타났을 때 크리시 프라이스는 딸들이 겪은 시련에 귀 기울였다. 딸들이 얘기를 마치자 그녀가 질문을 하나 던졌다. "왜 들이받지 않았어?"[110]

3

피난

진 맥콘빌은 거의 자취를 남기지 않았다. 그녀는 혼돈의 시기에 사라졌으며, 그녀가 남겨두고 간 아이들은 너무 어려서 많은 아이들이 아직 풍성한 추억의 목록을 작성하지 못한 때였다. 그러나 진이 생존했던 당시의 사진이 한 장 있다. 1960년대 중반 동벨파스트에 있는 본가 앞에서 찍은 사진이다. 서 있는 진 옆에 세 자녀가 있고 남편인 아서는 전경에서 쪼그리고 앉아있다. 카메라를 응시하고 있는 그녀는 두 팔을 가슴께에 팔짱을 낀 채 오므린 입술은 미소

진 맥콘빌, 로버트, 헬렌, 아치, 남편 아서.

를 머금고 있으며 두 눈은 햇살로 인해 가늘게 뜨고 있다. 자녀 몇이 진 맥콘 빌에 관해 기억해낼 수 있는 세부사항 한 가지는 옷핀이다. 파란색 안전핀으로 언제나 그 핀을 옷에 꽂고 있었다. 한두 아이들이 늘 단추를 잃어버리거나 언제 수선이 필요할지 몰랐기 때문이었다. 그것이 그녀를 규정하는 액세서리였다.[2]

그녀는 1934년 동벨파스트에서 개신교도 부부인 토머스와 메이 머리 사이에서 진 머리로 태어났다. 벨파스트는 잿빛 그을음투성이의 굴뚝과 첨탑 도시로 한쪽에는 평평한 푸른 산이 펼쳐져 있고 다른 한쪽에는 노스해협의 작은 만인 벨파스트만이 있다. 그곳에는 리넨 공장들과 담배 공장들과 배를 건조하는 심해항이 하나 있으며, 노동자들이 거주하는 똑같이 생긴 벽돌집들이 줄지어 있다. 머리 부부는 타이타닉호가 건조되었던 곳인 할랜드앤울프 조선소에서 그다지 멀지 않은 아보니엘 로드에서 살았다.[3] 진의 아버지는 할랜드앤울프에서 일했다.[4] 그녀가 어렸을 때 아버지는 매일 아침 자신의 집을 지나 조선소로 터덜터덜 걸어가는 수천 명의 남자들과 합류했으며, 매일 저녁 반대 방향에서 집으로 터덜터덜 걸어오는 남자들의 행렬을 따라 돌아왔다.[5] 2차 세계대전이 발발하자 벨파스트의 리넨 공장들은 수백만 벌의 군복을 생산했으며 조선소들은 해군 함선들을 잇달아 만들어냈다. 그러던 1941년 어느 날 밤, 진의 일곱 번째 생일이 얼마 남지 않았을 때 공습경보 사이렌이 울려 퍼졌다. 루프트바페(제2차 세계대전 당시 독일 국방군(베어마흐트)의 공중전 담당 군대-옮긴이) 폭격기들이 낙하산 자기 기뢰와 소이탄을 투하하며 해안가를 가로질러 쏜살같이 날아간다고 경고하는 소리였다.[6] 그리고 할랜드앤울프는 불길을 분출했다.

그 시절 벨파스트에서는 노동계급의 딸들을 교육시키는 것에 별로 우선권을 두지 않았기 때문에 진은 열네 살 때 학교를 그만두고 일자리를 찾아 나섰다. 그러다 결국 홀리우드 로드 근처에 사는 가톨릭교도 홀어미의 하녀로 일자리를 구하게 되었다. 홀어미의 이름은 메리 맥콘빌이었으며 장성한 아들이 하나 있었다. 영국 육군에서 복무하는 아서라는 이름의 외동이었다. 아서는 진보다 열두 살 위로 키가 아주 컸다. 겨우 150센티미터 정도 되는 진을 내려다볼 정도였다. 그의 집안은 대대로 군인 출신이었으며, 그는 전쟁 중에 버마에서 일본군과 싸우려고 어떻게 떠났는지에 관한 이야기를 그녀에게 들려주었다.

진과 아서가 사랑에 빠졌을 때 가족들은 그들이 종교적으로 서로 다른 출신이라는 사실을 그냥 넘어가지 않았다. 1950년대에는 종파적 긴장감이 과거나 그 이후보다 덜 표명되긴 했지만 그래도 "혼종된" 관계는 드물었다. 이는 단지 종족 간 결속이라는 이유 때문만이 아니라 개신교도와 가톨릭교도가 국한된 공간의 한정된 세계에서 사는 경향이 있기 때문이었다. 즉, 그들은 서로 다른 동네에 거주하고, 서로 다른 학교에 다니고, 서로 다른 일을 하고, 서로 다른 술집에 드나들었다. 진은 아서의 어머니 집에 가정부로 들어가면서 그 선을 넘은 것이었다. 그녀가 아서와 어울리자 그의 어머니는 분개했다.(진의 어머니 역시 달가워하지 않았을지는 몰라도 결혼을 받아들였다. 오렌지단 단원이었던 진의 삼촌 중 한 명이 종교상의 죄를 지었다며 그녀를 때리긴 했지만 말이다.)

눈이 맞은 젊은 커플은 1952년 잉글랜드로 달아나 아서가 배치된 군 막사에서 살았지만 결국 1957년에 벨파스트로 돌아와 진의 어머니 집으로 들어갔다. 진의 첫 자식인 앤은 살아있는 대부분의 세월을 병원에 입원하게 될 희귀한 유전 질환으로 고생했다. 앤에 이어 얼마 안 가 로버트, (아치로 알려진) 아서, 헬렌, 아그네스, (모두들 미키라고 불렀던)마이클, (모두들 터커라고 불렀던) 토머스, 수잔, 그리고 마지막으로 쌍둥이인 빌리와 짐이 잇따라 태어났다. 진과 그녀의 어머니, 남편, 아이들까지 십여 명이 넘는 가족들은 아보니엘 로드의 비좁은 집에서 복작거리며 살았다.[15] 아래층에는 작은 거실이 있었고 안쪽에 부엌이 있었으며, 바깥에 화장실과 화덕 아궁이와 찬물만 나오는 싱크대가 있었다.

1964년, 아서는 군에서 제대하고 연금으로 자그마한 건물 보수업체를 차렸다.[16] 그러나 계속 고용되기 위해 고군분투해야 했다. 시로코 토건에서 새로운 일자리를 찾았지만 결국엔 고용주가 그가 가톨릭교도라는 것을 알게 되면서 일자리를 잃었다. 한동안은 밧줄제조 공장에서 일했다.[17] 훗날 아이들은 ―사진이 찍혔을 때인―그 시기를 행복한 막간으로 떠올렸다. 전후 벨파스트에서 노동계급의 아이들은 당연히 궁핍하긴 했지만 딱히 특이할 건 없었다. 그들의 부모들은 살아있었다. 그들의 생활은 안정되어 보였다. 그들의 삶은 손상됨 없이 온전했다.

그러나 1960년대에는 가톨릭교도와 개신교도 사이의 상호 불신이 점점 극심해졌다. 현지 오렌지단 단원들은 승리를 자축하는 여름행진(매년 7월 12일에 오렌지 행진이라는 가두행진을 벌인다-옮긴이)을 벌일 때 으레 맥콘빌 가족의 집 문 바로 바깥에서 출발했다.[18] 이안 페이즐리는 수년 동안 개신교 형제들에게 그들 사이에 살고 있는 가톨릭교도들을 찾아내 추방하도록 촉구해왔다. 그는 우렁차게 고함쳤다. "샨킬 로드의 시민 여러분, 대체 왜 이 모양입니까? 샨킬 로드 425번지에 누가 사는지 압니까? 바로 교황의 하수인들입니다!"[19] 이것은 소매小賣로 이교도를 청소하는 것이었다. 페이즐리는 주소를 술술 댔다. 아덴 스트리트 56번지, 크라이미어 스트리트 38번지, 동네 아이스크림 가게 소유주들 등이었다. 그들은 로마의 대리인인 "가톨릭교도들"로 쫓겨나야 마땅하다고 했다. 아보니엘 로드의 집에는 텔레비전이 없었지만 민권운동이 전개되고 북아일랜드가 폭동에 휩쓸리게 되자 진과 아서는 점차 커지는 앞날에 대한 두려움으로 인해 이웃집을 찾아가 저녁 뉴스를 보곤 했다.[20]

***

　1969년, 아수라장이 벌어졌을 때 마이클 맥콘빌은 여덟 살이었다. 데리에
서는 해마다 여름이면 "어프렌티스 보이즈Apprentice Boys"로 알려진 왕당파 단
체가 1688년 가톨릭 세력인 제임스 왕의 입성을 금지하기 위해 성문을 폐쇄
한 젊은 개신교도들을 기념하는 행진을 벌였다. 전통적으로 행진자들은 도시
의 성벽에 서서 아래에 있는 가톨릭교도 집단 거주지인 보그사이드의 주택들
과 길거리로 동전을 던지며 축제를 마무리했다. 그러나 그해 그 도발은 그냥
넘어가지 않았으며 격렬한 투쟁이 발발하면서 데리는 완전히 폭동에 휩싸였
다. 후에 그것은 보그사이드 전투라고 알려지게 되었다.[21]

　데리에서 충돌이 일어났다는 말이 벨파스트까지 닿으면서 폭동은 공기
로 전파되는 바이러스처럼 퍼져나갔다. 개신교 청년 패거리들은 가톨릭교도

1969년 보그사이드 전투.

제 1 부

가 사는 동네로 부리나케 달려가 창문을 깨고 집에 불을 질렀다. 가톨릭교도들도 돌멩이와 병, 화염병을 던지며 반격했다. 왕립얼스터보안대와 B특공대 대원들은 그러한 소요사태에 대응하긴 했지만, 왕당파들이 범죄를 저지르는 동안 그냥 가만히 있는 경찰한테 불만을 품은 가톨릭교도들이 자신들의 권위에 정면으로 맞선다고 느꼈다. 가톨릭교도들이 통학버스들과 빵을 실은 차량들을 강탈하여 거리를 차단하고 방어시설을 구축하면서 가톨릭교도 지역 주변에 바리케이드가 생겨났다. 젊은 가톨릭교도들은 바리케이드에 쌓아놓거나 경찰에게 던지려고 포석을 파냈다.[22] 이러한 맹습에 놀란 왕립얼스터보안대는 일명 "피그Pig"라고 알려진 땅딸막한 장갑차를 배치했다. 비좁은 거리 사이로 굉음을 내며 나아가는 장갑차의 포탑은 사방으로 회전했다. 장갑차들이 지나갈 때면 돌멩이들이 비 오듯 쏟아졌다. 장갑차의 강철판 보닛 위로 화염병이 터지면 깨진 달걀의 내용물처럼 푸른 불꽃이 쏟아져 나왔다.[23]

무정부주의자의 시구절과도 같은 순간들이었다. 젊은 애들 두어 명이 누군가가 건설 현장에 두고 간 불도저를 약탈해서는 그 거대한 장비의 운전석에 앉아 의기양양하게 서벨파스트 거리로 몰고 가 동포들로부터 열띤 함성과 환호를 받았다. 어느 순간 그들은 그 거대한 준마에 대한 통제력을 잃고 전봇대를 들이받았다. 누군가가 즉시 화염병을 공중으로 높이 던지자 불도저는 불길에 휩싸였다.[24]

왕당파 패거리는 봄베이 스트리트, 워터빌 스트리트, 캐시미어 로드 및 기타 다른 가톨릭교도 집단 거주지들 사이로 조직적으로 이동하기 시작하여 창문을 깨부수고 집 안으로 화염병을 투척했다.[25] 수백 채의 집들이 껍데기만 남고 파괴되었으며 거주자들은 거리로 내몰렸다. 폭동이 확산되면서 벨파스트 전역의 일반 가정은 마치 허리케인이 다가오고 있는 것처럼 문과 창문에 판자를 덧대었다.[26] 그들은 방화성 물질이 창문을 박살내고 들어올 경우에 대비해 오래된 가구를 거실에서 멀찌감치 옮겨 덜 타도록 했다. 그런 다음 안쪽에 있는 부엌에 옹기종기 모였다. 조부모들은 묵주를 꽉 움켜쥐고는 이 아수라장이 어서 지나가기만을 기다렸다.[27]

그해 여름 벨파스트에서는 2천 가구 정도가 집을 버리고 달아났는데[28] 가톨릭교도가 압도적으로 대다수였다. 벨파스트에는 약 35만 명이 살고 있었다.[29] 그 후 몇 년 동안 인구의 10퍼센트나 이주했다.[30] 때로는 백 명에 이르는 폭도들이 한 집에 모여들어 거주자들을 강제로 떠나게 했다.[31] 집 주인이 집을 비우는 데 딱 한 시간 주겠다고 알리는 쪽지를 우편함에 넣는 경우도 있었다.[32] 사람들이 빽빽이 들어찬 차량들이 안전한 곳으로 가려고 도시를 가로질렀다. 여덟 명의 가족이 승용차 한 대에 끼여탄 모습을 보는 게 드문 일이 아니었다.[33] 가톨릭교도 수천 명이 기차역에 길게 줄지어 있기도 했다. 공화국으로 가는 남행열차를 기다리는 난민들이었다.[34]

오래지 않아 폭도들이 맥콘빌의 집으로 왔다. 지역 주민 한 패거리가 아서를 찾아와서는 집을 떠나야 한다고 했다. 그는 어둠을 틈타 집에서 살짝 빠져나와 어머니 집으로 피신했다.[35] 처음에 진과 아이들은 긴장상태가 진정될 거라고 생각하며 집에 남아 있었다. 그러나 결국엔 그들도 택시에 실을 수 있을 정도의 이삿짐만 싸서 도망칠 수밖에 없었다.[36]

그들이 가로질러가는 도시는 변모되어 있었다. 이동하기에 앞서 모을 수 있는 온갖 세간을 실은 트럭들이 앞뒤로 쌩쌩 지나갔다. 노후한 소파와 장롱을 짊어진 남자들이 무게에 못 이겨 비틀거리며 거리를 지나갔다.[37] 차량들이 교차로에서 불타고 있었다. 화염병 공격을 당한 학교들은 검게 그을려 있었다. 뭉게뭉게 피어오르는 자욱한 연기가 하늘을 뒤덮고 있었다. 모든 신호등이 박살나서 일부 교차로에서는 젊은 민간인들이 거리에 서서 교통정리를 하고 있었다.[38] 가톨릭교도들이 60대의 버스를 징발하여 거리에 바리케이드 형태로 세워놓았다. 이교도의 근거지에 정확히 선을 긋는 새로운 물리적 전선이었다. 가는 곳마다 돌무더기와 깨지거나 부서진 유리조각이 있었다. 한 시인은 이를 두고 "벨파스트의 색종이 조각Belfast Confetti"(여기에는 이중적인 의미가 있다. 하나는 IRA가 사제폭탄에 넣는 "너트, 볼트, 못, 자동차 키"와 같은 금속 부품의 파편을 의미하는 것이고, 다음으로는 Confetti에는 결혼식 등의 행사 때 머리 위로 뿌리는 색종이 조각이라는 뜻이 있다. 시인은 색종이 조각처럼 "너트, 볼트, 못, 자동차 키" 등의 파편이 사람들의 머리 위로 날아다녔다고 은유한 것으로 보인다─옮긴이)이라고 인상적으로 묘사했다.

이러한 대학살의 한가운데서도 실제적인 벨파스트의 시민들은 그야말로 상황에 적응하며 생활을 이어나갔다. 총격이 잠시 소강상태에 접어들자 현관문이 삐걱삐걱 소리를 내며 일시적으로 열렸고, 뿔테안경을 쓴 한 벨파스트 주부는 안전한지 확인하려고 고개를 빼꼼히 내밀었다. 그런 다음 헤어롤로 구불구불하게 만 머리에 스카프를 두르고 비옷을 입고 나타나서는 교전 지역을 지나 상점으로 꼿꼿이 걸어갔다.⁴⁰

택시운전사는 아수라장이 몹시 두려운 나머지 진 맥콘빌과 아이들을 태우고 폴스 로드보다 더 멀리 가기를 거부했다. 그래서 이삿짐을 질질 끌면서 남은 길을 걸어갈 수밖에 없었다.⁴¹ 그들은 아서의 어머니 집에서 재회했지만 메리 맥콘빌은 침실이 하나밖에 없었다. 그녀는 눈이 거의 멀었으며,⁴² 아들이 결혼한 전직 가정부를 늘 못마땅해했기에 고부간에 사이좋게 지낼 수가 없었다. 게다가 그 지역에서는 수시로 총격전이 벌어졌기에 진과 아서는 뒷마당에 쌓아둔 목재가 불에 타 불길이 번질 수도 있다는 점을 우려했다.⁴³ 그래서 가족은 다시 거처를 옮겼다. 임시 대피처로 개조된 가톨릭 학교였다. 그들은 교실 바닥에서 잠을 잤다.

벨파스트 주택 당국은 자신들이 살던 도시에서 별안간 난민이 된 수천 명의 사람들을 위해 임시 숙소를 짓고 있었으며 결국 맥콘빌 가족에게 새로 지어진 목조주택이 제공되었다. 그러나 입주하려고 도착해보니 무단 입주자 가족이 그곳을 먼저 차지하고 있다는 사실을 발견했다. 많은 난민 가정이 할 수 있는 한 어디든 무단 입주하고 있었다.[44] 가톨릭교도들은 개신교도들이 버리고 간 집으로 옮겨갔으며, 개신교도들은 가톨릭교도들이 비운 집으로 옮겨갔다. 두 번째 목조주택에서도 맥콘빌 가족은 동일한 문제에 맞닥뜨렸다. 또 다른 가족이 이미 그곳에 살면서 떠나기를 거부한 것이었다. 디비스 스트리트에 새 목조주택들이 지어지고 있었다. 아서 맥콘빌은 이번에는 공사를 마치는 순간까지 인부들과 함께 지내겠다고 고집부렸기에 아무도 먼저 들어갈 수 없었다.[45]

목조주택은 단순한 구조로 화장실이 외부에 있는 방 네 칸짜리였다. 그러나 그들이 처음으로 합법적으로 자기집이라고 부를 수 있는 곳이었기에 진은 기뻐하며 곧장 나가서 커튼을 만들 천을 샀다.[46] 가족은 디비스 플래츠라고 알려진 새 복합주택단지에 영구 거처를 제공받았던 해인 1970년 2월까지 그곳에서 지냈다.[47] 새 주택단지는 몇 년 동안 건축 중이었고 이제 인근 지역에 그림자를 드리우면서 거대한 모습을 드러내고 있었다.

* * *

디비스 플래츠는 미래에 대한 비전인 셈이었다.[48] 1966년과 1972년 사이에 "빈민가 철거" 정책의 일환으로 건설된 그곳은 19세기의 인구과밀 주거 지역인 일명 "파운드 로니Pound Loney"로 알려져 있었는데, 아무것도 안 남기고 모조리 철거되어 850세대를 수용하는 서로 연결된 12동의 아파트 단지로 이루어져 있었다. 르 코르뷔지에에게서 영감을 얻은 단지는 "하늘 도시"[49]라는 개념을 품었는데, 주택 부족을 완화하는 한편 맥콘빌 가족과 같은 평범한 벨파스트 가정에게는 아주 사치스럽게 보이는 수준의 생활 편의시설도 제공할 터였다. 디비스 플래츠의 거주민들은 온수가 나오는 싱크대와 더불어 샤워 시설과 실내 화장실을 가질 수 있었다. 아파트 단지 층마다 한쪽 끝에서 다른 쪽 끝까지 이어지는 넓은 콘크리트 복도가 있었으며 복도는 각 아파트 세대로 통했다. 그것은 "파운드 로니"에 늘어선 주택들 바깥의 골목길을 떠올리게끔 의도한 것으로, 어린아이들이 놀 수 있는 놀이공간이었다. 문마다 사탕처럼 예쁜 빛깔로 칠해져 있었는데, 빨간색과 파란색과 노란색은 벨파스트의 잿빛 음영과 대비되는 활기차고 낙천적인 빛깔을 제공했다.

맥콘빌 가족은 "파셋 워크Farset Walk"라고 불리는 단지 한 구역의 방 네 개 딸린 복층으로 입주했다.[60] 그러나 새로운 거처에 대해 느꼈을 법한 흥분은 얼마 안 가 가셨다. 아파트 단지가 사람들의 실제 삶을 거의 고려하지 않고 지어졌기 때문이었다. 디비스 플래츠에는 공공 편의시설도, 녹지공간도, 조경시설도 없었다. 휑뎅그렁한 축구장 두 개와 아스팔트로 담을 두른 곳에 그네라든가 미끄럼틀 몇 개만 빼고는 놀이터도 없었다.[61] 천 명이 넘는 아이들이

1969년의 디비스 플래츠.

사는 단지였는데도 말이다.

마이클 맥콘빌은 입주했을 때 디비스 플래츠의 복도와 계단과 경사로가 쥐들을 위한 미로처럼 보였다.[52] 내벽은 값싼 석고보드라서 이웃들이 저녁 식사 자리에서 나누는 대화를 죄다 들을 수 있었다.[53] 그리고 외벽은 통기성 없는 콘크리트로 지어졌기 때문에 결로현상이 발생하고 악성 검은곰팡이가 벽을 타고 올라와 천장을 가로지르기 시작했다.[54] 디비스는 유토피아적인 건축술을 계획했으나 디스토피아적인 결과를 낳으며 훗날 한 작가가 "하늘 빈민가"[55]라고 칭한 것이 되었다.

맥콘빌 가족이 동벨파스트에 있는 집에서 내쫓긴 그해 여름, 보그사이드 전투와 폭동에 대응하여 영국군이 북아일랜드에 투입되었다. 푸른색 군복을 입은 젊은 군인들이 배를 타고 도착했다. 그중 수천 명이 벨파스트와 데리로 흘러 들어갔다. 가톨릭교도들은 파리를 해방시켰던 연합군을 환영하듯 처음에는 그들을 따뜻하게 맞이했다. 가톨릭교도들은 왕립얼스터보안대와 B특공대 대원들을 종파주의 당사자로 여기며 몹시 격분해 있었기에 (그에 비해 중립적으로 보이는) 영국군이 나타났을 때 안전에 대한 약속을 확실히 보장해줄 것으로 보였다. 서벨파스트에서 가톨릭교도 어머니들은 모래주머니를 쌓아놓은 초소까지 과감하게 올라가 군인들에게 차를 대접했다.[56]

마이클의 아버지는 보다 신중한 편이었다.[57] 퇴역한 군인으로서 아서 맥콘빌은 군인들이 순찰을 돌 때 자신에게 반말하는 것이 영 탐탁잖았다. 마치 그가 더는 지휘 계통에서 한 자리를 차지하고 있지 않은 사람이라는 듯이 말이다. 디비스 단지 한쪽 끝에 20층짜리 고층빌딩이 건축되면서 벨파스트에서 가장 높은 건물이 되었다. 그것은 교회가 아니었다. 1층부터 18층까지는 아파트로 이루어져 있지만 영국군은 감시 초소로 사용하려고 맨 위의 두 개층을 차지했다. 밑에서 서서히 긴장감이 돌 때 군 감시대는 쌍안경으로 도시 전체를 감시할 수 있었다.

군대는 도착하기 무섭게 공동체의 선의를 잃기 시작했다. 젊은 군인들은 벨파스트의 복잡한 종교적 지형을 이해하지 못했다.[58] 그들은 얼마 안 가 충돌에서 중립적 중재자로서가 아닌 점령군, 즉 B특공대와 왕립얼스터보안대의 중무장한 동맹군으로 보였다.

가톨릭교도들은 스스로 무장하여 왕당파 적들과 경찰, 결국에는 군인들을 향하여 총격을 가하기 시작했다. 총격전이 개시되었다.[59] 가톨릭교도 저격수들이 야밤에 옥상으로 올라가 굴뚝 사이에 납작 엎드려 밑에 있는 표적을 겨냥하여 총을 쐈다. 그러한 공격에 격분한 군과 경찰은 더욱 중무기로 무장해 응사했으며 인근 지역에서는 M1 카빈총이 탕-탕-거리는 소리와 스털링 기관단총이 우두두두-거리는 소리가 울려 퍼졌다.[60] 저격수들이 맞힐 지점을 찾아내기 힘들 거라고 여긴 B특공대는 회전식 연발 권총을 써서 가로등들을 쏴버렸기에 도시는 암흑 속으로 빠져들었다.[61] 영국군은 표적물이 되지 않기 위해 전조등을 끈 상태에서 반 톤이나 되는 군용 랜드로버를 타고 텅 빈 거리를 순찰했다.[62] 그 대혼란에도 불구하고 "분쟁"에서 실제로 사망한 사람의 수는 처음에는 상당히 낮았다.[63] 1969년에는 19명만이 사망했으며 1970년에는 29명에 불과했다. 그러나 1971년에 폭력사태가 가속화되면서 거의 200명에 가까운 사람이 죽었다. 1972년에는 그 수가 거의 500명에 달했다.

거의 대부분의 인구가 가톨릭교도인 디비스 플래츠는 무장 저항의 거점이 되었다.[64] 맥콘빌 가족은 단지로 옮겨왔을 때 동네 주민들이 "사슬chain"이라고 부르는 것을 소개받았다.[65] 경찰이나 군이 무기를 수색하려고 특정 아파트 동의 현관에 오면 누군가가 자신의 집 뒷창문 밖으로 고개를 내밀어 옆집에서 뒷창문으로 고개를 내밀고 있는 이웃에게 총을 건네주었다. 그녀는 그총을 건너편에 사는 이웃에게 건네주었으며, 이윽고 무기가 건물 맨 끝으로 갈 때까지 더 멀리 있는 누군가에게 건네주는 식이었다.

　"분쟁"에서 처음으로 어린아이가 목숨을 잃은 것은 디비스 플래츠에서였다. 맥콘빌 가족이 입주하기 전에 일어난 일이었다. 1969년 8월 어느 날 밤, 경찰관 둘이 단지 근처에서 저격수가 발사한 총에 맞아 부상당했다. 그러한 상황에서 총기 사용법에 훈련되어 있지 않은 경찰은 극심한 공포에 빠진 나머지 장갑차에서 디비스 플래츠에 무차별적으로 총알을 퍼부었다. 그러다가 발사를 잠시 멈춘 사이 경찰은 건물 안에서 퍼져 나오는 어떤 목소리를 들었다. "아이가 맞았어요!"[66]

　패트릭 루니라는 아홉 살짜리 소년은 경찰이 한 차례 발사했을 때 가족과 함께 안쪽에 있는 방에 피신하고 있었다.[67] 총알은 석고보드 벽을 뚫고 들어가 그 아이의 머리를 맞혔다. 일제 사격이 간헐적으로 계속되었기에 경찰은 구급차가 폴스 로드를 횡단하는 것을 허용하지 않았다. 그래서 결국 한 남자가 하얀 셔츠를 미친 듯이 흔들며 아파트에서 나왔다.[68] 그 남자 옆에 다른 두 남자가 머리가 박살난 아이를 들쳐업고 나타났다. 그들은 간신히 패트릭 루니를 구급차에 태웠지만 얼마 안 가 죽고 말았다.

　마이클 맥콘빌은 디비스 플래츠가 위험한 곳이라는 것을 알았다. 패트릭 루니는 자신과 비슷한 또래였다. 밤에 총격전이 벌어지면 아버지는 "바닥에 바짝 엎드려!"[69]라고 고함쳤고 아이들은 침대 매트리스를 아파트 한가운데로 끌고 와 거기에 옹기종기 모여 잠을 잤다. 때로는 침대에서보다 마룻바닥에서 보내는 밤이 더 많은 것처럼 느껴졌다. 마이클은 잠들지 못하고 누워있으면서 천장을 쳐다보고 있다가 총알이 콘크리트 외벽을 맞고 튕겨 나가는 소리를 듣곤 했다. 미친 삶이었다. 그러나 극도의 난장판 상태는 다달이 이어져 그가 아는 유일한 삶이 되었다.[70]

1970년 7월 어느 날 오후, 영국군 중대가 폴스 로드에서 조금 떨어진 발칸 스트리트 주변 골목길에 내려 숨겨둔 무기들을 찾고 있었다.[71] 한 집을 수색해서 슈마이저 기관단총 한 자루와 더불어 권총 열다섯 자루, 소총 한 자루를 회수했다. 그러나 그들이 장갑차로 다시 올라가 그 지역에서 철수할 준비를 하는 동안 주민들이 그들과 정면으로 대치하더니 돌을 던지기 시작했다. 극도로 당황한 한 장갑차 운전병이 군중 속으로 차량을 후진해 한 남자를 들이받자 이에 주민들의 분노는 극에 달했다. 충돌이 악화되면서 두 번째 중대가 첫 번째 중대를 구하러 투입되었으며 군인들은 군중 속으로 최루탄을 발사했다.

얼마 안 가 3천 명의 군인들이 로어 폴스에 집결했다.[72] 그들은 도끼로 문을 찍어내고 비좁은 주택들로 쳐들어갔다.[73] 공식적으로는 무기를 수색한다는 명분이었지만 보복행위임을 암시할 정도로 지나치게 파괴적인 위력을 보여주었다.[74] 그들은 소파 속을 가르고 침대를 헤집었다. 바닥재로 쓰인 리놀륨 장판을 벗겨내고 마룻장을 들어 올리고 가스관과 수도관을 잡아 뺐다. 어둠이 내려앉으면 군용 헬리콥터 한 대가 폴스 로드 위에서 맴돌았고, 확성기 너머로 잉글랜드 상류층 특유의 말투인 이튼 말투로 통행금지령이 내려졌다는 목소리가 들려왔다.[75] 모두들 집에 있어야 하며 그렇지 않을 경우 체포된다는 것이었다. 군인들은 소총 끝을 이용하여 엄청나게 뭉쳐있는 철망을 풀어헤치고는 거리에 끌어다 놓아 로어 폴스를 봉쇄했으며, 숯으로 얼굴을 검게 칠하고 방탄복을 입고 폭동 진압용 방패를 들고 다니며 거리를 순찰했다.[76] 주민들은 노골적으로 경멸하는 눈길로 작은 집의 창문에서 그들을 내다보았다.[77]

서벨파스트를 하나로 뭉쳐 극렬하게 대항하게 한 것은 다른 무엇보다도 최루탄 가스였을 것이다. 탄약통이 포장도로에서 휘리릭 튕기며 가로지르면 자욱하게 연기가 피어올라 돌멩이를 던지던 청춘들은 사방으로 황급히 흩어졌다.[78] 그 주 주말을 거치면서 군은 인근 지역에 1,600대의 탄약통을 발사했으며, 그것은 좁은 골목길 사이로 몰아쳐 금이 가 외풍이 심한 낡은 주택 틈새로 스며들었다.[79] 또한 사람들의 눈과 목에도 배어들었기에 갑작스러운 공포를 유발했다.[80] 청년들은 식초에 흠뻑 적신 헝겊으로 얼굴을 닦아내고는 다시 밖으로 나가 돌을 더 던졌다.[81] 포위공격에 대해 보도한 한 통신원은 최루탄 가스를 "자신들에게 가스를 발사한 자들에 대한 공통의 증오와 공통의 공감 속에서 군중을 하나로 강력하게 결합시킬 수 있는"[82] 물질이라며 일종의 결합제라고 칭했다.

* * *

마이클 맥콘빌은 그렇듯 격동적인 소년시절을 최대한 잘 활용했다. 그는 권력에 대한 건전한 회의론자로 자랐다. 그의 견해로는 영국군은 경찰과 전혀 다를 바 없었다. 그는 군인들이 사람들을 벽에 내동댕이친 다음 다리를 걷어차 사지를 벌리는 모습을 지켜보았다.[83] 군인들이 아버지와 형제들을 집에서 끌어내 강제로 끌고 가는 것을 보았다. 그들은 재판도 없이 구금되었다. 아서 맥콘빌은 실직상태였다.[84] 그러나 디비스 플래츠에서는 별로 드물지 않은 경우였다. 주민의 절반이 가족을 부양하기 위해 복지지원제도에 전적으로 의존하고 있었다.[85]

아이들이 디비스의 아파트를 나설 때면 진은 너무 멀리 가지 말라고 타일렀다.[86] "멀리서 돌아다니지 마. 집 근처에 있어." 엄밀히 말하면 전쟁이 벌어지고 있는 것은 아니었지만—당국은 순전히 내란이라고 주장했지만—분명

전쟁처럼 느껴졌다. 마이클은 친구들이나 형제들과 함께 생경하고 예측할 수 없는 풍경 속으로 과감하게 모험을 나서곤 했다. 최악의 "분쟁"이 벌어지고 있던 시기에도 일부 아이들은 전혀 두려움이 없는 것처럼 보였다. 총격이 멈추고 불길이 차츰 사그라진 뒤, 아이들은 헐레벌떡 바깥으로 나가 다 타버린 화물차 골격 사이를 헤집고 다녔고 침대 매트리스의 녹슨 스프링 위에서 트램펄린을 하고 놀거나 허물어진 건물의 돌무더기 한복판에 방치된 주인 잃은 욕조에 숨곤 했다.[37]

마이클은 대부분의 시간을 비둘기들을 생각하며 보냈다. 19세기로 거슬러 올라가면, 아일랜드에서 비둘기는 "가난한 사람의 경주마"로 알려져 있었다. 마이클의 아버지와 형들은 그에게 비둘기들을 접하게 해주었다. 그가 기억할 수 있는 한, 가족은 새들을 길렀다. 마이클은 둥지를 틀고 있는 비둘기들을 찾아 전투지역으로 나서곤 했다. 비둘기들을 발견하면 외투를 벗어 그물처럼 비둘기들 위로 던진 다음 그 안절부절못하는 따뜻한 생명체를 몰래 침실로 갖고 들어왔다.[38]

모험 중에 마이클은 때때로 폐가들을 헤집고 다녔다. 안에 어떤 위험이 도사리고 있을지 생각도 안 했지만—무단 점유자들이라든가 무장세력이라든가 폭탄처럼, 어쨌든 그가 아는 모든 위험에도 불구하고—두려움이라곤 없었다. 한번은 낡은 제분소를 우연히 발견했다. 건물 정면 전체가 날아가 있었다. 마이클은 친구와 함께 가파른 정면을 올라갔다. 비둘기들이 안에 둥지를 틀고 있는지 보기 위해서였다. 위층에 이르렀을 때 별안간 그곳에서 진을 치고 있는 영국군 한 조를 보게 되었다. "멈춰! 그렇지 않으면 쏜다!" 군인들이 마이클과 친구에게 소총을 겨누며 외쳤다. 이윽고 그들은 무사히 기어 내려왔다.

폴스 지역에 통행금지령이 내려지고 나서 1년쯤 뒤, 마이클의 아버지는 상당히 체중이 줄기 시작했다. 급기야 몸이 몹시 허약해지고 온몸을 덜덜 떨면서 찻잔도 쥘 수 없게 되었다.[90] 마침내 검사받으려고 병원에 가자 폐암에 걸렸다는 소견이 나왔다.[91] 거실은 아버지의 침실이 되었으며, 마이클은 밤새도록 아버지가 고통에 신음하는 소리를 들었다.[92] 아버지는 1972년 1월 3일에 세상을 떠났다. 마이클은 아버지의 관이 얼어붙은 땅바닥으로 내려가는 것을 지켜보며 속으로 상황이 더 이상 나빠질 수는 없을 거라고 생각했다.

4

지하군

1971년 어느 날, 돌러스 프라이스는 어머니인 크리시와 함께 벨파스트를 걷다가 모퉁이를 돌면서 영국군 검문소를 보았다. 보행자들이 불심검문을 받고 있었다. 크리시가 속도를 늦추더니 낮은 소리로 중얼거렸다. "뭐 갖고 있는 거 있니?"

"아뇨." 돌러스가 말했다.

"뭐 갖고 있는 거 있냐니까?" 이번에는 더욱 힘주어 크리시가 물었다. 돌러스는 멀리서 청년들이 장갑차에 대고 거칠게 밀쳐지며 군인들이 재킷을 벗으라고 명령하는 모습을 볼 수 있었다.

"나한테 줘." 크리시가 말했다.

돌러스는 갖고 있던 권총을 꺼내 조심스럽게 어머니에게 건넸다. 어머니는 총을 자신의 코트 속에 감췄다. 그들이 검문소에 이르렀을 때 돌러스는 재킷을 벗을 수밖에 없었지만 나이든 크리시는 그냥 통과했다. 슬리브갤리온 드라이브에 있는 집으로 돌아와서 크리시는 금속 부품마다 기름을 발라 꼼꼼하게 총을 닦았다. 그런 다음 양말로 싸서 정원에 묻었다. 나중에 IRA의 병참장교가 그 무기를 파내려고 집에 들렀다.

"엄마도 가입하시라 그러지?" 그가 반농담으로 돌러스에게 물었다. "무기를 끝내주게 잘 보관하시네."

* * *

　폴스 로드와 샨킬 로드는 벨파스트 중심부로 이동하면서 한층 가까워지지만 결코 닿지는 않으면서 거의 나란히 뻗어있다.[2] 폴스 로드는 가톨릭교도들의 거점이었으며 샨킬 로드는 개신교도들의 거점이었다. 이 두 동맥 사이에는 직각을 이루는 좁은 교차로들이 쭉 연결되어 있으며, 똑같이 생긴 집들이 거리를 따라 나란히 다닥다닥 붙어 있다. 이 연결된 거리를 각기 따라가다 보면 어느 지점에서 가톨릭교도 영토가 끝나고 개신교도 영토가 시작되었다.

　1969년의 폭동 동안, 인근 지역 주변에 바리케이드가 처지면서 종파적 지형도를 공식화했다. 하나의 공동체를 또 다른 공동체와 분리시키는 우뚝 솟은 차단 장벽은 결국 소위 "평화의 벽"[3]으로 대체될 터였다. 무장세력은 각각의 집단 거주지의 치안을 맡았으며 십 대 보초병들이 경계선을 담당했다.[*] "분쟁"에 불이 붙었을 때 IRA는 실질적으로 기능하지 않고 있었다. 그 조직은 1950년대와 60년대 초에 국경을 따라 벌어진 실패한 투쟁에 가담했었지만 그러한 활동은 공동체의 지지를 거의 이끌어내지 못했었다. 60년대 후반에 와서 더블린에 있는 IRA 수뇌부의 일부 조직원들은 아일랜드 정치에서 총의 유용성에 대해 의문을 제기하며, 정치를 통한 평화적 저항을 주창하는 마르크스주의 철학을 한층 공공연히 채택하기 시작했다. 1969년 여름에 폭동이 일어났을 때 벨파스트에는 IRA 조직원이 대략 100명에 불과할 정도로 조직은 점점 축소되었다.[4] 돌러스의 아버지인 알버트 프라이스와 같은 많은 사람들은 초창기 투쟁의 노련한 베테랑들이었지만 이제 나이를 먹어가고 있었다.

　군 또한 확연히 비무장을 취하고 있었다.[5] IRA는 기가 막히게도 때를 잘

못 골라 실제로 1968년에 남아 있는 무기 중 일부를 자유웨일스군Free Wales Army에 매각했다. 날림으로 폭발물을 제조하는 방법에 대한 약간의 전문지식은 여전히 남아 있었지만, IRA는 폭파범들이 표적물들보다 스스로를 더욱 자주 폭파하는 경향이 있는 집단으로 명성을 쌓아갔다.

전통적으로 북아일랜드에서 소수파인 가톨릭교도는 종파투쟁 기간 동안 IRA가 보호해주기를 기대했다. 그러나 1969년에 무력 충돌이 시작되었을 때, 그 조직은 왕당파들이 가톨릭교도 집안을 조롱하며 집을 불태우는 것을 막는 데 도움을 주지 못했다. 그렇듯 폭력적으로 숙청당한 일부 가톨릭교도들은 그 여파로 나중에 IRA의 실제 약자가 "나는 도망쳤다I Ran Away"를 뜻한다고 말하기 시작했다.

벨파스트에는 폭력적인 변화의 주역으로서의 IRA의 정체성에 다시 불을 지피기 위해 보다 공격적인 입장을 취하고 싶어하는 파벌이 있었다. 1969년 9월, 리암 맥밀런이라는 IRA 지휘관은 사이프러스 스트리트의 회의실에서 수뇌부 회의를 개최했다. 맥밀런은 폭동이 일어난 기간 동안 조직이 공동체를 보호하는 데 실패한 것으로 널리 지탄받은 인물이었다. IRA의 전설적인 "스트리트 파이터" 빌리 맥키가 이끄는 21명의 무장 대원들이 회의실에 난입했다. 아일랜드가 분할되고 나서 몇 달 후인 1921년에 태어난 맥키는 불과 열다섯 살에 IRA 소년병에 가담했다. 그는 이후 10년의 세월을 온전히 철창 속에 갇혀 보냈다. 매일 미사에 참석했던 독실한 가톨릭교도로 언제든 총을 휴대하고 다녔던 그는 연한 푸른색 눈동자에 열성분자와도 같은 신념을 갖고 있었다. "당신은 더블린 공산주의자로 우리는 당신을 투표로 몰아낼 거요." 그가 맥밀런을 향해 호통쳤다. "당신은 더 이상 우리의 지도자가 아니오."

알버트 프라이스의 오랜 친구인 작가 브렌든 비언은 아일랜드 공화파의 어떤 회의에서든 의제의 첫 번째 안건은 분열이라는 유명한 발언을 했다. 돌러스에게는 IRA의 분열이 불가피한 것으로 보였다.[12] 1970년 초에 이르러 탈퇴 조직이 형성되었다. 급진파Provisional IRA라고 알려진 그들은 명백히 무장저항에 적합하도록 맞추어져 있었다. 구 IRA는 온건파(Official, 마르크스-레닌주의자들-옮긴이)로 알려지게 되었다. 벨파스트 거리에서 그들은 흔히 "급진파"와 "부착파"로 식별되었다. 1916년의 부활절 봉기 기념 백합을 온건파(부착파)는 뒷면에 접착제를 바른 종이 백합을 셔츠 가슴팍에 부착한 반면, 보다 골수인 급진파는 종이 백합을 핀으로 꽂았기 때문이었다. 1971년, 44명의 영국군이 무장세력에게 살해당했다.[13] 그러나 IRA의 두 계파는 왕당파 폭도들과 왕립얼스터보안대 및 영국군과 치열하게 전투를 치르는 바로 그 순간에 이제 서로 간에 피비린내 나는 혈투를 벌이기 시작했다.

* * *

돌러스 프라이스가 자란 앤더슨스타운은 산봉우리가 평평한 블랙산 기슭의 폴스 로드 윗자락에 자리잡고 있다. 저 멀리서 도시를 불길하게 내려다보는 산이다. 1969년, 상황이 대단히 심각해지면서 정상적인 생활이 중단되었다. 아이들은 더 이상 안전하게 학교에 걸어갈 수 없어서 많은 아이들이 학교에 가는 것을 그만두었다. 다른 지역에 살던 돌러스의 이모 둘은 집이 불타버린 뒤 인근 동네로 이사왔다.[15] 군은 IRA 용의자나 무기를 수색하러 수시로 앤더슨스타운을 급습했다.[16] 어떤 집은 폭탄 양성소로서의 기능을 겸했다.[17] 급진파 IRA 신병이 폭발물 장치를 만들고 화염 물질을 다루는 방법을 배울 수 있는 비밀 폭발물 공장인 것이었다. 지역 주민들은 당국의 급습에 분개했으며, 영국 왕실을 대변하는 군복 차림의 무장군의 주둔은 벨파스트가 점령 도시가 되었다는 인상만 강화할 뿐이었다.[18]

이렇듯 전시 포위작전의 역학관계는 역으로 온 동네가 힘을 모아 서로 협력하게끔 만들었다. 돌러스 프라이스는 훗날 이렇게 회상했다. "동네 주민들이 갑자기 달라졌어요. 공화파들이 되었죠."[19] 당국이 오고 있을 때 가정주부들과 아이들은 집에서 헐레벌떡 뛰어나가 쓰레기통의 금속 뚜껑을 떼어내고는 길가에 꿇어앉아 포석에 대고 심벌즈처럼 뚜껑으로 챙챙- 요란한 소리를 내서 뒷골목에 울려 퍼지게 했다.[20] 저항군에게 급습이 진행되고 있음을 알리는 것이었다. 꼬질꼬질한 취학 연령기의 아동들은 허물어진 건물의 돌무더기 잔해가 널려 있는 길모퉁이에서 빈둥거리다가 문제가 생길 조짐이 보이면 손가락을 입에 넣고 휘익- 휘파람 소리를 냈다.[21]

활기를 북돋는 연대였다. 폭력이 거세지면서 성대한 장례식이 일상이 되었다. 무덤가에서는 격한 추도사가 이어졌고 관들엔 삼색기가 둘러졌다. 사람들은 벨파스트에서는 초상집에서 밤새우는 것 외에는 더 이상 사교 생활이 불가능하다는 농담을 했다.[22] 돌러스 프라이스는 죽음에 민족주의가 깃든 그러한 화려한 의식에 마음이 끌렸다. 그녀는 번톨렛 다리의 행진을 마치고 나서 고등학교로 돌아왔다. 여러 해 동안 미대에 진학하기를 열망했지만 지원을 마친 뒤 불합격 사실을 알고는 몹시 실망했다.[23] 대신 폴스 로드 기슭에 있는 세인트 메리 교육대학에서 입학 허가를 받아냈다.[24] 교육학 학사 학위를 취득하기 위해서였다.

알버트 프라이스는 새로운 투쟁에 관여했기 때문에 요즘 몇 년 동안 집에 있다 없다를 반복했다. IRA가 총을 필요로 하면 알버트는 총을 구하러 다녔다.[25] 저녁이 되면 돌러스는 거실에 옹기종기 모여 아버지와 낮은 소리로 음모를 꾸미는 남자들 한 무리를 보곤 했다. 어느 시점엔가, 알버트는 공화국 국경을 건너가 숨어 지내며 도망다니고 있었다.[26] 1970년에 돌러스는 세인트 메리 대학에 다니기 시작했다. 천성적으로 똑똑하고 호기심이 강한 그녀는 학과 공부에 전념했다. 그러나 번톨렛 다리에서 매복 공격을 당한 후 어딘가 모르게 달라져 있었다. 돌러스와 마리안 둘 다 그 경험으로 인해 변했다고, 아버지는 훗날 말하곤 했다. 벨파스트로 돌아온 후에는 "예전의 딸들이 아니었다."[27]

1971년 어느 날, 돌러스는 지역 IRA 지휘관에게 접근해 "가입하고 싶습니다"라고 했다.[28] 공식적인 입단은 슬리브갤리온 드라이브에 있는 프라이스 자택 거실에서 이루어졌다. 누군가가 무심하게 "이봐, 잠깐 여기 좀 와"라고 했다. 돌러스는 거실로 들어가서 오른손을 올리고 충성 선언문을 읊었다.[29] "나 돌러스 프라이스는 나의 지식과 능력을 다바쳐 IRA의 목표를 증진할 것을 엄숙히 서약합니다." 그녀는 "상관"에게서 떨어진 모든 명령에 예외 없이 복종하기로 맹세했다.[30] 돌러스가 이 중대한 의식에 참여하고 있는 순간에도 어머니는 옆방에 앉아 차를 홀짝이며 무슨 일이 벌어지고 있는지 전혀 눈치채지 못하는 사람처럼 행동했다.[31]

번톨렛 다리에서 구타하던 왕당파와 눈이 마주친 순간 이래 돌러스는 그간 꿈꿔왔던 평화로운 저항에 대한 환상이 순진해 빠진 거라고 결론지었다.[32] '난 그런 사람들을 절대 개조시키지 못할 거야.' 그녀는 생각했다. 아무리 길을 오르내리는 행진을 많이 한다고 해도 아일랜드가 필요로 하는 변혁을 가져오지는 못할 터였다.[33] 그녀는 사춘기 때 집안의 가풍으로 세워던 근본적인 신념에서 빗나갔었기에 IRA에 가담한 순간을 집으로 다시 돌아온 것 같은 일종의 "귀향"으로 여기게 되었다.[34]

마리안 역시 급진파에 가담했다. 자매는 낮에는 계속해서 학교에 다녔다. 그러나 저녁에는 사라져서 밤늦게까지 집으로 돌아오지 않았다.[35] 그러한 상황에서 서벨파스트의 부모들은 여러 질문을 하지 않는 경향이 있었다. 젊은 이들은 한 번에 일주일씩 사라질 수도 있었고,[36] 집에 돌아오면 어디 갔다 왔는지 아무도 캐묻지 않았다. 그러는 데는 다음과 같은 이유가 있었다. IRA는 금지된 조직이었으며, 조직원이라는 것을 인정하는 것조차 체포 사유가 되기 때문에 조직은 비밀엄수에 대하여 광적이었다. IRA에 가담한 젊은이들은 부모에게 자신이 가담한 사실에 대해 말하지 않는 경향이 있었다. 어떤 경우에는 부모가 찬성하지 않을 수도 있었다. 벨파스트는 이미 충분히 위험했기에 무장세력이 되겠다는 것은 그야말로 운명을 시험하는 것이기 때문이었다. 때로는 어린 IRA 저격범이 저격 임무를 수행하려고 집을 나서서 길모퉁이를 도는 순간 어머니와 맞닥뜨릴 때도 있었다. 어머니는 자식이 손에 든 돌격용 소총을 보고 조금도 당황하지 않은 채 귓불을 잡고서는 집으로 끌고 왔다.[37]

그러나 설령 부모가 열성적인 IRA 지지자라고 해도 부모에게 가담했다고 말하지 않는 이유가 여럿 있었다. 경찰이나 군대가 문을 부수고 들어와 부모를 신문하는 경우, 부모는 잘 모를수록 더 좋았다. 돌러스의 친구 중에 프랜시 맥기건이라는 이름의 사각턱을 가진 몸집이 큰 청년이 있었다. 프라이스 부부와 마찬가지로 맥기건 부부도 충실한 공화파 집안이었으며 부모가 서로 친구였기 때문에 돌러스와 프랜시는 평생 서로 알고 지냈다. 프랜시가 IRA에 가담했을 때 그는 아버지 역시도 조직원임을 알고 있었지만 서로 그것에 대해 논한 적이 없었다. 한 지붕 아래 사는 두 사람에게 이런 일은 때로는 우스꽝스러운 상황을 생기게 할 수도 있었다.[38] 프랜시의 아버지는 무기와 탄약을 담당하는 병참장교였다. 그러나 총알이 필요했을 때 프랜시는 아버지에게 묻지 않았다. 대신 친구인 케빈에게 물었다. "케빈, 우리 아버지한테 총알이 좀 있을까?" 그러면 케빈은 프랜시의 아버지에게 물었고, 아버지는 총알을 케빈에게 주었으며, 케빈은 다시 총알을 프랜시에게 주었다. 업무처리 방식에 있어서 그다지 효율적이지 않을지는 모르지만 어떤 것은 말하지 않는 편이 더 좋다는 뜻이겠다.

* * *

급진파의 참모총장은 숀 맥 슈타이오페인이라는 남자였다.[39] 얼굴이 둥근 40대 초반의 남자로 절대금주주의자였고 런던내기 말씨를 썼으며 아래턱에 보조개가 있었다. 동런던에서 존 스티븐슨으로 태어났는데 어머니는 당신이 벨파스트에서 어떻게 아일랜드식으로 가정교육을 받으며 자랐는지에 관한 이야기를 들려주며 키웠다. 그는 영국 공군에서 복무한 후 아일랜드어를 배웠고 아일랜드 아가씨와 결혼하여 아일랜드식 이름으로 개명하였으며 IRA에 가담했다. 나중에 맥 슈타이오페인은 전혀 아일랜드인이 아니라는 사실이 드러났다. 그에게 이야기를 들려주었던 어머니는 실은 벨파스트가 아니라 런던의 베스널 그린 출신이었다. 그러나 때로 우리가 가장 열렬하게 믿는 것은 신화이다.(맥 슈타이오페인의 IRA 동료 중 일부는 그를 놀리고 싶을 때 아일랜드 이름을 써야 하는 것을 "깜빡 까먹었다"며 존 스티븐슨이라고 불렀다.)[40]

개신교도로 태어나긴 했지만 맥 슈타이오페인은 독실한 가톨릭교도로 1953년에 IRA가 무기고를 습격한 사건에 참여하여 잉글랜드에서 징역을 살기도 했다. 그는 "물리력"을 쓰자는 공화파로 영국인을 몰아내는 유일한 수단이 무장투쟁이라는 것을 확고하게 주장했다. 개인적으로 군사전략에 대해 다음과 같은 세 단어로 요약한 바 있다. "단계적 확대, 확대, 확대."[41] 맥 슈타이오페인은 폭력을 열렬히 받아들인 나머지 일부 동시대인들에게는 "칼잡이 맥"[42]으로 알려지게 되었다.

1975년 회고록의 한 구절에서[43] 맥 슈타이오페인은 돌러스 프라이스가 자신에게 어떻게 다가왔는지를 떠올렸다. "그녀는 교직을 계획하고 있었다. 공화파 집안 출신임에도 그때까지 비폭력 저항이 북아일랜드에서의 불의를 극복하는 데 성과를 거둘 거라는 확신을 갖고 있었다." 그는 그녀의 마음을 바꾼 순간으로 번톨렛 다리에서의 매복을 정확히 짚어냈다. 처음에 맥 슈타이오페인은 돌러스에게 IRA 여성후방지원단인 커마나만에 합류할 것을 제안했다.[44] 어머니인 크리시 프라이스와 이모인 브리디, 할머니인 돌란이 모두 복무했던 동일한 부대였다. 커마나만의 여성들 역시도 중대한 일을 했다.[45] 부상당한 남자들을 돌보거나, 발사 후 아직도 뜨끈뜨끈한 총을 재빨리 채어가는 일과 같은 것들이었다.

그러나 프라이스는 맥 슈타이오페인의 제안을 불쾌하게 여겼다. 그녀의 페미니즘은—아마도 저명한 공화파 가문의 자손이 가진 어떤 자격과 결합하여—보조하는 역할로 격하되고 싶은 생각이 없다는 것을 뜻했다. 훗날 그녀는 이렇게 회상했다. "나는 차를 내오거나 붕대를 감는 게 아니라 싸우고 싶었습니다. 모 아니면 도였지요."[46] 프라이스는 자신이 어떤 남자와도 동등하다고 주장했으며,[47] 남자가 하는 일과 똑같은 일을 하고 싶어했다. 그녀는 "전투병"이 되고 싶다고,[48] 맥 슈타이오페인에게 말했다.

급진파 군 최고회의 특별회의가 소집되어 역사상 처음으로 여성들도 정조직원으로 조직에 가입할 수 있다는 결정이 내려졌다.[49] 이는 상당 부분 돌러스 프라이스의 야망(과 나무랄 데 없는 공화파 가계)에 기인했을 것이다. 그러나 프라이스 자신은 또 다른 요인이 작용했을 거라고 추측했다.[50] 당국이 남성들을 대거 투옥시켰기에 급진파로서는 여성들의 입단을 허락하기 시작하는 것 외에는 달리 선택의 여지가 없다고 느꼈을 수 있다는 것이다.

혹여라도 프라이스가 여성이기에—아니면 공화파 성골 출신이거나, 아니면 IRA 기준에 의하면 고학력자라는 식으로—어떤 행운을 얻을 수 있을 거라고 생각했다면, 그녀는 재빨리 그런 그릇된 관념에서 깨어나게 되었다. 입단 선서를 하고 난 뒤 지휘관은 그녀를 서벨파스트에 있는 한 집으로 소환했다. IRA 남자들이 여럿 모여 있었다. 그곳에서 프라이스는 때가 잔뜩 끼고 짝이

맞지 않는 녹슨 총알을 무더기로 받았다. 아무도 어디인지 모르는 무기고에서 파낸 것이었다. 그때 누군가가 그녀에게 쇠수세미 한덩어리를 건네며 말했다. "깨끗이 닦아."[51]

그것은 상상할 수 있는 가장 하찮은 일이라고, 그녀는 코웃음을 쳤다. 사춘기 사내아이들도 다 할 수 있는 일이었다. 이게 정말로 필요할까? 그러고 보니, 이 총알들이 제대로 작동이나 할까? 지금까지 실제로 이 총알들로 쏘려고 한 사람이나 있었을까? 그녀는 부엌에 앉아있는 IRA 남자들이 하잘것없이 보이는 자신의 모습을 보며 낄낄대는 모습이 그려졌다. 당당하게 걸어 들어가 이렇게 말하고 싶은 마음이 굴뚝같았다. '이 총알로 뭘 할 수 있겠어?' 하지만 자제했다. 명령에 따르기로 맹세했기 때문이다. 모든 명령에 말이다. 그것은 신병을 곯리는 의식일 수도 있지만 시험대이기도 했다. 그래서 프라이스는 쇠수세미를 들고 북북 문지르기 시작했다.

* * *

프라이스는 "그렇게 사는 게 영광스러운 삶의 방식이라고 배우며 일생을 보냈어요"라고 회상했다.[52] 그러나 새로운 천직의 낭만에 대해 잘 알게 된 것과 마찬가지로 위험에 대해서도 잘 인식하게 되었다. IRA는 이제 막 영국과의 총격전에 착수했으며, 동료 신병들이 승산에 대해 뭐라고 말하든 성공 가능성은 희박해 보였다. 주어진 작전이나—혹은 모든 전투에서—남들보다 지략이 더 뛰어나거나 사격 솜씨가 더 뛰어난 경우라면 패트릭 피어스라든가 부활절 봉기의 영웅들과 동일한 운명을 기대할 수 있다. 즉, 영국인이 내 목숨을 앗아가면 아일랜드인은 영원토록 나에 관한 이야기를 전할 것이다. 급진파에 새로 들어온 신병들은 다음 두 가지 결과 중 하나를 예상하라는 말을 들었다. "감옥에 가거나, 죽거나."[52]

크리시 프라이스 역시 이러한 위험에 대해서 잘 알고 있었으며, 본인 역시 대의에 헌신했음에도 딸을 걱정했다. "학업을 마치는 게 어떻겠니?" 그녀가 사정했다.

"아마 혁명은 내가 학업을 마칠 때까지 기다릴 걸요."[54]

거의 매일 밤, 돌러스가 작전을 마치고 집으로 돌아오면 크리시는 어떤 질문도 하지 않고 묵묵히 딸의 옷을 챙겨 세탁기에 넣었다.[55] 그러나 언젠가 한번은 밤늦게 집에 돌아왔을 때 어머니가 울고 있는 모습을 보았다.[56] 어디선가 폭탄이 터지고 있다는 소식을 들어서 딸이 죽었을지도 모른다는 두려움에 사로잡혀 있었던 것이다.

급진파에 가담한 지 얼마 되지 않아 프라이스 자매는 국경 너머에 있는 공화국의 IRA 훈련소에 입소했다.[57] 훈련소 입소는 의례적인 행사였다. 신병은 자동차나 승합차를 타고 구불구불한 시골길을 따라 외진 장소로 갔다. 보통 농장이었는데 현지 안내인—앞치마를 두른 가정주부거나 IRA에 동조하는 교구 사제—이 나타나 그들을 농가로 안내했다. 훈련소 입소는 며칠에서 일주일 이상 지속될 수 있으며, 회전식 연발 권총과 소총, 폭발물을 다루는 법에 관한 집중 훈련을 받았다. 급진파는 여전히 한정된 무기고에 있는 구식 무기를 갖고 작업하고 있었는데 그중 많은 것들이 2차대전 때 사용하던 것으로 거슬러 올라갔지만, 신병들은 소총을 분해하고 기름칠을 하는 법과 폭발물을 충전하고 뇌관을 다는 법을 배웠다. 그들은 대열에 맞춰 행군하며 마치 전통적인 군대에서 하는 것처럼 기본적인 훈련을 받았다.[58] 심지어 신통찮지만 군복 같은 것도 있었다. 일상에서는 젊은 저항군은 청바지와 모직 스웨터를 표준 복장으로 입었다. 그러나 장례식에는 검은 양복을 입고 선글라스와 검은 베레모를 썼으며, 꼭 결의에 찬 규율있는 군대처럼 인도를 따라 비상 경계선에

줄지어 있었다.[59] 당국은 그러한 행사에서 사진을 찍었는데 그것도 빈번히 찍었다. 그러나 이 새로운 무장세력 집단에 대한 정보는 아직 초보적인 수준에 머물러 있었으며, 종종 젊은 신병들의 얼굴을 이름이나 기타 다른 식별 정보와 일치시킬 수 없었다.

1960년대에 벨파스트에서 "IRA 조직원"의 이미지가 술집의 높고 둥근 의자에 앉아 진블러썸 칵테일을 앞에 두고 과격했던 옛날얘기나 지루하게 해대는 한물간 사람이었다면 "급진파"는 그러한 이미지를 뒤집기 시작했다. 그들은 깔끔하고 규율있고 조직적이고 이념적이며—거기다 무자비하게 되는 것을 목표로 삼았다.[60] 그들은 스스로를 "의용군"이라고 불렀는데 그 명칭은 부활절 봉기의 불운한 영웅들을 상기시키는 것으로, 애국심이란 것은 애국자가 값비싼 대가를 치를 각오가 되어 있어야 하는 거래라는 느낌을 포착한 것이었다. 의용군으로서 그들은 대의를 위해서라면 모든 것을—심지어 목숨마저도—희생하기 위해 일어설 준비가 되어 있었다. 그러한 규약은 혁명가들 사이에서 동지애와 사명감을 도취시키며 쉽게 파괴할 수 없는 것으로 보이는 결속력을 심어주는 경향이 있었다.

* * *

프라이스 자매는 최전선의 군인으로 복무하고 싶었을지 모르지만 처음에는 운반책으로 일했다.[61] 그것은 중요한 일이었다. 늘 이곳저곳으로 자금이라든가 군수품 또는 의용군들을 수송해야 했고, 이리저리 장소를 옮겨 다니는 것은 위험할 수 있기 때문이다. 돌러스의 친구 중에 휴 피니라는 친구가 차를 갖고 있었는데 그녀는 때때로 그 차를 황급히 운반할 일이 있을 때 쓰곤 했다.[62] 술집 주인의 아들인 안경잡이 피니는 돌러스와 마찬가지로 "인민민주

주의” 일원이었으며 IRA에 푹 빠졌을 때 교사가 되려고 교육받고 있던 중산층 집안 청년이었다.[63]

　의용군으로 적극 활동하게 된 후에도 돌러스와 마리안은 대학에 적을 두고 있었다. 이는 훌륭한 위장 역할을 했다. 그들은 수업을 마치면 집으로 돌아와 책을 제자리에 꽂아 두고 작전을 수행하러 나섰다.[64] 프라이스 자매는 여성이었기에 남성들보다 당국의 관심을 끌 가능성이 적었다. 돌러스는 로지라는 이름의 가짜 면허증을 휙 내보이며 하루에도 몇 차례나 국경을 건너갔다.[65] 그녀가 숱하게 국경을 넘어가자 검문소에 배치된 군인들이 그녀를 알아보게 되었다. 그들은 전혀 의심을 품지 않았다. 그보다는 국경 근처를 오가야 하는 따분한 일을 하고 있다고 추측했다. 돌러스는 수다스럽게 알랑거리며 살짝 추파를 던지는 식으로 그들을 대했다. 군인들은 그녀를 좋아했다. “로지!” 군인들은 그녀가 오는 모습이 보이면 말하곤 했다. “오늘은 어때요?”[66]

　프라이스 자매는 수시로 방화 물질을 운반했다. 그들은 즉석에서 폭발물을 만들 수 있는 성분인 니트로벤젠의 냄새를 알게 되었다.[67] 꼭 마지팬(아몬드와 설탕·달걀을 이겨 만든 과자-옮긴이)과 같은 냄새가 났다. 폭탄제조에 필요한 재료는 공화국에서 마련한 다음 국경선을 넘어 북쪽으로 밀반입했다. 한번은 마리안이 폭발물을 가득 실은 차량을 몰고 있을 때 군 검문소를 발견했다.[68] 그녀는 아직 십 대였고 무면허 운전을 하고 있었다. 폭발물은 운전석 문에 있는 패널 뒤에 숨겨져 있었다. 한 군인이 차를 검문하려고 다가왔다. 그가 손잡이에 이르렀을 때 마리안은 그가 문을 열면 즉시 숨겨진 적재물의 무게를 알아챌 거라고 직감했다.

　“내가 열게요!” 그녀가 다급히 문을 열면서 말했다. 그녀는 차 밖으로 나와 두 다리를 쭉 뻗었다. 당시 벨파스트에서는 미니스커트가 대유행하고 있었는데 마침 마리안은 미니스커트를 입고 있었다. 군인은 미니스커트에 시선이

꽂혔다. 훗날 마리안은 말했다. "그 군인은 차보다 내 다리를 보는 데 더 관심이 많은 것 같았어요." 군인은 그녀를 통과시켰다.

한층 고지식하고 전통적인 커마나만에게 그러한 작전을 펼치는 여성들—자신들의 성을 무기로 사용하는 여성들—의 존재는 위협적이었으며, 심지어 약간 불미스럽기까지 했다. 커마나만에서 잔뼈가 굵은 일부 베테랑들은 이 최전선의 IRA 여성들을 "군인 아가씨들"이라고 언급하며 그들의 사생활이 문란하다고 넌지시 암시했다.[69] 투쟁에서 전술이 진화함에 따라 IRA 여성들은 간간이 소위 미인계를 썼다. 의심하지 않는 영국 군인들을 시내의 술집에서 낚은 다음 매복 장소로 유인하는 것이었다. 1971년 어느 날 오후, 비번인 스코틀랜드 군인 셋이 벨파스트 시내의 한 술집에서 술을 마시고 있을 때 파티에 초대한다며 아가씨 둘이 접근했다.[70] 나중에 군인들의 시신이 마을 외곽의 인적이 드문 길가에서 발견되었다.[71] 파티에 가는 도중 소변을 보려고 멈췄는데 누군가가 세 명 모두의 머리에 총을 쏜 것으로 보였다. 프라이스 자매는 그러한 작전을 수치스럽게 여겨 경멸했다.[72] 돌러스는 절대 자신을 미인계에 배치시키지 말아달라고 요청했다. 전쟁에도 법칙이 있다고 그녀는 주장했다. "군복을 입고 있는 군인들을 쏴야 합니다."

과격한 폭력의 화신으로서의 여성의 모습은 참신하게 느껴질 수도 있겠으나, 세상의 다른 지역에서는 이미 그러한 인물들이 혁명의 도상학에서 한 자리를 차지하고 있었다.[73] 벨파스트가 1969년 여름에 불타고 있는 동안 스물다섯 살의 레일라 할레드라는 팔레스타인 테러범은 로마에서 텔아비브로 가는 TWA 비행기를 납치해 세계의 이목을 집중시켰다. 비행기를 다마스쿠스로 우회시킨 할레드는 비행기를 납치한 최초의 여성이 되었다. 그녀는 새로운 투쟁성에 걸맞는 벽사진용 미인으로 부상했다. 그녀의 사진은 광택 나는 종이에 원색 사진을 곁들이는 패션 잡지에 도배되었다.[74] 검은 눈동자와 조각한 듯한 광대뼈가 돋보이는 얼굴을 카피예 두건으로 두른 채 손에는 돌격용 자동 소총을 움켜잡고 있었다. 몇 년 후, 미국인 재벌 상속녀 패티 허스트가 베레모를 쓴 채 총신이 짧은 카빈총을 휘두르고 있는 유명한 사진이 찍혔다.[76] 돌러스 프라이스의 한 절친한 친구는 당시 적어도 그녀의 매력의 일부는 "세련된 저항군"[76] 이미지라고 했다.

프라이스 자매에 관한 이야기가 벨파스트에 주둔하고 있는 영국군 사이에 회자되며 그곳을 방문한 종군기자들이 신문에 기사를 내기 시작했다.[77] 자매는 "나팔바지 속에" 돌격용 자동 소총을 숨기고 비열한 벨파스트 거리로 대담하게 나서는 치명적인 팜므파탈로 큰 명성을 얻게 되었다.[78] 마리안에게는 저격의 명수라는 수식어가 붙으며 영국 병졸들 사이에서 "과부제조기"라고 일컬어졌다.[79] 돌러스는 언론에서 "북아일랜드에서 가장 위험한 젊은 여성 중 한 명"[80]으로 알려지게 되었다.

입에서 입으로 전해지는 그런 이야기를 얼마나 진지하게 받아들이는지 판단하기는 어렵다. 그중 일부는 폭력적인 격동의 시기에 간혹 유포되는 성적 특성이 부여된 유언비어 같은 것이었다.[81] 늘 다소 고루하고 억눌렸던 사회는 대단히 격변적인 방식으로 갑작스럽게 분열되고 있었다. 성적 해방과 무장세력이 혼돈된 상태가 위협적이라는 것을 인식하자 소총을 휴대하는 늘씬하고 미끈한 다리를 가진 "탕녀"라는 신화 속 요괴로 수렴되었다.

그러나 이 이미지가 어느 정도 전쟁터 판타지였다면 그것을 투영하는 핵심 인물 중 하나는 바로 돌러스 프라이스 본인이었다. "우리 폭탄 공장을 둘러보시겠어요?" 그녀는 1972년에 내방한 기자에게 이런 말을 덧붙였다. "지난주에 「파리 매치」지도 사진을 찍어갔어요."[82] 번톨렛 다리 행진에서 프라이스와 친구가 된 데리 출신의 활동가 이몬 맥캔은 여전히 가끔 그녀를 만나고 있었다.[83] 그녀는 급진파에 가담했다는 것을 결코 명확하게 말한 적이 없었지만 맥캔은 알고 있었다. 그는 크게 실망했다. 그는 아일랜드의 변혁을 간절히 원했지만 폭력이 그것을 달성하는 방법은 아니라고 확신했다. 무장투쟁에 동참한 친구들에게 그는 말하곤 했다. "폭력으로는 네가 쏟아부을 고통에 상응하는 게 절대 나오지 않아."

프라이스를 만나면 맥캔은 늘 그녀의 화려한 매력에 푹 빠졌다. 그가 자라면서 알았던 공화파 여성 대부분은 엄숙하고 경건했다. 성모 마리아는 아니더라도, 그렇다, 정확히 총을 든 성모 마리아였다. 프라이스 자매는 완전히 딴판이었다. 돌러스는 항상 세련되게 옷을 입었으며 머리 모양과 화장도 흠잡을 데 없었다. 맥캔은 이렇게 회상했다. "자매는 멋쟁이였어요. 겉으로 볼 때는 냉철한 논객이라든가 광신자가 아니었죠. 언제나 미소를 짓고 있었어요." 당시 벨파스트에는 크레이지 프라이스Crazy Prices라는 할인점이 있었기에 필연적으로 돌러스와 마리안은 친구들 사이에서 "크레이지 프라이스 자매"로 알려지게 되었다.[84]

한번은 왕립얼스터보안대의 경찰들이 아침 여섯 시에 슬리브갤리온 드라이브에 있는 집으로 쳐들어와 돌러스를 불법조직의 용의자로 체포하겠다고 밝혔다.[85] "아침밥을 먹기 전까지는 여기서 나갈 수 없어요." 크리시가 말했다. 그 작지만 만만찮은 여자의 말에 주눅든 경찰은 기다리기로 동의했고, 크리시는 딸에게 가서 화장하라고 지시했다. 돌러스가 마음을 가라앉힐 수 있도록 시간을 벌고 있던 것이었다. 돌러스가 갈 준비를 마치자 크리시가 모피 코트를 입었다. 통상 특별한 경우를 위해 갖고 있던 코트였다. "같이 가겠어요." 크리시가 말했다.

잠시, 돌러스는 '내가 IRA 조직원이라 어머니도 나와 같이 가면 체포되겠구나'라고 생각하자 속이 상했다. 그러나 그들은 집을 나섰다. 캐슬레이 청사(북아일랜드경찰청의 벨파스트 본부─옮긴이)에서 그녀는 취조를 받았다. 그렇지만 규칙을 알고 있기에 경찰에게 "할 말 없다"는 말만 되풀이하며 아무런 정보도 주지 않았다. 결국엔 무혐의로 풀려났다. 돌러스를 상대로 소송을 거는 것은 어려울 터였다. 어찌 됐든 그녀는 여전히 학생으로서 좋은 성적과 출석 기록을 보여주고 있었기 때문이다. 경찰서를 나서기 전 크리시는 잠시 멈춰 서더니 경찰이 찍은 딸의 범인 식별용 사진을 보며 감탄했다.

"저 사진 내가 가져도 되나요?" 크리시가 덤덤한 얼굴로 말했다. "아주 잘 찍었네요."

* * *

급진파는 자금조달 계획의 일환으로 은행을 털곤 했다. 무수히 은행을 털었다. 1972년 여름 어느 날, 앳돼 보이는 수녀 셋이 벨파스트의 AIB 은행으로 걸어 들어왔다.[86] 은행이 막 폐점하려고 할 때 수녀들은 수녀복 속으로 손을 집어넣더니 총을 꺼냈다. 그러고는 총기 강도질을 벌였다. 프라이스 자매와 또 한 명의 여성 의용군이었다.[87] 최초의 강도사건이 벌어지고 나서 한 달 뒤, 여자 셋이 바로 그 동일한 은행으로 걸어 들어가 또다시 은행을 털었다.(강도의 신원은 특정되지 않았지만 으레 또 자매가 돌아와 벌인 일이 아닐까 생각이 드는 것은 어쩔 수 없다.)[88] 돌러스는 우체국 화물 트럭을 납치한 적도 있었다.[89] 그 트럭이 돈자루를 운반하고 있다는 정보를 IRA가 입수했기 때문이었다.

그들 주위에서 펼쳐지는 모든 공포에도 불구하고 돌러스와 동지들은 모든 질서가 무너진 사회에서 스스로 늠름한 무법자라는 환상과 모험심을 품고 있었다. IRA에서 돌러스의 친한 동지 중 하나인 제임스 브라운이라는 남자가 맹장이 터져 감옥에서 앤트림에 있는 병원으로 이송되었을 때 프라이스 자매는 대담한 구출 임무를 수행했다. 병원을 급습해 그곳에 있던 경찰들을 무장해제시키고는 브라운의 탈출을 도왔다.[90] 자매가 군이나 경찰의 체포를 피할 수 있었던 것은 작은 기적이었다. 아마 어떤 일이 닥칠 때마다 얌전한 가톨릭교도 여학생 역할을 하는 능력이 혐의를 돌리기에 충분했을 것이다. 그러나 당국이 이 시기 동안 벌어진 폭력의 수위에 완전히 압도당한 것 또한 사실이었다.

급진파의 구성원들은 흥미로운 인물들로 가득 차 있었다.[91] 돌러스는 폴스 로드에서 조금 떨어진 캐빈디시 스트리트에서 자라 거의 마흔 살 생일에 가까워지도록 여전히 부모와 누이와 함께 살고 있는 조 린스키라는 연상의 남자와 친해졌다. 린스키는 1950년대에 포트글리논의 수도원에서 수도사로 교육받아 침묵의 서약을 하고 매일 아침 동이 트기 전에 일어나 기도를 올렸다.[92] 그러나 결국엔 수도회를 떠나 IRA에 합류하게 되었다.[93] 린스키는 다소 조숙한 아이로 수도원에 앉아있으면서 사춘기를 보냈다. 나이 어린 의용군들은 그를 괴짜로 여겼다.[94] 그를 "또라이 수도사"라고 불렀다.[95] 그러나 눈빛도 다정하고 품성도 온화했기에 돌러스는 그를 아주 좋아하게 되었다.[96]

제리 아담스.

프라이스가 사귀게 된 또 한 사람은 제리 아담스라는 키가 크고 수척한 청년이었다. 그는 발리머피 출신의 전직 바텐더로 "요크 공작Duke of York"이라는 시내 한복판에 있는 천장이 낮은 술집에서 일했었다.[97] 노동계 간부들과 기자들에게 인기가 많은 술집이었다. 프라이스와 마찬가지로 아담스도 저명한 공화파 집안 출신이었다. 삼촌 중 한 명은 그녀의 아버지와 함께 데리 교도소에서 탈옥한 전력이 있었다.[098] 아담스는 디비스 플래츠 건축에 항의하는 지역위원회에서 활동가로 경력을 쌓기 시작했다.[099] 대학에 다닌 적은 없었지만 돌러스와 마찬가지로 똑똑하고 분석적인 막강한 논객이었다. 그는 그녀가 IRA에 가담하기 몇 년 전에 가담했으며[100] 이미 벨파스트 전역에서 지도자로 급부상하고 있었다.

어린 시절부터 프라이스는 아담스와 그럭저럭 알고 지내는 사이였다. 둘 다 꼬마였을 때 그녀는 자신이 탄 버스에 그가 가족과 함께 타는 것을 보곤 했다. 공화파 기념식을 하러 에덴튜버나 보덴스타운으로 가는 버스였다. 그런데 이제 그가 선동가로 다시 나타난 것이었다. 처음에 그녀는 트럭 뒤에서 군중을 향해 연설하고 있는 그를 알아보고는 외쳤다. "거기 서 있는 사람 제리 맞아요?"[101] 프라이스는 아담스가 흥미로우면서도 약간 우스웠다. 그는 "커다란 검은색 뿔테 안경을 쓴 멀대 같은 녀석"이었다고 당시를 회상하며, 조용하고 빈틈없는 카리스마를 지니고 있었다고 했다.[102] 프라이스는 주체할 수 없을 정도로 외향적인 성격이었지만 아담스와 대화를 시작하는 게 어렵다는 것을 알았다. 그는 권위적인 태도로 거리를 두는 듯한 분위기였으며 그녀를 정답게 "얘야"라고 불렀지만 겨우 두어 살 위였다. 프라이스가 제임스 브라운의 병원 탈출을 도운 다음 날, 아담스는 그녀의 작전상 보안에 대해 우려를 표명했다. "그 여자들이 변장을 하지 않았다고 신문에 나왔더군." 그는 낮은 목소리로 비난하는 투의 말을 덧붙였다. "사실이 아니길 바라네."

프라이스는 신문 기사가 부정확한 거라고 그에게 장담했다. 자매는 금발 가발을 쓰고 밝은 색상의 립스틱을 발랐으며 화려한 스카프를 머리에 둘러 "하키 선수들을 꼬시려고 따라다니는 두 매춘부처럼" 치장했기 때문이라고 했다. 아담스가 그 말을 꽤 진지하게 받아들이는 것 같다고 프라이스는 생각했다. 하지만 그녀는 누구라도 놀릴 수 있었다. 안전을 위해 아담스는 집에서 잠을 자지 않고 대신 여러 임시숙소를 전전했다. 그중 일부는 가정집이 아니라

지역 업소들이었다. 최근에는 서벨파스트에 있는 장의사에서 잠을 청했다.[103] 프라이스는 그게 아주 우스워 죽을 지경이었다. 그녀는 그가 관에서 잔다고 농담했다.

그녀는 훗날 말했다. "짜릿한 시간이었어요. 재미있었다는 게 부끄러운 줄 알지만요."[104] 그러나 사실이 그랬다. 그녀는 이제 막 겨우 스물한 살로 접어들었다. 다른 집안이라면 돌러스와 마리안이 하고 있던 일을 못마땅하게 여길지도 모르지만 알버트와 크리시 부부는 딸들이 가문의 전통을 따르고 있다는 느낌이 들었다. 우리는 어떤 사람이 다른 사람을 때린 것을 비난할 수는 있지만 얻어맞은 사람이 되받아친 것을 비난할 수는 없는 법이다. "급진파 군대는 왕당파 무리에 맞서 바리케이드를 설치한 사람들에 의해 시작되었습니다."[105] 알버트는 당시를 이렇게 설명했다. "우린 처음에 그들에게 돌멩이를 던졌는데 그들은 총을 갖고 있었어요. 우린 가서 총을 구해와야 했습니다. 거기에 그냥 멍청히 서 있을 수는 없었을 거 아닙니까? 우린 처음에 산탄총을 구했고 그다음에는 더 좋은 무기들을 구했어요. 그런데 우리를 보호할 거라고 생각했던 영국군이 와서 우리의 집들을 급습했습니다. 그럼 당신이라면 어떤 식으로 싸우겠습니까? 나가서 그들을 날려버리는 수밖에요. 할 수 있는 일은 그것뿐이었습니다. 만약 그들이 개입하지 않았더라면 오늘날의 급진파 군대는 없었을 겁니다."

영국군이 살해당했을 때 알버트는 군인 개개인에 대한 인간애를 거리낌 없이 인정했다. "하지만 그는 군복을 입고 있었습니다."[106] 그는 이렇게 지적했다. "그는 적입니다. 그리고 아일랜드 인민들은 그것이 전쟁이라고 믿었습니다." 그는 죽음에 반대한다고 주장하면서도 그것은 궁극적으로 목적과 수단에 관한 문제라고 했다. 알버트 프라이스는 다음과 같이 결론지었다. "우리가 통일된 사회주의 아일랜드를 갖게 된다면 그 모든 일이 그만한 가치가 있을 겁니다."[107]

비폭력 저항이 얼마나 허망한 것인지를 분명히 보여주기라도 하듯, 1972
년 1월 어느 쌀쌀한 일요일 오후, 데리에서 이몬 맥캔과 대규모 평화 시위자
들이 집결했을 때 영국 공수부대 대원들이 군중에게 사격을 개시하여 열세
명이 사망하고 열다섯 명이 부상당했다.[108] 군인들은 이후에 자신들이 먼저
총격을 받았으며, 무기를 소지하고 있는 시위자들에게만 발포했다고 주장했
다.[109] 이 두 가지 주장 어느 것도 사실이 아닌 것으로 밝혀졌다. 이후에 영원

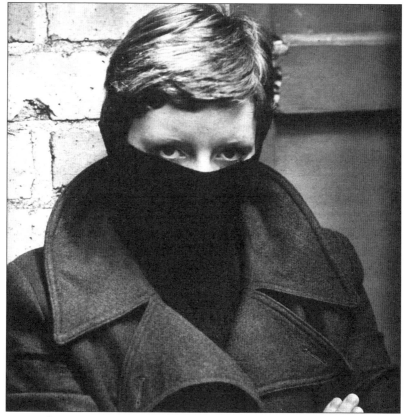

이탈리아 잡지 「유로페오」에 실린 돌러스 프라이스.

히 "피의 일요일"로 알려지게 될 이 사건은 아일랜드 공화주의에 활기를 띠게 하는 사건이었다. 돌러스와 마리안은 대학살에 관한 보도를 접했을 때 던도크에 있었다. 그 소식은 그들을 극도의 분노심으로 들끓게 했다.[110] 2월, 시위대는 더블린 주재 영국 대사관에 불을 질렀다.[111] 3월, 런던은 그토록 증오하던 북아일랜드의 자치 정부를 폐지시켰고 웨스트민스터(영국의 의회와 정부를 가리킴-옮긴이)로부터 직접 통치를 실시했다.[112]

같은 달, 돌러스 프라이스는 밀라노에서 연설하기 위해 이탈리아로 갔다.[113] 북아일랜드에서 가톨릭교도들에 대한 탄압이 어떻게 자행되고 있는지 널리 알리는 데 도움을 주기 위해서였다. 그녀는 "종파 간 밀집 지역 시스템"[114]과 민권의 부재에 관해 강연했다. "만약 나의 정치적 신념이 나를 살상에 가담하도록 이끌었다면 나는 주저하지 않고 고백할 것입니다"[115]라고 그녀는 인터뷰 진행자에게 말했다. 사람들이 "분쟁"에서 한 자신의 활동을 설명할 때 의도적으로 얼버무리는 구문 구조 같은 것을 쓰는 게 전형적이 되었듯 그녀 역시 그런 식으로 말했다. "우리 인민들의 적을 죽이러 가라는 명령을 받았다면 나는 조금도 두려워하지 않고 그 명령을 따랐을 겁니다." 그곳에서 찍은 사진에서 프라이스는 얼굴에 목도리를 바짝 끌어올린 채 무법자와도 같은 자세를 취하고 있었다.[116]

5

세인트 쥬드 워크

맥콘빌 가족에게는 "프로보(급진파)"와 "스티키(온건파)"라는 이름의 두 마리 개가 있었다. 아서가 세상을 떠난 후, 장남인 로버트는 가문에 대한 책무를 지기 위해 나섰는지 모르겠지만, 열일곱 살 때인 1972년 3월에 온건파 IRA 조직원이라는 혐의로 수감되었다. 애초부터 기질이 여렸던 진 맥콘빌은 남편의 죽음 이후 극심한 우울증에 빠져있었다. 딸 헬렌은 훗날 이렇게 회상했다. "꼭 포기한 사람 같았어요." 진은 침대에서 나오고 싶어하지 않았으며 담배와 약으로 연명하는 것처럼 보였다. 벨파스트의 의사들은 환자들에게—진정제와 안정제인—"신경안정제"를 쉽게 처방했기에 그중 많은 이들이 정신이 멍하게 나가 있거나 감정을 주체할 수 없을 정도로 울부짖곤 했다. 북아일랜드는 영국 연합의 다른 어떤 곳보다도 안정제 복용률이 높았다. 요즘 시대에는 그러한 질환을 외상 후 스트레스 장애라고 칭할 터이지만 당대의 한 책에서는 그것을 가리켜 "벨파스트 증후군"이라고 불렀다. "적이 쉽게 식별되지 않고 폭력이 무차별적이고 임의적으로 발생하는 곳에서 끊임없는 공포를 느끼며 살아가는" 결과로 생긴 고질병이라고 했다. 의사들은 역설적이게도 이러한 불안증 유형에 가장 취약한 사람들은 거리에 나와 있는 주체의식을 가진 적극적인 전투원들이 아니라 닫힌 문 뒤에 갇혀 피신하고 있는 여자들과 아이들이라는 사실을 발견했다.[7] 밤이 되면 맥콘빌 아이들은 디비스 플래츠 아파트의 얇은 벽 사이로 어머니가 울부짖는 소리를 듣곤 했다.[8]

진은 점점 은둔자가 되어갔다.[9] 몇 주 동안, 식료품을 사러 가거나 수감 중인 로버트를 면회하러 갈 때만 집을 나섰다. 단지 과감하게 바깥으로 나가는 것이 안전하지 않다고 느꼈을 수도 있다. 벨파스트에는 실로 안전한 곳이 없다는 불안감이 팽배했다.[10] 총격전에서 벗어나려고 안으로 뛰어 들어가면 폭탄에 대한 두려움 때문에 다시 바깥으로 뛰어나가야 하는 형국이었다. 군은 디비스를 정찰하고 있었으며 무장세력은 단지 도처에서 진을 치고 기다리고 있었다. 1972년은 "분쟁" 기간 전체에서 폭력사태가 정점을 찍은 해였다.[11] 이른바 가장 유혈이 낭자한 해로 거의 500명의 사람들이 목숨을 잃었다. 아이들에 따르면 진은 수차례에 걸쳐 약을 과다복용하면서 여러 번 자살을 시도했다.[12] 결국엔 지역 정신병원인 퍼디스번 병원에 입원하기도 했다.[13]

디비스의 밤은 특히 으스스했다.[14] 사람들이 집 안의 전등을 모두 껐기에 그 방대한 건물 전체가 어둠에 휩싸였다. 맥콘빌 아이들에게 특히 어느 날 밤은 영원히 잊을 수 없다. 진은 최근 병원에서 퇴원했으며, 문밖에서는 오래도록 총격전이 벌어지고 있었다. 그러다 총격이 멈추었을 때 그들은 어떤 목소리를 들었다. "도와주세요!" 한 남자의 목소리였다. 동네 주민의 목소리가 아니었다.

"제발, 하나님, 난 죽고 싶지 않아요."[15] 군인이었다. 영국군 병사였다. "도와주세요!" 그가 울부짖었다.

아이들이 지켜보는 가운데 진 맥콘빌은 마룻바닥에 웅크리고 있다가 몸을 일으켜 문간으로 걸음을 옮겼다.[16] 바깥을 엿보던 그녀는 그 병사를 보았다. 그는 부상당한 채 현관 앞의 복도에 누워있었다. 아이들은 그녀가 아파트로 다시 들어와 베개를 가져다가 병사에게 주었던 것을 기억한다. 그리고는 그를 다독이고 기도문을 중얼거리며 머리를 부드럽게 안은 다음 마침내 아파트로 다시 살금살금 기어 들어왔다.[17] 로버트가 수감되어 있기에 집 안에서 제일 나이가 많은 아치는 왜 쓸데없이 개입하냐며 어머니를 질책했다. "엄마는 화를 자초했어요."

"저 병사도 누군가의 아들이야."[18] 그녀가 대답했다.

맥콘빌 가족은 다시는 그 병사를 보지 못했으며 지금까지도 아이들은 그가 어떻게 되었는지 알 수 없다. 그러나 다음 날 아침 아파트를 나섰을 때 아이들은 문에 이제 막 휘갈겨 쓴 낙서를 발견했다. "영국군의 정부."[19]

* * *

그것은 악랄한 혐의였다. 전쟁 중인 벨파스트의 과열된 분위기에서 현지 여성이 영국 군인과 어울리는 모습은 위험한 일이 될 수 있었다. 그러한 죄를 지었다며 의심받는 일부 여자들은 옛날식으로 굴욕―즉, 온몸을 발가벗겨 타르를 뿌린 뒤 닭털이나 짐승털을 붙이는 옛날식 형벌―을 당하기 십상이었다.[20] 군중은 그러한 여자들에게 위협적으로 다가가 말을 걸며 강제로 머리를 깎아 미지근하고 끈적끈적한 검은색 타르를 바른 다음 머리에 더러운 닭털이나 짐승털을 쏟아붓고 개처럼 가로등 기둥에다 목에 사슬을 묶어놓아 온 동네가 여자들이 모욕당하는 광경을 볼 수 있도록 처벌했었다.[21] "군인의 정부!"[22] 군중이 떠들썩하게 외쳤다. "군인의 노리개!"

오랜 기간에 걸쳐 수감되어 있던 많은 유부남들이 아내를 홀로 두고 떠나 있는 환경에서는, 또 시건방진 젊은 영국군들이 동네를 순찰하고 있는 환경에서는, 부부간에 있어서나 이념적으로나 배우자의 부정에 대한 뿌리깊은 두려움이 확고히 자리를 잡았다. 타르를 바르고 깃털을 붙이는 형벌은 급진파 IRA의 공식 방침이 되었으며,[23] 지도부는 이를 사회 통제의 필수적인 의식으로 공개적으로 옹호했다. 처음 몇 사례가 지역 병원에 모습을 드러냈을 때[24] 기겁한 의료진은 검은색 타르를 제거하는 최선의 방법에 관해 병원 건물을 정기적으로 점검, 보수하는 시설정비팀과 상의해야 했다.

마이클 맥콘빌은 자신과 가족이 낯선 나라에 있는 이방인들인 것처럼 느껴졌다.[25] 동벨파스트에서 극히 가톨릭적이라는 이유로 추방당한 그들은 서벨파스트에서도 극히 개신교적이라는 이유로 국외자였다. 집에 낙서가 칠해진 뒤, 그나마 몇 안 되는 동네 친구들은 그들과 더 이상 어울리고 싶어하지 않았다.[26] 가는 곳마다 적대적인 상황에 처해 있다는 것을 알았다. 아치는 조직에 가담하는 것을 거부한다는 이유로 급진파 소년병에게 흠씬 두들겨 맞아 팔이 부러졌다.[27] 헬렌과 한 친구는 다수의 군인들에게 희롱을 당했다.[28] 훗날 헬렌은 경찰이 단지를 수색하는 동안 무기를 손에서 손으로 건네 숨기는 시스템인 "사슬"에 참여하는 것을 어머니가 거부한 것이 이웃들로부터 가족을 더욱 멀어지게 했을 수도 있다고 말했다.[29] 진은 집에 총기를 소지하고 있다가 들키면 자식을 하나 더 감옥에 보낼지도 모른다는 두려움에 사로잡혀 있었다고 했다. 어느 순간, 가족이 키우던 "프로보"와 "스티키"가 사라졌다. 누군가가 그 강아지들을 쓰레기 활송장치로 밀쳐 넣어 아래로 내려보냈고, 그곳에서 죽어 있었다.[30]

마이클이 천식을 앓았기에 진은 아파트의 가스 난방이 천식을 악화시키고 있다며 걱정했다.[31] 그녀는 이전을 요청했고 가족은 세인트 쥬드 워크St. Jude's Walk라는 디비스 플래츠의 또 다른 구역에 새 아파트를 배정받았다.[32] 그들은 이삿짐을 꾸려 가까운 거리에 있는 새 공간으로 옮겨갔다. 이전 아파트보다 좀 더 컸지만 그 외에는 별반 다르지 않았다.

크리스마스가 다가오고 있었지만 도시는 축제 분위기가 나지 않았다.[33] 폭탄 공격을 받은 많은 상점들이 창문에 판자를 덧댄 채 문을 닫았다. 당시

진 맥콘빌이 유일하게 빠졌던 것은 정기적으로 잠깐 나가서 지역 회관에서 빙고게임을 하는 것이었다. 그녀는 이기고 올 때마다 아이들에게 각각 20펜스씩 주곤 했다.³⁴ 때로는 한 아이에게 새 신발 한 켤레를 사줄 수 있을 정도의 돈을 따오기도 했다. 가족이 새 아파트로 이사한 후 어느 날 밤,³⁵ 진은 친구와 빙고게임을 하러 나갔다. 그러나 바로 그날 저녁, 그녀는 집으로 돌아오지 않았다.

새벽 두 시가 지난 직후 문을 두드리는 소리가 났다.³⁶ 영국군이었다. 맥콘빌 아이들에게 어머니가 근처의 막사에 있다고 알리러 온 것이었다. 헐레벌떡 막사로 달려간 헬렌은 진을 발견했다. 옷은 바닥에 질질 끌려 더러워져 있었고 신발은 없었다. 머리는 엉망진창으로 헝클어져 있었다. 진은 빙고게임장에 있을 때 누군가가 들어와 아이들 중 하나가 차에 치였다며 누군가가 자신을 병원으로 데려가려고 밖에서 기다리고 있다고 말했다고 했다.³⁷ 깜짝 놀란 그녀는 빙고게임장에서 나와 차에 탔다. 그러나 그것은 함정이었다. 문이 열리자 진은 바닥으로 밀쳐졌고 머리에는 두건이 씌워졌다. 그녀는 버려진 건물로 끌려가 의자에 묶인 채 두들겨 맞고 신문을 받았다고 했다. 그녀가 풀려난 뒤, 군 장교 몇 명이 고통스러워하며 거리를 헤매고 있는 그녀를 발견하고는 막사로 데려간 것이었다.

진은 자신을 납치한 사람이 누구였는지 말할 수 없었다. 아니면, 말하려들지 않았다. 그들이 어떤 종류의 질문을 했는지 헬렌이 궁금해하자 진은 묵살했다. "쓸데없는 소리 하지 마. 난 아무것도 몰라."³⁸ 진은 그날 밤 잠을 이룰 수 없었다. 대신 앉아서 밤을 지새웠다. 얼굴은 타박상을 입고 두 눈은 시퍼렇게 멍이 든 채 연신 줄담배를 피웠다.³⁹ 그녀는 헬렌에게 아서가 보고 싶다고 말했다.⁴⁰

나중에 아이들은 진이 헬렌에게 저녁거리로 피시앤칩스를 사오라고 보낸

게 다음 날 저녁이라는 것을 기억해냈다.[41] 그녀는 전날 밤 두들겨 맞은 통증을 진정시키려고 욕조에 물을 채웠다.[42] 헬렌이 집을 나설 때 그녀가 말했다. "몰래 담배 피우려고 가다가 멈추지 마."[43]

* * *

헬렌은 디비스의 미로 같은 통로를 지나 동네 가게에 가서 저녁거리를 주문하고 기다렸다. 음식이 준비되자 돈을 지불하고 기름투성이 봉지를 들고 다시 집으로 걸어오기 시작했다. 단지에 들어서면서 무언가 좀 이상하다는 것을 알아차렸다.[44] 사람들이 아파트 바깥의 복도에서 서성거리고 있었다. 그것은 동네 주민들이 여름철에 하는 식이었다. 디비스에는 아이들이 놀 만한 곳들이 거의 없어서 복도에서 공놀이를 했으며 부모들은 온화한 저녁이면 하릴없이 문간에 기대어 담배를 피우며 잡담을 나누곤 했다. 그러나 12월에는 아니었다. 헬렌은 새 아파트에 가까이 다가가는 동안 사람들이 바깥에 모여 있는 것을 보았다. 그녀는 달려가기 시작했다.

6

12인의 특공대

바르나 갭이라고 알려진 짧은 구역 맞은편의 리슨 스트리트에는 빈집이 한 채 있었다. 그렇듯 다 타버리거나 내부가 파괴되거나 버려진 집들은 벨파스트의 풍경에 마맛자국을 남겼다. 창문들과 문들에는 합판이 덮여 있었다. 그곳에 살던 사람들은 달아나서 다시는 돌아오지 않았다. 브렌든 휴즈는 빈집 건너편 거리에 D중대 동지들 몇 명과 함께 서 있었다. 1972년 9월 2일 토요일이었다.

고개를 든 휴즈는 약간 떨어진 곳에 녹색 승합차가 나타나더니 리슨 스트리트를 따라 다가오기 시작한다는 것을 알아차렸다. 그는 승합차를 유심히 지켜보았다. 무언가 꺼림칙한 데가 있었다. 그는 평소에 권총을 갖고 다녔지만 그날 아침에는 한 동지가 차를 훔치는 데 쓰겠다며 총을 빌려갔다. 그래서 비무장 상태였다. 승합차는 그를 곧장 지나쳤다. 운전자의 얼굴을 언뜻 볼 수 있을 정도로 가까운 거리였다. 남자였다. 그가 아는 얼굴이 아니었다. 어딘지 모르게 긴장한 듯한 기색이 역력했다. 하지만 승합차는 맥도넬 스트리트 사이로 곧장 내려가 그로브너 로드로 계속 이동했다. 휴즈는 그 차량이 사라지는 것을 지켜보았다. 안전을 기하려고 그는 잔심부름꾼 중 한 명을 무기를 가져오라고 보냈다.

스물네 살의 휴즈는 키는 작지만 탄탄하고 민첩했으며 짙고 풍성한 검은 눈썹에 더벅머리였다. 그는 급진파 IRA D중대의 중대장으로 서벨파스트의 그 구역을 책임지고 있었는데 그로 인해 왕당파 무장세력과 경찰 및 영국군뿐만 아니라 (공식파 IRA인) 온건파의 표적마저 되었다. 18개월 전, D중대의 전임 중대장이자 휴즈의 사촌인 찰리가 온건파의 총에 맞아 숨졌다. 그래서 휴즈는 IRA 은어로 "도바리를 치고" 있었다. 즉, 다수의 무장조직들이 표적으로 삼고 있었기에 지하에서 활동하며 살고 있었다. 시골 지역에서는 도망치면 한번에 몇 년을 지낼 수 있지만 모두가 모든 사람을 알고 있는 벨파스트에서는 6개월 동안 버티는 것만으로도 다행이었다. 누군가가 기어이 손아귀에 넣을 것이기 때문이다.

휴즈는 1970년 초에 급진파에 가담했다. 처음에는 사촌 찰리를 통해서 연루되었지만 얼마 안 가 혼자 힘으로 기민하고 결연한 군인으로 우뚝 섰다. 휴즈는 이 집 저 집 옮겨 다녔기에 매일 밤 연이어 똑같은 침대에서 자는 일이 드물었다. D중대의 영역은 그로브너 로드, 구舊 파운드 로니 지구, 폴스 로드를 아우르고 있었다. 가장 치열한 접전이 벌어지는 지역이었다. 처음에는 중대원이 12명에 불과했으며 그들은 "(전쟁의)개들" 혹은 "12인의 특공대"로 알려지게 되었다. 휴즈는 어렸을 때 아버지가 심어 넣은 철학을 고수했다. " 나를 위해 무언가를 하는 사람들을 얻기 바란다면 그들과 함께해야 한다"는 것이 그것이었다. 그래서 그는 대원들만 작전에 파견하는 것이 아니라 본인도 직접 임무를 수행하러 같이 다녔다. 돌러스 프라이스는 IRA에 가담했을 때 처음으로 휴즈를 만나 완전히 매료되었다. "그는 동에 번쩍 서에 번쩍했어요. 홍길동이었죠." 그녀는 그를 떠올리며 이렇게 덧붙였다. "잠도 안 잤을 거예요." 작은 체구에도 불구하고 프라이스에게는 휴즈가 "거인" 같다는 인상을 주었다. 그것은 그녀에게나 또 다른 사람들에게나, 본인이 직접 하지 않는 일은 절대 의용군에게 하라고 요구하지 않는다는 것을 뜻했다.

D중대는 매일같이 하루에 너덧 건 정도의 아찔한 작전을 수행하고 있었다.[15] 아침에 은행을 털고, 낮에—총격을 가할 영국군을 찾아 도시 사냥꾼처럼 차를 타고 거리를 배회하며—여기저기 "떠돌고", 저녁 먹기 전까지 건드리면 터지는 위장폭탄에 폭탄을 심고, 밤에는 한두 군데에서 벌어지는 총격전에 참여하였다. 그들은 앞뒤 가리지 않고 정신없이 달려가는 나날을 보냈으며, 휴즈는 온갖 작전에 가담하며 살았다.[16] 은행을 털고, 우체국을 털고, 기차에서 총을 겨누며 강도질을 하고, 폭탄을 설치하고, 군인들을 쏘았다. 휴즈에게 그것은 위대한 모험처럼 보였다. 그는 다른 사람들이 잠자리에서 일어나 회사에 가는 것에 대해 생각하는 식으로 밖에 나가서 총격전을 벌이는 것에 대해 생각했다.[17] 맹렬한 속도로 무장투쟁을 부채질하고 영속시키는 작전에 가속도를 내는 것이 좋았다. 각 작전이 성공할 때마다 새로운 추종자들을 대의에 끌어들일 수 있기 때문이었다. 휴즈와 같은 시기에 IRA에 있었던 어떤 사람의 말을 빌리면 "훌륭한 작전은 최고의 신병모집 상사이다."[18]

젊은 게릴라 중대장인 브렌든 휴즈에 관한 전설이 벨파스트 주위를 휩쓸자 영국군은 그를 사로잡겠다는 결심을 굳혔다. 그런데 거기에는 한 가지 문제가 있었다. 그가 어떻게 생겼는지 모른다는 사실이었다.[19] 휴즈의 아버지는 아들이 찍힌 가족사진을 모조리 파기해 버렸다. 아들의 신원을 확인하는 데 쓰일 수도 있다는 것을 알기 때문이었다. 군인들은 가무잡잡한 피부색 때문에 그를 "검둥이" 혹은 "흑인"이라고 언급했는데 그것은 전쟁터의 별명으로 굳어졌다. 그러나 정작 그의 얼굴이 어떻게 생겼는지는 알지 못했으며, 휴즈는 보통 벨파스트의 청년들처럼 덥수룩한 머리 모양을 하고 모래주머니가 쌓인 군초소 바로 옆을 여러 차례 지나다녔다. 그들은 그에게 눈길도 주지 않았다.

영국군은 휴즈를 찾으려고 그의 아버지 집에 가서 잠자리에 누워 있는 아버지를 강제로 일으키기도 했다.[20] 한번은 군인들이 아버지를 취조하려고 끌고 갔을 때 휴즈는 그 노인네가 이틀간의 신문을 받은 뒤 집으로 맨발로 걸어올 수밖에 없었다는 사실을 알고 몹시 격분했다. 군인들은 아버지에게 아들을 체포하려는 목적으로 찾는 게 아니라고 했다. 그들의 의도는 그를 죽이는 것이었다.[21]

그것은 쓸데없는 협박이 아니었다. 지난 4월,[22] 온건파 IRA 지도자인 "빅 조" 맥캔이 무장도 하지 않은 채 길을 걷고 있던 어느 날, 영국군이 그를 멈춰 세웠다. 그는 도망치려고 했으나 총에 맞았다. 맥캔은 변장용으로 머리를 염색했지만 영국군은 그를 알아보았다. 그는 처음에 발포한 총격에 부상만 당했기에 비틀거리며 도망쳤다. 그러나 군인들은 구급차를 부르는 대신 그 일을 끝내려고 또다시 한차례 일제사격을 가했다. 그의 주머니를 뒤졌을 때 군인들은 무기라고 칭할 만한 것을 아무것도 찾아내지 못했다. 굴러다니는 동전 몇 푼과 머리빗 하나가 전부였다.[23]

승합차가 다시 나타났을 때 휴즈가 총을 가져오라고 보낸 잔심부름꾼은 아직 돌아오지 않고 있었다.[24] 5분이 지나자 또 한 번 차량이 나타났다. 동일한 승합차였다. 동일한 운전자였다. 휴즈는 신경을 곤두세웠지만 그 승합차는 또 그를 곧장 지나쳤다. 차가 20미터 정도 갔다. 그때 브레이크등이 깜빡였다. 휴즈가 지켜보고 있을 때 뒷문이 휙 열리면서 남자 몇이 튀어나왔다. 민간인들처럼 보였다. 운동복을 입고 운동화를 신고 있었다. 그러나 한 남자는 양손에 45구경 권총을 들고 있었고, 다른 두 남자는 소총을 들고 있었다. 휴즈가 달리려고 몸을 돌리자 세 남자 모두 총을 발사했다. 총알이 그를 슝-지나가 황량한 주택들 정면에 탕-하고 박혔다. 휴즈가 냅다 달리기 시작하자 남자들이 뒤쫓았다. 그는 사이프러스 스트리트로 전력 질주했고 남자들은 그의 뒤의 도로에서 달리며 연신 총을 쏘아댔다. 그러나 이제 휴즈는 도마뱀붙이처럼 지그재그로 움직여 달리기 시작하여 미로 같은 비좁은 거리로 들어갔다.

그는 그 거리들, 숨은 골목들, 뛰어오를 수 있는 담벼락들을 잘 알고 있었다. 빈집과 빨랫줄까지도 하나하나 알고 있었다. 유달리 좋아하는 마오쩌둥의 글귀 덕이었다.[25] 그는 게릴라 전사는 물고기가 바다에서 헤엄치듯 인민들 사이에서 헤엄쳐야 하는 법을 마오에게서 배웠다. 서벨파스트는 그의 바다였다. 그곳에는 동네 민간인들이 자신들의 집을 지름길이나 은신처로 쓰도록 휴즈와 같은 젊은 무장세력을 도와주는 비공식 체계가 있었다.[26] 휴즈가 뒷담 위로 기어 올라가고 있을 때 뒷문이 갑자기 휙 열렸다. 안으로 쏜살같이 들어갈 수 있을 정도로 열렸다가 그가 들어가자 다시 재빨리 닫혔다. 일부 주민은 급진파에게 겁을 먹어서 협조하는 것 외에는 선택의 여지가 없다고 느꼈지만, 다른 이들은 강요된 것이 아닌 연대의 차원에서 조력했다. 작전을 수행하다가 재산에 피해를 입히면 그는 그 가정에 보상금을 지급했다.[27] 그는 바다가 없으면 물고기도 살아남을 수 없다는 사실을 알기에 공동체와의 관계를 단단히 구축했다.[28] 사이프러스 스트리트에 "대지주" 맥과이어라는 장애인이 살았다. 거리에서 불길이 번지고 경찰이 급습하고 폭동이 일어나면서 광기가 절정에 달했을 때 그 지역의 주민들은 브렌든 휴즈가 맥과이어를 등에 업고 문을 몇 군데 지나쳐 술집으로 가는 모습을 이따금 보곤 했다. 그렇게 해서 맥과이어는 맥주를 한 잔 마실 수 있었다. 그런 다음에는 얼마 후에 착실하게 그를 다시 집으로 업어다 주곤 했다. 한번은 로어 폴스 지역에서 한 영국군이 휴즈를 소총으로 겨누고 있었다. 방아쇠에 손가락을 대고 발사할 준비가 되었을 때 한 중년 부인이 눈에 보이지 않는 어떤 문간에서 나오더니 총구가 겨누는 방향에 자리를 잡고는 오늘 저녁에 자신이 사는 길거리에서 누구도 총을 쏘아서는 안 된다고 말했다. 군인이 고개를 들어 쳐다보았을 때는 이미 휴즈는 사라진 뒤였다.[29]

추격자들이 총알을 난사하며 여전히 그의 뒤에서 쿵쾅거리며 쫓아오고 있었다. 휴즈는 설튼 스트리트로 방향을 홱 틀었다. 특정한 목적지를 염두에 두고 있었다. 설튼에 있는 연락소가 그것이었다. 연락소는 보통 평범한 가족이 거주하는 일반 가정집으로 급진파가 은밀히 만나는 시설로서의 기능을 겸했다.[30] 똑같이 생긴 목재 문이 달린 똑같이 생긴 벽돌 주택들이 늘어선 거리의 어떤 특정한 문 뒤의 비밀 대피소인 연락소는 안가이자 대기실 또는 비밀 접선 장소로서의 기능을 했다. 그 집에 사는 가족들은 당국으로부터 어떤 의심도 피했다. 하루 종일 도망쳐서 녹초가 된 채 초췌한 얼굴로 자정이 지나 모습을 드러내면 가족들은 자고 있는 아이들을 침대에서 들어올려 편안히 쉴 수 있는 귀중한 밤을 제공해주었다.

설튼 스트리트 모퉁이에서 제과용 승합차가 빵을 배달하고 있었다. 휴즈가 그 승합차 옆에서 달리자 그를 쫓던 자들이 총알을 빗발치듯 발사해 승합차에 구멍을 내고 유리창을 박살냈다. 설튼 스트리트 끝에서 끝까지 전력 질주하면서 필사적으로 연락소에 다다랐을 때는 이미 총알을 한 방 맞은 뒤였다. 연락소는 다른 용도 외에도 때로는 무기고로서의 기능도 겸했다. 휴즈는 폴스 지역의 거리를 여기저기 빨빨거리고 다니며 영국군들의 고품질 무기에 대항해 2차대전 시기에 사용하던 조그만 45구경 권총을 갖고 싸우는 자로 알려지게 되었다. 군은 나중에 누군가가 "권총 한 자루로 정예 부대와 대전했던 그 쥐방울만 한 놈에게 썩 내키지는 않지만 찬사를 바친다"는 평을 개진할 정도였다.[31] 그러나 휴즈는 어느 순간이 되자 계속 싸우기 위해서는 보다 강력한 무기가 필요하다는 것을 깨달았다. 어느 날, 그가 아는 한 선원이 미국으로 항해를 떠났다가 아말라이트 총기 목록을 갖고 돌아왔다.[32] 무게가 가볍고 정확한 강력한 반자동 소총으로 닦기 쉽고 사용하기 쉬우며 감추기도 쉬웠다. 휴즈는 그 무기와 사랑에 빠졌다. 그는 대담무쌍한 계획을 써서 급진파로 하여금 아말라이트를 입수하도록 설득했다. 영국 해운회사 쿠나드는 최근 퀸 엘리자베스 2호를 취항시켰다. 대서양을 가로질러 사우스햄튼과 뉴욕을 오가는 부유한 승객들을 실어 나르는 호화 유람선이었다. 1,000명의 선원들이 배에서 일했는데 그중 많은 이들이 아일랜드인이었다. 그중 일부는 브렌든 휴즈를 위해서도 일하게 되었다. 휴즈는 그런 식으로 영국 여왕의 이름을 딴 배를 이용하여 IRA에 무기를 밀반입했다. 총들이 도착하자 서벨파스트의 벽에는 게임이 달라졌다는 것을 예고하는 낙서가 새로이 쓰여졌다. "하느님은 가톨릭교도를 만들었지만 아말라이트는 그들을 평등하게 만들었다."[33]

얼마나 미친 듯이 달리고 있었던지 휴즈는 하마터면 연락소를 지나칠 뻔했다.[34] 비틀거리며 달리다가 급하게 멈추어 문을 꽥 열어젖혔을 때 가속도가 너무 많이 붙어서 그만 앞 유리창 문을 쾅 들이받았다. 그는 거실로 굴러떨어진 다음 방향을 잡고 아말라이트를 되찾았다. 그런 다음 밖으로 나가 추격자들이 연락소 쪽으로 돌진하는 것을 보며 그들을 향해 아말라이트를 겨누고는 발사하기 시작했다. 추격자들은 재빨리 몸을 숨길 곳을 찾은 뒤 반격에 나섰다. 그때 어디선지 모르게 사라센 장갑차 두 대가 불가사의하게 나타나 도로를 질주했다. 장갑차들이 급정차하자 돌연 추격자들이 사라졌다. 휴즈는 숨을 헐떡이며 그 자리에 서서 방금 목격한 것을 속으로 정리하고 있었다. 총잡이들은 민간인 복장을 하고 있었다.[35] 그러나 그들은 영국군 장갑차를 타고 달아났다. 그들은 민간인이 아니었다. 영국군이었던 것이다. 그때 휴즈는 밑을 내려다보고는 피를 흘리고 있다는 것을 깨달았다.

* * *

휴즈는 서벨파스트에서 개신교도가 압도적인 거주지에서 개신교도들에 둘러싸여 자랐다.[36] 어렸을 때인 1950년대에 친구들 다수가 개신교도 아이들이었다. 그 거리에 사는 한 노부인이 있었는데 그 부인의 집을 지날 때마다 침을 뱉으며 오늘 아침 교황의 오줌으로 은총을 받았냐고 묻곤 했다. 그러나 대체로 주위의 개신교도들과 평화롭게 공존했다. 어머니가 암으로 세상을 떠났을 때 휴즈는 채 열 살도 안 되었고, 벽돌공인 아버지 케빈은 자식 여섯을 홀로 돌보아야 했다. 아버지는 이후 재혼하지 않았다. 브렌든의 형제 중 둘은 일자리를 찾아 오스트레일리아로 이민갔으며, 그는 아버지가 어린 형제자매들을 키우는 것을 돕겠다고 나섰다. 아버지가 일하러 나가면 브렌든은 집에서 아이들을 맡았다. 아버지는 그를 "의지할 수 있는 녀석"[37]이라는 아주 겸손한 표현이지만 극찬으로 꼽을 수 있는 말로 묘사했다.

1967년, 휴즈는 영국 상선단에 입대하여 배를 탔다.[38] 중동 지역과 남아프리카공화국으로 항해하여 그곳에서 인종차별정책의 공포를 가까이에서 목격했다. 2년 뒤 돌아왔을 때 즈음 벨파스트는 폭력이 분출하고 있었다. 한번도 대놓고 얘기한 적은 없었지만 브렌든의 아버지는 젊었을 때 IRA 조직원이었다. 그 시절부터 아버지의 친구 중 하나인 빌리 맥키는 유명한 강경파 무장 세력으로 급진파 창설을 도왔는데 브렌든은 맥키를 전설적인 애국자이자 사격의 명수로 숭배하며 자랐다. 가족이 일요일 아침마다 미사를 보러 갈 때면 맥도넬 스트리트에 있는 맥키의 집을 지나쳤는데 브렌든은 그분에 대한 존경심에 무릎을 꿇어야 할 것처럼 느꼈다.[39] 한번은 장례식 후에 차를 끓이는 동안 맥키가 주방에서 다른 어른들과 대화를 나누는 모습을 볼 수 있었다. 브렌든은 의도적으로 그를 스쳤다. 허리띠 밑에서 45구경을 단단하게 받치고 있는 버팀대가 느껴졌다. 호기심을 억제할 수 없었던 브렌든은 맥키에게 그 무기를 볼 수 있는지 물었으며, 맥키는 보여주었다.

브렌든 휴즈가 상선단에 입대하려고 떠날 때 아버지는 특이한 당부를 했더랬다. "절대 문신하지 마라."[40] 선원들이 몸에 문신하는 것은 흔한 일이었기에 어쩌면 휴즈는 유럽과 극동 지역을 가로지르며 여러 문신 가게에서 동료들이 시술받는 동안 기다리고 있었을지도 모른다. 그러나 그는 아버지의 당부를 존중했다. 아버지는 문신이 "식별할 수 있는 표시"라고 애매하게 암시하는 것 외에는 그 권고에 어떤 명확한 근거도 제시하지 않았다. 그러나 몇 년이 지나고 나서 브렌든은 아버지가 결국엔 자신이 택할 길에 대해 어떤 예감을 갖고 있었던 게 아닐까 의아해하며 그 순간을 곱씹었다.

설튼 스트리트의 연락소에서 그는 피를 철철 흘리고 있었다. 하지만 총상으로 인해 흘리는 피가 아니었다. 앞 유리창을 박살냈을 때 깨진 유리조각이 손목의 동맥을 절단한 것이었다.[41] 연락소는 이제 날아갔다. 그곳에 머무르는 것은 더는 안전하지 않을 터였다. 그래서 동지들 몇 명이 휴즈를 가까운 거리에 있는 또 다른 연락소로 인도를 따라 황급히 데리고 갔다. 의학적 처치가 절실히 필요했지만 병원으로 데리고 가는 것은 당치 않은 일이었다.[42] 영국군이 그를 죽이려고 자객들을 보냈기에 어떤 의료시설도 그를 보호하는 성역이 될 수 없을 터였다. 대안은 의사가 휴즈를 치료하러 오도록 하는 것이었지만 그 또한 또 다른 종류의 도전이 될 터였다. 그를 죽이려던 자객들은 사라졌지만 사라센 장갑차들은 여전히 동네를 순찰하고 있었다. 그를 수색하기 위해서인 게 틀림없었다. 휴즈는 상처 입은 동물처럼 벌렁거리는 심장을 부여잡고 팔에서는 피를 철철 흘리며 연락소 안에 갇혀 있었다.

30분이 흘렀다. 상황이 암울해 보였다. 그때 제리 아담스가 의사를 데리고 도착했다.[43] 아담스는 브렌든 휴즈가 여태껏 가졌던 가장 친한 친구였을지도 모른다. 그들은 두 해 전 여름에 만났다. 1970년에 폭동이 일어났을 때로, 아담스는 폭도들을 지휘하고 있었다. 휴즈는 아담스가 실제로 돌이나 화염병을 던지던 모습을 기억할 수는 없었지만 사람들을 세심히 조직하는 데는 대

제리 아담스와 브렌든 휴즈가 함께 찍은 사진.

단히 유능했다. 휴즈의 관점에서 볼 때 그것이 바로 아담스의 역할이었다. 그는 급진파에게 있어 "핵심 전략가"인 반면 휴즈는 전술가에 가까웠다. 두려움이 없고 노련한 휴즈는 어떤 작전도 지휘할 수 있었지만 아담스는 한층 폭넓은 정치적 맥락과 전환하는 충돌 구조를 인지할 수 있는 부류의 인물이었다. 전선에서 후방에 남아 있는 장군과 마찬가지로 아담스 본인은 직접적인 폭력을 피하는 것으로 알려져 있었다. 아말라이트를 실은 차량의 호송대가 인근에 도착하면 아담스는 "정찰용" 차에 탔다.[44] 어떤 무기도 없는 차였다. 반면 휴즈는 총이 있는 곳이라면 어디든 있었다. 돌러스 프라이스는 "총을 들지 않은 휴즈를 본 적이 없었고 총을 들고 있는 아담스를 본 적이 없었다"[45]는 농담을 즐겼다. 아담스에게는 휴즈가 늘 모든 일의 중심에 있는 것으로 보였다. 훗날 아담스는 휴즈가 거리의 젊은이들 사이에서 "어마어마한 추종자를 거느리고 있었다"[46]면서 "본능적으로 올바른 일을 함으로써 정치적으로 상세하게 명료히 표현할 수 없는 것을 보상했다"라고 덧붙였다.

이러한 논평에는 은근히 윗사람 행세를 하며 가르치려드는 듯한 면이 있긴 해도 어느 정도는 휴즈가 종파 간 충돌에서 본인에게 맞는 역할을 잘 찾았다는 말이겠다. 그는 스스로를 정치인이 아닌 군인으로 여겼다.[47] 그는 스스로를 사회주의자라고 여겼지만 이념적으로 소비되지는 않았다. 그도 역시 스스로를 가톨릭교도라고 여겼지만, 아담스는 밤마다 성경을 읽고 묵주기도를 올린다고 말하는 데 반해 휴즈는 미사에 가기 위한 일환이었다고 했다. 휴즈는 때때로 아담스에 대한 경외심이 극심한 나머지 다음 날이 분명 월요일이란 것을 알고 있는데 아담스가 일요일이라고 말한다면 일요일이 아닐까 재차 생각해볼 정도라고 언급했다. 브렌든의 친동생인 테리는 브렌든의 진짜 가족은 IRA였으며 진짜 형제는 제리 아담스였다고 했다.[43]

아담스가 소환한 의사는 동네의 심장외과의였다.[49] 하지만 부랴부랴 오느라 수술 도구를 챙겨오지 못했다. 그래서 누군가를 보내 실과 바늘, 핀셋 한 쌍을 가져오게 한 다음 휴즈의 부상당한 팔에 핀셋을 찔러 넣어 절단된 혈관 끝을 무턱대고 움켜잡았다.[50] 마침내 뾰족한 핀셋 갈래 사이에서 혈관을 확보한 다음 혈관을 잡아당겨 세심하게 봉합할 수 있었다. 그 거친 수술은 마취도 하지 않은 채 15분 가까이 진행되었지만 휴즈는 비명을 지를 수 없었다. 군이 바깥에서 거리를 순찰하며 여전히 그를 찾고 있었기 때문이다. 의사가 수술하고 있던 어느 순간에는 사라센 장갑차 한 대가 연락소 바로 앞에 멈추어 강력하게 부르릉거리는 엔진 소리를 내며 머물러 있었다. 장갑차에 탄 군인들은 소총을 든 자들이 이제 막 문을 박차고 나오지 않을까 하며 꼼짝도 하지 않고 기다리고 있었다.

* * *

바로 그 아담스가 몸소 왔다는 것은 휴즈에게 대단히 큰 의미가 있었다. 아담스에게는 큰 위험이 따르는 일이었기 때문이다. 왕립얼스터보안대의 공안부에 의하면 아담스는 급진파의 발리머피 부대의 지휘관이었으며 나중에 벨파스트 여단의 사령관이 되었다.[51] 즉, 벨파스트에서 IRA 대장이었던 것이다. 심지어 휴즈보다도 당국이 더 수배에 혈안이 된 요주의 인물이었다.

그러나 아담스는 휴즈에게 충심으로 깊은 유대감을 느꼈다. 그들이 진심으로 나눈 정 외에도 아담스에게는 휴즈가 "도바리를 칠" 때 도시에서 달아나 시골에 틀어박히거나 공화국 국경을 넘은 게 아니라 벨파스트 거리에 남아 있었다는 점이 중요했다. 그는 던도크로 도망칠 수도 있었다.[52] 국경 바로 너머에 있는 던도크는 은신하고 있던 공화파들에게는 일종의 닷지시(Dodge City, 미국 개척시대 때의 황량한 서부. 변경의 무법지대를 은유한다-옮긴이)로, 그들은 그곳의 술집에 앉아 술에 취해 카드놀이를 하곤 했다. 대신 휴즈는 시내에 머물면서 D중대의 충성스러운 병사들 가까이에 있었으며, 정신없이 돌아가는 작전의 속도를 결코 늦추지 않았다. 아담스는 다음과 같이 말했다. "지역 주민들은 그가 동네에 있다는 것을 잘 알고 있었죠. 그것이 그들이 바라는 일종의 인센티브였던 셈이에요."[53]

아담스는 그날 휴즈의 목숨을 구했으며[54] 휴즈는 그 사실을 잊지 않았다. 아담스는 다른 사람을 보낼 수도 있었으나 몸소 왔다. 의사가 휴즈의 부상을 봉합하고 떠나자 아담스는 휴즈에게 벨파스트에서 벗어나 잠시 남의 눈에 띄지 않도록 하라고 지시했다. 암살 대상임이 분명했기 때문이다. 그들이 그를 다시 죽이려 들 게 확실했다. 휴즈는 떠나고 싶지 않다고 했지만 아담스가 고집했다. 그래서 휴즈는 던도크로 가서 아침 식사를 제공하는 민박집에 방을 하나 예약했다. 그러나 그는 휴양이나 휴가에 맞는 사람이 아니었다. 벨파스트로 돌아가고 싶어 몸이 근질근질했다. 결국 겨우 일주일밖에 버티지 못했다. 당시 여러 사건의 속도에 비추어 볼 때, 휴즈에게는 그 일주일이 영원인 것처럼 느껴졌다.

* * *

녹색 승합차에서 처음에 저격수들이 발포했을 때 휴즈가 서 있던 건너편의 빈 건물에서 무언가가 움직였다. 부분적으로 벽돌이 둘러진 정면 안쪽에서 영국군 한 조가 그날 밤을 보냈다. 전술적 목적을 위하여 동네의 부동산을 다른 용도로 고쳐 쓰는 것은 무장세력만이 아니었다. D중대 영역의 한가운데에 있는 그 폐가는 비밀리에 감시초소로 이용되고 있었다.

영국군 내부 기밀보고서에는 이 실패한 임무에 대한 간략한 설명이 남아 있다.[55] 군에서 작성한 보고서에 의하면―차후에 기밀 목록에서 제외되면서 대중에게 공개되었는데―민간인 복장을 한 군인들이 앞서 서술한 사건에 관여했음을 인정하고 있다. 공식적인 기록을 위해서 그들은 암살을 목표로 한 게 아니라 "붙잡고자 한 것"이었다고 기술하고 있다. 숨겨진 감시초소에서 군인들은 브렌든 휴즈와 그의 대원들을 바로 그들의 영역 내부에서 감시해오고 있었다. 영국군은 이번에는 그를 죽이거나 생포하는 데 실패했다. 그러나 이제 그가 어떻게 생겼는지를 알게 되었다.

7

작은 준장

프랭크 킷슨은 돌러스 프라이스와 제리 아담스와 마찬가지로 가문의 전통을 타고 태어났다. 아버지는 영국 해군의 제독이었다.[1] 형도 마찬가지로 해군에 있었다. 할아버지는 인도에서 육군으로 복무했다.[2] 킷슨은 영국 육군의 소총 여단에 입대하여 대령의 딸과 결혼까지 했다.[3] 그러나 군인이 되었을 즈음인 열여덟 살에[4] 너무 늦게 시작한 것은 아닐까라는 느낌이 들었다. 때는 1945년이었으며, 킷슨은 독일로 파병되었는데 그곳에서는 전투가 이미 종료되어 남은 할 일이라고는 전후의 규약을 지켜보는 것뿐이었다. 또 다른 세계대전이 벌어질 전망이 별로 보이지 않았기에 킷슨은 오페라를 보러 가고, 경마를 하고, 낚시를 하는 등 장교 신분으로서의 생활을 보내면서 중요한 순간을 놓치고 있을지도 모른다는 끈질긴 의구심을 억누르려고 애쓰고 있었다.

1953년, 그는 당시 여전히 영국의 식민지였던 케냐로 배치되었다.[5] 마우마우단(영국의 식민통치에서 벗어나기 위해 독립운동을 벌인 케냐의 무장투쟁 단체-옮긴이)으로 알려진 잡히지 않는 저항세력이 일으킨 봉기를 진압하는 데 일조하기 위해서였다. 그 임무를 위해 가방을 싸면서 킷슨이 가장 크게 두려워했던 것은 실제로 케냐에 도착했을 즈음 어떤 전투도 보지 못하고 "식민지 비상사태"가 끝나 다시 고향으로 돌아올 수밖에 없을지도 모른다는 것이었다.

걱정할 필요가 없었다.[5] 케냐에 도착했을 때 킷슨은 소위 그가 말하는 "게임"에 곧장 빠지게 되었다. 그는 체계적인 유형이라 자신의 야망을 종이쪽지에 적어 내려갔다. "마우마우단을 말살하는 데 [필요로 하는] 정보를 보안군에 제공할 것." 그는 그 쪽지를 침대 옆에 둔 성경 속에 끼워 넣었다.[6]

킷슨은 단신에 다부진 체격이었다. 눈빛은 매섭고 주걱턱이었다. 마치 연병장에서처럼 꼿꼿한 자세를 유지한 채 어깨를 흔들며 걸었는데 그로 인해 실제보다 더 크다는 인상을 주었다. 앞 챙에 술이 달린 군모 안에서 머리칼이 점점 빠지고 있었기에 세월이 흐를수록 모자를 쓰지 않고는 사진을 찍지 않았다.[7] 약간 콧소리를 냈고, 대화할 때면 낚시꾼들이 쓰는 용어와 같은 배타적인 표현을 써서 양념을 쳤다.[8] 그는 잡담을 싫어하는 것으로 알려져 있었다.[10] 군대에서 떠돌았던 킷슨에 관한 (거의 틀림없이 사실이 아닐 듯하지만 그렇더라도 흥미로운 사실임을 드러내는) 얘기 중 하나는 만찬과 관련된 것이었다. 만찬에서 킷슨 옆자리에 앉아있던 동료의 아내가 킷슨에게서 "적어도 대여섯 마디"를 들을 수 있다는 데 친구와 내기를 걸었다고 밝혔다.

"부인이 이제 막 졌군요." 킷슨은 말했고, 그날 저녁 내내 그녀에게 한마디도 더하지 않았다.

케냐에서 그는 완전히 새로운 환경에 있게 되었다. 숲에 있게 된 것이었다. 야간 임무에 나서기 전에 손과 얼굴을 검은색으로 위장한 다음, 완벽하게 위장하려고 챙이 넓은 아프리카식 군모를 머리에 썼다.[11] 그런 식으로 "검둥이처럼 새까맣게"[12] 위장하면 멀리 희미한 불빛 밑에서 봤을 때 원주민으로 오인할 거라고 여겼다. 러디어드 키플링의 소설에 나오는 인물처럼 킷슨은 정체불명의 마우마우단을 수색하러 검은딸기나무 숲으로 뛰어들었다. 빽빽한 수풀을 헤치고 나아가면서 그는 사람들이 얼마나 빨리 생경한 사회적 환경에 적응할 수 있는지 놀라워했다. 케냐에서 보냈던 시절을 쓴 회고록에서 그는 이

케냐에서의 프랭크 킷슨.

렇게 말했다. "처음 얼마간은 모든 게 낯설다가 시간이 지나면 정상적인 존재가 낯설어 보인다."[13]

어느 날, 킷슨은 머리부터 발끝까지 헐렁헐렁한 흰 옷을 두른 한 무리의 케냐인들을 접하게 되었다. 눈과 코와 입 부위에만 좁고 기다란 구멍을 낸 채 얼굴은 완전히 가려져 있었다. 킷슨은 이 이상한 자들이 누구인지 물었고, 저항군 동지들을 배신하고 영국군에 협력하도록 설득당한 마우마우단이라는 것을 알게 되었다. 흰 옷으로 정체를 가린 상태에서 그들은 포로들을 관찰한 다음 영국인 관리자들에게 누가 마우마우단원인지 분간해 주었다.[14]

그것은 킷슨에겐 본질적인 의미를 규정하는 하나의 사건으로 눈이 번쩍 뜨이는 통찰의 순간이었다.[15] 그는 "대對-폭력단"을 소개받는 순간 고도로 효과적인 무기가 만들어질 수 있다는 개념을 인식하게 되었다. 반란에 맞서 싸울 때는 양질의 정보가 필수적이며, 그 정보를 얻는 한 가지 방법은 일부 반란 조직원들에게 진영을 바꾸도록 구슬려서 끌어들이는 것이라는 사실을 깨달았다. 그는 저항군이 동포들을 배신하도록 설득할 수 있는 최고의 방법이 무엇일까에 관해 심혈을 기울여 생각하기 시작했다. 단연코 신뢰가 핵심 요소였다. 잠재적인 정보원은 자신의 적에게 조력하기로 동의함으로써 자신의 목숨을 적의 손아귀에 맡길 것이기 때문이다. 그러나 신뢰는 키워질 수 있는 유대였다. 킷슨은 자신의 요원으로 일하자며 신참의 환심을 살 때 함께 순찰을 돌았다. 그들이 수풀 한가운데 있을 때 킷슨 본인은 마체테(원주민이 벌채 시 쓰는 날이 넓고 무거운 칼-옮긴이)만 가진 채 권총을 신참에게 건네주었다. 그것은 위험한 제스처였지만 킷슨은 비밀요원에게 무기를 맡기는 것이 "절대적으로 팀의 일원이라는 것"을 전달하는 하나의 방법이라고 믿었다.[16]

영국은 결국 저항군을 진압했지만 어마어마한 인적 비용을 지불했다.[17] 아무도 얼마나 많은 케냐인이 학살당했는지 정확히는 알지 못하지만 수십만 명에 달할 것으로 추정된다. 약 150만 명의 사람들이 구금되었고,[18] 수많은 사람들이 포로수용소에 갇혔다. 마우마우단 용의자들은 신문 중에 전기 고문, 담뱃불 지지기 고문, 처참한 형태의 성적 고문을 당했다.[19] 그렇듯 잔인한 작전을 펼쳤음에도 1963년에 영국이 케냐에서 철수하는 것을 방지하지는 못했다. 그런데도 런던으로 돌아오자 마우마우단에 맞선 작전이 대단한 성공을 거둔 것으로 칭송받았다. 킷슨은 "케냐에서 용맹하고 혁혁한 공훈을 세웠다"며 1955년에 무공 십자훈장을 받았다.[20] "내가 운이 좀 좋았다면, 그건 아마 우리 일부 지휘관들보다 내가 좀 더 테러범에 가깝게 생각했다는 사실에 기인한 게 아닐까 싶다"라고 그는 회고했다. "내가 아프리카인의 정신을 얼마나 많이 흡수했었는지 나조차도 놀라웠다. 내가 냉혹해지고 무자비해지고 기만적이 되고 있었던 것일까?―그들의 별로 매력적이지 못한 특성을 언급하고 있는 것인가?"[21]

킷슨은 천직을 발견했다.[22] 더 이상 싸워야 할 세계대전은 없을지 모르지만 식민지에서의 반란은 얼마든지 있었다. 1957년, 그는 과감하게 말레이반도로 가 조호르 정글에서 공산주의자 게릴라들과 전투를 벌이고는 두 번째 무공 십자훈장을 받았다. 그곳에서 무스카트 오만 술탄국(아라비아해의 재해권을 장악했던 술탄국으로 지금의 오만, 아랍에미리트와 파키스탄의 과다르를 통치하였다-옮긴이)으로 파견되어 사막에서 저항에 맞서 싸웠다.[23] 다음으로 그리스계와 터키계 사이프러스인이 전쟁을 일으킨 사이프러스에서 2년 동안 복무하였고, 이때 그에게 대대의 지휘권이 주어졌다.[24]

1969년, 킷슨은 옥스퍼드 대학에서 특별연구원으로 지내면서 전쟁터에서 떨어져 조용한 한 해를 보냈다. 고딕 양식 건축물의 깔끔하게 정리된 연구실에 있으면서 그는 새로운 기획에 착수했다.[25] 반란 진압 활동에 대한 사유를 체계화하기로 한 것이었다. 그는 마오쩌둥과 체 게바라를 연구하고 자신의 전투 경험을 끌어내어 『저강도低强度 작전』이라는 온건한 제목의 원고를 썼다. 이 책에서 킷슨은 훗날 대對반란 계획의 사고의 초석이 될 논거를 전개했다.[26] 단지 봉기를 진압하는 것만이 아니라 현지인들의 민심을 얻는 것이 중요하다는 논지였다. 그 책은 또한 정보 수집에 크게 중점을 두었다. 말할 것도 없이 요지는 매우 명확했다. 반란을 타도하려면 반란군이 누구인지 아는 것이 도움이 된다는 것이었다. 그 책을 완성할 즈음인 1970년에 킷슨은 영국 육군의 걸출한 지식인-전사로 부상했다.[27] 옥스퍼드에서 특별연구원을 마치자 준장으로 진급하여 최근 영국에서 벌어지고 있는 작은 전쟁 현장으로 파견되었다. 북아일랜드였다.

* * *

리즈번에 있는 육군본부는 벨파스트 외곽 13킬로미터 지점에 모래주머니들과 철조망을 둘러 요새화한 방폭벽 뒤에 있었다. 북아일랜드에서 영국군의 수는 단기간에 급격히 증가했다. 1969년 여름 2,700명이었던 것이 1972년 여름에는 30,000명 이상이 되었다. 군인들은 흔히 자신들이 싸우고 있던 무장세력만큼이나 어리고 경험이 부족했다. 키만 멀대 같이 크고 여드름투성이의 겁 많은, 채 십 대도 벗어나지 않은 청년들이었다. 그들은 기지와 막사와 임시 숙소 등지에서 전국에 퍼져 있었다.[28] 두 중대의 블랙워치(영국 육군 소속의 유명한 제42스코틀랜드 고지高地 연대. 체크무늬가 있는 제복이 검다는 데서 이렇게 불린다-옮긴이) 군인들은 광대한 항공기 격납고를 임시 숙소로 배정받았다. 또 다른 중대는 버스 차고에서 기거하며 빈 버스에서 몸을 눕혔다. 군인들은 4개월 동안 북아일랜드로 배치되고 나서야 다시 본국으로 돌아갈 수 있었다.

그러나 다수의 무장 파벌이 긴밀히 결속된 공동체로 뒤섞인 곳에 배치되는 것은 대단히 위험한 일일 수 있다. 저격범이 겨냥하여 쏜 총에 맞는다든가 사제 폭탄으로 사지가 갈기갈기 찢겨지는 등 끊임없는 위험에 노출된다는 점에서 좀 더 자기 성찰적인 일부 군인들은 다음과 같은 점을 의아해하지 않을 수 없었다. '도대체 성공이란 건 어떤 모습일까?' '승리를 어떻게 정의하지?' 그들은 1969년 여름에 북아일랜드의 소요사태 진압을 목적으로 파병되었지만 도착한 이래 유혈사태는 더욱 극심해질 뿐이었다. 그들 모두 본국으로 돌아갈 수 있기 전에 무엇을 달성해야 한단 말인가?[30] "분쟁"에 배치된 군대는 나치와 싸웠던 군대가 아니었다. 식민지 상태에서 해방하려는 작은 전쟁에 맞서 싸우는 성년으로 이루어진 조직일 뿐이었다. 그런데 도대체 북아일랜드는 무엇이었을까? 영국 연합의 일부였을까? 아니면 다루기 힘든 식민지들 중 하나였을까?[30]

1970년에 도착했을 때 프랭크 킷슨은 영국군 총사령관은 아니었다.[31] 그러나 벨파스트를 책임지는 제39보병여단을 맡고 있었으며 그의 영향력은 직위를 훨씬 능가했다. 훗날 킷슨의 부하 중 한 명은 이렇게 밝혔다. "그가 책임지고 있는 영역 안에서 그는 태양이었다. 그 주위를 행성들이 회전하고 있었는데 그가 바로 그런 풍조를 만들었다."[32]

킷슨이 도착했을 때 군이 직면하고 있던 제일 큰 도전은 탄탄한 정보의 부족이었다. 공화파든 왕당파든 무장세력이 된 남녀는 다른 모든 민간인들과 마찬가지로 보였다. 그러니 어떻게 식별할 수 있단 말인가? 지난 수십 년 동안 IRA 조직원의 수는 상대적으로 정체되어 있었다. 즉, 매년 동일한 이름이 등

장한 것이었다. 그러나 이제는 오래된 경찰 정보를 최신 정보로 갱신할 필요성
이 절실했다. 매주 대의를 위해 신참병들이 모여들고 있었기 때문이다. 그러한
어려움은 군이 선호하는 나팔총 전략(blunderbuss approach, 짧은 거리 안에서는 효
과적이지만 멀리 떨어진 표적에 대해서는 정확도가 떨어지는 전략을 말한다. 조준 사격을
가하는 산탄총 전략과 반대되는 말-옮긴이)으로 인해 더욱 악화될 뿐이었다. 킷슨
은 훗날 이렇게 회상했다.[43] "내가 처음 그곳에 갔을 때는 전술이란 것이 일렬
로 쭉 서서 현장을 최루탄 가스로 가득 채우고 지칠 때까지 우리에게 벽돌을
던지게 하는 것이었다. 최루탄 가스는 현지인들에게 크게 피해를 입히지 않았
기 때문에 별로 좋은 생각이 아니었다. 그건 그들에게 적개심만 품게 할 뿐이
었다."

킷슨은 『저강도 작전』에서 반란 진압 활동의 목표는 "체제 전복적인 운
동을 완전히 말살하는 것"[34]이 되어야 한다고 말한 바 있다. 그러나 보이지 않
는 대상을 말살하기는 어렵다. 킷슨은 정보에 집착하게 되었다. 첫 번째 도전
은 그가 즐겨 말하듯 늘 "올바른 정보를 얻는 것"이었다.[35]

특히 킷슨은 벨파스트 여단의 D중대에 관심이 많았다.[36] 브렌든 휴즈가
작전하는 IRA 부대로 가장 큰 피해를 끼치고 있었기 때문이다. 영국군은 서
벨파스트에 있는 휴즈의 작전 지역을 "인디언 보호구역"이라고 불렀다.[37] 군인
들이 그곳에 발을 디뎌야 할 일이 있다면 적어도 조심스럽게 디뎌야 했다. 군
인들은 자기들끼리 (그리고 때로는 언론에서도) 적이 인류애가 결여되어 있다며
"그 사람들은 야만인들"[38]이라고 매도하고 있었다. 휴즈와 부하들은 보이지
않게 조용히 공동체에 박혀 있었다. 많은 군인들이 주둔하고 있는 벨파스트
외곽의 팰리스 기지에서는 밤에 벨파스트에서 폭탄이 터지는 소리를 들을 수
있었다. 유리창이 마구 흔들리곤 했다.[39]

시내 쇼핑 지역에 폭탄이 터지면 우리는 선뜻 정보를 제공함으로써 군을

도와줄 잔뜩 겁먹은 민간인이나 불만을 품은 사람들을 찾는 데 별 어려움이 없을 거라고 추측할 것이다. 그러나 군인들은 서벨파스트가 "침묵의 벽"[40]으로 IRA를 보호하고 있다고 불평했다. 정보원들은 "끄나풀"로 알려져 있으며 수 세기 동안 아일랜드 문화에서 최악의 반역자 부류로 매도당했다. 그래서 영국과 협력하는 것에 대한 사회적 낙인이 뿌리깊었다.

물고기와 바다에 관한 마오쩌둥의 글귀를 인용하는 습관을 가진 것은 브렌든 휴즈만이 아니었다. 킷슨도 그 글귀를 좋아했다. 그러나 그는 거기에다 자기 나름의 감상을 내놓았다. 물고기는 "낚싯대나 그물로 직접적으로 공격할 수 있다. 그러나 만약 낚싯대나 그물로 성공할 수 없다면 바다에 무언가를 해야 할 필요가 있다"[41]라고 그는 조언했다.

* * *

1971년 8월 어느 날 아침 동트기 직전, 영국군 3천 명이 북아일랜드를 가로질러 민족주의자 지역을 불시에 습격했다.[42] 군인들은 문을 부수고 자고 있던 사람들을 침대에서 끌어내 억류시켰다. 특별권한법하에서 재판 없이 누군가를 무기한으로 붙들어 두는 것은 합법이었으며, 북아일랜드에서 억류는 주기적으로 이용되었다. 그러나 그 정도의 규모는 아니었다. 그날 체포된 거의 350명의 용의자들 중 왕당파는 단 한 명도 없었다. 당시 왕당파 무장세력 다수가 테러에 연루되었음에도 말이다. 이렇듯 한쪽으로 치우친 처사는 많은 가톨릭교도들의 마음속에 군이 종파 탄압의 또 하나의 도구에 불과하다는 인상을 더 심화시킬 뿐이었다. 군은 소탕작전을 계획할 때 왕립얼스터보안대의 정보에 의존해 왔으며, 한 영국인 지휘관이 나중에 인정했듯, 경찰은 "부분적으로는 어느 정도로, 많은 경우 상당한 정도로"[43] 개신교도로 구성되어 있

작은 준장

103

었다.

그러나 왕립얼스터보안대가 작성한 용의자 목록은 가톨릭교도 목표물을 왜곡했을 뿐만 아니라 시대에 뒤떨어져 있었고 무장투쟁에 전혀 관여하지 않은 많은 사람들까지도 포함하고 있었다. 아버지의 이름을 따라 아들의 이름을 짓는 아일랜드 전통 때문에 노인이 아들이라는 잘못된 추정하에 끌려왔으며, 아들은 당국이 아버지라고 생각해서 체포되었다.[44] (때로는 아버지와 아들 둘 다 집에 있는 것을 발견했는데 그들이 쫓고 있는 사람이 어느 쪽인지 불확실한 경우 군은 그냥 둘 다 체포했다.)[45] 그날 아침에 붙잡힌 용의자들 중 거의 3분의 1이 이틀 후에 풀려났다.[46] 군은 찾고 있던 대부분의 사람들을 체포하는 데 실패한 반면 찾고 있지 않았던 사람들을 무더기로 체포했다. 이로 인해 애초부터 크게 적개심을 품었던 가톨릭교도는 한층 더 적개심을 품게 되었다. 나중에 영국 국방부는 공식적으로 검토한 결과 억류가 "중대한 실수"였다는 것을 시인했다.[47] 소탕작전에 참여한 한 영국군 장교의 말을 빌리면 "그것은 미친 짓이었다."[48]

북아일랜드에서 대對반란 계획을 주도한 지식인으로서 프랭크 킷슨은 영원히 억류사건과 연관될 터였다.[49] 그러나 그는 나중에 자신이 그 결정을 승인하지 않았다고 주장했으며 오히려 반대로 상관들에게 그러한 조치가 역효과를 낳을 거라고 경고했다고 했다. 그가 논한 쟁점은 관행처럼 전반적으로 이용하기보다는 이 경우에 세부적으로 적용해야 한다는 것이었다.[50] 킷슨은 케냐 등지에서는 억류의 유용성을 지지했었다. "자유국가에서 자란 사람들에게 그것은 매력적인 조치가 아니"[51]긴 하지만 그럼에도 억류가 "그렇지 않으면 투쟁에 연루되었을 사람들을 현장에서 치워버림으로써" 충돌을 단축시킬 수 있다고 주장했다. 전하는 바에 따르면, 그는 사람들을 재판 없이 가두는 것이 "죽이는 것보다는 낫다"며 빈정댔다고 한다.[52] 이러한 시각은 돌이켜보면 냉혈

한처럼 보일지 모르지만 당시 영국의 언론은 그 정서에 공명했다.[53] 「텔레그라프」는 아무런 혐의도 없이 철창 안에 갇혔던 일부 가톨릭교도들이 "바깥에서 총에 맞아 죽는 것보다는 억류당하는 편이 더 좋다는 것을 인정했다"라고 밝혔다.

북아일랜드에서의 억류에 대해 킷슨이 주로 비판한 점은 그것이 하나도 놀라움으로 다가오지 않는다는 데 있었다.[54] 그 자신도 정보에 대해 좀 아는 브렌든 휴즈는 습격에서 붙들리지 않았다. 사전에 습격이 임박하고 있다는 것을 알았기 때문이다. 7월 하순, 군은 수색 활동과 체포 활동을 하는 등 일종의 시운전을 했다.[55] 휴즈에게는 그 작전이 정보를 수집하기 위한 일환인 것처럼 보였다. 그가 옳았다. 군은 자신들의 목록에 있는 주소지가 최근에 갱신된 것인지 확인하려고 그러한 준비단계를 고안해낸 것이었다.[56] 군의 의도에 관한 또 하나의 힌트는 벨파스트에서 20킬로미터 정도 떨어진 외곽 지역에서 일어나고 있었다.[57] 이전에 공군기지였던 부지에 큼직한 포로수용소가 새로 건축되고 있었는데 상당수의 억류자들을 가둘 수 있는 시설이었다. 조금만 관심을 갖고 보면 그것은 대규모의 억류가 도입될 것인가의 문제가 아니라 시기가 언제인가 하는 문제였다. 브렌든 휴즈는 습격 전에 이를 잘 인식하고 있었기에 부하들과 함께 지하에 숨어버렸다. 소탕작전이 벌어진 후, IRA는 의기양양하게 기자회견을 열어 대대적인 작전이 급진파들을 거의 잡아들이지 못했다고 밝혔다.[58]

* * *

돌러스 프라이스도 그렇듯 붙들린 사람들 중 하나가 아니었다. 습격이 벌어졌을 때 그녀는 도시를 떠나 런던 방문길에 올랐다.[59] 군은 그녀의 아버지를 덮치러 왔으나 아버지도 그곳에 없었다. 그들이 오고 있다는 것을 눈치챈 아버지는 벌써 도주 중이었다. 그러나 돌러스의 어렸을 적 친구인 프랜시 맥기건이 체포되었다. 무장투쟁에 연루된 사람은 프랜시와 그의 아버지인 존뿐만이 아니었다. 온 가족이 연루되어 있었다. 프랜시는 일곱 자녀 중 맏이였는데 결과적으로 그들 모두 복역하게 되었다. 그해 여름에 습격이 일어났을 때 메리 맥기건이라는 강단있는 여성인 그의 어머니는 이미 갇혀 있었다.[60] 평화적인 시위에 참여했다는 이유로 아마 교도소에서 거의 1년간 복역 중이었던 것이다. 새벽 네 시경이었다.[61] 프랜시가 침대에서 자고 있을 때 문이 벌컥 열리며 군인들이 침실로 난입했다. 그들이 속옷 바람인 프랜시를 집 밖으로 끌고 가는 동안 또 다른 군인이 아버지를 길바닥으로 끌어냈다. 아버지가 길바닥에 쓰러졌지만 프랜시는 도와주러 갈 수가 없었다.[62] 트럭 뒤에 처박혔기 때문이다. 트럭이 출발하자 프랜시는 뒷창으로 아버지를 언뜻 보았다. 여전히 땅바닥에 쓰러져 있었다.

아버지는 결국 며칠 동안 경찰에 붙들려 있었다.[63] 그는 풀려나서 아들을 수소문했으나 찾을 수 없었다. 아들이 집에 돌아오지 않았기에 아직도 감금되어 있는 게 틀림없다고 짐작했다. 그러나 많은 피억류자들이 끌려간 크럼린 로드 교도소에 전화하자 그곳에 프랜시 맥기건이란 사람은 없다고 했다. 그 다음에 군에 전화를 했지만 습격에서 체포된 사람들 모두 그 뒤에 경찰에 인계했다고 했다. 사람들이 거리에서 변을 당하고 있었다. 존은 아들이 죽었을지도 모른다는 두려움에 사로잡히기 시작했다. 알고 지내는 동네 주민을 만났는데 그가 최악의 의심을 더 확실히 들게 했다. 그 남자가 말했다. "시체 안치소에 사내애 하나가 누워있어. 자네 아들 프랜시인 거 같아." 완전히 넋이 나간 존은 그 길로 곧장 시체 안치소로 가 시체를 보여달라고 요청했다.

다른 아이였다. 프랜시가 아니었다. 존은 안도감에 맥이 탁 풀렸다. 하지만 죽지 않았다면, 그리고 군이나 경찰에 붙들려 있는 게 아니라면, 그렇다면 도대체 어디에 있단 말인가?

존 맥기건이 알지 못했던 것은 아들이 다른 열한 명과 더불어 특별한 운명으로 선택되었다는 것이었다.[64] 그의 머리 위로 두꺼운 두건이 씌워져 감각이 둔해졌다.[65] 두건에서는 더러운 빨랫감에서 나는 군내가 났다. 프랜시는 다른 몇몇 포로들과 함께 웨식스 헬리콥터(헬리콥터의 개척자인 시콜스키사가 미 해군의 요구에 의해 개발한 범용 헬리콥터-옮긴이)에 실렸다. 그들은 얼마 동안 날아갔다. 얼마나 오래 날아갔는지는 말할 수 없다. 아무도 프랜시에게 어디로 가고 있는지 말하지 않았다. 그러다가 헬리콥터 회전날개가 굉음을 내는 와중에 무언가를 빨아들이는 소리가 들리며 더욱 커다란 굉음이 들렸다. 계속해서 날고 있긴 했지만 누군가가 이제 막 헬리콥터 문을 열었다는 것을 알 수 있었다. 이제 프랜시는 어떤 손길이 자신을 떠밀며 움직이도록 하는 것을 느꼈다. 그에게 채워졌던 수갑이 풀어졌고, 그는 작은 공처럼 몸을 접어 두 팔로 무릎을 감싸고 온몸을 바짝 끌어당겼다.[66] 머리에 씌워진 두건 때문에 여전히 아무것도 볼 수 없었으며, 극심한 공포에 휩싸여 있었다. 그리고 이제 열린 헬리콥터 문밖으로 그를 밀어내는 손길이 느껴졌고, 그는 낙하하고 있었다.[67]

그러나 이제 또 다른 한 쌍의 손길이 느껴졌으며, 그는 밑에 땅바닥이 있다는 것을 느꼈다. 아무것도 보이지 않는 상황이라 죽음의 나락으로 떨어지는 것만 같았던 것은 단지 몇 미터에 불과했으며, 헬리콥터는 땅바닥 가까이에서 맴돌고 있었다. 이제 그를 붙든 사람은 정체불명의 시설로 거칠게 떠밀고 있었다.[68] 2차 세계대전 때 이착륙장으로 사용하던 데리의 외딴 기지였다. 그러나 프랜시 맥기건은 당시에는 알지 못했다. 여전히 두건이 씌워져 있었기 때문이다. 그리고 엄밀히 말하면 그곳은 군이 선정한 모처로 외딴곳인 데다 명칭도 없었으며 책임소재 같은 것과는 거리가 먼 곳이었다.[69] 맥기건과 동료 억류자들은 발가벗겨져 의사의 검사를 받은 다음 완곡한 군 용어로 이른바 "심층 신문"으로 분류되는 일련의 절차를 밟았다.

포로들은 며칠 동안 음식과 물, 수면을 박탈당하고 장시간에 걸쳐 무릎을 꿇고 쪼그려 앉은 자세로 있어야 했다.[70] 머리에 씌워진 두건으로 인해 시력은 효력이 없어졌다. 또한 귀청을 찢는 듯 날카로운 소음에 시달렸다. 영국은 나치나 한국전쟁 동안 북한군과 중국군에게 전쟁 포로로 잡혀 있던 군인들의 경험을 연구함으로써 이러한 기술을 습득하게 되었다. 공교롭게도 전 달까지 북아일랜드에서 지상군 지휘관으로 복무했던 안토니 파라-호클리 본인도 한때 북한에서 전쟁 포로로 고문당한 적이 있었다.[71] "IRA는 스스로를 군인이라 부르며 전쟁을 수행하고 있다고 말하므로 포로로 붙잡혀 신문을 받을 경우 겁에 질릴 각오가 되어 있어야 한다"[72]라고 그는 발언했다.

처음에 영국 군인들은 이 기술을 가혹한 신문과 고문에 저항하는 한 방법으로 배웠다.[73] 그러나 결국 이 방법은 방어와 관련된 교육과정 부분에서 공격을 다루는 부분으로 옮겨갔다. 이 방법은 영국이 지배하는 속령인 팔레스타인, 말레이반도, 케냐, 사이프러스에서 반란자들을 대상으로 거의 20년 동안 쓰였었다. 그러나 글로 쓰인 어떤 안내서에도 이 방법은 기록된 적이 없었고 대신 신문자들이 인간의 잔학행위에 대한 전통을 한 세대에서 다음 세대로 입에서 입으로 전해주었다.[74]

"직책이 뭐야?"[75] 신문자들이 맥기건에게 물었다. "벨파스트 여단의 참모가 누구지?" 그들은 맥기건의 지휘관들 및 의용군 동지들의 이름인 제리 아담스나 브렌든 휴즈와 같은 이름을 원했다. 시간에 대한 감각이 없었기에 다음 날과의 구분이 없어졌고, 수면 박탈과 굶주림과 무자비한 소음으로 인해 맥기건의 정신은 오락가락하게 되었다. 그는 마치 정신을 잃기 시작하는 것처럼 느껴졌다. 신문자들이 그에게 이름 철자를 대라고 했을 때 그는 엉뚱한 철자를 댔다. 그들이 10까지 세라고 지시했을 때 셀 수 없다는 것을 알았다. 오랫동안 그들은 그를 주철로 만든 라디에이터에 묶어놓았으며, 살갗이 까져서 따가울 때까지 손목에 수갑이 채워져 있었다. 많은 이들이 환각에 시달리기 시작했다. 어느 순간, 절대 살아서는 나갈 수 없을 거라고 확신한 맥기건은 얼굴에서 피가 뚝뚝 떨어질 때까지 머리를 라디에이터에 대고 쾅쾅 찧었다.

일주일 후 고문이 끝났을 때 일부는 크게 망가져서 자신의 이름도 기억할 수 없었다. 퀭하게 쑥 들어간 두 눈은 귀신이 씌운 듯한 모습이었는데 그중한 사람은 "눈雪 속에 난 두 개의 오줌 구멍"[76]에 비유될 정도였다. 새까만 머리칼로 신문에 들어갔던 또 한 명의 억류자[77]는 머리칼이 온통 하얗게 새어서나오는 경험을 하게 되었다.(그는 풀려난 지 얼마 되지 않아 45세의 나이에 심장마비로 사망했다.)[78] 마침내 크럼린 로드 교도소로 돌아온 프랜시 맥기건은 아버지를 만났다. 억장이 무너진 노인네는 울부짖었다.[79]

적어도 공적 영역에서는 프랭크 킷슨의 "심층 신문"에 대한 기록은 없다. 그러나 그가 그것 때문에 골치 썩었을 것 같지는 않다.[80] 잔혹한 기법은 식민지 군사작전에서 그가 전문적으로 다루던 상징이었다. 반란 진압 활동에 대한 그의 논문이 발간되었을 때 한 비평에는 "1949년 제네바 4개 협약 중 많은 부분이 영국과 명백히 관련이 있으며, 영국도 체결했다는 것은, 언급되지 않았다"라고 지적했다. 영국 정부의 후속조사 결과 이른바 "두건이 씌워진 남자들"을 상대로 쓰여졌던 신문 기법 중 일부가 형사상 범죄의 구성요소가 된다는 점이 밝혀졌다.[81] 그러나 유럽인권재판소는 논란의 여지가 다분한 1978년 판결에서 그 기법이 "비인간적이고 모욕적"이긴 해도 고문에는 해당하지 않는다는 결정을 내렸다.[82] (2001년 9월 11일 테러범 공격의 여파로 조지 W. 부시 미국 행정부는 자체적으로 "강화된 신문" 기법을 만들면서 고문의 이용을 정당화하기 위해 명백히 이 판결에 의존했다.)[83]

* * *

    그러나 아마도 "분쟁"의 맥락에서 프랭크 킷슨의 식민지 철학을 가장 구체적으로 적용한 것은 MRF일 것이다.[84] MRF라는 머리글자가 정확히 무엇을 의미하는지에 대한 기본적인 문제조차도 아무도 동의하지 않는 것으로 보이는 대단히 수상쩍고 은밀한 정예부대였다.[85] 기동정찰대Mobile Reconnaissance Force의 약자였을 수도 있다. 또는 군정찰대Military Reconnaissance Force였을 수도 있다. 또는 군대응부대Military Reaction Force였을 수도 있다. MRF는 영국군 전역에서 엄선된 30명 정도의—남성과 여성 모두—특수요원들로 구성되어 있었다.[86] 그들은 사복 차림의 나팔바지와 청재킷을 입었으며 머리를 길게 길렀다.[87] 군 내부에서는 폭파전담반으로 알려져 있었다.[88] 그들의 임무 중 하나가 정찰이었으며, 무장세력이 폭탄을 설치할 것으로 예상하는 장소에서 잠복했기 때문이다. 아일랜드 출신 군인들은 지역 주민들과 섞이게 하려고 의도적으로 뽑았다.[89]

    MRF 부대원들은 공화파 거주지 주위로 차를 몰고 가서 은밀한 감시임무를 수행했다. 그러나 휴즈의 작전 지역인 "인디언 보호구역" 한복판에서 내리기도 했다. 그들은 거리 청소부와 쓰레기 청소부로 행세했다.[90] 길가에서 변성알코올을 마시는 부랑자들과 함께 웅크리고 있기도 했다. 또한 폭동이나 방화로 피해를 입은 상점과 가정집에 은밀히 들어가 비밀 감시초소를 세우기 시작했다.[91] MRF 부대원은 그곳에 숨어 정면에 둘러쳐진 벽돌을 한 장 빼내 동네를 내다볼 수 있도록 했다. MRF에서 복무하는 한 여성은 집집마다 돌아다니며 화장품을 팔고 정보를 수집했다.[92] 1971년 12월, 킷슨은 "향후 벨파스트 발전계획"이라는 제목의 문서를 작성했는데[93] 이 문서에서 그는 IRA와의 전투에 임하는 핵심적인 한 가지 수단이 "MRF 구축 및 발전"이라고 설명했다.

그러나 그 부대는 정보를 수집하는 것 이상의 일을 하고 있었다. 바로 사람들을 암살하는 일이었다. 사복 차림의 대원들은 위장 순찰차인 포드 코티나를 몰고 돌아다녔다. 좌석 밑에는 스털링 기관단총이 숨겨져 있었다.[94] 그들은 무기를 눈에 띄지 않게 보관해야 했다.[95] 한 MRF 부대원은 훗날 자신들이 얼마나 효과적으로 위장했는지 "만약 군 초소를 지나가는데 총을 갖고 있는 게 발각되면 영국군 동지들이 발사한 총에 맞았을 것"이라고 설명했다. 서벨파스트에서 녹색 승합차에서 불쑥 튀어나와 브렌든 휴즈를 살해하려고 시도했던 것도 MRF 부대원이었다. 이 암살단은 의도적으로 무장세력이 사용하고 있던 특정한 무기를 갖고 다녔기에[96] 누군가가 살해당했을 때 탄도학자들은 살해에 책임을 져야 하는 것은 군이 아니라 IRA나 왕당파 암살자들이라고 제기할 터였다.

한 MRF 부대원은 이렇게 회상했다. "우리는 혼란을 초래하고 싶었습니다."[97] 사람들이 무장세력한테 책임이 있다고 믿는다면, 공동체에서 그들의 입지를 약화시키고 군의 이미지를 법을 준수하는 중립적 중재자로 간직할 터였다. 이는 MRF가 암살하고자 하는 목표물 대신 어디에도 소속되지 않은 민간인을 의도치 않게 죽이게 됐을 경우 특히 그러했다. 1972년 어느 여름밤, 진 스미스-캠벨이라는 스물네 살의 여성이 글렌 로드의 버스터미널에서 자동차 조수석에 앉아있었다.[98] 그때 총알 하나가 유리창을 뚫고 들어온 다음 그녀의 머리를 관통했다. 당시 경찰은 그녀의 죽음에 "보안군은 전혀 관여한 바가 없다"라고 발표하며 그 지역의 (무장세력 조직들을 약칭하여)"정치 조직"과 관련이 있을 수 있음을 넌지시 내비쳤다. 스미스-캠벨의 가족은 그녀가 IRA가 쏜 총에 맞았다고 믿게 되었다. 실제로는 MRF에게 살해당했다는 사실을 가족이 알게 되기까지는 40년이 걸렸다.[99]

프랭크 킷슨은 언론 조작의 달인이었다. 발작적인 폭력의 여파로, 그는 사이먼 윈체스터라는 젊은 작가이자 「가디언」 현지 통신원을 육군본부로 불러 상황을 설명했다.[100] 킷슨은 군이 희생자를 따로 분류한 기밀문서를 인용하면서 대단히 확신을 갖고 관련 사건의 정황을 상세히 전했다. 운 좋게도 특종을 잡았다고 느낀 윈체스터는 고인이 된 문제의 인물이 급진파 병참장교라거나 병기 전문가라거나 고참 지정사수였다고 충실하게 보도했다. 윈체스터는 킷슨을 "작은 준장"으로 여기며 좋아했고, 그들은 친구가 되었다. 젊은 통신원은 군 기지에 있는 킷슨의 집을 방문해 가족들과 친분을 쌓았으며 킷슨의 딸과는 카드놀이를 했다. 그 단계가 되어서야 윈체스터는 급진파에 대한 영국의 기밀정보가 얼마나 부당한 것인지 깨닫게 되었으며 자신이 그대로 받아 적은 많은 정보가 완전히 잘못되었다는 것을 의심하게 되었다. 그는 결국 킷슨이 자신을 "군 대변인"으로 써먹었다는 것을 공개적으로 시인했다.

전면전 추진론자라는 속성으로 인해 킷슨은 IRA가 집착하는 대상이 되었다.[101] 급진파는 『저강도 작전』을 연구하였으며 킷슨을 선전 선동의 주인공으로 등장시켰다. 무장세력의 과열된 상상 속에서 그는 초대형 적수로서 무수히 얘기는 오가지만 좀처럼 실체가 보이지 않는 "벨파스트의 도살자"[102]가 되었다. 이미 전시의 미신에 빠진 급진파는 조금이라도 괴이한 일이 발생하면 책략을 좋아하는 영국인 전략가가 농간을 부리기 때문이라는 것 외에는 달리 설명할 길이 없다고 말하기 시작했다.[103] 마치 그가 일종의 폴터가이스트(알 수 없는 소리를 내지만 일을 저지르는 모습은 보이지 않는 집안의 유령-옮긴이)인 것처럼 말이다. 킷슨을 납치할 계획도 여러 번 세웠다. 그중 어떤 것도 결실을 맺지 못했지만 말이다.[104] 급진파가 암살할 우선순위 대상의 이름이 적힌 "사망자 명단"을 갖고 있다는 말이 돌았다.[105] 맨 위에 있는 이름이 바로 프랭크 킷슨이라고 했다.

그러나 사망자 명단을 갖고 있는 것은 급진파만이 아니었다. MRF 부대는 이전보다 발달한 정보로 감시 작전을 수행하면서 부대원들에게 발견하는 대로 발포하도록 인가한 목표물 명단을 갖고 있었다. 팰리스 기지 한가운데에 있는 MRF의 비밀 상황실 벽에는 급진파 중에서도 가장 거물급 "선수들" 사진이 도배되어 있었다. 감시하면서 찍은 사진으로 그들의 목표물이었다.[*] 전 MRF 부대원의 설명에 따르면 벽에 붙어 있는 핵심 인물에 브렌든 휴즈, 제리 아담스, 돌러스와 마리안 프라이스가 포함되어 있었다.

8

금간 컵

벨파스트만에는 감옥이 하나 떠 있다.¹ HMS(Her/His Majesty's Ship의 약자로 영국 군함 이름 앞에 붙이는 표현-옮긴이) 메이드스톤은 500피트 길이의 선박으로 2차 세계대전 동안 영국 해군의 잠수함 모선(잠수함의 보급과 보수, 잠수함 승조원에게 휴양을 제공하는 등 잠수함 작전을 지원하는 수상 선박-옮긴이)으로 사용되었다. "분쟁"이 발발하자 메이드스톤은 벨파스트에 도착한 2천 명의 영국군을 위한 비상 숙소로 서둘러 재위탁되었다가 다시 HMP 메이드스톤, 즉 메이드스톤 감옥Her Majesty's Prison² 으로 재위탁되었다. 선박은 육지에서 6미터 떨어진 부두에 구부정하게 서 있었다. 감옥 구역은 선미의 갑판 아래 숙사 두 곳으로 이루어져 있었다.³ 포로들은 환기가 안 되어 답답한 데다 사람들로 복작거리는 공간의 3층 침대에 갇혀 있었다. 몇 개의 작은 현창 사이로 스며드는 빛은 흐릿했다. 그 공간은 어떤 포로의 표현대로 "돼지들에게도 적합하지 않았다."⁴

1972년 3월 어느 날, 무장한 호송병들이 세간의 이목을 끄는 포로를 메이드스톤으로 호송했다. 제리 아담스였다. 몇 달 동안 도망다닌 끝에 아담스는 서벨파스트의 집에 있다가 새벽에 기습한 부대에 붙잡혀 이제 선창으로 거칠게 떠밀려 가고 있었다. 그곳에 붙들려 있던 친구들과 친지들이 따뜻하게 맞아주었지만⁵ 얼마 안 가 염증을 느끼게 되었다. "잔인하고 억압적인 청어리 통

조림" 같다는 생각이 들었기 때문이다.⁶ 아담스는 강경한 혁명가였을 수는 있겠지만 끼니에 무심한 사람은 아니었다. 그는 맛있는 식사를 즐기는 사람이었고 그 배의 음식은 역겨웠다.⁷

아담스는 고통스럽기도 했다. 체포되었을 때 그는 자신이 제리 아담스라는 사실을 인정하기를 거부했었다.⁸ 대신 조 맥기건이라는 가명을 지어내 그게 자기 이름이라고 주장했었다. 그는 보안분실로 끌려가 신문을 받았으며, 결국 실제로 그의 얼굴을 아는 몇 안 되는 왕립얼스터보안대 경찰 중 한 명이 들어와 한 번 쓱 처다보더니 "제리 아담스 맞군"이라고 했다. 하지만 개의치 않았다. 그는 계속해서 자신을 체포한 사람들이 엉뚱한 사람을 체포했다고 완강하게 주장했다. 그는 최근 신문에 대항하는 기술에 관해 궁리해오고 있었다. "신문에 맞서 싸우는 하나의 수단으로 내가 제리 아담스라는 사실을 인정하기를 거부하는 방법을 강구했었다"라고 그는 훗날 회상했다. "내가 조 맥기건이라고 계속 주장함으로써 그 문제가 발목을 잡아 신문을 무산시킬 거라고 추론했다."

신문자들은 아담스를 구타했지만 한마디도 하지 않았다. 그들은—한 사내가 흥분하여 펄쩍펄쩍 날뛰며 총을 꺼내 아담스를 쏴버리겠다고 위협하면 다른 사내가 제지하는 식으로—좋은 경찰과 나쁜 경찰을 시도했지만 아담스는 꺾이지 않았다. 마침내 신문이 끝나고 있다는 것을 감지하고서야 아담스는 모두가 이미 알고 있는 사실을 인정했다.⁹ 자신이 제리 아담스라는 사실 말이다. 그때까지 그를 신문하는 자들이 그의 이름이 무엇인지에 관한 단순한 질문을 두고 그토록 오랫동안 논쟁을 벌여왔다는 것은 그가 자신의 실체에 대해 아무것도 말하지 않았다는 뜻이다. "당연히 그때쯤에는 내 전략이 빤한 속임수로 전락했지만 그게 그들의 신문을 견뎌낼 수 있는 버팀목이 되어 준 것 같다. 계속 침묵을 지키는 것이 최선의 방책이었다. 그들이 내가 누구인지 알고 있다 하더라도 아무 상관없었다. 그들이 말하는 사람이 내가 아니라는 것을 근거로 나는 그들의 질문에 대답할 수 없었다."[10]

메이드스톤으로 끌려온 아담스는 교도소 의사를 찾아가 구타당한 뒤에 갈비뼈가 욱신거리는 게 느껴진다고 설명했다.

의사가 물었다. "쑤셔요?"

아담스가 대답했다. "숨쉴 때면 쑤셔요."

의사가 입가에 미소 한번 비치지 않고 말했다. "그럼 숨쉬지 마세요."[11]

메이드스톤에 탑승한 교도관들이 더욱 혹독한 것 같고 보안이 특히 철저해 보인다면 거기에는 그럴 만한 이유가 있었다. 두어 달 전인 어느 꽁꽁 얼어붙은 1월 저녁,[12] 속옷 바람의 공화파 포로 일곱 명이 추위에 대비해 온몸에 버터와 검은색 구두약을 듬뿍 바르고 현창의 쇠창살을 톱으로 잘라 간신히 통과해서는 머스그레이브해협의 얼음물에 한 명씩 풍덩풍덩 빠져 맞은편 해안까지 수백 미터를 헤엄쳐 갔다. 포로들은 배 주변 바닷속에 설치되어 있던 철조망 사이로 물개가 나아가는 것을 지켜본 후 탈옥에 대한 아이디어를 얻었다.[13]

일곱 명 모두가 멀리 떨어진 해안까지 가는 데 성공하여 물 밖으로 허둥지둥 기어나왔다. 속옷 바람의 온몸은 흠뻑 젖은 데다 구두약으로 범벅이 되어 있었다. 이제 막 검은 석호에서 기어나온 사람들처럼 보였다.[14] 이어서 그들은 버스를 강탈했다. 우연찮게 탈옥수들 중 한 명이 IRA에 가담하기 전에 버스 운전사였는데 그는 이 예상 밖의 도주 차량을 벨파스트 시내로 몰고 갔다. 공화파 동조자들이 많이 사는 동네에서 멈추자 아이들이 메뚜기 떼처럼 즉시 버스를 기습해 부품을 떼어내기 시작했다.[15] 탈옥수들은 여전히 거의 발가벗은 채 제일 가까운 술집으로 헐레벌떡 갔다. 바 주위에 서 있던 손님들이 이 갑작스럽고 초현실적인 침입에 어안이 벙벙한 채 고개 들어 쳐다보았다. 그런 다음 망설임 없이, 아니 정말로 길게 설명할 필요도 없이, 술집에 죽치고 있던 술꾼들이 옷을 벗기 시작하더니 도망자들에게 건넸다.[16] 손님 중 한 명은 자동차 열쇠를 꺼내고는 "갖고 가슈"라며 던졌다. 군이 600명의 병력을 동원하여 탈옥수 집중 수색에 나설 즈음 그들은 사라졌다.[17] 그들은 국경을 몰래 빠져나간 뒤 더블린에서 승리의 기자회견을 열었다.[18] 여러 신문에서는 그들을 "위대한 7인"이라며 성유聖油를 발랐다.

* * *

아담스가 메이드스톤에 도착한 지 얼마 되지 않아 영국 당국은 배를 폐쇄하기로 결정했다. 벨파스트 외곽의 비행장에서 한동안 공사 중이던 새 교도소가 이제 완공되었기 때문이다.[19] 롱 케시 교도소로 알려진 곳이다.[20] 어느 날, 아담스는 또 다른 포로와 수갑이 채워진 채 군 헬리콥터에 실려 새로운 시설로 날아갔다. 롱 케시는 섬뜩한 곳이었다. 그곳에 갇혀있던 무장세력은 자신들이 범죄자가 아니라 정치범이라고 단호히 주장하며 그곳을 강제수용소라고 불렀다. 그리고 실제로도 강제수용소처럼 보였다. 바람이 횡횡 불어오는 황량한 벌판에 물결 모양의 철판으로 덮인 깡통막사가 쭉 늘어서 있었다. 포로들은 철조망 울타리 한가운데의 그 깡통막사에 갇혀 있었으며 여러 대의 탐조등과 감시탑이 설치되어 있었다.

롱 케시는 아일랜드 공화주의자의 상상 속에서 생생한 자리를 차지하게 되었다. 그러나 아담스는 오래 머물지 않을 터였다.[21] 도착한 지 두어 달쯤 지난 1972년 6월 어느 날, 누군가가 "아담스, 석방!"이라고 외쳤다. 처음에 그는 짓궂은 장난이 틀림없다고 생각했다. 아니면, 더 나쁘게는 함정이라고 생각했다.[22] 그러나 소지품을 챙겨 교도소에서 나왔을 때 돌러스와 마리안 프라이스가 자신을 집에 데려다 줄 자동차를 가지고 그곳에서 기다리고 있는 것을 보았다. 자매는 그를 앤더슨스타운으로 데려갔다. 극도로 미묘한 문제에 관해 공화파 수뇌부의 다른 조직원들과 함께 회동을 갖기 위해서였다.

아담스가 갇혀있는 동안 급진파와 영국 정부 사이에 비밀리에 비공식 교섭이 전개되고 있었다.[23] 몇 번에 걸쳐 예비 접촉을 한 후, 휴전 가능성을 협상할 수 있는 기회가 보이는 듯했다. IRA에서 아담스의 심복 중 한 사람인 아이버 벨이라는 강경파는 영국과의 논의에 필요한 전제조건으로 제리 아담스를 억류에서 풀어주는 것이라고 주장했다. 아담스는 이제 겨우 스물세 살에 불과했지만 IRA에서 대단히 중요한 인물이 되었기에 그 없이는 평화협상이 있을 수 없었다. 벨은 "제리가 풀려나지 않는 한 휴전은 개뿔"이라고 했다.[24]

6월 26일, IRA는 휴전을 개시했으며, 영국군은 그에 화답하기로 동의했다.[25] 휴전 바로 직전까지 폭탄테러와 총격전이 최고조에 달했었다. 일부는 이것이 총격전이 멈추었을 때와 얼마나 극명히 대비되는지를 보여주기 위한 IRA의 의도적인 전략일 수 있다고 했다. 그러나 일단 휴전이 선언되자 IRA 수뇌부는―의도치는 않았겠지만 우스꽝스럽게 과장하며―누구든 휴전을 위반하는 자는 총에 맞을 것을 맹세한다며 이를 충실히 존중하기를 당부했다.[26] 급진파는 "평화안"을 만들었으며 "적절한 시기에" 공개하겠다고 발표했다.[27]

북아일랜드의 많은 사람들은 IRA 테러범들과 어떠한 협상도 해서는 안된다고 주장하며 그러한 회담에 원칙적으로 반대했다.[28] 그러나 그해 7월, 아담스와 소수의 IRA 파견단은 극비를 조건으로 영국 군용기에 탑승했다.[29] 아담스와 더불어 숀 맥 슈타이오페인, 아이버 벨, 데리의 지휘관이었던 사교성 좋은 곱슬머리 청년 마틴 맥기네스, 그리고 다른 두 명의 IRA 지도자인 다히오 코네일과 셰이머스 트위미가 포함되었다. 그들은 옥스퍼드셔의 공군 기지에 착륙하였다. 거대한 리무진 두 대가 대기하고 있었다.

그렇듯 호화로운 수송 방식이 허세를 부리는 것처럼 보였다면 또한 의심의 근거가 되기도 했다. 아담스는 전직 바텐더였다. 아이버 벨은 정비공으로 일했었다. 맥기네스는 정육점 보조로 있었다. 영국이 조금이라도 거만한 조짐을 보이는 모습에 극도로 민감한 저항군들은 절대 깔보이거나 주눅든 모습을 허용하지 않을 터였다.[30] 벨은 그 여정에 앞서 자신들이 평화회담에 공식 파견단으로 가긴 하지만 양복과 넥타이를 착용하지 않을 거라고 밝혔었다. 벨은 역사가 자신에게 무언가를 가르쳐줬다면 그것은 "영국인들이 아일랜드인들로 하여금 불편하게 느끼도록 하는 것보다 더 좋아하는 것은 없다"는 것이라고 했다. 주최자가 눈에 띄게 격식을 차린다면 그는 터무니없이 격식에 얽매이지 않는 모양새로 응답하겠다고 했다. 그들에게 변화에 대한 불편함을 느끼게 하자는 것이었다. 제리 아담스도 복장 문제에 관해 비슷한 견해를 취했다.[31] 그는 그 자리에 입고 나갈 옷으로 구멍 난 스웨터를 택했다.

리무진은 일행을 태우고 런던으로 가더니 템스강에 면한 첼시의 유서 깊은 웅장한 저택에 내려놓았다.[32] 그들은 저택 안으로 들어가면서 자기도 모르게 약간 경외심을 느꼈다. 아담스는 저택 입구의 명판을 주목했다. 화가 제임스 맥닐 휘슬러가 한때 살았던 곳이라고 적혀 있었다.

아일랜드인들은 계단을 올라가 장서로 장식된 응접실로 안내되었다.[33] 그때 북아일랜드 담당장관 윌리엄 화이트로가 걸어 들어와 다정하게 인사를 건넸다.[34] 화이트로는 반듯하고 세련된 사람이었다. 그는 개명한 이름인 숀 맥 슈타이오페인을 정확하게 발음해 보였다. 맥 슈타이오페인이 인정할 수밖에 없는 솜씨였다. 그러나 돌아가면서 악수를 할 때 아담스는 화이트로의 손바닥에서 진땀이 나고 있다는 것을 알아차렸다.[35]

화이트로는 잉글랜드와 아일랜드 사이의 오랜 역사에 비추어 볼 때 왜 내빈들이 영국인을 의심에 찬 눈길로 보는지 이해할 수 있지만 "나에게서 여러분이 신뢰할 수 있는 영국 장관을 보게 될 것"[36]이라는 말로 시작했다. 그것이 회담에서 가장 주목할 만한 부분이었다. 맥 슈타이오페인이 준비해 온 성명서를 큰 소리로 읽기 시작했다. 요구 목록으로 구성되어 있었다.[37] 급진파는 영국 정부가 아일랜드의 모든 국민─북아일랜드와 남아일랜드 모두─의 자결권을 인정하는 공개 선언을 하기 바란다고 요구했다. 또한 영국이 1975년 1월 1일까지 아일랜드 땅에서 모든 병력을 철수하겠다는 선언을 하기 바란다는 요구도 포함되어 있었다.[38]

영국 참여자들 중 한 명인 정보장교 프랭크 스틸은 말없이 경악하며 이 발표를 지켜보았다.[39] 맥 슈타이오페인은 마치 벌써 IRA가 영국과 싸워 사면초가로 몰아넣은 것처럼 요구 목록을 규정하고 있었다. 스틸이 처음에 북아일랜드에 파견되었을 때 영국 정부는 IRA와 대화하기를 바라지 않는다는 입장을 보였었다.[40] 그들을 무찌르고 싶어하는 입장이었다. "피의 일요일" 학살사건 이후 많은 영국 관료들은 군사력만으로는 전쟁에서 이길 가능성이 낮다는 것을 깨달을 수밖에 없었다.[41] 스틸은 회담이 열리기 전에 사전에 IRA 대표단과 함께 극비리에 작업해오고 있었다. 그는 그들을 약간 업신여기며 재미있는 사람들이라는 식으로 보았다. 특히 마치 IRA가 전통적인 군사조직이라도 되는 듯 과시적으로 전문용어를 쓰면서 주장할 때는 더욱 그랬다. 스틸은 훗날 이렇게 말했다. "정말이지 오히려 아주 귀여웠다. 그들은 자신들을 테러범 일당이 아니라 군을 대표하는 사람들로 그리고 싶어했다."[42]

그들이 화이트로와 함께 회담실로 성큼성큼 걸어 들어와 강경노선을 펼쳤을 때 스틸은 그들이 형편없이 순진해 빠졌다는 것을 알아챘다.[43] 북아일랜드에서 영국이 철수할 것을 요구하면서 그들은 정부가 북아일랜드의 개신교도를 버리지 않겠다는 확약을 포기할 것을 요청하고 있었다.[44] 도저히 할 수 없는 양보였다. 회담이 진행되면서 화이트로는 점점 짜증이 났다. 회고록에서 그는 그 만남을 "기대에 어긋난 행사"로 IRA의 "어처구니없는 최후통첩"[45]으로 인해 파기되었다고 썼다.

제리 아담스는 회담 중 거의 말을 하지 않았지만 스틸은 팔다리가 길쭉길쭉한 신중한 젊은 저항군을 지켜보며 깊은 인상을 받았다. 그는 아담스가 북아일랜드에서 IRA를 대표하고 있으며 벨파스트 여단의 고위급 장교라는 말을 들은 터라 오만하고 세상사에 닳고 닳은 건달을 예상했었다. 그러나 여정 전 예비회담에서 처음 아담스와 맞닥뜨렸을 때 품위있고 논리정연하고 절제력이 있는 인물이라는 것을 알았다. 이는 대담자에게 있어 매력적인 자질이라고 스틸은 생각했으나 또한 바로 그러한 점들이 아담스를 사실상 위험한 적수라는 생각이 들게도 했다.[46] 아담스가 예비회담장을 나설 때 스틸은 그를 한쪽으로 데리고 가서 이렇게 말했다. "우리 영국으로부터 도망치느라 여생을 보내고 싶지는 않겠지. 뭘 하고 싶어?"

"대학에 가서 학위를 받고 싶습니다." 아담스가 대답했다.

"우린 널 막지 않아." 스틸이 지적했다. "폭력을 단념하면 대학에 갈 수 있어."

아담스가 씩 웃으며 말했다. "먼저 당신네 영국을 제거하는 것부터 도운 다음에요."[47]

* * *

6월에 휴전이 처음 선언되었을 때,[48] 브렌든 휴즈에게는 전쟁이 곧 끝날 것만 같았다. 도망다니고 있던 사람들에게 갑작스러운 휴전은 은신처에서 과감하게 나와 집으로 가서 가족과 재회한다는 것을 뜻했다. 평범한 민간인들은 머뭇거리며 바리케이드 뒤에서 나왔다.[49] 3년 전 폭력사태가 발발한 이래 처음 맞는 평화로운 여름이었다. 상점들이 다시 문을 열었다. 잠정적으로 낙천적인 기운이 감돌았다.

휴즈에게 휴전은 새 신부와 함께 시간을 보낼 수 있다는 것을 뜻했다. 1972년 초, 스물네 살 생일 직전에 그는 열아홉 살의 릴리라는 한동네 아가씨와 결혼했다. 휴전이 개시될 무렵 릴리는 임신했다. 브렌든의 아버지는 결혼을 탐탁잖아 했었다. 릴리에게 브렌든이 보통 남편이 하는 식으로 절대 해줄 수 없다는 것이 그 이유였다. 도망다니는 남자에게 가정을 꾸리는 것은 위험한 일일 수 있었다.[50] 아담스 또한 최근에 결혼했다. 당국이 그를 붙잡아 메이드스톤에 가둘 수 있었던 것은 결혼했기 때문이었다. 즉, 당국은 그의 신부인 콜레트가 살고 있는 집을 겨냥하여 한밤중에 덮쳤다.[51] 아담스가 잠깐 보려고 몰래 들어갔을 때였다. 브렌든의 아내 릴리는 도망자 남편을 찾고 있던 영국군의 급습에 이골이 났다.[52] 언제라도 문을 박차고 들어올까 봐 두렵고 불안해서 밤에 잠 못 이루는 날들이 이어졌다.[53]

휴전은 브렌든이 여유가 생겨 릴리를 볼 수 있다는 것을 뜻했다. 잠시나마 정상적인 관계를 맺는 체할 수 있었다. 그러나 평화는 채 2주도 지속되지 않았다.[54] 결론에 도달하지 못한 런던 회담이 끝난 후 양측은 두 번째 회담을 갖기로 합의했지만 그 회담은 성사되지 않았다. 7월 9일, 개신교도들이 버린 폐가에 가톨릭교도 난민들이 입주하겠다는 것을 군이 허용하지 않자 레나둔 거리에서 다시 한번 전투가 발발했다. 숀 맥 슈타이오페인은 휴전 종료를 선언하면서 조직원들에게 "극도로 맹렬하게"[55] 폭력투쟁을 재개하라고 지시했다. 명령은 지휘계통을 거쳐 브렌든 휴즈에까지 이르렀다. "직무에 복귀하라."[56]

휴즈는 급진파의 가장 야심찬 작전 중 하나를 계획하기 시작했다.[57] IRA 전략의 핵심 요소는 북아일랜드 상업 지구에서 폭탄을 터뜨리는 것이었다. 통합론주의자나 영국 기업이 대부분의 사업장을 소유하고 있고 정부가 기반시설을 통제했기 때문에 상업용지에 대한 공격은 적에게 직격탄을 날리는 것으로 간주되었다. 이러한 작전들은 민간인 구역이 무대가 될 테지만 휴즈와 저항군 동지들은 민간인을 겨냥하는 것이 아니라고 주장했다. 요점은 사람들을 살해하는 게 아니라 건물을 파괴하는 것이라고 했다. 폭탄이 터지기 앞서 언론과 경찰에 경고 전화를 걸면 민간인들은 (이론상으로는) 그 구역을 빠져나갈 수 있었다. 물론 이 경고에는 추가적인 선동 가치가 있었다.[58] 즉, 도시가 이제 막 폭파될 거라고 쇼핑객들에게 경고하는 공포를 불러일으키는 뉴스 속보는 각각의 폭탄이 터지는 광경을 확대, 과장해서 보여줄 것이기 때문이다.

* * *

7월의 어느 금요일, IRA 조직원들은 벨파스트 전역의 버스 정류장, 철도역, 쇼핑 지역에—전례 없는 수인—24개에 달하는 폭탄을 설치했다.[59] 오후 두 시가 지난 직후, 도시가 한여름 오후를 즐기는 쇼핑객들로 북적이고 있을 때 장치가 폭발하기 시작했으며 그로부터 다음 한 시간 동안 몇 분마다 새 폭탄이 터졌다. 사람들은 비명을 지르며 앞다투어 달려갔지만 대개 폭발을 피해 한 구역으로 달아났다가 인접 구역으로 뛰어 들어가는 식이었다. 새 폭탄이 거기서 또 막 터지려 하고 있었기 때문이다.[60] 버스 여러 대가 박살났다.[61] 열네 살 된 소년을 포함하여 아홉 명이 숨지고 130명이 부상당했다.[62] 도시는 대학살에 전혀 대비가 되어 있지 않았다. 벨파스트 시내에 짙은 먹구름 같은 연기가 자욱하게 드리워졌다. 한 여자가 허물어진 건물의 돌무더기 잔해 사이로 비틀거리며 가다가 땅바닥에서 이상한 형체를 발견했다. 그녀는 그것이 고기를 싣고 가는 트럭에서 떨어진 것처럼 보인다고 생각했다. 그런 다음 사람의 몸통이라는 것을 깨달았다.[63] 경찰관들이 돌무더기 잔해를 뒤져 흩어진 신체 부위를 회수하여 조심조심 비닐봉지에 넣었다.[64]

「벨파스트 텔레그라프」는[65] "이 도시는 1941년 독일의 대공습 이래 이러한 죽음과 파괴의 날을 겪어본 적이 없다"라고 선언하면서 "이제 무자비하게 양심의 가책이 결여된 것이 급진파의 전형"이라고 언급했다. 「아이리시 타임스」는 사설에서 공격의 주요 희생자는 영국군도 아니고 심지어 대기업도 아니라 "벨파스트와 아일랜드의 일반 대중들"이라고 지적했다. 사설은 이어서 이렇게 물었다. "지금 과연 이러한 방법으로 가치 있는 것이 확립될 수 있다고 믿는 사람이 있을까? 이런 종류의 기억을 더 많이 갖고 누가 이 나라에 대한 전망을 품고 살 수 있을까?"[66]

작전의 핵심 설계자 중 한 사람으로서 브렌든 휴즈는 그것이 "구경거리가 될 만한" 사건이기를 바랐다. 그러나 폭탄이 터지기 시작했을 때 그는 리슨 스트리트에서 아말라이트를 손에 쥐고 있으면서 폭발물이 터지는 속도를 들을 수 있었다. 쾅, 쾅, 쾅! 그는 속으로 생각했다. '너무 많이 터지고 있어.' 로어 폴스 지역에서 일부 의용군들은 폭탄이 터지는 소리를 들으며 환호하고 있었지만 휴즈는 그들에게 거리에서 떠나라고 소리쳤다.[67] 폭탄을 너무 많이 설치해 놓았다. 그들은 당국이 실시간으로 이 정도 규모의 재난을 처리할 수 있는 능력을 갖췄다고 과대평가했었다. 휴즈는 여러 해 동안 자신의 목표가 사람들을 죽이는 것이 아니라 단지 건물을 파괴하는 것이라고 주장했었다.[68] 그가 의도한 바의 진실이 무엇이든 간에 그 사건으로 인해 그는 죄의식을 주체할 길이 없었다. 그렇지만 당시는 그 문제를 숙고할 기회가 별로 없었다. 완전히 다른 종류의 위기에 휩쓸려 들었기 때문이다.

* * *

휴전 바로 직전의 어느 날 밤, 휴즈는 벨파스트에 있었다. 그때 부하 중 하나가 조 러셀이라는 급진파가 총에 맞았다고 했다. 휴즈는 즉시 러셀을 보러 갔고, 부상당한 곳을 움켜잡고 있는 그를 발견했다.[69] 위험부담이 너무 크기에 병원에 갈 수는 없었다. 그래서 총알이 계속 뱃속에 박힌 상태였다. 휴즈는 러셀을 국경 너머의 던도크에 있는 병원으로 데려가도록 주선했다. 부상당한 공화파들을 "묻지도 따지지도 않고" 치료해주는 곳으로 잘 알려졌기 때문이었다.

그러나 한 가지 수수께끼가 남아 있었다.[70] 누가 쏜 것일까? 당시 러셀은 집에 있었다. 한 남자가 그의 집 현관으로 왔고 러셀이 문을 열자 그를 쏜 다음 달아났다. 러셀은 휴즈에게 자신에게 공격을 가한 자가 "온건파" IRA 조직원인 것 같다고 말했다.[71] 사람들이 "또라이 수도사"라고 부르는 온화한 외모의 급진파 정보장교 조 린스키는 그 의견에 찬동했다.[72]

"분쟁" 기간 동안 벨파스트 전역에 무허가 술집들이 문을 열었다. 이 시설들은 "선술집"으로 알려져 있었다. 많은 전통적인 술집들이 불에 타버리거나 폭탄을 맞았다. 술을 좋아하기로 악명 높은 그 도시에서 그러한 비공식적인 술집들은 필요를 충족시키기 위해 생겨난 것이었다. 안전한 종파 거주지 바깥으로 나가는 것은 매우 위험해졌기에 선술집들이 거주지 인근에—종종 이전에는 가정집이었지만 이제는 버려진 곳에—차려지자 그곳은 안전하고 편리한 대안이 되었다.[73] 1972년 말까지 벨파스트 전역에 약 200곳의 선술집들이 운영되고 있었다. 술집은 일주일 내내 문을 열었고 정해진 시간도 없었다. 강탈한 트럭에서 술을 훔치는 일이 잦았고, 수익금은 흔히 문제의 인근 지역을 관리하는 무장단체에게 돌아갔다.

그 선술집들 중 다수는 온건파 IRA가 운영했기에 온건파 조직원들은 그곳에서 모이는 것을 즐겼다. 그중 한 곳은 "타오르는 불씨"라고 불렸다.[74] (브렌든 휴즈는 그곳에 불을 지른 적이 있었기에 자신이 "타오르는 불씨"를 불살랐다고 농담하곤 했다.) 온건파가 운영하는 또 다른 술집으로 리슨 스트리트에 "금간 컵"이 있었다.[75] 이전에 중고 그릇을 팔던 상점이라서 그런 이름이 붙은 것이었다. 볼품없는 곳이었다. 마룻바닥은 썩어가고 있었으며 조명은 어둑어둑했고 단골손님들은 맥주를 들고 곧 부서질 듯한 의자에 옹기종기 둘러앉곤 했다.[76] 벽에는 성모 마리아와 패트릭 피어스의 그림이 붙어 있었다.

조 러셀을 쏜 자를 찾고 있던 휴즈는 "금간 컵"에 저격범 일당을 급파했다.[77] 그들은 성큼성큼 들어와 무기를 꺼내 들고 입구를 막았다. 그날 밤 손님 중에 데스몬드 맥킨이라는 남자가 있었다.[78] "아버지의 날"을 축하하려고 아내인 마거릿과 칠순의 노모와 함께 외출한 것이었다. 맥킨은 온건파 IRA 조직원이 아니었다. 공교롭게도 그에게는 최근 급진파에 가담한 아들이 하나 있었다. 그러나 휴즈가 보낸 저격범들이 사람들에게 바닥에 무릎을 꿇으라고 명령하고 맥킨의 아내와 노모를 거칠게 밀치자 맥킨은 저항하는 실수를 저질렀다. 총알이 뿜어져 나오며 어둠을 밝혔고, 총알 하나가 맥킨의 허벅지를 관통했다.[79]

그 저격수는 채 십대도 벗어나지 않은 급진파 소년병이었다.[80] 그날 밤 저격범들이 "금간 컵"에 쳐들어갔을 때쯤 모두들 상당히 취한 상태였다는 사실이 나중에 밝혀졌다.[81] 맥킨의 아내가 비명을 지르며 그의 몸 위로 쓰러졌다. 그러나 급진파는 당국의 관심을 끌 것을 우려해 아무도 구급차를 부르지 못하게 했다. 15분 동안 그들 모두 "금간 컵" 안에 있었고 그사이 데스몬드 맥킨은 마룻바닥에서 피를 흘리며 죽어갔다.[82]

언론은 그날 밤 총격사건을 온건파와 급진파 간의 "권력 투쟁"으로 특징지었다.[83] 한눈에 보기에도 확실히 그렇게 보였다. 한 신문은 그 사건이 "전면전"에 불을 붙일 것이라고 했다.[84] 그러나 실상은 데스몬드 맥킨은 엉망진창인 작전에서 이차 피해를 당한 무고한 행인일 뿐이었다. 그리고 누가 조 러셀을 쏘았는지에 관해 계속 조사하다가 휴즈는 놀라운 사실을 발견했다.[85] 온건파가 저지른 소행이 아니었던 것이다. 반대로 그의 조직원 중 한 명이었다.

* * *

"분쟁"이 뒤집어 놓은 모든 사회적 관습 중에서 좀처럼 논의되지 않았던 것은 남녀관계였다. 가톨릭교와 스코틀랜드 장로교 문화가 결합된 벨파스트는 억압에 짓눌려 정숙한 척하는 사회였다. 그러나 폭력이 일상생활을 일그러뜨리면서 오랫동안 확립된 사회적 관행이 풀어지기 시작했다. 어디에나 존재하는 치명적인 위험은 일부 사람들로 하여금 새로이 발견한 삶을 살아가도록 내몰았다. 때로는 무모하고 강렬한 것이었다.

"또라이 수도사" 조 린스키는 겨우 열여섯 살 때 수도원에 들어갔다. 20대에 사제직을 떠나 벨파스트로 돌아와 클로나드 지역에 있는 실크-레이온 공장에서 일자리를 구하고는 수년간의 기도와 경건한 묵상으로 잃어버렸던 청춘을 되찾기 시작했다.[86] 한 친척의 말을 빌리면 그는 "여자들 꽁무니를 졸졸 쫓아다니며 젊은이들이 했을 법한 평범한 일에 열중했다."[87] 린스키는 수도원에서 탄탄한 교육을 받았다. 그는 역사, 그중에서도 특히 아일랜드의 가톨릭교도 노동계급이 겪는 불의의 문제를 공부했다. 공화파 집안 출신은 아니었다.[88] 아버지는 소심한 성격으로 자녀들이 그런 종류의 활동에 연루되는 것을 바라지 않았다. 맏형은 영국 해군에 있었다. 그러나 린스키는 결국 IRA에 가담하기로 결정했다. 그는 돌러스 프라이스와 친해졌다. 돌러스는 그의 어색하지만 점잖은 태도를 무척 좋아했다. "그는 성숙한 사람이었지만 여러 면에서 세상 물정에는 미숙했다"[89][90]라고 그녀는 말했다. 브렌든 휴즈는 린스키를 항상 구세대의 기이한 유물과도 같은 "이상한 자식"으로 보았다.[90] 그는 똑똑하고 박식했으며 골초였다.[91] 자신의 영웅인 아일랜드 혁명가 마이클 콜린스에 관한 책을 꼭 주머니에 넣고 다녔다.[92] 그러나 다소 냉담한 면이 있었다.[93] 휴즈가 조 린스키에 관해 알지 못했던 것은 조 러셀의 아내와 바람을 피우고 있었다는 것이었다.[94]

"금간 컵"에서 총격사건이 벌어진 후, 급진파는 내부 조사를 벌여 린스키가 어린 IRA 저격범에게—애인의 남편인—동료 의용군 조 러셀을 살해하라고 명령했다는 사실을 밝혀냈다.[95] 저격범은 러셀이 당국의 앞잡이가 되었다고 추정하면서 임무에 착수했다.[96] 린스키가 자신에게 그렇게 말했기 때문이다. 그러나 러셀이 문간에 왔을 때[97] 어린 저격범은 이성을 잃고 배에 총을 쏜다음 달아났다. 처음에 러셀을 쏜 자를 추적하면서 휴즈와 대원들이 여기저기 수소문하기 시작했을 때 그들은 여단 정보장교였던 조 린스키와 상의했었다. 린스키는 연적을 살해하려 했다는 것을 고백한 게 아니라 온건파에게 죄를 뒤집어씌웠었다.[98]

우발적으로 사람을 죽이는 우려할 만한 풍조도 있기에 IRA는 의도적으로 사람을 죽인 것인지 여부를 결정하는 정교한 내부 기구를 두고 있었다. 린스키는 동료 의용군을 살해하려 했고, 또 다른 무고한 사람이 목숨을 잃는 방식으로 자신의 범죄를 은폐하고자 했다는 이유로 군법회의에 회부되어야 했다.[99] 이는 지체 없이 뒤통수에 총알이 박히는 것보다 덜 독단적이라고 추정되는 것으로 내부에 책임소재를 규정하도록 고안된 편성 과정이었다. 그러나 IRA 군법회의는 사람들에게 무죄를 선고한다고 알려진 적이 없었다. 그리고 범죄의 중대성을 감안했을 때 린스키의 운명은 끔찍해 보였다.

* * *

급진파 내부에 최근 새로운 분대가 만들어졌다. 정부기관의 흑색작전 (black-ops, 정부, 정부기관, 군조직 등에서 행하는 비밀작전의 일종. 흑색작전 참가자는 신원이 기밀에 부쳐지며, 흑색작전을 수행한 조직은 자신들이 그 작전을 수행했다는 것 자체를 인정하지 않는다–옮긴이)과 마찬가지로 표면상으로는 존재하지 않는 "무명인들"이라 불리는 소수 정예조직이었다.[100] "무명인들"의 지휘관은 팻 맥클루어라는 체구가 아주 작은 진지한 성격의 작전가로 브렌든 휴즈는 그를 "땅꼬마" 팻이라고 불렀다. 30대의 나이인 그는 당시 급진파 기준에서 볼 때 상당히 연로한 나이였다.[101] 그는 "분쟁"이 발발하기 전에 영국군에서 복무했었기에 실제로 군 경험(과 남달리 적게 정통한 면)이 있었다.[102] 맥클루어는 용의주도하게 세간의 이목을 피했다. 그러나 그를 아는 사람들은 그가 대단히 유능하면서도 헌신적인 군인이라고 여겼다.[103]

"무명인들"은 규율이 엄격한 급진파 조직도에 꼭 들어맞지 않았다. 대신 그들은 제리 아담스와 직접 대응했다.[104] 브렌든 휴즈는 그들을 위험하고 비밀스럽고 때로는 불미스러운 작업을 하는 엄선된 팀인 "살인청부업자들"로 여기게 되었다.[105] 맥클루어는 말을 조곤조곤했으며, 수수께끼 같은 면이 있었다.[106] 조직원들과도 어울리지 않았다. 가족이 있었고 그에 대한 의무감 같은 것도 있어 보였지만 그는 대원들을 지킬 궁리만 했다. 어느 겨울밤, 발리머피에서 대규모 총격전이 벌어지자 어린 의용군 중 일부가 무기를 쥐더니 전투에 합류하러 가겠다고 밝혔다. "아니, 가선 안 된다." 맥클루어는 영국군들은 야간 사격 훈련을 받았지만 의용군들은 그렇지 않다고 지적했다. "귀관들은 거리에 흩날리는 신문지를 쏠 것이다. 그들이 기를 쓰고 달려들면 귀관들은 속수무책이다. 그들은 귀관들을 전멸시킬 것이다."[107] "무명인들"은 특별 훈련을 받으러 시골로 갔다.[108] 외딴 농가에 머물면서 교관이 그들 주위의 강물속으로 실탄을 발사하는 동안 강물을 헤치고 기어오르는 고된 훈련을 반복했다.

조 린스키를 처형에 처할 공산이 큰 군법회의로 국경을 가로질러 이송하는 책임은 "무명인들"의 한 특정한 대원에게 떨어졌다.[109] 돌러스 프라이스였다. 그녀는 안경잡이인 술집 주인의 아들 휴 피니와 함께 "무명인들"에 합류한 상태였다. 마리안 프라이스 역시도 합류했다. 그해 여름 휴전은 불과 2주밖에 지속되지 않았지만 돌러스는 폭력사태가 일시 중단되자 한숨 돌리고 있었다. 그때는 축제처럼 들뜬 분위기였다.[110] 군인들은 방탄조끼를 입지 않고 돌아다녔으며, 동네 아이들은 그들의 지프차에 올라탔다. 돌러스는 군인들과 시시덕거리며 짓궂은 만족감을 얻기도 했다.[111] 한번은 군인들이 자신들의 베레모를 쓰고 같이 사진 찍자고 부탁하기에 그 청을 들어준 적도 있었다.[112] 이안 코든-로이드라는 영국 군인은 앤더슨스타운에 있는 그녀의 집으로 와서 잡담을 나누기도 했다. 그는 그녀가 IRA 조직원이라는 것을 알고 있는 게 틀림없거나 아니면 적어도 의심했음에도 마치 유혈 게릴라전에서의 적수가 아니라 한 쌍의 대학원생인 것처럼 활발하게 정치에 관해 논했다. 어느 순간, 코든-로이드는 10년 후에 꼭 다시 와서 만나보고 싶다고 했다. "그때가 되면 우린 서로에게 온전한 진실을 모두 말할 수 있겠지요."[113]

전통적으로 IRA는 사람들을 본보기로 죽였다. 즉, 공개적인 방식으로 반역자를 살해하는 것은 사회적 규범을 강화하는 수단이었다. 그러나 조 린스키의 경우 급진파는 그 전통을 깼다. 어느 순간, 린스키는 그야말로 사라졌다. 군법회의는 평결에 대해 어떤 발표도 하지 않았다. 거리에 시신이 유기되지도 않았다. 누가 진짜로 조 러셀을 쏘았는지에 관해, 또는 "금간 컵"에서 일어났던 총격사건의 추악한 뒷이야기에 관해 급진파 병사들에게 어떤 해명도 내놓지 않았다. 아무도 한마디도 하지 않았다.

린스키가 하는 일은 종종 오랫동안 집을 떠나 있는 일이었기에 1972년 8월 당초에 사라졌을 때 가족은 안 좋은 일이 벌어졌다는 사실을 깨닫지 못했다.[114] 조가 미국에 있다는 소문이 돌았다. 그 시절 많은 사람들이 그랬듯 새로운 인생을 시작하러 그곳으로 갔다는 것이었다. 의도적인 역정보 작전이었다. 어느 시점엔가, 린스키의 조카가 뉴욕에 있을 때 현지 아일랜드 공화주의자를 만났는데 그에게 이렇게 말하더라는 것이었다. "간발의 차로 조를 놓쳤군요. 지난주에 이곳에 있었거든요."[115] 린스키의 어머니는 3년 뒤 죽는 순간에도 아들이 살아있으며 미국에서 건강하게 잘 사는 게 틀림없다고 믿었다.[116]

그때쯤에는 그는 이미 죽은 지 오래였다. 작은 친절이든 혹은 끔찍한 잔인함을 나타내든 조 린스키에게 죽음은 친구의 모습으로 다가왔다.[117] 돌러스 프라이스는 린스키를 국경 너머로 데려가려고 린스키의 누이의 집에 도착했다. 그녀는 린스키에게 처형 집행 때문에 소환되고 있다는 것을 말하지 않았다. 공화국에서 그가 참석해야 할 회의가 있다고 했다.

린스키는 계단을 내려왔다. 이제 막 목욕을 마치고 면도를 하고 작은 여행용 가방을 꽉 쥐고 있었다. 마치 시골에서 주말을 보내려고 떠나는 사람 같았다. 그들은 차에 탔고, 차는 공화국을 향해 남쪽으로 갔다. 린스키는 별말을 하지 않았지만 프라이스는 그들이 어디로 가고 있는지 그가 정확히 알고 있다는 것을 깨달았다.[118] 차에는 그 두 사람만 있었다. 그는 그녀보다 훨씬 힘이 셌다. 그녀를 힘으로 제압할 수도 있을 터였다. 그러나 대신 무릎에 올려놓은 작은 가방을 쥐고 얌전히 앉아있었다. 어느 순간, 그는 그녀에게 무슨 일이 있었는지 설명하려 했다. 그녀가 말했다. "알고 싶지 않아, 조. 알고 싶지 않다고. 난 그냥 이 힘든 일만 하면 된다고."[119]

그는 뒷좌석에 앉아있었다. 그녀는 룸미러로 그를 쳐다보았다. '선착장으로 데려가야겠어.'[120] 그녀는 생각했다. '선착장으로 데려가서는 달아났다고 말하겠어.' 잉글랜드로 탈출하여 다시는 돌아오지 않으면 될 터였다. 그러나 대신 그녀는 계속해서 운전했다. '왜 차에서 뛰어내리지 않는 거지?' 그녀는 의

아했다. '왜 내 뒤통수를 후려친 다음 달아나지 않는 거지? 왜 목숨을 구하기 위한 무언가를 하지 않는 거지?'[121] 그러나 차를 몰고 가면서 그녀는 깨달았다. 그녀가 그를 구하려는 행동을 할 수 없는 것과 동일한 이유로 그가 스스로를 구하려는 행동을 할 수 없다는 것을 말이다. 그들의 운동에 대한 헌신은 그러한 것을 허용하지 않았다.[122] 그녀는 모든 명령에 복종하기로 맹세했었으며, 린스키는 자신의 운명을 받아들이기로 결정한 것처럼 보였다.

이제 막 국경을 넘어 모나한주에 도착했을 때 남자들 한 무리가 가로등 기둥 밑에서 그들을 기다리고 있었다.[123] 린스키는 그녀에게 태워다 줘서 고맙다며 걱정하지 말라고 했다. 그는 그녀에게 손을 내밀어 악수했다.[124]

"조, 그럼 또 봐."[125] 프라이스가 말했다. 그러나 다시는 보지 못할 거라는 사실을 알고 있었다. 집으로 오는 내내 그녀는 울었다.

9

고아들

1973년 1월 어느 날, BBC 방송국 제작진이 세인트 쥬드 워크에 도착했다.[1] 맥 콘빌 아이들을 찾아온 것이었다. 진이 사라진 지 한 달이 넘었다. 현지 언론 은 북아일랜드민권협회 회보에 첫 기사가 실린 뒤 그 이야기를 알게 되었다.[2] "진 맥콘빌은 어디에 있는가"라는 제목 아래 기사는 열 명의 자식을 둔 홀어 머니가 "인사고 뭐고 없이 집에서 내몰렸을 때"인 12월 7일 이래 어떻게 실종 되었는지에 대해 자세히 썼다. 「벨파스트 텔레그라프」는 1월 16일에 원 기사 를 인용하면서 "납치된 어머니, 한 달째 실종 중"이라는 기사를 재빨리 실었 다. 이 기사는 아이들 누구도 경찰에 어머니의 납치 사실을 신고하지 않았다 는 것을 지적했다.[3] 다음날, 그 신문은 "불가사의한 실종"을 해결하는 데 도움 을 달라고 호소했다.[4]

BBC 제작진은 헬렌과 어린 동생들이 아파트에서 자기들끼리만 살고 있는 것을 포착했다. 여러 대의 카메라를 설치한 후 아이들은 노란 줄무늬 벽지를 배경으로 소파에 옹기종기 모여 앉아 그때 겪었던 시련을 설명했다. "젊은 여 자 넷이 부엌으로 들어왔어요. 그들은 우리 모두 위층으로 올라가라고 지시 하고는 걸어 들어와서 내 엄마를 데려갔어요."[5] 아그네스가 침착하게 말했다. "엄마는 현관으로 걸어 나가 코트를 입고 떠났어요."

"엄마가 떠날 때 뭐라고 말했어요?" 기자가 물었다.

"비명을 꽥 질렀어요." 아그네스가 대답했다.

"엄마를 왜 데려갔는지 알아요?"

아이들은 몰랐다. 헬렌은 예쁘게 생긴 10대로 어머니와 똑같이 창백하고 길쭉한 얼굴이었고 검은 머리칼은 양 갈래로 넘기고 있었다. 빌리가 무릎 위에 앉아있었는데 그녀는 초조한 눈길로 카메라에서 시선을 돌렸다. 남자아이들은 금발과 연한 적갈색 머리칼이었다. 터커는 아그네스의 무릎 위에 앉아있었다. 목까지 올라오는 푸른색 스웨터에 한겨울인데도 반바지를 입고 있어서 무릎의 뼈마디가 다 드러나 있었다. 아이들은 안절부절못하며 눈동자를 이리저리 굴리고 있었다. 헬렌 옆에 앉은 마이클은 화면에 거의 잡히지 않았다. 그는 눈을 깜빡이며 카메라를 빤히 쳐다보고 있었다.

기자가 말했다. "헬렌, 헬렌이 가족을 돌보고 있는 거 같은데. 어떻게 감당이 잘 되나요?"

"괜찮아요."

마이클, 헬렌, 빌리, 짐, 아그네스, 터커 맥콘빌.

"언제쯤 엄마를 다시 보게 될 거 같아요?"

"잘 모르겠어요."

"그동안 아무하고도 연락하고 지내지 않았어요?"

아그네스는 맥콘빌 할머니를 만났다고 언급했다.

"지금쯤이면 연세가 꽤 드셨을 텐데." 기자가 말했다.

"앞이 안 보이세요." 아그네스가 말했다. 아그네스는 열세 살이었다. 그녀는, 기대감을 안고, 어머니가 끌려갈 때 붉은색 슬리퍼를 신고 있었다고 말했다. 꼭 동화에 나오는 이미지 같았다. 단서였다. 아그네스는 "형제자매들이 엄마가 돌아오기만을 두 손 모아 열심히 기도하고 있습니다"라고 했다.

맥콘빌 할머니는 아이들이 진의 실종을 경찰에 신고하지 않았던 이유 중 일부일지도 모른다. 그녀는 사람들에게 왜 두려운지 콕 집어 이야기하지는 않았지만, 어쨌든 두렵다고 했다. 아이들은 어머니가 곧 집에 돌아올 거라고 간절히 믿었다. 그러나 상황이 암담해 보이기 시작했다. 그들은 진의 연금에 의지해 살아갈 수 있었다. 벨파스트의 긴밀하게 연결된 공동체가 합심하여 그러한 가정에 따뜻한 음식을 갖고 들르거나 헬렌과 함께 아이들을 돌보는 것을 도와줬을 거라고 예상하겠지만 아무도 그러지 않았다. 그러기는커녕 디비스의 온 주민이 세인트 쥬드 워크 아파트에 한가득 버려진 아이들을 무시하기로 결정한 것 같았다. 단순히 벨파스트가 위기의 시기라서 사람들이 자기 걱정하느라 바빠 그럴 수도 있거나 아니면 어떤 더 숨겨진 이유가 있을 수도 있다. 그러나 어쨌든 공동체의 거의 모든 사람이 그야말로 못 본 척했다.

진이 끌려간 지 얼마 지나지 않아 사회복지사가 아이들을 방문했다. 당국이 형제자매가 자기들끼리 돌보고 있다는 전화를 받았기 때문이다. 한 관계자는 새 서류를 만들어 아이들의 어머니가 "조직"에게 납치당한 것으로 보인다고 적시했다. 간단히 말해 무장세력에게 납치당했다는 것이었다. 사회복지사는 그다지 동요하는 것 같아 보이지 않는 맥콘빌 할머니와 얘기를 나누었다. 그 만남에서 적은 기록에 따르면 진의 시어머니는 뾰로통한 얼굴로 "헬렌이 아주 수완 좋은 아이"로 대체로 아이들을 잘 건사하는 것으로 안다고 주장했다.[8] 헬렌은 진만큼이나 맥콘빌 할머니와 사이가 좋지 않았다.[9] "애정이 없음"이라고 사회복지사는 적어 놓았다.

어린 아이들에게 건강한 환경이 전혀 아니었기에 사회복지사는 아이들에게 국가에서 인계해 공동생활 가정에서 키우는 "보호시설로 들어갈" 것을 권했다. 그러나 맥콘빌 아이들은 딱 잘라 거절했다.[10] 어머니가 지금 당장이라도 돌아올 거라고 아이들은 설명했다. 어머니가 돌아왔을 때 집에 있어야 한다는 것이었다.[11]

그들은 고립된 아파트 안에서 서로에게 의지하고 있었다. 취침 시간이 유보되었고 싱크대에는 그릇들이 수북이 쌓여 있었다.[12] 이웃들은 도움을 주기는커녕 아무도 아이들을 관리하지 않아 밤에 시끄럽게 구는 바람에 통 잠을 잘 수 없고 벽 사이로 소음이 다 들린다며 당국에 불만을 제기하기 시작했다.[13] 가톨릭교회조차도 개입하기를 거부했다. 크리스마스 바로 1주일 전에 사회복지사가 제출한 보고서에 따르면 지역 교구 사제가 아이들의 곤궁에 대해 잘 인식하고 있었지만 "매정하다"라고 쓰여 있다.[14] 동네의 다른 아이들이 크리스마스 선물 목록을 작성하는 동안 맥콘빌 아이들은 식량이 바닥나고 있었다.[15] 들어오는 돈도 거의 없었다.[16] 기와공 견습생으로 일하는 아치만이 일자리를 갖고 있었다. 아이들은 말썽을 일으키기 시작했다.[17] 마이클은 밤늦게까지 밖에서 돌아다니며 가게에서 식품을 훔쳤다. 결국 그는 짐과 함께 마을의 한 가게에서 초콜릿 비스킷을 훔치다가 붙잡혔다.[18] 경찰이 왜 훔쳤냐고 묻자 마이클은 자신과 형제자매들이 며칠 동안 아무것도 먹지 못했다고 말했다. 아이들은 굶주리고 있었다.[19] 마이클은 열한 살이었다.[20] 관계자가 아이들에게 부모에 대해 묻자 짐은 "아빠는 죽었고 내 엄마는 IRA가 끌고갔어요"[21]
라고 말했다.

* * *

    왕립얼스터보안대의 문서에는 진 맥콘빌의 실종을 조사했다는 어떤 기록도 없다.[22] 그녀는 충돌이 가장 격렬했던 해가 끝날 무렵 납치되었으며 이런 종류의 사건은 끔찍하긴 하지만 경찰이 관여할 필요를 느끼는 수준까지 이르지 못했을 수도 있다. 스프링필드 로드 경찰서의 한 형사가 1월 17일에 아파트에 잠시 들렀지만 경찰은 어떤 실질적인 단서도 제시하지 못했으며 그 사건을 계속 추적한 것으로 보이지도 않는다.[23] 지역 의회 의원 둘이 무슨 일이 벌어졌는지 알게 되자 납치사건을 "몰인정한 행위"로 매도하며 진을 찾는 것을 도와달라고 호소했다.[24] 그러나 아무도 정보를 제공하겠다고 나서지 않았다.

    벨파스트는 때때로 도시라는 느낌보다는 작은 마을이라는 느낌이 들 수 있다. "분쟁" 이전에도 그곳의 시민 문화는 근거 없는 소문들이 엉겨붙어 있었다. 진 맥콘빌이 사라짐과 거의 동시에 납치된 게 아니라는 소문이 돌기 시작했다.[25] 그와는 정반대로, 영국 군인과 살림을 차리려고 아이들을 내팽개치고 자진해서 종적을 감추었다는 소문이었다. 이미 근심에 사로잡혔던 아이들은 그 얘기를 알게 되었다. 아이들은 사람들이 수군거리는 소리를 들었으며, 가게나 거리에서 이웃들이 자신들을 비난의 눈길로 노려본다고 느꼈다. 아파트로 돌아온 아이들 중 일부는 그게 사실일 수 있는지 큰 소리로 물으며 알고 싶어 했다. 그녀가 정말로 아이들을 떠났을 수 있었을까? 그럴 수는 없어 보였다. 하지만 그녀가 돌아오지 않는다는 사실을 달리 어떻게 설명할 수 있단 말인가? 나중에 아치 맥콘빌은 수군거리는 모든 소문은 상처에 소금을 뿌리는 것처럼 상황을 악화시킬 뿐이라고 결론지었다. 그는 그것이 일종의 독약으로 "우리의 마음을 갈기갈기 찢어놓으려는 시도"[26]라고 판단했다.

"분쟁"의 부산물 중 하나는 침묵의 문화였다. 무장한 파벌이 거리에서 전쟁을 벌이고 있는 상황에서 사랑하는 사람의 실종에 관해 조사하고 다니는 것은 순진한 만큼이나 위험한 행동일 수 있다. 2월 어느 날, IRA 소년병 패거리가 마이클 맥콘빌을 붙잡았다.[27] 그들은 그를 어떤 방으로 데려가서 온몸을 묶고는 주머니칼로 다리를 찔렀다. 그리고는 다음과 같이 경고하며 풀어줬다. "네 어머니한테 일어난 일에 대해 아무한테도 말하지 마."[28]

* * *

막간을 틈탄 자유는 지속되지 않았다.[29] 사회복지과는 2월까지 아이들을 고아원으로 옮기는 절차를 밟기 시작했다. 어느 날, 여자 셋이 아파트에 나타나서는 입주 허가를 받았으며 이사올 준비가 되었다고 선포했다.[30] 그것은 전쟁이 벌어지는 시기의 잔인한 편의주의로 벨파스트에서 내내 일어나는 일이었다. 의자에 먼저 앉기 놀이와도 같은 끔찍한 게임이었다. 한 가족이 살던 곳에서 쫓겨나기 무섭게 또 다른 곳에서 쫓겨난 가족이 그들의 집을 차지했다. 아이들은 떠나기를 거부했다. 그러나 국가는 결정을 내렸으며 최종적으로 아이들은 "법원의 피후견인"[31]이 되었다.

국제형사재판소가 결국 비인도적 범죄로 분류한 누군가를 실종시키는 행위는 어떤 면에서는 대단히 치명적이다.[32] 희생자의 소중한 사람들을 불확실성의 연옥에 남겨둘 수 있기 때문이다. 아이들은 어머니가 불쑥 다시 나타나 고아가 되지 않을 거라는 희망을 품고 있었다. 어쩌면 어머니한테 기억상실증이 생겨 벨파스트에 온 삶을 남겨두고 떠난 것을 알지 못한 채 다른 나라에서 살고 있을지도 모른다.

　그러나 그때조차도 진 맥콘빌에게 끔찍한 일이 일어났다고 믿을 만한 근거가 있었다. 그녀가 납치된 지 일주일쯤 지났을 때 아이들이 알지 못하는 한 청년이 아파트 문간으로 와 어머니의 지갑과 어머니가 떠났을 때 끼고 있던 반지 세 개를 건네주었다. 약혼반지, 결혼반지, 아서가 주었던 영원한 사랑의 반지였다.[33] 정보가 절실했던 아이들은 어머니가 어디 있느냐고 물었다. 청년이 말했다. "난 너희들 어머니에 대해선 아무것도 몰라. 이걸 건네주라는 말만 들었을 뿐이야."[34]

　세월이 지난 뒤 마이클 맥콘빌은 과거를 되돌아보면서 어머니가 죽은 게 틀림없다는 것을 깨달은 순간으로 그 만남을 따로 꼽았다.[35]

10

프레드

1972년 가을 어느 날, 세탁소 승합차 한 대가 벨파스트 외곽에 있는 트윈브룩 단지에 들어섰다.[1] 사라 제인 워크가 차에서 나와 그중 한 집으로 걸어갔다. 승합차는 동네에 정기적으로 나타났다.[2] 그 지역에는 상점이 많지 않아 상인들이 집집마다 방문하여 이런저런 상품을 권하는 게 흔한 일이었다.[3] 그 업체는 "포 스퀘어 세탁소Four Square Laundry"라고 불렸으며, 일주일에 한 번 사라가 문간으로 와서 더러운 빨랫감을 한 무더기 수거해 간 다음 며칠 뒤 깨끗하게 세탁해 깔끔하게 개어 돌려주었다. 사람들은 그 서비스를 마음에 들어 했다. 가격이 쌌기 때문이다. 그리고 사람들은 사라도 좋아했다. 그녀는 예쁘고 싹싹한 젊은 여자였다.[4] 운전사인 테드 스튜어트는 타이론주 출신의 청년으로 주로 운전석에 앉아있었다.[5] 그러나 그는 천하태평인 성격이었으며, 단골고객들은 그 역시도 좋아했다.[6] 단지에 사는 아이들은 그를 테디라고 불렀다.[7] 트윈브룩은 가톨릭교도와 개신교도 모두가 사는 주택 단지였지만 당시 벨파스트 기준에서 보자면 비교적 평온했다.[8]

사라는 한 집으로 걸어갔다. 한 주부가 문간으로 왔으며, 그녀와 사라가 몇 마디 나누고 있을 때 돌연 요란하게 우두두두-탕-탕 하는 소리가 들렸다.[9] 몸을 휙 돌린 사라는 두 남자가 나타난 것을 보았다. 한 남자는 기관총을 들고 있었고 또 한 남자는 권총을 들고 있었다. 사라에게 등을 보이고 있는 그자들은 어깨를 웅크린 채 자욱한 연기 속에 서서 테드가 앉아있는 세탁소 승합차의 운전석 쪽으로 근거리에서 총알을 퍼붓고 있었다.[11] 사라는 문간에 얼어붙은 채 서서 테드가 살해되는 것을 속수무책으로 지켜보고 있었다. 그때 저격범 한 명이 그녀 쪽으로 몸을 돌렸다.[12]

* * *

불시에 급습해 재판 없이 억류한 작전으로 큰 낭패를 본 후 영국군과 왕립얼스터보안대 공안부는 그 어느 때보다 강도 높게 왕당파와 공화파 무장세력 내에서 정보원들을 양성하는 데 계속 초점을 맞추어 왔다. 브렌든 휴즈는 1972년에 D중대에 앞잡이가 있을지 모른다는 의혹을 키워오기 시작했다.[12] 정보장교가 그에게 한 젊은 의용군이 연초에 체포된 적이 있었는데 체포된 이래 이따금 행방불명되는 일이 있다고 말했기 때문이다. 셰이머스 라이트라는 이름의 전직 아스팔트공이었다.

스물다섯 살의 라이트는 최근 결혼했기에 휴즈는 그의 아내인 캐슬린을 찾아갔다.[13] 그녀는 셰이머스가 2월에 체포되어 영국군에 붙들려 있었지만 그런 다음 집 근처에 있는 상점에서 전화를 걸어와 "토꼈다"고 말하는 메시지를 남겼다고 했다. 도망쳤다는 뜻이었다. 계속해서 캐슬린은 셰이머스가 지금 잉글랜드에 있다고 했다. 버밍엄에 있으며 주소도 갖고 있다고 했다.[14] 휴즈는 캐슬린에게 그곳으로 가서 셰이머스를 만나보는 게 어떻겠냐고 제안했다. 첩자 혐의자의 어린 신부에게 직접 첩자 역할을 해달라며 협조를 구하고 있었다. 셰이머스를 찾아가 함께 돌아오도록 애써달라고 했다. 그런 다음 다시 자신에게 알려주면 된다고 했다.

캐슬린은 비행기를 타고 잉글랜드로 갔다. 그러나 그곳에 도착했을 때 정작 셰이머스는 집에 돌아오기를 거부했다. 그래서 그녀는 홀로 돌아와 리슨 스트리트에 있는 한 집에서 휴즈를 만났다. 결과 보고를 하는 동안 캐슬린은 그가 가장 두려워했던 것을 확인시켜 주었다. 영국군이 셰이머스를 전향시켰다고 그녀는 말했다. 남편을 보았을 때 한 영국인이 동행하고 있었는데 일종의 관리자 같아 보였다고 했다. 하지만 남편에게는 책략이 있었다고 그녀는 계속해서 말했다. 셰이머스가 빠져나가고 싶어한다는 것이었다. 그는 관리자들을 피해 달아날 계획을 세웠다.[15] 그러나 만약 벨파스트로 돌아온다면 IRA의 총에 맞지 않을 거라는 보장을 바란다고 했다. 그것은 급진파의 신뢰를 저버리고 적과 동업한 자에게서 나온 대담한 제안이었다. 그는 일반적으로 사형감인 죄를 저지른 자였다. 그러나 휴즈는 영국이 채용한 이중첩자와 일을 어떻게 진행하는지 알 수 있는 기회라고 느끼며 목숨을 보장한다는 데 동의했다.

그 후 얼마 지나지 않아 셰이머스 라이트는 서벨파스트로 돌아와 이틀 동안 한 집에서 신문을 받았다.[16] 처음에 영국군에게 체포되어 있는 동안 그들은 보안군을 사망하게 했던 폭발 사건에 자신을 연루시킬 수 있다고 말했다고 했다. 그들이 워낙 단호하게 셰이머스에게 범행의 증거를 잡았다고 하기에 셰이머스는 밀고당했는지 의심하기 시작했다. 즉, 돈 받는 정보원인 "끄나풀"이 당국에 자신을 팔아넘긴 게 아닌가 싶었다. 일단 협조하겠다는 뜻을 밝히자 총과 폭발물에 관해 물었다. 그러나 그들이 정말로 알고 싶어했던 것은 "12인의 특공대"에 관한 것이었다. 그들은 셰이머스에게 D중대 대원들 명단을 모두 알려주기만 하면 어떤 범죄에도 기소될 일이 없을 거라고 했다.[17]

휴즈는 자신의 중대에 반역자, 그것도 "12인의 특공대"의 정체를 폭로한 반역자가 있었다는 사실을 발견하고는 경악했다.[18] 초창기에 합법적인 군대 흉내를 냈던 급진파의 아이러니 중 하나는 대대와 중대 및 명확하고 뚜렷한 지휘 계통까지 영국군과 거의 똑같이 조직되었다는 점이었다. 이것이 실제로 의미하는 바는 적이—셰이머스 라이트와 같은 비교적 하급 조직원이라 할지라도—누군가를 정보원이 되도록 전향시키는 데 성공한다면 조직의 조직도를 한눈에 파악할 수 있다는 것이었다.

* * *

라이트는 정보원이 되기로 동의한 후, 비행기를 타고 잉글랜드로 가 이중 첩자로서의 훈련을 받았다고 했다. 그런 다음 이제 급진파에 대한 정보를 수집하기 시작한다는 조건하에 다시 북아일랜드로 날아왔다고 했다. 휴즈가 골똘히 귀 기울이는 동안 라이트는 팰리스 기지의 비밀 영내에 대해 설명했다.[19] 그곳에 군이 비장의 정보원들을 수용한다는 것이었다. 라이트는 군 내부에 MRF로 불리는 비밀 부대가 있으며, MRF가 공화파와 왕당파 정보원 모두를 관리한다고 했다. 라이트는 진영을 바꾸도록 설득당해 이제는 영국을 위해 첩보활동을 하고 있는 개개인들을 군이 통제한다고 설명했다.[20] MRF 대원들은 그들에게 장례식 자료 화면과 용의자들을 감시하며 찍은 사진을 보여준 다음 그들이 알고 있는 사람들을 골라내라고 요구한다고 했다. 라이트의 관리자들은 때때로 그를 병력 수송용 장갑차에 싣고 폴스 지역으로 데리고 갔다고 했다. 그들이 비좁은 거리에서 대상을 찾아 돌아다니면 라이트는 차량의 총구멍 틈새로 엿보면서 그들이 지나친 보행자들의 신원을 확인해주었다고 했다.

MRF는 이 비밀 반역자 집단에 이름을 붙였다. 그들을 "프레드Freds"라고 불렀다. 급진파에서는 아무도 그 별명의 출처를 알지 못했지만 프랭크 킷슨 준장의 책을 읽어보면 "프레드"가 "대-폭력단"임을 깨닫지 못할 수가 없었다. 케냐에서 헐렁헐렁한 흰 천을 두르고 눈 구멍으로 식별하던 킷슨의 마우마우

프레드

143

단 정보원들은 이제 사라센 장갑차의 총 구멍으로 대체되었다. 라이트는 "프레드"가 있던 영내가 분리되어 있었기에 다른 정보원들 대부분의 신원은 확인할 수 없었다고 했다. 하지만 그가 지명할 수 있는 자가 한 명 있었다. 라이트가 말했다. "그 안에서 본 자식이 있어요. 우리 중 한 명입니다."[21]

라이트가 지명한 자는 어린 급진파로 케빈 맥키라는 발리머피 중대의 대원이었다.[22] 아직 십 대로[23] 크고 푸른 눈에 헝클어진 검은 머리칼, 토끼처럼 약간 이가 돌출된 잘생긴 사춘기 소년이었다.[24] 사람들은 그를 "비키(Beaky, 부리라는 뜻-옮긴이)"라고 불렀다.[25] 서벨파스트에서 자랐고 집 안의 거실에 앉아 구식 전축으로 레코드를 듣는 것을 좋아했다.[26] 그는 IRA 소년병에 가담해[27] 영국군과 왕립얼스터보안대에 돌을 던졌다. 왕당파들이 영국 국기를 전봇대에 매달아 놓으면 케빈은 기어 올라가 국기를 끌어 내려 밑에 있던 사람들의 환호를 받았다. 카리스마 넘치는 아이로 "분쟁"의 낭만과 음모에 사로잡혀 있었다. 그에게는 천진난만한 면이 있었다. 그러나 또한 (저격 작전으로 알려진 작전에서) "저격"을 이어갔으며 폭탄을 설치했다.[28] 발리머피 중대에 있던 IRA 동년배는 이렇게 밝혔다. "그 친구는 폭탄이 떨어지질 않았어요."

어느 날 밤, 케빈 맥키는 체포되어[29] 스프링필드 로드 군 기지로 끌려갔다. 이모 둘이 도대체 무슨 일인지 걱정되어 위험을 무릅쓰고 기지로 갔지만 도착했을 때는 벌써 탈출했다는 말을 들었다.[30] 그러다 드디어 가족은 케빈이 잉글랜드에서 보낸 편지를 받았으며, 군과 경찰에게서 몸을 숨기려고 그곳으로 간 게 틀림없다고 추측했다.[31]

그러나 진실은 정보원이 되어 있었다는 것이다. 케빈이 체포되었을 때 영국군의 그날 밤 일지에는[32] 그를 가둬두자 특정 부지에 관한 "정보를 제공했다"라고 기록되어 있다. 그런 다음 일지에는 해당 주소지의 IRA 무기고에서 회수한 무기 목록이 나열되어 있었다. 일지에 따르면, 맥키는 그날 밤 열한 시

직전에 체포되었으며, 무기고는 자정 직후에 수색했다고 되어 있다. 그러니 거의 체포된 즉시 넘어간 게 분명했다. 셰이머스 라이트는 휴즈에게 맥키가 "프레드"에 연루된 것을 "굉장히 좋아했다"고 했다.[13] 그리고 MRF 대원들은 그 자신만만한 십 대에게 첫눈에 반했다.[14] 그의 허세가 마음에 쏙 들었다.

프랭크 킷슨은 케냐에서 포로로 잡은 마우마우단을 "대-폭력단"에서 일할 신병으로 뽑을 때 야생마의 나쁜 버릇을 고쳐야 하는 것처럼 그들을 "길들이는" 과정이 필요하다는 것을 알았다. 그는 반대편으로 끌어들이기에는 몹시 힘든 종교적 광신자들은 피했으며, 대신 근본적으로 사람들과 어울리기 좋아하는 성격으로 운동에 가담했던 자들을 뽑는 데 초점을 맞추었다. 그들의 친구들이 운동에 가담하고 있었기 때문이다. 킷슨은 한 저서에서 단연코 최고의 신병은 "폭력배가 돼서 권총을 차고 다니는 게 재미있을 거라고 생각하는 모험정신이 투철한 자"라고 썼다.[35] 그들은 "아주 쉽게 만족하기 때문에 다루기도 아주 쉬웠다." 케냐에서 킷슨의 신병들은 그러한 유형의 자들로 그는 자신의 권총을 그들에게 주며 모험심을 만끽하고 팀의 일원으로 신뢰받는 것처럼 느끼게 하려고 순찰할 때 총을 차고 다니게 했다. 벨파스트에서 MRF는 케빈 맥키에게 권총과 어깨에 메는 권총집을 주었다.[36] 그는 그것을 두르고 다니며 마치 시카고의 갱단이라도 되는 듯 복장을 과시했다. "프레드"로서 그에게는 무기를 소지하고 군 기지의 사격 훈련장을 이용할 수 있는 자격이 주어졌다.

급진파가 추적했을 때 맥키는 어깨에 권총집을 메고 있었다.[37] 그는 신문을 받자 셰이머스 라이트가 그랬던 것과 똑같이 배신을 자백했다.[38] 그러나 이제 급진파는 자신들이 흥미로운 위치에 있다는 것을 알게 되었다. 한편으로는, 그들은 두 명의 변절자의 정체를 알아냈다. 영국군과 함께 일하기로 동의함으로써 조직을 배신했던 자들이었다. 그러한 경우 일반적으로 군법회의에 회부되어 유죄를 선고받고 뒤통수에 총을 맞은 다음 길가에 버려지기 마련이었다. 그러나 휴즈의 IRA 보안대에서 이러한 위반을 발견했다는 사실을 영국군은 알지 못하는 것으로 보였다. 그리고 라이트와 맥키는 이제 목숨을 구하기 위해서라면 무엇이든 할 터였다. 그들의 자백이 믿을 만한 것이라면 영국군은 급진파를 겨냥해 정교한 첩보작전을 조직했을 터이지만 아직 정확한 규모와 작전의 세부사항은 불분명한 상태였다. 그래서 휴즈는 이를 기회로 삼았다. 즉, 라이트와 맥키를 처형하는 대신 삼중첩자로 영국의 정보를 수집하는 데 이용하자는 것이었다.[39]

라이트와 맥키에게는 그러한 조치가 위험할 수도 있지만 즉결 처형을 당하는 것보다는 대안을 선택하는 편이 더 나았다. 라이트는 실제로 "프레드"를 위해 일하려고 다시 돌아갔다. 이번에는 지시를 받은 상태에서 영국군 관리자들에게 저급 정보만을 제공하거나, 아니면 더 좋게는 잘못된 정보를 제공하기 위해서였다.[40] 길모퉁이에서 급진파를 식별하라는 요구를 받으면 라이트는 영국군에게 대신 "저 사람은 급진파가 아니라 온건파"라고 말할 터였다. 이것은 위험한 게임이었다. 만약 영국군에게 속임수가 발각되면 라이트는 감옥에 보내질 터였다. MRF가 쏜 총에 맞을 수도 있었다. 그들은 때때로 사법적인 절차 없이 살해하는 것에 대해 별로 거리낌이 없었다. 그러나 휴즈는 라이트와 맥키에게 정보를 제공할 것을 요구함으로써 두 사람에게 목숨을 되찾을 수 있는 기회를 주고 있었다. 휴즈는 만약 그들이 IRA에 조력할 수 있다면 처음에 저지른 범죄에 대해 "면책특권"을 받게 해주겠다고 약속했다.[41]

그들은 기대한 결과를 내놓았다. 그들이 휴즈에게 진술한 것은 영국이 벨파스트 주위에서 광범위한 정보수집망을 펼치고 있다는 것이었다. 그 작전의 중심점은 도심지에 사무소가 있는 세탁업체였다.[42] "포 스퀘어 세탁소"는 실제로 집집마다 방문하는 세탁 서비스를 운영했다. 의류와 침구류를 수거한 다음 빨랫감을 벨파스트의 세탁업체에 하청을 주었다. 그러나 빨랫감이 세탁업체에 가기 전에 영국 당국은 옷들을 분석했다. 폭발물의 흔적을 의복에서 감지해 어느 소유지에서 폭탄이 만들어지고 있는지 또는 보관되어 있는지를 확인할 수 있었다. 분석가들은 또한 지정된 거주지에서 수거한 의복을 표면상 그곳에 사는 사람들의 성별과 나이, 수와 비교할 수 있었다. 일치하지 않는 조합은 무기고이거나 연락소라는 것을 나타냈다. 세탁소 승합차는 덮개를 접었다 폈다 할 수 있도록 특별히 설계된 무개차였다. 공병은 그곳에 은폐해 있으면서 숨겨진 틈새로 바깥의 사람들과 주택들 사진을 찍었다.

휴즈는 세탁소 작전에 관해 알게 되자마자 다 쓸어엎어 버리고 싶었다. 그러나 제리 아담스가 보류하라고 주의를 주었다. "가만히 있어. 좀 더 정보를 수집한 뒤에 해."[43] 휴즈와 부하들은 MRF가 세탁업체와 도심지 사무소 외에도 앤트림 로드의 한 주택에서 안마시술소를 운영하고 있다는 것을 알게 되었다.[44] 고객들은 이따금 긴장이 풀려 더없이 나른한 나머지 수다스러운 안마사에게 무심코 여러 비밀을 털어놓곤 했다. 10월 초가 되자 휴즈와 부하들은 정보를 충분히 모았다고 결정내렸다. 움직일 시간이었다. 그 장소들을 한 군데씩 덮쳐서는 안 되었다. 첫 번째 장소를 공격하자마자 MRF가 모든 작전이 들통났다는 것을 알게 될 터이기 때문이었다. 그래서 급진파는 세 군데를 거의 동시다발적으로 치기로 했다.[45] 하나는 승합차이고, 또 하나는 사무소, 그리고 또 하나는 안마시술소였다. 목표는 정보수집 기구들을 단 한 시간 내에 일제히 소탕하는 것이었다.

* * *

포 스퀘어 세탁소 승합차의 운전석에 앉은 남자는 영국군 공병대의 공병

테드 스튜어트로 위장 근무를 하는 중이었다.[46] 어린 시절부터 그는 군인이 되고 싶어했다. 스무 살이었고 겨우 6월부터 북아일랜드에서 복무하고 있었다. 급진파 저격단이 승합차에 총격을 퍼붓자 거의 그 즉시 사망했다.

저격범들이 스튜어트의 동업자인 사라 제인 워크에게로 돌아서자 그녀는 얘기를 나누고 있던 여자의 집으로 뛰어 들어갔다. 워크 또한 영국 여군으로 위장 근무 중이었다. 그녀는 여자와 아이들을 집 안으로 끌고 가서는—재빨리 머리를 굴려—그들에게 왕당파의 매복 공격이 틀림없다고 말했다.[47] 여자는 워크가 뒷문으로 잽싸게 나가 탈출하도록 도왔다.[48]

저격범들은 세탁 서비스를 운영하는 젊은 한 쌍만 죽이는 것이 아니라 차량 내부에 있는 공병을 죽이기 위해 승합차 천장에 총알을 퍼부으라는 명령을 받았다. 그렇지만 그들은 서두르거나 허둥지둥하지 않았다. 만약 세 번째 군인이 승합차에 숨어 있었다면 탈출하여 목숨을 건졌을 것이다.[49] 벨파스트의 다른 곳에서는 또 다른 저격단이 안마시술소에 총격을 가하고 있었으며, 세 번째 저격단이 사무소에 총격을 가하고 있었다.[50] 그 두 곳 다 MRF 대원들을 한 명도 맞히지는 못했지만 말이다.

포 스퀘어 세탁소 작전은 급진파에게 큰 승리를 안겨주었다.[51] 휴즈는 그 작전을 펼친 방법에 대해 자부심을 가졌으며, 제리 아담스는 수십 년이 지난 뒤 회고록에서 그 작전이 영국군에게 "가공할 만한 타격"이었다고 했다. 자, 그럼 이제 라이트와 맥키는 어떻게 되었을까?

포 스퀘어 작전이 있던 날, 라이트는 집으로 돌아와 아내인 캐슬린에게 영국군에서 풀려나기 전에 "공무상 비밀 엄수법"과 관련된 서류에 서명했기 때문에 조심해야 한다고 했다.[52] 그리고는 그날 밤 사라졌다. 차량 한 대가 봄베이 스트리트에 있는 그의 집 문 앞으로 왔다. 라이트는 운전사와 몇 마디 나누더니 조수석에 타고 떠났다.[53] 남편이 돌아오지 않자 캐슬린은 리슨 스트리트로 가서 급진파에게 남편이 어떻게 되었는지 물었다. 그들은 IRA가 세이머스를 데려간 적이 없다고 했다.[54] 그 말을 들은 후 캐슬린은 남편이 군에 붙잡혀 갔을 거라고 확신하게 되었다.[55] 그러나 군 또한 남편의 납치와 아무런 관련이 없다고 부인했다. 군 소식통은 언론에 라이트가 자발적으로 도망쳤으며 스코틀랜드 어딘가에 숨어 있을지 모른다는 말을 흘렸다.[56]

거의 비슷한 시기에 맥키도 마찬가지로 사라졌다.[57] 이모 중 한 명이 그에게 "IRA가 너를 찾고 있어"라고 말했었다고 했다.

"난 하나도 잘못한 게 없어요." 맥키는 언제나 그렇듯 자신만만하게 대답했었다.

맥키가 사라졌을 때 가족은 경찰에 연락하지 않기로 결정했다. 당국은 도움을 주기보다는 해를 더 끼칠 것 같았다. 그러나 여러 소문이 돌았다. 맥키가 미술대학에 가려고 떠났다는 둥, 누군가가 잉글랜드에서 봤다는 둥이었다.

진실은 둘 다 IRA가 데려갔다는 것이었다.[58] 그들은 MRF와 포 스퀘어 세탁소에 대한 정보를 제공함으로써 갖고 있던 마지막 카드를 써버렸다. 동시다발적인 습격이 완료되는 순간 라이트와 맥키는 어떤 효력도 갖지 못하게 되었다. 브렌든 휴즈는 그들에게 면책특권을 보장하겠다고 했지만 그것은 그가 권한을 부여할 수 있는 문제가 아니었다. 처음에 급진파를 배신함으로써 그들은 용서받을 수 없는 죄를 저질렀다. 이후에 삼중첩자로 활약했다고 해서 그 죄가 감면되는 것은 아니었다. "무명인들"이 소환되었고, 돌러스 프라이스가 두 사람을 태워 국경 넘어 공화국으로 차를 몰았다.

프라이스는 두 사람을 태워가기만 했다.[59] 그녀는 정보원들을 특히 혐오했다. 그들을 매도하면서 자랐다. 그러나 라이트와 맥키에게 경멸감을 느끼긴 했지만 그러한 감정을 숨긴 채 남쪽으로 차를 몰았고 그들은 안심하고 있었다. 포 스퀘어 세탁소 작전의 성공 이후 그들은 목숨을 되찾았다고 믿었다. 누군가가 라이트와 맥키에게 일주일 동안 국경 너머로 휴가를 가게 될 거라고 말했었다. 프라이스는 그들에게 "가서 쉬면서 기운만 되찾으면 된다"라고 장담했다. 정반대의 의심을 품긴 했지만 그녀가 아는 한 그것은 사실이었다. 어쨌든 그녀는 명령을 받았다. 모나한에서 그녀는 현지 부대와 함께 그들을 내려주었다.

맥키는 모나한주의 한 집으로 가게 되었다.[60] 1950년대에 살해당한 퍼걸 오핸런이라는 IRA 조직원의 유족 소유의 집으로, 훗날 퍼걸 오핸런은 "패트리어트 게임The Patriot Game"이라는 유명한 노래의 화자가 되었다. 맥키는 군법회의를 열기 위해 고참 간부들이 국경을 넘어오기까지 부득이하게 얼마간 기다려야 했다. 처음엔 그를 꺼리던 사람들도 점점 좋아하게 되었다.[61] 훌륭한 요리사였고 재미있고 성격도 좋은 녀석이었기 때문이다. 어느 순간, 맥키는 근처 사제의 집에서 어머니에게 전화를 걸어 갈아입을 옷을 갖다 달라고 부탁했다.[62] 어머니와 이모들이 차를 몰고 갔지만 그 집에 도착했을 때 맥키는 이미 없어진 뒤였다. 한 남자가 그곳에 있었다. "옷 가져가슈. 돌아오지 않을 거요."[63]

케빈 맥키를 처형할 때가 왔을 때 인질로 잡고 있던 현지 의용군들은 그를 쏠 수 없다는 것을 알게 되었다.[64] 그사이에 무척 아끼게 되었기 때문이다. 그 얘기를 들은 휴즈는 일종의 역逆스톡홀름 신드롬 같다는 생각이 들었다. 인질을 잡은 사람이 점점 인질에게 빠지는 현상 말이다. 그들을 대신해 감정에 좌우되지 않는 두 저격범이 벨파스트에서 파견나왔다.[65] 총살하기 전에 그들은 사제를 호출했다.[66] 이는 드문 일이 아니었다. 그 시대의 일부 사제들은 한밤중에 걸려오는 전화에 익숙해져 있었다. 이제 막 사형을 집행하려는 거친 사내들은 사제들을 바깥으로 불러내 마지막 의식을 거행해 달라고 요청하곤 했다. 살해 행위는 그 자체에 의례적 성격이 있었다.[67] 맥키도 익숙했었을 숙련된 연출이었다. 머리에 봉지가 씌워진다. 두 손은 등 뒤로 묶인다. 부드러운 풀밭에 무릎을 꿇는다. 그런 다음 총알이 머리에 박히며 앞으로 털썩 쓰러진다.

브렌든 휴즈는 라이트와 맥키를 없애버리려는 결정에 배신감을 느꼈다.[68] 그들에게 죽임을 당하지 않을 거라고 언약했었다. 그는 평생 괴로움에 시달릴 터였다.

* * *

포 스퀘어 작전은 성공적이었을지 모르지만 휴즈와 제리 아담스는 얼마 동안만 군을 뿌리칠 수 있었다. 이듬해 여름인 1973년 7월 어느 날 오후, 아담스는 폴드 로드의 연락소에 회의차 가고 있었다.[69] 그는 벨파스트의 지휘관으로서[70] 작전 장교인 휴즈와 재정을 관리하는 톰 케이힐이라는 남자를 날마다 만났다. 7월의 벨파스트는 도망다니기에 애먹는 시기였다.[71] 왕당파들의 가두행진이 절정에 달하는 시기였기 때문이다. 그래서 한두 주 동안 시내를 떠날 여유가 있는 대부분의 가톨릭교도들은 이 시기를 택했다. 가톨릭교도 지역 거리에 사람이 적을수록 눈에 띄지 않게 움직이는 것이 더 어려웠다. 연락소에서 50미터쯤 떨어진 곳에서 아담스는 주저하며 그 구역에 뭔가 의심스러운 활동의 징조가 있는지 살펴보며 연락소 건물을 쳐다보고 있었다. 그는 그곳에 주차된 차의 보닛에 기대어 잠깐 빈둥거렸다. 그런 다음 차에 누군가가 타고 있다는 것을 알아차렸다.[72] 사업가로 보이는 사람이 앞좌석에서 서류를 살펴보고 있었다. 아담스는 손을 살짝 들어 보였다. 그 남자도 손을 들어 보였다.

그곳이 위태롭지 않다는 것을 확신한 아담스는 길을 건너 연락소로 들어갔다. 안에서 휴즈와 케이힐을 만났다. 그러나 대화를 나눈 지 얼마 되지 않을 때 문을 두드리는 소리가 났다. 그것은 그 자체로는 불안할 이유가 없었다. 공화파 지역을 순찰하는 영국군이 문을 두드려 잠시 둘러보겠다고 요구하거나 잡담을 나누는 것은 흔한 일이기 때문이다. 그들은 뜻밖에 발견하게 된 그 집의 중요성을 깨닫지 못할 수도 있을 터였다. 서둘러 결정이 내려졌다.[73] 즉, 케이힐이 손님을 맞으러 현관으로 가는 동안 휴즈와 아담스는 뒷문으로 달아나기로 했다. 그러나 그들이 뒷마당에 들어섰을 때 뒷담 너머로 내다보던 휴즈는 쫙 깔린 영국군을 보고 화들짝 놀랐다.[74] 군인들이 연락소로 몰려들고 있을 때 아담스는 무심코 성냥을 꺼내 담배에 불을 붙였다.[75]

아담스가 기대였던 차 안의 사업가는 사업가가 아니었다.[76] 아담스가 연락소를 감시하는 동안 그 남자는 운전석에 앉아 그를 감시하고 있었다. 군인들이 은밀히 연락소 주위에 집결하는 야심 찬 작전이 계획되고 있던 것이었다. 하지만 군인들은 아담스와 휴즈가 연락소 안에 들어가 있을 때까지 습격을 시작하지 말라는 명령을 받았다. 아담스가 현관문을 열었을 때 그는 작전을 개시했다.

급진파는 스프링필드 로드의 경찰서로 끌려가 몇 시간 동안 구타와 고문을 당했다.[77] 아담스는 무참히 구타당한 나머지 의식을 잃었다. 그를 체포한 자들은 정신 차리라며 물을 한 바가지 붓고는 다시 구타하기 시작했다.[78] 신문자 중에 가느다란 세로줄 무늬 양복을 입은 키 큰 남자가 권총을 꺼내 휴즈의 머리에 갖다 대더니 공이치기를 잡아당겼다. 그는 휴즈에게 죽여버리겠다고 말한 다음 시신을 블랙산에 버리고는 왕당파가 한 짓이라고 말하겠다고 했다.[79]

영국군은 대단히 뿌듯해했다.[80] 한 번의 소탕작전으로 세간의 이목을 끄는 표적들을 여럿 잡아들였기 때문이다. 휴즈를 포함하여 전에 한 번도 붙잡힌 적이 없는 표적들이었다. 그 전 해 여름 런던에서 아담스를 만났던 윌리엄 화이트로는 관련자들을 축하하기 위해 직접 샴페인을 한가득 갖고 왔다. 군인들은 몹시 심하게 구타당한 나머지 제대로 걸을 수도 없는 두 포로와 번갈

아가며 "전리품" 사진을 찍었다. 하지만 그 지경이 되어도 휴즈는 저항했다. 휴즈가 그들에게 말했다. "내 보란 듯이 탈옥할 거라고."

휴즈와 아담스는 사라센 장갑차에 실려 헬리콥터로 옮겨졌다. 헬리콥터는 짧은 시간에 롱 케시 교도소로 이송했다. 헬리콥터가 착륙하자 그들은 수갑이 채워진 채 교도소로 들어갔다. 그들이 안으로 들어서자 온 사방에서 열렬한 환호가 쏟아졌다. 롱 케시에 갇힌 공화파 수감자들에게 아담스와 휴즈는 우상이자 유명인사였다. 경비가 삼엄한 시설 내부로 들어갔을 때는 정복자 영웅들로 칭송받았다. 훗날 휴즈는—얻어맞아 온몸이 시퍼렇게 멍들고 수갑이 채워진 채 노도와 같은 열광을 받으며 교도소로 들어가던—그 순간을 살면서 가장 위대한 순간 중 하나로 꼽았다.

제2부

인 간 제 물

11

잉글랜드를 봉쇄하라!

1973년 3월 8일, 런던의 공원과 기념물 주변에는 벌써 크로커스꽃이 활짝 피어 있었다. 그날은 목요일로 상쾌하고 수정같이 맑은 초봄 아침이었다. 습한 영국의 겨울이 지나간 뒤, 사람들은 햇살의 유혹에 이끌려 야외로 나왔다. 여왕은 자신의 정원에서 올해 피어난 첫 꽃들을 보려고 버킹엄 궁전을 나섰다. 그날 운송 파업이 있었기에 열차 운행이 중단되면서 통근자들은 시내로 차를 몰고 갈 수밖에 없었다. 그 결과 런던 중심부는 자동차들로 넘쳐났다. 밀려드는 차량을 수용하기 위해 시는 당일 주차제한 규정을 유보했다. 짐을 싣고 내리는 정차 구역이든 평소에는 출입금지 구역이든 만료된 지 오래된 주차 시간 자동표시기 앞이든 도처에 차들이 들어차 있었다.

점심시간이 지난 지 얼마 안 된 오후 두 시경, 런던의 「더 타임스」 본사에 전화벨이 울렸다. 신문사 뉴스 담당 부서에서 이제 막 일을 시작한 엘리자베스 커티스라는 젊은 여성이 전화를 받았다. 그녀는 심한 아일랜드 말투로 속사포로 말하는 한 남자의 목소리를 들었다. 처음에는 무슨 말을 하는지 알아들을 수 없다가 곧 일련의 차들의 위치와 종류에 대해 반복해서 말하고 있다는 것을 깨달았다. 그는 딱 1분 남짓 말을 했으며 그녀는 계속 당황스럽긴 했지만 할 수 있는 한 받아 적었다. 전화를 끊기 전에 남자가 말했다. "폭탄이 한 시간 내로 터질 것이다."

　마틴 허커비라는 기자는 그날 취재부에서 업무 중이었다. 그는 커티스가 동료에게 폭탄에 관해 받아 적은 세부사항을 말하는 것을 우연히 들었다. 그녀가 언급한 장소들 중 가장 가까운 곳은 런던의 중앙형사법원인 올드 베일리였다. 「더 타임스」에서 조금만 걸어가면 되는 거리였다. 허커비는 사무실에서 뛰쳐나왔다. 커티스가 올바로 받아 적었다는 가정하에 YNS 649K 번호판이 달린 녹색 왜건형 포드 코티나를 찾기 위해서였다. 허커비는 오후 두 시에 사무실에서 나와 몇 분 뒤 석조로 지어진 기념비적인 법원 청사에 도착했다. 세기가 바뀔 무렵 지어진 올드 베일리는 여러 유명한 재판의 현장이었다. 육중한 석조 건물 꼭대기에 거대한 반구형 지붕이 있고, 그 위에 한 손에는 칼을 또 한 손에는 저울을 든 채 두 팔을 활짝 펼치고 있는 정의의 청동상이 있다.

　건물 주변에는 수십 대의 차가 주차되어 있었다. 허커비는 코티나를 찾아보려고 차들을 확인하기 시작했다. 얼마 지나지 않아 청사 바로 앞에 주차되어 있는 차를 발견했다. YFN 469K 번호판이 달린 녹색 왜건형 코티나로, 찾고 있었던 차에 거의 근접했기에 그 차임을 확신했다. 차 내부를 유리창으로 들여다보다가 바닥에 있는 검은색 장갑 한 켤레와 연무제 한 통을 보았다. 허커비는 경찰이 올 때까지 기다렸다. 그리고 마침내 그에게는 영원처럼 보이는 시간이 흐른 뒤 제복 차림의 경찰 둘이 2시 33분에 도착하여 코티나를 조사했다. 경찰들은 그 구역에 있는 사람들을 대피시키고 도로에 저지선을 치기 시작했다. 허커비는 코티나에서 20미터쯤 떨어진 출입구로 피신하고는 기다렸다.

* * *

    잉글랜드에서 폭파 투쟁을 벌이자는 계획은 적어도 부분적으로는 돌러스 프라이스의 아이디어였다. IRA는 북아일랜드 전역의 상업 중심지에서 수백 개의 폭탄을 터트려왔다. 경제를 무너뜨리는 것이 목적이었다면 그러한 작전은 성공적이었다. 그러나 부수적인 피해가 상당했다. 가톨릭교도든 개신교도든 북아일랜드의 민간인들에게 일상적인 폭탄테러는 생활을 불가능하게 만들었다. 계란 한 판을 사러 가게에 갈 때도 갑자기 목숨을 건 모험을 무릅써야 했다. 민간인 사상자를 내는 것이 IRA의 의도는 아니었을지 모르지만 사상자 중에는 민간인이 많았으며 가톨릭교도와 개신교도 사상자 수도 엇비슷했다. "피의 금요일"은 특히 대참사였지만 유일무이한 것은 아니었다. 수도 없이 벌어지는 소규모의 폭파 작전은 사람들의 사지와 목숨을 앗아가며 온건한 아일랜드 민족주의자들 사이에서 폭력 투쟁에 대한 지지를 서서히 무너뜨렸다. 그중에서도 최악은 그 모든 폭탄테러의 사상자 수가 주로 북아일랜드에 국한되어 있었기 때문에 의도한 목표물인 영국인 사상자 수는 그다지 많이 등록되는 것으로 보이지 않는다는 점이었다. 아일랜드해 반대편으로 내몰린 영국'의 일반 대중은 북아일랜드를 에워싸고 있는 재앙을 어렴풋하게만 인식하고 있는 것 같았다. 그것은 전략적 광기에 대한 사례 연구라 할 수 있다. 즉, 아일랜드인은 영국인을 해치려던 시도를 잘못 이끌어 결국 자국민의 목숨만 날려버렸으며 영국인은 거의 관심조차 주고 있지 않았다. 프라이스는 속이 탔다. "이 전쟁의 절반은 그들의 것입니다." 여러 작전을 펼치는 와중에 연락소에 둘러앉아 있을 때 그녀는 "무명인들"의 대장인 "땅꼬마" 팻 맥클루어에게 말했다. "전쟁의 절반만이 우리의 것입니다. 나머지 절반은 그들의 전쟁이기에 그중 일부는 그들의 영토에서 싸워야 합니다."[10] 그녀는 확신을 갖고 말했다. "제국의 심장을 침공하는 짧지만 강렬한 충격이 북아일랜드 어떤 지역에서 스무 대의 차를 폭파하는 것보다 훨씬 더 효과적일 것입니다."[11]

숀 맥 슈타이오페인에게 주장한 후 그는 그 아이디어를 승인했고, 프라이스는 맥클루어와 제리 아담스와 함께[12] 런던에 폭탄테러를 일으키기 위한 초기 계획에 착수했다. 소이탄을 만들어 런던으로 밀반입하고는 여성 조직원들이 비행기를 타고 가 옥스퍼드 스트리트의 백화점에 폭탄을 놓아두자는 계획이었다. 그러나 폭탄을 제자리에 두기도 전에 폭발 장치에서 산이 새어 폭탄을 망친다는 것을 알게 되었다.[13] 그래서 벌써 런던에 와 있던 프라이스는 그 임무를 포기하고 템스강 둑으로 걸어 내려가 결함이 있는 폭탄을 하나씩 강으로 살살 떠내려 보냈다.

소이탄이 작동하지 않자 그들은 대신 차에 폭탄을 설치하기로 결의했다.[14] 그 생각은 벨파스트 여단 내에서 구체화되었다. 그 임무를 위한 대원들을 모집할 때가 오자 서로 다른 부대에 있는 의용군들이 로어 폴스에 있는 연락소에 모여들었다.[15] 제리 아담스는 자신들이 매우 위험한 일을 계획하고 있다고 설명했다.[16] 그 일을 하겠다고 나선 의용군들은 누구라도 얼마간 집을 떠나있어야 한다고 했다. 아담스가 말하는 동안 프라이스는 그가 앉은 의자의 팔걸이에 걸터앉아 있었다. 아담스는 작전상의 보안을 도모하기 위하여 그 많은 사람들에게 말할 때 임무에 관한 세부사항을 거의 밝히지 않으면서 애매하게 말했지만, 참여한 사람은 누구라도 국가의 극도의 분노에 직면할 각오가 되어 있어야 한다는 점을 강조했다.[17] "교수형에 처해질 수도 있는 일이다. 참여하고 싶지 않은 사람은 지금 일어나서 나가주기 바란다."[18] 그는 그들에게 주의를 끌지 않도록 10분 간격으로 뒷문으로 빠져나가라고 지시했다.[19]

프라이스는 아담스가 과장된 연기를 하고 있다고 생각했다. 10분 간격이라는 인상적인 표현은 마이클 콜린스에 관한 책에서 가져왔을 거라고 추측했다.[20] 하지만, 아니나 다를까, 사람들이 일어나서 나가기 시작했다. 프라이스가 심드렁하게 말했다. "자식들 너무 허겁지겁 나가서 놀래 자빠지겠네."[21]

이 작은 대탈출이 마무리되자 열 명 정도가 남았다.[22] 프라이스의 친구이자 동지인 "무명인" 휴 피니도 있었다. 안경을 쓴 그는 20대 초반의 나이에 박식했다. 피니는 그 작전의 모든 자금을 담당하는 병참장교가 될 터였다. 즉, 5파운드짜리 지폐뭉치로 두툼하게 무장할 터였다. 제리 켈리라는 로어 폴스 출신의 잘생긴 청년도 있었다.[23] 프라이스는 그 자리에서 처음으로 그를 만났다. 켈리는 은행 강도죄로 복역 중이다가 감옥에서 탈출한 뒤 도주 중이었다.[24] 프라이스는 그가 큰 인물이라는 생각이 들었다.[25] 그리고 당연히 마리안도 있었다. 마리안은 언제나 있었다.

그들 모두 아주 젊었다.[26] 그야말로 애들이었다. 제일 나이가 많은 대원은 윌리엄 암스트롱으로 스물아홉 살이었다. 올백머리의 유리창 청소부였다. 제일 어린 대원은 눈이 동그란 로신 맥니니로 열여덟 살이었다. 그녀는 6개월 전 급진파에 가담하기 전에 타이피스트로 일하고 있었다.[27] 아직까지 부모와 함께 살고 있었다.[28]

"무명인들"의 대장으로서 "땅꼬마" 팻은 똑똑한 사람이 작전을 운영하기를 바랐다.[29] 그래서 그는 돌러스를 통솔자로 뽑았다.[30] 그녀는, 본인 말을 빌리자면, "모두 다 통솔하는 지휘관"에 임명되었다. 부관 둘이 그녀에게 보고하게 될 터였다. 휴 피니와 마리안 프라이스였다. 신입대원 중 누구도 적의 지배하에 있는 영역 내에서 복무한 경험이 없었기에[31] "땅꼬마" 팻은 그들이 폭발물과 타이머를 이용한 집중 훈련을 받기 위해 국경을 넘어가도록 주선했다.[32]

브리디 이모의 사례를 통해 입증되듯, IRA의 폭탄 제조는 운에 맡기는 부정확한 과학이었다. 브렌든 휴즈는 독립전쟁 동안 장갑차에 수류탄을 던지려다가 수류탄이 폭발하여 팔을 날려버렸던 증조부에 관한 사연을 들려주곤 했다.[33] 폭탄 제조 기술은 최근 몇 년 동안 급격히 개선되었다. 급진파가 온갖 기회를 활용하여 연마했기 때문이다. 그렇다고 IRA 의용군들이 더 이상 본인들이 만든 폭탄으로 자폭하지 않은 것은 아니었다. 그러한 상황은 계속되었다. 그보다는 오히려 어떤 작가가 썼듯, 그러한 불상사는 "소름 끼치는 형태의 '자연선택'으로서의 기능"[34]을 하게 됨으로써 무능한 폭탄 제조자를 도태시켰다. 살아남은 사람들은 더욱 주의를 기울였기에 급기야 급진파는 일부 전설적인 폭탄 제조자들을 만들어냈다. 그들은 50페이지 분량의 폭탄 도감을 개발했는데, 폭발물 전문가 과정을 밟는 견습생들은 그 도감으로 폭탄 제조법을 공부할 수 있었다. 도감은 놀랍도록 다양한 가정용 도구를 이용해 건드리면 터지는 위장 폭탄인 부비트랩을 만드는 방법에 관한 지침을 제공했다. 가령 음료수 빨대를 도화선으로 사용하고 양초를 녹인 밀랍을 빈 맥주 깡통에 넣고 옷걸이용 못을 두르는 식의 사제폭탄용 도감이었다.[35]

1972년 초의 충돌에 처음으로 도입된 차량 폭탄은 무시무시한 출발을 상징했다. 그때까지는 순전히 폭발물의 무게로 인한 한계 때문에 대부분의 폭탄이 규모가 있어서 소수의 무장세력만 운반할 수 있었기 때문이다. 이제 자동차 내부에 폭탄을 숨긴다는 것은 대규모 적재 폭탄을 준비할 수 있다는 뜻으로, 폭탄 장치를 목표물로 싣고 간 뒤 걸어가 버리면 그만이었다. 분주한 상점에 여행 가방이나 비닐봉지가 남아 있으면 사람들의 시선을 끌 수 있지만 자동차는 어디에나 있기에 완벽한 위장술이었다.[36] 숀 맥 슈타이오페인은 1975년에 이렇게 썼다. "자동차 폭탄은 효율적인 용기와 효율적인 운반 체계를 마련해 주었다. 그것은 주어진 작전에서 훨씬 더 행정적, 산업적, 경제적 피해를 낳게 했다. 그리고 목표물에 폭탄을 놓아둘 의용군 수를 훨씬 줄여주었다." 벨파스트 거리에서 아무도 타고 있지 않은 빈 차는 그 자체로 공포의 원천이 되어서 차에 실제로 폭탄이 설치되어 있는지 여부에 관계없이 사람들은 즉시 그 구역에서 달아났고 당국은 그 즉시 몰려왔다.[37]

2월, 벨파스트에서 총구를 들이대는 자들이 여섯 대의 차량을 납치하여 공화국으로 몰고 갔다.[38] 3월 초에 더블린 거리에서 그 차들이 다시 모습을 드러냈을 때는 다시 도색되고 가짜 번호판이 붙어 있었다.[39] 최종적으로 넉 대의 차량만 잉글랜드로 이동했다.[40] 포드 코세어, 힐만 헌터, 복스홀 비바, 그리고 녹색 포드 코티나였다. 각 차에는 엄청난 발화성 폭발물이 세심하게 설치되어 있었다. 소시지처럼 연결된 고성능 폭약인 젤리그나이트와 함께 비닐봉지에 45킬로그램 이상의 폭약이 숨겨져 있던 것이었다.[41] 뒷좌석 밑에 감춰진 각각의 적재 폭탄은 앞 조수석 밑 상자에 긴 도폭선으로 연결되어 있었는데 상자에는 가정용 알람시계로 만들어진 타이머가 들어 있었다.

작전에 돌입하기 약 한 달 전, 돌러스 프라이스는 정찰 임무차 런던으로 갔다.[42] 눈썹이 짙은 근육질 대원으로 전에 웨스트엔드의 식당에서 일한 적이 있어서 그 도시를 훤히 알고 있던 마틴 브래디와 함께였다. "무명인들"은 자체적으로 목표물을 선택한 다음[43] 벨파스트의 지도부에 목표물을 제시해 승인받았다. 목표물들은 "특정한 정치적 문제를 환기시키기 위해"[44] 신중하게 선택했다고 훗날 제리 켈리는 설명했다. 영국의 일반 대중은 북아일랜드의 참사를 알리는 뉴스들에는 단련되었을지 모르지만 런던 중심부에서 폭탄이 연속해서 터지면 그 모든 것을 바꿀 터였다. 작전이 개시되는 시기도 우연이어서는 안 되었다. 그들은 북아일랜드 영토가 영국 연합의 일부로 잔류해야 하는지 여부를 투표하는 북아일랜드의 국민투표일을 선택했다. 켈리는 그 임무가 잉글랜드에게 "식민주의의 현실"[45]을 절실히 느끼게 할 것이라 여겼다.

*　*　*

3월 5일, 그룹은 두 조로 나뉘었다. 휴 피니가 이끄는 1조가 더블린에서 리버풀로 가는 연락선으로 코티나와 비바를 몰아 아일랜드해를 건넜다. 다음

날, 마리안 프라이스가 이끄는 2조가 코세어와 힐만 헌터를 몰았다. 그러나 연락선이 리버풀에 도착해 차량이 통관 수속을 밟고 있을 때 헌터가 제지당했다.[46] 번호판에 문제가 있는 것으로 보였다.[47] 마틴 브래디는 운전석에 앉아있었고 어린 로신 맥니니는 뒷좌석에 앉아있었다.[48] 검사관들은 아일랜드공화국에서 영국 연합으로 수입세를 지불하지 않고 외국 차를 들여오려고 하는 것이 아닌가 의심하는 눈치였다.[49] 그들이 대화를 나누는 동안 맥니니는 점점 초조해지면서 뒷좌석에서 안절부절못하고 있었다.[50] 그녀는 화장실을 좀 써야겠다고 말하고는 차에서 내렸다.

몇 분 뒤 그녀가 돌아왔을 때, 브래디에게 질문하고 있던 검사관은 교통 흐름을 방해하고 있던 트럭을 처리하러 출동했다.[51] 젊은 IRA 대원들은 그 자리에 그대로 있었다. 검사관이 돌아왔을 때 어떤 일이 일어날지 자신이 없었다. 그러나 이제 정작 그들이 교통을 막고 있었기에 또 다른 세관원이 얼른 통과하라고 다급하게 손을 흔들었다. 원래 계획대로라면 남아 있는 훔친 차 두 대가 또 다른 연락선에 실려 따라오기로 되어 있어서 폭탄은 총 여섯 개가 되는 셈이었다. 하지만 세관에서 겁을 먹은 후 그들은 아일랜드로 전갈을 보내 동지들에게 마지막 차량 두 대를 보내지 말라고 지시했다.[52] 당국이 제보를 받았을 경우에 대비해서였다.

팀의 대장으로서 돌러스 프라이스는 연락선을 타지 않았다. 그녀는 우나 데블린이라는 가명으로[53] 더블린에서 비행기를 타고 왔다. 3월 7일 수요일까지 전 대원이 속속 런던으로 들어왔다.[54] 그들은 위험물이 적재된 차를 공영 주차장에 세워둔 채 서로 다른 호텔에 투숙했다.

계획은 간단했다. 다음 날 아침 일찍 도심지 네 곳의 위치에 차를 몰고 가는 것이었다. 화이트홀(국회의사당에서 트래펄가 광장까지 통하는 넓은 거리로 영국 행정부의 중심지-옮긴이)에 있는 영국 군 신병모집소, 딘 스탠리 스트리트에 있는 영국 군 방송국, 런던광역경찰청, 중앙형사법원인 올드 베일리였다. 미리 전화해 경고해 놓을 터였다.[55] 그들은 "피의 금요일"의 처참한 민간인 사상자 수를 유념하면서 사상자를 방지하라는 명령을 받았다.[56] 경고 전화는 현지 시각으로 오후 두 시 직전에 개시되고 그로부터 정확히 한 시간 후에 알람시계 타이머가 폭발 장치를 작동시킬 터였다. 그때쯤에는 프라이스와 대원들은 이미 아일랜드로 돌아가 있을 터였다. 그들은 히스로 공항에서 느지막한 오전 비행기를 타고 더블린으로 돌아가기로 되어 있었다.

수요일, 모두 호텔로 가 투숙 수속을 밟은 뒤 위치를 정찰했다. 프라이스가 말했다. "우린 서로 알지 못한다. 길거리에서 만나더라도 전에 서로 한 번도 본 적이 없는 사이이다.[57] 그녀는 특히 강조의 말을 덧붙였다. "음주는 금물이다." 해가 지기 전에 프라이스는 트래펄가 광장에 있는 국립미술관 현관으로 모두를 소집해 최종적으로 정리하고는 다음 날 타고 갈 비행기 표를 나눠주었다.[58]

그런 다음 그들은 그날 밤 쉬기로 했다. 우리는 조직된 테러범들이 대도시를 공격하기 전날 밤 마지막 시간을 초조하게 준비하는 데 바칠 거라고 추측할 것이다. 그러나 젊음 때문인지 아니면 의로운 행위를 하고 있다는 망상에 들떠서 그랬는지 몰라도 프라이스와 동지들은 불가사의하게도 이제 막 착수한 임무의 중대성과 잠재적 결과로부터 분리된 것 같았다. 게다가 그들은 런던에 있었다. 그들의 조국보다 더욱 거대하고 자유분방한 도시였다. 런던은 제국의 심장일 수도 있지만 두말할 것도 없이 이곳저곳 방문하기에 재미있는 곳이기도 했다. 그래서 젊은 테러범들은 관광하러 나갔다.[59] 로신 맥니니는 버킹엄 궁전을 구경하러 갔다. 남자들 일부는 프라이스의 경고를 거역하고 나가서 술을 마셨다.[60] 그중 한 명은 완전히 고주망태가 되어서 나중에 술집에서 데리고 나와야 할 정도였다.

그들보다 좀 고상한 프라이스는 마리안과 함께 극장에 갔다. 휴 피니도 나중에 그들과 합류하기는 했지만 늦게 도착했다. 차량 폭탄을 최종적으로 점검하고 싶었기 때문이다. 그들 중 누구도 폭탄테러를 일으키기 전날 밤 연극을 보러 간다는 게 조금도 어울리지 않는다는 생각을 하지 않았다. 반대로 피니는 다음 날 아침 일이 틀어지면 훌륭한 극장에 갈 기회가 당분간 없겠다고 판단했다.[61] 공교롭게도 그들이 런던을 방문한 기간은 로열코트 극장에서 아일랜드 극작가 브라이언 프리엘의 새 연극 「도시의 자유」를 공연하는 날과 딱 맞물렸다.[62] 알버트 피니가 연출한 그 연극은 허구적이지만 매우 시사적인 이야기를 전하고 있어서 특히 돌러스 프라이스는 깊이 공감할 수 있었다. 내용은 이렇다. 민권운동 시위자 셋이 폭동 진압용 고무탄과 최루탄을 피해 데리의 길드홀로 피신한다. 번톨렛 다리에서 행진할 때 이안 페이즐리와 번팅 소령이 매복 공격을 하기 바로 전날 밤 추종자들을 선동한 바로 그 길드홀이다. 연극은 오인을 중심으로 펼쳐진다. 평화로운 시위자 셋이 길드홀 내부에 몸을 숨긴 동안 바깥에서는 언론과 영국군이 그들을 실질적으로 무장 점거와 관련한 테러범으로 추정하게 된다. 연극은 부분적으로 "피의 일요일"에서 영감을 얻었는데 이는 브라이언 프리엘이 직접 목격했던 사건이었다. 북아일랜드의 평화로운 민권운동을 폭력적인 참사로 일그러뜨린 것은 집단적 광기와 신화 만들기와 오인이었다.[63] 연극에서 시위자 셋은 결국 사망한다. 영국군이 발포한 총에 맞아서다. "피의 일요일" 이후 은폐공작이 자행되었다는 여론에 따라 진상을 조사하기 위한 조사위원회가 소집되었으며, 결국 발포가 정당하다고 결론짓는다.

이것은 런던의 관객들에게는 민감한 소재라 공연을 보러 온 사람은 드물었으며 그나마 온 사람들도 눈에 띄게 불편해했다.[64] 세 주인공 중 한 명인 스티븐 레아라는 젊은 배우는 훗날 작품이 런던 관객들에게 "차디차게 외면받았다"라고 언급했다. 레아는 로열코트 극장에서 떠오르는 스타이긴 했지만 벨파스트 토박이로 온화한 용모의 묘하게 매력적인 청년으로 놀란 토끼눈 같은 눈동자와 늘 방금 잠에서 깬 듯 보이는 부스스 헝클어진 머리 모양을 하고 있었다. 공교롭게도 그와 돌러스 프라이스는 서로 아는 사이였다.[66] 퀸즈 대학에 다닌 레아와는 1960년대 후반 민권운동을 하던 중에 만난 적이 있었다. 그녀가 급진파에 합류하고 그는 더블린과 에든버러에서 쟁쟁한 배우가 되어 로열코트 극단에 입단하면서 연락이 끊기고 만 것이었다. 그러나 이곳에서 막 런던을 폭파시킬 참인 돌러스 프라이스는 그 근사하고 지적이고 흥미를 *끄는* 젊은 배우가 IRA 조직원으로 오인받은 민권운동 행진자 역할을 하는 것을 지켜보고 있었다.

* * *

폭파범들은 동이 트기 전에 모닝콜 서비스를 예약해 둔 상태였다. 그들은 일어나 옷을 입고 숙박비를 계산하고 나온 다음 차를 회수하러 가서 아직 주차 공간이 남아 있는 좋은 위치로 몰고 갔다.[67] 운송 파업으로 인해 차량 폭탄 테러를 벌이기에 이상적인 환경이 조성되었다. 주차 제한 규정이 유보되어 보통 때 같으면 견인해 갈 차량들을 경찰이 내버려두었기 때문이다. 넉 대의 차량 모두 목적지로 향했다.[68] 힐만은 영국 군 신병모집소로, 코세어는 런던광역경찰청으로, 복스홀은 영국 군 방송국으로, 코티나는 중앙형사법원인 올드베일리로 향했다. 오전 7시 30분, 그날 오후 2시 50분에 폭발하도록 설정된 타이머와 함께 폭탄이 모두 제자리에 놓여졌다.[69] 오전 10시 직후, 대원 대부분은 크롬웰 로드에서 히스로 공항행 버스를 탔다. 그곳에서 더블린으로 가는 11시 20분 비행기에 탑승할 예정이었다.[70] (프라이스 자매와 휴 피니는 조금 더

늦은 비행기를 타기로 예정되어 있었다.)

* * *

런던광역경찰청의 경찰관들도 마찬가지로 그날 일찍 일어났다.[71] 오전 7시, 폭파범들이 차량을 목적지로 몰고 가던 바로 그 시각, 특수정찰대는 웨스트민스터에 있는 캐논 로 경찰서에서 IRA 공격이 임박했다는 보고를 받았다.[72] 경찰관들은 밖으로 나가 수상한 차량을 찾아보라는 지시를 받았다. 특히 관공서 등 가능성이 높은 대상 부근을 잘 살펴보라는 명령을 받았다.[73] 운송 파업은 상황을 더욱 악화시켰다. 경찰로서는 런던 중심부에 가능한 한 차량이 적게 필요한 바로 그 순간에 엄청나게 유입된 것이었다.[74] 그날 아침 늦게 경찰 두 명이 런던광역경찰청 인근 구역을 순찰하면서 자동차세 납부 증명서가 없는 녹색 코세어를 주목했다. 차량을 살펴보는 동안 그들은 1968년형 모델의 차가 1971년 번호판을 달고 있는 것을 발견했다. 그들은 또 하나의 변칙에 주목했다.[75] 번호판에는 보통 구멍이 두 개 뚫려 있는데 그 번호판에는 구멍이 네 개 뚫려 있었다. 경찰들은 창문으로 들여다보다가 가느다란 흰 선이 바닥의 카펫 밑에 부분적으로 숨겨진 채 앞좌석에서 뒷좌석으로 구불구불 연결되어 있는 것을 발견했다.[76]

폭발물 처리반이 소환되었다. 그들은 뒷좌석 밑에 90킬로그램 가량의 폭발물이 채워져 있는 것을 발견했다.[77] 한 수사관의 평가에 따르면 "가공할 정도로 어마어마하게 강력한 폭탄"[78]이었다. 코세어 내부에서는 폭발물 냄새가 강하게 풍겼으며 상자 안의 타이머는 소리가 다 들릴 정도로 째깍째깍거리고 있었다.[79] 한 폭발물 처리반이 고개를 들어 보니 주변 건물의 창문들에 아래를 내려다보고 있는 사람들의 얼굴이 가득했다. 그들이 작업하는 모습을 지켜보고 있었던 것이다. 그가 소리쳤다. "저 멍청한 자식들 창문에서 치워!"[80] 폭발물 처리반 대원 하나가 시한장치의 선을 잡고 있는 동안 동료 대원이 조심조심 선을 절단했다.[81]

폭탄은 터지지 않았다. 그들이 폭탄의 뇌관을 제거했기 때문이다.[82] 타이머의 시침 위치를 조사한 결과, 수사관들은 시계의 분침이 제거되었기 때문에[83] 확실하게 말하기는 어렵지만 오후 3시경에 폭발했을 거라고 추론했다.[84] 그들은 즉시 두 가지를 깨달았다. 하나는 만약 시내에 다른 폭탄들이 숨겨져 있다면 오후 3시 전에 찾아야 한다는 것이었다. 다른 하나는 타이머의 뇌관이 긴 것으로 보아 폭파범들이 폭탄이 터지기 전에 나라에서 달아나려 한다는 것이었다. 공안부 요원들이 모든 항구와 공항에 공문을 보냈다. "잉글랜드를 봉쇄하라! 모든 출구를 막아라. 떠나는 것으로 보이는 아일랜드인은 무조건 취조하라."[85]

어떻게 경찰이 폭파범들보다 훨씬 앞설 수 있었는지를 설명하면서 영국 당국은 마치 그저 대단히 운이 좋았을 뿐이라는 식으로 들리게 말했다.[86] 그러나 언론에서는 런던의 경찰이 공격이 임박하고 있으며, 거기다 하나 이상의 폭탄이 설치되었다는 사실도 사전에 알아챘을 수 있다고 밝혔다.[87] 프라이스 자매는 언제나 정보원이 작전을 누설했다고 믿었다.[88] 휴 피니도 같은 의혹을 제기하면서 훗날 이렇게 단언했다. "우린 함정에 빠진 거예요."[89]

그들이 맞았다. 폭파 임무가 수십 년이 지난 뒤, 한 퇴역한 공안부 요원은 폭탄이 터지기 14시간 전에 제보를 받았으며, 그의 정보원은 급진파의 고위급 간부였다고 폭로했다.[90] 그 요원은 폭탄이 여섯 개가 아니라 네 개라는 것을 사전에 알고 있었다고 했다. 또한 폭파팀에 젊은 급진파인 제리 켈리라는 이름과 "프라이스라는 이름의 두 자매"가 포함되어 있다는 것도 알고 있었다고 했다.

그렇기는 해도 경찰이 나머지 폭탄 세 개를 찾기 위해 런던 중심부 사방으로 흩어졌을 때 시내는 정체된 차량들로 꽉 막혀서 하나의 거대한 주차장처럼 보였다. 그들은 미친 듯이 의심스러운 차량을 수색했지만 대략적인 위치에 대한 단서조차 없었기에 다른 어떤 차들의 위치도 찾을 수 없었다.[91] 폭탄은 말 그대로 어디에든 있을 수 있었다. 오후 2시 직전, 「더 타임스」는 차들의 위치와 종류를 설명하는 경고 전화를 받았다. 하지만 그때조차도 경찰 내부에 의사소통의 문제가 있어서 경찰관들이 남아 있는 폭탄 세 곳의 현장에 도착하는 것이 지연되었다. 「더 타임스」의 마틴 허커비 기자는 경찰보다 20분 이상 앞서서 중앙형사법원 바깥에 세워진 코티나에 왔으며,[92] 폭발물 처리반이 도착하기에 앞서 경찰관들이 사람들을 대피시키려고 주변 건물로 뛰어 들어가기 시작하면서 귀중한 몇 분이 추가로 흘러갔다.

중앙형사법원 내에서는 형사 재판 몇 건이 진행 중이었다.[93] 마약 모의 사건이 한 법정에서 마무리되고 있었고, 또 다른 법정에서는 한 판사가 살인사건 재판의 배심원들에게 연설하고 있었다. 누군가가 법정으로 부랴부랴 뛰어들어와 건물 바로 바깥에서 이제 막 폭탄이 터지려 하고 있다며 모두 나가라고 했다.[94] 법원 맞은편에 있는 "조지"라는 술집은 낮술을 홀짝이는 손님들로 가득했다. 그곳에도 누군가가 뛰어 들어와 거리에 폭탄이 있다고 소리쳤다. 일부 손님들은 술집 안쪽으로 더 깊숙이 들어가기만 했기에 안쪽 자리는 사람들로 바글거렸다.[95] 그러나 다른 손님들은 햇살이 내리쬐는 고요한 한낮을 내다보면서 장난질일 수도 있다고 판단하여 그대로 있기로 결정했다.[96] 런던은 30년 전 나치의 대공습 이래 어떤 심각한 폭탄테러도 경험해본 적이 없었다. 사람들은 마치 그런 것을 상상도 할 수 없다는 듯 보였다. 어떤 얼빠진 작자들은 폭발물 처리반이 작업하는 것을 구경하려고 얼굴을 유리창에 바짝 갖다 댔다.[97] 전문가들은 폭탄의 뇌관을 해체하려고 했지만 성공하지 못했으며,

앞좌석에 있는 타이머는 계속해서 째깍째깍거리고 있었다. 3시가 가까워지는 동안에도 경찰은 여전히 주변을 치우기 위해 고군분투하고 있었다. 그때 통학버스 한 대가 굴러왔다.[98] 코티나에서 50미터도 떨어지지 않은 곳이었다. 버스 안에는 세인트 폴 대성당으로 현장학습을 가는 초등학생 49명이 타고 있었다.[99] 타이머의 시침이 3시를 향해 째깍째깍거리는 동안 아이들이 버스에서 내리기 시작했다.[100]

* * *

폭파팀 대부분이 히스로 공항으로 가는 버스에 타고 있을 때 BBC에서 첫 폭탄이 발견되어 뇌관이 해체되었다는 보도가 나왔다. 폭파범들은 그 뉴스 속보를 듣지 못했기에 자신들이 현재 수색 대상이라는 사실을 알지 못한 채 공항에 도착했다.[101] 그들이 아는 한, 임무는 계획대로 진행되고 있었으며 이제 막 눈에 띄지 않고 아일랜드로 돌아갈 참이었다. 그들은 제1터미널에 도착하여 4번 게이트로 향하였으며, 11시 20분에 출발 예정인 더블린행 영국유럽항공BEA편 표를 내보였다.[102] 폭파범들이 일렬로 줄지어 비행기에 탄 다음 좌석에 앉았을 때 경찰관들이 비행기로 들어와 모두 내리라고 지시했다.[103]

돌러스와 마리안과 휴 피니는 12시 30분에 에어 링구스 비행기를 탈 예정이었다.[104] 그들이 히스로 공항에 도착했을 즈음 나머지 대원들은 공중에 있어야 했다. 그러나 그들이 터미널에 들어왔을 때 공안부 요원들이 기다리고 있었다.[105] "더블린으로 갑니까?" 한 요원이 물었다. "같이 가 주시겠습니까?"[106]

그들은 유치장에 갇힌 다음 취조실로 안내되었다. 그러나 그 계획은 폭탄이 하나라도 발견되기 전에 전 대원이 출국할 거라는 생각을 전제로 했기 때문에 대원 중 누구도 설득력 있는 어떤 종류의 변명도 지어내지 못했다.[107]

일부는 일거리를 찾아 런던에 왔다고 주장했다.[108] 다른 일부는 벨그레이브 로드에 머물면서 그 동네 술집에서 술을 마셨다고 했다.(이는 어쨌든 진실의 요소가 있었다.)[109] 그들 모두 가명을 댔다.[110] 돌러스는 가명인 우나 데블린을 고집했으며 서로 모르는 사이라고 딱 잡아뗐다. 폭탄에 관해 묻자 그들은 뚱한 표정을 지으며 침묵으로 일관했다.(당국이 당시에는 알지 못했지만 나중에 알게 된 사실은 그들 중 한 명―11번째 폭파범―을 놓쳤다는 것이었다. 그는 다른 대원들이 공항에서 체포되기 전에 살짝 빠져나가 런던에서 잠적했다. 지금까지 신원이 확인되었는지 혹은 잡혔는지에 대해서는 알려진 바가 없다.)[111]

"아무 말도 하지 않겠습니다." 고참 형사가 취조하자 마리안 프라이스가 말했다. "당신은 나를 여기 붙잡아 둘 권리가 없어요."[112] 그녀는 단 한 마디도 말하기를 거부하면서 계속 취조를 방해했다. 벌써 오후 2시가 넘었다. 형사들은 시간이 촉박하다는 것을 알았다. 나머지 폭탄들의 소재에 관해 다그쳤지만 마리안은 입을 꾹 다물고 있었다. 그녀는 목에 로켓(작은 사진이나 머리카락, 기념품 따위를 넣어 목걸이에 다는 작은 갑-옮긴이)을 걸고 있었는데 그것을 계속 입에 넣고는 초조하게 잘근잘근 씹었다. 그녀를 추궁하고 있던 경감은 그 로켓에 청산가리로 만든 알약처럼 독약 같은 게 들어있을지도 모른다는 생각이 퍼뜩 들었다.[113] 그는 로켓을 홱 낚아챘으나 십자가상만 보았을 뿐이었다. 슬슬 짜증이 치민 경감은 그녀를 "사악한 미친년"이라고 부르며 한동안 다시는 햇빛을 보지 못할 거라고 말했다.[114]

그래도 마리안 프라이스는 아무 말도 하지 않았다. 그녀의 태도는 로봇처럼 거의 감정이 없어 보였으며 동료 폭파범들의 태도 역시 마찬가지였다.[115] 형사들은 그들이 신문에 저항하는 방법에 대해 어떤 가르침을 받았는지 궁금해지기 시작했다. 그들은 마치 최면에 걸린 것처럼 하나의 대상에 시선을 고정시키고 그것만 뚫어져라 쳐다보면서 단 한 마디도 말하기를 거부하고 있었다.[116] 그러다가 오후 3시 직전, 마리안이 손목을 들어 올리더니 날카로운 눈초리로 시계를 쳐다보았다.[117]

조용하지만 격분한 소리로 경감이 말했다. "나머지 폭탄들이 방금 시간이 만료되었다는 것으로 이해하면 되겠군?"

마리안 프라이스는 미소만 지었다.

* * *

화이트홀에서는 사람들이 상쾌한 날씨 속에서 점심시간을 마치고 느긋하게 돌아오고 있었다. 그때 경찰이 마침내 신병모집소 앞에 주차되어 있는 힐만 헌터를 발견했다.[118] 경찰들이 주변 건물로 뛰어 들어가 사람들을 모두 대피시켰다. 폭발 시간 5분을 앞두고 영국 육군 병기부대에서 온 폭발물 전문가가 창문을 깨고 차로 기어 들어간 다음 폭파 장치를 해체하려고 시도했다.[119] 그러나 이제 시간이 촉박했기에 재빨리 기어나왔다. 그는 기다란 선에 부착된 고리를 이용하여 폭발물에 타이머를 연결하는 도폭선에 건 다음 건물 모퉁이로 대피하고는 끌어당기기 시작했다. 저항력이 상당했기에 옆에 있던 경사에게 도움을 청했다. 두 사람이 이제 막 다시 선을 끌어당기기 시작했을 때 타이머의 시침이 끝에 다다랐다.[120]

힐만은 12미터 공중으로 치솟는 거대한 화염에 의해 분해되면서 산산조각났다.[121] 펑-하는 둔탁한 소리가 났는데 그 반향이 얼마나 강력하던지 인근 구역에 있던 사람들이 붕 솟아올라 도로가 말끔히 치워졌다.[122] 400미터 주위에 있는 상점들과 사무실들의 유리창들이 와장창 깨졌다.[123] 이 폭발로 경찰관들의 머리에서 헬멧이 날아갔고 유리조각들과 금속 파편들이 사방으로 튀었다.[124]

거무스름한 버섯구름이 거리 위로 솟아올랐고 건물들 사이로 매캐한 연기가 피어올랐다.[125] 가스를 공급하는 본관이 파열되면서 더 많은 연기가 뿜어져 나오며 불길이 치솟기 시작했다.[126] 소방관들이 도착해서 아수라장 사이로 호스를 끌기 시작했다. 사람들은 충격을 받아 멍한 상태에서 유리에 살갗이 베인 채 주위에서 비틀거렸다.[127] 수십 대의 차가 움푹 꺼진 채 구겨진 종잇장처럼 뒤틀려 있었다.[128]

폭탄이 쾅-하고 터지는 소리가 런던 중심부에 울려 퍼졌다. 당국은 딘 스탠리 스트리트에서 이제 막 세 번째 폭탄을 찾아 간신히 해체했다.[129] 영국 군 방송국 건물 앞에 주차된 복스홀 비바 차에 있던 폭탄이었다. 그러나 경찰이 중앙형사법원에 있던 차를 식별했을 즈음에는 그것은 이미 너무 늦었다. 한 경찰관이 통학버스를 향해 달려가 방금 내린 아이들에게 죽기 살기로 뛰라고 소리질렀다.[130] 아이들은 꽥꽥 비명을 지르며 피신하려고 길모퉁이로 허둥지둥 달려갔다.[131]

그 차의 사진을 찍고 있던 경찰 사진작가(영국에는 여전히 사진작가를 고용하는 경찰청이 두어 군데 있다. 런던광역경찰청도 그중 하나이다-옮긴이)가 순식간에 거리 건너편으로 나동그라졌다.[132] 폭발은 어마어마했다. "조지" 술집의 외관이 갈기갈기 뜯겨져 마치 장난감 인형의 방처럼 내부가 훤히 드러났다.[133] 중앙형사법원에서 배심원들을 대피시키고 있던 한 경찰관은 폭발로 인해 6미터나 날아갔다.[134] 자전거를 타고 지나가던 또 다른 경찰관은 벽으로 내팽개쳐졌는데 폭발력이 얼마나 강했던지 제복이 갈가리 찢어졌다.[135] 「더 타임스」 마틴 허커비 기자는 얼굴과 손에 자상을 입어 세인트 바스톨로뮤 병원으로 갔다.[136] 얼굴에 피가 줄줄 흐르는 사람들은 연기 사이로 비틀거리며 달아나려 하거나 다른 사람들을 도우려 하고 있었다.[137] 그러나 폭탄이 터진 인근 전체가 뜨거운 분진에 자욱하게 휩싸여 있어 앞을 분간하기도 힘들었다.[138] 초등학생들은 간신히 안전한 곳으로 대피했지만 부상당한 희생자들은 길바닥에 아무렇게나 널브러져 있었다.[139] 깨진 유리가 해변의 모래처럼 사방에 두툼하게 깔려 있어 사람들 발밑에서 쩍쩍 소리를 내고 있었다.[140]

북아일랜드에서는 이런 광경이 흔한 일이 되었을지 몰라도 런던에서는 극도로 충격을 주었다.[141] 기억할 정도로 나이가 든 목격자들에게는 나치의 대공습을 연상케 했다. 두 곳에서 폭탄이 터지는 사이 약 250명이 부상당했으며, 구급차들이 사상자들을 처리하기 위하여 내달렸다.[142] 우연히도 그 주에는 운송 파업뿐만 아니라 지역 병원에서 간호보조사와 청소 및 사무직 직원을 포함하는 비의료인 노동자의 파업도 있었다. 그렇기는 해도 피투성이 환자들이 응급실로 실려가는 것을 보자 파업 중이던 노동자들은 피켓 라인(노동쟁의 때 출근 저지 투쟁을 위해 파업 노동자들이 늘어선 줄-옮긴이)을 포기하고 도움을 주려고 안으로 뛰어 들어갔다.[143] 중앙형사법원 바로 옆의 힐게이트 하우스에서 일하는 58세의 경비원 프레더릭 밀턴은 폭발로 피범벅이 되었지만 병원에 가야 한다는 의료진들의 외침에도 굴하지 않고 부상당한 다른 생존자들을 돕겠다고 나섰다.[144] 밀턴은 몇 시간 후 심장마비로 의식을 잃고 쓰러져 병원에서 숨졌다.[145]

이후의 부검 결과에 따르면[146] 심장마비가 실제로 폭발보다 앞서 시작되었으므로 의학적 증거에 의해 살해 혐의를 뒷받침할 수 없었다. 돌러스 프라이스는 폭발로 인한 사상자들이 영국 당국의 탓이라고 비난했다.[147] 폭탄의 위치를 알려 해체할 시간을 주고 민간인들에게 위험성을 알리기 위한 경고 전화를 걸었는데도 경찰이 늑장 대응을 했기 때문이라는 것이었다. 폭파팀의 다른 대원들도 견해가 같았다.[148] 이는 분명 편리한 변명이었으며 도덕상의 문제로 보자면 현저히 부정직한 것이었다. 그러나 사실상의 문제로 보자면 프라이스가 전적으로 틀린 것은 아니었다.[149] 폭탄 공격의 여파로 인해 경찰도 상황실에서 "인간적인 실수"로 중앙형사법원 폭탄에 관한 메시지를 혼동하여 대응이 크게 지연되었다는 점을 인정했다.

한 영국인 기소인은 나중에 IRA의 임무의 의도는 사람들을 죽이는 데 있는 것이며, 폭력단이 공항에서 체포된 이후에서야 경고 전화를 건 것은 그들이 한 말에 부합하지 않는다고 추론했다. 그는 일단 IRA가 동료들이 붙잡혔다는 것을 알고 난 다음 경고 전화를 건 것은 처벌의 중대성을 경감시키기 위해 이기적으로 최후의 카드를 쓴 것에 불과하다고 했다.[150] 그러나 폭파범들이 아무리 입이 열 개라도 할 말이 없고 냉혈한 같다 하더라도 런던으로 여정을 떠났을 때의 목표가 대량 학살이었을 가능성은 거의 없어 보인다. 브렌든 휴즈는 훗날 이렇게 말했다. "런던에서 사람들을 죽이는 것이 목적이었다면 사람들, 특히 민간인들을 죽이는 건 식은 죽 먹기였겠지요." "피의 금요일"이 그랬듯이 "런던 임무"는 상징적이고 이상적인 무혈 공격으로 구상되었다. 그러나 강력한 폭발은 뜻밖의 행운의 여지도 남겨놓지 않았으며 엄청나게 손상을 가한 결과 계획은 헝클어졌다. 휴즈는 폭탄테러를 통한 인명 희생에 특별히 초점을 맞춘 것이 아니라고 했다. 그가 더욱 통렬히 후회하는 점은 폭파범들이 잉글랜드에서 "매장당하는" 것이 아니라 런던 안팎의 모처에 숨게 한 뒤 일단 집단 광란상태가 진정되었을 때 하나둘씩 조국으로 돌아오게 하지 못한 것이라고 했다.[151] 도리어 IRA가 가능한 한 빨리 그들을 빼내려고 했던 게 중대한 실수를 범하는 결과를 초래했다고 여겼다.

히스로 공항에서 폭파팀 대원들은 인근 경찰서로 이송되었다. 폭발물 잔류물을 법의학적으로 검사할 수 있도록 옷은 모두 벗겨졌다.[152] 돌러스 프라이스는 벌거벗은 채로 사진 찍혔다.[153] 죄수복이 지급되었을 때 일부는 그 옷을 받아들였다. 그러나 프라이스 자매와 다른 몇몇 대원들은 거부했다.[154] 그것은 공화파의 원칙이었다. 그들은 스스로를 범죄자로 여기지 않고 합법적인 군대에서 포로로 잡힌 군인, 즉 정치범으로 여기고 있었다. 그렇듯 일반 형사범과 뚜렷이 다르다는 입장으로 인해 그들은 형사범 복장을 받아들이지 않았다. 돌러스와 마리안은 몸에 거칠거칠한 감옥용 담요를 둘렀다. 휴 피니는 담요마 저도 거부하고 벌거벗은 채로 버젓이 감방에 서 있었다. 수감자들은 모두 분리되었지만 어느 순간 돌러스와 마리안은 면회실에서 짧게 마주쳤다. 돌러스는 쉿-소리를 내며 동생에게 "한 마디도 하지 마"[155]라고 했다.

12

벨파스트 텐

토머스 발리데이는 롱 케시 교도소의 수감자로 잡역부로 일하고 있었다.[1] 그는 쓰레기 트럭을 타고 다니며 여러 포로수용소 구석구석의 쓰레기를 수거해 트럭에 싣는 일을 했다. 어떤 감옥이든지 그 안에서의 삶은 결국 무감각한 일상생활의 반복이 되기 십상이고, 발리데이의 일도 예외는 아니었다. 매일 같은 곳을 돌아다니며 쓰레기를 수거해 트럭에 집어던지는 일상이었다. 발리데이는 때때로 일반 쓰레기 외에도 때. 묻거나 파손되었다는 이유로 버려진 낡은 매트리스를 발견하기도 했다. 수감자들은 자신들이 살고 있는—철조망으로 둘러싸인 반원형 수용소인—"새장" 바깥의 쓰레기통 옆에 매트리스들을 버려두었다. 1973년 12월 어느 토요일 아침, 둥글게 말린 매트리스가 버려진 "새장" 바깥에 트럭이 멈춰 섰다. 매트리스를 수거하려고 갔을 때 발리데이는 평소보다 상당히 무겁다고 느꼈다.[2] 하지만 두 팔로 감싸 트럭 바닥으로 힘껏 내던졌다. 체구가 작은 남자의 체중만큼이나 무게가 나가는 것으로 보이는 매트리스에 발리데이가 어떤 의심의 눈길도 보내지 않았던 것은 소시지가 빵으로 감싸여진 것처럼 그 안에 자리잡고 있는 것이 브렌든 휴즈라는 사실을 알고 있었기 때문이다.[3]

휴즈는 붙잡힌 뒤 경찰에게 감옥에서 탈출하겠다고 말했었는데 그게 빈

말이 아니었던 것이다. 지난여름 롱 케시 교도소에 도착한 지 36시간도 안 되어 그는 최선의 탈옥 방법에 관하여 동지들과 궁리하기 시작했다.[4] 제리 아담스는 현재 투쟁 국면에서 여러 작전의 중요성과 그러한 여러 작전의 선봉에 서서 휴즈가 중요한 역할을 한다는 점을 감안할 때 본인보다는 휴즈가 먼저 탈옥하는 게 당연하다고 느꼈다.[5] 그러나 철조망이 둘려져 있고 병력으로 둘러싸인 롱 케시 교도소에서 지금까지 탈옥한 사람은 단 두 명뿐이었으며 그 둘 누구도 말 그대로의 "탈옥"은 아니었다. 첫 번째 탈옥범은 돌러스 프라이스의 소꿉동무인 프랜시 맥기건이었다. 전에 비밀 군 시설에서 고문을 당했던 바로 그 "두건이 씌워진 남자" 말이다. 1972년 2월 어느 날, 맥기건은 빌린 검은색 사제복을 입고 사제 방문단 틈에 섞여 정문으로 곧장 걸어나갔다.[6] 18개월 뒤, 존 프랜시스 그린이라는 또 한 사람이 똑같은 계략을 써서 가까스로 탈옥에 성공했다. (그린의 형은 실제로 신부였고 면회하러 왔을 때 서로 옷을 바꿔 입었다.)

그 이후로 롱 케시 교도소의 문을 나서고자 하는 성직자들은 이제 고도로 철저한 조사를 받기 쉽다고 가정하는 것이 신중한 처사처럼 보였기에 휴즈는 탈옥하려면 다른 방법을 모색해야 했다. 누군가가 쓰레기 트럭 밑에 바짝 매달려서 수용소를 떠나는 아이디어를 생각해냈다. 호머의 『오디세이아』에서 오디세우스와 부하들이 양의 배에 달라붙어 키클롭스의 동굴을 탈출하는 장면을 떠올리게 하는 계략이었다.[7] 수감자들은 휴즈가 착용할 특수한 가슴줄을 제작해 트럭 하단에 달라붙을 수 있도록 했다. 휴즈는 "새장" 안에 있는 이층침대에서 상단 침대 밑면을 단단히 붙잡는 예행연습을 해보았다. 그러나 신문 중에 받았던 구타로 인해 아직 기력이 약한 상태였기에 트럭이 담장 밖으로 완전히 나갈 때까지 매달릴 힘이 있을지 확신할 수 없었다.[10] 그래서 결국 그들은 그 계획을 포기했다. 당시 휴즈에게는 실망스러웠을지 모르지만 나중에 대단히 뜻밖의 행운인 것으로 밝혀졌다. 마크 그레이엄이라는 또 다른 수감자가 몇 달 뒤 비슷한 방법을 써서 탈옥하려고 시도했을 때 트럭이 경사진 진입로를 지나면서 척추를 부러뜨려 그는 평생 마비된 채로 살아야 했다.[11]

10월 말, 급진파는 아마 역대를 통틀 정도로 가장 과감한 탈옥 계획을 설계했다. IRA 지도자 셰이머스 트위미가 더블린의 마운트조이 교도소에 수감되어 있을 때 납치당한 헬리콥터가 돌연 하늘에 나타나서는 트위미와 동료 두 명이 풀쩍 뛰어 올라탈 수 있을 정도의 시간 동안 교도소 운동장에 착륙한 것이었다.[12] 이런 종류의 선례는 휴즈와 동료 수감자들에게 용기를 북돋기도 했지만 또한 그만큼 보안이 철저해졌다는 것을 의미했다. 급진파는 쓰레기 트럭이 하루에 두 번씩 돈 뒤 교도소를 떠나 폐기장으로 간다는 것을 알았다.[13] 그들은 트럭이 무사히 출발하도록 허락받기 전에 경비원들이 안에 누가 숨어 있지나 않은지 확인하려고 쇠꼬챙이로 쓰레기봉투마다 쿡쿡 찔러본다는 얘기를 들었다. 그러나 IRA는 교도소 내에 자체 정보망을 구축해왔는데 그 정보원들 말로는 근래에는 경비원들이 들쑤시지 않는다고 했다.[14]

문제의 바로 그 날, 휴즈가 낡은 매트리스 한가운데로 기어 들어가자 다른 수감자들이 둘둘 마는 것을 도왔다.[15] 토머스 발리데이의 도움으로 결국엔 트럭 뒤에 실리게 되었는데 수용소 주위를 돌 때마다 트럭이 주기적으로 멈췄기에 휴즈 위로 쓰레기가 와르르 쏟아졌다. 휴즈는 이제 기다리기만 하면 되었다. 그러나 교도소의 싸구려 매트리스는 톱밥으로 가득 채워져 있었으며 온 사방이 섬유라서 몸이 간질간질하고 질식할 것 같았다. 수분과 당분을 빨아먹을 수 있도록 갖고 온 오렌지를 입에 쑤셔넣었지만 톱밥이 코로 들어가서 숨쉬기가 힘들었다.[16] 트럭은 특별히 서두르는 기색 없이 수용소 주위를 굴러다녔다.[17] 그러다가 멈추더니 발리데이가 속삭이는 소리가 들려왔다.[18] 아직은 교도소를 나갈 수 없다고 했다. 트럭이 쓰레기를 좀 더 수거하기 위해 머물러 있을 예정이라는 것이었다. 그는 휴즈에게 얼른 나와서 몰래 다시 새장으로 들어가라고 충고했다. 오후 네 시에 점호가 있을 예정이었다.[19] 휴즈가 사라졌다는 것을 알면 교도관들은 시설을 폐쇄하고 경보를 울릴 터였다.

그는 그대로 가만히 있었다. 발리데이는 가고 없었지만 휴즈는 잘 숨어 있었으며, 트럭은 어느 시점에는 출발해야만 했다. 매트리스 안에 있었기에 주변에서 무슨 일이 일어나고 있는지 볼 수 없었지만 이제 틀림없는 영국 군인들의 말투를 들을 수 있었다. 트럭이 기어이 영국군 영내로 들어온 것이었다.[20] 군인들이 사는 곳이었다. 그를 자유의 문으로 데려간 것이 아니라 수용소에서 가장 위험한 곳으로 곧장 실어 나른 것이었다. 톱밥이 눈으로 스멀스멀 들어와 눈을 자극했기에 한쪽 눈을 뜰 수가 없었다.[21] 휴즈는 아무도 자신을 발견하지 않기만을 바라며 조용히 누워 있었다.[22]

영원히 지속될 것만 같은 짧은 시간이 지나간 후 트럭이 다시 움직이기 시작하더니 출구 쪽으로 나아갔다. 휴즈는 이 시점에서 무엇을 예상해야 할지 정확히 알고 있었다. 경사로가 두 군데 있을 것이며, 그런 다음 트럭은 우회전하여 롱 케시를 떠날 터였다. 그러나 경사로에 다다르기 직전 트럭이 다시 멈춰 섰다. 휴즈는 꼼짝도 하지 않고 누워 있었다. 그때 별안간 거대한 쇠꼬챙이가 쓰레기 사이를 푹 찔렀다.[23] 몸 바로 왼쪽이었다.

정보가 명백히 빗나간 것이었다. 휴즈는 얼어붙어 있었다. 그때 못처럼 뾰족한 꼬챙이가 이번에는 오른쪽의 쓰레기봉투들을 쿡 찔렀다. 이제 그는 벌떡 일어나 항복한다고 외치는 수밖에 없었다. 그대로 누워있는 것은 자살이 될 수 있기 때문이었다. 뾰족한 꼬챙이가 다시 내리꽂힌다면 필시 그를 죽일 터였다. 그는 꼬챙이가 곧장 내리꽂혀 죽는 모습을 그려보았다.[24] 얼마나 우스꽝스럽게 죽는 방법이란 말인가. 쓰레기 트럭 뒤에서 톱밥을 뒤집어쓴 채 입에는 오렌지를 물고 작살에 찔려 죽다니. 휴즈에게는 벨파스트에 두고 온 어린 자식이 둘 있었다.[25] 미친 짓이었다. 위에 있는 자들에게 자신이 있다는 것을 막 밝히려는 순간[26] 트럭이 다시 덜커덩 움직이기 시작했다. 트럭은 보안용 경사로를 하나 통과했다. 그런 다음 두 번째 보안용 경사로도 통과했다. 마침내 휴즈는 트럭이 우회전하는 것을 느꼈으며, 그 순간 수용소를 나섰다는 것을 알게 되었다.

트럭이 탁 트인 길을 따라 이동하는 동안 휴즈는 갖고 온 작은 주머니칼을 꺼내 매트리스를 찢고 나오려고 애썼다. 그러나 칼은 제 기능을 발휘하지 못했으며 칼날은 뒤로 구부러지고 말았다. 그는 매트리스에서 나오려고 손으로 긁고 발로 찼다. 그 과정에서 쓰레기를 일부 도로로 떨어트렸다. 운전사가 백미러로 쓰레기가 떨어진 것을 볼까 봐 두려웠지만 트럭은 계속해서 움직이고 있었다.

휴즈는 힐스버러 로드 꼭대기에서 급격히 우회전한 다음 급격히 좌회전할 지점이 있다는 것을 알고 있었다. 그때가 바로 들키지 않고 뒤에서 뛰어내릴 수 있는 최적의 순간인 것으로 보였다. 그래서 트럭이 회전할 때 거리로 뛰어내렸다. 그는 트럭이 멀어져가는 것을 지켜보면서 혹시나 운전사가 자신을 발견했을까 봐 초조했다. 그러나 트럭은 계속해서 폐기장 쪽으로 가고 있었다.

한쪽 눈은 퉁퉁 부어오르고 온몸엔 오물을 뒤집어쓴 채 휴즈는 그곳에 서 있었다. 제리 아담스가 바깥에서 그와 접선하기 위한 차를 한 대 주선해 놓았지만 트럭이 교도소를 돌며 예상보다 훨씬 더 오랜 시간을 잡아먹었기에 접선을 놓친 게 분명했다. 차는 그곳에 없었다. 이런 마을에서는 메이드스톤 교도소에서 탈출한 후의 "위대한 7인"처럼 동네 술집에 불쑥 나타날 수도 없었으며, 단골손님들이 갈아입을 옷과 도주 차량을 내주는 것도 기대할 수 없었다. 반대로 휴즈는 이제 왕당파 지역 한복판에 있다는 것을 알았다. 그곳은 적대적인 영토일 뿐만 아니라 자신이 있는 곳과 롱 케시 교도소 사이의 거리도 충분히 떨어져 있지 않았다. 점호시 그가 없어졌다는 것을 알게 되자마자 주변 일대에 병력이 쇄도할 터였다. 그는 공화국으로 가야 했다. 이제 그는 북아일랜드에서 1급 지명수배자였으며, 시간이 별로 없었다.

*　*　*

마이클 맨스필드는 바깥에서 폭탄이 터졌을 때 중앙형사법원의 맨 위층에 있는 도서관에 앉아있었다.[27] 쾅-하는 엄청난 굉음이 밑에서 울려 퍼지면서 맨스필드는 산산이 부서진 유리조각을 뒤집어썼다.[28] 서른두 살의 맨스필드는 휘날리는 머리칼에 낭랑한 목소리를 지닌 조금 이색적인 스타일의 야심 찬 영국인 변호사였다.[29] 그는 최근 중앙형사법원에서 몇 달에 걸쳐 진행된 재판에서 처음으로 주요한 법적 승리를 거두었다.[30] 영국에서 자생적으로 자라난 무정부주의자 집단이 보수적인 각료들 집에 폭탄을 설치함으로써 전 세계적으로 혁명의 불꽃을 타오르게 하려 했던 이른바 "성난 여단" 사건이었다. 그 사건에서 맨스필드의 의뢰인은 안젤라 위어라는 이름의 젊은 여성으로 무죄를 선고받았다. 그녀의 유죄를 입증할 증거로 필적이 제출되었는데 맨스필드는 철저한 감정을 통해 정부 측 전문가들에 대한 신빙성을 무참히 깰 수 있었다. 그는 학생 시절에 정치적으로 급진적이 되었으며 권위주의적인 권력과 저항의 본질에 관해 질문하는 곤혹스러운 문제들이 제기된 사건에 마음이 끌렸다.[31] "성난 여단" 사건에서 수임한 돈으로 맨스필드는 차를 한 대 샀다. 중고차인 트라이엄프2000이었다.[32]

운송 파업으로 인해 맨스필드는 폭탄테러 당일 차를 몰고 출근했다. 차가 막혀 예정보다 늦었고 주차 공간을 찾는 게 걱정되었지만 주차 제한이 적용되지 않는다는 사실을 발견해 중앙형사법원 중앙 출입구 바로 옆에 자리를 찾을 수도 있겠다고 생각했다. 운이 좋았다. 빈자리가 딱 하나 있었다. 녹색 포드 코티나에서 멀지 않은 곳이었다.[33]

맨스필드는 폭탄이 터졌을 때 중상을 입지는 않았지만 트라이엄프 차가 박살났다.[34] 얼마 지나지 않아 맨스필드는 자신의 차량을 날려버렸던 바로 그 장본인들의 사건을 맡을 생각이 있느냐는 요청을 받았다. 젊은 아일랜드 폭파범인 돌러스와 마리안 프라이스가 그들이었다. 법조계에는 진취적인 형사소송 전문 변호사가 악명 높은 의뢰인을 떠맡는 오랜 전통이 있었다. 수임한 사건이 특히 종종 인지도를 높여주기 때문이다. 그러나 IRA 폭탄테러는 런던에 대한 극도의 모욕으로 여겨졌기에 정평 난 변호사들은 원칙적으로 그 사건을 맡으려 하지 않았다.[35]

맨스필드는 받아들였다. 그는 자매를 무척 만나고 싶었다. 자매를 만난 순간 그는 그들의 아름다움과 열렬한 헌신성에 완전히 매료되었다.[36] 그들은 플라스틱 의자에 양팔로 무릎을 끌어당겨 앉아 북아일랜드에서 가톨릭교도들에 대한 악폐에 관해, 억류에 관해, "피의 일요일"에 관해 이야기했다. 번톨렛 다리에서 왕당파 폭도에게 주먹으로 두들겨 맞았던 일을 회상하기도 했다.[37] 맨스필드는 그들보다 나이가 그리 많지 않았다. 그는 본인의 급진적인 정치 성향에 자부심을 갖고 있었지만 그러한 정치를 혁명이 아닌 법이라는 직업적 소명을 통해 추구하기로 선택했었다. 프라이스 자매는 다른 종류의 삶을 선택했다는 사실에 그는 감명받았다. 진정으로 "벼랑 끝에 선" 삶이었다.[38]

* * *

돌러스와 마리안은 체포된 다른 여덟 명과 함께 기소되었다. "목숨을 위험에 빠트릴 가능성이 농후한 성질의 폭발"[39]을 일으키려고 공모한 혐의였다. 일반적으로 그러한 재판에는 명백한 재판지가 있기 마련이다. 중앙형사법원이 그곳이다. 그러나 그 건물은 폭탄테러로 인해 아직도 수리 중이었고[40] 정부는 신속한 소송 절차를 원했다. 게다가 법원을 파괴하려고 시도한 혐의가 있는 피고인들을 바로 그 법원에서 재판하는 것이 편견으로 해석될 수도 있을 터였다. 그래서 1973년 가을에 개시된 그 재판의 재판지는 윈체스터 성의 그레이트 홀로 옮겨졌다. 13세기 중세시대 때 석재와 대리석 기둥과 스테인드글라스로 지어진 위용있는 곳이었다. 1603년 월터 롤리 경이 제임스 1세 왕을 타도할 음모를 꾸몄다는 이유로 반역죄로 유죄 판결을 받은 바로 그곳이었다.[41] 벽에는 "아서 왕의 원탁" 표면을 복제한 거대한 참나무 원탁 표면이 걸려 있다.[42] 원탁에는 튜더 가문의 상징인 장미 그림이 한가운데에 있고, 그 장미를 중심으로 녹색 띠가 방사선으로 퍼져 있다.

프라이스 자매와 공동 피고인들은 윈체스터로 가는 수송 버스에서 저항의 노래를 불렀다.[43] 매일 아침 재판이 진행되는 내내 피고인들은 오토바이와 경찰 차량의 호위를 받으며 재판장으로 호송되었다.[44] 폭탄테러는 엄청난 집단

돌러스와 마리안 프라이스의 범인 식별용 얼굴 사진.

적 광기를 야기했기에 소송 절차는 거의 연극적이라고 할 정도로 극도의 보안을 유지했다.[45] 차량 폭탄을 방지하기 위해 주변 전 지역에 주간 주차 전면금지가 시행되었다. 경찰 저격수들이 주변 옥상에 배치되어 경계섰다.[46] (이는 지나치게 무리수를 둔 것은 아니었다. 공화파들이 피고인들이 유치되어 있던 감옥 바로 길 건너편에 집을 한 채 구입하려고 시도했다는 사실이 나중에 밝혀졌기 때문이다. 그들을 탈옥시키기 위해 길거리 밑에 땅굴을 파서 독방동으로 곧장 들어갈 목적이었다. 그 계획은 집주인 여자가 여러 감정적인 이유로 집을 파는 것을 재고하게 된 후 포기되었다.)[47] 버스가 중무장한 호위대의 호송을 받으며 들어서는 동안 돌러스와 마리안은 바깥의 구경꾼들에게 재빨리 승리의 V자를 그려 보였다.[48]

　재판은 폭넓은 관심을 끌며 하나의 거대한 행사가 되었다. 미켈란젤로 안토니오니 감독의 「욕망」에서의 역할로 유명한 여배우 바네사 레드그레이브는 자진해서 피고인들의 보석금을 낼 것이고 그들 중 누구라도 머무를 곳이 필요하다면 웨스트 햄스테드에 있는 자택을 제공하겠다고 나섰다.[49] (폭파범들 중 누구도 구속에서 풀려나지 못해 그 너그러운 제안은 받아들여지지 못했다.) 영국 대중과 언론은 특히 돌러스와 마리안에게 병적으로 집착하게 되었다.[50] 그들은 "테러 자매"라는 별명을 붙이고 어마어마하게 위험한 인물로 묘사했다. 「더 타임스」에게 돌러스는 "폭력적인 세계 혁명이라는 한층 더 넓은 개념에 열광하며 체 게바라, 블랙 팬서(1965년에 결성된 미국의 급진적인 흑인결사-옮긴이), 팔레스타인 게릴라 등의 다양한 목표를 지지하는"[51] 정치적 급진주의와 반체제적 불안정의 전형이 되었다. 신문은 계속해서 돌러스가 더욱 주도적이었을지는 모르지만 "게릴라전에 정통한 열아홉 살짜리 마리안은 나긋나긋한 말투와 천진난만함으로 위장했다"라며 소총을 예사롭게 쏜다고 해서 "아말라이트 과부"[52](소총으로 군인의 부인들을 과부로 만들 정도로 저격의 명수이자 더 이상 남성에게 의존하지 않는 여성이라는 이중적 의미-옮긴이)라는 별명을 붙였다. 자매에게서 불온한 시대적 흐름의 증거를 감지한 「데일리 미러」는 "여성들이 집에만 있으면서 아이들을 돌보고 싶어하는 수동적이고 평화 지향적인 피조물이라는 신화가 마침내 빗발치는 총알과 폭탄 속에서 폭발했다"라고 썼다. 그 신문은 프라이스 자매에서부터 비행기를 납치한 팔레스타인 여성 레일라 칼리드에 이르기까지 폭력의 계보를 그렸으며, 그 여성들의 폭력을 페미니즘의 위험한 부산물인 "치명적 해방운동"[53]이라고 진단했다.

9월, 재판이 열렸다. 법정변호사이자 법무총감(Attorney General, 우리나라에는 없는 장관급 직제로 정부나 국가수반의 법률자문을 맡는다. 하위에 정부의 모든 법무를 관장하는 송무청을 두고 있다. 송무청은 소송을 담당하는 소송부, 자문을 담당하는 자문부 등으로 나뉜다-옮긴이)으로 여러 신문에서 "법조계의 로렌스 올리비에"라고 칭하는 감미로운 목소리의 정중한 피터 롤린슨 경[54]은 차량 폭탄이 런던에서는 신기한 것이지만 북아일랜드에서는 일상생활의 일부라고 지적했다. 롤린슨은 "차에 폭탄을 설치한 사람들은 안전한 곳으로 걸어갈 수 있습니다. 폭탄이 터질 때 그들은 멀리 떨어진 곳에 무사히 있습니다. 이는 매우 비겁한 관행입니다"[55]라고 했다. 롤린슨은 그 끔찍한 날에 있었던 세부사항을 조목조목 열거하면서 돌러스 프라이스를 "그 작전에서 주요한 역할을 한 아가씨"라며 무리의 대장으로 꼽았다.[56]

자매는 결연하게 저항했다. 재판 첫날에 유죄를 인정한 19세의 윌리엄 맥라논을 제외하고 모든 피고인이 결백을 주장했다.[57] 돌러스는 폭탄테러 전날 동생과 친구인 휴 피니와 함께 짧은 휴가를 보내려고 런던으로 비행기를 타고 왔다고 했다. 우나 데블린이라는 가명을 쓴 것은 잘 알려진 공화파 가문의 딸로서 항상 당국에 의해 성가신 상황에 엮였기에 가짜 이름을 대는 게 실제로 몸에 배었기 때문이라고 했다.[58] 자매는 법정에서 뻔뻔스럽고 근심 걱정도 없고 들떠 보이기까지 했다. 기소인이 만신창이가 된 마이클 맨스필드의 트라이엄프 차량 사진을 보여줬을 때 그들은 큭큭 웃기도 했다.[59] (하나도 재미있지 않은 맨스필드는 그들에게 자신이 차 안에 있었을 수도 있다고 지적했다.)

10주간의 재판 기간 대부분을 피고인들은 재판을 방해하는 데 썼다. 그러나 그들이 범죄와 연관되었다는 정황증거가 산더미 같았다. 롤린슨은 며칠에 걸쳐 12시간이 걸린 진술에서 폭탄테러로 이어지는 사건을 발생순으로 상세히 설명하고 각 개인에 대한 특정 혐의들을 제기했다.[60] 히스로 공항에서 경찰들이 돌러스를 저지했을 때 그녀는 캔버스 천으로 된 검은색 가방을 들고 있었다.[61] 경찰은 가방 안에서 "다량의 화장품"이라고 칭한 것과 브라이언 프리엘의 연극 프로그램과 더불어 드라이버 두 개와 스프링으로 제본된 공책 한 권을 발견했다.[62] 공책의 일부 페이지에는 대강 휘갈겨 쓴 메모들로 채워져 있었다.[63] 어느 한 페이지에는 성모 마리아에 대해 신학적으로 사색한 메모가 적혀 있었고 다른 한 페이지에는 해당 칼로리가 적힌 음식물 목록이 휘갈겨져 있었다. 그러나 수사관들은 일부 페이지가 찢겨져 나갔다는 것도 알아차렸다. 증인으로 나선 법의학 전문가는 공책에 남아 있는 빈 페이지를 조사하여 거기에 쓰여 있던 흐릿한 자국을 배심원단에게 드러내 보였다. 폭탄 타이밍 장치도해였다.[64]

그로 인해 맨스필드의 변론은 곤경에 처하게 되었다. 과거에 필적 전문가의 증거가 신빙성이 없음을 증명하여 승소했음에도 불구하고 공책의 힘을 약화시킬 수는 없었다. 그러나 유죄임을 드러내는 그 공책과 씨름하고 있던 바로 그 순간에도 맨스필드는 더욱 벅찬 도전에 직면했다. 피고인 중 한 명이 협조하기로 결정한 것이었다.

* * *

대원 중 가장 나이가 어렸던 벨파스트 출신의 타이피스트 로신 맥니니는 폭탄테러가 벌어진 뒤 몇 시간 지나지 않아 경찰에게 처음 취조받을 때 다른 폭파범들과 마찬가지로 IRA 조직원이 아니라고 주장하는 똑같은 얘기를 고수했다. "지금 무슨 말을 하고 있는지 모르겠네요. 전 휴가차 여기 왔을 뿐이라고요."[65]

하지만 신문이 계속되면서 외관에 미세한 균열이 보이기 시작했다. 그녀가 수사관들에게 말했다. "나는 아일랜드의 통일을 믿어요. 하지만 폭력을 믿지는 않아요." 그들이 계속해서 공을 들이자 드디어 그녀가 불쑥 내뱉었다. "모든 걸 다 말할 수는 없어요. 그럼 머리에 총알이 박힐 거예요."

그녀는 불과 6개월 전에 IRA에 가담했다고 말했다.[66] 어느 날 밤 술집에서 애국심을 고취시키는 노래를 따라 부르고 있을 때 누군가가 다가오더니 아일랜드를 위해 무언가를 할 준비가 되었는지 물었다고 했다. 그녀는 폭파 작전에서 맡았던 역할에 대해 경찰에게 말하면서 자신은 조직 말단부의 하찮고 별 볼 일 없는 인물이라고 우겼다.[67] 자백을 하고 당국과 협조하면서도 죄상을 부인했다. 그녀가 폭탄테러 후에 시시콜콜 자백했는데도 다른 대원들은 재판이 시작되고 나서야 배신했다는 것을 깨달았다.[68]

프라이스 자매와 동료 피고인들은 무죄 판결이 날 가능성이 거의 없어 보였지만 그렇다고 해서 사기가 꺾인 것은 아니었다. 재판이 진행되는 동안 돌러스와 마리안은 피고석 맨 끝에 앉아 방청석에 있는 지지자들에게 미소 지으며 손을 흔들었다. 번톨렛 행진에서 처음 만났던 데리 출신의 활동가인 오랜 친구 이몬 맥캔이 가족과 함께 와서 방청석에 앉았을 때 자매는 윙크하며 손을 흔들었다. 알버트와 크리시 프라이스도 재판에 참석하려고 런던으로 비행기를 타고 왔다. 맥캔은 대쪽같이 꼿꼿하고 자존감 강한 프라이스 부부의 태도에 경탄했다.[69] 그는 무기징역에 직면한 딸들을 지켜보는 부모의 지독한 평정심 뒤에는 필시 뼈아픈 고통이 뒤따를 거라는 생각이 들었다.

피고인들은 재판 날에 사복을 입었다. 돌러스는 눈길을 확 사로잡는 한 벌을 택했다. 기다란 셔츠에 점퍼스커트에 스웨터 차림이었다.[70] 그녀는 언제나 연극적인 행위에 능숙했으며 재판이 무대가 된다는 확실한 감각이 있었다.[71] 소송 절차가 오랫동안 질질 끌며 계속되자 폭탄테러 당시 쇼트커트였던 붉은색 머리칼이 차츰 자라나기 시작했다.

그러나 돌러스가 그 과정을 가벼이 여기는 것 같은 순간이 있었다면 또한 불타는 결기가 번뜩이는 순간도 보여주었다. 피터 롤린슨이 IRA의 "목표와 원칙"을 지지하는지 물었을 때 돌러스는 "피터 롤린슨 경의 "목표와 원칙"에 대한 해석이 나와 동일하다면"이라고 대답했다. 그러한 목표가 무엇이라고 생각하는지에 대해 자세히 설명해 달라고 요청하자 돌러스는 자신의 관점에서 볼 때 "IRA의 장기적인 목표는 모두가 완전한 시민으로 종교적 자유를 가진 아일랜드로 재통일되는 것"으로 여긴다고 밝혔다.[72]

시백 쇼 판사가 끼어들어 그러한 목표를 추진함에 있어 폭력을 써야 한다고 믿는지 물었다. "난 그걸 말한 게 아니었습니다." 프라이스는 목표에 대해 말하고 있었던 것이지, 목표를 달성하는 데 있어 정당하게 쓰일 수 있는 수단에 대해 말하고 있는 게 아니라고 대답했다. 그녀는 웅장한 주변 환경이라든가 보안 요원들이 밀집해 있다든가 혐의의 중대성이라든가 하는 것에 겁먹지 않고 근엄하게 가발을 쓴 기소인과 판사 모두와 그런 식으로 차분하게 언쟁을 벌였다. 재판이 더디게 흘러가는 동안 프라이스와 동료 피고인들은 법정의 도덕적 권위를 반박하고 증인들을 조롱하고 전반적인 소송 절차에 대한 경멸심을 한껏 즐기면서 대놓고 쇼 판사를 힐문하기 시작했다.[73]

* * *

평결이 내려진 11월의 그 날,[74] 돌러스 프라이스는 녹색 스웨터를 입고 분홍색 리본으로 머리를 묶었다. 법정의 보안이 철저해졌고 입장하는 모든 사람들은 문에서 몸수색을 받아야 했다.[75] 피고인석으로 호송될 때 열다섯 명의 교도관들이 피고인들과 동행했으며,[76] 교도관들은 그들 뒤의 좌석으로 떼 지어 몰려갔다. 마이클 맨스필드에게는 그렇듯 철저한 경비가 "유죄 분위기"를 조성하려고 고안해낸 것으로 보였다.[77] 재판이 진행되는 내내 경호원 한 명이 쇼 판사 좌석 바로 뒤에 눈에 띄지 않게 앉아있었다.[78] 그러나 오늘 그 경호원은 대놓고 판사석 바로 옆에 앉아있었다. 인근 백화점에 폭파 협박이 잇따랐고 임시변통으로 마련된 법정의 공개 방청석에는 피고인들을 지지하러 온 소란스러운 아일랜드 사람들로 북적였다.[79] 모두가 남성인 배심원단이 평결을 전하려고 줄지어 들어올 때 사복형사들이 네 줄로 들어와 그들 뒤에 앉았다.[80] 절차가 막 진행되려 할 때 경비원들이 마지막으로 보안상의 예방조치를 취하려고 법정의 문을 걸어 잠갔다.

프라이스 등의 피고인들에게 선고를 내리기 전에 쇼 판사는 배심원단이 로신 맥니니에게 무죄를 선고했다고 밝혔다.[81] 쇼 판사는―분홍색 블라우스에 흰 숄을 걸치고 눈썹을 그린 작은 소녀인―맥니니에게 선고하면서 이번 기회에 "살상 계획에 손대지 말아야 한다는 것"을 배웠기를 바란다고 했다. 동지들을 배신하기로 한 그녀의 결정을 언급하면서는 "이 법정을 나설 때 다른 위험한 상황이 닥칠지도 모르겠다"[82]라고 했다. 맥니니가 법정 밖으로 안내되는 동안 나머지 피고인들은 한목소리로 불길한 멜로디를 흥얼거리기 시작했다.[83] 헨델의 "사울" 중 "죽음 행진곡"으로 장례식에서 일반적으로 쓰이는 곡이었다. 휴 피니가 주머니에 손을 넣어 동전을 하나 꺼냈다. 그는 맥니니에게 동전을 던지며 외쳤다. "옜다, 범인 신고 보상금이나 받아라!"[84] 그녀는 흐느끼며 법정 밖으로 부리나케 달려갔다.[85]

나머지 피고인들은 유죄 판결을 받았다. 형량을 선고할 시간이 되자 쇼 판사는 최고형을 내렸다. 소위 무기징역으로, 이는 다섯 명의 폭파범에게는 실제로는 20년을 의미했다. 돌러스와 마리안 프라이스와 휴 피니는 지도적인 역할을 했다는 이유로 더욱 엄벌을 내렸다. 30년이었다. 돌러스가 다 들리도록 말했다. "사형선고군."[86]

이 처벌이 지나치게 가혹한 듯 보이는 것을 피하고자 쇼 판사는 프라이스 자매와 피니에 대한 형량을 20년으로 감면하겠다고 선고했다.[87] 그러나 피고인들은 거리낌 없이 불만을 토했다.[88] 당황한 쇼 판사는 법정에서 조용히 하라고 명령했다. "싫은데요!" 프라이스 자매가 대답했다.

소송 절차 내내 IRA 조직원이라는 사실에 관해 한마디도 말하기를 거부했던 피고인들은 이제 모두 한꺼번에 말하기 시작했다. 그들이 쩌렁쩌렁 울리도록 정치적 발언을 하는 동안 방청석에 있던 친지들과 친구들은 박수를 쳤다. "나는 IRA의 의용군으로서 여러분 앞에 섰습니다!" 마리안 프라이스가 밝혔다. "나는 전쟁 포로입니다!"[89]

"급진파들이여, 궐기하라!"[90] 관중들이 소리쳤다. "항복은 없다!"

쇼 판사가 외쳤다. "피고석을 정치 무대로 여겨서는 안 됩니다. 이곳은 법정입니다!"[91] 그러나 이미 선고가 내려졌기에 아무도 그 말에 귀 기울이지 않았다.

"아일랜드 국가는 승리를 거머쥘 것입니다!" 휴 피니가 고함쳤다. "절대 무릎 꿇지 않을 것입니다!"[92]

* * *

로신 맥니니는 무장한 경비원들에 둘러싸인 채 거칠게 떠밀리며 갔다.[93]

그녀에게 새로운 신분을 만들어주기 위한 조치들이 행해졌다. 새로운 이름과 새로운 증명서를 받았고 절대 북아일랜드로 돌아갈 수 없다는 말을 들었다.[94] 앤더슨스타운의 본가에서 가져온 소지품들은 창고에 보관하고 있다가 일단 새 삶을 시작하면 배송될 터였다. "이 점을 분명히 해두죠."[95] 벨파스트에서 한 급진파 지도자가 언론에 말했다. "그녀가 숨을 곳은 없습니다." 그러나 급진파 는 맥니니를 붙잡지 못했다. 그녀는 법정에서 사라졌고 다른 사람이 되어 있 었으며 그 이후로 어떤 소식도 들려온 바가 없다.

돌러스와 마리안 프라이스는 윈체스터 성에서 이송되기 전에 단식투쟁 을 벌이겠다고 발표했다.[96] 정치범으로서의 지위를 인정받고 북아일랜드로 송 환하여 그곳에서 복역할 때까지 음식을 거부하겠다는 것이었다.[97] 자매는 브 릭스턴 교도소로 이송되었다. 남성 전용 시설이었지만 그곳에 수용하는 것이 정당한 예외에 해당될 정도로 극히 위험한 인물들로 인식되었다. 교도소에서 돌러스는 어머니인 크리시에게 편지를 썼다. 영국 정부가 그들의 요구에 응하 여 조국으로 돌려보내 복역할 수 있게 하든지 아니면 굶어 죽어서 시신을 매 장하기 위해 벨파스트로 보내지든지 둘 중 하나라고 했다. "우리는 새해에는 양단간에 북아일랜드로 돌아갈 거예요."[98]

13

장난감 외판원

아서 맥칼리스터는 장난감 외판원이었다. 그는 머틀필드 파크의 고상한 벽돌 집 1층에 세 들어 살았다. 벨파스트 외곽의 중산층 동네였다. "분쟁"이 절정 에 달한 시기일지라도 종파 간 투쟁과 무장세력의 총격전은 주로 노동자 계 급의 현상으로 녹음이 무성한 교외의 한층 안정적이고 부유한 지역은 때때로 그런 일들과 거리가 멀어 보일 수 있다. 맥칼리스터의 집 정면은 담쟁이덩굴 이 격자 모양으로 감싸고 있었고 오래된 나무들과 잘 가꾼 잔디밭으로 둘러 싸여 있었다. 매일 아침 그는 장난감 샘플과 카탈로그가 가득 든 가방을 들고 집을 나섰다. 그는 차에 올라타 벨파스트 지역을 종횡무진 누비며 자신의 상 품이 상점 주인들의 관심을 끌 수 있는지 보려고 여러 상점에 잠깐씩 들르곤 했다. 그는 키가 작고 꼼꼼한 남자로 언제나 깔끔하게 면도했으며 머리는 세 심하게 다듬고 다녔다. 자기가 선택한 직업에 불필요하게 격식을 차린 것처럼 보일 정도로 옷을 입고 다녔다. 맥칼리스터는 방문판매원일 뿐이었지만 업무 상 돌아다닐 때는 바지와 상의와 조끼까지 갖춰 입어서 꼭 은행원처럼 보였 다.

1974년 봄 어느 날 아침, 조용한 교외 지역에 파열음이 났다. 경찰차들과 장갑차들이 거리를 질주해 머틀필드 파크의 주택 바로 앞에 와서 급정차했다.[4] 영국군은 그동안 그 주택을 은밀히 감시하고 있었다. 실제로 위장군복 차림의 한 군인이 전날 밤 앞뜰의 진달래 덤불 속에 숨어 있었다.[5] 그 위치에서 감시가 너무 길어지자 동료 군인들은 그가 먹을 게 모자랄까 봐 걱정되었다. 사람들이 알아차릴 수 없게 음식을 다시 갖다 주려는 노력은 수포가 되었다. 누군가가 주문한 피시앤칩스를 갖고 지나가다가 실수로 그만 엉뚱한 덤불에 던져버린 것이었다.

이 감시와 오늘 아침 급습의 목표물은 바로 장난감 외판원이었다. 차량들이 끼익 소리를 내며 서자 군인들과 경찰들이 집으로 들이닥쳐 맥칼리스터를 찾아내 벽에 밀어붙였다. 노발대발하면서 그는 결백을 주장하며 당국이 아무 죄 없는 민간인의 집으로 무례하게 쳐들어왔다고 발끈했다. 그러나 경찰들은 그가 실제로 장난감 외판원이라든가 심지어는 이름이 맥칼리스터라는 것조차 믿지 않는 것으로 보였다.

한 경찰이 말했다. "어이, 검둥이. 이제 충분히 도망다녔잖아."[6]

*　*　*

쓰레기 트럭에 타 롱 케시 교도소에서 탈옥한 후 브렌든 휴즈는 집시들로 붐비는 차를 얻어 타는 데 가까스로 성공한 다음, 또다시 차를 얻어 탔는데 알고 보니 운전사가 영국인이었다. 조수석에 앉아있으면서 휴즈는 그 영국인이 방금 자신이 탈옥한 바로 그 교도소에서 근무하는 교도관인데 오늘 비번일지도 모른다는 생각이 들었다. 하지만 직장이 롱 케시라 할지라도 그 남자는 차를 얻어 탄 사람의 정체를 전혀 파악하지 못했다. 휴즈는 뉴리까지 갔으며, 그곳에서 이런 종류의 만일의 사태에 대비해 보관해 둔 자금을 좀 이용할 수 있었다. 그곳에서 택시를 타고 국경을 가로질러 던도크로 갔다.

공화국에서 안전이 확보되자마자 휴즈는 벨파스트에 가고 싶은 마음이 굴뚝같았다. 롱 케시 교도소의 철조망 안에서 몇 달을 허송세월했기에 다시 작전에 뛰어들고 싶은 마음이 간절했지만 그에게는 앞마당과도 같은 서벨파스트로 돌아갈 수 없다는 것을 잘 알고 있었다. 그곳은 너무나 위험했으며, 그는 너무나 잘 알려져 있었다. 지난여름 아담스와 함께 체포된 것이 당국에 엄청난 성공을 안겨주었다면, 이번에 탈옥한 것은 훨씬 더 엄청나게 곤란한 상황을 안겨주었다. 벨파스트로 무사히 돌아갈 수 있는 유일한 방법은 신분을 숨기고 다니는 것이었다. 그래서 새 신분을 위조하기로 결정했다. 머틀필드 파크에 있는 부동산을 임대하고 아서 맥칼리스터라는 이름을 택하여 또 다른 자아를 구성하기 시작했다.[9] 폴스 지역에서 아담스와 함께 체포된 후 경찰이 사진 찍은 꾀죄죄한 놈과는 정반대로 보이도록 전매특허인 콧수염을 면도하고 머리도 깎고 염색했다. 아서 맥칼리스터는 과거에 존재했던 실제 인물이었다. 갓난아기 때 죽었지만 살아있다면 브렌든의 나이쯤 됐을 터였다.[9] 휴즈는 그 이름을 쓰면서 이름에 어울리는 인물을 구성했고, 첩자들이 "전설"이라고 부르는 일관성 있는 이중 정체성을 만들어냈다.(훗날 그는 그 첩보영화 같은 첩자 활동에 필요한 지식을 1973년에 개봉된 스릴러 영화 「자칼의 날」에서 영감을 얻었다고 했다.)[10]

머틀필드 파크 출신의 중산층 장난감 외판원 아서 맥칼리스터가 된다는 것은 벨파스트로 돌아갈 수 있다는 것을 의미했다. 그런데 한술 더 떠서 이제 그에게 도시가 활짝 열렸다. 별안간 그는 장난감이 가득 찬 손가방을 들고 종파 간 노선을 가로지르며 원하는 곳 어디서든 비밀회동을 할 수 있게 되었다. 이동하는 중 이따금 영국군에게 저지당하기도 했지만 그들은 언제나 그의 이야기를 믿었다. 결국 그는 "아서 맥칼리스터"라고 적힌 운전면허증과 장난감이 든 가방을 가질 수 있었다.[11] 급진파는 영국군이 휴즈가 거리에서 활개치고 다닌다고 생각하면 미쳐버린다는 것을 알고 있었기에 가끔 그가 위장하고 나타난 뒤에 공개적으로 과시하는 식의 운명을 건 모험을 하고 싶어했다. 언젠가 한번은 당국이 면밀하게 감시하고 있었을 서벨파스트의 밀타운 묘지에서 거행된 부활절 봉기 기념행사를 마친 후, IRA는 휴즈가 "영국군 바로 코밑에"[12] 참석해 있었다고 발표했다.

훗날 휴즈는 이렇게 말했다. "당시 나의 일은 영국인들에게 전쟁을 거는 것이었소. 난 내가 한 일을 잘했기에 계속 그 일을 했지요."[13] 아서 맥칼리스터로 위장한 그는 야심찬 작전을 다수 계획하고 있었다. 그러나 그 기간 동안 가장 대담하게 획책한 계획은 육군본부를 도청하는 데 성공하는 것이었다.[14] 첩보활동에 맛을 들인 것은 영국만이 아니었다. 휴즈는 공화파 기술 전문가들에게 군 통신시스템을 뚫을 수 있는 방법이 좀 있는지 알아봐 달라고 호소했다. 현지 전화 기술자가 새 교환기를 설치하려고 리즈번에 있는 시폴 기지의 육군본부를 방문했다. 그 전화 기술자는 IRA 조직원은 아니었고 지지자였으며, 군 정보부의 전화 회선에 음성녹음 장치를 부착하는 식으로 몰래 도청장치를 설치했다. 군 정보부는 경찰 공안부와 정기적으로 연락을 취했기에 그렇게 하면, 적어도 이론적으로는, 휴즈에게 두 조직의 내부 작전에 대해 귀중한 통찰력을 제공할 터였다.[15]

도청장치를 단 그 기술자는 며칠마다 머틀필드 파크에 있는 집을 방문하기 시작했다. 이제 막 녹음한 테이프들을 떨궈 놓기 위해서였다. 그런데 한 가지 문제가 있었다. 녹음테이프에서 나오는 소리를 도통 알아들을 수도, 이해할 수도 없었던 것이다.[16] 휴즈에게는 그 소리가 마치 미키 마우스가 하는 말처럼 들렸다. 군이 도청 방지를 위한 추가 예방조치의 하나로 주파수를 변환한 것으로 보였다. 주파수를 조절할 수 있는 장치가 있었지만 그것은 우리가 흔히 가전제품 판매점에 들어가 구매할 수 있는 종류의 것이 아니었다. 사실상 그러한 장치를 찾아낼 수 있는 유일한 곳은 육군본부였다. 그래서 휴즈는 기술자에게 리즈번으로 다시 돌아가라고 명령했다. 주파수 조절 장치를 군에서 훔치라고 지시한 것이었다.[17] 그리고 그는 그 장치를 훔쳤다.

* * *

휴즈는 당국을 염탐하고 있었을지 모르지만 어느 시점부터는 당국 역시 그를 염탐하고 있다는 사실은 깨닫지 못했다. 당국은 어떻게든 그의 은신처에 대한 냄새를 맡고는 담쟁이덩굴로 뒤덮인 집에 사는 말쑥한 장난감 상인이 실은 탈옥한 IRA 지휘관인 브렌든 휴즈라는 사실을 확증하고 있었다.[18] 경찰과 군이 어떻게 그런 정보를 얻을 수 있었는지에 대한 의문은 명쾌하게 풀린 바가 없지만 당시 여러 관측통은 한 가지 명백한 가능성을 제기했다. 휴즈가 수감된 후 한 기사는 "급진파가 그들 사이에 거물급 정보원이 있는지 강도 높은 조사에 착수한 게 확실하다"라고 보도했다.

경찰은 휴즈가 머물고 있는 집을 급습했을 때 소총 4정, 기관단총 1정, 3천 발이 넘는 탄약에다 육군본부의 전화 통화를 도청한 녹음테이프 6개를 발견했다. IRA의 "최후의 날 계획"으로 알려지게 된 숨겨둔 문건 또한 찾아냈다.[19] 만일의 사태에 대비해 대략적으로 각본을 짜놓은 것이었다. 문건에서 예상하는 상황은 종파 간 전면전 중 하나로, 전면전이 벌어지면 휴즈와 동지들이 가톨릭교도 지역을 방어하는 것으로 되어 있었다. 대피 경로를 보여주는 지도와 준비된 성명서도 있었다. "우리는 비상사태에 처하였으며 IRA는 인민을 지키는 것 말고 다른 대안은 없다. 이것이 군사적으로 성공할 수 있도록 혹독한 조치를 취할 필요가 있을 수 있다." 문건은 일종의 묵시록을 예견했다.[20] 문건에는 IRA 라디오 방송국이 식량 공급에 관한 정보를 방송할 거라고 명시되어 있었다.

　휴즈가 처음 체포되었을 때 그를 체포한 자들은 구타한 뒤 옆에서 전리품을 기념하는 사진을 찍었더랬다. 이번에는 달랐다. 그들이 이제 하고 싶어 하는 것은 셰이머스 라이트와 케빈 맥키를 정보원으로 채용했던 것처럼 그를 정보원으로 채용하는 것이었다. 휴즈를 가두었을 때 공안부 요원들은 그에게 벨파스트에서 여러 작전의 중추를 담당했으니 자신들을 돕는 이상적인 위치에 있다고 말했다. 그들은 단지 충돌을 저지하려고 애쓰고 있을 뿐이라면서 그가 이 모든 유혈사태를 종식시키는 데 지대한 역할을 할 수 있을 거라고 했다. 휴즈는 관심이 없다고 했다. 혹시 좀 다른 식으로 설득하면 되지 않을까?[21] 그들은 돈이 가득 든 여행가방을 주겠다고 했다. 그러나 그것도 거절했다. 훗날 휴즈는 이렇게 회상했다. "정보원이 되는 대가로 5만 파운드를 제안받았소. 나는 5천만 파운드를 줘도 흔들리지 않을 거라고 했죠."[22]

최종병기

브릭스턴 교도소는 높은 벽돌담으로 둘러싸인 음산한 거상巨像이었다. 19세기에는 여성 기결수들을 수용했었지만 돌러스와 마리안 프라이스가 윈체스터 성에서 유죄 판결을 받은 직후 그곳에 기거하게 되었을 무렵에는 전 시설에서 그들만이 유일한 여성들이었으며 극도로 억압적인 남성적 분위기였다. 교도소는 초만원이었으며 어디에나 남자들이 있었다. 남자들은 감방에서 서

수감 중인 마리안과 돌러스.

성거리고, 티셔츠에 갈색 죄수복을 입고 운동장에서 배회하고, 어깨에 수건을 걸치고 샤워실로 갔다. 돌러스와 마리안은 각자 독방에 격리되어 있었지만 매일 30분씩 운동장에서 운동을 하거나 브릭스턴의 끝도 보이지 않는 복도 사이로 호송될 때는 동료 재소자들로부터 온갖 구설이 쏟아졌다. 수감 중인 남자들이 자매가 운동장에 나가 있는 시간에는 운동장이 내려다보이는 창

가의 자리를 팔고 있다는 소문이 돌았다.[4] 돌러스에게는 브릭스턴이 수컷 냄새마저 풍기는 것 같았다.[5] 온 구석구석에 갇혀 있는 수컷들의 냄새가 배어 있었다. 감방들은 외설적인 사진들로 도배되어 있었다.[6]

"어디를 가든 매 순간 간수가 옆에 붙어있었어요." 돌러스는 훗날 그렇게 회상했다. 간수는 교도소에서 교도관을 지칭하는 말이었다. 자매에게 수감번호가 주어졌다.[8] 돌러스는 286185번이었다. 이론적으로는 향후 20년 동안 시설에서 입을 옷에 부착된 새로운 신분이었다. 두 자매 모두 그렇게 긴 시간 동안 철창에 갇혀 있을 의향이 전혀 없기는 했지만 말이다. 자매가 브릭스턴에 입소했을 무렵에는 물 외의 어떤 것도 섭취하기를 거부하면서 벌써 단식을 하고 있었다. 유죄 판결을 받은 폭탄테러 대원 중 일부는 단기간의 단식투쟁에 잠깐 손을 댔지만 돌러스와 마리안은 필요하다면 죽는 날까지 단식투쟁을 할 작정이었다.[9] 다른 교도소에 수감되어 있는 휴 피니와 제리 켈리도 동참했다.[10] 그들의 요구는 단순했다. 북아일랜드의 감옥에서 정치범으로 복역하기 위해 송환되어야 한다는 것이었다.

이 특별한 저항 방식을 선택함으로써 프라이스 자매는 아일랜드의 오래된 저항 전통을 환기시키고 있었다. 중세시대로 거슬러 올라가면 아일랜드인들은 반대의견이나 질책을 표현하는 데 단식을 이용했었다.[11] 소극적 공격의 전형적 무기였다. 1903년, 시인 윌리엄 버틀러 예이츠는 7세기 아일랜드에서 왕궁 문 앞에서 단식투쟁을 벌인 한 시인에 관한 희곡에서 이렇게 묘사했다.[12]

오래되고 어리석은 풍습이로다,
어떤 이가 잘못된 처분을 받았다거나 스스로 잘못했다고 여겨
다른 이의 문턱에서 죽을 때까지 굶는다는 것은,
백성들은 앞으로도 영원히

그 문턱에 대고 격렬하게 절규할지니.

1920년, 아일랜드의 공화파 시인이자 정치인인 테렌스 맥스위니는 폭동을 선동했다는 혐의로 브릭스턴 교도소에 수감되자 석방해 줄 것을 요구하며 74일간 음식을 거부했다. 영국은 그를 풀어주지 않았으며 결국 끔찍하게 죽었다.[13] 맥스위니의 죽음은 세계적으로 공분을 불러일으켰으며, 그가 묻히기 전, IRA 복장을 한 수만 명의 사람들이 그의 관에 조의를 표하기 위해 줄지어 늘어섰고 전 세계 도시에서 수천 명이 들고일어났다.[14] 그는 아일랜드 공화파의 순교라는 새로운 전통을 규정하는 데 일조한 자기희생의 철학을 웅변적으로 표현했었다.[15] 맥스위니는 이렇게 선언한 바 있다. "승리를 거두게 될 자는 극도로 고통을 가하는 자가 아니라 극도로 고통을 당하는 자이다." 누군가가 단식투쟁으로 사망하면 도덕적 인과관계에 대한 셈법이 애매해질 수 있다. 아주 엄밀한 의미에서 보자면, 영국이 자신의 요구에 응할 경우에만 다시 음식을 먹겠다고 발표함으로써 스스로 목숨을 끊는 쪽을 선택한 맥스위니는 자신을 붙잡아 둔 자들의 손아귀에 삶과 죽음의 여부가 달려있다는 듯 책임을 전가하는 것으로 보일 수 있다. 그의 관에는 게일어로 이런 비문이 새겨져 있다. "브릭스턴 교도소에서 이방인에게 살해당하다."[16]

프라이스 자매가 먹는 것을 중단하자 교도관들은 그들을 유혹하기 위해 음식이 든 쟁반을 감방에 남겨두었다. 자매는 손도 대지 않았다. 결국 교도관들은 음식을 두고 가는 것을 그만두었다.[17] 한 친절한 폴란드인 간호사는 그래도 아침마다 오렌지 주스를 한 병 가져왔다.

"자매님, 물만 주세요."[18] 돌러스가 말했다.

"어쨌든 두고 갈게요." 간호사가 대답했다.

수감될 때만 해도 자매는 기운이 넘치고 건강했다. 자매가 체중이 줄기 시작하자 돌러스는 그것을 가볍게 여겼다. 그해 1월 가족에게 이런 편지를 썼다. "오동통했던 뺨이 사라졌어요. 젖살이 빠지면서 성장하고 있는 게 틀림없어요!!"[19] 그녀는 마리안의 커다란 갈색 눈이 이제 얼굴의 반을 차지한다고 농담했다. 그러나 돌러스는 언제나 심각한 상태를 빈정거리는 듯한 일명 "교수대 유머"를 즐겼으며 애초부터 단식투쟁이 궁극적으로 의지의 싸움이라는 것을 인식하고 있었다. 즉, 계속해서 굶주리겠다는 단식투쟁가의 의지와 그녀의 요구를 계속해서 거부하겠다는 반대자의 의지의 싸움인 것이었다. 테렌스 맥스위니는 목숨을 잃었을지 몰라도 영국과의 대치 상태에서는 이겼다. 그의 죽음은 아일랜드 독립에 대한 대의를 전례 없이 널리 알리며 국제적인 지지를 불러일으켰다. 돌러스는 훗날 말했다. "먼저 포기하는 사람이 지게 마련이에요. 난 아주 어릴 때부터 그걸 알았어요."[20]

* * *

맥스위니가 최후를 맞이한 바로 그 교도소에서 젊은 아일랜드 여성 둘이 단식투쟁으로 죽을지도 모른다는 생각은 대단히 흥미로운 선전 선동의 요소를 지니고 있었다. 재판 기간 동안 이미 널리 언론 보도의 대상이 되었던 자매는 이제 다른 종류의 선정적인 연재 드라마의 스타가 되었다.[21] 신문과 라디오에서는 점점 악화되는 건강 상태에 관한 최신 소식을 연일 숨가쁘게 보도했다. 자매는 "폭탄 소녀들"이었으며, 보도는 그들이 곡기를 끊겠다는 맹세를 계속 의연하게 지키고 있다는 것뿐만 아니라 그들의 젊음과 성, 연약한 여성성을 다루는 경향이 있었다.[22] (휴 피니와 제리 켈리 역시 단식투쟁을 계속했지만 자매보다 주목을 덜 받았고 절대 "소년들"이라고 언급하지 않았다.)

"수프, 칠면조 고기, 햄, 감자, 크리스마스 푸딩, 브랜디를 넣어 만든 소스.

여러분, 메리 크리스마스. 돌러스 프라이스는 죽어가고 있습니다." 연휴 기간에 급진공화파운동(급진파 IRA와 신페인당 및 기타 관련 조직으로 구성되어 있다-옮긴이)이 실은 신문 광고였다. 프라이스 자매와 영국 간의 벼랑 끝 전술은 맥스위니뿐만 아니라 백만 명의 아일랜드인을 질병과 기아로 죽게 하고, 거기다 또 다른 백만 명 이상을 이주할 수밖에 없도록 했던 19세기의 대기근[24]을 떠올리게 하는 언어로 묘사되었다. 대기근 동안 아일랜드인들이 굶어 죽는 바로 그 순간에도 영국으로 수출하기 위해 식량을 잔뜩 실은 배들은 아일랜드 항구를 떠나고 있었다.[25] 아일랜드 등지의 많은 사람들은 영국이 대기근에 대해 책임을 져야 한다는 견해를 갖고 있었다. 지나치리만치 냉담한 태도로 등한시했기에 의도적인 살해행위라는 게 더 맞는 것처럼 보이기 시작했기 때문이다. 대기근에 관해 처음으로 널리 유포된 소책자에서는 대기근을 "최후의 아일랜드 정복"[26]이라고 묘사했다.

대기근 동안 영국이 굶주림을 무기로 썼었다면 이제는 형세가 뒤집혀 불리하게 쓰여질 차례였다.[27] 돌러스 프라이스는 언제나 감옥이 IRA 의용군의 대의에 대한 충성심을 진정으로 시험하는 곳이라고 느꼈다. 이제 그녀는 자신의 말에 귀 기울이는 사람이라면 누구에게나 죽음도 불사하겠다고 말했다. "의용군들은 벨파스트 거리에서 대의를 위해 죽었으며, 우리의 죽음은 그들의 죽음과 다를 바 없을 것"이라고 그녀는 한 편지에서 언급했다. "내 생각엔 우리가 최초의 여성들이 될 거 같아. 난 그렇게 되는 게 무척 자랑스러워. 우리가 브릭스턴에서 죽도록 내버려진다면 우린 테렌스 맥스위니가 세상을 떠난 지 50년 뒤에 그와 같은 감옥에서 죽는 것을 영광으로 여길 거야."[28] 그녀는 그러한 결과가 제국이 결코 과거의 잘못으로부터 배운 게 없다는 것을 입증하게 될 터라고 느꼈다. 영국은 항상 아일랜드보다 인구가 많았고, 보다 많이 소비했고, 보다 군사력이 우세했지만, 돌러스는 "최종병기는 자신의 몸"이라고

믿었다.[29]

　이 독특한 형태의 완강한 저항에 직면한 영국 정부 지도부는 착각은 하지 않았다. 즉, 만약 단식투쟁가들 중 어느 하나라도 죽는다면 재앙이 될 터였다. 관료들은 만약 그러한 일이 일어난다면 "대규모 보복 폭력"[30]이 발생하지 않을까 두려웠다. 하지만 정부는 자매의 요구에 굽힌 게 아니라 적나라한 대책을 도입했다.[31] 2주 반 동안 단식투쟁을 이어가던 12월 3일, 의사와 간호사 일행이 돌러스의 감방으로 줄지어 왔다. 그들은 그녀를 방으로 데려가 바닥에 고정시킨 의자에 강제로 앉히고는 단단히 고정시키려고 침대 시트로 동여매기 시작했다. 그녀는 몸부림을 치려고 했지만 몸이 너무 허약한 상태였다. 2주 이상 아무것도 먹지 않았기 때문이다. 일단 그들이 꼼짝 못 하게 제압했기 때문에 그녀는 공포에 휩싸인 채 손 한 쌍이 턱을 억지로 벌리는 것을 지켜볼 수밖에 없었다. 벌어진 입으로 어떤 물체가 거칠게 밀어넣어졌다. 가운데에 구멍이 뚫린 나무판이었다. 또 다른 손 한 쌍이 가늘고 긴 고무호스관을 꺼내더니 나무판 구멍 사이로 그 끝을 삽입하고는 목구멍 속으로 관을 밀어넣기 시작했다. 관이 편도선을 구불구불 지나가자 숨이 턱 막히며 거의 질식사할 지경이었다.[32] 관을 꽉 물려고 했지만 목제 개구기 때문에 물 수가 없었다. 교도관 몇 명이 그녀의 몸을 뒤로 젖히자 액체가 고무관을 따라 뱃속으로 빠르게 흘러드는 것이 느껴졌다.

　그 물질이 뱃속으로 꾸르륵거리며 들어가는 데는 몇 분밖에 걸리지 않았지만[33] 돌러스에게는 그 순간이 영원처럼 느껴졌다. 그들이 관을 빼기도 전에 그녀는 음식물을 게워냈다. 강제로 음식물을 취식했던 그 순간을 생각하면서 그녀는 "먹이"가 날달걀과 오렌지 주스와 우유, 미네랄, 비타민이 섞인 액상 농축 영양제를 믹서기에 넣고 간 것으로 이루어져 있었다고 했다.[34] 강제취식 후에 돌러스는 운동장으로 내보내졌으며 그곳에서 아직 그 일을 당하지 않은 마리안을 만났다. 돌러스는 동생에게 그 시련에 관해 말하며 또다시 그 일을 헤쳐나갈 수 없을 것 같다고 했다. 그럴 필요 없다고 마리안이 말했다. "언니는 당장 단식투쟁에서 손떼. 내가 계속할 테니까."

"아니." 돌러스가 대답했다. "우린 함께 손떼든지 말든지 해야 해."[35]

이틀 뒤, 교도소 의사들은 마리안에게도 마찬가지로 강제취식을 하기 시작했다.[36] 그것은 소름 끼치는 의식이 되었다.[37] 매일 오전 열 시에 의사와 간호사 일행이 감방에 와서 그들을 묶어놓고는 목구멍으로 음식물을 쏟아부었다. 돌러스는 한 편지에서 이렇게 썼다. "우리는 관이 목구멍을 내려갈 때 좀더 수월하게 숨쉬는 법을 배우고 있어요."

강제취식은 논란의 여지가 많은 관행으로, 다루기 힘든 또 다른 여성들인 영국 여성참정권 운동가들에게도 쓰였었다. 여성참정권 운동가 중 한 명인 실비아 팽크허스트는 1913년 할로웨이 교도소에서 강제취식을 당한 후 그것을 고문으로 칭하며 "그 어떤 고통보다도 극도로 심했던 것은 모욕감이었다"라고 지적했다.[38]

돌러스는 한 편지에서 이렇게 썼다. "나는 음식물을 강제로 넘기고 싶지 않아요. 그리고 나는 육체적으로 저항을 할 수 있는 자세는 아니지만 그렇다고 해서 그 끔찍한 일을 정신적으로 저항할 수 없다거나 거부할 수 없다는 말은 아니에요."[39] 때때로 마리안은 관이 목구멍을 내려가면서 거의 질식사할 지경에 이르는 동안 음식물을 게워내기도 했다.[40] 그들의 편지 중 일부가 언론에 실리자 강제취식에 대한 대중들의 항의가 빗발쳤다. 국무부는, 적어도 초기에는, 그러한 조치가 단식투쟁가들을 돕기 위한 목적으로 취해지는 것일 뿐이며, 영국 교도소 관계자들은 재소자들이 상습적으로 자살하는 것을 허용하지 않는다는 주장으로 대응했다.[41]

학생 민권조직 "인민민주주의"의 지도자로 번톨렛 다리에서 행진했던 버나데트 데블린이 1월에 프라이스 자매를 접견하러 왔다. 그녀는 의회 의원이 되어 있었다. 돌러스를 본 데블린은 충격받았다.[42] 풍성한 검붉은 머리칼이 "옅어질 정도로 빛깔을 잃었으며 실제로 모근이 하얗게 세었다"라고 데블린은 말했다. 강제취식을 당하는 동안 목제 개구기를 꽉 물고 자신을 붙들고 있는 사람들과 몸부림치며 싸워야 했기 때문에 이가 흔들거리며 썩기 시작했다.[43] 자매 둘 다 핏기가 없이 해쓱한 낯빛이었다.[44] 그들은 걸어갈 때 발을 질질 끌었다.

강제취식을 집행했던 일부 사람들은 잔인했다. 한 의사는 취식을 시키는 동안 "이게 모두 대의를 위해서" 하는 거라고 놀리며 자매의 신념을 조롱했다.[45] 그들의 수발을 들었던 한 여성은 북아일랜드 사람들은 "토끼처럼 번식"[46]하며 영국인에게 기생한다고 발언했다.

"우리가 당신들의 길을 만들었어요!" 논쟁을 피해야 할 정도로 정신적으로 쇠약해지지는 않은 돌러스가 받아쳤다. "우리는 당신네 영국이 우리나라를 빼앗기 전까지는 우리나라에서 행복했어요.… 아일랜드인들은 당신들 영국인들 때문에 이곳에 있는 거라고요!"

그 외의 관계자들은 좀 친절했다. 자매는 이안 블라이스라는 교도소 의사와 사이가 좋았다. 그는 자매를 "우리 애기들"이라고 불렀으며, 단식투쟁이 진행되는 동안 자매에게 팔씨름 대회 도전장을 내밀곤 했다. 자매는 투지만만하게 동조하는 척했다. 그 판토마임의 목적이 근력이 얼마나 급격하게 빠지는지를 기록하기 위한 것임을 빤히 알고 있었기 때문이다.[47] 국무부에서 자매를 검진하기 위해 정신과 의사를 파견했다. 의사는 프라이스 자매가 자신들이 하고 있는 일을 정확히 알고 있다는 것을 인증했다. 마리안은 그의 진단을 이렇게 요약했다. "문제는 우리가 극히 제정신이라는 데 있었죠."[48] 정신과 의사는 영국 국무부 장관인 로이 젠킨스와 알고 지내는 사이였다.[49] 마리안은 그에게 젠킨스가 자신들을 보러 올 수 있는지 물었다. 정신과 의사는 젠킨스가 절대 직접 대면하지 않을 거라고 했다. 만약 그랬다가는 자매를 곧장 본국으로 돌려보내야 한다는 것을 알게 되기 때문이라는 것이었다.

＊ ＊ ＊

정부로서는 대단히 곤란한 위기였다. 체중이 계속해서 줄어들고 몸이 비쩍 말라가고 있을 때에도 프라이스 자매는 상징성을 띠었다. 훗날 젠킨스는 회상했다. "그들은 아일랜드 순교자로 만들어질 수 있는 요건을 갖추고 있었죠. 어리고 날씬하고 비밀스러운 데다 독실하면서도 테러에 헌신했으니까요." 그는 "사람을 휘어잡는 매력 넘치는 이 아일랜드 아가씨들의 죽음"[50]이 가져올 파장이 막대할 거라며 우려했다. 개인적으로 젠킨스는 그들의 본국 송환 요구가 "전적으로 불합리하지는 않다"[51]고 여겼다. 하지만 정부가 그러한 압박에 못 이겨 양보를 하는 것으로 보일 수는 없다고 느꼈다. 젠킨스는 테러가 "전염병"[52]이라고 믿었다. 단식투쟁가들의 요구에 굽히는 것은 그들의 방식을 인정하고 다른 사람들로 하여금 그 방식을 쓰도록 북돋는 결과만을 가져올 뿐이라고 생각했다.

그러나 대안이 강제취식이었기에 사회적 평판에 있어 큰 낭패임이 판명나고 있었다. 영국의 많은 대중들이 그 관행을 고문의 한 형태로 여겼다. 의료 기록에 따르면[53] 프라이스 자매는 강제취식 도중 때때로 기절했다. 입을 개구기로 강제로 벌려 급여하는 것을 거부할 때 내는 자매의 비명소리를 덮으려고 라디오의 소리를 크게 키운 적도 있었다.[54] 한 정신과 의사는 더블린 주재 영국 대사관저 밖에서 항의 시위를 하는 도중 그 관행을 강간에 비유하며 매도했다.[55] 마리안은 가족에게 편지를 썼다. "여기 의사가 우리한테 하는 말이

언니에게 처음 두어 번만 강제취식을 시키면 언니를 길들일 수 있을 거라고 생각했대요. 하지만 어떤 강아지가 그렇듯, 그걸로 우리 애를 길들이기에는 어림도 없다는 걸 알았대요."[56]

어떤 부모들은 고등학교를 졸업도 하기 전인 딸들이 스스로 굶어 죽겠다고 하는 것을 보면 싸움을 포기하라고 설득할 것이다. 프라이스 부부는 그렇지 않았다. 알버트 프라이스는 한 기자에게 말했다. "어마어마하게 많은 사람들이 지상에 태어나서 먹고 일하고 죽어가지요. 세상에 아무것도 기여하지 않은 채로요. 만약 딸들이 죽는다면 적어도 무언가는 기여했을 것입니다."[57]

어머니인 크리시도 비슷한 투로 말했다.[58] "나는 딸들에게 조국에 대한 의무를 다해야 한다며 키웠습니다. 딸들이 고생하는 걸 보면 가슴이 미어지지만 그래도 자랑스럽습니다. 난 딸들에게 포기하라고 하지 않을 겁니다. 결국엔 딸들이 승리하리라는 것을 알고 있으니까요."

크리시는 딸들을 감옥에서 보았을 때 면회 시간이 끝날 때까지 계속 의연한 얼굴로 단식투쟁을 제외한 모든 것에 대해 활기차게 수다를 떨었다. 그러다가 막 나서려던 찰나에 말했다. "그래, 지금 뭘 먹고 있니?"

"물을 마시고 있어요, 엄마. 그냥 물만 마셔요." 돌러스가 말했다.

"그렇구나, 물을 충분히 마시려무나." 목이 멘 크리시가 침착하게 말했다.[59]

단식투쟁이 전개되는 것을 지켜보면 병적이지만 부인할 수 없는 오락적 요소가 있다. 인간의 인내심의 한계를 시험하는 것으로서 그것은 프랑스 일주 사이클 대회인 "투르 드 프랑스"의 구경꾼들처럼 목을 길게 빼고 구경하게 하는 면이 있다. 상금이 삶과 죽음이라는 것만 빼면 말이다. 또한 단식투쟁가와 당국의 치킨게임(어느 한쪽이 양보하지 않을 경우 양쪽이 모두 파국으로 치닫게 되는 극단적인 게임이론-옮긴이)과 같은 면도 있다. 이 경우는 안 좋은 쪽으로 악명이 자자해졌다. "더 더블리너스"와 같은 밴드는 프라이스 자매와 휴 피니,

제리 켈리를 지지하는 자선콘서트를 열었다.[60] 브릭스턴 교도소 담장 바깥에서는 정기적인 항의시위가 열렸다.[61] 런던에 있는 로이 젠킨스의 자택에는 60명의 여성들이 나타나 단식투쟁가들을 지지하는 구호를 외쳤다.[62] 런던 폭탄테러에서 중상을 입었던 한 소녀의 아버지는 자매를 아일랜드로 돌려보내라고 촉구했다.[63] 심지어 왕당파 무장세력 중 하나인 얼스터방위협회Ulster Defense Association조차도 영국 정부에 자매를 북아일랜드로 돌려보내거나 아니면 그냥 죽게 내버려두라고 요구했다.[64] (돌러스는 가족에게 보낸 편지에서 그러한 지지에 "어안이 벙벙해요"라고 쓰며 이 말을 덧붙였다. "중대한 상황이 오면 우리 아일랜드인은 모두 하나로 뭉친다는 것을 보여주고 있어요.")[65]

자매는 매일같이 자신들의 상태에 대해 전하는 방송에 귀 기울이며 자신들을 다룬 언론 보도를 면밀히 주시했다.[66] 그것은 돌러스에게는 낯선 경험이었다. 그녀는 단식투쟁 중인 그 두 아일랜드 소녀의 이야기를 마치 본인들이 아닌 다른 누군가에 관한 이야기처럼 처리했다.[67] 자신들에 관해 이야기하고 있다는 것이 도저히 믿겨지지 않았다. 그럼에도 그러한 언론 보도의 선전 가치에 매우 잘 호응하였으며, 자신의 상태에 관해 쓴 집으로 보내는 편지들이 언론에 유포되리라는 것도 잘 알고 있었다. 돌러스는 평생 "알버트의 딸들" 중 한 명으로 소개되다가 자신만의 악명을 얻게 된 것이 굉장히 재미있었다. 크리시에게 보낸 한 편지에서는 알버트에게 이렇게 물어보라고 꼬집었다. ""돌러스와 마리안의 아버지"라고 불리는 소감이 어때요?"[68]

* * *

폭탄테러를 일으킨 지 거의 1년이 지났다. 자매가 여전히 강제취식 중일 때 일이 괴이한 방향으로 흘러갔다. 1974년 2월, 요하네스 베르메르의 17세기 그림인 "기타 치는 소녀"가 햄스테드에 있는 한 미술관에서 도난당했다.[69] 타자기로 친 익명의 편지 한 쌍이 런던의 「더 타임스」에 도착했다. 돌러스와 마리안을 북아일랜드로 돌려보내지 않으면 그림을 ""성 패트릭의 날(5세기의 가톨릭 사제로 아일랜드에 기독교를 전파하는 데 큰 역할을 해서 '아일랜드의 사도'라고 불린다. 아일랜드의 수호성인 가운데 한 명으로 기념일은 3월 17일이다-옮긴이)" 밤에 완전히 미친놈처럼 신나게 날뛰며 불태워버릴 것"이라고 협박하는 편지였다. 이 협박이 진짜라는 증거로 편지 한 통에 베르메르 작품에서 오려낸 캔버스 천 조각이 들어 있었다.[70] 이상한 우연의 일치인지 돌러스는 2년 전 런던으로 여행갔을 때 햄스테드에 있는 켄우드 하우스에 들른 적이 있었다.[71] 베르메르의 그 그림이 걸려 있던 곳이다. 그때 그녀는 바로 그 그림을 보려고 걸음을 멈추었었다. 크리시 프라이스는 누가 그 작품을 가져갔든지 제발 손상시키지 말고 돌려보내 달라고 호소하는 성명서를 냈다. 그녀는 "미술학도"인 돌러스가 그림을 대신해 특별히 간청한다고 언급했다.[72]

5월 어느 날 저녁, 런던 스미스필드 시장 근처의 성당 마당에 미심쩍은 짐꾸러미가 나타났다.[73] 신문지로 싸서 끈으로 묶여 있었다. 경찰 한 분대가 세인트 바르톨로뮤 대성당에 도착했다. 그때처럼 긴장이 고조된 분위기에서는 그 짐꾸러미가 폭탄일 수도 있었다. 하지만 폭탄이 아니었다. 그림이었다. 꼭 돌러스가 요청해서 그런 것처럼 그림을 돌려보낸 것이었다.

같은 기간 동안 프라이스 자매의 이름으로 두 번째 예술작품 강도행위가 저질러졌다. 아일랜드의 위클로주에 있는 한 대저택에서 수백만 파운드의 가치가 있는 거장들의 작품이 도난당한 것이었다.[74] 사라진 그림들 중에는 벨라스케스, 베르메르, 루벤스, 고야, 메추의 작품이 있었다. 다시 한번 협박 편지가 등장했다. 단식투쟁가들을 "즉시 아일랜드에서 복역하도록" 돌려보내라는 요구가 들어 있었다. 그 그림들 역시 나중에 되찾았다.[75]

6월, 연로한 아일랜드인 백작과 아내가 정찬을 마치고 티퍼래리에 있는 집으로 돌아온 어느 밤, 진입로에 수상한 남자 몇 명이 숨어 있는 것을 발견했다.[76] 그중 한 명이 백작을 권총으로 마구 때렸다. 그런 다음 아내를 자갈이 깔린 진입로를 가로질러 끌고 가 자동차에 밀어넣은 뒤 부부의 눈을 가리고는 차에 태워 갔다. 납치범들은 부부에게 "프라이스 자매의 인질"로 잡았다고 통보했다. 부부는 며칠 동안 총으로 위협받으며 컴컴한 방에 갇혀 있었다. 하지만 포로가 된 그들은 결국 자신들을 인질로 잡고 있는 자들이 좋아져 버렸고 그 모든 경험을 모험과 같은 거라 여기게 되었다. 이후에 백작은 납치범들이 "그렇게 친절할 수 없었다"라고 하며, 아침마다 정통 아일랜드식으로 맛있는 식사를 했고 점심에는 스테이크와 갈빗살을 푸짐하게 먹었다고 덧붙였다. 인질범들은 심지어 신문의 경마란까지도 제공했다고 밝혔다. 백작과 그의 아내는 결국 풀려났다. 사건이 극적으로 전환되었기 때문이다.

* * *

5월, 영국 정부는 프라이스 자매에게 강제취식을 중단하기로 결정했다. 그 시점까지 자매는 최대한 품위있게 그 고통스러운 과정을 겪어 왔었다.[77] 두려워하는 어떤 기색도 내비치고 싶지 않아 했다. 하지만 어느 순간, 막다른 골목에 다다른 것만 같았다. 강제취식은 정신적, 육체적 트라우마를 입혔지만 또한 동시에 그들을 살아있게 하는 것이기도 했다. 그래서 자매는 적대적으로 굴복하면서 강제취식을 견디기보다는 전략을 바꾸는 쪽을 택했다. 어느 날, 그들은 "최대 저항"에 나섰다. 돌러스가 한 편지에서 상세하게 이야기했듯 "익히 예상할 수 있는 것처럼 품위라고는 찾아볼 수 없는 광경이야. 격렬하게 몸부림치면 나를 꽉 누르면서 쇠로 만든 개구기를 밀어넣어. 그러면—내 경우에는—비명을 질러대. 쇠 개구기가 헐어버린 잇몸을 아프게 하기 때문이야."[78] 그것은 전쟁이었다. 자매가 얼마나 격렬하게 몸부림쳤던지 의사들이 위에 관을 안전하게 삽입하기가 어려워졌다. 프라이스 자매는 의사들에게 만약 뭔가 잘못되면 "우리를 죽이고 있는 특권"[79]을 주고 있는 거라고 했다. 그렇듯 난처한 상황을 몇 차례 맞닥뜨리자 의사들은 취식 절차를 계속하기를 거부하며 중단해 버렸다. 너무 위험하다는 것이 이유였다. 강제취식을 종료시킨 것은 정치적 판단이 아니라 임상적 판단이었다.[80]

일이 그렇게 되자 로이 젠킨스는 방침의 변화를 설명해야 했다. 그는 브릭스턴 교도소에서 의사들이 167일에 걸쳐 "불쾌한 업무"인 인위적 급여를 실시한 후 "그 과정에 필요한 최소한의 협력을 자매가 철회했기" 때문에 중단했다고 발표했다.[81] 젠킨스는 알버트와 크리시 프라이스 부부에게도 비난의 화살을 돌렸다. 딸들이 "서서히 자살하는" 것을 말리는 게 아니라 오히려 "부추겼다"는 것이었다.

돌러스와 마리안은 강제취식이 중단되자 감격했다.[82] 거의 그 즉시 하루에 0.5킬로그램씩 몸무게가 줄기 시작했다. 돌러스는 간격을 두고 몸무게를 재면서 매일 0.5킬로그램씩 빠지는 것을 보고 몸에 대한 통제력에 경탄했다. 그녀는 한 친구에게 편지를 썼다. "우리는 이제 더는 식욕이 없다는 사실에 힘을 얻었어."[83] 그녀는 가장 임상적이고 기계적인 조건에서 자신의 인체를 보기 시작했다. "나는 이제 나 자신의 도구야. 나는 그 도구를 잘 다루는 장인이기도 하지. 나는 나 자신을 조각해 내고 있어."[84]

브릭스턴 교도소에서는 말기 병동이라고 부르는 곳에 대한 애기가 돌았다. 돌러스에게는 항상 불길하게 들렸지만 자신과 마리안이 마침내 그곳으로 옮겨진 뒤 보니 대단히 호화로워 보였다. 이제 자매는 독방에서 살지 않고 한 방에서 살 수 있게 되었다. 방 옆에는 개인 화장실까지 있었기에 소변을 볼 필요가 있을 때(이때쯤 그들이 배출하는 거라고는 소변이 전부였기에) 더는 요강을 쓰지 않아도 되었다. "시시각각 천국에 가까워지고 있어!"[85] 돌러스가 농담했다. 감방에는 거울이 있어서 자신의 모습을 들여다볼 수도 있었다. 앙상하게 뼈만 남은 몸집에 긴 잠옷을 걸친 모습이 꼭 이전 재소자의 유령이 날개를 달고 출몰한 것처럼 보인다는 생각이 들었다.

이때쯤 한 의사의 진료 평가서에 따르면 프라이스 자매는 "완전히 시체처럼 살고 있었다."[86] 자매는 몸이 극도로 쇠약해졌고, 돌러스에게는 방을 가로질러 걷는 것조차 피로감만 남겼으며 가슴팍에서 심장이 뛰는 소리는 꼭 드럼 소리 같았다.[87] 어떤 한 자세로 오랫동안 앉거나 누워있을 수도 없었으며 뼈가 살갗을 짓누르는 바람에 욕창을 얻었다. 이를 완화하기 위해 침대에 공기가 순환되도록 얇은 쿠션이 들어간 "물결 문양 매트리스"[88]가 놓여졌다.

돌러스는 어머니에게 편지를 썼다. "하루하루 지날수록 우리의 몸은 조금씩 더 사라지고 있어요."[89] 자매는 침대에 나란히 누워 지냈다. 교도관 셋이 시종일관 경비를 섰다.[90] 돌러스는 마리안이 걱정되었다. 마리안이 더욱 죽음을 갈망할수록 더욱 죽음을 받아들일 준비가 되어 있었기에 걱정스러웠다. 이따금 돌러스는 마리안에게 예전에 활기차게 수다 떨었던 식으로 행복했던 시절에 대한 추억이든 쓸데없는 잡담이든 말을 걸면서 마리안을 쳐다보았다. 마리안의 얼굴은 백지장 같았고 몸은 비쩍 말라 있었다. 두 눈은 감고 있었고 입술은 벌어져 있었으며 굶주림으로 인해 손가락은 기다란 막대기 같았다.[91] 돌러스는 동생의 그런 모습을 보고 겁에 질려 "마리안, 정신 차려"라고 말하곤 했다. '먼저 가지 마.' 그녀는 속으로 생각했다. '먼저 가지 말라고.'

젠킨스는 6월 초에 "자매가 생을 마감할 가능성이 이제 분명히 예견된다"라고 경고했다. 프라이스 자매를 만나러 갈까 생각도 했었다. 혹시나 죽지 않도록 설득할 수 있을까 하는 마음에서였다. 그러나 가지 않기로 결정했다.

그들의 운명을 결정하는 책임을 맡은 사람으로서 "한 발짝 뒤로 물러나"[92] 감정에 좌우되지 않는 것이 의무라는 까닭에서였다.

알버트 프라이스는 말기 병동에서 딸들을 면회하고 난 후 언론에 모습을 드러내 딸들이 운명을 맞이할 준비가 되어 있다고 말했다. "딸들은 행복합니다. 죽는 것에 대해 행복해합니다."[93] 급진파는 만약 자매가 죽는다면 "영국 정부에 미치는 결과가 대단히 파괴적일 것"이라고 경고하며 폭력사태를 대비해 전열을 가다듬고 있었다.[94]

언론에서는 한 사제가 자매를 방문하여 마지막 의식을 치렀다고 주장하는 보도를 했다.[95] 돌러스는 친구에게 보낸 편지에서 "음, 우리 가족과 친구들 모두에게 사랑한다고 전해줘"라고 썼다. 그리고는 "우리는 앞으로 어떤 일이 닥치든 준비가 되어 있어"[96]라고 끝을 맺었다.

* * *

그때 영국이 항복했다. 6월 3일, 또 다른 아일랜드인 단식투쟁가인 마이클 건이 와이트섬에 있는 파크허스트 교도소에서 사망했다.[97] 폭탄테러 임무에서 아무런 역할을 하지는 않았지만 건 또한 IRA 의용군이었다. 런던에서 은행을 털어 투옥되었는데 그가 단식투쟁에 들어가자 돌러스 프라이스는 짜증이 치밀었다. 그녀는 11월 이후로 계속해서 단식투쟁을 해오고 있었고 그는 4월에 시작했다. 그녀는 건이 "내 뒤꽁무니에서 사냥감을 쫓는"[98] 애송이라고 느꼈다. 텔레비전을 보고 있을 때 "단식투쟁 중인 IRA 죄수 중 한 명이 사망했습니다"라는 뉴스가 나왔다.[99] 그녀는 가슴을 부여잡고 혹시 휴 피니나 제리 켈리가 아닐까 생각했다. 당국은 건이 폐렴으로 사망했다고 주장했지만 유족은 강제취식과 관련된 합병증이 죽음으로 치닫게 했을 거라고 의심했다.[100] 상상하기 어려운 시나리오였다.

　　로이 젠킨스는 훗날 "위협 예감"[101]이라고 칭한 생각을 품기 시작하고 있었다. 그는 최근 테렌스 맥스위니의 죽음이 야기했던 거센 비난의 물결에 관하여 생각해오고 있었다. 만약 프라이스 자매가 죽으면 어떤 종류의 반발이 뒤따를까? 젠킨스는 강압에 못 이겨 결정했다는 인상을 주는 것이 꺼림칙했지만, 사적으로는 돌러스와 마리안이 맥스위니의 뒤를 잇는다면 이제 자신이 남은 평생 표적이 될 수 있겠다는 두려움에 사로잡히기 시작했다. 그것은 단순히 그가 북아일랜드의 남부 아마에서 휴가를 보내는 것을 포기해야 한다는 것을 뜻하는 게 아니었다. 아일랜드인들은 어디에나 있었다. 안전한 곳은 어디에도 없을 터였다.[102] 만약 그 빌어먹을 아가씨들이 자신들의 의향을 전한다면 그는 "보스턴이든 뉴욕이든 시카고든 다시는 거리에서 자유롭고 안전하게 걸어 다닐 수 없을 것"이라고 걱정했다. 마지못해 젠킨스는 항복하는 수밖에는 달리 선택의 여지가 없다고 판단했다.

　　6월 8일, 돌러스와 마리안, 제리 켈리, 휴 피니가 성명을 발표했다. "우리는 정치범으로서의 지위와 북아일랜드 교도소로 이송할 것을 요구하며 206일 전에 단식투쟁에 돌입했다."[103] 로이 젠킨스는 그들에게 북아일랜드로 돌아갈 것이며 그곳에서 계속 형을 살게 될 것을 보장했다. 그래서 그들은 단식투쟁을 종료하기로 결정했다. "우리의 단식투쟁은 결코 자살 임무가 아니었다. 우리가 단식투쟁에 돌입한 것은 스스로 목숨을 끊기 위해서가 아니라 최소한의 요구만을 얻어내기 위한 것이었다"라고 그들은 주장했다.

　　이송이 즉시 이루어진 것은 아니었다.[104] 아일랜드행 배를 곧장 타는 대신 돌러스와 마리안은 더럼 교도소의 여자동으로 다시 옮겨졌다. 그러나 1975년 3월 어느 날, 점심시간에 더럼의 모든 수감자들에게 감방으로 들어가라는 명령이 떨어졌다. 돌러스는 속으로 오늘이 바로 그날일지도 모른다고 생각했다.

그녀는 감방으로 들어가 짐을 꾸리기 시작했다. 코트를 입고 얼마 안 되는 소지품을 챙기고 있었다. 그때 교도소장이 들어와 집으로 갈 거라고 알렸다. "아, 집이 아니지. 아마 교도소로 갈 거야."

"그것만 해도 어디예요."[105] 돌러스가 말했다.

마리안이 그녀의 감방으로 뛰어 들어왔다.[106] 그들은 숨이 막힐 정도로 서로 꼭 끌어안았다. 마지막 소지품까지 가방에 챙겨 넣자 간수들이 서둘러 복도로 내보냈다. 돌러스는 흥분감에 취한 나머지 교도소장을 끌어안았다.[107]

자매는 공군 기지로 실려 갔다.[108] 비행기가 이륙했고 잉글랜드가 서서히 멀어졌다. 비행기에 타고 있을 때 군복을 입은 남자가 커피를 주었다. 얼마간 바다 위를 날았을 때 돌러스는 창밖을 내다보다가 불쑥 밑에 펼쳐진 푸른 땅을 보았다.[109] 눈물이 왈칵 쏟아졌다.

"아직은 아일랜드 아니야. 저건 맨섬(잉글랜드와 북아일랜드 사이의 아이리시해 중앙에 있는 섬-옮긴이)이야." 마리안이 말했다.

그들은 좀 더 날아갔다. 그때 돌러스는 창밖을 내다보다가 다시 저 멀리 펼쳐진 푸른 땅을 보았다. "저건 맞지, 마리안?"

"그런 거 같아." 마리안이 말했다.

프라이스 자매가 비행기에서 내리는 동안 영국 군 사진사들이 그들의 사진을 찍었다. 플래시 불빛이 초저녁 하늘을 환하게 밝혔다.[110] 두 여자는 조국에 있게 되어 기쁨에 넘쳤지만 도착 시기에 괴로운 일이 있었다. 2월, 브리디 돌란 이모가 세상을 떠났다.[111] 비주류 공화파의 상징으로서 장례식이 성대하게 치러졌다. 당국은 추모객들의 사진을 몰래 찍기 위해 사진사들을 보냈다. 장례식이 끝난 지 나흘 만에 크리시 프라이스가 췌장암으로 세상을 떠났다.[112] 아주 최근까지도, 반대로, 어머니가 딸들보다 더 오래 살 것처럼 보였었다. 돌러스와 마리안은 제정신이 아니었다. 자매는 어머니의 장례식에 참석하기 위해 특별휴가를 청원했지만 그 요청은 기각되었다.[13] 대신 부활절 백합 화환을 보냈다. 4백 명의 사람들이 슬리브갤리온 드라이브에서 밀타운 묘지로 느릿느릿 걸어가는 장례행렬에 합류했다.[114] 알버트는 고개를 푹 숙인 채 관 옆에서 걸어갔다. 한 어린 소녀가 백파이프를 연주하며 엄숙한 행렬을 이끌었다. 그녀는 IRA의 상징인 검은색 베레모와 검은색 선글라스를 쓰고 있었다.

15

포로들

어머니가 사라진 후 몇 주 동안 맥콘빌 아이들은 가정을 지키려고 똘똘 뭉쳤다. 진이 돌아올 경우에 대비하여 아이들은 집에 있어야 했다. 하지만 결국 사회복지 당국이 개입해 아이들을 보육시설로 데려가려고 차량 두 대가 디비스 플래츠에 도착했다.¹ 헬렌 맥콘빌은 "엄마가 돌아올 때까지만"² 집을 떠나있는 거라고 약속하면서 어린 동생들을 차에 태웠다. 아이들이 자리에 포개 앉는 동안 헬렌은 고개 들어 디비스의 이웃들이 콘크리트 복도에 모여 조용히 지켜보는 모습을 쳐다보았다.³ "다들 재수없어." 그녀가 중얼거렸다. 그런 다음 그들은 차를 타고 떠났다.

맏이인 앤은 아직도 병원에 있었다.⁴ 로버트는 여전히 갇혀 있는 상태였고, 아치는 일할 수 있을 만큼 나이가 들어 제 몸을 건사할 수 있었고, 아그네스는 맥콘빌 할머니 곁에 남았다. 그러나 헬렌, 마이클, 터커, 수잔, 빌리, 짐을 태운 차는 남벨파스트로 이동한 다음 길고 구불구불한 길을 올라가 나자렛의 집이라고 불리는 인상적인 4층짜리 붉은 벽돌담으로 된 고아원으로 갔다.⁵ 그곳은 형편없는 환경인 곳으로 판명났다. 그곳에서 생활하는 많은 아이들이 유아기 때부터 국가의 피후견인이었으며 보호시설에서 무기력하게 생활하는 것에 익숙한 것 같았다.⁶ 하지만 맥콘빌 아이들은 가정집에서 자라났다. 그들은 어머니의 실종과 그 이전의 아버지의 죽음으로 인해 괴로워하고 있었으며 이제는 몇 달 동안 제멋대로 살아오고 있었다. 고아원은 가학증으로 유명한 엄격한 수녀회가 운영하고 있었다.[7] 이전에 그곳에서 살았던 어떤 사람은 시설에 대해 "찰스 디킨스의 소설에 나오는" 구타와 가혹한 형벌이 일상화된 음산하고 갑갑한 곳이라고 묘사했다.

마이클 맥콘빌이 탈출의 달인이 된 것은 그 무렵이었다. 디비스의 아파트에서 내몰린 순간부터 어떻게든 몰래 빠져나와 서벨파스트로 돌아갈 방법을 궁리했다.[8] 그는―"분쟁"의 아이들이 그렇듯―가만히 있지 못하는 데다 도시에서 벌어지는 위험한 상황에 어떻게 대처해야 하는지 잘 알고 있는 아이였고 늘 화가 나 있었다. 어느 때인가, 복지 당국이 그를 상대하고 있을 때 한 담당자가 어머니가 자식들을 "버렸다"고 했다. "거짓말!"[9] 마이클이 소리쳤다.

1973년 3월, 돌러스 프라이스가 런던에서 폭탄테러를 일으킨 바로 그달에 마이클과 터커는 상점에서 물건을 훔친 혐의로 벨파스트 법원에 소환되었으며 나자렛의 집에서 전출하라는 판결이 내려졌다. 사실상 벨파스트에서 완전히 전출되어 35킬로미터 떨어진 다운주의 "드 라 살 소년의 집"[10]으로 옮겨졌다. 커커빈 마을 근처였다. 자동차가 새 집으로 가는 데는 별로 오래 걸리지 않았지만 마이클 입장에서는 수백 킬로미터는 되어 보였다.[11] 녹음이 무성한 시골에 자리잡은 그 시설은 아이들을 수용하는 새로 지은 오두막들이 일렬로 늘어서 있었으며 개조한 빅토리아풍의 대저택도 쓰고 있었다. 벽돌과 콘크리트로 둘러싸인 벨파스트에서 평생을 지낸 터라 250에이커에 달하는 광활한 부지는 드넓게 탁 트인 야생의 대자연처럼 느껴졌다. 부지에는 학교와 수영장, 테니스장, 축구장이 들어서 있었다.[12] 심지어 당구장도 있었다.[13]

그 시절 그곳에 기거했던 어떤 사람의 말에 따르면 커커빈은 "완전히 악몽"[14]이었다. 차후에 정부가 조사를 벌인 결과 "물리력을 쓰는 문화"가 시설에

만연해 있었고, 수사들과 평신도 직원들 모두 순전히 구실을 대며 폭력을 행사한 것으로 드러났다. 아이들은 주먹으로 얻어맞고 허리띠로 매질당했으며, 가느다란 나무 회초리로 손바닥 뼈마디를 얼마나 수도 없이 표독하게 후려쳤는지 꼭 손가락 끝이 잘려나가는 것처럼 느껴졌다.[15]

마이클은 담력과 요령이 있긴 했지만 아직 겨우 열한 살이었다. 터커는 아홉 살이었다. 나이가 많은 아이들도 있었는데 그 아이들에게 그곳의 학대 문화는 이미 몸에 깊이 배어 있었다.[16] 그들은 맥콘빌 아이들을 무자비하게 괴롭혔다. 고아원을 운영하는 "그리스도교 형제회"는 그들이 입을 옷을 대량으로 구매했기에 아이들은 몸에 맞지 않는 옷을 입고 다녔다.[17] 팔꿈치 위로 둘둘 말아 올려야 하는 셔츠, 허리띠를 졸라매야 하는 큼직한 성인용 바지, 이렇듯 부랑아 같은 차림새는 불운하게 태어난 벨파스트의 아이들에게 이것이 끔찍한 동화책이라는 느낌을 더욱 심하게 들게 했다. 커커빈에서 어른들은 아이들에게 일을 시켰다. 때때로 직원들은 이웃 농장에서 인건비를 받고 감자 캐는 일에 아이들의 노동력을 빌려주기도 했다.[18]

저녁에는 모두 어두컴컴해진 방에 모여 텔레비전을 시청했다.[19] 긴 옷을 입은 수사들은 어떤 아이들에게 와서 무릎 위에 앉으라고 지시했다. 소년의 집에서 성적 학대는 횡행했다.[20] 마이클은 성추행을 당한 적이 없었지만 밤에 손전등을 든 어슴푸레한 형체의 어른이 공동침실로 들어와 잠든 아이들을 침대에서 끌어내리는 모습을 이불 속에서 지켜보곤 했다.[21]

마이클과 터커는 도망쳤다.[22] 어머니가 다시 나타날 경우를 대비해 벨파스트에 돌아가 있어야 될 의무가 있다고 느꼈다. 그러나 아이들은 도망칠 때마다 다시 붙들려왔으며, 붙들려올 때마다 두들겨 맞았다. 맥콘빌 아이들은 툭하면 도망쳤기에 결국 커커빈의 직원들은 아이들의 신발을 빼앗아 버렸다.[23] 어떻게든 순조롭게 출발한다 하더라도 시골길인지라 벨파스트로 돌아가려면 차를 얻어 탈 수밖에 없는데 맨발이라면 속도를 늦출 수 있을 거라는 이치에서였다.

당시 당국은 커커빈 담장 안에서 벌어지는 일종의 약탈적 행위를 인식하지 못했을 수도 있지만 설령 소년의 집 환경에 대해 조금이라도 눈치채고 있다 하더라도 다른 아이들을 그곳에 보내는 것을 중단하지 않았을 것이다. 결국엔 쌍둥이인 빌리와 짐도 나자렛의 집에서 커커빈으로 재위탁되었다.[24] 차가 벨파스트에서 고아원 방향의 스트랭포드만 해안을 달리는 동안 아이들은 불안감에 휩싸인 채 뒷좌석에 앉아있었다. 일곱 살이었다. 커커빈에서 제일 어린 아이들로 늑대들에게 먹잇감을 준 것이나 다름없었다. 그들은 나이 많은 아이들에게 구타를 당했으며 빌리는 어른들에게 성적 학대까지 당했다. 아이들은 도움을 청할 어른이 하나도 없었다. 너무도 많은 직원들이 아이들을 성추행했기에 그러한 행동이 조용히 묵인되었기 때문이다. 전에 그곳에 거주했던 어떤 사람은 그리스도교 형제회가 모두 "한통속이었다"[25]라고 했다. 맥콘빌 아이들 중 일부는 북아일랜드의 가톨릭 시설에서 만난 사람들로 인해 지울 수 없는 마음의 상처를 갖게 되면서 사제 일반에 대한 두려움이 생겨났다. 성인이 되어서도 사제복을 입은 남자만 보면 불안감에 휩싸였다.(훗날 드 라 살 형제회는 그 기간 동안 커커빈에서 광범위한 성적 학대가 벌어졌다는 사실을 시인했다. 나자렛의 집을 관리하는 나자렛 수녀회 또한 신체적 학대가 반복되었음을 인정했다.)[26]

헬렌 맥콘빌은 자신의 의지에 반하는 시설에 있기에는 나이가 너무 많았지만 그렇다고 해서 동생들의 법적 보호자가 되기에는 아직 너무 어렸기에 독립해 나와서 아치나 친구들과 함께 지냈다.[27] 장례식 수의를 만드는 업체에서 일자리를 찾기도 했고, 웨이트리스로 일하기도 했다.[28] 나자렛의 집에서 지내는 동안 셰이머스 맥켄드리라는 동갑내기 소년을 잠시 만난 적이 있었다. 고아원에서 목수 견습공으로 일하고 있던 아이였다. 첫 만남 이후 연락이 끊겼지만 2년 뒤 헬렌이 웨이트리스로 일할 때 다시 우연히 만나 사랑에 빠졌다. 그녀 나이 열여덟에 그들은 결혼했다.[29]

마이클 맥콘빌을 붙들어 둘 수 있는 고아원은 없어 보이던 때가 있었다. 결국 마이클은 숱하게 탈출한 후 또다시 옮겨졌다. 이번에는 뉴튼아즈(북아일랜드 다운주의 도시-옮긴이)에서 그리 멀지 않은 "기술직업" 학교였다.[30] 리즈네빈으로 알려진 그 학교는 주변 지역사회의 항의에도 소년들을 위한 "안전한" 주거 시설로 최근에 설립되었다.[31] 학교라고 부르는 것조차도 약간 완곡한 표현이었다. 리즈네빈은 커커빈과 같은 곳에 있기에는 매우 거칠거나 제멋대로인 아이들을 수용하는 소년원이었다.[32] 마이클의 새 동거인들은 마이클처럼 상습 탈출범이거나 경찰의 범죄자 사진 대장에 강도, 폭행, 무장세력 활동 등으로 체포된 적이 있었던 부적응 청소년들이 포함되어 있었다. 본관은 한때는 웅장했던 대저택의 중앙 건축물을 개조한 것이었다. 이제는 "격리실" 형태를 띠고 있었다. 창문에는 창살이 달려 있고 가구는 다 들어낸 그곳은 잘못된 행동을 한 아이들을 홀로 감금할 수 있는 독방이었다. 부지는 높은 울타리로 둘러싸여 있었는데 누군가 탈출하려고 시도하면 전류가 흐르고 경보가 울리는 장치가 설치되어 있었다.[33]

리즈네빈은 강제노동수용소처럼 보였을지 모르지만 마이클은 그곳이 퍽 마음에 들었다. 그는 훗날 "그때까지 살았던 집 중에 최고"라고 씁쓸하게 농담했다.[34] 직원들은 울타리가 사람들을 안에 잡아두는 게 아니라 들어오지 않도록 하는 거라는 말을 즐겨했는데, 리즈네빈은 "분쟁"의 비극과 광기로부터 봉쇄됨으로써 마이클 맥콘빌과 같은 희생자가 마침내 정착하여 마음을 치유할 수 있는 공간을 만들어냈을지도 모른다. 그 시설은 특정 종교와는 관계가 없었으며, 가톨릭교도와 개신교도 원생들 사이에 종파 간 충돌이 잦았다.[35] 그러나 마이클은 문제의 소지가 될 일을 피했다. 그는 자신에게 마음을 써주는 프랜시스 자매님이라는 친절한 수녀를 알게 되었다.[36] 수녀는 동생들과도 친구가 되어 주었으며, 그 이후 여러 해 동안, 심지어 미국으로 떠난 뒤에도 크리스마스 때마다 안에 1달러를 곱게 접어 카드를 보냈다. 그것은 사소한 표현이었지만 어머니가 없는 맥콘빌 아이들에게는 온 세상을 의미했다.

감옥에서 일시 출소를 하는 것처럼, 마이클은 주말 휴가 대상에 뽑힐 자격을 갖추었기에 벨파스트를 다시 찾아가 아치나 헬렌과 함께 지냈다. 함께 있는 동안 아이들은 어머니에게 일어났던 일에 관해 절대 말하지 않았다.[37] 너무도 고통스러웠기 때문이다. 하지만 한 가족이라는 느낌은 서서히 약화되기 시작했다. 점점 더, 저마다 혼자가 되면서, 용서라고는 찾아볼 수 없는 힘든 영역에서 혼자 힘으로 꾸려나갔다. 마이클은 열여섯 살로 접어들자마자 리즈네빈을 떠나 일자리와 살 곳을 찾아 나섰다. 삶을 찾아 나선 것이었다. 그는 생의 거의 3분 1을 시설에서 생활해왔다. 그러나 열여섯 살이 되자 그들은 문을 열었다. 그것이 그곳의 방식이었다. 그들은 그를 갑작스럽게 해방시키면서 아무런 대비도 시키지 않았다. 아무도 아파트를 빌리거나 일자리를 찾거나 달걀을 삶는 법을 가르쳐주지 않았다. 그냥 내보내기만 했다.

* * *

브렌든 휴즈가 장난감 외판원으로 위장하고 다니다가 체포된 후 롱 케시 교도소로 돌아왔을 때 제리 아담스는 여전히 그곳에서 복역하고 있었다. 아담스는 두 차례 탈옥을 시도했었다.[38] 하지만 그는 휴즈와 같은 전술가가 아니었으며, 붙잡힌 뒤 고생한 대가로 형을 더 선고받았다. 아담스는 롱 케시 교도소에서의 생활에 정착했다. 바깥에서의 삶—도망치고, 매일 밤 다른 침대에서 자고, 누가 문을 두드리면 겁에 질리고, 거리에서 행여 누가 알아보고 그 즉시 총에 맞을까 봐 조마조마한 삶—과 비교하자 일상적으로 예측 가능한 감옥 생활이 편안해졌다.[39] 수감자들이 사는 철조망으로 둘러싸인 반원형 수용소는 "새장"으로 알려져 있었으며 각기 번호가 붙어 있었다. 휴즈와 아담스는 11호 새장을 같이 썼다.[40] 두 혁명가는 수감되기 전에도 가까운 사이였지만 이제 감방이라는 폐쇄된 공간에 같이 살게 되면서 유대감이 더욱 끈끈해졌다.[41] 감방은 외풍이 심하고 편의시설 없이 간소했으며 수용소 사이로 찬바람이 횡횡 불었다. 겨울에는 보온을 위해 장갑처럼 양손에 양말을 끼고 있었다.[42]

그들은 끝없는 대화를 통해 자기 계발을 했다. 늘 학구적인 취향이 있던 아담스는 주변 사람들에게 내면을 단련시키라고 권했다. 수감자들은 강연과 토론회를 조직했다.[43] 그들은—서로 다른 여러 영내와 분리하는 울타리인—"철조망"에서 만나 정치, 역사, 바깥에서 벌어지는 최근 전쟁 소식에 관해 토론했다. 앳된 얼굴의 뚝심있는 한 IRA 수감자는 문화 강좌를 조직했다. 시를 쓰는 그는 이후 공화파 수감자들을 위한 공식 홍보 담당자가 될 터였다. 그의 이름은 보비 샌즈였다. 아담스는 훗날 그곳이 마치 "철조망 상아탑"[44] 같이 느껴졌다고 언급했다. 아담스는 통찰력을 지닌 재치있고 매력적인 대화 상대였다. 그러나 군거성을 좋아하는 성격에도 불구하고 남과 어울리지 않으려고 하는 면이 있었다. 휴즈는 자신을 비종교적일 뿐만 아니라 반종교적이라고 여기게 된 반면, 아담스는 조용히 가톨릭교 교리에 몰두했다. 밤이 되면 휴즈는 피델 카스트로의 연설을 읽었으며, 아담스는 묵주를 굴리며 조용히 기도문을 암송했다.[45]

1970년대 중반 무렵, 아담스는 딜레마에 직면하고 있었다. 1969년에 급진파가 등장하여 통합파와 곧장 맞서 싸우기 시작한 순간부터 영국을 바다로 몰아넣으려면 맹렬하게 최후의 대공격을 펼쳐야 한다는 분위기가 있었다. "분쟁" 초창기에는 작전에 미친 듯이 속도를 내면서 청년들의 사기를 진작하여 신병 모집에 활기를 띠게 하자는 것이 전략적 논지였다. 그렇지만 충돌이 6년째 접어들자 문제가 그렇게 간단치 않은 것으로 드러났다.[46] 수년간의 폭력사태 후, IRA가 대변한다고 주장하는 바로 그 시민들이 종종 가장 큰 타격을 받는다고 느끼게 되면서 급진파에 대한 대중의 지지는 점점 줄어들었다. 한편 영국은 무기한으로 지속되는 충돌에 적응한 듯 보였다. 아담스와 휴즈는 대화를 나누려고 철조망에서 부하들을 만났을 때 교도소에 새로운 시설이 지어지는 것을 볼 수 있었다. 이른바 H동으로, 일단 완성되고 나면 무장세력 억류자들을 더 많이 수용할 수 있을 터였다.

아담스의 아버지인 제리 아담스도 마찬가지로 IRA 조직원이었으며, 공화파의 숭고한 실패의 역사에 딱 들어맞는 1940년대에 벌어진 전투에 참여했었다. 아담스는 자라면서 아버지가 차리는 데 도움을 주었던 친목회관인 펠론즈 클럽에서 하릴없이 시간을 보내는 참전용사들을 보곤 했다. 충돌 초기에 참전했던 사람들이었다. 그곳에서 알버트 프라이스와 같은 사람들은 술을 마시며 전쟁담을 이야기하거나 아쉬웠던 일에 대해 되새기곤 했다. 한 역사학자의 말을 빌리면, "그들에겐 승리보다는 패배가 더 잘 어울렸다. 아일랜드 공화주의는 압제와 그에 따르는 고립적 배타성을 수반하며 번성한다는 느낌이 있었기 때문이다."[47] 1970년대 초에는 해마다 1월이 되면 급진파가 올해야말로 영국을 영원히 몰아내는 해라고 선언하는 게 흔한 일이 되었다. 사이공의 함락을 목격했던 아담스 세대의 사람들에게는 갑작스럽게 정권을 몰락시키는 것이 쉽사리 달성할 수 있는 일처럼 보였다.[48] 그러나 몇 년 동안 엄청난 양의 피를 흘린 후, 해마다 다지는 1월의 결의는 망상인 것으로 보이기 시작하고 있었다. 공화파의 실패에 대한 개념에는 확실히 허무시의 전형이랄 수 있는 비운의 낭만이 서려 있었다. 하지만 제리 아담스는 낭만파가 아니었다.

그는 조직원들에게 이번에는 투쟁이 반드시 무언가를 이루어내야 한다고 했다. 이번 세대의 아일랜드 공화주의자들은 다음 세대의 주자들에게 단순히 배턴만 넘겨주어서는 안 되며, 자신들의 생애에서 변화를 일구어야 한다고 했다.[49] 그렇지만 그렇게 주장하는 순간에도 아담스는 즉각적인 결과를 기대하는 것은 참으로 순진한 생각이라고 논하기 시작했다. 대신 공화주의 운동이 해야 하는 것은 "장기전"으로 알려지게 될 것에 대비해 태세를 갖추어 놓는 것이라고 했다.[50] 사람들에게 단 1년 만에 승리한다는 말을 그만하라고 했다. 자원을 정비하여 더 오래 걸릴 수 있는 싸움을 위한 계획을 세우는 게 더 좋다고 했다.

그것은 쉽게 할 수 있는 주장이 아니었다. 급진파 병사들은 왕당파에게 구타당하고 군인에게 총을 맞고 경찰에게 고문을 당해왔다. 계속 도망다니는 바람에 가족을 방치했으며 이제는 아담스와 휴즈와 더불어 롱 케시에 갇혀 있는 신세였다. 그들에게는 "지금 당장 조금만 더 열심히 싸우기만 하면 이 모든 게 곧 끝날 것"이라는 말이 더 선뜻 와닿을 터였다. 하지만 "우리가 다음에 대대적인 공격을 벌인 후에도 싸움은 끝나지 않을 테니 이런 삶에 익숙해져야 한다. 몇 년이 걸릴 수도 있다. 심지어 수십 년이 걸릴 수도 있다"라고 말하는 것은 완전히 다른 문제였다.

아담스는 또한 승리 자체가 의미하는 바에 관해 말하면서 언어를 미묘하게 조절하기 시작했다.[51] 장기전에 맞서 싸우는 것도 중요하지만, 충돌의 종식이 단지 군사적 승리에서 비롯되는 것이 아니라 다양한 정치적 합의에서 비롯될 가능성이 높다는 것을 인식하는 것도 중요하다고 했다. 무장투쟁은 목적을 위한 수단일 뿐이라고, 아담스는 철조망에서 IRA 청년 조직원들에게 말했다. 목적 그 자체가 아니라는 것이었다.

그가 청년들에게 말했다. "여러분은 정치인입니다."

청년들이 대답했다. "아니, 아닙니다. 우리는 군인입니다."

아담스가 주장했다. "아니, 여러분은 여기서 의식을 깨야 합니다. 정치가 중요합니다."

아담스는 롱 케시 담장 안에서 존경심과 충성심을 자아내고 있었지만 벨파스트와 데리에서 전투를 치르는 의용군들에게도 메시지를 전하고 싶었다. 그래서 1975년에 공화주의 운동 기관지인 「리퍼블리컨 뉴스」에 기사를 연재하기 시작했다.[52] IRA 조직원이 되는 것은 불법이었기에 실명으로 그러한 기사를 쓰는 것은 위험해질 수 있으므로 "브라우니"라는 필명을 썼다. 새로운 칼럼을 작성할 때마다 기사를 교도소 밖으로 밀반출했다. 비밀 문건들—혹은 "통문"이라고 알려진 것들—이 정기적으로 롱 케시 안팎으로 오갔다. 이러한 메모와 서신들은 담배 마는 종이에 깨알 같은 글씨로 쓴 다음 손바닥에 감추고 있다가 면회 온 친구나 배우자에게 전했다.[53] 이런 식으로 교도소 내부의 IRA 지휘구조는 외부의 상대방과 지속적으로 연락을 취할 수 있었다.

「리퍼블리컨 뉴스」는 앳된 얼굴의 대니 모리슨이라는 선전원이 편집했다.[54] 때로는 "브라우니 칼럼"은 아담스 특유의 아무런 감정의 변화도 내비치지 않고 툭툭 던지는 유머를 선보였기에 가벼운 마음으로 읽을 수 있었다. 때로는 과장되게 표현했기에 진정성이 느껴진다기보다는 계산된 감상성이라는 느낌이 더욱 강하게 들기도 했다. 종종 기사는 수감자들이 살고 있는 사정에 관해 외부의 사람들을 교육시키는 목적에 기여했다. 그러나 또한 아담스는 칼럼을 충돌에 대해 자신이 최근에 만든 철학과 씨름하는 데 쓰기도 했다.[55] 신문에 실리기 전에 반응을 보려고 브렌든 휴즈에게 수시로 초안을 건네기도 했다. 하지만 휴즈는 전혀 분석적인 성향이 아니었다. 어떤 때는 아담스의 주장의 요지를 이해하는 데만도 칼럼을 세 번이나 읽어야 했다.

1977년, 아담스는 석방되었다. 마지막 날, 그는 휴즈와 운동장을 거닐며 전략을 이야기했다.[56] 그는 IRA와 연관된 정치조직인 신페인(Sinn Féin, 아일랜드의 정당이자 IRA의 정치조직. 정치적으로는 강경민족주의 노선을 표방하면서 북아일랜드의 독립과 아일랜드 통일을 주장하고 있다-옮긴이)당이 무장조직과 더욱 "협력하여" 운영할 필요가 있다고 믿게 되었다. 또한 급진파의 구조를 개혁해야 한다고 믿었다. 전통적으로 IRA는 영국군의 계급체계를 모방했다. 그러나 아담스는 급진파가 라틴 아메리카 무장단체의 전형적인 세포조직 형태를 채택하면서 자체적으로 재발명해야 한다고 믿었다.[57] 그랬을 때 다음과 같이 더욱 안전하다는 것이었다. 즉, 만약 당국이 총기범 한 명을 신문해 전향시킨다 하더라도 그는 전체 지휘부가 아니라 자신이 접촉하는 특정 세포만 알기에 한층 더 안전할 수 있다. 아담스가 제안하고 있는 것은 야심찬 조직 개편이었다. 그것은 IRA가 장기전에 맞서 싸울 수 있는 청사진이기도 했다. 롱 케시에서의 마지막 날, 소지품을 갈색 종이봉투에 담은 아담스는 정문으로 걸어가기 전에 휴즈를 끌어안았다.[58] 그는 뒤에 남아서 롱 케시에서 모든 것을 통제하는 휴즈의 일이 둘 중에서 더 부러운 일이라고 농담했다.[59] 아담스는 이제 자유의 몸일지는 몰라도 IRA를 재발명해야 하는 더욱 벅찬 과제를 안고 있었다.

* * *

진실은 휴즈의 일이 결코 쉽지 않다는 데 있었다. 1975년 말, 억류가 공식적으로 종료되었다.[60] 그때부터는 정치범으로서 무기한 구금되어 있는 게 아니라 일반 범죄자들처럼 무장세력 용의자로 기소될 터였다.[61] 의미론적으로만 보자면 단순한 분류의 문제로 보일 수도 있지만 그 차이는 공화파 정체성의 정곡을 찌른다는 데 있다. IRA 의용군을 범죄자라고 부르는 것은 무기를 들고 일어나게 했던 바로 그 기본 토대를 비합법화하는 것이었다. 폭탄테러와 유혈 사태에 직면했을 때조차도 런던에 있는 정부는 "분쟁"을 전쟁이라고 부르기를 완강하게 거부했었지만 IRA 입장에서는 휴즈와 동지들은 군인이었으며 혹여잡혀도 전쟁 포로로 붙들려 있게 되는 것이었다. 억류는 그 자체로 문제가 있었다. 즉, 기소 없이도 체포되어 몇 년 동안 재판도 없이 감금될 수 있었다. 하지만 억류자들은 일반적으로 철창 안에서 사복을 입을 수 있었으며 동료 무장세력과 자유롭게 어울릴 수 있었다. 이제 억류가 종료되면서 무장세력 활동으로 유죄 판결을 받은 사람은 누구라도 롱 케시의 새로운 시설인 H동의 독방에 갇히게 되었다. 교도소에서는 죄수복을 지급했다. IRA 의용군인지 좀도둑인지는 상관없었다. 모두 동일한 죄수복을 입었다.[62]

1976년 가을, 공화파 수감자들은 교도소에서 지급하는 죄수복을 입는 것을 거부하고 소위 "담요투쟁"을 개시하며 저항했다.[63] 런던에서 체포된 후 프라이스 자매가 했던 것처럼 수감자들은 벌거벗은 채 담요를 둘렀다. 시위자들이 부르는 짤막한 노래가 담장 안에 울려 퍼졌다.[64]

> 나는 죄수복을 입지 않으리
> 고분고분 복역하지도 않으리
> 영국이 아일랜드의 투쟁을
> 8백 년에 걸친 범죄라고 낙인찍으므로.

시위자들이 원하는 것은 그들을 사실상 전쟁 포로로 분류하는 "특별대우" 지위였다.[65] 그러나 당국은 이를 승인하지 않았다. 롱 케시 내부에서 재소자들과 간수들 사이의 관계가 악화되었으며, 상호간에 끝도 없이 계속되는 갈등이 점차 자리잡았다.[66] 시위자들은 죄수복을 입는 것을 거부하긴 했지만, 그래도 처음에는 샤워하거나 화장실을 쓰려고 감방을 나서기는 했다. 완강한 저항에 짜증난 교도관들은 그들이 이동하는 중에 때때로 구타했으며 수건으로 몸을 말리거나 가리는 것을 제한했다. 그래서 시위자들은 감방을 나서는 것마저도 완강하게 거부하기 시작했다.[67] 교도관들은 변기통을 비우려고 수거하며 감방마다 돌아다니는 수밖에 없었다. 하지만 수감자들은 변기통을 비스듬히 기울여 감방문 밑의 복도로 오줌을 흘려보내기 시작했다. 그리하여 담요투쟁은 "안 씻기 투쟁"이 되었으며 급기야 "불결투쟁"으로 나아갔다.[68] 교도소내에 소변이 줄줄 흘렀기에 교도관들은 이제 깨끗이 닦아야만 했다. 그것은 이제 시위자들로 하여금 똥은 과연 어떻게 해야 할 것인가에 관한 숙제를 남겼으며, 교도소 내 지휘관인 휴즈에게 그 딜레마를 제기했을 때 휴즈는 이렇게 제안했다. "벽에 똥칠하자."[69]

휴즈와 조직원들은 벌거벗은 데다 불결하기까지 했다.[70] 수염은 아무렇게나 텁수룩하게 기르고, 엉겨 붙은 머리는 감지도 않고 있었다. 그런데 이제는 교도소 벽을 단단한 배설물로 칠하기 시작했다. 벽에는 반 고흐의 달과 미치광이 같은 문양들이 소용돌이쳤다. 꼭 정신병원 같은 모습을 띠었다. 구더기들이 들끓기 시작하더니 질병의 위협이 발생하기 시작했다. 간수들이 더러운 배설물로 뒤덮인 감방으로 쳐들어가 뼈만 앙상한 수감자들을 끌어낸 다음 그들의 몸에 호스를 뿌려대는 동안 다른 간수들은 그 불결한 공간에 들이닥쳐 물과 소독약을 뿌려댔다. 그러나 시위하는 재소자들을 이제 막 깨끗이 닦아낸 감방에 다시 가둬봤자 별반 다를 바 없었다.[71] 단 한 번의 신진대사 주기만으로도 그에게는 감방을 훼손할 수 있는 도구가 제공되기 때문이었다. 방문사역을 하는 한 신부는 교도소를 살펴보고는 수감자들을 "캘커타 빈민가의 하수관에 사는 사람들"에 비유했다.

표면상으로는 그 모든 시련에—부조리를 다룬 연극에서 아방가르드한 실험을 하듯—우스꽝스럽게 기괴한 면이 있다면 밑바탕에는 한층 친숙한 면이 깔려있었다. 즉, 또 하나의 벼랑 끝 전술이었던 것이다. 수감자들의 요구는 비교적 단순했다. 죄수복을 입지 않을 권리, 다른 수감자들과 자유롭게 어울릴 수 있을 권리, 우편물을 받을 권리를 원했다. 그러나 양측은 점점 더 핏대를 세웠기에 서로 적수들의 결의를 더욱 공고히 할 뿐으로만 보였다. 누가 먼저 항복할 것인가?

* * *

아담스는 이제 교도소에 없긴 했지만 밀반출된 "통문"을 통해 휴즈와 긴밀히 연락을 취하고 있었다.[72] 그는 급진파 조직 개편에 성공했다.[73] 북부 사령부를 창설함으로써 무게중심을 더블린에서 이동시켰다. 아담스는 정치적 차원에서 투쟁을 하지 않는 한 장기전에서 이길 수 없다는 견해에 점점 더 목소리를 높이고 있었다. "우리는 IRA의 무장투쟁 승리만으로는 공화국을 건설할 수 없습니다"라고 1980년의 한 행사에서 선언했다. "제국주의자들과 마찬가지로, 우리는 군사적 수단을 통해서만은 승리가 불가능하다는 것을 깨달아야 합니다."[74]

아담스는 무장투쟁과 병행하여 출마를 위한 정치운동을 벌이자고 주창하고 있을지라도 폭력적인 수단을 버리라고 권고하지는 않고 있었다. 1979년 8월, 엘리자베스 2세의 사촌으로 인도의 마지막 총독으로 부임했던 루이 마운트배튼 경이 슬라이고주 연안에서 조금 떨어진 도네갈만에서 본인 소유의 낚싯배를 타고 있을 때 무선으로 조종되는 폭탄이 터져 배를 성냥개비처럼 산산조각내고 그와 그의 가족 두 명, 에니스킬른(북아일랜드 서부에 위치한 퍼매너주의 주도이자 최대 도시-옮긴이) 출신의 현지 청년 한 명을 죽이는 사건이 발생했다.[75]

그해, 새 총리가 런던의 다우닝 스트리트 10번지(영국 총리의 공식 관저를 뜻함-옮긴이)에 입주했다. 마거릿 대처는 보수당의 지도자였으며 그때 벌써 강철 같은 의지로 유명했다. 그녀가 아직 소녀였을 때 2차 세계대전이 벌어졌는데 고향인 잉글랜드 동중부의 그랜섬이 나치의 폭격을 받았다.[76] 가장 가까이에서 북아일랜드에 관한 자문을 담당했던 이는 선거운동 본부장 출신의 강경파 보좌관 에리 니브였다.[77] 니브 본인도 전쟁 포로였는데 악명 높은 나치 포로수용소인 콜디츠 성(독일 작센주의 콜디츠에 있는 성-옮긴이)에서 탈옥한 전력이 있었다. 니브와 여러 차례 대화를 나누면서 부분적으로 영향을 받은 대처는 취임 후 북아일랜드를 주데튼란트와 다소 비슷하다고 여기게 되었다. 체코슬로바키아의 그 지방은 독일 민족이 대부분으로 전쟁 직전에 히틀러에 의해 합병되었다. 주데튼란트의 독일인들과 마찬가지로 북아일랜드의 가톨릭교도들도 지리적 요인의 희생자였을 수는 있지만 대처의 견해로는 그렇다고 해서 그들에게 분리할 권리를 주어 이웃나라와 하나가 되도록 합쳐지게 해서는 안될 일이었다. 대처는 "분쟁"을 부채질하고 영속시키는 미묘한 인구통계학적 요인에 관한 보고를 받고는 이렇게 중얼거렸다. "흐음, 주데튼란트와 비슷하군요."[78]

대처가 아일랜드 문제에 대해 강경노선을 취할 태세를 갖추고 있는 것으로 보였다면, 그러한 입장은 취임하기 직전에 일어난 일로 재확인되었을 뿐이었다. 1979년 3월 30일, 에리 니브가 하원 의사당 주차장에서 차를 몰고 나오고 있을 때 운전석 밑에서 폭탄이 터져 사망했다.[79] 폭탄은 급진파가 아니라 또 다른 공화파 단체인 아일랜드민족해방군Irish National Liberation Army이 자신들이 설치해 놓았으니 그 공격이 자신들 공이라고 떠벌렸다. 소식을 접한 직후 비탄에 잠긴 대처는 특유의 침착함을 유지하려고 애쓰며 니브가 "자유의 전사 중 한 사람으로 용감하고 충실하고 진실한" 사람이었다고 했다.[80] 총리취임을 앞둔 지 채 두 달도 남지 않았을 때 벌어진 이 살상은 그녀에게 향후 어떤 형태의 아일랜드 공화주의자에게든 비타협적인 태도를 취하겠다는 발판을 마련해주었다.

대처가 새로운 일인 총리직을 시작할 무렵, 롱 케시에서는 수백 명의 남자들이 "불결투쟁"에 참여하고 있었다.[81] 시위 참가자들의 의지력은 범상치 않았다. 훗날 그중 한 사람은 이렇게 회상했다. "어떻게 자랐건 간에 그간 사회화되었던 모든 것, 기본적인 위생과 예의범절에 관해 그때까지 배운 모든 것에 역행하고 있었다."[82] 간수들과의 긴장감만으로는 충분히 고조되지 않았다는 듯 급진파는 비번인 교도관들을 겨냥하여 살해하기 시작했다.[83] 하지만 그래도 영국은 수그러들지 않았다. 북아일랜드 담당장관 로이 메이슨은 1976년에 억류 및 특별대우 지위를 종료하면서 IRA 수감자들을 "폭력배이자 깡패"[84]라고 칭했다. 대처도 한목소리를 냈다. "정치적 살인, 정치적 폭탄테러, 정치적 폭력 따위 같은 것은 없습니다. 우리는 그러한 것에 타협하지 않을 것입니다. 정치적 지위는 없을 것입니다."[85] 그녀는 조만간 유명해지게 될 딱딱한 어구를 썼다. "범죄는 범죄이기에 범죄입니다."[86]

1980년 가을, 브렌든 휴즈는 한 단계 더 악화하는 것으로 대응했다.[87] 그는 단식투쟁에 대한 계획을 발표하고 지원자들을 요청했다. 의욕 넘치는 백 명 정도의 사람들이 자청했다. 일곱 명으로 구성된 팀이 선정되었다. 단식투쟁에 참여하기로 결정한 휴즈가 그들을 이끌 터였다.[88] 그는 본인이 할 준비가 되어 있지 않은 것을 부하에게 요구하지 않는 것에 대해 항상 자긍심을 갖고 있었기 때문이다. 10월 마지막 주, 그들은 음식을 거부하기 시작했다. 몇 주 동안 감방에 앉아있으면서 휴즈는 점점 더 쇠약해져 갔다. 두 뺨은 쏙 들어갔고 텁수룩한 검은 수염과 긴 머리는 고대의 예언자 같은 모습을 띠었다. 교도소 의사는 데이비드 로스라는 남자였다.[89] 그는 휴즈에게 친절했다. 아침마다 교도소의 수돗물보다 좋다면서 신선한 샘물이 든 병을 감방으로 갖고 들어왔다. 침대 끄트머리에 앉아 휴즈에게 낚시와 산과 강과 개울에 대해 이야기

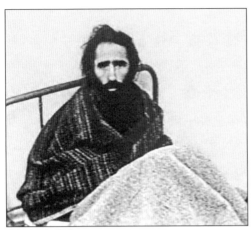
단식투쟁중인 브렌든 휴즈.

하곤 했다.

　브렌든 휴즈는 비할 데 없이 뛰어난 전술가로서 명성을 떨쳐왔으나 단식투쟁에서는 애초에 중대한 전술적 실수를 한 가지 범했다. 일곱 명 모두가 동시에 단식투쟁에 돌입했기 때문에 결국 그중 하나가 첫 번째로 죽음의 문턱에 다다르게 될 터였다.[90] 다른 여섯 명은 단식투쟁을 철회하여 그를 구하든지 아니면 단호하게 밀어붙여 그를 죽도록 내버려 두는 수밖에는 없을 터였다. 단식투쟁가들 중 한 명으로 뉴리 출신의 숀 맥케나라는 스물여섯 살 청년이 있었다.[91] 휴즈는 맥케나가 단식투쟁에 참여하는 것을 원치 않았지만 그가 고집했다. 일단 단식이 시작되자 그는 급속도로 건강이 악화되었고 결국엔 병동에서 휠체어 신세를 져야 했다. 단식투쟁이 진행되면서 맥케나는 더욱 두려워졌고 어느 순간 휴즈에게 "검둥이, 제발 나를 죽게 내버려두지 마세요"라고 했다.[92] 휴즈는 맥케나에게 그러지 않겠노라고 약속했다.

　크리스마스 직전, 맥케나는 혼수상태를 오가기 시작했다.[93] 휴즈는 병동에서 잡역부들이 그를 황급히 들것에 싣는 모습을 보았다. 신부 둘이 로스 박사와 함께 서 있는 것을 보았다.[94] 휴즈가 개입하지 않는다면 그 청년은 죽을 것이며, 셰어머스 라이트와 케빈 맥키에게 했던 사면 약속을 어겼듯이 자신이 한 약속을 어기게 될 터였다. 그렇지만 휴즈가 개입한다면 단식투쟁은 끝날 터였다. 그러면 단식투쟁가들은 쓸데없이 힘만 써버린 진 투쟁이 될 터였다. 휴즈는 병동에서 부패하고 있는 시체 냄새를 맡을 수 있었다.[95] 자신의 몸이 썩어들어 가는 냄새를 의식하고 있었다. 마침내 그가 외쳤다. "그에게 먹을 것을 주시오!"[96] 그렇게 단식투쟁은 끝났다.

　　의사는 잡역부들에게 스크램블드에그를 준비하라고 지시했다.[97] 53일간의 단식을 마친 뒤 다시 먹기 시작하자 휴즈의 몸은 서서히 회복되었고 체중도 다시 늘었다. 그러나 단식투쟁을 망친 것이 몹시 수치스러웠다.[98] 수감자들은 거의 즉시 두 번째 단식투쟁에 돌입하기로 결정했다. 이번에는 시차를 두어 한 사람이 시작하면 일주일 정도 뒤에 또 다른 사람이 시작하고 그 다음에 세 번째 사람이 또 일주일 정도 뒤에 시작하는 식이었다.[99] 그런 식으로 전개하면서, 단식투쟁을 계속할 것인지 여부에 관한 결정은 집단적인 결정이 아니었다. 죽을지 말지에 대한 결정은 전적으로 단식투쟁가 각자에게 달려 있었다. 휴즈는 아직도 회복 중이었기 때문에 수감자들은 이 두 번째 단식투쟁을 위해 새로운 지도자를 선출했다. 첫 번째로 음식을 거부하기 시작한 사람이 짐작건대 가장 먼저 죽는 사람이 될 터였다. 그들은 예술 프로그램을 조직했던 젊은 의용군 보비 샌즈를 선택했다.

16

시계태엽장치 인형

벨파스트에서 자동차로 약 한 시간 거리에 있는 아마주의 예쁜 대성당 마을은 꼭 로마처럼 일곱 개의 언덕 위에 세워져 있다. 두 대성당의 첨탑이 하늘을 배경으로 우뚝 솟아 있으며 그 근처에 여성 전용 감옥이 있다. 빅토리아풍의 석조 건물로 된 감옥이다. "분쟁"이 발발하기 전에 아마 교도소는 어느 때고 거의 십여 명 이상의 여성을 수용하는 일이 없었다.[1] 재소자들 대부분은 취태나 매춘, 사기 혐의로 수감되어 있었다. 그러나 1970년대에 돌러스와 마리안 프라이스가 도착했을 때는 백 명 이상의 여성이 수용되어 있었으며 그중 많은 이들이 공화파 활동에 관여했었다.[2] 자매를 여성 전용 감옥으로 옮기기로 한 결정은 무시무시하게 위험한 자매들이라는 문제를 제기하면서 논란에 불을 붙였다. 한 통합론주의자 정치인은 이러한 수감 처리 방식을 두고 "종이봉지에 비단뱀을 넣어두는" 것에 비유했다.[3]

프라이스 자매가 담장으로 둘러싸인 시설에 들어서자 한 무리의 IRA 여성이 손수 만든 현수막을 들고 집결해 있었다. "돌러스와 마리안의 귀국을 환영합니다."[4] 감옥 내부로 들어가는 동안 그들은 다른 여자들이 감방 안팎에서 신경질적으로 훑어보는 것을 볼 수 있었다. "쟤들이야?"[5] 누군가가 속삭였다. 그들은 유명인사였다. 훗날 동료 수감자 중 한 명은 이렇게 회상했다. "우리는 그들에 관한 얘기를 파다하게 들었죠. 나는 해골 두 구를 볼 거라고 예상했어요." 그런데 오히려 그녀는 '마치 영화배우 둘이 온 것 같다'는 생각이 들었다. 다른 여자들은 그들이 도착하기 전에 그곳을 깔끔히 치워놓는 것을 잊지 않았다.

자매는 감옥 내에서 허튼짓을 용납 않는 IRA 지휘관 아일린 히키를 소개받았다. 아주 만만찮은 상대라 간수들도 그녀의 말에 귀 기울일 정도라고 평판이 나 있었다. 그러나 아마의 교도관들은 돌러스 프라이스가 이전에 접했던 어떤 교도관들보다 훨씬 더 느긋했다. 그들은 뒤로 물러서서 창가에서 어슬렁거리며 수감자들에게 충분한 공간을 내주었다. 여자들 중 한 명이 감자를 튀겼다. 돌러스는 아주 맛있게 먹었다. 몇 년 동안 그렇게 맛있는 것을 먹어본 적이 없었다.

이 이미 만들어진 공동체는 브릭스턴보다 단연코 대접이 좋았다. 하지만 2년 동안 갇혀 있으면서 사력을 다해 단식투쟁을 하고 언론의 주목을 받게 된 후 프라이스 자매는 정치적 활동에서 다소 후퇴할 자세 또한 되어 있었다. 나이가 들면 혁명의 최전선에 나서고 싶은 욕망이 억제되기 마련이다. 그리고 자매는 이제 나이를 먹어가고 있었다. 또한 아마로 이송되기 위해 그간 싸움을 벌여왔던 것과 애초부터 폭탄테러 임무에 대해 전혀 사과할 생각 없이 기꺼이 복역하겠다고 말해왔던 것을 자매가 이제 쟁취했다고 느꼈을 수도 있다. 1975년 3월, 그들은 특별대우 지위를 받았다. 이는 다른 재소자들에게 요구되는 것과 달리 감옥의 세탁실과 재봉실에서 일할 필요가 없다는 것을 뜻했다. 그들은 사복을 입을 수 있었고 특별대우 수감자들을 수용하는 새로 지어진 구역에서 지낼 수 있었다. C동이라고 불리는 그곳은 비교적 널찍했다. 꼭 호텔방처럼 텔레비전이 있는 방 하나와 주방 겸 부엌도 하나 있었다.

수감자들이 "빅 수지"라고 부르던 뻐드렁니가 난 간수장은 잉글랜드의 교도관들만큼 매정하지 않았다.[13] 보안은 훨씬 덜 삼엄했으며 재소자들은 오래도록 자신의 감방에서만 머무르지 않아도 되었다.[14] 낮 동안에 돌러스는 그림을 그리고 편지를 썼다.[15] 자매는 통신 강좌도 받을 수 있었다.[16] 수공예품을 만들어 외부에서 팔아 대의를 위한 기금을 마련할 수도 있었다.[17] 돌러스는 썩 즐기지는 않지만 가죽공예 일을 했다.[18] 그녀는 브릭스턴에서 복역하던 시절 자매를 지지해준 영국 상원의원 페너 브록웨이에게 보낸 편지에서 아흔두 번째 생일선물로 그를 위해 만들고 있던 지갑에 대해 묘사하며 우편으로 보낼 테니 "북아일랜드에서 온 작은 소포"를 보고 폭탄이 아니니 놀라지 말라는 농담을 했다.[19] 밤에 자물쇠가 채워지면 분리된 방에 갇힌 여성들은 서로 얘기를 나누곤 했다. 누군가가 묵주알을 굴리면서 아일랜드어로 기도를 선창하기도 했다.[20] 어떤 때는 유령 이야기를 했다. 돌러스에게 아마 교도소는 교사가 없는 기숙학교처럼 느껴졌다.[21] 그 시기에 찍은 사진에서 자매는 미소 짓는 동료 수감자들과 함께 포즈를 취했는데 그들을 둘러싸고 있는 환경에도 불구하고, 아무튼, 상당히 화려해 보인다.

그러나 이 새로운 삶이 이전의 삶보다 나아졌다고는 하지만 여전히 수감

아마 교도소에서 찍은 사진. 왼쪽부터 마리안 프라이스, 돌러스 프라이스.

중인 삶이었으며 얼마 안 가 점점 따분해졌다. 한 주 한 주 지나면서 돌러스는 감옥 창문을 통해 볼 수 있는 하늘에 시선을 고정시키기 시작했다.[22] 조그만 정사각형의 푸른 하늘이었다. 아마 교도소의 일부 여성들은 자신들만의 불결투쟁을 시작했다.[23] 하지만 프라이스 자매는 참여하지 않았다. 그들은 미묘한 방식으로 운동에서 발을 빼기 시작했다. 훗날 돌러스는 말했다. "상황이 약간 삐딱하게 돌아가기 시작하면 만사에 의문을 품기 시작하죠."[24] 1978년 2월, IRA는 벨파스트 외곽의 라 몽 하우스 호텔을 공격했다.[25] 당시 호텔은 민간인들로 붐비고 있었다. 폭탄은 열 두명의 목숨을 앗아갔고 수십 명에게 중화상을 입혔다. 돌러스는 이렇게 회상했다. "그런 상황이 발생하면 "대체 이게 뭐하는 짓이지?"라고 말하게 마련이잖아요. 사람들을 불태워 죽이고 싶어서 내가 지금 여기 있는 건가? 사람들을 완전히 잿가루로 태워버리고 싶어서 내가 지금 여기 있는 거냐고?"[26] IRA가 돌러스에게 불결투쟁에 불참하기로 선택한 다른 공화파 여성들과 어울리지 말라고 명령했을 때 그녀는 조직을 단념했다. 그 명령에 복종할 수 없었기 때문이다. 그녀와 마리안 둘 다 IRA에서 치른 희생으로 전설적인 지위를 얻었지만, 그때부터 돌러스는, 그녀 말에 따르면, "프리랜서 공화파"[27]가 되었다.

페너 브록웨이에게 보낸 편지에서 돌러스는 폭력의 유효성에 대해서도 재고하기 시작했음을 분명히 밝혔다. 브록웨이는 최근 북아일랜드 담당장관에 임명된 험프리 앳킨스에게 편지를 썼다. "동생인 마리안도 마찬가지지만 돌러스는 IRA의 폭력이 완전히 잘못되었다는 것을 확신하게 되었습니다. 나는 마리안에게 말했던 것처럼 돌러스에게도 만약 자매가 출소하면 이전의 활동과 절연했다는 이유로 IRA의 총에 맞을지도 모르니 감옥에 있는 게 더 안전할 거라고 했습니다."[28] 그러나 그 무렵 프라이스 자매는 정치보다 더욱 다급하고 즉각적인 고통과 맞서 싸우고 있었다.

돌러스는 훗날 말했다. "우리는 음식이나 식사와 정상적인 관계를 맺어본 적이 없었어요."[29] 잉글랜드에서 몇 달 동안 굶주림과 강제취식을 한 것은 영 양학과의 관계를 돌이킬 수 없이 복잡하게 만들었다. 단식투쟁을 벌이는 동 안 돌러스는 "몸은 음식을 원한다고 말하고 있는데 나는 내 몸에 대고 "아니, 넌 먹을 수 없어… 내가 너에게 음식을 준다면 우린 이 투쟁에서 이기지 못할 거야"라고 말하고 있었죠. 그러니 마음을 아주 단단히 먹을 수밖에요. 바위처 럼 단단하지 않으면 음식을 먹을 테니까. 아시겠지만 그게 바로 몸이 하는 일 이기 때문이죠. 그게 바로 우리가 하는 일이거든요. 우리는 음식을 먹어야 사 니까"라고 지적했다. 금욕하는 그 일을 겪은 후 돌러스는 강제취식이 트라우 마만 악화시켰다고 했다. "몸에 음식물을 주입하는 전 과정을 통해 우리는 생 명을 유지하는 과정과 한층 더 멀어지기만 했어요." 그 결과 그녀는 "우리 둘 다 결국 음식의 기능에 대해 아주, 아주, 아주 왜곡된 생각을 갖게 되었고, 우 리 둘 다 음식을 먹는 과정과 제대로 된 관계를 다시 맺는 게 매우 어렵다는 것을 알게 되었습니다"라고 결론지었다.

아마 교도소가 서로 친밀한 관계를 유지하는 한정된 공간이라는 사실도 사회적 전염의 요소로 일부 작용했을 수 있다. 시설의 다른 여성 몇 명이 최 근 거식증에 시달렸다.[30] 자매는 더는 단식투쟁을 하지는 않았으나 이제는 그 들 역시 곡기를 끊었다. 마리안의 체중이 급격히 떨어지기 시작했다. 정부 기 밀 평가서에 따르면 결국 "그녀를 감옥에 두는 것은 (아무도 살해당하지 않은 범 죄인데도 범죄를 저질렀다는 이유로) 죽도록 내버려두는 것"[31]이라고 결론지었다.

1980년 4월 30일, 마리안은 교도소에서 풀려나 자발적으로 벨파스트에 있는 로열 빅토리아 병원에 가명으로 입원했다.[32] 정부 대변인은 그녀가 "지난

3년간 집중치료를" 받아왔지만 더는 아마에서 치료를 받을 수 없다고 했다.[33] 5월 1일, 그녀는 병원에서 퇴원했다.[34] 그 소식은 대중들의 격렬한 항의를 불러일으켰다. 영국의 타블로이드판 신문들은 거식증은 최근 IRA가 영리하게 취하는 계략일 뿐이라며 그녀가 매끄럽게 탈옥하려고 수작을 부린 거라고 시사했다.[35]

돌러스는 동생이 법적 처벌을 받지 않고 자유로이 걸어서 나가는 것을 보고 쾌재를 불렀다. 죽을 뻔했던 마리안이 이제 살아난 것이었다. 하지만 내심 갈등이 일었다. "속으로는 우리가 모든 것을 함께 헤쳐나갔기 때문에 이번에도 다시 함께할 거라는 생각과 바람이 늘 마음 한구석에 있었어요"라고 훗날 그녀는 말했다. 자매는 언제나 알버트의 딸들로, 학생 시위자들로, "무명인들"의 일원으로, 수감자들과 단식투쟁가들로, 늘 함께 묶여 있었다. 이제, 처음으로, 자매는 떨어지게 되었다. 돌러스에게 그것은 "쌍둥이에게서 내가 떨어져 나간 것처럼"[36] 느껴졌다.

* * *

브렌든 휴즈와 마찬가지로 보비 샌즈도 개신교도 동네에서 가톨릭교도로 자랐다. 그러나 샌즈가 일곱 살이 되었을 때 이웃이 그와 그의 가족이 가톨릭교도라는 사실을 알아챘고 그들은 집에서 쫓겨났다.[37] 결국 샌즈는 IRA에 가담했다. 1981년 3월 1일, 그는 음식을 끊었다.[38] 마지막 끼니로 먹은 것은 감옥에서 배급하는 오렌지 하나였다.[39] 쓴맛이 났다. "나는 또 하나의 떨리는 세계의 문턱에 서 있다."[40] 샌즈는 단식투쟁에 돌입하면서 화장실 휴지장에 썼다. "주님께서 내 영혼에 자비를 베푸시길." 2주 뒤, 두 번째 시위자가 단식투쟁을 개시했으며, 그로부터 1주일 후 세 번째 시위자가, 그러다 결국 롱 케시의 단식투쟁가는 열 번째까지 갔다. 마거릿 대처가 이번에는 이전의 단식투쟁보다 좀더 동정심을 가질 거라고 생각할 만한 근거는 전혀 없었다. "최근 몇 달 동안 신임이 떨어진 대의의 실패에 직면한 폭력적인 사람들이 최후의 수단으로 쓸 수 있는 카드를 선택했다"[41]라고 대처는 말했다.

그러나 샌즈가 단식투쟁을 개시한 지 나흘 후, 프랭크 맥과이어라는 정치인이 사망하면서 일련의 극적인 사건에 방아쇠를 당겼다.[42] 맥과이어는 영국 하원에서 퍼매너 및 사우스 타이론 선거구를 대표하며 의석을 차지했던 민족주의자였다. 그의 갑작스러운 죽음으로 인해 보궐선거를 치르게 되었다. 처음에는 맥과이어의 형제가 의석을 이어받으려고 출마를 검토했지만 일부 공화파들이 재고할 것을 촉구했다. 있을 법하지 않은 기발한 계획이 꾸며졌다. 보비 샌즈가 옥중 출마하는 것이었다. 이는 필시 언론과 대중의 주목을 받으며 커다란 반향을 불러일으킬 터였다. 단식투쟁가들 중 한 사람이 공직에 출마하는 것보다 단식투쟁에 대한 대중의 지지와 관심을 끄는 더 좋은 방법이 무엇이 있겠는가? 샌즈가 이긴다면 단식투쟁의 역학관계를 뒤집을 수 있을 터였다.[43] 즉, 영국 정부는 담요를 뒤집어쓴 꾀죄죄한 남자가 감옥에서 죽는 것은 내버려두겠지만 의회 의원이라면 어떨까?

이 수는 급진파로서는 혁명적인 출발을 의미했다.[44] 역사상 공화파들이 선출직에 후보로 출마했던 경우는 더러 있었지만 운동은 오랫동안 의정 활동을 의심해왔다. 여러 세대를 거치면서 많은 공화파들은 정치와는 아예 담을 쌓은 채 "기권주의" 전통을 고수했다. 의회제도에 의해 혁명적 열정이 너무 쉽게 희석될 수 있다는 느낌이 있었던 것이다. 1969년 온건파와 급진파 간에 분열이 일어난 원인의 일부는 여기에 있었다.[45] 즉, 온건파가 지나치게 정치적으로 되면서 정치가 필연적으로 합의를 도출할 거라는 느낌이 있었던 것이다.

제리 아담스는 "적어도 북아일랜드에서는 공화파들이 투표하지 않는 것이 수십 년 전부터 내려온 전통"이라고 했다. 그러나 그는 IRA와 신페인당에 의한 더 큰 정치 조직을 주장하기 시작하면서 처음으로 새로운 방식의 공화파 정치의 가능성을 보았다. 그는 "맹세코 신페인당이 이 땅에서 권력을 거머쥘 때가 올 것"[46]이라고 했다.

투쟁이 보다 정치적이 될 수 있는 방법을 모색해오고 있던 아담스에게 샌즈가 선거에 나가는 것은 보기 드문 기회에 해당하는 것이었다. 북아일랜드에는 IRA의 폭력을 지지하지는 않지만 공화파 단식투쟁가가 선출직으로 나가면 흔쾌히 투표할 사람들이 많았다. 「리퍼블리컨 뉴스」의 편집자인 대니 모리슨과 함께 작업하면서 아담스는 표면적으로는 모순을 구체화하는 것처럼 보이는 새로운 철학을 구상하기 시작했다. 즉, 신페인당은 공직에 후보를 내는 한편 IRA는 계속해서 영국과 유혈전쟁을 일으킨다는 것이 그것이었다. 모리슨은 마침내 신페인당 집회에서 유명한 경구로 묻는 전략을 취했다. "한 손에는 투표용지를 들고 다른 한 손에는 아말라이트 소총을 들고 아일랜드에서 권력을 거머쥘 수 있다면, 여기에 반대하는 사람 있습니까?"[47]

1981년 4월 10일, 보비 샌즈는 하원의원으로 선출되었다.[48] 그는 41일 동안 음식을 전폐하고 있었다. 그러나 그때조차도 그의 요구는 받아들여지지 않았다. 샌즈의 상태는 계속 악화되었고, 이제 마거릿 대처는 위기에 봉착했다. 4월 25일, 대처는 북아일랜드 담당장관 험프리 앳킨스와 얘기를 나누었다.[49] "샌즈가 확정되었답니다." 앳킨스가 말했다.

"며칠밖에 남지 않았군요." 대처가 말했다.

"이삼일 정도라고 합니다. 하지만 솔직히 말해, 마거릿, 그들도 정말 모른답니다."

"저런." 대처가 확 짜증내며 말했다. "누구도 그런 경험이 많은 입장은 아니기 때문이겠지요."

앳킨스는 단식투쟁가들이 시차를 두고 있기 때문에 설령 샌즈가 사망하고 정부가 격렬한 반발과 나쁜 여론을 무사히 헤쳐나간다 하더라도 다음 단식투쟁가가 몇 주 뒤에 또 사망할 가능성이 높다고 지적했다. "매주 그런 일이 일어나는 것을 막을 수 있다면 정말 좋겠습니다. 제 생각에는 약한 고리가 하나 있을 것 같습니다."

대처는 "만약 한 명이 죽고, 두 번째가 죽고, 세 번째가 죽은 다음, 아무 일도 일어나지 않는다면" IRA 지도부가 단식투쟁을 계속하는 것을 허용하지 않을 거라고 추측했다.

"그다지 끌리지는 않는군요." 앳킨스가 말했다.

"저런. 그렇지요." 대처가 동의했다.

* * *

돌러스 프라이스는 단식투쟁에 관한 소식에 열심히 귀 기울였다. 하지만 마리안이 아마 교도소를 떠난 이래 점차 맥이 풀리기 시작했다.[50] "마리안 없이는 난 아무것도 아닌 거였어요"라고 돌러스는 회상했다. 체중이 급격히 떨어지면서 점점 혼자만 있는 시간이 많아지고 불안정해졌다. 1980년 5월 어느 때인가 수면제를 십여 알 삼켰다.[51] 진짜 자살하려는 마음에서 나온 것인지 아니면 도와달라는 외침인지는 분명하지 않지만 교도소 의무실에서 위세척을 받았다.

"저는 시계태엽장치 인형처럼 움직여요." 그녀는 페너 브록웨이에게 쓴 편지에서 멍하게 지내는 공허한 나날에서 유일한 피난처는 잠자는 것이라고 했다. 서른 번째 생일이 다가오자[52] 20대를 거의 온통 교도소에서 "허비"했다는 생각이 들었다. 그녀는 아이를 갖는 것에 대해 생각하며 그 "자연적 본능"이 결코 실현되지 못할 거라고 적었다. "그런 생각을 하니까 가슴이 너무 아프고 평생 마음의 상처로 남을 거 같아요."

마리안 프라이스는 석방된 이래 겨우 손에 꼽을 정도로만 돌러스를 찾아갔다.[53] 면회 시간이 끝날 무렵 떠날 채비를 할 때면 돌러스는 마리안이 가지 못하도록 매달렸다.[54] 몇 년 전, 북아일랜드에서 복역할 수만 있다면 아무런 불만 없이 복역하겠다고 다짐했었건만 이제 더욱 분한 마음이 들었다. 그녀는 브록웨이에게 썼다. "공평하지 않아요. 3월이 되면 복역한 지 8년이 됩니다. 살인자들조차도 그렇게 복역하지는 않아요. 저는 폭탄테러를 일으켰다는 이유로 복역 중이잖아요."[55] "무명인들"의 일원으로서 프라이스는 정말로 치명적이었던 다른 여러 작전에 관여했었다. 하지만 그러한 활동에 대해서는 기소된 적이 없었으며 그녀는 이제 그 일들에 대해 일언반구도 하지 않았다. 대신 더 이상은 IRA에게 "입에 발린 말"조차 하지 않았으며, "IRA가 더는 나의 것이 아니라고 선언했기 때문에 그들의 대의를 배신한 자, 추방당한 자라고 느끼게끔 했다"라고 지적했다. 그렇기는 해도 그녀는 롱 케시에서 단식투쟁가들에게 충성을 맹세했다. "(거식증인 상황에서 할 수 있는 만큼!) 음식을 먹을 테지만 정신적으로는 매일 그들과 함께 살면서 굶주릴 거예요"라고 썼다.

브록웨이는 그 편지들에 깊이 감동받아 마거릿 대처에게 곧바로 호소하는 편지를 썼다. 자매가 런던에서 폭탄테러를 저질렀을 때는 "사춘기적 감성에 사로잡혀 있었을 때"였으며, "어떤 사람도 다치지 않을 것"이라는 조건에서만 작전에 참여했다는 것을 자신에게 확언했다고 썼다. 브록웨이는 자신을 "거의 자매의 정신적 지주"나 다름없다고 칭하며 두 자매 모두 "폭력이 잘못이라는 것을 확신하게 되었다"[56]라고 했다. 그는 대처에게 만약 돌러스가 석방되면 "위험을 무릅쓰면서"까지 "동료 가톨릭교도들에게 폭력을 삼가도록 촉구"하는 데 헌신할 거라고 장담했다.

대처는 쉽게 설득되지 않았다. "돌러스가 폭력을 단념했다는 것을 확신한다는 귀하의 뜻은 잘 알겠습니다." 대처는 브록웨이가 약삭빠른 프라이스 자매의 말을 너무 쉽게 곧이곧대로 받아들이고 있을지도 모른다는 뜻을 미묘하게 내비쳤다.[57] 그러면서 돌러스의 현재 건강 상태에 관해 조사했는데 "의사들은 그녀가 동생보다 훨씬 더 기질이 세다고 여깁니다"라고 썼다. 대처는 한 가지를 도통 알 수 없었다. 브록웨이가 보낸 편지 한 귀퉁이에 그녀는 간단히 몇 자 적어 두었다. "마리안이 그녀를 그렇게 드문드문 만나러 간다는 게 놀랍다. 그것은 그 자체로 쌍둥이를 불안하게 할 게 틀림없다."[58] 대처가 그들이 쌍둥이였다는 잘못된 판단을 내린 것은 프라이스 자매가 보이는 유사성 때문이었다. 하지만, 그건 그렇다 치고, 대처는 돌러스가 공화파에 "동조하는" 마음을 품고 있는 것으로 보이며, 그녀가 석방될 경우 "옛 친구들이 그냥 내버려둘지 의문"이라고 지적했다.

보비 샌즈가 입후보하는 동안 돌러스 프라이스는 급격히 쇠약해지고 있었다. 아마 교도소의 C동에서 면회한 작가 팀 팻 쿠건은 그녀의 지성에 감동받았지만 꼭 "여우원숭이 같은 분위기"를 풍긴다고 생각했다. 쿠건은 "그녀가 멋지게 옷을 차려 입고 머리 모양과 매니큐어에 세심하게 신경씀으로써 병든 모습을 효과적으로 가리고 있었다"[59]라고 썼지만 그녀는 대부분의 활동을 하기에는 몸이 완전히 녹초가 되어 있었다.

1981년 4월 3일, 아일랜드 추기경인 토마스 오 피아치는 대처에게 프라이스를 면회했었는데 지난 한 달 동안 의무실에 갇혀 있었으며 "기력도 없고 벗도 없으며, 잘 걷지도 못해서 계단을 오르는 것도 도움을 필요로 합니다"[60]라는 편지를 썼다. 추기경은 그녀가 건강이 악화되기 이전에도 면회한 적이 있었는데 그때는 쾌활한 성격이었던 걸로 기억한다고 했다. 그러면서 돌러스가 "나이에 비해 빨리 늙었고 더 이상 살고자 하는 어떤 욕망도 빼앗긴 채 뼈만 남은 유령이 되었습니다"라고 썼다. 그는 대처에게 "그 자매님이 죽어가고 있다는 엄연한 사실"을 인정하기 바라며, 만약 그녀가 죽으면 보복 폭력사태의 폭발을 촉발시킬 수 있다고 지적했다. 추기경은 "다음 주조차도 너무 늦을 수 있습니다"라며 프라이스를 석방해 달라고 간곡히 청했다.

그럼에도 대처는 누그러지지 않았다. 그녀는 오 피아치에게 프라이스 가족의 "염려"는 이해하지만 돌러스를 석방할 의향은 전혀 없다고 답장했다. "프라이스 양의 상태를 계속해서 면밀히 주시할 것"이라고 했다. 4월 중순, 프라이스는 아마 교도소에서 벨파스트에 있는 머스그레이브 파크 병원의 보안병동으로 급히 이송되었다.[62] 입원했을 당시 체중은 34킬로그램이었다.

병원 바깥의 북아일랜드는 다시 한번 폭동에 휩싸였다. 벨파스트와 데리의 거리에서는 맹렬하게 전투가 벌어지고 있었다.[63] 병원에 있는 사람들은 날마다 보비 샌즈가 머지않아 그곳에 올 거라고 말했으며,[64] 한동안 프라이스는 무척 친밀감을 느끼는 젊은 단식투쟁가가 보안병동에 합류할 것으로 보았다. 핏기 없는 병약한 상태에서도 그것은 기대되는 일이었다. 그녀는 샌즈에게 마지막 경의를 표할 수 있기를 바랐다.

* * *

그는 오지 않았다. 1981년 5월 5일, 보비 샌즈는 죽었다.[65] 단식 66일 만이었다. 60년 전에 테렌스 맥스위니가 죽었을 때처럼 그의 죽음은 전 세계 신문에 대서특필되었다. 제리 아담스는 훗날 샌즈의 죽음을 "내 평생 살아오는 동안 아일랜드에서 벌어진 다른 어떤 사건보다 세계적으로 더욱 큰 파장을 불러일으켰다"[66]라고 회상했다. 10만 명이 벨파스트 거리로 쏟아져 나와 묘지로 관을 운구하는 모습을 지켜보았다.[67] 아일랜드 국경 양쪽에서 공화파의 대의에 대한 지지가 압도적으로 급증했다. 대처는 강경노선을 취한 것을 두고 전혀 후회하는 모습을 보이지 않았다. 그가 죽은 후 대처는 "샌즈 씨는 유죄선고를 받은 범죄자였습니다. 그는 스스로 목숨을 끊는 길을 선택했습니다. 그의 조직이 많은 희생자들에게 허용하지 않았던 선택이었습니다"[68]라고 천명했다.

그러나 전 세계가 대처와 보비 샌즈의 치명적인 의지력 싸움에 초점을 맞추는 동안, 대처는 돌러스 프라이스에게 자비를 베풀 때가 왔다는 것을 조용히 보여주었다.[69] 샌즈가 죽기 2주 전, 프라이스는 "의학적 소견으로" 석방되었으며 20년 형에서 남은 형기는 사면되었다. 이 판결에 대한 공식적인 해명은 그녀가 "건강이 급격히 무너져 사망할 위험에 임박했다"는 것이었다.

이후 몇 년간, 프라이스는 보비 샌즈가 끔찍하게 숨지고 자신이 풀려난 그 순간을 생각할 때면 흐느끼곤 했다.[70] 프라이스 자매는 두 차례에 걸쳐 영국 정부와 맞섰으며 두 경우 모두 자신의 신체에 손상을 가함으로써 적수를 이겼다. 샌즈는 끔찍하게 숨졌다는 점에서는 운이 덜 좋았을지 모르지만 살아생전 성취했던 것보다 순교로 더 많은 것을 성취했다는 점에서는 운이 더 좋았다. 그리고 험프리 앳킨스와 대처는 열 명의 단식투쟁가들 사이에 적어도 약한 고리 하나가 틀림없이 존재할 거라고 추측한 것부터가 이미 틀렸었다. 샌즈가 사망한 후 아홉 명의 단식투쟁가들이 그 뒤를 따랐다. 그들은 그해 여름 내내 차례차례 굶어 죽었다.[71]

그러나 돌러스 프라이스가 보비 샌즈에게 느꼈던 고리는 여전히 더욱 끈끈하게 이어지고 있었다. 그녀는 몇 년이 지난 뒤 이렇게 썼다.[72] "우리는 오랫동안 "강제취식"을 당했다. 그것은 우리가 죽지 않는다는 것을 의미했다. 일단 영국의사협회가 수감자들에게 강제취식을 시키는 것을 거부하자 영국 의회는 서둘러 법안을 통과시키면서… 수감자들에게 목구멍으로 관을 밀어넣는 것이 불가능해졌다!" 프라이스 자매가 단식투쟁을 종료한 지 얼마 지나지 않아 세계의사협회는 강제취식이 비윤리적이라는 획기적인 선언문을 발표했다.[73] 일단 돌러스와 마리안에게 강제취식을 중단하기로 내려진 결정은 영국의 방침을 실제로 바뀌게 했다. 로이 젠킨스는 영국 교도소에서 단식투쟁가들이 더 이상 강제취식을 받지 않아도 된다고 발표했다.[74] 돌러스 프라이스는 1974년에 특별한 방식으로 승리함으로써 자신도 모르게 7년 뒤 열 명의 단식투쟁가들이 굶어 죽을 수 있는 상황을 낳았다.[75] 그 이후, 그녀는 그 일이 어떻게 보면 자신이 책임을 져야 하는 것은 아닐까 싶었다.

17

필드데이

돌러스 프라이스가 석방되었다는 소식은 성난 대중의 격렬한 항의를 촉발했다. 광적인 왕당파 목사이자 정치가인 이안 페이즐리는 프라이스가 "살인 본능"을 갖고 있기에 계속해서 사회에 극도로 위협적인 태도를 취할 거라고 주장하며 그녀의 집행유예를 "공분을 불러일으키는 어처구니없는 사건"이라고 평했다. 일부 관측통은 험프리 앳킨스가 프라이스 자매에게 "속아 넘어갔다"고 했다. 즉, 돌러스와 마리안은 회개하지 않는 테러범으로 석방되려고 의도적으로 섭식장애를 생기게 했다는 것이었다. 당시에는 널리 알려지지 않았던 거식증은 고통의 원인이 단식투쟁이나 강제취식이 아니라 마치 허영심인 것처럼 부추겨지며 "살을 빼려는 사람들의 질환"으로 묘사되었다. 페이즐리 등등의 사람들은 돌러스가 롱 케시 교도소에서 보비 샌즈 등의 단식투쟁가들과 연관된 뒷거래의 일환으로 석방되었을 거라고 위협조로 말했다.

세월이 흐른 뒤, 돌러스는 "감옥에서 여러 해를 보내고 새로운 세상, 다른 세상, 처음부터 다시 살아가는 법을 배워야 하는 세상에 나온 사람"의 기분이 어떤지에 관해 묘사했다. 8년 이상을 철창에 갇혀 있다가 그녀는 가족과 재회하고 건강을 회복하기 시작했다. 서서히 체중이 늘기 시작했다. 엄밀히 따지면 그녀는 "가석방"으로 풀려났다. 그것은 자유에 따라붙는 조건으로 정해진 조건을 위반했을 시 언제라도 다시 감옥으로 돌아갈 수 있다는 것을 의미했다. 그러한 조건 중 하나는 북아일랜드를 벗어나지 말아야 한다는 것이었다. 하지만 석방된 지 몇 달이 지난 후, 그녀는 공화국에서 한 달간 여름휴가를 보낼 수 있도록 허락해달라고 청원했다. 마거릿 대처는 직접 그 요청을 검토하고는 최종적으로 승인했다.

그렇지만 프라이스는 남쪽의 공화국에서 휴가를 보내는 것 이상을 원했다. 더블린으로 완전히 이주하고 싶었다. 더블린의 분위기는 벨파스트보다 언제나 더 느슨했고 덜 갑갑했으며 문화적으로 더 활기찼다. 카페와 운하가 여럿 있어 충돌이 벌어지는 북아일랜드에서 벗어난 세상을 느낄 수 있었으며, 프라이스가 추구하는 새로운 야망, 즉 작가가 되는 꿈을 추구하기에 이상적인 장소처럼 보였다. 그녀는 거의 즉시 여러 신문에 자유기고하면서 일거리를 찾았다. 어떤 면에서 보면 그것은 천직이었다. 그녀는 늘 어떤 문제에 대해 귀찮을 정도로 따지는 성격인 데다 그 일은 최전선의 무장세력을 멀리하는 한편 정치적인 문제와 별 관계없이 할 수 있기 때문이다. 석방된 지 1년 반이 지난 1982년 12월, 그녀는 「아이리시 프레스」에 거식증에 관한 기사를 썼다. 그 기사에서 거식증은 반드시 치료해야 하는 질병이며 다이애나 왕세자비와 제인 폰다와 같은 유명한 여성들도 거식증으로 고통을 겪었다고 했다. 그녀는 거식증이 "평균보다 높은 IQ"와 상관관계가 있다는 잘못된 정보를 제시하기도 했다.

프라이스는 공화국으로 이사하기 전후에 영국 정보기관의 감시를 받고 있었다. 감시 보고서에 따르면 그녀는 "어떤 불법 조직이나 어떤 종류의 테러 활동"에도 계속 관여하고 있다는 것을 제시할 만한 증거가 없다고 적시되어 있다. 실제로 한 정보원의 보고서에 따르면 석방된 지 얼마 되지 않았을 때 옛 IRA 동지들이 접근해 임무에 참여하도록 요청했지만 퇴짜놓았다고 쓰여 있다.

　늘 예술에 관심이 많았던 프라이스는 지금은 브릭스턴 교도소에서의 경험에 관한 책 작업을 하면서 일상을 보내고 있었다. 그녀는 책이 출판되는 것에 대해 이야기했다. 1982년 「아이리시 타임스」에 실린 단신 기사에 따르면, 그 책은 "IRA 조직원으로 있던 시절부터 평화주의를 선호하게 된 (그리고 결국엔 아마 교도소에 있으면서 운동을 단념한) 시점까지 돌러스의 사유의 전개"에 대해 설명하고 있다. 프라이스가 비폭력을 개인적 철학으로 받아들이게 된 것은 사실일지도 모른다. 그러나 공화파의 무장저항 전통과 완전히 결별했다는 것에는 회의적일 만한 이유가 있다. 언론에 조심스럽게 배치된 그러한 기사는 교도소 출소 이후의 삶을 얼마나 엄격하게 제한해야 하는지 결정하고 있는 영국 관리들을 위해 의도되었을 가능성이 있다. 돌러스는 브릭스턴 교도소 시절에 관해 쓴 원고를 이몬 맥켄에게 건넸다. 그는 원고가 지루했다. 그 시절 그곳에서 지냈던 일상을 그냥 구구절절 늘어놓은 원고였기 때문이다. 하지만 아무튼 「골웨이」 문예지에 일부 내용을 발췌해 싣게 되었다. 여름날 태양이 어떻게 말기 병동의 마룻바닥을 따스하게 하는지, 또 어떻게 "맨발에 닿는 그 따스

돌러스 프라이스와 스티븐 레아.

한 기억"을 느낄 수 있는지 자세히 이야기하는 원고에는 서정성이 번득이고 있었다.

　프라이스가 벨파스트 출신의 배우 스티븐 레아와 다시 연락이 닿은 것은 출소한 후였다. 그녀는 학창 시절 그를 처음 만났으며 폭탄테러 전날 밤 런던의 무대 위에서 본 적이 있었다. 프라이스보다 다섯 살 연상인 레

아는 비쩍 마른 주름살투성이의 미남으로 온화한 태도를 자아내고 있었다. 자신에 대한 말을 많이 하지 않는 분위기를 풍겼으나 프라이스와는 신랄하면서도 짓궂은 농담을 나누었다. 그는 농담을 던질 준비를 할 때는 무심히 시선을 피하다가 허를 찌르는 말을 전할 때 불쑥 똑바로 쳐다보곤 했다.[12]

레아는 온통 여자들로 가득한 집안에서 자랐다.[13] 어머니와 아버지, 할머니, 누이가 셋이었다. 그러나 프라이스는 앤더슨스타운의 공화파 집안에서 자란 반면 레아는 성년이 되기 조금 전까지인 1950년대에 개신교도 집안의 벨파스트의 한 귀퉁이에서 다방면에 걸친 문화적 영향을 받으며 자랐다. 그는 이렇게 말한 적이 있다. "나는 이웃들도 뒤섞이고 친구들도 뒤섞인, 혼재된 지역에서 자랐습니다. 아버지는 양쪽 지역에서—상당히 자주—술을 마셨지요. 그곳은 그런 곳이었으니까요."[14] 그는 아동극 「빨간 모자」에서 늑대 역을 맡고는 그 자리에서 배우가 되겠다고 결심했다.[15]

그러려면 우선 벨파스트에서 달아나야 했다. 그 도시를 무척 좋아했지만 그곳에는 작업할 공간도 없었고 뭔가 달라질 여지도 없다고 느꼈다.[16] 개신교도였을지라도 그는 민족주의적 대의에 동조했다. 반세기 동안의 탄압 이후,[17] 가톨릭 공동체가 어떤 형태로든 저항을 낳는 게 불가피하다고 느꼈다. 레아는 결국 한동안 서벨파스트에 살게 되었고,[18] 지역 축제에서 무대에 등장했을 때 동료 개신교도들은 그것을 배신으로 여겼다.

그는 1960년대에 퀸즈 대학에 다니면서 학생 운동을 하는 동안 프라이스를 처음 만났다. 그러나 "분쟁"이 격렬해지면서 돌러스가 혁명 활동에 빠졌을 때 레아는 유명한 애비 극장에서 배우로 일하면서 더블린에 있었다. 그는 "아일랜드는 재능을 낭비한다"는 결론을 내리고는 그곳에서도 불만을 느껴 다시 무대를 옮겼다. 이번에는 런던이었다.[19] 프라이스가 브릭스턴 교도소에서 단식투쟁을 벌이고 아마 교도소에서 마거릿 대처와 맞서 싸우고 있는 동안 레아는 틈틈이 영국 텔레비전 뿐만 아니라 로열코트 극장과 올드빅 극장 및 국립극장에서 세간의 이목을 끄는 일련의 역할로 런던에서 유명한 배우가 되고 있었다.[20]

그 시절, 레아는 아일랜드 배우들이 영국의 무대에 설 때의 공통된 딜레마에 봉착했다.[21] 북아일랜드 특유의 모난 듯한 말투를 어느 정도로 누그러뜨려서 영국인으로 완전히 달라진 모습을 보여주어야 하는가? 그는 모방에 타고난 재주가 있었기에 당연히 영국식 영어를 "구사"할 수 있었으며,[22] 사람들은 무대에 진출하기 위해서는 꼭 그렇게 해야 한다고 충고했다. 하지만 프라이스와 마찬가지로 레아의 고집도 만만찮았다. 그는 서리(잉글랜드 남동부의 주-옮긴이)에서 자란 사람처럼 발음하면서 일거리를 찾느니 차라리 아일랜드인 실직자가 되겠다고 마음먹었다. 어쨌든 영어를 택하여 새롭게 고쳐써서 완전히 다른 음악을 만들어 낸 것은 아일랜드 문화의 위대한 업적 중 하나였다. 아일랜드인은 영국인과의 정치적 충돌에서는 패배하는 경향이 있었을지 몰라도 "언어적 측면에서는 승리해왔다"[23]라고 레아는 말했다.

1983년 가을 어느 토요일, 프라이스와 레아는 결혼했다. 결혼식장으로는 아마에 있는 세인트 패트릭 대성당을 선택했다.[24] 돌러스가 전에 살던 C동에서 언덕을 조금만 걸어 올라가면 나오는 곳이었다. 주례는 교도소의 군종 신부였던 레이먼드 머리 신부였다. 그는 돌러스의 석방을 위하여 활발한 활동을 펼쳤었다. 중앙형사법원 폭파범과 런던의 유명 배우의 결합에 구경꾼들이 참석할지 모른다는 것을 염두에 둔 그들은 증인 둘만 참석한 가운데 비밀리에 결혼식을 올리기로 결정했다.[25] 그 후 영국의 타블로이드 신문이 머리 신부에게 연락을 취했지만 그는 자세한 내용을 제공하지 않았다. "부부가 결혼식에 대해 논하지 말아 달라고 부탁했습니다. 저는 비밀을 지키겠다고 맹세했습니다."[26]

＊＊＊

　그 기간 동안 레아는 런던 폭탄테러 전날 밤에 공연했던 연극을 쓴 극작가 브라이언 프리엘과 다시 연락이 닿았다.[27] 1980년, 두 사람은 필드데이Field Day라는 새 극단을 공동 창립했다. 그 극단은 훗날 프리엘의 걸작으로 여겨지게 될 연극 「번역」의 세계 초연과 함께 출범했다. 1833년 도네갈의 한 학교를 배경으로 한 그 연극은 영국군 공병대가 지도에 아일랜드어로 표기되어 있거나 발음되는 것을 조사해 영어로 다시 바꾸는 과정에서 벌어지는 일을 다루고 있다. 연극은 데리에 있는 길드홀에서 막을 올렸다. 그 건물은 통합론주의의 상징이었기에 그만큼 IRA의 목표물이 되기 일쑤였다. 개막식 날 밤에도 인부들이 이전의 공격으로 인한 피해를 복구하기 위해 임시로 설치해놓은 공사장 비계가 건물 일부에 여전히 매달려 있었다.[28] 그곳을 선택한 것은 약간 짓궂은 면도 있긴 했지만 희망적인 면 또한 있었다.

　프리엘과 레아는 새 극단에서 매년 한 편의 연극을 제작하여 아일랜드 순회공연을 하기로 결정했다.[29] 극단은 셰이머스 딘과 셰이머스 히니 같은 시인들을 포함하여 걸출한 참여자들과 후원자들도 포함하게 되었다.[30] 극단 필드데이의 정치색은 민감한 문제였다. 프리엘이 가톨릭교도로 자랐기에 일부 관측통은 극단을 민족주의 단체로 여겼다. 한 비평가는 필드데이를 "급진파의 문화진영"[31]이라고 칭했다. 그러나 그들이 공연하는 연극에는 분명 종종 정치적인 면이 있긴 했지만 정치적 표현을 완곡히 하는 경향이 있었으며, 레아는 이데올로기적인 진영으로 덧칠되는 것을 완강히 거부했다. 레아는 필드데이의 작업이 "가장 넓은 의미에서 정치적 행동"[32]이라고 했다. 레아에 따르면, 극단의 개념 중 일부는—분리된 나라의 국경 양쪽에 있는—아일랜드 전역의 모든 사람들이 동일한 이야기를 듣게 된다면 어느 정도 화합하는 효과를 가질지도 모른다는 것이었다.[33] 이사회는 가톨릭교도 3인과 개신교도 3인으로 구성되었다.("모두가 신앙을 버렸다"라고 그중 한 명은 밝혔다.) 그러나 그들 중 통합론주의자는 한 명도 없었다.[34]

이것이 실제로 뜻하는 바는 레아가 순회공연하느라 1년에 약 5개월을 계속 길 위에서 보낸다는 것이었다. 그리고 결혼으로 사실상 순회공연에 합류한 돌러스 프라이스는 수시로 그와 함께 다녔다.[35] 프라이스는 엄청난 거리를 이동하면서 들어가는 차의 기름값과 정비소에 넣는 비용(그녀는 그것을 "차 병원"이라고 불렀다) 등 극단의 회계 장부와 문서 왕래를 관리하는 문제를 도왔다.[36] 그들은 30년 동안 전문 극단의 공연을 한 번도 본 적이 없는 사람들을 위해 아일랜드섬의 남과 북을 종횡무진하는 여정을 이어갔다.[37] 어떤 시골 지역에서는 트랙터들이 멈추더니 농부들이 내려 연극을 보려고 가설무대로 느릿느릿 걸어오곤 했다.[38]

그렇긴 하지만 런던에서 레아에게 주요 배역으로 유혹의 손길을 보내고 있었으며 이는 명백히 그들의 관계에 문제를 제기했다. 엄밀히 말하면, 프라이스는 더블린에 살면서 필드데이 극단과 함께 공화국 전역을 누비고 다니며 석방 조건을 거역하고 있었다. 프라이스와 레아가 결혼한 지 얼마 안 되었을 때 잉글랜드에서는 새 영화 개봉차 그녀가 런던으로 동행할 예정이라는 소문이 퍼졌다.[39] 영국의 타블로이드 신문들은 경종을 울렸다.[40] 악명 높은 "폭탄 소녀"는 자신이 폭탄을 터트렸던 바로 그 도시를 다시 방문할 정도로 어찌 그리 배짱이 두둑하단 말인가? 프라이스는 결국엔 런던에 가지 않았지만 개인적으로 영국 정부에 거주지 제한요건을 취소하거나 적어도 잉글랜드에 있는 남편을 방문할 수 있도록 허락해 달라고 여러 차례 청원했다.[41]

그녀는 이러한 서면 호소장을 벨파스트에 있는 본가에서 우편으로 보내는 식으로 세심하게 주의를 기울였다.[42] 그러나 당국은 그녀가 대부분의 시간을 더블린에서 살면서 이미 석방 조건을 위반하고 있다는 사실을 알고 있었다. 프라이스가 교묘하게 사람을 조종하는 데 능한 사람이라고 늘 인식했던 대처에게 그런 요청이 전해지자 대처는 휘하의 관리들에게 "나는 우리가 여기서 협력해야 한다고 생각합니다. 단호하게 저지해야 합니다"⁴³라고 썼다.

과거에 대처에게 저항해서 오랜 투쟁 끝에 이겼던 프라이스는 이제 다시 한번 그녀에게 저항하기로 했다. 1985년 5월, 영국해협에 면하고 있는 잉글랜드 남동부 도시 포크스턴에서 한 경찰관이 차를 세웠다.⁴⁴ 안에는 스티븐 레아와 돌러스 프라이스가 타고 있었다. 거주지가 어디냐는 질문에 그들은 런던의 주소를 댔다. 부부는 메이다 베일에 있는 아파트에 주거지를 정하고 있었다.⁴⁵ BBC 방송국에서 모퉁이를 돌아 중앙형사법원에서 얼마 떨어지지 않은 곳이었다.

프라이스가 석방 조건을 노골적으로 위반하면서 런던으로 돌아온 것은 대처에게는 모욕이었다. 포크스턴에서의 사건 이후, 북아일랜드 담당장관은 정부가 프라이스가 이미 잉글랜드에 있다는 사실을 받아들이고 그곳에서 지낼 수 있도록 석방 조건을 변경해야 한다고 권했다.⁴⁶ 하지만 대처는 아무리 해도 받아들이려고 하지 않았다. 11월, 한 보좌관은 프라이스가 "남편과 함께 여전히 메이다 베일에 살고 있습니다"⁴⁷라고 썼다. 그는 만약 그녀가 다시 감금된다면 북아일랜드의 가톨릭교도들 사이에 "즉각적인 역효과"를 불러일으킬 거라고 지적했다. 거기다 만약 다시 투옥시킨다면 프라이스는 바로 식음을 전폐할 것이고 그렇게 되면 곧장 다시 원점으로 돌아오게 될 거라는 말도 덧붙였다. 보좌관은 부부가 북아일랜드에서 사는 게 이론적으로는 가능하지만 "저명한 배우가 그곳에서 직업을 계속 이어나가는 것은 어려울 것으로 보입니다"라며 인정했다. 유일한 대안은 프라이스의 석방 조건을 변경해야 하는 것 같았다. 공안부는 보고서에 "현재 증거로는 그녀가 대영제국에 위협적으로 여겨질 만한 실질적인 근거가 없다"⁴⁸라고 명시했다. 그러나 대처는 조건을 변경하려 들지 않았다. 사실 대처로서는 강한 압박을 받아 입장을 바꾸었다는 것을 인정하기보다는 프라이스가 조항을 공공연히 무시하도록 놔두면서 그냥 못 본 척하는 게 차라리 더 나았다.⁴⁹

　일부 관료들은 부부의 "이례적인 지위"로 인해 "대중의 주목을 받아 비판을 불러일으킬 수 있게 된다"⁵⁰라며 우려했다. 그러나 대처는 포기하지 않았다. "나는 레아 부인이 이곳에서 살도록 허용해야 된다고 생각하지 않습니다. 그녀는 자신과 남편이 북아일랜드에서 함께 살 수 있게 되기를 바란다는 조건으로 북아일랜드로 이송되었습니다"라고 썼다. 대처는 "만약 그녀가 아직도 잉글랜드에 있다면 감옥에 있을 것"이라고 보란 듯이 수식하는 말을 따로 덧붙였다.⁵¹

　늘 프라이스에게 촉각을 곤두세웠던 영국의 신문들은 곧 그녀가 런던에 있으면서 인정받는 배우의 신부로 상류층의 삶을 살고 있다고 파악했다. 신이 난 기자들은 중앙형사법원의 폭탄 테러범이 "국립극장에서 스타들과 함께 샴페인을 홀짝이고 있다"⁵²라고 써 내려갔다. 스티븐 레아가 빅토리아 팰리스 극장에서 뮤지컬 「상류사회」를 공연하기로 예정되어 있을 때 여왕의 모후가 그 공연에 참석하기로 하자 잠시 구설수가 돌았다. 과연 유죄를 선고받은 IRA 테러범이 그 자리에 있을 것인가? 과연 여왕의 모후와 악수할 것인가? "돌러스는 왕실의 경축 행사에는 어떤 자리에도 참석하지 않겠다는 것을 분명히 밝히는 바입니다"라고 레아의 대리인이 언론에 말했다. "그것은 민감한 사안으로 전적으로 돌러스의 결정이며 그녀는 집에만 있을 거라고 말했습니다."⁵³ 적절성을 위해 대리인은 "집"이 벨파스트를 뜻한다는 말을 덧붙였다.

　레아는 훗날 IRA 출신의 악명 높은 전-무장세력과 결혼하기로 한 결정은 본인의 경력에 아무런 해를 끼치지 않았다고 언급했다.⁵⁴ "나와 같은 직업에 종사하는 사람들은 그 문제에 대해 대단히 관대했습니다."⁵⁵ 그러나 필연적으로 아내의 과거에 관한 질문을 숱하게 받았으며, 그런 일이 있을 때면 발끈하곤 했다. 레아는 언론이 배우자의 개인사나 정치관에 대해서는 말할 것도 없고 본인의 이력에도 집착하지 말고 오로지 작품에만 초점을 맞춰주기를 원했다.

그럼에도 새 작품을 선보일 때마다 홍보하기 위해 인터뷰에 응할 수밖에 없었으며, 자신이 결혼한 여자에 관한 주제로 넘어가면 느닷없이 인터뷰를 중단시키는 사람으로 평판을 쌓아갔다.⁵⁶ 기자들 사이에서는 레아를 취재할 때 "마나님에 대해서는 절대 입도 뻥긋하지 마"⁵⁷라는 우스갯소리가 돌았다.

그러나 정작 레아는 자신이 선택한 역할로 호감을 보여주지는 못했다. IRA 총잡이의 내면을 깊이 표현하는 역할을 자주 맡게 되는 것 같았다. "내가 제기하고 싶은 것은 얼마나 점잖은 평범한 사람들이 관여하게 되었는지, 또 어떻게 통제 불능의 상태에 휘말렸는지에 대한 이해"⁵⁸라고 했다. 드문 경우이긴 하지만 아내의 런던 폭탄테러 습격에 관해 말할 때 그는 그날 유일하게 숨진 사람의 사인이 심장마비였다는 것을 강조했다.⁵⁹

1988년, 한 다큐멘터리 인터뷰에서 레아는 정치적 대의를 위해 얼마나 뛰어들 각오가 되어 있냐는 질문을 받았다.⁶⁰ "난 절대 군인이 될 수 없을 겁니다. 절대 될 수 없어요. 그러니까 당신은 지금 내게 얼마나 폭력적이 될 각오가 되어 있냐고 묻고 있는 거잖아요." 그는 잠시 말을 멈추었다. "개인적으로 나는 군인이 될 수 없습니다." 그가 계속해서 말했다. "하지만 나는 폭력이 단지 도덕적인 것이냐의 문제가 아니라고 생각합니다. 현 단계에서는 단순히 도덕적 선택의 문제가 아니에요. 그것은 일종의 반사작용이고, 또 기득권 세력의 폭력도 마찬가지로 만만치 않잖아요."

질문자가 폭력 없이 정치적 변화가 일어날 수 있는지 물었다.

"글쎄요. 그런 적이 있었나요?"

           * * *

　당국이 돌러스 프라이스가 더는 위협이 되지 않는다고 판단한 것은 옳았다. 적어도 그녀의 입장에서는 아일랜드의 통일을 위해 싸우는 수단으로서의 폭력을 포기했다. 그러나 그것이 공화주의를 포기했다는 뜻은 아니었다. 그녀는 벨파스트 시의회에 출마한 신페인당 후보를 위해 유세를 했다.[61] 강경한 공화파 출신이라는 배경을 갖고 있긴 했지만 선거 정치로의 방향 전환에 적응했으며, 아말라이트 소총과 투표함 전략에도 순응했다. 1983년, 옛 지휘관이었던 제리 아담스는 직접 정계에 뛰어들었다. 아담스가 프라이스를 런던 폭탄 테러에 파견한 지도 벌써 10년이 지났고, 이제 그는 서벨파스트를 대표하여 의회에서 의석을 차지하려 하고 있었다. 아담스는 머리를 말쑥하게 다듬고 게릴라 시절에 입었던 캐주얼 점퍼를 점차 코듀로이와 트위드 재킷으로 바꾸었다.[62] 유창한 언변과 분석적인 두뇌를 가졌기에 늘 교수 같은 분위기를 풍겼었는데 이제는 정말 교수처럼 보였다. 심지어 파이프 담배까지 피웠다. 선거를 전략으로 수용하겠다는 아담스의 결정은 부분적으로는 보비 샌즈가 출마해 성공한 데서 키워진 것이었다. 샌즈는 그 직책을 맡기 전에 사망했지만 말이다. 아담스는 IRA의 전통인 기권주의를 의식하면서 만약 당선되면 의회 정치를 보이콧하고 실제로 의회에 출석하지 않을 거라고 발표했다. 프라이스는 그를 지지하며 선거 유세에 따라다녔다. "신페인당에 한 표를!" 그녀가 외쳤다. "제리 아담스에게 한 표를!"[63] 선거 당일, 그녀는 유권자들을 투표소로 데려다주었다. 그리고 아담스는 의석을 쟁취했다.

18

피 묻은 봉투

1988년, 벨파스트의 봄은 장례식 철이었다. 3월 6일, 머레이드 파렐이 지브롤터 거리에서 동료 두 명과 함께 총에 맞아 사망했다. 검은 머리칼의 호리호리한 31세 여성인 파렐은 아마 교도소에서 돌러스와 마리안 프라이스와 함께 수감된 적이 있었다. 하지만 프라이스 자매와 달리 그녀는 감옥에서 나오자 다시 현역으로 복무했다. 파렐은 IRA 팀의 일원으로 지브롤터로 여정을 떠났다. 폭파 임무에 착수하려는 목적으로 스페인 남단의 영국령인 지브롤터로 간 것이었다. 그러나 공격을 수행할 기회를 갖기도 전에 비무장인 채로 길을 걷고 있던 어느 날 사복차림의 영국 특수부대 대원들이 접근해 그들을 처치했다. 이를 두고 일각에서는 군의 비밀 "사살" 정책의 발로라고 주장했다. 세 의용군의 시신이 대대적으로 북아일랜드로 다시 이송되었으며, 수천 명이 애도하며 느릿느릿 걷는 가운데 그들의 관을 운구하는 거대한 장례 행렬이 벨파스트를 통과했다.

알렉 리드 신부가 무덤가에서 집례를 도왔다. 리드 신부는 56세로 길고 주름진 얼굴에 눈두덩이가 살짝 처져 있었다. 티퍼래리에서 자랐으며 이미 10대 때에 가난한 사람들과 버림받은 사람들을 구제하는 데 헌신하는 가톨릭 사제회인 레뎀토리스트회Redemptorist에 가입했다. 리드는 "분쟁"이 발발하기 전인 1960년대 초에 벨파스트로 옮겨와 19세기 말에 세워진 웅장한 고딕 양식의 건축물인 클로나드 수도원에 들어갔다.[4] 공화파 지역인 폴스 로드와 왕당파 지역인 샨킬 사이에 걸쳐진 곳이었다. 전하는 바에 따르면 수도원 설립자는 "이보다 더 골칫덩어리 부지를 얻을 수는 없을 것"이라며 그 위치에 세운 것을 후회하게 되었다고 한다.[5] 그러나 리드 신부로서는 "분쟁"을 코앞에서 목격할 수 있는 유리한 지점이었다.

그는 목격자 이상의 대가를 치렀다. 리드는 일부 성직자들이 성서 뒤로 숨는 경향이 있다는 것을 알아차렸다. 하지만 그는 "거리의 신부"[6]로, 그가 즐겨 말하듯, "종파 간 분리된 주거지역의 외교관"[7]으로서 늘 중심에 서서 조용히 분규를 협상했다. 간간이 무장세력이 불화를 빚는 한복판에 있기도 했다. 그것은 위험천만한 일일 수 있었지만 그렇듯 아슬아슬한 상황에 개입하는 것이 현명한지 의문을 제기하는 한 동료 신부에게 이렇게 말했다. "일단 시작했으면 끝을 봐야지." 리드는 대화의 힘에 대한 확고한 믿음을 갖고 있었다.[8] 사람들로 하여금 대화를 나누게 할 수만 있다면 아무리 적의에 찬 적대자라도 서로 공동의 관심사를 발견할 수 있다고 믿었다.

리드 신부는 1970년대에 롱 케시 교도소를 정기적으로 방문하면서 브렌든 휴즈와 제리 아담스와 가까워지게 되었다. 클로나드 수도원 근처에 살았던 아담스는 일주일에 한 번 수도원에 가서 교리문답을 받으며 자랐었다.[9] 아담스가 교도소에서 석방된 후, 리드는 휴즈처럼 여전히 수감되어 있는 젊은 지도자와 그의 동지들 사이를 오가며 메시지를 전달했다. 숱하게 이런저런 밀통에 연루된 것으로 보였기에 휴즈는 그에게 "비선실세"[10]라는 별명을 붙여주었다.

리드는 전령사 역할을 하며 급진파를 도왔을지 모르지만 그렇다고 해서 그것이 그들의 활동을 용납했다는 뜻은 아니다. 반대로 공동체를 서로 분열

시키는 폭력으로 인해 극도로 심란해 했다. 리드는 조용한 사람으로 동료 신부들은 그가 생각에 깊이 잠긴 채 담배를 꽉 움켜쥐고 수도원 정원을 서성거리는 모습을 수시로 보곤 했다.[11] 그는 자신의 소임이—충돌에서 죽을지도 모르는 다음 사람을 대표하여—희생자들을 대변하는 것이라고 느꼈다. 특정한 당파에 소속되어 있지도 않았다.[12] 유일하게 충성을 바치는 것은 쓰러져 죽은 사람(그리고 죽을 사람)이었다. 리드는 가장 암울한 시기에도 은총을 받을 기회가 있다고 믿었다. 가장 처참한 시나리오에서도 여전히 예수의 예를 따를 수 있다고 믿었다. 전쟁은 인류의 최악의 성질뿐만 아니라 최선의 성질도 발휘하게 할 수 있다고 믿었다. 그는 이렇게 말하곤 했다. ""분쟁"의 한복판에서도 하느님을 만날 수 있습니다."[13]

IRA 장례식에서 끊이지 않는 긴장의 요인 하나는 영국 보안군의 존재였다. 잘 알려진 IRA 조직원들이 거리로 나와 있었기 때문에 왕립얼스터보안대와 군은 그때를 놓치지 않고 감시할 기회로 삼았다. 그들은 사진을 찍고 정보를 수집했다. 하지만 애도하는 사람들에게 그러한 침해는 무례하다는 느낌과 동시에 겁이 나도록 했다. 특히 영국군이 쏜 총알에 맞아 쓰러진 사람이 땅에 묻힐 때 그들은 심지어 의기양양해 하기도 했다. 그렇지만 머레이드 파렐과 두 공모자의 관이 서벨파스트 거리 사이로 운구되는 동안 경찰이나 군인은 한 명도 보이지 않았다. 필시 당국이 멀찌감치 떨어져 있으라고 지시했을 터였다.[14] 서벨파스트의 밀타운 묘지에 켈트 십자가(가로축보다 세로축이 길고 가운데 원이 있는 십자가-옮긴이)들이 숲을 이루고 있는 가운데 첫 번째 관이 땅속으로 내려가는 동안 제리 아담스 등등의 유명한 공화파들이 수천 명의 애도자들로 둘러싸인 채 이제 막 파낸 무덤 주위에 모여 있었다. 5년 전에 출마했던 아담스는 이제 의회 의원이 되어 있었다.[15] 그는 종종 공화파 장례식을 주재했다.

리드 신부가 기도문을 읊조리기 시작했다. 그러나 기도문을 읊조리면서 고개를 들었을 때 아무도 움직이지 않는 군중 가장자리에서 어떤 움직임을 보았다. 저 멀리 한 남자가 있었다. 두꺼운 검은색 외투를 입은 체구가 건장한 남자였다. 무언가 불안해 보이는 목적을 갖고 애도자들 쪽으로 걸어오고 있었다. 그는 외투로 손을 집어넣더니 반들반들한 검은 알처럼 보이는 물체를 꺼냈다.[16] 리드는 순간적으로 돌멩이가 틀림없다고 생각했다.[17] 벨파스트에서 사람들은 끝도 없이 돌을 던졌기 때문이다. 지금 그자는 뻔뻔스럽게도 신성한 장례식 의식을 치르는 사람들에게 돌멩이를 던지는 죄를 범하려는 것으로 보였다. 아니나 다를까 그자는 양손을 머리 위로 높이 쳐들더니 그 물체를 던졌다. 그러자 리드는 쾅-하고 날카롭게 터지는 폭발 소리를 들었다.[18] 돌멩이가 아니었다. 수류탄이었다.

사람들은 혼비백산하여 사방으로 앞다투어 뛰어가고, 묘비 뒤로 뛰어들고, 이제 막 파낸 무덤의 흙더미 속으로 미끄러졌다. 한쪽으로 우르르 몰려갈 수도 있겠다고 느낀 아담스는 확성기를 들고 우렁차게 소리쳤다.[19] "여러분, 제발 침착하세요!" 쾅! 두 번째 수류탄이 터졌다. 애도자들 몇 명이 그자를 쓰러뜨리려고 그자를 향해 전력 질주하기 시작했다. 하지만 그들이 다다르기 전에 그자는 권총을 꺼내더니 쏘기 시작했다.

그자는 묘지에서 빠져나가 M1 고속도로 쪽을 향해 비탈진 언덕을 내려가면서 계속 총을 난사하고 수류탄을 투척했으며, 수십 명의 애도자들이 묘비를 은폐막 삼아 좌우로 움직이고 조심조심 전진하며 느린 동작의 추격전을 이어갔다.[20] 차량이 쌩쌩 지나가는 M1 고속도로에 다다랐을 즈음 그자는 탄약이 떨어졌다. 뒤쫓던 사람들이 그를 덮친 다음 두들겨 패자 의식을 잃었다. 그는 체포되었으며, 동벨파스트 지역의 왕당파로 얼스터방위협회 대원인 마이클 스톤으로 신분이 밝혀졌다.[21] 그는 그날 제리 아담스 등등의 공화파 수뇌부들을 살해하고자 장례식에 간 것이었다. 스톤은 아담스를 맞히는 데는 성공하지 못했지만 다른 애도자들을 세 명 죽였고 60명 이상에게 부상을 입혔다.[22]

그래서 그 공격에서 희생된 세 명의 희생자를 묻기 위한 성대한 장례식이 두 번째로 마련되었다.[23] 긴장감이 극에 달했다. 묘지 살해사건이 벌어지고 난 다음, 아담스는 당국이 장례식장 가까이 오지 않기로 선택한 것은 우연이 아니라고 불길한 어조로 말했다.[24] 즉, 당국이 그 왕당파 총기범의 의도를 아주 잘 알고는 그와 공모하여 벌인 짓일 수도 있다는 것이었다.

돌아오는 토요일, 리드 신부는 고인이 된 애도자들 중 한 명인 케빈 브래디의 장례 미사에 참석했다.[25] 세인트 아그네스 성당이었다. 그가 성당 밖으로 나오자 앤더슨스타운 로드를 따라 묘지까지 거대한 장례 행렬이 이어졌다. 브래디는 택시운전사였기에[26] 일반 애도자들 외에도 소규모의 블랙캡 택시(영국의 명물로 불리는 검은색 택시-옮긴이)들이 의장병처럼 무리지어 조금씩 움직였다. 희생자들은 불과 며칠 전에 살해당한 희생자들이 묻힌 바로 그 땅속에 묻힐 터였다.[27] 적의를 품은 분노한 사람들이 거리에 운집해 있었다. 제리 아담스도 애도자들 가운데 있었다. 성당 밖으로 나온 리드 신부는 관 뒤에서 걸어가고 있는 브래디의 가족을 찾으며 행렬에 합류했다.[28]

그러나 리드가 가족에게 막 다가가고 있을 때 동요가 일었다.[29] 인파 가장자리의 길가에 차량 한 대가 나타났다. 땅딸막한 은색 폭스바겐이었다. 난데없이 속도를 높이고 나타난 차량은 급정차하더니 행렬을 이끌고 있던 택시들 곁에 멈추었다.[30] 인파 사이에 불안감이 급속도로 퍼졌다. 또 공격하는 것일까? 폭스바겐은 돌연 방향을 바꾸어 위험한 속도로 후진한 다음 멈추었고 즉시 사람들에게 에워싸였다. 차량에는 남자 둘이 타고 있었다. 수백 명의 애도자들이 그 작은 차로 떼 지어 몰려가는 동안 한 남자가 무언가를 번쩍였다.[31]

누군가가 외쳤다. "총을 갖고 있다!" 또 다른 누군가가 외쳤다. "짭새들이다!"[32] 둘 중 한 명이 정말로 권총을 휘두르더니 공포에 질려 공중에 대고 한 발 쐈다.[33] 그러나 군중이 차를 움직이지 못하도록 막고 남자들 여럿이 차 지붕 위로 기어올라 가고 다른 누군가가 창문을 발로 차고 애도자들이 남자들을 차에서 끌어내려 주먹으로 계속 두들겨 패고 옷을 찢어발길 때도 그들은 군중에게 총을 발사하지 않았다.[34]

그들은 경찰이 아니었다. 군인이었다. 데릭 우드와 데이비드 하우즈라는 영국군 상병으로[35] 그 지역에서 운전하고 있을 때 치명적으로 길을 잘못 들어섰다는 것을 알게 되었다. 장례식장으로 향하는 길로 차를 몰고 있다는 것을 깨닫자 하우즈와 우드는 겁에 질려 벗어나려 했다. 하지만 그때는 이미 택시들과 군중이 꼼짝 못 하게 둘러싼 상태였다.[36]

누군가가 앞유리를 박살내려고 스패너를 갖고 왔다.[37] 리드 신부는 그 군인들이 차에서 끌려 나온 다음 근처의 공원으로 질질 끌려가 땅바닥에 처박히는 것을 보았다.[38] 이제 성난 군중은 옷을 벗겼다. 그러더니 속옷과 양말만 신은 상병들을 땅바닥에 자빠트리고는 두들겨 팼다. 대기에는 그 냄새를 맡을 수 있을 정도로 광기가 서려 있었다.[39] 리드는 현장에 다가가면서 군인들이 이제 곧 총에 맞겠다는 것을 직감했다. 그는 땅바닥에 쓰러진 두 군인 사이로 허둥지둥 달려가 양팔을 각 군인의 한쪽 팔에 끼고 누웠다.[40] 그러면 공격자들이 방아쇠를 당기는 것을 막을 수 있을지도 모른다는 바람에서였다. 그가 외쳤다. "누가 구급차 좀 불러주세요!"[41]

그러나 위에서 성난 목소리가 호통쳤다. "일어나지 않으면 당신도 쏴버리겠소!"[42] 그런 다음 거친 손 한 쌍이 리드를 땅바닥에서 들어올렸다.

군인들은 블랙캡 택시 안으로 내던져진 다음 약 180미터 떨어진 페니 레인 근처의 공터로 실려 갔다.[43] 리드가 그쪽으로 달려가고 있을 때 탕-탕- 총성이 울렸다.[14] 데이비드 하우즈는 스물세 살로 여행을 시작하려고 이제 막 북 아일랜드에 도착한 참이었다.[45] 데릭 우드는 스물네 살로 얼마 안 가 본국으로 돌아갈 예정이었다.[46] 두 사람은 돌무더기 잔해 위에 사지를 큰 대자로 뻗은 채 버려졌다.[47] 좌초되어 해변으로 밀려온 고래처럼 낯빛이 하였다. 하늘에서는 헬리콥터 한 대가 천천히 선회하고 있었다. 그러나 아무도 개입하지 않았다.

리드 신부는 군인들에게 달려갔다. 한 명은 분명히 죽었지만, 다른 한 명은 미세한 움직임이 있었다. 리드가 몸을 바짝 붙이자 숨소리가 들렸다. 리드는 미친 듯이 주위에 서 있는 사람들을 올려다보며 소생시키는 법을 아는 사람이 있는지 물었다. 아무도 대꾸하지 않았다. 그곳에 서서 지켜보기만 할 뿐이었다. 리드는 고개 숙여 군인의 입에 자신의 입을 대고 숨을 불어넣으려고 애썼다. 그러나 결국 호흡이 멎었고, 누군가가 말했다. "신부님, 그 사람은 죽었어요."[48]

리드가 고개를 들었을 때 약간 떨어진 거리에 서 있던 한 사진작가가 그 모습을 찍었다. 훗날 도저히 지워지지 않는 "분쟁" 사진이 될 터였다. 검은색 옷을 입은 신부가 자신 앞에서 예수처럼 두 팔을 벌린 채 땅바닥에 누워있는 방금 죽은 남자를 보살피며 무릎을 꿇고 있는 사진이었다. 리드는 공포의 목격자로 카메라를 똑바로 응시하고 있다.[49] 얇은 입술은 죽은 남자의 피로 검게 얼룩져 있다. 리드는 두 군인이 가톨릭교도인지 아닌지 알지 못했지만 며칠 전 밀타운 묘지에서 죽임을 당한 애도자들의 시신에 성유를 발랐듯 그들의 머리에 성유를 바르고 마지막 의식을 치렀다.

1960년대 말에 폭력이 시작된 지 20년이 지났다. 리드는 그 모든 유혈사태의 무게를 온전히 지고 있었다. 총격사건이 벌어지고 나서 몇 시간 뒤 가진 인터뷰에서 그는 이렇게 말했다. "사람들은 지긋지긋할 정도로 피를 봤습니

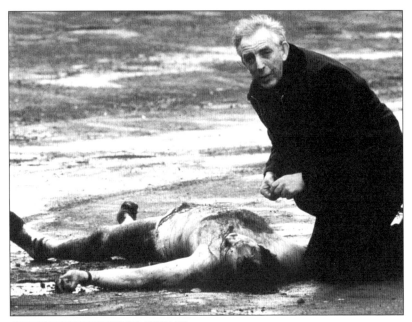

데이비드 하우즈 상병에게 마지막 의식을 치르는 알렉 리드 신부.

다. 사람들이 해야 하는 것은 서로의 이야기에 귀 기울이는 것입니다. 지금까지 사람들은 그렇게 하지 않았습니다."[50] 그러면서 다음과 같이 덧붙였다. "물리력은 가난한 사람들의 절망의 징후입니다."[51] 그러나 공교롭게도 그날 성난 군중을 거역하고 살해당한 군인들을 보살피고 있을 때조차도 그는 배후에서 무언가를 하고 있었다. 그는 한 가지 계획을 품고 있었다. 충돌을 종식하기 위한 은밀하고도 대담한 계획이었다.

* * *

그날 아침 세인트 아그네스 성당에서 열린 망자를 위한 위령 미사에 가기 전에 리드 신부는 비밀문서를 입수했었다.[52] 오랜 세월에 걸쳐 그는 종파로 분리된 양쪽 진영의 평범한 시민들과 무장세력들이 폭력에 의존하지 못하도록 막으려고 애써왔다.[53] 하지만 충돌을 종식하는 가장 확실한 방법은 IRA를 설득하여 싸움을 중단시키는 것이라고 믿게 되었다.[54] 제리 아담스에게 그 문제를 어렵사리 꺼내자 그 생각에 흔쾌히 응할 용의가 있다는 것을 알았다. 어쩌면 아담스는 미래에 대한 다른 청사진을 갖고 있었을 수도 있고, 어쩌면 투표와 총알이 상호보완 수단이 아니라 실질적으로는 상반되는 목적이라는 것을 알았을 수도 있고, 어쩌면 단순히 진이 다 빠져버렸을 수도 있다. 어찌 됐든 리드는 아담스에게 처음으로 호소할 때 "일이 수월하게 풀리고 있다"[55]는 것을 알았다. 훗날 리드는 아담스를 구슬려 평화의 길로 들어서게 한 공로를 인정받을 터였다. 그러나 두 사람 다 잘 알고 있는 브렌든 휴즈로서는 결코 신부가 아담스를 조종하고 있는 것 같지 않았다. 오히려 휴즈는 이렇게 회상했다. "나는 애초부터 제리가 신부를 조종하고 있다고 믿었습니다."[56]

아담스는 신부에게서 나무랄 데 없는 주최자의 모습을 보았다. 그는 리드에게 "무엇이든 할 수 있는 유일한 조직은 성당"이라고 말했다. 오직 성당만이 평화를 이룩할 수 있는 지위와 신뢰 및 관련 당사자들과의 교통로를 가지고 있었다.[57] IRA가 기꺼이 무기를 내려놓을 수 있는 한 가지 가능한 시나리오는 공화파와 비폭력 민족주의 당인 사회민주노동당SDLP과 아일랜드공화국 정부가 합심하는 공동평화전략이었다.[58]

그것은 이론상으로는 호소력 있게 들릴지 모르지만 실제로는 중대한 도전을 제기할 터였다. 사회민주노동당의 지도자는 머리칼은 부스스 헝클어져 있지만 두뇌회전은 빠른 존 흄으로 아담스보다 열한 살 많은 데리의 정치인이었다. 흄은 온건한 가톨릭교도들의 영웅으로 IRA의 폭력을 여러 차례 비난해왔다. 그는 1985년에 다음과 같이 말한 바 있다.[59] "IRA는 공장들을 폭파하고는 실업에 관해 외칩니다. 교실에서 교사를 총으로 쏘고, 통학버스 기사들을 죽이고, 대학 교정에서 사람들을 죽이고는 우리에게 교육에 관해 강의합니다. 사람들을 죽이고, 불구로 만들고, 부상을 입히고, 병원을 공격하고는 우리에게 보건의료제도NHS의 보장혜택에 관해 말합니다. 우체국을 강탈하여 사람들로 하여금 정부가 실업자나 장애인 등에게 주는 보조금도 받지 못하게 한 다음 가난한 사람들을 지키는 것에 관해 우리에게 설교합니다." 흄에게는 공화주의 운동의—투표와 총알을 통해 자기 이익만 생각하는 협잡인—위선이 대단히 잘 계산된 셈법인 것으로 보였다. "실제 전략과 목표는 분명합니다. 군사 진영은 가능한 한 불만과 박탈감이 더욱 많이 생겨나고 실업자가 더욱 많아질수록 더욱 좋다는 것입니다. 그런 다음 정치 진영은 사람들의 불만을 먹고 삽니다. 조만간 신페인당은 자체의 모순으로 인해 사라질 것입니다."[60]

흄이 그런 발언을 한 지 6개월 후, 리드 신부는 앉아서 흄에게 장문의 편지를 썼다.[61] "현 상황이 계속된다면 나의 유일한 목표는 살해될 사람들을 돕는 것입니다." 리드는 공화파 공동체에서 오랜 세월 묵묵히 일했기에 IRA의 신뢰를 누리고 있다고 지적했다. "상황을 적절히 다루면 IRA가 투쟁에 종지부를 찍도록 설득할 수 있을 것으로 확신합니다."

리드가 편지를 보낼 당시, 흄은 IRA의 폭력투쟁이 계속되는 한 신페인당과의 대화는 받아들일 수 없다는 생각을 공개적으로 밝히고 있었다.[62] 흄은 목표가 평화인 한 그 누구와도 대화할 용의가 있다고 언제나 말해왔다.[63] 하지만 IRA에게는 그러한 관대함을 베푸는 것이 소용이 없었다. 1987년 가을, IRA는 에니스킬른에서 열린 전몰장병추모일 기념식에서 강력한 폭탄을 터트려 민간인 열 명과 영국군 한 명을 죽이고 60명 이상에게 부상을 입혔다.[64] 이후 IRA는 폭탄테러가 실수였다고 발표했다. 즉, 의도한 목표물은 실제로는 근처에서 열린 영국군이 관련된 행사였다는 것이었다. 아담스는 그 공격에 대해 사과하면서 자신은 무관하다고 선을 그었다.[65] 그러나 폭탄테러는 대대적으로 규탄받았으며 급진파가 "왕따"임을 분명히 보여주고 있었다. 흄은 그 공격이 "순 야만적인 행위"라고 비난했다. 그런 식으로 급진파에게 적대감을 불러일으키는 것은 위험해질 수 있었다.[67] 몇 달 전에 IRA는 흄의 집에 화염병을 던진 적이 있었다. 당시 그는 집에 없었지만 아내와 막내딸이 있었는데 가까스로 탈출할 수 있었다.

그럼에도 1988년 1월 11일, 흄은 클로나드 수도원에서 제리 아담스를 만났다.[68] 그들은 앞서 몇 차례나 대화했지만 비밀 회동이었다.[69] 흄으로서는 아담스와 관련되는 모습이 보이면 정치적으로 위험해질 수 있었다.[70] 그러나 아담스로서도 흄과 같은 온건파와 대화를 나누는 모습이 보여지는 것이 위험하기는 마찬가지였다. 어쩌면 더 위험할 수도 있었다. 아담스는 작전가로서가 아닌 전략가로서 언제나 급진파 계보 내에서 아슬아슬한 줄타기를 했었다. 만약 사람들이 그가 어떤 식으로든 휴전협상을 개시하고 있다고 의심한다면 무장투쟁을 팔아먹고 있다는 인식을 불러일으킬 수 있었다. 1988년에는 그러한 종류의 인식은 변을 당할 수 있는 것이었다.

그러나 대화에 관한 리드 신부의 믿음은 잘못되지 않았다. 두 적수는 죽이 잘 맞았다. 흄은 영국 협상가들이 1972년에 경험했던 것과 동일한 불일치를 경험했다.[71] 즉, 그들은 제리 아담스에 대해 온갖 무시무시한 얘기를 들었었는데 나중에 실제로 회의실로 걸어 들어오자 항간에 떠도는 소문처럼 전혀 다혈질의 시정잡배 같아 보이지 않았던 것이다. 매력적인 외모에 트위드 재킷을 입은 그는 솔직한 성격으로 함께 일할 방도를 찾을 수 있는 사람이었다. 그야말로 정치인이었다. 처음으로 아담스와 흄은 문서 교환에 동의했다. 문서에서 그들은 가능한 평화협정을 위한 경계를 정하기 위해 각 조직의 입장을 제시하였다. 밀실공포증을 앓는 벨파스트에서 그 비밀스러운 문서 교환은 첩자와도 같은 기량을 필요로 했다.[72] 영국군 상병들이 살해당한 바로 그날, 리드 신부는 케빈 브래디의 장례식 미사에 참석하라는 지시를 받았었다. 그곳에서 누군가가 그에게 슬쩍 문서를 건넬 터였다. 위령 미사에서 그는 신페인당의 성명서가 들어 있는 갈색 봉투를 입수했다. 성당을 나설 때도 그 봉투를 갖고 있었으며 살해당한 두 군인을 보살필 때도 주머니에 들어 있었다. 군인들에게 인공호흡을 실시하는 동안 양손에 더운 피가 묻었기에 그 피는 봉투로 스며들었다.[73] 시신을 남겨두고 떠난 뒤 리드는 클로나드 수도원으로 돌아왔다.[74] 그곳에서 문서를 깨끗한 봉투에 옮겨 담았다. 그런 다음 그 바스라지기 쉬운 귀중한 평화의 씨앗을 갖고 데리로 가서 존 흄에게 직접 전달했다.

* * *

아담스가 처음 하원의원으로 선출되었던 1983년에 영국 정부는 그를 의회에 착석할 수 있게 하려고 본토로 이동하지 못하도록 막았던 금지령을 해제했다. 그러나 아담스는 어쨌든 실제로 의회에 출석할 의사가 전혀 없었다.[75] 1980년대 내내 아담스는 미묘한 게임을 벌였다. 그는 1983년에 신페인당의 당 대표로 선출되었다. 그렇지만 궁극적으로 평화가 정착되어야 한다고 확신하게 되었다. 즉, 아일랜드의 통일은 무력만으로는 쟁취할 수 없다고 믿게 된 것이었다.

IRA의 일반 병사들에게 이 새로운 논거를 불쑥 꺼내 보일 수는 없었다. 의용군들이 그의 의향을 알면 당에서 축출하거나 죽여버릴 수도 있기 때문이었다. 아담스는 투쟁의 정치적 측면에 더욱 투자를 많이 하는 동시에 별도의 도전에 직면했다. 즉, IRA가 불법 조직으로 남아 있던 것이었다. 전통적으로 의용군들은 IRA 조직원이냐는 질문을 받으면 답변을 거부했었다. 조직원이라는 것을 인정하는 것만으로도 충분히 감옥에 갇힐 수 있기 때문이었다.

그러나 아담스는 다른 사람들 눈에 비치는 자신의 모습을 게릴라 수장에서 정치인으로 탈바꿈하면서 한 단계 더 나아가는 수를 썼다. 그는 사람들에게 자신은 어떤 식으로든 직접적으로 무장투쟁에 연루되거나 결부된 의용군이 아니라 열렬한 공화파이자 신페인당 지도자로 늘 순전히 정치적 인물이었다고 말하기 시작했다. "나는 IRA 조직원이 아니며, IRA에 몸담았던 적도 없습니다"라고 그는 말하곤 했다.

그를 지켜보았던 사람 누구에게나 그건 당연히 뚱딴지 같은 주장이었다. 아담스는 오래 전부터 IRA 조직원이었을 뿐만 아니라 최고 수뇌부 중 한 명으로 알려져 있었다. 청년 시절 그는 여러 장례식장에서 IRA를 상징하는 검은색 베레모를 쓰고 차렷 자세를 취한 사진이 찍혔다. 1972년에 롱 케시에서 석방되어 IRA 대표단의 일원으로 영국 정부와 협상하기 위해 런던으로 가기도 했다.(몇 년 뒤, 숀 맥 슈타이오페인에게 대표단이 신페인당이나 IRA를 대표하는지 물었을 때 그는 그들이 바로 IRA라고 대답했다. 그렇다면 거기에 아담스도 포함되냐고 압박하자 맥 슈타이오페인은 버럭 성질을 내며 "모두 다"라고 했다.) 언론은 1970년대 초까지 거슬러 올라가 아담스를 IRA 조직원으로 특정했다. 영국 보안군과 정보부도 그를 오랫동안 IRA의 주요 인물로 여겼다.

1976년, 부활절 봉기 60주년 기념일에 아담스는 「리퍼블리칸 뉴스」에 기사를 실었다. 브라우니라는 필명을 쓴 그 기사에서 그는 감옥으로 자신을 만나러 왔던 한 신부와의 만남을 묘사했다. 아담스는 신부에게 무장투쟁주의는 IRA 조직원들이 추구하고자 했던 역할이 아니라 오히려 떠맡겨졌던 역할이라고 주장하며 폭력의 도덕성을 옹호했다. "옳건 그르건 나는 IRA 의용군이다"라고 아담스는 썼다. "내가 취하는 과정에는 물리력의 사용이 포함되지만 나의 인민이 진정으로 번영할 수 있는 상황을 달성해야만 나의 행동 방침이 정당하다고 보여질 수 있다."

그 기사를 쓰고 나서 몇 년이 지난 후, 아담스는 극구 IRA 조직원이었던 적이 없었다고 주장하기 시작했다.[80] 그리하여 그는 북아일랜드에서 전례 없이 유명한 무장투쟁 인사로 부상했으면서도 그 투쟁의 일원이었다는 것을 부인하고 있었다. 신페인당 당사는 폴스 로드의 금방이라도 무너질 듯한 건물에 있었다. 그 공간은 아담스가 언론과 인터뷰하고 유권자들을 만나는 지구당 사무실로 운영되었다. 정적들은 벼락출세한 졸부 정당이 전국의 모든 은행을 총으로 위협하여 계좌를 갖게 되었으며 정기적으로 총구에 의지한다고 놀렸다.[81] 그러한 의혹에 관해 질문받자 아담스는 신페인당의 공동체 활동과 선거운동 자금은 무장세력의 활동에 의해서가 아니라 기금 마련을 위한 복권과 기부금, "케이크 바자회"를 통해 조달한다고 항변했다. 그럼에도 당사 외벽에는 복면을 쓴 채 돌격용 자동 소총을 들어올리고 있는 IRA 조직원들의 벽화가 다채롭게 그려져 있었다.[82] 그 역설은 최근 다른 사람들 눈에 비치는 아담스의 모습의 상징이 될 터였다. 즉, 무장 폭동과 손수 만든 아기자기한 소품이 섞인 모습, 핏방울과 케이크 바자회가 섞인 모습, 같은 것 말이다.

그러한 모순은 단순히 편의상의 문제였을지도 모른다.[83] 왕립얼스터보안대는 IRA 폭력의 설계자로 아담스를 지목하며 오랫동안 원한을 품어왔기에 아담스가 조직원이라는 것을 인정했더라면 주저 없이 체포했을 터였다. 실제로 영국 정부는 1978년에 아담스가 IRA에서 자신의 역할을 인정하는 듯한 말을 한 것을 근거로 기소하려고 힘썼다. 하지만 그는 혐의에 맞서 싸웠고 소송은 기각되었다.[84] 1982년에 뉴욕에서 공화파 동조자들이 발행하는 신문인 「아이리시 피플」은 아담스를 특집으로 다루었다. "급진파 IRA와 같은 조직이 불법이고 그 조직의 정치 진영이 합법인 사회에서는 제리 아담스와 같은 활동가들이 수수께끼 같은 역할을 맡는다"면서 아담스가 "자신의 역할을 대단히 능수능란하게 연기한다"고 덧붙였다.[85] 터틀넥 스웨터를 입고 사진 찍은 아담스는 인터뷰에서 언론이 자신을 다루는 방식에 대해 극심한 분노를 표출했다. 그는 걸핏하면 폭력을 "계속해서" 용인하는지에 관한 "유도 질문"을 받는다며 "그런 질문에 진저리가 납니다"라고 덧붙였다. 「아이리시 피플」지는 "피의 금요일"을 정당화할 수 있는지에 관해 의문을 제기했다. 브렌든 휴즈가 벨파스트의 민간인 구역 곳곳에 폭탄이 터지도록 지휘한 작전이었다. 아담스는 이렇게 응답했다. "나는 분명코 민간인이 살해되는 어떤 활동도 정당화하려 하지 않을 것입니다. 그런 모든 죽음에 대해 당연히 매우 유감스럽게 생각합니다." 그러나 계속 이어갔다. "민간인을 죽이는 것은 IRA의 방침이 아니므로, 같은 이유로, 우발적인 살인에 대해 그들을 비난할 수는 없습니다."

그렇듯 계산된 궤변은 아담스의 또 하나의 상징이 되었다. 그는 언제나 흔들림 없는 확신을 갖고 차분하게 아일랜드 말씨를 써가며 생각하는 바를 전달했다. 그리고 아담스를 비판하는 많은 사람들은 그가 즐겨쓰는 "유감스럽다"는 통고성 표현을 질색하게 되었다. 그러나 아담스는 폭력의 도덕성에 관해 설명할 때가 되면 IRA가 영국 국가와 동일한 기준을 적용받아야 한다고 주장했다. "어떠한 전시 상황에서도 민간인들은 불행히도 고통을 겪고 죽습니다"라고 지적했다. "아일랜드 정치에서 총기의 존재는 아일랜드인만의 책임이 아닙니다. 책임은 애시당초 총구를 겨눈 영국인에게 있고, 그들은 아일랜드에서 머물기 위해 총기를 계속 사용합니다." 그는 덧붙였다. "투표용지가 아무리 많다한들 그것만으로는 그들을 몰아낼 수 없습니다."[98]

아담스는 언제나 자신이 속한 공동체에 깊숙이 얽혀 있었으며, 서벨파스트 하원의원이었기에 지역구에서 바쁘기만 한 일상적인 잡무를 놀랍도록 열심히 하는 모습을 보여주었다. 골목길을 성큼성큼 걸어갈 때면 호기심 많은 어린아이들과 충실한 보좌관들이 졸졸 따라다녔다. 그는 집집마다 돌아다니며 쓰레기 더미나 주택관리공사와의 언쟁에 관한 유권자들의 불평에 동조하며 조곤조곤 이야기를 나누곤 했다. "브라이언이 아침에 그들에게 전화하고 나서 어떻게 됐는지 보려고 여기 얼른 들를 겁니다. 그렇지, 브라이언?"[87] 그는 브라이언 등등의 보좌관이 수첩에 충실하게 세부사항을 휘갈겨 쓰는 동안 유권자들을 안심시켰다.

맵시 나는 재킷을 입고 세심하게 수염을 다듬고 늘 파이프를 입에 물고 다니는 아담스는 좀 거드름 피우긴 하지만 세련된 진보적 사회참여 지식인이라는 분위기를 얻었다. 폴스 지역에서 보낸 어린 시절을 어렴풋이 추억하는 책도 출간했다.[88] 그는 수염을 어루만지곤 했다. 언론 담당 보좌관도 임명했다.[89]

신페인당은 "상담 창구"를 개설하기 시작했다.[90] 복지 지원금 청구와 같은 생활상의 문제를 상담할 수 있도록 한 것이었다. 이처럼 혁명 간부에서 정치 소매상의 모습으로 남의 시선을 의식한 탈바꿈에는 약간 우스꽝스러운 면이 있었다. 어느 순간, 신페인당은 반사회적 행동을 한 젊은이들을 훈육하는 수단으로 쓰던 "무릎 쏘기"를 더는 용납하지 않겠다는 결정을 대대적으로 알렸다. 1982년에 북아일랜드 총선에서 당선된 데리 출신의 전 총기범 마틴 맥

정치인 제리 아담스.

기네스는 엄숙하게 발표했다. "IRA는 논의 끝에 젊은이의 다리에 총을 쏴서 평생 불구로 지내게 하는 것이 공명정대한 처벌이 아니라고 결정했다." 맥기네스는 계속해서 말했다. "대신 우리는 보다 사회적인 것을 수반하는 예방적 접근을 취하고 싶다."[91] 사회민주노동당 출신의 일부 민족주의자들은 신페인당의 갑작스런 이미지 쇄신을 좋은 뜻에서 "공동체 활동가 극단의 동정녀 탄생"[92]으로 비유했다.

아담스는 이제 개인적으로 어떤 폭력도 명령하거나 가담한 적이 없었다고 주장하고 있었지만 폭력적인 기법을 단념하지는 않았다. 신페인당 당대표로 선출된 후 첫 연설에서 그는 정치적 활동과 맞물려 폭력이 계속되어야 한다는 뜻을 분명히 했다.[93] 실제로 아담스가 충돌을 종식시키기 위한 계획을 숙고하기 시작하고 그것을 실행에 옮기는 바로 그 순간에도 IRA는 더욱 치명적인 여러 작전을 수행했다. 1983년 크리스마스 직전, 급진파는 런던의 해롯백화점에서 폭탄을 터트려 다섯 명이 숨지고 90명이 부상을 입었다.[94] (아담스는 폭탄 공격이 "제대로 된 게 아니었다"[95]라고 말했다.) 이어 10월, 한 의용군이 그랜드 브라이튼 호텔의 한 객실에 시한폭탄을 설치했다.[96] 마거릿 대처와 각료가 회의차 머무르고 있던 호텔이었다. 폭탄이 터져 다섯 명이 사망했지만 대처는 죽지 않았다. IRA는 테러의 전략적 이점을 웅변적으로 포착하는 성명서를 발표했다. "오늘 우리는 운이 나빴지만 기억해둬라. 우리는 단 한 번만 운이 좋으면 된다는 것을. 너희들은 언제나 운이 좋아야 할 것이다."[97]

아담스는 브라이튼 호텔의 폭탄테러를 정당화했을 뿐만 아니라 필요한 것이라고 옹호했다. 그는 사상자 수가 "이 나라에 주둔하는 영국군에 대한 슬픈 징후"라고 말했다. 폭탄테러는 일각에서 주장하듯 민주주의에 불리한 타격이 아니었다. 실지로 "민주주의에 유리한 타격"[98]이었다. 대처는 그 공격에서 살아남았을지는 몰라도 흔들렸다. 개인적으로 대처는 급진파가 결국엔 성공할 거라고 확신하게 되었다. "그들은 기어이 나를 수중에 넣겠지요. 하지만 선선히 갖다 바치고 싶지는 않아요."[99]

아담스도 자신의 강적과 마찬가지로 충돌이 자신을 죽일지 모른다고 확신하고 있었다. 왕립얼스터보안대가 신페인당의 자동차 행렬에 삼색기를 다는 것을 막으려고 했을 때인 1983년에 체포된 후, 아담스는 1984년 봄 벨파스트에서 재판에 회부되었다.[100] 서벨파스트 하원의원인 그가 경범죄와 공무집행방해죄 혐의에 직면한 것이었다.[101] 소송 절차를 밟던 어느 날 점심시간에 동료들과 함께 잠깐 서벨파스트에 다녀오려고 치안판사법원(경범죄에 대한 형사재판을 하는 법원-옮긴이)에서 나와 차에 탔다. 몇 년 동안 도피생활을 한 터라 아담스는 의도적으로 동선을 예측하기 어렵게 만드는 경향이 있었다.[102] 그러나 그의 재판은 주요 뉴스 기사였기에 그날 벨파스트 시내의 법정에 있을 거라고 널리 알려져 있었다. 그는 안전에 대한 두려움이 점점 커진 나머지 자기 방어를 위해 총기 소지 자격증을 신청했었다.[103] 그러나 하나도 놀랍지 않게도 왕립얼스터보안대는 그 요청을 거부했다. 아담스는 "난 아마 암살당할 가능성이 90퍼센트는 될 겁니다"[104]라며 자신의 죽음을 예측하는 습관이 생겼다.

차가 법원을 떠난 지 얼마 되지 않아 하워드 스트리트에서 교통체증으로 인해 속도가 느려졌다. 갈색 차량 한 대가 옆에 나타났다. 무장괴한 둘이 아담스와 동료들에게 십여 발의 총격을 가했다.[105] 아담스는 목과 어깨, 팔에 세 방을 맞았지만 죽지는 않았다.(차 안에 있던 다른 세 사람도 부상을 입었지만 아무도 사망하지는 않았다.) 이안 페이즐리 목사는 총격사건에 대한 소식을 듣고 선언했다. "예수님께서는 칼로 흥한 자 칼로 망하리라는 말씀을 하셨습니다. 나는 제리 아담스가 오늘과 같은 일이 일어난 것을 두고 크게 기뻐했던 관을 고통과 슬픔 속에서 수도 없이 따라갔습니다."[106]

무장괴한들은 신속히 체포되었으며, 얼스터자유투사들Ulster Freedom

Fighters 조직원인 것으로 확인되었다. 그러나 로열 빅토리아 병원의 침상에 누운 아담스는 당국이 사전에 공격에 대해 알고 있었으며 성공하기를 바랐었다고 주장했다.[107] 암살 시도 이후 영국 의회의 동료 의원들 중 누구도 그에게 연민을 표하거나 암살 시도에 대한 비난을 퍼붓지 않았다는 것은 아담스의 지위가 계속해서 정치적 왕따라는 것을 보여주고 있었다. 그들은 총격사건에 관한 소식을 냉랭한 침묵으로 맞이했다.

19

푸른 리본

브렌든 휴즈는 거의 13년 후인 1986년에 롱 케시 교도소에서 마침내 석방되었을 때, 처음에는 서벨파스트에 있는 제리 아담스와 그의 가족과 함께 살려고 갔다. 휴즈의 결혼은 감옥 안에 있는 동안 깨졌다. 동료 수감자로부터 릴리가 다른 남자와 연분을 맺게 되었다는 소식을 들었다. 그는 훗날 말했다. "그녀를 감옥으로 불러서 아무것도 문제될 게 없다고 했소. 그녀는 어렸고 당연히 행복을 누릴 자격이 있었으니까. 그녀는 늘 전쟁이 나의 최우선 순위라고 말했는데 그녀가 옳았어요. 나는 이기적이었소. 가족을 등한시했어요." 휴즈는 감옥에서 나오자 릴리의 집으로 가서 그녀의 새 남자와 악수를 나눴다.

철창 안에서 긴 세월을 보낸 터라 도시로 다시 돌아왔을 때 몹시 당황스러웠다. 모든 것이 달라 보였다. 이따금 산책하러 나갔지만, 마치 꿈인 듯, 기억 속의 옛 거리들은 사라지고 없었고 완전히 다른 새로운 거리들이 그곳에 들어서 있다는 것을 발견할 뿐이었다. 한번은 살던 동네에서 길을 잃어 낯선 사람이 집으로 가는 길을 안내해주어야 했다. 감옥 생활은 단조롭긴 하지만 예측 가능한 편안함이 있었다. 그에 반해 벨파스트는 소란스럽고 거슬리며 위험해 보였다. 휴즈는 많은 인파 속에 있는 게 불편하다는 것을 알았다. 조용할 때인 오후 시간에만 큰맘 먹고 술집으로 갔다.

휴즈는 아담스가 평화협상을 진행하던 초기에는 전혀 눈치채지 못했지만 정치적으로 술책을 꾀하고 있다는 것은 감지할 수 있었다. 휴즈는 여전히 자신을 군인으로 생각했으며 언제나 정치적이었던 아담스는 이제 실제 정치인이 되어 있었다. 벨파스트에는 억센 남자들이 모여드는 곳들이 있었는데 휴즈가 그런 곳에 가면 그러한 남자들 사이에서 받아들여져 자리에 앉을 수 있었지만 아담스는 그럴 수 없었다. IRA 조직원이라는 것을 기계적으로 부인하기 전에도 군인으로 인식된 적이 없었기 때문이다. 그렇기는 해도 휴즈와 아담스는 언제나 한 팀이었으며 휴즈는 동지인 아담스에 대한 충성심이 깊었다. 아담스의 전투에 대한 진실성이 골칫거리가 될 정도로 부족하다면 휴즈는 자신의 명성이 친구에게 힘을 실어주어 아담스에게 "운동 내에서 물리적 왼팔" 역할을 할 수 있기를 바랐다. 아담스가 제도공이라면 휴즈는 그의 도구가 될 터였다. 그는 아담스와 동행해 신페인당의 선거 기반을 확보하는 데 일조하느라 전국을 도는 동안 둘이 함께 있는 모습이 아담스에게 얼마나 유용한 일인지를 충분히 인식하지 못했을지도 모른다. 아담스는 IRA 조직원이 아니라는 말을 내내 반복하였지만 머리에 눈이 달린 사람이라면 누구나 콧수염을 기른 흉포한 브렌든 휴즈가 지척에 있는 모습을 보고 아담스가 반복한 최면제의 효력이 미묘하게 중화되었을 것이다.

휴즈는—단식투쟁가 검둥이 휴즈라는—공화파의 상징으로서의 역할이 정치적 상품으로 이용될 수 있는 방식을 예리하게 알고 있었다. 석방된 후, 그는 무장활동에 대한 사기를 진작하고 재정적 지원을 받기 위한 일환으로 미국을 방문하는 데 동의했다. 아일랜드 자체보다 오히려 그곳에 아일랜드계의 미국인이 훨씬 더 많았다. 그렇듯 이례적인 인구통계는 빈곤, 기근, 차별이 초래한 수 세기에 걸친 이주의 증거였으며, 미국의 아일랜드인들 사이에서는 아일랜드 독립이라는 대의를 강력하게 지지하는 분위기였다. 실제로 보스턴이나 시카고에서는 벨파스트나 데리에서보다 무장투쟁을 더욱 열렬하게 지지하는 모습을 때때로 볼 수 있었다. 혁명 운동에 대한 낭만적인 이야기는 식구 중한 명이 식료품점으로 가는 길에 폭탄에 맞아 사지가 날아갈 위험이 없을 때지속하기가 더 수월한 법이다. 일부 아일랜드 토박이들은 안전하게 멀리 떨어진 미국에서 북아일랜드의 유혈전쟁을 촉구하는 "플라스틱 패디(plastic Paddies, 아일랜드에서 태어나지 않았으면서 '아일랜드 정체성'을 갖고 있다고 주장하는 사람들-옮긴이)들"을 미심쩍은 눈길로 보곤 했다. 그러나 IRA는 오랫동안 미국을 지지의 원천으로 의지해왔다. 실제로 브렌든 휴즈가 몇 년 전에 아말라이트 소총을 처음으로 조달했던 것도 미국에서였다.

휴즈는 뉴욕시로 가서 아일랜드계 미국인 기금모금 단체인 "노레이드 Noraid", 즉 아일랜드북부원조위원회Irish Northern Aid Committee의 대표단을 만났다. 한 모임에서 어떤 독선적인 아일랜드계 미국인 후원자는 휴즈에게 급진파가 전쟁을 완전히 잘못 벌이고 있다고 말했다. 그 남자는 휴즈에게 "당신이 정말로 해야 할 일은 목표물의 범위를 넓히는 것"이라고 했다. 영국 정권과어떤 식으로든 관련 있는 사람, 즉 정부의 제복을 입고 있는 사람이라면 누구든 총을 쏘기 시작해야 한다는 것이었다.

"우체부들이요?" 휴즈가 끼어들었다. "우체부들을 쏘라는 말이오?"

"당연히 우체부들을 쏴야 하죠." 남자가 대답했다.

"좋아요." 휴즈가 말했다. "나는 2주 정도 후에 벨파스트로 돌아갈 겁니다.… 표를 한 장 더 구할 테니 나와 함께 가서 당신이 그 빌어먹을 우체부들을 쏴버리시오."

그 남자는 휴즈에게 대의를 위한 것이라며 돈이 가득 든 여행 가방을 선물로 주었다. 그러나 대화를 더 많이 나눌수록 휴즈는 그의 정견이 더욱 못마땅해졌다. 휴즈는 여전히 자신을 혁명적 사회주의자로 여기고 있었지만 1980

년대에 IRA를 지지하는 보수적인 아일랜드계 미국인들 사이에서 사회주의가 전혀 인기가 없다는 사실을 알아차리고 있었다. 마침내 휴즈는 홧김에 "당신의 그 빌어먹을 돈 따위는 필요 없소!"라고 불쑥 내뱉었다. 그 남자는 여행 가방을 들고 나가버렸다.

휴즈는 감옥에서 석방된 후 곧장 IRA에 현역으로 복귀했다. 그는 여러 작전을 세우며 국경 양쪽을 넘나들었다. 그러나 최전선의 의용군들과 함께 여러 임무를 교류하는 동안 IRA가 지나치게 정치적이 된 것 같다는 생각이 어렴풋이 계속되면서 어떤 면에서는 불편한 느낌이 들었다. 가끔 휴즈는 순수한 군인으로서 역사에서 밀려나 점점 쓸모없어지는 건 아닌가 하는 생각이 들었다. 더블린을 방문한 그는 파넬 광장에 있는 신페인당 당사로 갔다. 그곳은 정당한 정치 활동으로 떠들썩했다. 그러나 그곳을 둘러보면서 그 새로운 광경에서 자신이 할 수 있는 역할이 없다는 느낌을 피할 수 없었다. 정말로 그곳의 일부가 아니라는 느낌이 들었다. 그는 1973년에 헬리콥터를 타고 마운트조이 교도소에서 탈옥했던 전 IRA 참모총장 셰이머스 트위미를 찾아갔다. 트위미는 휴즈보다 서른 살이 더 많았다. 제리 아담스와 그의 측근들에 의해 IRA 군 최고회의에서 밀려나 지금은 열외 취급을 받고 있었다. 휴즈는 그가 더블린의 소형 아파트에서 혼자 살고 있다는 것을 알아냈다. 낡아빠진 아파트였다고, 휴즈는 언급했다. 성인이 되고 나서 온 생애를 IRA에 바친 사람의 삶이란 게 그랬다. 휴즈는 트위미가 말년을 보내고 있는 열악한 환경을 보면서 문득 운동에 퇴직 연금제도는 전혀 없다는 생각이 들었다. 몇 년 후 트위미가 죽었을 때, 휴즈는 그의 관을 더블린에서 다시 벨파스트로 운구해 왔다. 관이 도착했을 때 트위미의 아내 외에 관을 맞이하는 사람은 아무도 없었다.

* * *

1989년 새해가 밝은 지 며칠 후,[10] 돌러스 프라이스와 스티븐 레아는 (아기 출생 통지 카드에는 "대니"로 알려진) 핀튼 다니엘 슈거라는 이름의 아들을 낳았다. 그로부터 딱 1년 후,[11] 오스카라는 둘째 아들을 낳았다. 오스카 와일드의 이름을 따서 지은 이름이었다. "그 불쌍한 녀석은 나를 닮았지만 (내 생각에는) 커가면서 달라지겠지." 프라이스는 친구에게 보낸 편지에 덧붙였다. "보모들 좀 알아?"[12] 레아는 그녀가 아이들에게 푹 빠져 "정신을 못 차린다"고 했다.[13] 시인 셰이머스 히니는 두 아이를 위한 창작시를 썼다.[14] 일본제 부채 위에 쓴 그 시를 부부는 벽에 걸어놓았다.(그 시는 지금까지 발표된 적이 없다.) 감옥에 있을 때 프라이스는 아이를 갖지 못할까 봐 걱정했지만 지금 이곳에서 평범한 삶을 살 기회를 얻고 있었다. 가족은 런던에 살았지만 벨파스트에도 계속 집을 갖고 있었다. 스티븐 레아는 자식들에 대해 이렇게 말했다. "나는 아이들이 아일랜드에서 어린 시절을 보내고 아일랜드 말씨를 쓰면서 자랐으면 좋겠습니다. 영국 아이 둘을 키우는 것은 가짜 같다는 느낌이 들거든요."[15]

　　프라이스는 여전히 자서전 작업을 하면서 주기적으로 여러 출판사와 이야기를 나누고 있었다. 그러나 레아가 한 인터뷰에서 설명했듯 "출간할 적절한 시기가 아니었다."[16] 프라이스는 정치 일선에서 물러난 상태였다. 그렇지만 남편은 옛 지휘관 제리 아담스와 특이한 관계를 유지하고 있었다. 레아가 국제적인 무대에서 존재감을 드러냈을 때 아담스는 잉글랜드에서 증오스러운 인물이 되어 있었다. 듣는 이를 불편하게 할 정도의 차분한 낮고 굵은 목소리로 박학다식함을 뽐내며 양극화를 부채질하는 판연히 위험한 인물이었다. 즉, 그는 의롭고 카리스마 넘치고 언변이 유창한 테러 옹호자였다. 어쩌면 대처 정부는 그의 이데올로기적 유혹의 힘이 두려운 나머지 특별규제법을 도입하여 IRA와 신페인당이 방송 전파를 타는 것에 "금지령"을 내렸을 수도 있다. 이것이 실제로 의미하는 바는 아담스가 텔레비전에 출연했을 때 영국 방송사들이 법적으로 그의 음성을 전송하지 못한다는 것이었다.[ ] 얼굴은 나올 수 있고 연설 내용도 전달할 수 있지만 목소리만은 들을 수 없었다. 그래서 방송사들은 좀 우스꽝스럽긴 하지만 그러한 규제를 피하는 실질적인 해결책을 고안해냈다. 아담스가 텔레비전에 등장했을 때 배우가 그의 목소리를 재녹음하는 것이었다. 얼굴이야 누구든 알아볼 수 있는 아담스였고 말도 그가 하는 말이었으나 말을 하는 목소리는 다른 누군가의 목소리였다.

화면에는 나오지 않는 소수의 아일랜드 배우들이 신페인당 대표의 목소리 연기를 제공했다. 그런 식으로 아담스가 하고 다니는 수많은 일들이 언론에 빈번히 보도되었다. 배우들 중 한 명이 바로 스티븐 레아였다. 1990년에 한 뉴스 프로듀서는 레아에 관한 질문을 받자 이렇게 말했다. "우리가 찾을 수 있는 최고의 배우를 기용하는 것을 막을 수 있는 것은 아무것도 없습니다. 우리는 그가 누구와 결혼을 했는지에 관심이 없어요. 어쨌든 난 그가 개신교도인 거 같아요."[ ] 레아는 아담스의 대역을 하기로 결정한 것에 대해 어떤 특정한 이념적 친화성의 표현으로서가 아니라 검열에 대한 반발이라고 설명했다. 레아는 사람들이 아담스를 어떻게 생각하든 적어도 그 사람이 무슨 말을 하는지는 들어봐야 한다며 이렇게 주장했다. "문제 해결에 필요한 모든 요소가 무엇인지 알 수 있도록 허용되지 않는 한 문제는 절대 해결되지 않을 것입니다."[ ]

레아는 배우로서의 이력이 계속해서 흥하는 동안에도 프라이스나 그녀의 과거에 대한 질문을 꺼렸다. 하지만 작품에서는 주제가 "분쟁"일지라도 피하지 않았다. 1992년, 레아는 친한 감독인 닐 조단의 영화 「크라잉 게임」에 출연하면서 새로운 차원의 국제적 명성을 얻게 되었다. 영화에서 레아는 죽을 운명인 포로를 감시하는 임무를 맡은 IRA 저격범 퍼거스 역을 맡았다. 영국군 역은 포레스트 휘태커가 연기했다. 며칠 지나면서 감시자와 포로의 관계가 발전되어 퍼거스가 방아쇠를 당길 때가 되었을 즈음에는 차마 그럴 수 없다는 것을 알게 된다. 그 시나리오는 돌러스 프라이스가 20년 전에 "무명인들"에서 했던 비열한 일을 섬뜩하게 환기시킨다. 친구인 조 린스키를 죽음에 이르는 길로 인도한 뒤 운전대를 잡고 울부짖었던 일, 케빈 맥키를 모나한주로 데려갔는데 억류한 자들이 그를 무척 아끼게 되어 총을 쏘기를 거부해 결국 벨파스트에서 또 다른 저격범들을 소환해야 했던 바로 그 일 말이다.

영화의 등장인물 중 한 명은 빨간 머리의 IRA 여성으로 그 역할은 미란다 리처드슨이 맡았다.[20] 몇 년 뒤 리처드슨은 역할에 관한 질문에 다음과 같이 대답했다. "벨파스트에서 분위기를 만끽하며 며칠을 보냈죠. 스티븐이 아내인 돌러스 프라이스를 소개시켜 주었는데 급진파 IRA 조직원이자 단식투쟁가였던 그녀는 그곳에서 진짜 여주인공이었어요. 우리는 술집에 갔는데 그건 아주 특별한 경험이었죠. 그녀는 영화배우처럼 대접받았어요."

레아는 퍼거스 역이 어떤 식으로든 배우자에 근거한 것이 아니라고 주장했다. 그러나 작품을 해석하는 데 프라이스가 영향을 미쳤을 수도 있다는 점은 인정했다. "내가 할 수 있는 말은 충돌과 관련된 사람 그 누구도 사람들이 그럴 거라고 믿는 말처럼 근본적으로 악하다고 여기지 않는다는 것뿐"이라며 "돌러스의 상황에 어느 정도 공감을 했을 수는 있어요. 하지만… 의식적으로 공감해야겠다고 생각해본 적은 없습니다." 영화의 주제에 관해 논하면서 레아는 아마도 프라이스 집안의 신조가 될 수 있을 거라며 한마디 덧붙였다. "고통을 통한 구원. 내가 가장 좋아하는 말입니다."[21]

이데올로기에 관한 주제로 넘어가면 레아는 교묘히 피했다. 1993년, 런던의 「더 타임스」와의 인터뷰에서 "정치에 대한 나의 관점이 아내와 똑같다고 추정해서는 안 됩니다. 또 정치에 대한 아내의 관점이 20년 전과 똑같다고 추정해서도 안 됩니다"라고 했다.[22] 그것은 영화 홍보차 돌아다닐 때 미리 준비한 판에 박힌 답변으로 레아는 대부분 그 답변을 고수했다. 하지만 가끔은 무심결에 실수를 하기도 했다. 「엔터테인먼트 위클리」와의 인터뷰에서 똑같이 둘러대는 대답을 반복한 후 그는 다음과 같이 덧붙였다. "나는 아내의 정치적 배경이 부끄럽지 않고, 아내 역시 그래선 안 된다고 생각합니다. 지난 20년간 북아일랜드를 통치한 사람들이 부끄러워해야 마땅하겠지요." 준비된 답변이 옆길로 샜다는 것을 깨닫자 이렇게 톡 쏘아붙였다. "자, 이제 됐지요. 이건 정치적 발언입니다."[23]

1992년 12월, 레아와 프라이스는 아이들과 함께 뉴욕으로 여행갔다.[24] 레아가 브로드웨이에서 공연하는 몇 달 동안 체류하기 위해서였다. 뉴욕시는 프라이스와 잘 맞았다. 또 다른 생애가 있다면 연극배우가 되면 딱 좋았을 것이다. 대중 앞에서 막힘없이 말하는 재주, 불타는 듯한 붉은 머리칼, 과시하기 좋아하는 성격 등 이 모든 것이 별난 보헤미안적 특성에 어울렸을 것이다. 그녀의 친구가 한 말을 보자. "뉴욕으로 이사와서 스카프를 두르고 극장에 있으면 사람들이 열광하는 센 언니가 되기에 아주 이상적이었을 거예요. "분쟁"만 없었더라면 그게 바로 그녀의 모습이었을 겁니다."[25]

「크라잉 게임」에서 퍼거스는 무장투쟁에서 떠나버리는 것으로 끝맺는다. 레아에게 그것은 "어떤 끔찍한 경험을 겪으면서도 더 나아지고 풍요로워져서" 자신을 "새로이 만드는" 누군가에 관한 이야기였다.[26] 공화주의 운동에 연루된 평범하면서도 점잖은 사람들은 결국 충돌이 더는 통제할 수 없는 소용돌이 속으로 빨려 들어가는 것을 보게 되었을 뿐이었다.[27] 그런 사람들 중 일부는 스스로 "이제 지긋지긋하다"[28]라고 말하는 순간이 왔다고 레아는 지적했다.

* * *

1994년 8월, IRA는 휴전을 선언했다.[29] 알렉 리드 신부가 중재한 비밀협상이 결실을 맺은 것으로 보였다. 돌러스 프라이스 등등의 공화파들이 서벨파스트에 있는 친목회관으로 소환되어 그 결정에 관해 들었다. 세 명의 대표단이 테이블 뒤에 앉아 계획을 요약했다. 휴전은 긍정적인 조치로 소개되었다. 확실히, 승리는 아니지만 그렇다고 패배도 아니라는 것이었다. 어떤 사람들은 휴전의 대가로 영국이 아일랜드에서 철수하겠다는 어떠한 약속도 없이 IRA가 왜 무기를 내려놓아야 하는지 당최 이해하지 못하겠다고 성토했다. 죽어간 무수한 사람들에 관한 말도 나왔다. 프라이스가 손을 들어 물었다. "그러니까 뒤늦게 깨달은 바에 의하면 우리가 절대 무장투쟁에 나서지 말았어야 했다는 말을 지금 듣고 있는 거네요?"

강경노선의 아일랜드 공화주의는 언제나 절대주의 체제였다. 부활절 봉기의 불운한 영웅인 패트릭 피어스는 언젠가 이렇게 선언한 바 있다. "현재든 향후에든 아일랜드 정당들 사이에서 어떤 자기분석을 하든 우리는 침착하게 깨끗하고, 순수하고, 완전한 일을 해냈다는 확신을 갖고 있다. 우리는 결코 타협하지 않는 기상과 평정심을 갖고 있다."[30] 그러나 휴전과 평화협정의 본질이야말로 협상과 자기분석, 그리고 타협이다. 지난 25년에 걸쳐 "영국인을 몰아내자"라는 준엄하고 절대적인 야망하에 무수한 피를 쏟아왔다. 그런데도 그 야망은 실현되지 않았다. 그것은 운동의 일부 조직원들에게 혼란을 느끼도록 했다. 지도부는 과거와 현재의 병사들에게 무기를 포기하지 않았으며, 휴전은 전술적 조치이고 언제라도 무효로 돌릴 수 있다고 장담했다. 하지만 그것은 과거 1969년에 온건파로부터 급진파를 분리하게 했던 것과 유사한 또 하나의 분열을 피하기 위하여 병사들을 달래려고 꾸며낸 말, 비위를 맞추기 위한 미끼인 것처럼 느껴졌다. IRA가 휴전협상에서 얻은 주요한 양보 한 가지는 영국이 대승적 차원에서 신페인당을 수용한다는 것이었다.[31] IRA 조직원이었던 어떤 사람은 이렇게 말했다.[32] "무장 반란을 종식하는 대가로 신페인당은 전형적인 정당으로, 그리고 어쩌면 더 중요하게는 북아일랜드에서 오랜 기간 지속된 충돌을 종식시키는 데 도움을 줄 수 있는 정당으로 존재감을 드러낼 기회를 얻었다."[33]

다음해 여름 어느 날, 벨파스트 시내에 있는 리넨 홀 도서관에서 기자회견이 열렸다.[34] 도네갈 광장에 있는 유서 깊은 멋진 건물이었다. "분쟁" 기간 동안 납치되거나 살해당한 사람들 중 시체를 찾지 못한 "실종자들"의 운명을 다루기 위한 새로운 기구가 결성된 것이었다. 옷깃에 푸른색 리본을 단 참석자들이 뒤섞여 있었다. 진 맥콘빌의 딸 헬렌은 연설자 중 하나였다. "1972년에 여자 네 명과 남자 여덟 명이 우리 집에 들어와 내 어머니를 데려갔습니다. 우리는 어머니를 다시는 보지 못했습니다. 저는 특히 그 여자분들에게 말하고자 합니다. 내 어머니에게 한 짓에 대해 죄책감이 없는지, 어떻게 자식들을 볼 낯이 있는지요?"[35]

헬렌은 서른일곱 살이었다.[36] 진이 실종되었던 때와 거의 엇비슷한 나이였다. 그녀는 세이머스 맥켄드리와 결혼하여 안정된 삶을 살고 있었으며 자식들도 낳았다. 그러나 맥콘빌 가족은 어머니가 납치된 후 정상적인 가족으로서의 기능을 해본 적이 없었다. 어느 시점에선가 헬렌에게 남편과 자식들과 함께 오스트레일리아로 이주할 기회가 생겼었다.[37] 하지만 그녀는 갈 수 없다고 느꼈다. 남편이 설명했듯 "아내는 언제나 어머니가 다시 돌아올 거라는 실낱 같은 희망을 품고 있었기 때문"이었다.

맥콘빌 아이들에게는 어린 시절이 힘겨웠다고 해서 성인 시절이 더 수월해진 것은 아니었다.[38] 일부는 일자리를 구하기 위해 고군분투해야 했다. 몇몇은 마약과 알코올 중독에 시달렸다. 빌리의 쌍둥이 형제이자 막내였던 짐 맥콘빌은 1980년대에 소년원에 구금된 적이 있었으며 무장강도 사건으로 잉글랜드에서 징역을 살았었다.[39] 마이클은 여러 면에서 가장 안정된 아이 중 하나였다. 열여섯 살에 엄중하게 감시하는 공동 시설인 리즈네빈을 나온 후 잠시 아치와 같이 살다가 이후에 헬렌과 살았다. 그러나 마이클과 헬렌은 마찰을 빚었고, 마이클은 결국 한동안 길거리 생활을 했다.[40] 그는 친구들과 지내며 동가식서가숙했다. 그러다 마침내 일자리를 찾았다. 열일곱 살 때인 어느 날 저녁 댄스파티에서 안젤라라는 소녀를 만났다. 그들은 사귀다가 결혼까지 이르렀다. 마이클은 여러 직업을 전전했다. 한동안은 벨파스트에 있는 드로리언 공장에서 차문이 위로 열리는 "걸윙도어gull-wing door"를 단 미래형 자동차를 생산하는 조립 라인에서 일했다.

진 맥콘빌의 맏이인 앤은 평생 질병을 앓다가 1992년에 서른아홉 나이에 세상을 떠났다.[41] 헬렌은 언니의 관을 들여다보다가 어머니와 너무도 닮은 모습에 깜짝 놀랐다.[42] 그녀는 어머니에게 벌어진 일을 알아내기 위해서라면 할 수 있는 일을 다하겠노라고 다짐했다. 남편인 셰이머스가 벨파스트 주위에서 묻고 다니기 시작했다. 한번은 IRA 소굴로 알려진 폴스 로드의 술집으로 들어갔다. 하지만 장모의 이름을 언급하자 갑자기 술집이 조용해졌다. 한 노인이 셰이머스에게 마권업자 전표를 재빨리 슬쩍 건네며 내기를 하러 옆집으로 가자고 했다. 영감은 전표에 이런 말을 써놓았다. "도망쳐."[43]

그 지역에는 사랑하는 가족이 실종된 또 다른 가족들이 있었다. 마거릿 맥키나라는 이름의 강단있는 한 여성은 아들인 브라이언이 1978년에 납치되었다고 했다. 브라이언은 누이의 차에 타서 떠나기 전에 마거릿에게 말했다. "다녀올게요, 엄마." 당시 스물두 살이었다.[44] 다시는 아들을 보지 못했다. 세월이 흐른 뒤 아들이 잉글랜드나 멕시코로 이민갔다는 소문이 돌았다.[45] 맥키나는 불확실하게 항시 존재하며 끈질기게 괴롭히는 아픈 통증으로 남겨졌다며 치통에 비유했다.[46] 결국 그녀는 가족의 실종으로 오랫동안 괴로워하는 유가족들을 한데 모았다. 겁에 질린 채 오랜 세월 침묵을 지키던 유가족들은, 카타

르시스까지는 아니더라도, 이런 종류의 상실에 지속적인 트라우마를 겪는 것에 관해 다른 사람들과 터놓고 이야기를 나눌 수 있다는 것만으로도 위안이 되었다.[47] 유가족들은 대부분 피붙이들이 살아 돌아오리라는 희망은 포기했지만 시신만이라도 되찾기를 바라고 있었다. 맥키니가 말했다. "나는 이제 브라이언이 죽었다는 사실은 받아들일 수 있지만 가야 할 묘지가 없다는 것은 받아들일 수 없습니다."[48] 오랜 세월, 그녀는 아들이 어린 시절에 쓰던 침대보를 바꾸지 않고 있었다.[49] 그녀는 이렇게 회상했다. "꿈에서나 볼 수 있을까 해서 아들의 침대로 가 녀석의 옷을 덮곤 해요. 잠이 들면 꿈속에서 녀석을 볼 수 있거든요." 하지만 잠에서 깨어날 때마다 아들은 여전히 사라지고 없었다.

실종자 가족들은 서로를 찾아냈을 때 서로 똑같이 집요하고 소름 끼치는 질문들에 시달려왔다는 것을 알게 되었다. 사랑하는 가족이 언제 살해당했을까? 죽기 전에 고통받았을까? 고문당했을까? 구덩이에 넣기 전에 죽었을까?[50] 이따금 사람들이 정보를 알려왔다. 알렉 리드 신부도 가끔 이런저런 이야기를 듣고는 뜻밖의 정보를 전해주기도 했다.[51] 어느 때는 일부 시체가 블랙 산에 묻혀 있다는 소문이 돌았다.[52] 도시를 내려다보고 있는 산이었다. 하지만 수색 결과 아무것도 나오지 않았다. 휴전 후 유가족들은 마침내 공개해도 충분히 안전하겠다고 느꼈다. 그들은 경각심을 일깨우기를 기대하며 실종자들을 기리는 상징으로 푸른 리본을 달았으며, 빌 클린턴과 넬슨 만델라와 같은 저명인사들에게도 리본을 보냈다.[53]

맥콘빌 가족 등등의 유가족들이 마침내 실종 사실을 폭로하는 방송을 했을 때 언론은 칠레나 아르헨티나처럼 참혹한 내전에서 더 익숙한 전술을 영국 시민들을 상대로 썼다는 것에 충격이라는 반응을 보였다.[54] 유가족들로서는 칠레나 아르헨티나의 상황과 유사하다고 조명받게 된 것이 대단히 기뻤다. 유가족협회는 부에노스아이레스의 5월 광장에 집결한 실종자 어머니들에게서 영감을 받아 설립한 것이었다.[55] "분쟁" 기간 동안 20명이 조금 안 되는 사람들이 실종되었다. 그렇지만 나라가 아주 작았기 때문에 각각의 실종이 미치는 영향은 전 사회에 큰 반향을 불러일으켰다. 콜럼바 맥베이라는 십 대 소년은 1975년에 IRA에 납치되어 다시는 보지 못했다. 로버트 나이락이라는 늠름한 영국군 장교는 1977년 남부 아마에서 실종되었을 때 잠복근무 중이었다. 셰이머스 루디는 뉴리 출신의 서른두 살의 남자로 1985년에 사라졌을 때 파리에서 교사로 일하고 있었다.

평화협정과 IRA의 휴전에 발맞추어 유가족들이 그렇듯 계속해서 답변을 요구하는 것은 제리 아담스에게는 난처함만 더할 뿐이었다. 충돌의 지평 너머를 볼 수 있는 선지자로 스스로 자리매김했기에 실종자 가족은 곧장 그의 이름을 들먹이며 점점 더 소리 높이 분개하며 의문을 제기하고 있었다. 셰이머스 맥켄드리는 1995년에 이렇게 말했다.[56] "우리가 제리 아담스와 IRA에게 말하고자 하는 바는 간단하다. 우리 유가족들은 그간 극심한 고통을 받아왔다. 제발 이 악몽을 끝내주기 바란다." 그는 계속해서 지적했다. "우리는 신페인당이 이 문제를 해결하지 않은 채 완전한 민주 정당의 지위를 기대하는 것은 위선이라고 생각한다."

맥켄드리는 신페인당 지도부를 찾아가 진에게 벌어졌던 일을 밝히는 일종의 내사를 진행해달라고 요청한 바 있다.[57] 어느 날, 슈퍼마켓에서 아담스와 우연히 마주친 그는 불쑥 내뱉었다. "제리, 내 아내를 놀릴 작정입니까?"[58] 1995년 여름이 끝나갈 무렵, 아담스는 신중하게 쓰인 성명서를 발표했다.[59] 시체의 위치를 찾는 것을 돕겠다고 서약하는 성명서였다. "행방불명자들의 소재에 관해 어떤 정보라도 갖고 계신 분들은 누구라도 유가족들에게 연락하기를 당부합니다."

20

비밀 기록물

1995년 11월 어느 추운 날, 빌 클린턴은 연설을 하려고 데리로 갔다. 3년 전에 취임한 이래 그는 북아일랜드의 평화협정에 관심을 가져왔다. 그는 제리 아담스에게 미국 방문을 위한 비자를 승인했다. 이는 신페인당의 고립 상태를 끝내고 아담스를 사회적으로 용인하는 대화상대로 합법화하는 데 결정적인 단계를 밟는 것이었다. 그는 워싱턴에서 여러 차례 존 흄을 만나기도 했다. 데리에서 클린턴을 소개한 사람도 바로 흄이었다. 그는 미국 대통령이 어떤 꿈을 갖고 있는지를 설명하며 "우리는 역사상 최초로 다음 세기에 거리에서 살인이 일어나지 않고, 젊은이들을 다른 나라로 이민가도록 하지 않는 나라를 갖게 될 것입니다"라고 했다.

클린턴은 길드홀 바깥에 마련한 연단으로 갔다. 건물 밑에는 크리스마스를 밝히는 전구들이 깜빡이고 있었다. 검은색 외투를 입은 그는 젊고 건장하며 낙천적으로 보였다. 온 사방이 사람들이었다. 사람들은 데리의 비좁은 거리에 다닥다닥 붙어 있었고, 고대 도시 성벽 아래에도 바글바글 모여 있었다. 클린턴이 말했다. "이 도시는 휴전 직전인 불과 1년 반 전만 해도 나 같은 방문객이 보았을 도시와는 완전히 다른 곳이 되었습니다. 군인들이 거리에서 자취를 감췄습니다. 성벽은 민간인들에게 개방되었습니다." 그는 "화해의 악

수"를 거론하며 히니의 시구절을 인용했다.[3]

> 역사는 말하네, 무덤가에서 희망을 갖지 말라고.
> 그러나 평생 단 한 번 간절히 기다리던
> 정의의 파도가 걷잡을 수 없이 솟구치면
> 그때 희망과 역사는 운을 맞추리.

　쌀쌀한 공기가 들뜬 가능성으로 가득 채워졌다. 휴전은 결국 1996년에 IRA가 런던의 항만 구역에 폭탄을 터트려 백여 명이 부상을 입으면서 끝났다.[4] 그 단체는 성명을 통해 IRA가 무기를 폐기할 때까지 신페인당과의 협상을 거부한 영국 정부를 비난했다. 언론은 아담스가 폭탄테러에 관해 사전에 알지 못했을 수도 있다고 추측했다. 평화협정에 헌신하면서 IRA 무장파로부터 점점 소외되었을 수 있다는 게 그 이유였다. 그러나 1997년에 두 번째 휴전이 개시되었으며, 그 휴전은 지속되었다. 1998년 4월에 일주일 동안[5] 협상가들이 벨파스트 외곽에 있는 조지 왕조 시대(조지 1~4세 치세 때인 1714~1830-옮긴이)의 저택인 힐즈버러 성에 틀어박혀 평화협정 합의를 도출하기 위해 세부 사항에 관해 논의했다. 토니 블레어 신임 영국 총리는 직접 협상에 참여해 샌드위치와 초코바로 때우며 사흘에 한 번꼴로 저택을 나섰다. 수석 협상가는 미국인으로 조지 미첼 전 메인주 상원의원이었다.[6] 그는 대단한 인내심을 가진 과묵한 사람이었다. 그러나 그는 평화협정을 착실히 구축하기 위한 자신의 헌신을 테러범의 비타협적인 신앙과도 같은 것이라고 비유했다. 한 관측통이 평한 대로 "광신도와도 같은 끈기"[7]를 가진 사람이었다.
　여러 대표자들이 북아일랜드의 새로운 의회 구조, 무장세력의 무기 폐기, 포로의 지위, 북아일랜드의 6개 주와 아일랜드 정부와 영국 간의 향후 관계와 관련해 관료주의적인 딱딱한 문제를 두고 엄포를 놓으며 언쟁을 벌였다. 성 바깥에서는 바람이 쌩쌩 불며 진눈깨비가 휘날리는 가운데 개신교도와 가톨릭교도 초등학생들이 정문에 모여 노래를 부르며 평화를 구하고 있었다. 제리 아담스가 나와 아이들에게 음료수 쟁반을 갖다 주었다.

결국 성聖금요일(부활절 직전의 금요일. 예수가 십자가에 못박힌 날을 기억하기 위한 날로 영어로는 Good Friday라고 한다─옮긴이)에 당사자들이 모습을 드러내 모두가 동의할 수 있는 협정에 도달했다고 발표했다. 30년간의 물리적 충돌을 종식시킬 수 있는 방도라고 했다. 북아일랜드는 영국 연합의 일부로 잔류하지만 자치정부 지위를 얻고 아일랜드공화국과 긴밀한 관계를 유지한다고 했다. 이 협정은 섬에 사는 대다수의 사람들이 통일된 아일랜드를 바란다는 사실을 인정했다. 그러나 또한 6개 주에 사는 대다수의 사람들이 영국 연합의 일부로 잔류하기를 더 선호한다는 사실도 인정했다. 핵심 원칙은 "합의"였다. 만약 어느 시점에 북아일랜드 사람들 대다수가 아일랜드와 통일되기를 원한다면 영국과 아일랜드 정부는 그 선택을 존중할 "의무를 지게" 될 것이라고 했다. 그러나 그때까지 북아일랜드는 영국 연합의 일부로 잔류하며, 신페인당은 기권주의의 원칙을 접고 새로이 구성된 의회에서 대표자들이 제 역할을 다할 수 있도록 동의해야 한다는 것이었다.

아담스는 협정이 맺어진 지 몇 달 후, 울프 톤의 무덤가에서 다음과 같이 연설했다. "우리는 우리나라에서 영국의 지배를 끝낼 것이며, 그럴 때까지 투쟁은 계속될 것입니다." 아담스는 합의를 얻어내는 데 중요한 역할을 했으며, 다른 사람의 눈에 비춰지는 자신의 모습을 키워온 바로 그 모호성 덕에 여러 협상가들이 자신을 상대하도록 이끌 수 있었다. 협정이 마무리된 후에도 빌 클린턴은 아담스를 의아하게 여겼다. 클린턴은 1999년 토니 블레와의 전화 통화에서 골똘히 생각에 잠긴 목소리로 말했다. "아담스와 IRA 사이에 이루어진 진짜 거래가 뭔지 모르겠군요."⁹ 그러나 아담스가 무장세력인 적이 없었다는 허구는 테러범들과는 협상하는 모습을 보이고 싶어하지 않는 대화상대들이 아담스와 협상할 수 있는 정치적 공간을 만들어주었다.[10]

연설에서 아담스는 정확히 승리했다고는 선언할 수 없었다. 그러나 "성금요일협정(일반적으로 벨파스트협정이라고 알려짐-옮긴이)은 투쟁의 한 국면이 마무리되고 새로운 국면이 시작되고 있음을 표시하고 있습니다"라고 낙관적으로 말했다. 그는 "새로운 아일랜드"를 보고 싶다고 했다. "영원히 총성이 들리지 않는 아일랜드. 이 섬의 모든 국민들이 서로 평화롭게 지내는 아일랜드. 또 이웃인 영국과도 평화롭게 지내는 아일랜드. 국민적 화해와 치유의 과정을 통해 하나가 된 아일랜드를 보고 싶습니다."[11]

* * *

2년 뒤, 폴 뷰는 바다 건너 보스턴 칼리지에서 초빙 교수로서의 직무를 누리고 있었다.[12] 평소 퀸즈 대학에 적을 두고 있던 뷰는 아일랜드 역사학 교수였다. 그는 개신교도계인 얼스터연합당Ulster Unionist Party의 당수 데이비드 트림블의 고문도 맡고 있었다. 데이비드 트림블은 "성금요일협정"에서 주도적 역할을 한 인물로 현재 북아일랜드 자치정부의 수반인 초대 수석장관이었다. 보스턴 칼리지는 아일랜드 역사와 문헌 관련 학문의 보루로서 고귀한 유산을 갖고 있었다. 2000년 봄, 대학 본부는 북아일랜드에서 30년에 걸친 충돌이 종식되었다는 것을 기념하기 위한 방법을 찾고 있었으며, 뷰는 존 J. 번스 도서관의 관장인 봅 오닐에게 대학이 "분쟁"을 문서화하는 방법을 고려해보는 게 어떻겠냐고 언급했다. 뷰는 어쩌면 대학이라면 충돌에 관한 역사적 기록을 만들기 위하여 "분쟁"에 참여했던 사람으로부터 일종의 증언을 수집할 수 있을 거라고 제안했다. "지금으로부터 한 세대 후의 대학원생들을 위한 것이 될 것입니다"라고 뷰가 말했다. 오닐은 그 생각이 마음에 들었다. 그러나 새 프로젝트는 책임자를 필요로 했다. 뷰는 「아이리시 타임스」와 「선데이 트리뷴」에서 오랫동안 존경받는 기자이자 편집자로 일했던 에드 몰로니라는 벨파스트의 언론인을 추천했다.

몰로니는 명민하고 추진력이 강한 사람으로 "분쟁"의 연대기 기록자로서 과감한 선택이었다. 1960년대에 퀸즈 대학에 재학 중일 때 민권운동의 출현과 "분쟁"의 서막을 직접 목격했었다.[13] 시위에 참여한 그는 돌러스 프라이스와 이몬 맥켄, 버나데트 데블린 등등의 당대 급진파들을 두루두루 알게 되었다. 신문기자로 일하면서는 충돌 관련 중요한 소식들에 세심한 주의를 기울이며 속보로 다루었다. 신체적으로는 호감을 주지 못하는 인상이었다. 유아기 때 소아마비에 걸려 다리에 철심을 박았기에 평생 뻣뻣하게 걸어 다녀야 했다. 그러나 싸움에서 두려움이 없고 물러나는 법이 없는 것으로 유명했다. 장애로 인해 평생 약자에 대한 연민을 품고 살았다. 머리칼이 희끗희끗해졌는데도 눈썹은 여전히 짙고 풍성한 검은색이라서 집요한 오소리 같은 외모를 풍겼다. 1999년에 정부는 법원 명령을 써서 몰로니가 왕당파 무장세력과 만나 인터뷰한 기록을 강제로 압수하려 한 적이 있었다.[14] 그는 감옥에 갈 위험을 무릅쓰며 거부했다. 그런 다음 정부를 법정에 세워 승소했다.

몰로니는 이안 페이즐리에 대한 평전을 쓰면서 공화파와 왕당파 양쪽 공동체에서 광범위한 자료를 확보하게 되었다. 제리 아담스와 꽤 친하게 지내던 시절도 있었다. 한번은 아담스가 도망다니고 있을 때로, 두 사람은 호텔 방에서 잡담을 나누며 앉아있었는데 누구라도 호텔을 나서는 것은 안전하지 않았기에 몰로니는 그날 밤 바닥에서 잠을 잤다. 1980년대에 아담스가 한층 정치적으로 성장하자 몰로니는 그를 보러 몇 달에 한 번씩 폴스 로드에 있는 신페인당 당사를 찾아갔다. 아담스는 홍차를 끓였고, 두 사람은 밀실에 앉아 대화를 나누었다. 그러나 결국엔 관계가 틀어졌다. 몰로니는 아담스가 의도적으로 IRA 병사들을 속이고 있다고 점점 확신하게 되었다.[15] 아담스가 평화협정을 도모하기 위해 군의 무기를 포기하겠다는 결정을 일찌감치 사적으로 했다고 의심했다. 그와 측근들이 조직의 나머지 사람들에게는 그 사실을 극비에 부치고서 말이다. 몰로니는 그 과정에 대한 이야기를 전하기 위해 수십 년에 걸친 기록들을 끌어모아 『IRA 비사』라는 새로운 책 작업을 시작했다. 그러나 신페인당의 노선과 충돌하는 이야기를 터트리면서 적대감에 맞닥뜨리게 되었다. 마틴 맥기네스는 그에게 "에드 발로니(Baloney, 엉터리, 헛소리라는 뜻-옮긴이)"라는 별명을 붙였다. 어느 날 밤, 누군가가 그의 자동차 바퀴를 그어 놓았다. 2001년, 몰로니는 벨파스트를 떠나 브롱크스로 이주했다. 처가와 더 가까이 지내려는 뜻도 있었지만 북아일랜드에서 불안감을 느끼기 시작했기 때문이기도 했다. 게다가 당시 유럽에서 최대 관심사인 "분쟁"을 취재하면서 기자로서 할 만큼 다 했다고 판단했다. 그리고 이제 그 이야기는 끝났다.

몰로니는 "분쟁"을 문서화한다는 뷰의 생각을 받아들이면서 보다 구체적인 것을 제안했다.[16] 즉, 보스턴 칼리지가 최전선에서 싸운 전사들이 자신들의 경험을 솔직하게 말할 수 있는 구술사를 진행해야 한다는 것이었다. 그렇지만 그것은 커다란 도전이었다. 무장세력 활동에 관해 이야기하는 것이 전통적으로 금지되어 있었기에 "분쟁"의 주요 사건들의 많은 세부사항들이 침묵 속에 가려져 있었다. 평화협정은 신페인당을 정당으로 정상화시켰을지는 모르지만 IRA는 여전히 불법 조직으로 남아 있었다. 조직원이었다는 것을 인정하는 것만으로도 형사 고발을 당할 수 있었다. 그리고 설령 무장세력이 당국을 두려워하는 면이 있더라도 그것보다도 더 큰 문제는 서로를 두려워한다는 것이었다. 침묵의 신조를 위반한 자라면 누구나 "끄나풀"로 낙인찍힐 수 있었다.[7] 그리고 IRA나풀들은 변을 당했다. 투사들은 배타적인 데다 외부인들을 극도로 의심하는 경향이 있었다. 하지만 몰로니는 이제 어쩌면 사람들을 인터뷰할 수 있는 방법을 찾아낼 수 있겠다는 생각이 들었다. 그들이 사망한 후에야 증언을 공개하겠다고 약속하는 것이 그 방법이었다. 그런 식으로 하면 충돌의 최선두에 섰던 참가자들에게 다가갈 수 있을 터였다. 그들이 아직 살아 있고 기억이 여전히 생생할 때에 말이다. 하지만 그러자면 정부가 기소하거나 동지들이 응징하지 못할 때까지 타임캡슐처럼 기록물이 봉인되기 때문에 기밀이 보장된다는 확신을 주어야 했다. 그 생각을 듣자 폴 뷰는 열광했다. 그는 마치 오래된 프랑스 보르도산 적포도주들을 저장하듯 "녹음테이프들을 저장하는"[8] 것에 대해 이야기했다.

보스턴 칼리지 학자들은 인터뷰가 오직 후세들을 위해서만 쓰일 거라는 확신을 주려는 각오가 되었을지 모르지만, 아니 누가 그들을 믿겠는가? 실제로 노트북을 들고 다니는 박사과정 학생들로 구성된 팀이 골수 총잡이들에게 속을 터놓도록 설득하는 것은 도저히 가능할 것 같지 않았다. 그래서 몰로니는 단연코 정통적이지는 않지만, 어쩌면 가능한, 기발한 해결책을 제안했다. 만약 전 무장세력들이 대학원생에게 비밀을 털어놓지 않는다면 어쩌면 또 다른 전 무장세력에게는 말을 꺼낼 수도 있지 않을까.

* * *

2000년 여름 어느 날 저녁, 몰로니와 보스턴 칼리지에서 온 도서관장인 밥 오닐은 벨파스트 시내의 고급스러운 해산물 식당 딘즈로 저녁을 먹으러 갔다. 고향으로 돌아오기 전인 1990년대에 런던의 5성급 호텔 클래리지에서 일했던 요리사가 차린 딘즈는 그야말로 "새 벨파스트"의 시설로 평화가 가져다줄 수 있는 세상의 미래를 찍은 사진과도 같은 곳이었다. 그들은 그곳에서 안토니 맥킨타이어를 만나기로 되어 있었다. 부스스한 염소수염에 팔뚝에 잔뜩 문신을 새긴 거구의 남자로 사람들에게는 "맥커스"라는 별명으로 알려져 있었다. 그는 남벨파스트에서 자랐다. 열여섯 살에 나이를 속이고 급진파에 가담한 다음 왕당파 무장세력을 살해했다는 이유로 17년을 감옥에서 복역했다.[19] 수감되면서 고등학교를 마치지 못했지만 감옥에서 성경을 읽는 데 질려서 공부에 관심을 갖게 되었다. 학업이 중단된 것을 늘 실망스러워했던 어머니를 달래려는 것도 공부를 한 이유 중 하나였다. 하지만 그것은 저녁 시간을 보내는 아주 좋은 방법이기도 했다. 맥커스는 다른 수감자들이 잠들어 홀로 책을 읽을 수 있는 밤늦은 조용한 시간을 점점 소중히 여기게 되었다.

1992년 교도소에서 석방된 맥커스는 기어이 퀸즈 대학에서 학사 학위를 받았으며, 그런 다음 박사 과정에 등록했다. 폴 뷰가 지도교수였다. 공화주의 운동에 관한 논문을 쓴 후 박사 학위를 받았다.[20] 그러나 학위는 땄지만 학위가 꾸준한 일자리를 제공하지는 않았다. 처음 감옥에서 나왔을 때 한동안 상점에서 좀도둑질하는 신세로 전락했다. 그러다가 2000년에 캐리 트워미라는 젊은 미국 여성을 만났다.[21] 벨파스트에서 공부하고 있던 커다란 푸른 눈에 주근깨투성이의 흑갈색 머리칼의 백인 여성이었다. 그들은 사랑에 빠졌고 결혼하여 자식을 둘 두었다.

에드 몰로니는 1993년 한 공화파 장례식에서 전 IRA 조직원 맥커스를 처음 만났으며, 맥커스는 이후 그의 정보 제공자 중 한 명이 되었다. 맥커스는 학계의 언어와 거리의 언어를 모두 구사했기에 몰로니는 보스턴 칼리지 프로젝트에 그가 이상적인 인터뷰 진행자가 될 거라고 느꼈다. 뷰는 전에 자신이 지도했던 학생을 적극적으로 참여시키자는 생각을 지지하며, 대학이 맥커스의 호주머니에 용돈을 좀 챙겨줄 수 있겠다고 생각하니 그 또한 위안이 되었다.[22]

2001년, 보스턴 칼리지는 그 기획을 흔쾌히 지지하고 있던 부유한 아일랜드계 미국인 사업가에게서 20만 달러의 보조금을 받았다.[23] 전 공화파와 왕당파 양쪽 무장세력을 인터뷰하는 것이 계획이었다.(원래 몰로니는 경찰의 증언 역시도 포함시키고 싶었지만 그 생각은 결국 포기했다.)[24] 왕당파를 인터뷰하기 위해 몰로니는 윌슨 맥아서라는 동벨파스트 출신 남자를 뽑았다.[25] 왕당파계와 끈끈한 관계를 맺고 있었으며 그 역시도 퀸즈 대학에서 학위를 받았다. 몰로니와 오닐, 맥커스는 딘즈에서 저녁 식사를 마치기 전에 사안의 민감성이 워낙 크기 때문에 모든 것을 비밀로 유지하는 것이 무엇보다 중요하다는 데 동의했다.[26]

*　*　*

벨파스트 프로젝트라고 알려지게 된 그 프로젝트는 "성금요일협정"의 명백한 결점을 다루는 것으로 보였다. 평화를 가져오기 위한 노력의 일환으로 협상가들은 과거보다는 미래에 초점을 맞추었었다. 협정으로 인해 무장세력 수감자들이 석방될 수 있었는데 그중 다수가 흉악한 폭력 행위를 저지른 자들이었다. 그러나 북아일랜드 사람들이 지난 30년에 걸쳐 자신의 나라에 닥쳤던 때로는 암울하고 종종 고통스러웠던 역사를 밝힐 수 있도록 하는 어떤 종류의 과거사 진실-화해위원회도 만들겠다는 조항은 없었다. 남아프리카공화국에서는 인종차별정책인 아파르트헤이트가 종식된 후 그러한 일련의 과정이 있어서 사람들이 나서서 자신의 이야기를 전할 수 있었다.[27] 그 경우 맞교환이라는 명시적인 합의가 있었다. 즉, 진실을 말하면 법적으로 면책특권을 받을 수 있었다. 남아프리카공화국 모델에는 결함이 있었다. 즉, 비판가들은 사람들의 이야기가 불완전하고 종종 정치적이라고 주장했다. 그러나 적어도 이야기하려는 노력은 있었다.

남아프리카공화국에서 그러한 과정이 실행 가능했을 수 있던 이유 중 일부는 아파르트헤이트의 여파로 명백한 승자가 있었기 때문이었다. 그에 반해 "분쟁"은 교착상태에서 끝냈다. "성금요일협정"은 아직 구체화가 안 된 "권력 분담" 방식을 구상했다. 그러나 어느 쪽도 진정으로 승리를 거두지는 못했다고 느꼈다. 허울뿐인 변화도 있었다. 즉, 왕립얼스터보안대는 북아일랜드경찰청으로 명칭을 변경했으며, 구조적 차별에 도전을 꾀하는 민권운동 시위는 대부분 사라졌다. 북아일랜드는 언제나 역사적 기념극에 심혈을 기울여왔었다. 하지만 "분쟁"을 기념하거나 혹은 심지어 이해하고자 하는 법을 알아내려고 시도하는 공식적인 과정은 전무했다.

그렇듯 이도 저도 아닌 상황에 대한 불안감은 제리 아담스가 IRA에 복무했었다는 사실을 인정하기를 거부하면서 더욱 악화될 뿐이었다. 북아일랜드에서 사람들은 충돌에서 자신이 한 역할에 관해 실토하는 게 안전할지 여부에 대해 아직도 미심쩍어하고 있었다. 제리 아담스가 지속적으로 부인하는 것을 보면 절대로 안전하지 않다는 것을 시사하고 있었기 때문이다. 셰이머스 히니는 "분쟁"에 관한 "무슨 말이든, 아무 말도 하지 마라"라는 제목의 시에서 "오오, 암호, 자루, 눈짓만 해도 고개를 끄덕이는 나라"라고 썼다. 사람들은 새 날을 열광적으로 맞이하는 바로 그 순간에도 과거의 광적인 음모는 계속 남아 있을 거라고 느꼈다.

2001년, 마틴 맥기네스는 1970년대 초 데리에서 부사령관으로 복무했던 급진파 조직원이었다는 것을 인정하면서 IRA의 침묵 규정을 깼다.[28] 그러나 "피의 일요일" 사건에 대한 조사의 맥락에서 인정한 것이었다. 기소로부터 면책특권을 받을 수 있는 상황이었기 때문이다. 정당으로서 신페인당은 현재 그 어느 때보다 강력한 상승세를 타고 있었다. IRA는 평화협정에서 표면적으로 열외 취급을 받았고 무기를 폐기하는 것에 동의하기까지 했다. 그렇기는 하지만 그토록 오랜 세월에 걸쳐 아일랜드인의 삶에 깊은 그림자를 드리웠던 무장 군은 쉽사리 사라질 것 같지 않았다. 1995년 여름, 아담스는 벨파스트에서 열린 집회에서 연설을 한 적이 있었다. 산뜻한 여름 양복을 입은 채 원고를 참고하는 모습이 꼭 정치인처럼 보였다. 하지만 준비된 발언이 잠시 멈춘 동안 군중 속에서 누군가가 소리쳤다. "IRA를 돌려내라!"

관중이 환호하자 아담스는 씩 웃어보였다. 그런 다음 마이크에 몸을 숙이고 이렇게 말했다. "그들은 사라지지 않았습니다, 알잖아요."[23]

* * *

벨파스트 프로젝트에 관해 알고 있는 극소수의 집단에게 여전히 북아일랜드를 드리우고 있는 침묵과 빈정거림의 어두운 그림자는 사람들이 자신의 경험에 관해 솔직하게 말할 수 있는 자리를 조속히 마련해야 한다는 절박함만 더할 뿐이었다. 그 프로젝트에 관여하게 된 보스턴 칼리지의 아일랜드학 교수인 톰 해치는 기록물에 대한 원대한 포부가 전통적인 학문을 위한 것이 아니라 미래 세대가 숙고할 수 있는 자료를 만들기 위한 일환이라고 말했다. 그가 다소 거창하게 표현했듯, "종파 간 폭력의 현상학"[30]에 대한 연구였다.

그러나 그러한 노력이 실행에 옮겨지기 위해서는 절대적인 비밀엄수 조건이 효과를 발해야 했다. 자신의 이야기를 들려주기로 동의한 사람들에게는 사망하기 전까지 그들의 증언이 동의 없이 대중에 공개되지 않을 것을 명기한 계약서가 제공될 터였다. 비밀에 부쳐지는 것은 인터뷰 자체만이 아니었다. 그 프로젝트가 존재한다는 것 자체가 비밀이어야 했다. 참여자들은 자신들이 참여했던 범죄를 소상히 밝힐 터였다. 당국이 그러한 고백이 존재한다는 것을 알게 되면 그들을 붙잡으려 들 게 뻔했다. 에드 몰로니는 보스턴 칼리지를 구술사의 보고로 끌리게 만든 일정 부분은 다음과 같은 것이라고 믿었다. 즉, 보스턴 칼리지는 영국 경찰과 아일랜드 경찰로부터 물리적으로나 법적으로나 대단히 멀리 떨어진 대서양 반대편에 있었다. 미국은 중립 지대였다. 설령 당국이 어떻게든 프로젝트의 존재에 관해 알게 된다 하더라도, 미국 수정헌법 제1조(언론·종교·집회의 자유를 정한 조항-옮긴이)의 보호를 받기에—그리고 보스턴 칼리지라는 제도적 영향력으로 인해—인터뷰들을 입수하기 위한 어떤 노력도 애당초 헛수고로 만들 터였다.[31]

2001년 봄, 맥커스는 인터뷰를 진행하기 시작했다. 그는 공화파계에 친구가 많이 있었다. 하지만 그렇긴 해도 조심해야 할 필요가 있었다. IRA는 은밀한 집단으로 뒷말을 떠벌리는 것으로 악명 높았다. 사실, 아무도 이야기하지 않은 것은 아니었다. 모두가 이야기했다. 단지 자기들끼리만 그렇게 하는 경향이 있을 뿐이었다. 악명 높은 범죄의 장본인은 서벨파스트에서는 널리 알려졌을지 모르지만—기자에게든 영국인에게든—외부인에게 그것에 관하여 한마디라도 발설하는 순간 끄나풀이 되었다.[32] 보스턴 칼리지에서 인터뷰하러 온 사람들은 선의에 앞서 어쨌든 외부인들이었다. 무장괴한이었던 사람들이 녹음기를 소지한 누군가에게 속내를 털어놓고 있다는 말이 새 나가면 그들은 변을 당하기 십상이었다.

맥커스는 또 다른 비판적인 측면에서도 외부인이었다. 많은 급진파 병사들과 마찬가지로 그는 "성금요일협정"에 환멸을 느꼈다. 패트릭 피어스는 "아일랜드의 이름으로 잉글랜드로부터의 분리 이외에 그 어떤 것이라도 "(분쟁의) 최종 합의"로 받아들이는 자는 아일랜드 국가에 반하는 엄중한 불충실과 엄중한 범죄를 저지른 자로 죄를 물어야 한다… 그런 자는 태어나지 않는 편이 나았다"[33]라고 쓴 바 있다. 이런 류의 절대주의는 골수 공화파 사이에서 신화를 형성했다.³⁴ 즉, 점진적 변화를 수용한다는 개념은 배신에 버금가는 것이었다. 맥커스의 견해에 따르면 신페인당은 영국이 아일랜드를 계속해서 지배하는 시나리오에 응할 때 헐값으로 합의를 봤다. 맥커스는 아담스가 무장투쟁을 다 팔아치웠다고 믿었다.

신페인당 지도부는 그러한 여론의 압박을 잘 알고는 맥커스와 같은 비판가들을 "반 공화파 인사" 또는 "평화협정 반대자"로 깎아내렸다. IRA는 항상 내부규율에 탁월했으며, 신흥 정당으로서 신페인당은 "분쟁"과 평화협정에 관한 특별한 서사를 유지하느라 전력을 다하고 있었다. 어떤 신페인당 관계자도 당의 공식 노선을 벗어나지 않는 것 같았다.³⁵ 그런 식으로 당은 어떤 학자가 평했듯 "공화파 무장투쟁의 기억에 대한 독점권"³⁶을 유지하고 있었다.

신페인당 비판가라는 맥커스의 처지를 감안할 때, 실제로 이것이 의미하는 바는 제리 아담스나 그에게 동조하는 사람 그 누구도 앉아서 구술사를 녹음하는 것에 동의할 가능성이 없다는 것이었다. 사실 맥커스는 그들에게 요청하는 것조차 꺼려졌다. 혹여 지도부가 프로젝트의 존재를 조금이라도 눈치챈다면 참여한 사람은 누구든지 처벌받을 것이라는 말을 퍼뜨려 거의 틀림없이 중단시킬 것이기 때문이다.

그래서 그 후 몇 년 동안, 맥커스는 이런저런 이유로 더는 아담스와 가까이 지내지 않는 공화파들을 찾아 나섰다. 그렇게 하는 동안 발각되지 않으려고 각고의 노력을 기울여야 했다. 암호화된 이메일을 써서 몰로니와 소통했으며 프로젝트와 관련된 문서상의 흔적을 최소화하려고 했다.³⁷ 소형 전자녹음기를 배낭에 넣은 채 벨파스트를 넘나들며 인터뷰를 진행했다. 대상자들을 여러 차례에 걸쳐 만나면서 한 사람당 열 시간 이상을 인터뷰했다. 특정 개인과의 인터뷰가 완료되면 신뢰할 수 있는 타자수에게 구술한 내용을 타자로 치도록 했다. 그런 다음 녹음물과 녹취록을 모두 보스턴 칼리지에 우편으로 보냈다. 그러면 봅 오닐은 번스 도서관에서 가장 안전한 곳인 "보물실"에 보관했다. 오닐은 "기록물 보안"에 관한 전문가였다.[38] 그 주제에 관한 책도 출간했었다. "모든 도서관원들과 기록물 보관 담당자들은 보관을 위임한 보물을 책임져야 할 관리자로서 보안에 철저하고 세심한 주의를 기울여야 한다"라고 그는 주장했다.

추가 예방조치의 하나로, 맥커스는 보스턴 칼리지에 인터뷰 자료들을 우편으로 보낼 때 구술사를 제공한 사람들 개개인의 실명을 밝히지 않고 알파벳 부호로 대체했다. 알파벳 부호로 처리한 각 참여자의 호칭을 실명과 연결시킨 것은 별도로 된 일련의 문서에만 있었다. 즉, 증언이 기밀로 유지된다는 것을 보장한, 각자가 서명한 실제 계약서에만 실명이 있었다.[39]

어느 날, 맥커스는 오랜 세월 알고 지냈던 전 IRA 조직원을 만나러 갔다. 1974년에 감옥에서 처음 만난 남자였다. 두 사람은 친분이 두터웠기에 느긋하고 친근감 있는 분위기에서 인터뷰가 진행되었다. 맥커스와 마찬가지로 그 남자도 평화협정에 극도로 환멸을 느끼고 있었으며 제리 아담스 및 신페인당과의 관계를 끊은 터였다. 이제 그는 할 얘기가 많았다. 최종적으로 보스턴 칼리지에 우편으로 보낸 자료에서 맥커스는 그 남자의 이름을 알파벳 부호 "C"로만 식별해 놓았다. 그의 실명은 브렌든 휴즈였다.

21

창턱에서

2001년 안토니 맥킨타이어가 브렌든 휴즈를 인터뷰하기 시작할 무렵, 그는 디비스 플래츠의 남은 아파트에 살고 있었다. 1993년, 진 맥콘빌이 납치된 적이 있었던 그 아파트 건물은 단지 내 환경이 형편없다는 이유로 활동가들이 격렬하게 항의한 후 다른 모든 저층 건물들과 함께 철거되었다. 1980년대에 소위 철거위원회가 결성되었는데 선동가들의 임무는 그곳을 사람이 거주할 수 없는 곳으로 만드는 것이었다. 아파트가 비워질 때마다 또 다른 가정이 입주하기 전에 자칭 철거반원이라는 자들이 커다란 망치를 들고 급습하여 욕조와 싱크대, 변기, 전기 설비를 뜯어내고 창문을 박살내고 멀쩡한 문에서 경첩을 떼어냈다. 결국 정부는 그곳을 모조리 불도저로 밀어붙여 앞에 조그만 시멘트 정원이 있는 잘 정돈된 붉은 벽돌집으로 들어찬 새로운 단지를 개발하기에 이르렀다. 디비스 플래츠에 남아 있는 거라곤 20층짜리 건물이 전부였다. 영국군은 옥상과 꼭대기 두 층을 계속 차지했다. 그 아래의 10층에 브렌든 휴즈가 살았다.

서벨파스트에서 전쟁 영웅으로 여겨지는 휴즈에게 거리에 우뚝 솟아 있는 그곳은 잘 어울리는 거주지였다. 폭탄테러가 멈추고 "성금요일협정"이 북아일랜드에 평화를 가져온 후에도 벨파스트의 담벼락에는 여전히 다채로운 빛깔로 무장투쟁 영웅들을 묘사하는 벽화가 난무하고 있었는데 그중에는 씩 웃고 있는 검은 눈동자의 젊은 브렌든 휴즈의 얼굴도 있었다. 그러나 최근 몇 년 사이 휴즈는 점점 참담한 기분이 들고 있었다. 방문객이 보러 오면 그는 "내 감방에 온 걸 환영하오"라고 말했다. 집 안에 틀어박혀 있는 것을 더 좋아해 홀로 술을 마시고 담배를 피우며 며칠 동안 집 밖을 나서지 않을 때가 많았다. 이제 50대였고, 그 유명했던 검은 머리칼은 사라지고 반백의 가는 머리칼이 되었다. 그는 장애급여로 생계를 유지하고 있었다. 건설 현장에서 여러 막노동을 전전했지만 젊은 시절 일정 기간 상선에서 일한 것 말고는 진정한 민간인의 직업이라는 것을 가져본 적이 없었으며, 안정적인 일자리를 찾으려고 애썼다. "절대 감옥을 떠날 수 없을 거요"라고 그는 말했다.

아파트는 휴즈의 영웅인 체 게바라의 다양한 사진들로 꾸며져 있었다. 체가 활짝 웃고, 담배를 피우고, 커피를 마시는 사진들이었다. 휴즈는 그 우상의 모습에서 온기를 느끼기도 했지만 꼭 자신을 비웃는 것 같은 느낌이 들기도 했다. 체가 아직 젊었을 때 순교한 것이 행운이었다고 주장하는 사람도 있을 것이다. 1967년에 볼리비아군에 의해 처형당했을 때 그는 채 마흔 살도 안 된 나이였다. 피부는 여전히 매끄럽고 수염도 아직 흰색으로 물들지 않았을 때였다. 그러나 휴즈는 쿠바에서 체의 혁명은 성공한 반면 자신과 제리 아담스가 북아일랜드에서 기도한 혁명은 실패했다는 느낌에 사로잡혀 있었다.

휴즈에게 "성금요일협정"은 최후의 양보를 상징했다. 즉, 공화주의 운동이 영국이 아일랜드에 잔류하는 것을 공식적으로 수용한다는 것이었다. 휴즈는 사람들을 죽였었다. 아일랜드의 통일을 위해 싸우고 있다는 신념으로 그렇게 한 것이었다. 그러나 운동의 지도부는 결코 절대적인 승리가 아닌 것에 안주할 준비가 되어 있어서—그의 견해로는 의도적으로—자신과 같은 군인들에게 알리지 않기로 했다는 게 이제 명확해졌다. 휴즈에게 있어 그 교묘한 속임수 전략은 극히 사적인 것이었으며, 그는 무척이나 아꼈던 동지인 제리 아담스에게 곧장 책임을 전가시켰다. 아파트 한쪽 벽에는 경애하는 체의 사진과 함께 또 하나의 사진 액자가 걸려 있다. 1970년대에 롱 케시 교도소에 있는 동안 찍은 낡은 사진으로 휴즈와 아담스는 서로 어깨동무를 하고 있다. 커다란 깃이 달린 셔츠를 입은 아담스의 어깨 주위로 텁수룩한 머리칼이 헝클어져 있다. 휴즈는 멜버른 아이리시 클럽MELBOURNE IRISH CLUB이라고 쓰인 몸에 꼭 맞는 흰색 티셔츠를 입고 있다. 철조망을 배경으로 둘 다 씩 웃고 있다. 휴즈는 이제 더는 아담스에게 애정을 갖고 있지 않았으나 옛날에 있었던 일들을 상기하려고 벽에 그 사진을 걸어두고 있었다. 수십 년 동안 아담스와 돈독한 관계를 맺었었지만 결코 동등한 관계는 아니었다. 최근 그는 자신이 IRA의 무기처럼 쓰여진 다음 "폐기 처분되었다"라며 쓸쓸하게 농담했다.

휴즈의 불안감은 점점 더 커져갔다. "피의 금요일"을 획책했던 바로 그 남자가 이제 벨파스트 시내의 혼잡한 지역을 피했다. 그는 디비스 타워가 마음에

디비스 타워 아파트에서 브렌든 휴즈.

들었다.[9] 건물의 한도에서 편안함을 찾을 수 있었기 때문이다. 그곳은 꼭 감방과도 같이 그가 통제할 수 있는 섬처럼 고립된 공간이었다. 그는 알코올에서 일시적인 구제책을 찾았다. 주치의가 술을 끊으라고 했지만 그럴 수 없었다.[10]

맥커스는 휴즈를 처음 만났던 때를 지금도 기억하고 있다.[11] 당시 맥커스는 겨우 열여섯 살이었다. 휴즈는 유명인사로 롱 케시 교도소에 들어왔다. 맥커스보다 열 살이 더 많았지만 어린 청년이 마음에 들었고 둘은 친한 친구가 되었다. 인터뷰를 진행하면서 맥커스는 전 무장세력들이 수십 년 동안의 침묵 끝에 자신의 경험을 말하는 동안 곧잘 굉장히 후련해한다는 사실을 알아챘다. 인터뷰 대상자들에게 말을 시작하도록 하는 게 때로는 힘들기도 했다. 그러나 일단 시작하면 종종 중단시키는 게 힘들었다.[12] 오랜 세월에 걸친 전쟁 이야기와 무시무시한 경험, 배꼽 빠지게 하는 농담과 개인적인 고충들이 쏟아져 나왔다. 맥커스는 공감을 잘하는 청자로 나직한 소리로 격려하며, 진심에서 우러나는 호탕한 웃음으로 유머에 호응하며, 이따금 자신의 일화를 자청해서 들려주곤 했다. 그는 다음과 같이 질문하며 간간이 끼어들었다. "보스턴 칼리지의 미래의 학생들을 위해 조금 더 자세히 설명해주시겠습니까?"

에드 몰로니가 정확히 예측한 대로 맥커스가 참가자들을 많이 알고 지냈다는 사실—그들과 더불어 살았고 그들과 함께 작전을 수행했으며 그들과 함께 감옥에 갔다는 사실—은 그에게 각별한 신뢰성을 부여했다. 휴즈와 맥커스는 아파트에 앉아 담배를 피우고 대화를 나누며 일련의 인터뷰를 진행했다. 어느 순간엔가 휴즈는 남은 생애 동안 보스턴 칼리지가 담뱃값이나 대주었으면 한다고 농담했다. 그러더니 암에 걸리면 태도를 바꾸어 대학을 고소하겠다는 말도 덧붙였다.[13] 그들은 휴즈의 어린 시절에 관하여, 어머니가 돌아가신 후 아버지가 어떻게 타개해 나갔는지에 관하여, 상선을 탔을 때의 여정에 관하여, 사회주의자로 깨어난 것에 관하여, 자신이 계획하고 지휘한 수백

건의 작전에 관하여, 그리고 감옥에서 보낸 오랜 세월에 관하여 이야기했다. "피의 금요일"에 관한 이야기도 나누었다. "그날 사람들을 죽이려는 의도는 없었소." 휴즈는 그렇게 주장하면서 다음과 같은 말을 덧붙였다. "그 일을 뼈저리게 후회한다오."

하지만 무엇보다도 휴즈는 제리 아담스에 관한 이야기를 많이 했다.[14] 맥커스는 롱 케시 교도소에 있을 때의 아담스의 모습과 겹쳐졌으며 당시 아담스와 휴즈가 얼마나 유대감이 끈끈했는지 잘 알고 있었다. 그러나 지금 휴즈는 이전의 동지를 향한 분노로 들끓고 있었다. 휴즈는 "성금요일협정"을 질색했다. 그는 "성금요일협정Good Friday Agreement"의 머리글자로 알려진 GFA가 실제로 "뻘짓Got Fuck All"을 뜻하는 약자라고 알려진 말에 부합한다고 농담했다.[15] "대체 왜 그랬을까요?" 그가 물었다. 그가 앗아간 목숨들과 그가 죽음으로 내몬 어린 의용군들이 치른 희생에 대해 그는 언제나 통일된 아일랜드가 출현하면 궁극적으로 정당화될 거라고 이해했다고 했다. 그런데 대신, 아담스는 부유한 정치인, 평화 중재자가 되어 있었으며, 충돌 이후의 북아일랜드에서 독보적인 역할을 할 수 있는 인물로 스스로 자리매김했다. 지지자들 눈에 아담스는 역사적 인물이었고, 선지자였으며, 마땅히 노벨상 후보였다. 그러나 휴즈의 눈에는 제리 아담스가 자신의 야망에 속아넘어갔거나 아니면 더 나쁘게는 영국에 조종당하는 인물로 비쳐졌다. 감옥에서 급진파가 전략에 대한 교육 실습을 진행할 때 기본적인 수업 하나가 바로 영국의 대對반란 계획 접근 방식의 핵심이 "그들이 다룰 수 있는 지도부를 만들어내는 것"에 관한 것이었다.[16] 휴즈는 평화협정의 여파로 아담스 본인이 부지불식간에 바로 그런 식으로 만들어지는 것을 허용했을지도 모른다고 믿었다.

어떤 무력 충돌에서든 지휘부가 갖는 한 가지 부담은 상급 장교는 부하들이 죽을 수도 있는 선택을 할 수밖에 없다는 것이다. 휴즈는 어린 의용군들—

과 무고한 민간인들—을 죽음으로 내몬 명령으로 인해 계속해서 정신적 고통에 시달렸다. 그는 머릿속으로 그 사건들을 반복해서 재현해 보았다. "피의 금요일"에 관해 말하면서 그는 맥커스에게 현장에 있었다고 했다. 하지만 상황을 진두지휘한 사람은 아담스였다고 했다. "결정을 내린 사람은 제리였소."

아담스는 충돌에서 어떤 역할도 한 적이 없다고 부인함으로써 사실상 "피의 금요일"과 같은 참사에 대해 어떤 도덕적 책임도 없다고 선언했으며, 그 과정에서 브렌든 휴즈와 같은 예전의 부하들과 의절했다. 휴즈가 말했다. "그 모든 게 다 역겹소. 그것은 나와 같은 사람이… 그 모든 죽음에 대해 책임을 짊어져야 한다는 뜻이오." 그 모든 대학살을 통해 적어도 아일랜드에서 영국을 몰아내는 데 성공했더라면 휴즈는 자신이 취했던 행동을 스스로에게 정당화할 수 있을 것이다. 그러나 모든 면죄의 근거마저 강탈당했다고 느꼈다. "단한 사람의 죽음도 그럴 만한 가치가 없었다는 게 이제 다 판명났소."

휴즈는 자신이 악령들과 싸우는 바로 그 순간에도 아담스는 그 어떤 고통스러운 자기성찰로부터 완전히 자유로운 것처럼 보인다는 사실에 충격받았다. 오히려 아담스는 과거에 조금도 얽매이지 않는 사람처럼 이리저리 사진 찍힐 기회를 찾아다니고 있는 것 같았다. 그것은 휴즈를 미치게 했다. 당연히 아담스는 IRA 조직원이었다! 그는 맥커스에게 말했다. "모두가 그 사실을 알고 있소. 영국인들도 알고 있소. 거리에 지나가는 사람들도 알고 있소. 거리에 지나가는 개들도 알고 있단 말이오. 그런데 저기 서서 아니라고 부인하고 있소."

* * *

공화파계 내에서 휴즈는 무장투쟁의 베테랑으로서의 자격을 갖추고 있었기에 비난할 여지가 없는 것처럼 보였을지도 모른다. 그러나 평화협정을 공개적으로 지지하는 것을 거부하고 아담스와의 사이가 틀어지자 동조 행동에 집착하는 신페인당은 그를 꺼리기 시작했다. 전후의 벨파스트에서 휴즈는 정부 보조금으로 생계를 유지하는 반면, 다른 사람들—"총을 한 발도 쏘지 않은" 사람들, "실제로 혁명과 아무런 연관이 없지만 죽은 의용군들의 옷자락에 매달린" 사람들—은 스스로 유력인사로 자리매김하는 것을 보게 되자 굴욕감을 느꼈다. 그는 아담스와 일당들이 혁명적 사회주의자라는 표면적인 정견과 상충되는 호화로운 생활방식을 즐기는 것 같다고 불평했다. 그는 그들을 "아르마니 양복을 빼입은 여단"이라고 불렀다.

휴즈는 무장투쟁이 이제 자동차에 범퍼 스티커를 붙이고 다니며 건전하게 보이고 현실적인 것을 다룬다는 식으로 변하고 있다는 점 또한 우려했다. 공화주의 운동은 언제나 순교자들을 숭상해 왔으나 휴즈에게는 여전히 살아 있으면서 자신들의 이바지한 것에 대한 후유증으로 인해 허우적대고 있는 일부 순교자들이 이제는 자신들이 그려진 낙서에 가려져 관심을 못 받는 채 버려진 것만 같았다. "담요투쟁을 벌인 사람들이 술에 찌들어 살다가 서서히 외롭게 죽어간 뒤에 그들을 기념하려고 벽화를 그리는 게 무슨 소용이 있겠소. 나는 요즘 젊은이들이 당시 사건들을 그렇게 낭만적으로 묘사하는 게 싫소. 진실은 그것과는 완전히 동떨어져 있소. 내가 바로 그 산증인이라오."

옛 동지가 불충하다는 말이 아담스에게 전해지는 데는 그리 오랜 시간이 걸리지 않았다. 2000년에 두 사람은 만났다. 아담스는 휴즈가 어울리고 있는 일부 사람들에 관하여 물으며 왜 자신을 대놓고 비판하는 길을 택했는지 이의를 제기했다. 휴즈가 기억하는 바는 이렇다. "내가 나쁜 친구들과 어울려서 그렇게 되었으니 그런 친구들에게서 빠져나와야 한다."[20] 휴즈는 자신에게 접근한 것이 검열의 일환이라고 느꼈다.[21] 분개심만 들끓게 할 뿐이었다. 어느 때인가 휴즈는 아파트에서 도청장치를 발견했다. 검은색의 작은 도청기였다. 거의 확실히 영국군이 그러한 장치를 심어 놓았던 시절이 있었다. 하지만 지금 그는 IRA가 설치해 놓았다고 확신했다.

* * *

그러한 환멸감은 맥커스가 수행한 다른 여러 인터뷰에서도 주제를 이루었다. 대상자 중에 리키 오라라고 휴즈와 감방을 같이 썼고 보비 샌즈와 막역한 친구였던 40대 후반의 다부진 체구의 남자가 있었다. 1981년 단식투쟁 기간 동안 오라는 단식투쟁가들의 수석 대변인 역할을 맡았었다. 맥커스가 처음 오라에게 접근하여 벨파스트 프로젝트에 관해 이야기했을 때 오라는 참여하기를 꺼렸다. 당시 그는 20년 동안 아무도 모르는 비밀을 품고 있었는데 IRA에서의 경험에 관해 이야기하다가 그 비밀이 무심코 튀어나올까 봐 우려했다. 하지만 맥커스는 기어이 오라에게 말을 하도록 설득해 저녁이면 녹음기를 갖고 그의 집에 들르기 시작했다. 처음 인터뷰들은 확고한 견해나 생각을 표현하지 않고 감정을 완화시키는 것들이었다. 오라는 집안 내력에 관해 이야기했다. 1940년대에 아버지가 어떻게 IRA 조직원으로 있었는지, 민중가요를 부르며 자라다가 십 대인데도 어떻게 급진파에 합류하게 되었는지에 관하여 이야기했다. 제리 아담스와 더불어 어떻게 메이드스톤에 억류되어 있었는지, 또 어떻게 술값을 한몫 마련하려고 "프리랜서" 강도질을 벌인 적이 있었는지에 관하여도 이야기했다. IRA 상관들은 그의 다리에 총으로 쏘는 것으로 처벌했다.[22] 모든 것을 감안할 때 그는 형벌이 전적으로 정당하다고 느꼈다고 했다. 맥커스와 오라는 뉴욕에서 두 대의 비행기가 세계무역센터에 충돌했다는 뉴스 속보가 나올 때 인터뷰를 진행하고 있었다. 두 사람은 등골이 오싹했다. 설령 둘 중 어느 한 사람이 아일랜드의 정치적 폭력 전통과 알 카에다의 대량 살상 사이에 어떤 유사성을 보았을지라도 그것에 연연하지는 않았다.

오라는 여러 차례에 걸쳐 맥커스에게 "단식투쟁에 관해서는 말하지 않겠다"라고 이야기했다. 그리고 처음 여덟 차례의 인터뷰에서 실제로 말하지 않았다. 그러나 마지막으로 인터뷰하는 날 밤에 그 주제가 등장했고 오라는 비밀에 부치기로 스스로에게 약속한 얘기 하나를 꺼내게 되었다.

1981년 여름, 보비 샌즈 외 세 명의 다른 단식투쟁가들이 죽고 난 후, 오라는 감옥 내에서 협상을 이끄는 것을 돕고 있었다. 오라에 따르면, 수감자들은 마거릿 대처로부터 그들의 요구를 거의 모두 승인하겠다는 비밀 제안을 받았다.[23] 완전한 항복은 아니었지만―주요 요구사항 중 하나였던―사복을 입을 수 있게 하는 것 외에도 다른 핵심적인 양보들을 보장한다는 것이었다. 오라와 또 한 명의 협상가는 감옥 바깥의 급진파 지도부에게 영국의 제안을 받아들여 단식을 끝낼 용의가 있다고 적힌 전갈을 몰래 보냈다.[24] 그러나 바깥에서―구체적으로 말하면, 제리 아담스에게서―온 답장은 대처가 제안하고 있는 것으로는 충분하지 않으니 단식투쟁가들이 계속 버텨야 한다는 것이었다.[25]

단식투쟁을 끝내기 전에 여섯 명이 더 죽었다.[26] 대중들에게는 늘 단식투쟁을 끈질기게 고집한 것은 수감자들 본인들이었다는 주장이 알려져 있었으며, 오라는 그러한 역사의 해석에 대해 문제를 제기하기 위해 목소리를 낸 적이 없었다. 그 극적인 사건을 둘러싸고 결속을 강화하는 "세심하게 짜여진 신화"라고 생각하게 된 것을 따른 것이었다. 그러나 사적으로는 당시 더욱 강력하게 들고 일어나지 않은 것에 대해 막심한 죄책감을 느꼈다. 그는 아담스와 측근들이 왜 내부자들이 수용할 태세가 되어 있던 제안을 받아들이지 못하게 하고 단식을 지속시켰을까 내내 의아했었다.

오랜 세월에 걸쳐 개인적으로 반추한 끝에 오라는 끔찍한 논리를 전개시키기 시작했다. 보비 샌즈가 의원 선거에 출마했을 때 공직을 얻으려는 평화로운 시위대의 광경은 IRA가 폭력을 통해서는 결코 달성한 적이 없는 규모로 공화주의에 대한 대중적 지지를 낳았다. 샌즈가 사망한 1981년 5월 5일, 무려 10만 명에 달하는 사람들이 거리로 나왔다. 오라는 군 최고회의가 단식투쟁을 지속시키자는 결정을 논하는 자리에 접근할 수는 없었지만 아담스가 폭넓은 공감대와 그것이 낳은 지지 기반을 활용하려고 의도적으로 단식투쟁을 지속시킨 것이라고 믿게 되었다. 공화파 방침 면에서 단식투쟁은 "원자가 분열하는" 순간이었다고, 오라는 결론지었다.[27] 아담스는 처음으로 선거 정치를 통한 변화의 가능성을 보았다. 단식투쟁을 연장시키는 것이 공화주의 운동에 대한 지지 기반을 획기적으로 확장할 수 있는 전례 없는 기회라는 것을 깨달았을 터였다.[28] 여섯 목숨만 희생시키면 되는 것이었다.

일단 오라는 맥커스에게 그 이야기를 시작하자 멈출 수 없다는 것을 알았다. 그는 울부짖기 시작했다. 처음에는 목멘 소리로 흐느끼기 시작하더니 이내 어린아이처럼 걷잡을 수 없이 엉엉 울었다. 그는 20년 동안 고인이 된 여섯 명의 단식투쟁가에 대한 양심의 무게에 짓눌린 채 살아왔으며, 20년 동안의 침묵 끝에 그 일에 대해 이야기하면서 정서적으로 정화되는 느낌이었다. "이제 더는 신경 안 써요. 그간의 비밀을 다 밝혔어요. 젊은 목숨들만 헛되이 죽어버렸습니다!"[29]

그러나 아담스가 신페인당을 생존 가능한 정당으로 출범시키는 데 있어 순교자의 꾸준한 공급이 필수불가결하다는 것을 냉소적으로 결정했을지도 모른다는 생각을 곰곰이 했을 때, 오라는 거슬리는 가능성이 있다는 것을 인정할 수밖에 없었다. 즉, 그러한 결정이 없었더라면 전쟁은 결코 끝나지 않았을지도 모른다. 나중에 에드 몰로니가 쓴 것처럼 "단식투쟁은 신페인당의 선거정치로의 성공적인 탈선을 가능하도록 했다. 이후 IRA의 무장투쟁과 신페인당의 정치 사이의 긴장은 평화협정을 낳았고 궁극적으로 충돌을 종식시켰다. 1981년 7월의 제안이 훼손되지 않았더라면 그 모든 일은 일어나지 않았을 수도 있다. 목적이 수단을 정당화하고, 평화의 달성은 그 값을 치를 가치가 있는 아주 귀중한 것이라고 말하는 사람들도 있을 것이다."[30] 오라에게는 그토록 오랫동안 그토록 계산된 게임을 해서 여섯 명을 불필요한 죽음으로 내몰 수 있는 사람이라면 정치 전략의 천재가 틀림없는 사람으로 보였다. 그러나 또한 반사회적 인격 장애자이거나.[31]

* * *

브렌든 휴즈는 단식투쟁을 떠올릴 때마다 살아남은 자의 죄책감이 커져 갔으며 맥커스와의 인터뷰에서 그 문제에 대해 자세히 설명했다. 휴즈는 젊은 단식투쟁가인 숀 맥케나가 혼수상태에 빠진 후 철회시켰던 첫 무산된 투쟁에 대해 자주 생각했다. 만약 그때 아담스가 벌였던 게임과 유사한 게임을 벌였더라면 어땠을까라고 사후 가정을 해보았다. 즉, 맥케나를 그냥 죽도록 내버려두었다면 무슨 일이 일어났을지 생각해 보았다. 두 번째 단식투쟁을 완전히 막을 수 있었을까? 그랬더라면 열 명의 목숨을 구할 수 있었을까? 그는 머릿속으로 이리저리 계산해보았다. 도저히 감당할 수 없을 터였다. 단식투쟁이 끝나고 오랜 시간이 지난 어느 때인가 휴즈는 던도크에서 맥케나와 우연히 마주쳤다. 맥케나는 단식투쟁으로 인해 뇌손상을 입었으며 시력도 영구히 훼손되었다.[32] 맥케나가 휴즈에게 말했다. "젠장할, 검둥이, 날 죽게 내버려뒀어야 했어요."

휴즈는 자살할 생각도 여러 번 했었다. 맥케나와 마찬가지로 그도 단식투쟁으로 인한 육체적 상흔을 지니고 있었다.[33] 결국 시력이 나빠지기 시작했다. 안대를 착용하게 되었고 그로 인해 외모가 꼭 겨울철에 해적질을 하고 다니는 무법자 같았다. 아파트에 앉아 줄담배를 피우며 몇 시간이고 창밖으로 학교 운동장들과 교회 첨탑들과 저 멀리 한 세기 전에 타이타닉호가 건조되었던 조선소들이 들쭉날쭉하게 늘어선 도시를 멍하니 바라보곤 했다. 맥커스의 부인인 캐리 트워미에게는 휴즈가 창문에 끼어있는 것 같았다. 그녀는 이렇게 회상했다. "나는 언제나 그가 창턱에서 삶의 대부분을 살았다는 느낌을 받았습니다. 그는 뛰어나가 모든 걸 다 끝낼 수도 없었고 안으로 뛰어들어와 진짜 삶을 살기 시작할 수도 없었어요."[34]

어느 순간 휴즈가 맥커스에게 말했다. "교도소 의무실이 지금도 눈에 선하다오. 난 아직도 그 냄새를 맡을 수 있소. 사람이 죽을 때 나는 냄새 말이오. 거기엔 죽음의 냄새가 있었거든. 단식투쟁을 하는 기간 내내 의무실엔 죽음의 냄새가 감돌고 있었소. 아직도 그 냄새가 두고두고 생각난다오. 심지어 가끔 냄새도 맡을 수 있다니까. 그 퀴퀴한 죽음의 냄새를 말이오. 그리고 오랜 세월 동안, 그러니까 내 말은, 몇 년 전만 해도 이렇게 말을 할 수가 없었다오. 할 수 없었지. 할 수가 없었지요. 뇌리에서 지워버렸으니까."

휴즈는 단식투쟁 기간 동안 자신을 돌봐주며 산에서 신선한 샘물을 길어다 주었던 친절한 의사 로스 박사를 떠올렸다.[35] 보비 샌즈는 로스 박사를 절대 믿지 않았다. 로스 박사를 "심리 조작자"라고 불렀다. 하지만 휴즈에게는 로스 박사의 친절이 퍽 소중했다. 훗날 그는 로스 박사가 단식투쟁으로 열 명이 죽는 것을 지켜본 뒤 엽총으로 스스로 목숨을 끊었다는 사실을 알게 되었다. 1986년의 일이라고 했다.[36]

휴즈는 맥커스에게 자신이 죽을 때까지 인터뷰가 봉인되리라는 것을 알기에 이 대화의 수위가 솔직할 수 있다는 점을 인정했다. 그는 맥커스에게 제리 아담스가 1973년의 런던 폭탄테러 임무를 승인했으며 그 임무는 결국 돌러스 프라이스와 동료 폭파범들을 철창에 가두게 만들었다고 했다. "그러니까 내 말은, 할 말 못 할 말이 따로 있다는 것이지요. 나라면 연단에 서서 군인의 발포에 연루되지 않았다거나 잉글랜드에서의 작전 계획에 관여하지 않았다고 말하지 못할 겁니다. 하지만 나는 연단에 서지도 않거니와 부인하는 일도 없겠지요. 그리고 거의 몇 차례나 그랬지만, 어쩌면 내가 죽게 했을지도 모르는 사람들 앞에 서서—자신이 일익을 담당했던 전쟁에서, 자신이 지휘했던 전쟁에서—자신이 맡았던 역사적 역할을 부인하는 말을 듣게 하고, 또 고인이 된 사람들 모두에게 부인하는 것은 정말 역겹고 수치스러운 일입니다."[37]

휴즈는 "땅꼬마" 팻이라고 부르던 팻 맥클루어와 그의 비밀분대인 "무명인들"을 상기했다. 돌러스 프라이스도 복무했던 바로 그 비밀분대였다. 맥클루어는 결국 1980년대에 사라지고 말았다. 그는 어느 시점에선가 현역에서 손을 떼고 택시운전사 일을 하기 시작했다. 누군가가 그에게 다시 돌아간다면 오랜 전쟁에 다시 맞서 싸우겠냐고 물었다. 맥클루어는 아니라고 했다. 다 끝냈다고 했다. 휴즈는 그가 캐나다로 이민가서 그곳에서 죽었다는 소식을 들었다. 맥커스가 물었다. 그날그날 "무명인들"을 지휘한 것이 맥클루어였다면 그 분대의 최종 지휘권은 누가 갖고 있었는가? 누가 명령을 내리고 있었는가?[38]

"그들은 언제나 제리의 분대였소." 휴즈가 말했다.

맥커스가 진 맥콘빌의 실종에 관해 묻자 휴즈는 제리 아담스가 그 작전에 관해 알고 있었고 직접 승인했다고 했다. 휴즈의 관점에서 그 살인은 정당한 것이었다.

"그녀는 정보원이었소." 휴즈가 말했다.

22

끄나풀

누구나 뽑힐 수 있었다. 1925년에 출간된 아일랜드 소설 『정보원』에서 저자인 리암 오플래어티는 경찰 정보원 지포 놀런의 이야기를 들려준다. 지포는 살인혐의로 지명수배된 더블린의 한 공화파 남자를 식별해준다. 그 남자는 그 후 경찰에게 살해당한다. 당국에 정보를 전달한 그 순간부터 지포는 긴밀히 맺어진 도시에서 "왕따"가 되었다는 것을 절실히 깨닫는다. 그는 편집증적으로 죽음을 피할 수 없다는 것을 느껴 노출을 두려워한다. "사람의 통상적인 발걸음 소리가 사탄의 기적에 의해 위협적이 된다." 끄나풀은 아일랜드인의 상상 속에서 배신의 전형인 민중 악마로서 막대한 자리를 차지한다. 제리 아담스는 정보원들이 "이 섬에서 모든 사회적 측면에서 매도당한다"라고 언급한 바 있다. 그러나 진실은 영국이 수백 년 동안 아일랜드에서 첩자들을 고용하고 이중첩자를 양성해 왔다는 것이다. "분쟁" 발발 당시로 거슬러 올라가 MRF의 초보적인 "대-폭력단"에서 시작한 프랭크 킷슨의 통찰력이 결국은 영국군과 정보부와 왕립얼스터보안대가 폭넓고 정교한 각고의 공을 들인 끝에 무장세력계를 뚫고 들어가 꽃을 피운 것이었다.

트레버 캠벨은 건장하고 당당한 풍채의 벨파스트 경찰로 왕립얼스터보안대 공안부에서 일했다. (캠벨에게는 언제나 오로지 "런던데리"였던)데리에서 2년을 보낸 후, 1975년 벨파스트로 전근 온 다음부터 27년간 쭉 충돌에 휘말린 세월을 보냈다. 캠벨의 전문 분야는 정보원들을 다루는 것이었다.[5]

"처음에는 규칙이라곤 아예 없었습니다. 법도 없었죠. 앞뒤 가리지 않고 닥치는 대로였어요"라고 그는 회상했다. 당국은 누구를 목표로 삼는지, 혹은 정보원들을 어떻게 관리하는지에 관해 체계적이지 못했다. 그러나 점차 현장에서의 기술이 향상되었다. 북아일랜드에서 끄나풀들을 운영하는 데 있어 가장 큰 도전은 그곳이 세균을 배양하는 용기처럼 안이 훤히 들여다보이는 차원이라는 것이었다. 벨파스트 정보원을 벨파스트에서 만날 수 없었다. 도시가 워낙에 작았기 때문이다. 그래서 끄나풀을 교외나 시골로 불러내야 했다. 그러나 그들은 흔히 교구에서만 산 주민들로 한 도시 지역에서 자라 그 너머를 벗어난 적이 없었다. 버스와 기차가 너무 많아 길을 잃기 십상이었다. 캠벨이 해안가 마을에서 만나려고 정보원을 도시 바깥으로 불러내면 그들은 마치 유일한 버스가 지구 끝에 데려다 내려놓은 것처럼 경외심에 차서 서 있었다. 캠벨은 시골에서 접선하는 게 좋았지만 너무 외딴 시골은 안 되었다. 남부 아마와 같은 일부 시골 지역에서는 현지인들이 모든 차를 알고 있었다. 낯선 차가 한 대라도 있으면 주민들은 경계 태세에 들어가고도 남았다.

만나기 위한 안전한 장소를 찾는 도전은 먼저 만남을 위해 소통해야 할 필요성에 도전하는 것에 비하면 부차적인 경우가 잦았다. "분쟁" 초기 동안 북아일랜드의 많은 가정에는 전화가 없었다. 전화를 갖고 있다 하더라도 대개 공동 회선이었기에 염탐하는 이웃들이 엿들을 수 있었다. 비밀리에 일하는 정보원과 의사소통하기에는 훌륭한 해결책이 아니었다. 이론적으로는 끄나풀은 공중전화를 사용할 수 있었다. 그러나 전시의 벨파스트에서는 공공기물 파손자들이 사실상 모든 공중전화를 파손시켜 버렸으며 끄나풀이 운 좋게 통화되는 공중전화를 한 대라도 발견하면 참견하기 좋아하는 지인들이 우연히 지나가다가 공중전화 부스에 있는 그를 발견하고는 누구와 통화하고 있었는지 꼬치꼬치 캐물었다.

그래서 캠벨은 만날 필요가 있을 때 정보원들에게 통고할 수 있는 창의적인 방법을 고안해냈다. 처음에는 냉전 시대의 스파이 전술에서 가져온 엉성한 수법을 썼다. 벽돌담에 분필로 표시하는 식이었다. 그러나 곧 보다 혁신적인 다른 기법들을 개발해냈다. 간혹 캠벨은 벨파스트에 있는 한 주택을 별안간 요란하게 습격하곤 했다. 정보원의 집이 아니라 운 나쁘게도 정보원의 집 건너편에 사는 전혀 수상하지 않은 민간인의 거주지였다. 집을 급습당한 무고한 가족에게는 가혹한 일일 수 있음을 캠벨은 시인했다. 그러나 그것은 "만날 일이 있다"는 메시지를 전달하는 확실한 방법이었다.

벨파스트는 베를린이—심지어 동베를린도—아니기에 지방 소도시에서 그런 종류의 스파이 게임을 하는 것은 비현실적인 상황을 초래할 수 있었다. 한번은 캠벨이 동벨파스트의 요새 같은 보안분실인 캐슬레이에서 강경한 IRA 조직원을 면담하고 있었다. 가혹한 신문과 고문 장소로 악명 높은 곳이었다. 그 남자는 다른 일로 체포되었는데 캠벨은 그를 정보원으로 뽑으려고 애썼으나 성과를 거두지 못했다. 당시 경찰은 기소하거나 풀어주기 전에 법적으로 사흘 동안 붙잡아둘 수 있었으며, 그 사흘간 캠벨은 창문도 없는 곰팡내 나는 취조실에서 그와 마주보고 앉아 이야기를 나누었다. 그러한 만남에서 일부 IRA 포로들은 입을 꽉 다물고 캠벨을 매섭게 노려보며 한마디도 내뱉지 않았다. 다른 포로들은 정보를 끌어내려고 그에게 끊임없이 말을 걸며 작업했다. 어디서 자랐는지? 어느 럭비클럽을 지지하는지? 가족이 있는지? 가족이 어디에 사는지? 캠벨은 신문 대상과 친밀감을 쌓고 싶었지만 세부사항을 한마디라도 잘못 흘렸다가는 사형선고에 해당할 수 있다는 것을 알고 있었다. 그래서 그는 자신에 관한 곤란한 세부사항을 일절 제공하지 않고 가벼운 농담을 주고받으려고 애썼다. 그런데 이 경우, 그 IRA 조직원은 말이 많은 남자였다. 하지만 그 역시도 캠벨만큼이나 잘 훈련되어 있었다. 그는 캠벨이 작업 대상으로 삼을 수 있는 그 어떤 것도 발설하지 않았으며, 정보원으로 채용되는 것도 당연히 허락하지 않을 터였다. 태평하게 시시껄렁한 공갈을 치며 말 같지도 않은 소리를 지껄이고 있을 뿐이었다. 캠벨은 그를 존경하지 않을 수 없었다. 남은 시간을 다 쓰고 있었다. 사흘이 지나, 붙잡아둘 수 있는 시간이 끝났기에 그를 풀어주는 수밖에 달리 도리가 없었다.

캠벨은 72시간 동안 아내와 전혀 시간을 보내지 못했기에 아내는 하룻밤도 쉬지 않는다며 불평하고 있었다. 그래서 그 남자를 풀어주고는 집으로 가서 깨끗이 씻고 아내를 데리고 데이트하러 나왔다. 그들은 해안가에 있는 근사한 해산물 식당으로 차를 몰고 갔다. 관광객들에게 인기가 많아 북적이는 곳으로 캠벨 부부는 강이 보이는 테이블에 앉아 식사를 주문했다. 첫 번째 코스를 막 마치고 고개를 들었을 때 캠벨은 바에 서 있는 어떤 사람을 보았다. 그는 캠벨에게 등을 돌리고 있었지만 바 뒤에 커다란 거울이 있었기에 술병들 너머로 서로의 모습이 비치면서 이제 그 둘은 시선이 마주쳤다. 캠벨이 지난 사흘간 취조했던 바로 그 남자였다.

캠벨은 그 남자에게서 시선을 떼지 않고 아내에게 알렸다. "메인코스를 먹을 수 없을지도 몰라." 그는 운전할 때 통상 그렇듯 주의 깊게 도로를 주시했었기에 누가 식당까지 뒤따라오고 있다는 생각이 전혀 들지 않았다. 그보다는 오히려 턱없는 우연의 일치로 보였다. 하지만 위험한 우연의 일치인 것처럼 느껴졌다. 캠벨은 이 미묘한 곤경에 관해 아내에게 자세히 설명하지 않고 양해를 구해 바 쪽으로 걸어가 매일 만나는 사람과 흔히 그렇듯 IRA 조직원과 무뚝뚝하고 태연하게 인사를 나누었다.

남자가 인사에 화답했다. 그런 다음 무심하게 "아내예요?"라고 했다.

캠벨이 대답했다. "누군가의 아내지."

남자가 히죽히죽 웃으며 말했다. "내 당신을 잘 알건대, 다른 누군가의 아내겠군요."

캠벨은 엷은 미소로 농담을 받아들였다. 그런 다음 무슨 말을 할까 신중하게 고르다가 "밤새 이 술집에 앉아있을 셈인가? 아니면 전화기로 가서 누군가에게 전화를 걸 작정인가?"라고 했다.

잠시 조심스럽게 뜸을 들인 후 남자가 속삭였다. "저 착한 여자에게 돌아가시지요. 식사 맛있게 하시고요. 그런 다음 여기서 꺼지시지요."

캠벨이 돌아오자 아내가 물었다. "누구야?"

"일 때문에 아는 자식이야." 캠벨은 대답하고는 그 정도로 해두었다.

* * *

캠벨은 원칙에 따라 살았다. 즉, 누구나 채용될 수 있었다. 가끔 우리는 딱 맞는 단추만 찾으면 된다. 한 사람을 열다섯 번을 끌고 와도 꺾이지 않는 수가 있다. 그러다가 열여섯 번째가 되면 어떤 일이 일어날 수도 있다. 상황은 변한다. 그 사람이 일당과 돌연 사이가 틀어질 수도 있다. 혹은 곤경에 처해 돈이 필요해질 수도 있다. 벨파스트 무장세력을 낳는 종파 간 집단 거주지역 출신의 정보원들은 흔히 실업자로 정부 보조금으로 근근이 살아갔다. 접근 시기를 제대로 맞춘다면, 그들이 돈을 절실히 필요로 하는 순간에 긴급 자금을 제안할 수 있다.

정말로 목표물로 삼고 싶은 누군가가 있는데 그 사람의 상황이 바뀌지 않는다면 그러한 상황을 바꾸기만 하면 된다. 캠벨은 이렇게 회상했다. "일자리를 잃도록 계획을 짜면 됩니다. 아니면 길거리에 나앉도록 하거나." 먹여 살릴 식구가 딸린 사람들에게는 살 집이 없어질지도 모른다는 것만큼 가슴을 후벼파는 것도 없다. 잠재적인 정보원이 일하러 갈 때 차를 쓸 수밖에 없는 경우 캠벨은 고가의 수리 비용이 필요한 문제가 생기도록 계획을 짜놓았다. "그 사람이 빈털터리라는 것을 알게 되었을 때, 바로 그때 데려오면 됩니다"라고 캠벨은 말했다.

돈은 정보원을 낚는 데 효과적인 미끼일 수도 있지만 그만큼 위험할 수도 있다. 일부 정보원들은 "서푼짜리 *끄나풀들*"이라고 알려져 있었다. 최소한의 심부름값으로 가끔 저급 정보를 제공하는 지역 주민들로 피라미에 불과했다. 그러나―귀중한 정보를 전달하고 영국 정부의 요원으로 활동하는―보다 공들여 타협한 사람의 경우, 그의 정체가 발각되지 않게끔 돈을 지불하는 게 어려울 수 있었다. 그런 사람들 대부분은 아무도 큰돈을 가져본 적이 없는 황폐한 집단 거주지에서 살았다. 그런 환경에 사는 사람에게 수백 파운드나 수천 파운드까지 지불하는데 어떻게 다른 사람들이 눈치채지 못하리라고 기대할 수 있겠는가? 뜻밖에 횡재했다는 이야기를 지어낼 수는 있다. 경마에서 크게 대박났다고 말이다. 그러나 그것도 딱 한 번 통한다. 그다음 보수에 관해서는 뭐라고 말할 것인가?

최고의 정보원들은 당국을 위해 오랜 세월, 종종 수십 년 동안 일했다. *끄나풀* 노릇을 한 게 평생 집안의 수치이자 머리에 총을 맞는 응징을 받는 나라에서 그렇듯 이중생활을 계속하는 것은 위험했다. 또한 외롭기도 했다. 캠벨의 정보원들은 그에게 감정적으로 의존하게 되는 일이 잦았다. 그는 죽음을 무릅쓸 각오가 된 사람들을 부당하게 이용했을 수도 있다. 애당초 그들을 협박하여 자신에게 협조하게 했을 수도 있고, 또는 정보원을 그만두고 싶어할 때 계속 그대로 하라고 협박했을 수도 있다. 그러나 그는 또한 그들의 비밀을 꽤 자주 아는 유일한 사람이기도 했다. 그렇기에 그는 의사도 되고 사회복지사도

되고 성직자도 되었다. 끄나풀이 가진 여러 문제가 자신의 문제가 되었다. 집을 수리하는 문제, 아이들에게 줄 크리스마스 선물과 같은 문제들 말이다.

일반적인 통념에 따르면 모든 윗선 관리자들이 원하는 것은 고위급 정보원이다. 그러나 캠벨은 최고의 정보원들은 흔히 "접촉 요원"이라는 사실을 알아냈다. 즉, 표적물 자체가 아니라 표적물 바로 곁에 있는 사람인 것이다. 제리 아담스의 차를 운전하는 사람을 채용하는 것은 아담스 본인을 채용하는 것보다 더욱 귀중한 정보를 얻을 수 있다.(1990년대에 아담스의 개인 기사로 일했던 로이 맥셰인은 2008년에 영국의 정보원임이 밝혀졌다.)[7]

IRA는 영국의 침투 위험에 대해 감지하지 못할 수가 없었다. 1970년대로 거슬러 올라가, 브렌든 휴즈와 부하들이 셰이머스 라이트와 케빈 맥키를 처음 신문했을 때 그들은 공화주의 운동을 내부에서 전복시키려는 "프레드"의 존재와 "킷슨식 책략"에 관해 알게 되었다. 그로부터 10년이 지난 후, 급진파는 내부 전담 보안대를 만들어 신병을 조사하고 끄나풀로 의심되는 조직원들을 신문할 수 있었다. 이 신문자 요원들은 일명 "너팅 스쿼드(Nutting Squad, nut는 아일랜드 속어로 사람의 "대가리"를 말함-옮긴이)"로 알려지게 되었다.[8] 반역자가 자백하면 머리에 총구를 들이대 박살냈기 때문이었다.

수십 년 동안 "너팅 스쿼드"에서 가장 무시무시한 첩자 사냥꾼은 알프레도 "프레디" 스카파티치였다.[9] 팔자수염에 가슴이 딱 벌어진 벽돌공이었던 스카파티치는 이탈리아 이민자 가정 출신으로 남벨파스트에서 자랐다. 아버지는 소문난 아이스크림 트럭을 갖고 있었는데 트럭에 가족의 성이 쓰여 있어서 사람들은 프레디를 "왑(살갗이 거무스름한 남유럽 이민자, 특히 이탈리아 이민자를 가리키는 말-옮긴이)"이라고 부르거나 더 흔하게는 그냥 "스캅"이라고 불렀다. 그는 "분쟁" 초기에 공화주의 운동에 합류했으며 롱 케시 교도소에 억류되어 있었다.

스캅은 존 조 매기라는 남자와 더불어 영국에 조력했을 가능성이 있다고 의심되는 IRA 조직원이라면 누구든 신문했다.[10] 그는 여러 방법을 쓰지 않았다.[11] 용의자의 눈을 가린 채 안가로 데려가 벽면을 향하고 있는 의자에 앉혔다. 그런 다음 몇 시간씩, 종종 며칠씩, 위협하고 흠을 잡고 결국엔 자백하기로 동의할 때까지 구타하고 고문하면서 취조를 벌였다. 브렌든 휴즈는 곧잘 "모든 군대는 사이코패스들을 끌어들이기 마련이죠"[12]라고 말했다. 하지만 스캅의 경우는 특별했다. 그는 종종 용의자에게 자백만 하면 목숨을 살려주겠다고 약속했다. 용의자가 울면서 자신이 저지른 죄에 관한 진실을 털어놓거나—혹은 단지 고문을 멈추게 하려고 거짓으로 자백하면—스캅은 자백을 녹음했다. 그러나 고문을 하는 동안 불운한 희생자들에게 어떤 약속을 했든 간에 IRA를 배신한 데 대한 처벌은 언제나 죽음이었다. 스캅이 저지른 소행의 흔적은 도시 끄트머리의 드넓은 황무지나 바퀴 자국이 깊이 패인 시골 오솔길에서 불쑥 사체로 나타났다.[13] 사지는 묶여 있고, 살갗은 고문으로 인해 불에 그슬려 있거나 두들겨 맞아 문드러져 있었으며, 유령같이 패인 두 눈에는 테이프 쪼가리가 붙여져 있었다.

시신이 드러난 후, 스캅은 고인의 가족을 찾아가 녹음된 자백을 큰 소리로 틀며 그들이 그토록 사랑했던 가족이 왜 처형되었는지 정확히 설명하곤 했다.[14] 때때로 가족들에게 어떻게 죽였는지를 시시콜콜 말하기도 했다. 트레버 캠벨은 스카파티치에 관해 알고 있었다. "너팅 스쿼드"가 소환한 사람들을 기다리고 있는 운명에 대해서도 지극히 잘 알고 있었다. 프랭크 헤거티라는 급진파 병참장교가 영국 정보부에 있는 자신의 관리자들에게 IRA가 리비아에서 입수한 무기들을 보관하는 창고의 위치를 제공한 적이 있었다. 헤거티는 잉글랜드로 달아나 MI5(영국 정보부 보안국, 첩보부 제5국-옮긴이) 안가로 가 숨어 있었다. 그곳에서 영원히 지냈더라면 살아남았을지도 모른다. 하지만 향수

병에 시달린 나머지 데리에 있는 어머니에게 전화를 걸었다. 어머니는 일전에 마틴 맥기네스가 찾아왔었는데[15] 아들이 데리로 돌아와 IRA에 그간의 사정을 설명하면 목숨을 건질 수 있다는 것을 개인적으로 보장한다는 말을 했다고 전했다. 헤거티는 돌아오자 "너팅 스쿼드"의 취조를 받았으며, 시신이 국경 근처의 길가에 나타났다.(2011년 맥기네스는 그 처형에서 자신은 "절대 어떤 역할도 하지 않았다"[16]라고 주장했다. 그러나 헤거티가 살해당한 지 2년이 지난 후인 1988년에 맥기네스는 공화파 활동가들이 "반대편으로 전향하는" 데 따르는 파장을 알고 있다고 한 인터뷰에서 지적했다. 그러한 파장이 무엇을 말하는지 명확하게 밝혀달라는 질문에 맥기네스는 "당연히 죽음이죠"[17]라고 말했다.) 트레버 캠벨은 정보원들과 함께 일할 때 이렇게 말하곤 했다. "무슨 일이 있어도 절대 자백하지 마라. 자백하면 죽는다."[18]

* * *

안토니 맥킨타이어와 보스턴 칼리지 구술사를 진행하는 동안 브렌든 휴즈는 진 맥콘빌이 끄나풀이었기 때문에 처형되었다고 확신을 갖고 단언했다. 휴즈에 따르면 맥콘빌의 집에서 영국이 제공한 것으로 추정되는 "무전기"를 갖고 있는 것이 발각되었다고 했다. 휴즈는 맥콘빌이 "자식들에게 자신을 위해 정보를 수집하고, 디비스 플래츠 주변의 IRA 의용군들의 동태를 주시하라고 시켰다"라고 했다.

휴즈는 맥커스에게 진 맥콘빌이 처음에 급진파의 주목을 받게 된 것은 현지 보병이 그녀의 자녀들 중 한 명을 우연히 만났는데 그 아들이 "엄마"가 집에 뭔가를 갖고 있다고 말했기 때문이라고 했다. 휴즈는 이렇게 회상했다. "나는 확인해보라고 한 분대를 그 집으로 보냈소." 그 집에서 그들은 무전기를 발견했다고 휴즈는 말했다. IRA는 맥콘빌을 체포해 신문하려고 데려갔다고 했다. 휴즈에 따르면 그녀는 무전기를 이용해 소통하며 영국군에게 정보를 넘겨왔다고 자백했다. 휴즈는 맥커스에게 자신은 "당시 현장에 있지 않았었다"는 사실을 주의시키면서 그러니 자신이 기억하는 내용은 부하들에게서 전해 들은 정보에 근거하는 것이라고 했다. 그러나 그녀가 자백한 후 부하들은 무전기를 압수하고는 경고하면서 자식들에게 돌려보냈다고 했다.

몇 주 뒤, 휴즈는 맥콘빌 아파트에서 두 번째 무전기가 발견되었다고 했다. "나는 처음으로 경고했소"라고 회상하며, 하지만 이제 "그녀가 처형당하고 있다는 것을 알았소"라고 했다. 설령 맥콘빌이 정보원이었다는 휴즈의 설명을 곧이곧대로 받아들인다 하더라도 그녀가 저급 소식 외에 어떤 것을 제공할 수 있었을지 상상이 안 간다. 휴즈와 동지들에게 그것은 중요하지 않았다. 배신 혐의로 인해 미친 실제적인 영향이 아무리 미미했을지라도 IRA에게 끄나풀은 끄나풀이었으며 그로 인한 처벌은 죽음이었다.

휴즈는 개인적으로 맥콘빌이 암매장되거나 혹은 "요즘 사람들이 말하듯 '실종'되리라는 것"을 알지 못했다고 주장했다. 그는 언제나 좌익 자유투사로 인정받았으나 그 말에는 폭압과 동의어로 보이는 전술이 있다. 맥커스의 견해에 따르면 "사람의 실종은 칠레에서든 캄푸치아(1990년 이전의 캄보디아의 칭호-옮긴이)에서든 전범戰犯의 명함이다."¹⁰ 1972년의 그 아수라장 속에서도 급진파는 누군가를 쉽사리 죽이거나 실종시키지 않았다고 휴즈는 주장했다. 그러면서 돌이켜보면 아무런 표시도 없는 무덤에 열 명의 자식을 둔 어미를 매장하는 것이 야만적으로 보일지 모르지만, 그렇게 하기로 한 결정은 진지한 논의가 낳은 결과라고 했다.

휴즈는 그 이야기를 들려주면서 특히 한 지역의 IRA 지도자인 아이버 벨이 맥콘빌을 매장해서는 안 된다고 주장했었다고 했다. 벨은 강경파로 1950

년대 투쟁의 베테랑이었다.[20] 1972년 여름에는 성공하지는 못했지만 런던에서 열린 평화회담에 제리 아담스와 동행했었다. 런던 정상회담 후 6개월도 채 안 되어 벨과 급진파 지도부는 벨파스트에서 진 맥콘빌을 어떻게 할 것인가에 관해 논쟁을 벌였다고 휴즈는 말했다. 휴즈의 회상에 의하면 벨은 이렇게 말했다. "그녀를 죽일 거라면 시체를 길거리에 갖다 버리시오. 무엇 때문에 살해되었는지 아무도 모른다면 그녀를 죽여서 파묻는 게 무슨 의미가 있단 말이오?" 그런 식으로 향후 끄나풀이 될 것을 고려하는 다른 사람들에게 교훈을 주는 편이 더 낫다고 했다. 벨은 시체가 발견되지 않도록 놔둔다면 그 살인은 "순전히 보복살인"이란 말을 듣게 될 거라고 했다.

그러나 벨의 의견은 기각되었다고 휴즈는 말했다. 기각한 이는 바로 제리 아담스였다.

"아담스가 그 논리를 거부했단 말입니까?" 맥커스가 물었다.

"그가 거부했소." 휴즈가 말했다.

"그리고는 그녀를 실종시키라고 명령했습니까?"

"매장하라고 했소." 맥콘빌이 여자에다 홀어머니였기에 그녀를 살해하면 IRA의 명성에 손상을 줄 우려가 있었을 거라고 휴즈는 추정했다. 그렇지만 급진파는 그녀를 정보원으로 인정했으며 그것은 궁극적인 제재를 요하는 것이었다. 그래서 맥콘빌을 비밀리에 죽이고는 실종시켜 버리자는 결정이 났다. IRA의 위계질서에서 최종적으로 그런 결정을 재가한 것이 누구인지에 관하여는 조금도 모호함이 없다고 휴즈는 말했다. "그 여자를 처형하라는 명령을 내릴 수 있는 사람은 딱 한 명밖에 없소."라고 휴즈는 맥커스에게 말했다. "그 빌어먹을 작자는 지금 신페인당의 당수요."

1972년에는 "너팅 스쿼드"가 아직 존재하지 않았다. 진 맥콘빌을 국경을 가로질러 이송하는 것은 아주 민감한 사안이었기에 아담스는 "땅꼬마" 팻 맥클루어가 운영하는 비밀분대에 맡겼다고 휴즈는 말했다. 맥콘빌의 사형을 집행하는 곳까지 호송하는 책임을 맡은 것은 "무명인들"이었으며, 그중에서도 특히 한 대원이 맡았다고 했다. 바로 돌러스 프라이스였다.

* * *

공교롭게도 프라이스는 맥커스의 가까운 친구 중 하나였다. 그들은 "성금요일협정"의 여파로 서로를 찾아내고는 둘 다 반감을 깊이 품고 있다는 사실을 발견했다.[22] 그녀는 1990년대 중반에 가족이 이사한 곳인 더블린에 살고 있었다.[23] 아들들이 벨파스트 말씨를 잃지 않기를 바라긴 했지만[24] 그 도시가 마음에 들었다. 최근 몇 년 동안 갈등이 깊어지면서 스티븐 레아와의 결혼은 결국 2003년에 종지부를 찍었다.[25] 프라이스는 더블린 북쪽 해안의 부유한 교외인 말라하이드의 대가족 주택에서 계속 살았다. 그녀는 악명 높았던 시절의 기념품들에 둘러싸여 있었다.[26] 자신이 나온 신문 기사를 오려낸 액자들, 빛바랜 사진들, 애국적인 문구가 쓰여 있는 플래카드들이 벽에 쭉 늘어서 있었다. 음식과의 관계는 결코 정상으로 돌아오지 않았다. 손님을 초대해 차를 내오고 갓 구운 커피 케이크를 내놓은 다음 손님이 먹는 모습을 지켜보기만 할 뿐 정작 본인은 한 조각도 먹지 않았다. "별로 입맛이 없어서요."[27]

작가로서의 직업에 대한 열망은 그리 크지 않았다. 회고록도 출간하지 않았다. 그러나 한동안은 더블린의 트리니티 칼리지 법학 과정에 등록해 학교로 돌아가 있었다.[28] 그 과정을 밟는 어린 학생들에게 프라이스는 괴짜로 비쳐졌다. 환한 색깔의 모자를 쓴 나이든 특이한 모습의 여자가 고개를 갸우뚱하게 들고 강의실에 앉아있곤 했다. 그녀는 꼭 별안간 감탄사를 외치고 나서야 손을 들었으며, 교수들에게 상냥하게 질문을 연발하여 애먹이는 것을 즐겼다.

어느 날, 여성 전용 화장실에 간 프라이스는 화장실을 이용하려고 길게 줄서서 기다리고 있는 학생들을 발견했다. 화장실은 수리 중이었으며, 그나마 몇 개에는 문이 달려있지 않았다. "다들 뭘 기다리니?" 프라이스가 물었다.

"저기 변기들은 문이 없어요." 줄 서 있던 여학생들 중 한 명이 설명했다.

"너희들 감옥에 가본 적 없구나!"[29] 프라이스는 그렇게 외치면서 문이 달려 있지 않은 변기로 성큼성큼 걸어가 볼일을 봤다.

프라이스는 신랄한 재치에 연연했다. 가끔은 어떻게 하면 재치있는 말을 할까만 생각하는 것처럼 보일 수도 있었다. 하지만 또한 시달리는 듯한 징후도 있었다. 머릿속에 떠오르는 과거의 이런저런 것들을 찾아 뒤적이는 데 상당한 시간을 보내는 것 같은 느낌이 들었다.[30] 젊은 여성으로서 경험했던 일—남들에게 했던 일과 또 자신에게 했던 일—로 인해 고생하고 있었다.[31] 옛 동지들 중 상당수가 외상 후 스트레스 장애로 고통받고 있었다.[32] 수십 년 전의 악몽이 순간순간 되살아나 식은땀을 흘리며 화들짝 놀라 잠에서 깨곤 했다. 뒷좌석에 아들들을 태우고 운전하고 있을 때는 이따금 운전석 앞에 있는 룸미러를 힐끔힐끔 쳐다보곤 했는데 룸미러에서는 아들인 대니나 오스카가 아니라 죽은 동지인 조 린스키가 그녀를 빤히 쳐다보고 있었다.[33] 어느 날, 트리니티 칼리지에서 정치범들에 대한 강의를 듣던 도중 격분하여 벌떡 일어난 그녀는 공화파 단식투쟁가들의 이름을 줄줄 말하기 시작한 다음 강의실에서 뛰쳐나갔다. 그리고 다시는 돌아가지 않았다.[34]

프라이스에게 "성금요일협정"은 특히 개인적인 배신처럼 느껴졌다. 친구인 이몬 맥캔은 이렇게 회상했다. "그 합의는 그녀의 태생을 배반한 거였어요. 다른 어떤 사람들보다 돌러스에게 더욱 극심한 영향을 미쳤습니다."[35] 그녀는 집안 대대로 온 힘을 다해 죽기 살기로 싸워온 것이 결국엔 나라의 해방을 이룰 거라 기대하면서 폭탄을 설치하고 은행을 털고 친구들이 죽는 모습을 보고 본인도 죽을 뻔했었다. "오늘날 신페인당이 이룩한 성과를 위해서였다면 맛있는 아침식사를 거르지 않았을 것"이라고 아일랜드 라디오와의 인터뷰에서 말하고는 다음과 같이 지적했다. "의용군들은 죽기만 하지는 않았어요. 의용군들은, 마찬가지로, 죽여야 했습니다. 알잖아요?"[36]

심리학에는 "도덕적 상해"라고 부르는 개념이 있는데 이는 트라우마와는 구별되는 개념으로[37] 전직 군인들이 전시 중에 자신들이 행한 일이 사회적으로 위반되는 것이라고 이해하는 방식과 관련이 있다. 프라이스는 도덕적 상해를 뼈저리게 느끼고 있었다. 즉, 자신이 수행한 일이 어떠한 윤리적 정당성도 강탈당했다고 믿었다. 그러한 불만감이 더욱 악화된 것은 공화주의라는 길을 평화협정의 길로 몰고 간 사람이 바로 옛 친구이자 지휘관인 제리 아담스라는 사실 때문이었다. 아담스는 그녀에게 명령을 내렸었다. 그녀가 충실하게 복종했던 명령이었다. 하지만 이제 그는 무장투쟁 일반을, 그리고 특히 돌러스와의 연을 끊은 것으로 보였다. 그녀는 극도로 격분했다.

2001년 메이오주에서 열린 공화파 기념식에서 그녀는 자리에서 일어나 사람들이 IRA에 가담한 적이 없었다고 하는 말을 "도저히 못 들어주겠다"고 밝혔다.[38] "제리 아담스는 내 지휘관이었어요." 그녀가 외쳤다. 신페인당은 그런 식으로 거리낌없이 말하는 것을 달가워하지 않았으며[39] 한 차례 이상 더해지자 험악한 남자들이 다가와 조용히 하라고 했다. 그러나 신페인당이 그런 말을 하지 못하도록 눈에 띄게 통제하는 것은 오히려 프라이스의 분노만 증폭시킬 뿐이었다. 1990년대에 IRA가 평화주의 전략 쪽으로 옮겨가자 다양한 무장단체 분파가 형성되었으며 그중 일부는 더욱 극렬한 폭력을 자행하고 있었다. 프라이스는 간혹 그 단체들의 회합에 참석했지만[40] 가담하지는 않았다.[41] 그녀는 그들에게 묻곤 했다. "다시 전쟁을 일으켜서 뭘 얻어낼 수 있겠어요?"[42]

그렇기는 해도 과거를 홀홀 털어버릴 수는 없었다. 아들인 대니와 오스카는 정치적이지 않았다. 프라이스는 젊은 시절의 떠들썩한 사건들에 관해 이야기할 때면 아들들이 "석기 시대"만큼이나 아득한 옛날이야기로 듣는 것 같다고 농담했다.[43] 스티븐 레아는 1998년에 있었던 일련의 종파 간 살상 이후 "모두들 전쟁 상태에 너무 익숙해진 나머지 그 외의 다른 것을 상상하는 것이 불가능해졌다"라고 언급한 바 있다.[44] 이제 프라이스는 어쩔 수 없이 평화라는 상황을 받아들이느라 애먹고 있었다. 맥커스가 「블랭킷」(The Blanket, 아일랜드의 공화파 잡지로 2002년~2008년까지 발행됨-옮긴이)이라는 잡지를 내기 시작했는데 그 잡지에는 반감을 품은 공화파들이 글을 쓰고 있었으며 프라이스도 정기 기고가가 되었다. 그녀의 칼럼은 종종 아담스를 불쾌하게 하려는 의도로 쓰여진 편지 형태를 취했다. "제리 아담스가 말하는 것, 민중을 공황상태에 빠지지 않게 하기 위해 온화하게 말하고 있는 것은 "알다시피, 그들은 사라질 것"이라는 것이다." 2004년에 그녀는 이렇게 썼다. "IRA는 해체될 것이다.… 총기에는 콘크리트가 발라질 것이다.… 몇몇은 정치판에서 일자리를 얻을 것이고, 어떤 사람들은 (지역사회사업과 같은) 만족스러운 일거리를 얻을 것이고, 일부는 가게를 운영하거나 택시를 운전할 것이고, 여기저기서 사기와 공갈이 난무할 것이다. 그게 세상의 이치이다."[45]

브렌든 휴즈와 마찬가지로 프라이스도 공화파 순교자들의 상품화에 첨예하게 대응했다. 보비 샌즈가 살아만 있었더라면 정치로의 전환을 기꺼이 받아들였을 거라는 아담스의 말을 그녀는 즉각 물고 늘어졌다. "그는 우리에게 보비가 평화협정을 전적으로 지지했을 거라고 말했다. 만약 내가 브릭스턴 교도소에 갇혀 있는 상황이라면 과연 누가 나를 대변해서 그들이 바라는 결론에 이르는 말을 할지 자못 궁금하다. "성금요일협정"에 대해 나는 과연 어떤 찬가를 부르고 있을까?"[46] (그 일이 벌어졌을 때 보비 샌즈의 유가족은 신페인당이 보비의 이름과 이미지를 기금 모금 행사에 사용하는 것을 보고 분개하여 당에 중단하라고 요청했다.)⁴⁷ 프라이스는 아담스가 어떤 공화파 청중들 앞에서 연설할 때 성스러운 브리디 이모의 이름을 들먹인 것이 몹시 분노에 찼다.⁴⁸ 그녀는 수시로 "분쟁"을 전체적으로 되돌아보곤 했다. '이러려고 우리가 사람들을 죽였나?'⁴⁹ 그녀는 자문했다. '이러려고 우리가 목숨을 바쳤나? 도대체 이게 다 뭐지?'⁵⁰ 그녀는 이따금 꿈에서 아담스를 보았다.⁵¹

그렇기는 해도 저돌적으로 돌진했던 개인사에 격한 자부심을 갖고 있었다. 2003년에 타라 키넌이라는 미국의 한 대학원생이 찾아왔을 때 그녀는 "어떤 평범한 인간이 굳건하게 믿는 신념 때문에 육체적으로 또 정신적으로 자신의 한계를 넘어 밀어붙이는 능력을 세상에 보여준 것이 내가 한 일이라고 생각하고 싶군요"라고 했다. 마치 자신이 무장군이 아니라 끈기있는 운동선수였다는 투였다. "보통 사람은 비상한 방식으로 반응하는 능력이 있습니다. 자식이 차에 깔리면 차를 들어올릴 수 있는 엄마의 능력과 같은 거예요. 우리 중 누구도 우리가 가진 능력의 한계를 알지 못합니다."⁵²

맥커스가 프라이스에게 벨파스트 프로젝트에 관해 말하자 참여하기로 동의했다. 그들은 그녀의 집에서 만나 여러 시간 대화를 나누었다. 맥커스의 녹음기에 대고 그녀는 자랑스러운 공화파 가문의 계보에 관하여, 민권운동이 벌어졌던 당시 십 대였던 자신의 급진성에 관하여, 런던 폭탄테러 임무와 그로 인해 오랜 세월을 보낸 감옥과 단식투쟁에 관하여 이야기했다.

어느 날은 인터뷰하기에 앞서 진 맥콘빌의 실종에서 맡았던 역할에 관해 이야기하고 싶다고 했다. 보스턴 칼리지 인터뷰를 수행하는 데 맥커스가 선택되었던 이유는 단 하나, 그가 외부인이 아니기 때문이었다. 그는 인터뷰하는 대상자들과 동일한 공동체 출신이었다. 프라이스는 그의 소중한 친구가 되어 있었다. 캐리와 치른 결혼식에는 금빛이 반짝이는 드레스를 입고 참석해 브렌든 휴즈를 두 팔로 감싸 안고 사진을 찍기도 했다. 맥커스의 아들이 태어났을 때는 대모가 되는 것에 동의했다. 이제 프라이스는 "분쟁"에서 가장 끔찍한 비밀 중 하나를 풀어놓을 각오가 되었음을 알렸다. 맥커스는 녹음기를 켜기에 앞서 주저하고 있었다. 그는 프라이스에게 "역사학자로서는 그 얘기를 정말로 듣고 싶어. 하지만 돌러스, 친구로서는 너에게 경고해야겠어. 넌 자식들이 있잖아. 네가 만약 맥콘빌 실종에 연루되어 있다는 것을 밝히면 네 자식들은 평생 카인의 표식을 품고 살게 될 거야."[63]

맥커스가 녹음기를 누르자 프라이스는 그 이야기를 하지 않기로 결정했다. 보스턴 칼리지에 돌러스 프라이스의 녹음물과 녹취록을 알파벳 부호 "H"로 표기해 보낸 것에 진 맥콘빌에 대한 언급은 단 한마디도 들어있지 않았다.

맥커스는 훗날 생각에 잠긴 채 말했다. "실망했어요. 그녀는 내 충고를 받아들였습니다."

23

늪지의 여왕

제프 크누퍼는 황야지대를 활보하고 있었다. 크누퍼는 은퇴한 영국인 형사였다. 사람을 꿰뚫어 보는 듯한 푸른 눈동자에 콧수염을 바짝 깎은 그는 시체를 수색하려고 아일랜드로 왔을 때 눈에 확 띄는 선명한 오렌지색 외투를 입고 있었다. 그 복장으로 인해 야생화와 이끼로 뒤덮인 황야지대 풍경에서 봉홧불처럼 도드라졌다. 크누퍼는 지난 30년 동안 맨체스터에서 형사로 근무했다. 강력계에서 일하다가 나중에 총경으로 퇴직했다. 그러나 그 과정에서 그는 사람의 유해를 되찾는 데 병적인 재능을 개발했다.

맨체스터에서 역사상 가장 악명 높은 사건 중 하나는 소위 "무어 살인사건(Moors Murders, Moor는 황야지대라는 뜻-옮긴이)"으로, 정신적으로 정상이 아닌 연인인 마이라 힌들리와 이안 브래디가 1963년부터 시작해 2년에 걸쳐 다섯 명의 현지 미성년자들을 죽인 뒤 도시 외곽의 시골에 매장한 사건이었다. 처음에는 두 구의 시신만 발견되었다. 그러나 살인사건이 벌어지고 나서 20여 년이 지난 후인 1986년, 마이라 힌들리는 제프 크누퍼를 소개받았다. 그녀는 종신형을 선고받아 복역하고 있었지만 또 다른 희생자의 시체를 찾는 데 돕기로 동의해 경찰 헬리콥터를 타고 황야지대로 날아갔다. 과체중과 허약한 건강 상태로 인해 힌들리는 험한 지형에서 다리를 휘청거렸다. 그러나 크누퍼는 그녀의 손을 잡고 바람이 휘날리는 진창 속을 이끌었으며, 결국 그의 팀은 아무런 표시가 없는 폴린 리드의 무덤을 발견했다. 힌들리와 브래디가 살해했을 때 폴린은 열여섯 살로 춤추러 가던 길이었다. 수십 년 동안 고밀도의 토탄 늪지에 갇혀있던 시신은 섬뜩하게 보존된 상태였다. 그러나 대기에 노출된 순간 "우리 눈앞에서 악화되기 시작했다"라고 크누퍼는 당시를 회상했다.

불굴의 자질을 갖춘 크누퍼는 결국 아일랜드에서 실종자를 수색하는 일에 관여하게 되었다. 1999년 4월, 평화협정의 일환으로 영국 연합과 아일랜드 정부는 양국이 참여하는 "희생자유해장소찾기독립위원회"라는 독립체를 신설했다. 호머의 『일리아드』로 거슬러 올라가면 고대 이집트와 그 이전 시대에 매장의식은 대부분의 인간 사회에서 중요한 기능을 형성했다. 사랑하는 사람을 화장하든 유골을 매장하든 인간은 의도적이고 의례적인 방식으로 죽음을 표시하려는 본능이 뿌리깊게 박혀 있다. 아마도 전쟁의 도구로서 강제된 실종의 가장 잔인한 특징은 유족을 영구적인 불확실성의 구렁텅이로 몰아넣으며 어떠한 종결도 부인하는 데 있을 것이다.

아르헨티나에서 태어나 칠레로 이주했던 작가인 아리엘 도르프만은 "죽지 않은 사람을 애도할 수는 없다"라고 말한 바 있다. 칠레에서는 아우구스토 피노체트의 군사독재 기간 동안 3천 명 이상이 실종되었다. 아르헨티나에서는 그 수가 3만 명으로 훌쩍 뛰었다. 아주 작은 나라인 북아일랜드는 그 수가 훨씬 적었다. 위원회는 "분쟁" 전 과정을 통틀어 최종적으로 16명이 실종되었다는 사실을 확인했다. 그조차도 극히 작은 지방을 반영한 것이었으며, 일부 다른 고장에서는 아무것도 표시되지 않은 무덤에 묻힌 사람의 총합에 대한 논란이 있었다. 북아일랜드에서 어림잡은 희생자들의 명단을 정리하면 이렇다. 조 린스키, 세이머스 라이트, 케빈 맥키, 진 맥콘빌, 피터 윌슨, 이몬 몰로이, 콜럼바 맥베이, 로버트 나이락, 브렌든 멕그로, 존 맥클로리, 브라이언 맥키니, 유진 사이먼스, 제라드 에반스, 대니 맥킬혼, 찰리 암스트롱, 셰이머스 루디. 그러나 고인의 이름을 대는 것과 고인을 찾는 것은 별개의 문제이다.

수사관들은 좁은 시골길로 차를 몰고 가 현지 사람들을 만났다. 전직 총기범들, 술집 주인들, 농부들, 성직자들이었다. 그들의 간청은 단순했다. "여러분이 들은 것을 말해주시고, 여러분이 기억하는 것을 말해주시고, 시신들을 찾도록 도와주십시오." 위원회를 설립하면서 정보를 제보하겠다고 나서는 사람은 누구나 한시적으로 기소를 면제받는다는 법안이 명시되었다. 위원회를 구성하기 위한 법안이 통과된 지 한 달도 채 지나지 않은 1999년 봄 어느 날 아침, 가톨릭 사제 둘이 던도크 외곽의 중세시대 묘지로 경찰관들을 안내했다. 한적한 공동묘지 한쪽 구석에 있는 진달래 덤불 밑에서 경찰관들은 새로운 관을 발견했다. 아직 매장하지 않은 채 서둘러 놓아둔 관이었다. 관에는 이몬 몰로이의 유해가 들어있었다. 정보원이라는 이유로 1975년 IRA에 의해 살해당했을 때 그의 나이 스물하나였다. 땅속에서 몰로이의 유해를 파헤치고는 관에 넣어둔 다음 밤사이에 묘지를 떠난 것으로 보였다.

유족은 몰로이의 시신을 되찾자 장례식을 치르고 다시 매장했다. 그 후 얼마 지나지 않아 뉴스에서 시신을 발견했다는 소식을 들은 한 신부가 경찰관들을 찾아와 할 얘기가 있다고 했다. 그의 이름은 유진 맥코이로 25년 전 어느 날 밤 문을 두드리는 소리에 깜짝 놀랐고, 남자들 한 무리가 라우스주의 외딴 지역에 있는 이동식 주택으로 소환했다고 했다. 그곳에서 그는 침대에 묶여 있는 한 청년을 발견했다. 이몬 몰로이였다. 남자들은 그날 밤 몰로이를 처형할 예정이었지만 그가 처형당하기 전에 신부에게 고해성사를 하게 해달라고 청했다. 맥코이 신부는 경황이 없이 급하게 나오느라 묵주를 갖고 오는 것을 깜빡했다. 처형단의 우두머리로 보이는 남자가 자신의 묵주를 꺼내더니 신부에게 건네면서 "내 것을 쓰시오"라고 했다.

몰로이는 겁에 질려 있었다. 이제 곧 죽으리라는 것을 알고 있었다. 그는 맥코이 신부에게 가족에게 유언을 전해달라고 부탁했다. "저는 정보원이 아니라고 말해주세요." 그것은 사실이 아니었다.[12] 몰로이가 실제로 정보원이었다는 사실은 나중에 충분히 규명될 터였다. 그러나 마지막 소원은 가족이 다른 말을 듣는 것이었다. "분쟁" 기간 동안 성직자들은 자주 도덕적으로 난처한 상황에 몰렸으며, 늘 옳은 일을 하는 것만은 아니었다. 맥코이 신부는 그날 밤 그 자리를 떠난 이후 유언을 전하기 위해 몰로이 가족의 행방을 수소문하지 않았다. 그 사건을 경찰에 신고한 적도 없었다.[13]

* * *

몰로이의 시신이 발견된 지 한 달 후, 위원회는 모나한주의 늪지에서 두 구의 시체를 더 발굴했다. 마거릿 맥키니의 아들인 브라이언 맥키니가 그중 하나였다. 실종자 가족은 아들이 친구인 존 맥클로리와 함께 실종됐다고 주장했었다. 그들은 급진파 무기고에서 총을 하나 훔친 뒤 술집을 터는 데 사용했다는 이유로 살해당했다.[14] 시체들 수색에 탄력을 받는 것 같았다. 그해 여름 어느 날, 진 맥콘빌의 자식들이 라우스주에 있는 쿨리반도 끝자락의 해안가에 모여들었다. 벨파스트에서 80킬로미터쯤 떨어진 곳으로 돌투성이에 산들바람이 훑고 가는 황량하고 인적이 드문 곳이었다. IRA가 당부의 말을 전하자 어머니가 길게 펼쳐진 해안가 한 지점에 묻혀있다는 정보가 수면 위로 드러난 것이었다. 거대한 굴착기들이 선사시대의 짐승들처럼 현장 주위에서 느릿느릿 움직이며 흙과 모래를 휘저으며 퍼냈다.[15] 형광색 점퍼를 입은 경찰관들이 공기 드릴과 곡괭이, 삽, 갈퀴로 작업하는 동안 맥콘빌 아이들은 지켜보며 기다렸다.

그렇게 밤을 새는 것은 오랫동안 헤어졌던 형제자매를 재회하게 하는 것이기도 했지만 불협화음을 낳는 것이기도 했다. 어렸을 때 그들은 일단 뿔뿔이 흩어지면 다시는 서로 합치지 못하리라는 것을 진작에 알고 있다는 듯 국가가 가족을 갈라놓으려는 시도에 격렬하게 저항했었다. 그들은 산발적으로만 연락을 취하며 각자의 길을 갔다. 마침내 어머니의 시신을 되찾는다는 희망을 품고 이제 다시 모이면서 그중 일부는 더 이상 서로 형제자매로서 관계를 맺는 법을 알지 못할까 봐 걱정했다.[16] 그들 사이의 신체적 유사성은 놀라울 정도로 남아 있었다. 진의 자식들 대부분은 진의 가늘고 길쭉한 얼굴, 뚜렷한 광대뼈, 조그맣게 오므린 입술을 공유하고 있었다. 그러나 이제 삼사십대에 접어든 형제자매들은 나이에 비해 늙어 보였다. 얼굴은 초췌했으며, 아들들의 손과 팔뚝에는 검푸른 빛깔의 문신이 새겨져 있었다. 그들은 걸핏하면 서로에게 성질을 내며 예민하게 굴었다. 진에 대해 이야기할 때면 아직도 마치 어린아이들마냥 복수형인 "우리 어머니"가 아니라 단수형인 "내 어머니"라는 말을 쓰는 경향이 있었다.[17]

어머니가 납치되었을 때 여섯 살이었던 짐 맥콘빌은 감옥을 들락날락했다.[18] 다른 몇몇 형제자매들과 마찬가지로 아치는 술독에 빠져 허우적거렸으며 화병이 나 있었다.[19] 그는 이렇게 말했다. "누군가가 명백히 잘못된 말을 하면 폭발했습니다. 속을 긁는 말이 들릴 때면 억누를 수가 없었습니다." 아이들은 고민을 나눌 이렇다 할 사람이 없었기에 슬픔과 분노가 가라앉지 않은 채 여전히 날이 서 있었다. 그들은 특히 IRA에 격분했다. 어머니를 실종하게 만든 결정도 그렇지만 그보다 더한 것은 정보원이었을지도 모른다는 혐의를 씌운 것 때문이었다. 어머니가 죽은 지 얼마 되지 않았을 때부터 수군거림이 시작되었다. 끄나풀이라는 이유로 처형되었을 거라고 생각하고들 있었다. 어린 나이에 고아가 되어 엄숙하고 약탈적인 아일랜드 고아원에 내던져지는 불행으로도 모자라다는 듯 아이들은 그렇듯 가슴에 열불이 나는 오명을 품은 채 성인이 되었다.

그 전 해에 IRA 대표단은 헬렌에게 급진파가 진의 실종에 책임이 있음을 인정했었다.[20] 그러나 1999년 봄에 발표한 성명에서 IRA는 맥콘빌이 "영국군 정보원이었다는 것을 인정했었다"[21]라고 밝혔다. 자식들은 IRA가 마침내 최소한 어머니의 살해를 인정하고 이제 유해를 추적하기 위한 노력에 협조할 거라는 사실에 만족해 했지만, 끄나풀이었다는 발표에는 격렬하게 이의를 제기했다.[22] 그들은 어머니가 종파 간 긴장 상태의 정점에 있는 민족주의자 가톨릭교도 동네의 개신교도 홀어미라 편협한 적대감의 희생자였다고 주장했다. 아이들은 진이 죽기 직전 디비스 플래츠에서 부상당한 영국군 병사를 어떻게 보살폈는지, 또 어떻게 "영국군 정부"라는 말이 주홍글씨처럼 문에 휘갈겨져 있었는지를 되풀이해서 말했다. 짐은 매몰차게 배척당했던 삶을 떠올리며 말했다. "내 어머니를 끄나풀이라고 부르는 사람들과 수도 없이 싸웠습니다. 사람들은 우리를 쳐다보려 하지도 않았어요. 우리가 술집으로 들어가면 멀찌감치 자리를 옮겨 앉았죠. 우리는 우리끼리만 앉아있었어요."[23]

진 맥콘빌 자식들은 밤새 해안가에 모여 있었다. 아치, 마이클, 짐, 수잔, 헬렌, 로버트, 아그네스, 빌리.

이제 아이들이 바라는 것은 진의 오명을 씻는 것이었다. 아치는 사람을 착각해서 어머니가 살해당한 건 아닐까 하는 생각이 들었다.[24] 즉, IRA가 디비스 플래츠에서 이중첩자로 의심되는 어떤 여자를 찾고 있었는데 단순히 엉뚱한 사람을 납치했을지도 모른다는 생각을 한 것이었다. 마이클은 어머니가 첩자였을 수도 있다는 생각에 코웃음을 쳤다. 이제 막 남편을 암으로 여의고 자식을 열 명이나 둬서 일도 너무 많은 데다 우울하고 정신적으로 쇠약한 어머니였다.[25] 아파트에 틀어박혀 담배를 피우고 아이들과 씨름하고 손빨래를 하며 일상을 보냈다. 그런 어머니가 무슨 정보를 제공할 수 있단 말인가? 진이 자백했을 수도 있지 않겠냐는 주장에 대해 헬렌은 "어머니를 고문하는 동안 그 어떤 것이라도 인정했을 것"[26]이라고 했다.

굴착기는 날마다 흙을 더 파냈지만 진 맥콘빌의 흔적은 어디에도 없었다. 어느 때인가, 수사관들이 땅속에서 뼛조각을 발굴했을 때 순간적으로 한차례 소동이 일었다. 그러나 개의 유골임이 밝혀졌다.[27] 신경이 바짝 곤두섰다. 동정심 많은 동네 주민들이 유족에게 줄 따뜻한 음식을 챙겨 발굴 현장에 나타났다.[28] 어떤 사람은 거대한 담배 상자를 기증했다.

어느 날 마이클은 형제자매에게 물었다. "어머니를 어디다 안치할까?"[29]

헬렌이 대답했다. "서벨파스트에 안치하자. 놈들이 어머니를 죽인 곳이잖아. 우리한테서 어머니를 빼앗아간 곳이기도 하고." 헬렌은 진을 밀타운 묘지의 공화파 무덤 사이에 안치하고 싶어했다.[30] 묘비에는 이렇게 새겨 넣고 싶었다. "진 맥콘빌. IRA에 납치되어 살해당하다."

그녀와 마찬가지로 다른 형제자매도 분노했겠지만 급진파의 적대감을 사는 것이 썩 내키지 않았다. 짐이 말했다. "우린 지금 IRA와 그자들이 저지른 짓에 대해 논의하고 있는 게 아냐. 모든 사람들이 그건 알고 있어. 우린 모두 공화파 지역에 살고 있고 귀찮은 일이 생기는 걸 바라지 않아. 어머니에게 그런 짓을 한 자들은 평생 괴로움에 시달릴 거야. 이제는 용서를 말해야 할 때야."[31]

빌리가 대뜸 쏘아붙였다. "형들이나 누나들 생각은 어떨지 모르겠지만 난 절대 용서하지 않을 거야. 놈들이 한 짓을 생각하면 용서가 안 돼."

마이클 맥콘빌은 형제자매가 말다툼을 벌이는 모습을 보고, 본인 또한 말다툼에 동참하는 것이 괴로웠다. "난 우리가 이 문제를 놓고 좀 의기투합하기를 바랐어. 그런데 서로를 더 갈가리 찢어놓는구나."[32]

* * *

IRA 내부에서는 실종자들에 대해 알려지자 정치적 부담과 수치심의 근원으로 여겨졌다.[33] 1995년, 빌 클린턴은 그 문제에 대해 제리 아담스와 신페인당을 압박하기로 했다. "오랜 세월 헤어져 살다가 재회하고, 사랑하는 사람의 무덤을 찾아가고, 평온하게 슬퍼할 기회를 아직도 갖지 못한 가족들이 있습니다. 이제 가족이 다시 하나가 되도록 해야 할 때입니다."[34] 1998년, 제리 아담스의 측근이자 오랫동안 IRA 조직원으로 있었던 보비 스토리라는 사람이 진 맥콘빌에게 일어났던 일에 대한 기억을 탐문하기 위해 예전의 급진파의 문을 두드리기 시작했다.[35] 그는 맥콘빌을 살해한 다음 길거리에 내버려야 한다고 주장했던 아이버 벨을 찾아냈다. 돌러스 프라이스에게도 접근했다. 돌러스는 진 맥콘빌이 어떻게 되었는지 아담스가 자신에게 물어보도록 누군가를 보낼 생각을 했다는 것에 깜짝 놀랐다. 그녀는 스토리에게 진실을 파헤치고 싶다면 "가서 제리를 만나보라"고 충고했다.[36]

공교롭게도 아담스는 그 기간 동안 맥콘빌 아이들과 만남을 갖고 있었다. 1995년, 그는 처음에 헬렌과 그녀의 남편인 셰이머스를 찾아갔다. 경호원들을 대동하고 집에 온 모습을 보고 헬렌은 '연예인 같다'고 생각했다. 맥콘빌 아이들과 마찬가지로 아담스도 열 명의 자녀가 있는 가정에서 자랐다고 하면서 애도를 표했다. 그러나 헬렌은 그가 자신과 눈을 마주치지 않으려 한다는 것을 눈치챘다.[37] 마이클 맥콘빌과의 만남에서 아담스는 "이런 말이 무슨 소용이 있을지 모르겠지만 공화주의 운동이 어머니에게 한 일에 대해 사과드립니다"[38]라고 했다. 아담스는 그런 식으로 시치미 떼는 데 일가견이 있었다. 본인의 개인적인 책임은 없다는 뜻을 함의한 것이었다. 결국 그의 말에 따르면 IRA에 몸담았던 적이 전혀 없었으니 말이다. 한 신문에다가는 이렇게 말했다. "이러한 살인들은 25년 전에 일어났습니다. 이곳에서 전쟁이 절정에 달했던 때였죠. 전쟁 중에는 끔찍한 일들이 행해집니다."[39]

맥콘빌 아이들과의 첫 만남에서 아담스는 사실상 당시 알리바이를 밝히는 데 주력했다. "어머니가 사라졌을 때 제가 감옥에 있었던 게 천만다행입니다."[40] 그것은 사실이 아니었다. 그는 1972년 6월에 평화회담차 런던으로 비행기를 타고 날아가기 위해 롱 케시 교도소에서 석방되었다. 진은 12월에 납치되었고 아담스는 이듬해 7월까지는 다시 수감되지 않았다.(아담스는 훗날 이렇게 말했다. "앞뒤 정황을 무시해서는 안 되겠죠. 내가 날짜를 헷갈렸나 봅니다.")[41]

브렌든 휴즈에게는 아담스가 진 맥콘빌의 자식들에게 가서 어머니에게 일어났던 일의 진상을 규명하겠다고 서약하는 것이 섬뜩했다. 마치 아담스 본인에게도 무슨 커다란 미스터리라도 되는 것처럼 말이다. "그는 맥콘빌 가족의 집으로 가서 그 여자의 실종을 철저히 조사하겠다고 약속했소."[42] 휴즈는 보스턴 칼리지 구술사를 진행하는 동안 맥커스에게 말했다. "그자가 바로 그여자를 처형하라는 빌어먹을 명령을 내렸다고요! 그런 자에게 도덕성이라는게 있다고 봅니까?" 오직 "마키아벨리적인 괴물"만이 그렇게 할 수 있다고 휴즈는 결론지었다.

시신을 수색하는 데 예상보다 시간이 더 걸릴 것으로 보이기 시작하고 있었다. 헬렌의 남편인 셰이머스는 이몬 몰로이의 시신이 발견된 후 말했다. "IRA는 금요일 날에도 관에서 시신을 나를 수 있었습니다. 그들은 이곳에 내려와서 우리를 위해서도 똑같이 해야 합니다."[43] 그러나 몇몇 무덤들의 위치는 찾기 쉬운 반면 그 외의 무덤들은 더욱 찾기 어려운 것으로 판명되고 있었다. 무덤들은 아무런 표시가 없었기에 주위 환경에 완전히 섞여들어 있었다. 사람들은 나이를 먹었고 기억은 희미해졌다. 지형 또한 바뀌어 있었다.[44] 어떤 사람은 헛간을 참고하여 특정 위치를 떠올렸지만 그 헛간은 이미 수십 년 전에 허물어진 상태였다. 1970년대에 여린 묘목들이 줄지어 있던 곳은 오늘날 튼튼한 나무들로 숲을 이루고 있었다. 급진파는 성명에서 선언했다. "IRA 지도부는 이 문제를 선의로 접근했다." 다소 방어적으로 들리는 말이었다. 그들은 세월의 경과가 자신들의 노고를 가로막았다고 했다.

맥콘빌 아이들은 사랑하는 가족이 실종된 다른 가족에게서 위안을 찾았다. 몇몇 가족들은 "웨이브Wave"라고 불리는 "공동체를 넘나드는" 외상치료 전문센터에서 회합했는데 이는 실종자 일가들을 지탱하는 원천이 되었다. 그중 일부는 이루 말할 수 없을 정도로 극심한 고통을 겪고 있었다. 케빈 맥키가 실종된 후, 어머니인 마리아는 정신이 약간 나가 있었다. 어떤 밤에는 시내로 나가서 아무 성과 없는 수색을 해야 한다고 고집부리며 다른 자식들을 침대에서 강제로 일으켜 막무가내로 외투를 입혔다.[45] 이웃집에 위협적으로 다가가 현관문을 두드리며 고성을 지르기도 했다. "내 아들 어디 있어? 우리 케빈한테 무슨 짓을 한 거야?"[46] 또 어떤 밤에는 음식을 한 접시 준비하고는 자식들에게 "케빈에게 따뜻하게 줘야 하니까 건조용 선반(빨래가 마르도록 온수 파이프 주위에 만든 선반-옮긴이)에 넣어 두어라"[47]라고 말했다. 케빈이 마치 이제 막 심부름하러 나갔다는 듯 말이다.

경찰이 맥키의 집을 급습해 총을 발견한 후 마리아는 결국 체포되어 아마 교도소에서 몇 달을 보내게 되었는데 마침 그 기간은 프라이스 자매가 그곳에 있던 기간과 겹쳤었다. 그녀는 돌러스 프라이스에게 머리 손질을 맡겼었다.[48] 그 여자가 바로 아들을 국경 너머로 태우고 가 총에 맞게 한 장본인이라는 것은 꿈에도 몰랐다. 이몬 몰로이의 시신을 되찾았을 때 마리아 맥키는 장례식에 참석하여 자신의 아들을 묻고 있다는 더없이 행복한 망상을 경험했다.[49] 하지만 그녀가 죽을 때까지도 아들의 시신은 찾지 못한 상태였다. 마리아의 일가친척들은 아이들의 이름을 케빈이라고 지어 그에 대한 기억을 생생하게 간직했다. 아들들도, 사촌들도, 조카들도 모두 다 케빈이었다. 사내아이가 태어날 때마다 그들은 케빈이라고 부르는 것 같았다.[50]

* * *

아일랜드의 풍경은 검붉은 토탄 늪지가 지배적이다. 혐기성과 산성의 토양 조건은 간혹 과거 아일랜드에서의 죽음이 섬뜩하게 부활할 수 있다는 것을 뜻한다. 토탄 채탄기들은 때때로 수천 년 동안 보존되어온 고대의 하악골이나 쇄골, 또는 사체를 마구 휘저어 *끄집어냈다*.[51] 청동기 시대 이전으로 거슬러 올라간 어떤 시체들은 종종 희생 제물로 바쳐졌거나 폭력으로 인해 사망한 흔적을 보여주었다. 공동체에서 추방당해 매장된 그러한 희생자들은 머리카락부터 가죽 같은 살갗에 이르기까지 당시의 모습을 생생하게 고스란히 드러냈다. "분쟁"이 절정에 달했던 1970년대에 셰이머스 히니는 1969년에 출간된 어떤 책을 우연히 접하고는 "늪지 사람들"에 천착하게 되었다.[52] 유틀란트 반도(독일 북부의 반도. 덴마크가 그 대부분을 차지함-옮긴이)의 늪지에서 발견된, 희생 제물의 피해자들로 보이는 사람들의 보존된 시체에 관한 책이었다. 그

책의 사진에서 뼈마디가 울퉁불퉁 비틀린 시체들은 벌거벗겨져 있었으며 일부는 목이 베어져 있었기에 히니는 과거와 현재의 아일랜드의 "야만적 의식"이 떠올랐다.[53] 히니는 "늪지의 여왕"을 포함하여 그러한 형상에 관한 일련의 시를 썼는데, 그 시에서 그는 오랫동안 묻혀 있다가 발굴된 한 여자의 목소리를 빌린다. "토탄꾼의 삽으로 / 머리를 깎이고 / 발가벗겨졌네."[54]

히니는 어렸을 때 가족이 운영하는 농장에서 토탄을 채취하며 자랐다.[55] 그는 아일랜드의 늪지를 "그 안으로 그리고 그 안에서 일어났던 모든 것을 기억하는 풍경"이라고 묘사한 적이 있다. 사람을 실종시키는 관행은 매도당했을지라도 아일랜드에서는 새로운 것이 아니었다.[56] 1920년대로 거슬러 올라가, 실제로 구 IRA도 독립전쟁 기간 동안 사람들을 실종시켰다. 얼마나 많은 사람들이 암매장되었는지는 아무도 정확히 알지 못하지만 시체들이 아직도 가끔 불쑥 튀어나오는데 토탄으로 인해 뼈가 검붉게 물들어서 사람이라기보다는 나무뿌리처럼 보인다.[57]

굴착기는 쿨리반도 해안가에서 50일 동안 땅을 팠다. 얼마나 많이 팠는지 땅을 파서 생긴 구멍의 크기가 올림픽 수영장만큼이나 커졌다. 맥콘빌 아이들은 땅이 어떤 단서를 넘겨줄지도 모른다는 희망을 품고 매일 해안가로 모여들었다. 단추라든가 뼈, 슬리퍼, 어머니가 늘 꽂고 있었던 옷핀 같은 단서 말이다. 어떤 밤에는 아이들은 파도가 해변에 찰싹찰싹 부딪히는 동안 어두워지는 아일랜드해를 하염없이 바라보며 따뜻한 차 안에 앉아있곤 했다.[58] 하지만 결국 수색작업은 중단되었다. 무덤의 좌표를 제공하는 과정에서 IRA가 착각했던 것으로 보였다. "그들은 우리를 웃음거리로 만들었어요." 진이 납치되었을 때 아그네스는 눈물로 마스카라가 번져있었다고 했다. "지금 또 한 번 우리를 웃음거리로 만들고 있네요."[59]

형제자매는 해안가를 떠나 서로 헤어져 각자의 집으로 돌아갔다. 하지만 도처에 어머니를 떠올리게 하는 것들이 있었다. 그들은 누가 어머니의 살해를 명령했고 또 누가 그 일을 실행했는지는 알지 못했을지라도 그해 12월 밤에 아파트로 쳐들어와 어머니를 문밖으로 내몬 젊은 이웃들을 지금도 기억하고 있었다. 납치단 일행은 이제 자라서 결혼하고 가정을 꾸렸다. 잔인하게 꼬인 점은 바로 이것이었다.[60] 즉, 유일하게 남아 있는 단 한 장의 어머니 사진과는 별개로 일부 자식들은 어머니가 어떻게 생겼는지를 더는 기억할 수 없지만 어머니를 데려간 사람들의 얼굴은 지금도 알아볼 수 있다는 것이었다. 언젠가 헬렌은 자식들을 맥도날드에 데려간 적이 있었다. 그곳에서 어머니를 데려간 것으로 알고 있는 여자들 중 한 명을 보게 되었다.[61] 그 여자는 가족과 함께 그곳에 있었다. 그녀는 헬렌에게 가만 좀 내버려두라고 소리쳤다.

또 한 번은 마이클의 경우로, 폴스 로드에서 택시를 타 뒷좌석에 앉았는데 고개 들어 쳐다보았을 때 운전사가 진의 납치범들 중 한 명이라는 것을 알았다. 차는 도로변에 있다가 출발했고 두 사람은 아무 말 없이 차에 타고 있었다.[62] 마이클은 한마디도 하지 않았다. 무슨 말을 할 수 있겠는가? 대신 그는 입을 꾹 다물고 앉아있다가 목적지에 도착하자 그자에게 요금을 건넸다.

24

뒤엉킨 거짓말들

도둑들은 마치 공적인 업무로 온 것처럼 양복을 입고 있었다. 일요일 밤 열 시가 막 넘었을 때 캐슬레이 청사 정문으로 차 한 대가 부르릉 소리를 내며 왔다. 세 명이 타고 있었다. 2002년 "성 패트릭의 날"이었고 동벨파스트는 조용했다. 삼엄한 경비를 갖춘 청사 구내 전체에는 스무 명 정도의 인원만이 근무하고 있었다. 그날 밤 트레버 캠벨은 그곳에 없었다. 수십 년 동안 무장세력을 신문하고 정보원이 되도록 회유하는 일을 한 후, 그는 은퇴를 준비하고 있었다. 사실 "성금요일협정"에 따라 4개월 전에 왕립얼스터보안대는 존재 자체가 없어졌으며, 보다 중립적으로 들리는 북아일랜드경찰청으로 개명하여 고용에 있어서 보다 포괄적이고 개신교도 공동체와는 보다 덜 밀접하게 연관되어야 하는 새로운 사명을 띠고 있었다.

그렇기는 해도 캐슬레이는 여전히 교전 지역에서 전방 작전기지와도 같은 모습을 하고 있었으며, 철조망이 높이 쳐진 담장으로 둘러싸여 있었다. 그곳은 유럽을 통틀어 가장 안전한 건물 중 하나로 알려져 있었다. 정문에서 도둑들이 아무렇지도 않게—군인 신분증 명찰로 보이는—신분증을 휙 내보이자 한 경비원이 구내로 들어가라고 손짓했다. 캐슬레이는 경찰 외에도 영국군 요원들과 더불어 정보기관을 위해 일하는 정체불명의 사람들이 근무하는 곳이었다. 그곳은 경비원이 으레 모든 사람의 얼굴을 아는 관내 경찰서가 아니라 붐비는 시설이었고 게다가 아무리 대담한 범죄자라도 무장한 군인들과 경찰들이 우글거리는 삼엄한 경비 시설에 침입할 정도로 어리석지는 않을 터였다. 캐슬레이에 갇히게 된 사람들에게는 나쁜 일이 일어나기 마련이었다. 그곳은 무장세력들이 침입하는 장소가 아니라 탈출을 꿈꾸는 장소였다. 안내 데스크에서 그들은 두 번째로 신분증을 제시했으며 부주의한 야간 근무 경비원은 건물 안으로 들어가라고 손짓했다.

도둑들은 이 원정이 세심하게 계획되었다는 것을 암시하듯 명확한 목적을 갖고 복도를 지나갔다. 그들은 특정한 한 사무실로 향했다. 일상적으로 사용하던 사무실은 마침 개조 중이었기에 하던 작업을 통째로 시설 내에 있는 다른 공간으로 임시로 옮겨 놓은 상태였다. 그러나 그들은 그 사실을 진작에 알고 있었다. 그들은 건물 안쪽으로 더 깊숙이 들어가 임시 사무실로 갔다. 220호로 알려진 곳이었다. 벨파스트에서 24시간 밤낮없이 비밀리에 돌아가는 보안군 첩보망 중추부로, 시 전역에서 수백 명의 정보원들이 특별 직통전화로 전화를 걸어 경찰과 군과 MI5의 관리자들과 접촉하는 곳이었다.

그날 밤 그 사무실에는 전화를 담당하는 공안부 경찰관이 혼자 있었다. 불순한 의도를 갖고 문을 두드리는 사람이 있을 거라고 의심할 이유가 없었기에 그는 문을 열었다. 강력한 주먹이 턱을 날렸다. 경찰관이 나동그라졌다. 남자들은 재빨리 움직이며 거의 말도 없이 경찰관의 입을 테이프로 틀어막고 머리에 두건을 씌우고는 의자에 묶었다. 그런 다음 경찰관의 귀에 헤드폰을 씌웠다. 워크맨에 연결한 헤드폰에서는 요란한 음악이 쾅쾅 울리고 있었다. 남자들은 책상에 덩그러니 놓여 있는 열쇠꾸러미로 서랍들과 문서 캐비닛들을 열더니 서류를 꺼내기 시작했다. 그들 중 한 명이 묶어놓은 경찰관에게 주기적으로 돌아와서 맥박이 잘 뛰는지 또 숨은 제대로 쉬고 있는지를 확인했다. 하지만 결국 그들은 확인을 중단했다. 눈가리개와 헤드폰 때문에 경찰관은 그들이 아직도 사무실에 있는지 알 길이 없었다. 기어코 묶은 것을 풀려고 몸부림치기 시작했는데 아무도 그를 말리려고 개입하지 않았다. 눈가리개를 풀게 되었을 즈음 도둑들은 사라진 지 오래였고 선반들은 텅 비어 있었다. 고급 기밀로 분류된 귀중한 정보를 갖고 황급히 떠난 상태였다. IRA 내부 및 다른 여러 무장단체에서 일하는 정보원들의 세부사항과 암호명이 적혀 있는 공책들과 문서들이었다. 아무도 그들이 건물을 나서는 것을 주시하지 않았다. 그들은 단 한 가지 단서만을 남기고 떠났다.[7] 그들 중 한 명이 꽂고 있었던 옷깃 핀이었다. 그럴듯하게 변장한 도둑들의 옷에서 하나가 떨어진 것이든 아니면 도둑들 입장에서 보란 듯이 장난친 것이든 어쨌든 핀에는 이렇게 쓰여 있었다. "왕립얼스터보안대를 수호하자."

　뻔뻔스러운 강도짓이었다. 세 남자가 복면도 쓰지 않고 무장도 하지 않은 채 벨파스트의 반테러 작전의 요새인 보안분실로 걸어 들어와 민감한 정보가 든 노다지를 캐서 무사히 빠져나간 것이었다. 즉각 극심한 공포에 빠진 경찰은 정보원들에게 연락하여 위태로워질 수 있다는 사실을 알리고 최종적으로 300명 이상의 인원을 이동시켰다.[8] IRA로 의혹의 눈길이 쏠렸다. 한 보안 소식통은 BBC와의 인터뷰에서 이번 침입은 평화협정을 고의로 위반한 것이며 사실상 "전쟁 행위" 요건을 구성한다고 했다.[9] 반대로 IRA는 당국의 내부 소행이라고 대응했다. 대부분의 관측통은 실제로는 그 침입은 급진파가 감행한 것이었다고 최종적으로 결론지었다. 그러나 도둑들은 건물 내에서 누군가의 도움을 받았던 것으로 보였다. 취조를 위해 캐슬레이에서 요리사로 일하는 한 남자를 찾아냈다.[10] 그는 현재 스토몬트에서 신페인당 간부로 있는 전 IRA 지도자 데니스 도널드슨과 친분이 있다는 게 밝혀졌다. 한 신문 보도에 따르면 침입은 "급진파 내에서 경찰을 위해 일하는 고위급 정보원들 중 하나로 신화적 지위"를 성취한 "특정한 한 정보원의 신원을 적발하기 위한" 목적으로 이뤄졌을 가능성이 있다고 추측했다. 그 기사에 의하면 첩자로 추정되는 자의 암호명은 "스테이크 나이프Steak Knife"였다.[11]

수년 동안 공화주의 운동 내 최고위급 중에 정보원이 활동하고 있다는 소문이 돌고 있었다. 어느 시점에 암호명이 유출되었다. 어떤 때는 "스테이크 나이프Stakeknife"로, 또 어떤 때는 "스테이크 나이프Steak Knife"로 혹은 "스테이크 나이프Stake Knife"로 쓰여졌다. 하지만 시각적 의미는 항상 동일했다. 즉, IRA의 심장에 꽂힌 비수, 치명적인 단검이었다.[12] 1999년의 한 기사는 "스테이크나이프"를 북아일랜드에서 영국 정보기관의 "왕관 보석"[13]이라고 칭했다.

돌러스 프라이스도 그 소문을 들었다. 2003년 3월에 더블린의 자택으로 찾아온 한 방문객에게 그녀가 말했다. "사람들이 스테이크나이프라는 인물에 대해 말하는 거 들었죠? 모든 정보원들 중에서도 최고의 정보원이래요. 그 말은 공화파 서열 내에서 아주 높은 직위에 있다는 뜻이겠죠. 그자가 누구인지 난 도통 판단이 안 서네요."[14] 프라이스는 분노한 순간에 이따금 제리 아담스가 아닐까 농담했다. "하지만 그가 스테이크나이프라는 생각이 들지는 않아요."

스테이크나이프를 생각하는 것만으로도 크게 낙담한 공화파들은 혹시 영국이 자신들의 사기를 떨어트리려는 노골적인 목적으로 일부러 소문을 지어낸 것은 아닐까 했다. 냉전 기간 동안 CIA의 방첩부장인 제임스 지저스 앵글턴은 러시아 첩자에 의해 정보부의 기반이 약화되고 있다고 확신하게 되었다. 그는 이중첩자를 찾아내려고 수년에 걸쳐 부서를 마비시켰지만 환영을 쫓고 있었던 것으로 이제는 일반적으로 받아들여지고 있다.[15] 첩자 사냥은 앵글턴 본인이 고상하게 사로잡힌 편집증 상태로 자기 파괴적 광기가 될 수 있다. 그는 대-정보부 업무를 "혼란스런 무수한 거울들"(wilderness of mirrors, T. S. 엘리엇의 시 "작은 노인"의 한 구절. 냉전기간 동안 고의로 조장한 허위정보와 거짓으로 인해 진실과 속임수, 실재와 거울을 구분할 수 없는 혼란스러운 상태-옮긴이)이라고 묘사했다. 수년간 프레디 스카파티치와 "너팅 스쿼드"의 동지들은 정보원 혐의자들을 신문하고 살해해왔다. 1980년에서 1994년 사이, IRA는 끄나풀로 의심되는 사람들을 무려 40명이나 처형했으며 그들의 시체는 아무런 의식도 없이 버려졌다.[16] 살해된 사람들 중 많은 이들이 어떤 식으로든 당국에 협력하고 있었던 것은 사실이었다. 하지만 모두가 그런 것은 아니었다.[17] 나중에 IRA가 인정했듯, "너팅 스쿼드"의 희생자들 중 일부는 결코 정보원이었던 적이 없었다. 그리고 그 모든 사체들이 국경 근처의 시골길에 유기되고 있는데도 IRA는 절대 그 문제를 제거할 수 없는 듯 보였다. 무기 창고들이 계속 발각되었다. 여러 임무는 계속 좌절되었다. 스카파티치와 그의 동지들이 아무리 많이 죽인다 해도 언제나 적어도 한 명 이상의 배신자가 진중에 숨어 있는 것 같았다.

브렌든 휴즈가 출소했을 때 조 펜턴이라는 IRA 동지가 아파트를 제공했다.[18] 펜턴은 폴스 로드에서 부동산 중개인으로 일했다. 그러면서 실제로는 감청을 위한 도청 장치가 설치되어 있는 "안가"들을 IRA 조직원에게 제공하면서 영국을 위해 비밀리에 일하고 있었다.[19] 펜턴은 IRA 동지들에게 훔친 것으로 추정되는 신제품 컬러텔레비전을 구할 수 있는 연줄이 있다고 말하곤 했다. 텔레비전에도 마찬가지로 도청장치가 달려 있었다.[20] 결국 펜턴의 배신이 발각되었다. 그는 스카파티치에게 취조당하자 자백했다. 처형되기 전에 필사적으로 달아났으나 "너팅 스쿼드"가 뒤통수에 대고 총을 쏜 다음 얼굴에도 총을 쏘고는 벨파스트 외곽의 오솔길에 버렸다.[21]

휴즈는 갈수록 더 불안해진다는 것을 알았다.[22] 그는 맥커스에게 말했다. "나는 이곳에도 수상쩍은 자가 있다는 것을 알아차렸소. 그것도 고위급이라는 것을 말이오. 나는 벨파스트를 믿지 않았소." 도처에 첩자들이 있는 것 같았다. 그는 제리 아담스에게 말했지만 아담스는 걱정하지 말라며 그가 편집증에 사로잡혀 있다고 했다. 휴즈의 걱정은 옳았다. 제임스 지저스 앵글턴은 어디에도 없는 잠입자들을 마법으로 불러냈을지 몰라도 IRA에는 실제로 이중 첩자들이 속수무책으로 침투해 있었다. 이후 영국군 정보부에서 일했던 한 관리자는 더블린의 법정에서 판사에게 하는 진술에서 "분쟁"이 끝날 무렵에는 IRA 조직원 네 명 중 한 명꼴로 역량껏 당국을 위해 일했다고 추정했다. 그는 IRA 최고위급으로 가면 그 수치가 두 명 중 한 명에 가까울 거라고 했다.[23] 물론 그것은 공화파 지도부를 약화시키기 위한 심리전으로서 날조된 이야기일 수 있으며, 아담스를 비롯한 신페인당 간부들은 영국에서 나온 그러한 통계는 본질적으로 믿을 수 없는 것으로 일고의 가치도 없다며 무시했다.

그러나 캐슬레이 침입 사건이 일어난 지 불과 1년 만에 잉글랜드와 아일랜드의 여러 신문은 폭탄선언과도 같은 충격적인 소식을 실었다.[24] "스테이크나이프"가 누군가의 과도한 상상력이 만들어 낸 허구가 아니라는 것이었다. 그는 정말로 첩자였다. 수십 년 동안 영국군 정보부에서 보수를 받는 정보원이었던 것이다. 그가 제공한 정보는 대단히 가치있는 것들이라서 영국 장관들은 정기적으로 보고받았으며 그는 당대 최고의 스파이로 경력을 쌓아나갔다. 북아일랜드에 있는 한 영국군 지휘관의 말을 빌리자면 "스테이크나이프는 우리의 일급비밀"이었다. "황금알을 낳는 거위였다"고 했다.[25] "스테이크나이프"는 제리 아담스가 아니었다. 프레디 스카파티치였다.[26]

* * *

스카파티치는 "나는 그러한 혐의에 대해 무죄"라고 말했다. 언론에 노출된 후 그는 벨파스트에 있는 변호사 사무실에 모습을 드러냈다. 땅딸막하고 턱 아랫살이 축 처지고 눈두덩이가 불룩한 그는 이제 머리에 현상금이 두둑히 걸린 사람치고는 놀라울 정도로 침착해 보였다. 그도 그럴 것이 스카파티치는 누군가가 자신을 첩자라고 고발할 때 어떻게 처신하는지에 대해 빈틈없이 잘 알고 있었다. "절대 자백하지 마라." 트레버 캠벨은 자신의 정보원들에게 그렇게 말하곤 했다. "자백하면 죽는다." 스카파티치는 누군가가 머리를 박살내려 하기 전에 벨파스트에서 사라져 은신처로 숨었다. 추정건대 관리자들의 도움을 받았을 터였다. 그는 1978년 당국에 처음 정보를 제공한 이래 4반세기 동안 이중첩자로 있었다.[28] 전하는 바에 따르면, 사실 스카파티치는 자기 발로 걸어 들어갔다고 한다. 당시 IRA의 다른 조직원들에게 폭행을 당해 그 순간 복수심이 든 게 동기였을 거라고 시사했다.[29] 그러나 무엇이 그를 "분쟁"에서 가장 두드러진 이중첩자가 되도록 내몰았는지는 결코 알 수 없을 것이다.

IRA로서는 이는 엄청난 손상을 가하는 역설이었다. 조직이 첩자를 뿌리 뽑도록 위임했던 바로 그자가 첩자였던 것이다. 영국으로서는 IRA의 내부 보안부 중추에 정보원을 둔 것은 대단한 성공작이었다. 첩자들의 침투를 좌절시키기 위해 급진파는 1970년대 후반에 세포조직을 재정비했었다. 각각의 작전이 다른 작전의 활동(혹은 존재 자체)을 간파할 수 없도록 제한한 것이었다. 그러나 "너팅 스쿼드"는 항상 긴급해 보이는 임무를 맡은 군 차원의 내무부대로서 인원, 무기 보급, 공격 계획과 같은 모든 것에 접근할 수 있었다.[30] 이전에 급진파 조직원이었던 누군가가 말했듯 보안부대는 전 조직의 전기 배선함이나 마찬가지였으며, 대부분의 "분쟁" 기간 동안 영국은 바로 그 안에 사람을 심어 놓았었다. IRA가 스테이크나이프의 정체를 밝혀내고자 캐슬레이를 털었다면 실패한 것이었다. 스카파티치의 이름은 대단히 민감한 사안이라 문서로 보관되어 있지 않았을 터였기 때문이다. 실제로 스카파티치가 언론에 의해 폭로되었을 때 공화파계는 극도로 충격을 받아서 신페인당의 상당수 지도자들은 스캅이 정말로 스테이크나이프일까 하는 생각에 의문을 제기하며 사람

들에게 그에 대한 "입증되지 않은 혐의"를 의심하라고 주의를 주었다.[31]

"난 지금도 믿을 수 없습니다."[32] 제리 아담스가 대단히 신뢰하는 기관원인 신페인당의 간부 데니스 도널드슨은 스캅의 신분이 폭로된 후 자신을 찾아온 미국인 기자에게 말했다. "세상에!" 그는 고개를 절레절레 흔들었다.

하지만 도널드슨 본인도 첩자였다.[33] 2005년 12월, 서둘러 열린 기자회견에서 아담스는 도널드슨이 지난 20년 넘게 영국 정보부에서 보수를 받는 정보원이었다는 사실을 자백했다고 발표했다. 아담스는 "성금요일협정" 이후 거의 8년이 지났는데도 군 및 정보기관 일부가 "아일랜드에서 영국과의 전쟁이 끝났다"는 사실을 받아들이기를 거부한다고 했다. 아담스는 향후 운동을 배신할 것을 고려할지도 모르는 다른 사람들에게 경고한다는 듯 영국의 요원이 되는 사람들은 "협박당하고 괴롭힘당하고 억압당하고 대가를 치르고 망가지고 폭행당한 다음 길가 한쪽에 내던져질 것"[34]이라고 언급했다.

도널드슨은 19세기 대기근 때보다도 앞서 지어진 도네갈에 있는 한 외딴 오두막으로 숨어들었다. 과거 아일랜드의 비참한 농경지로 들어가는 입구처럼 그곳에는 흐르는 물도 전기도 없었다.[35] 그러나 행운의 상징인 말굽 편자가 문에 걸려 있었다.[36] 도널드슨은 텁수룩하게 고행의 수염을 기르고 집 안을 따뜻하게 덥히려고 장작을 팼다.[47] 그러던 어느 날, 누군가가 오두막에 와서 그를 죽였다.[38] (도널드슨에게 총을 쏜 자가 정확히 누구인지, 혹은 누가 총격을 명령했는지는 확인할 길이 없다. 그러나 제리 아담스와 급진파 IRA 양쪽 다 자신들은 어떤 역할도 하지 않았다고 부인했다.)[39]

* * *

어떻게 그렇게 정보원들이, 그것도 그렇게 고위급들이, 그렇게 오랫동안 숨겨져 있었을까? 스카파티치의 경우 한 가지는 명확하게 설명할 수 있다. 바로 그가 살인마였다는 것이다. 선전포고를 하지 않는 그 비열한 전쟁에서 국가가 불미스러운 전술을 기꺼이 받아들이는 의지에 대해 IRA에서는 아무도 어떤 착각도 하지 않았다. 하지만 그렇다 해도 스캅과 같이 현저히 흉포한 짓을 저지르는 자는, 적어도 이론적으로는, 영국 정부의 요원으로서 결격 사유에 해당한다고 볼 수 있다. 영국 군 정보부의 관리자인 이안 허스트는 이런 발언을 한 적이 있다. "IRA가 갖고 있는 한 가지 선입견은 비열한 자—즉, 살인자—는 요원이 될 수 없다는 것이었다."[40] 그는 이어서 스카파티치로서는 "살인을 계속하는 것"만이 최선의 보호책이었을 거라고 했다.

만약 어떤 요원이 살인자이고, 관리자들이 그가 사람들을 살해하고 있다는 것을 안다면 관리자들도—그리고 그러한 경우 국가 자체도—공범이 아니겠는가? 차후에 영국 군 소식통들은 스카파티치가 애쓴 결과 180명의 목숨을 살렸다고 주장했다. 그러나 그들은 이 수가 "추정치"라는 것을 인정했는데[41] 그런 식으로 추측성 계산을 하게 되면 급격하게 본말이 전도되는 상황에 빠질 수 있다. 스카파티치는 최종적으로 50건이나 되는 살해사건에 연루되었다.[42] 첩자가 50명의 목숨을 앗아가긴 했지만 그보다 더 많은 수의 목숨을 구했다면 그의 행위를 묵인할 수 있는 걸까? 이런 식의 논리는 솔깃하지만 위험하다. 머릿속에서 수를 헤아리기 시작하면 곧장 대량 학살을 승인하게 되기 때문이다.

수년간 급진파는 왕립얼스터보안대와 군 및 왕당파 무장세력 간의 공모에 대해 주장했으나 선전 선동이라며 일축되었다. 결국, 영국이 수십 년 동안 용의주도하게 키워온 이미지는 다른 누구도 전쟁 중인 두 종족의 문제를 해결하기 위하여 뛰어드는 것을 꺼리고 있을 때 공정한 심판을 본다는 것이었다. 그러나 진실은 애초부터 당국이 급진파를 그들의 에너지가 집중되어야 할

주적으로 인식하였으며 왕당파 테러조직은—국가의 비공식적인 보조기관까지는 아니더라도—부차적인 문제로 여겼다는 데 있다.

일찍이 1975년에 벨파스트에서 한 육군 장교는 상관에게 왕당파 무장세력과 영국 정보부 및 공안부 요원들 사이의 연관성에 대해 경고하는 편지를 썼다.[43] 편지에는 "양측의 무장세력들이 서로를 죽이며 소모전을 치르게 하려는 시도로 일종의 유사 폭력조직을 형성한 것"으로 보인다고 쓰여 있다. 그다음 달에 보낸 또 다른 편지에서 장교는 "분쟁"에서 폭력이 폭발하는 원인이 영국 정보요원들이 "의도적으로 갈등을 조장하는 탓"[44]에 크게 기인할 수 있다는 견해를 피력했다.

종종 영국의 암묵적인 승인이나 노골적인 군수물자 지원으로 운영되는 왕당파 폭력배들은 끝없이 테러 공격을 일으키며 수백 명의 민간인을 살해했다.[45] 그 희생자들은 영국 국민들이었다. 영국 정부의 기관들이 숱하게 그러한 살해에 연루되는 지경에 이를 정도로 충돌로 인해 비인간화되었는데도 보안기관에서는 어떤 종류의 공식 조사도 벌이지 않았으며 내부의 반발도 없었다. 합법적인 무력 사용에 대한 정부의 독점권에 한계를 정하기 위해 관료들과 법학자들이 그은 모든 명확한 기준선을 넘어서고 있었다. 만행으로부터 사회적 질서를 분리하고자 그은 경계선이었다. MRF에 복무했던 한 영국인 장교는 훗날 "우리는 군대처럼 행동하려고 거기에 있었던 게 아니에요. 테러집단처럼 행동하려고 거기에 있었습니다"라고 인정했다.[46]

1980년대 후반 어느 날, 정보원들을 관리, 감독하는 공안부 부장이었던 레이먼드 화이트는 마거릿 대처와 만나 무장세력과의 결탁의 위험성에 대해 노골적으로 문제를 제기했다. 화이트는 총리에게 말했다. "요원들과 관리자들은 저 바깥에 있고 나는 여기에 앉아있습니다. 좀 불편하군요. 내가 그들에게 엄밀히 범죄 행위로 해석될 수 있는 일을 하라고 요구하고 있기 때문입니다."

화이트의 소관은 무장세력 내부에서 정보원들을 뽑는 것이었다.[47] 그러나 무장세력들은 차량을 훔쳤다. 폭탄을 설치했다. 사람들을 죽였다. "무장세력이 되는 것 자체가 범죄 행위입니다"라고 화이트는 말했다. 그는 대처에게 국가가 정보원들이 하는 일에 권한을 부여할 수 있는 것과 없는 것에 대해 일련의 명확한 법적 지침을 내려주기 바란다고 했다. 계속해서 애매하게 역할을 다하는 것은 위험할 수 있다고 느꼈다. 대처는 그의 요청을 고려했다. 하지만 결국에는 그러한 경계선을 제시하지 않았다. 화이트에게 그 메시지는 명확했다. "지금 하고 있는 대로 계속하세요. 하지만 우리에게 자세한 내용을 말하지는 마세요."[48]

보수를 받으면서 또한 살인마가 된 이중첩자는 스테이크나이프만이 아니었다. 왕당파 측에 있는 최고의 영국 정보원들 중 한 명은 브라이언 넬슨이었다. 그는 육군 장교였다가 후에 개신교도 무장세력인 얼스터방위협회 대원이 되었다. 1970년대에 가톨릭교도 장애인인 민간인을 납치하여 전류가 흐르는 소몰이용 막대기로 고문한 혐의로 복역한 후 MRF를 계승한 "음지에서 일하는 군 정보부"인 FRUForce Research Unit의 정보원이 되었다.[49] (스카파티치를 고용한 것도 FRU였다.)

본업이 왕당파 무장세력인 넬슨의 책무는 정보를 수집하는 것이었다. 그 중에서도 특히 암살할 가치가 있는 공화파 대상에 대한 자료 일체를 모으는 것이었다. 넬슨은 살인에 관해서라면 어느 모로 보나 스카파티치만큼 그 수가 많았다.[50] 그 역시도 결국엔 50건 정도의 살해 음모와 연루되었다. 1984년 제리 아담스가 왕당파 무장세력이 쏜 총에 맞아 부상당했을 때 그는 당국이 분명 그 공격에 관해 사전에 알고 있었을 거라고 주장했었다. 당시 그 혐의는 —사람들로 붐비는 벨파스트 시내에서 점심시간에 달리는 차에서 의회 의원에게 총격을 가해 암살하려는 음모를 정부가 미리 알고 있었다면 당연히 그 공격을 미리 막지 않았겠냐면서—터무니없어 보였지만 실제로 정부는 그 음모를 알고 있었다.[51] 넬슨이 자신을 담당하는 관리자들에게 미리 귀띔했기 때문이다. 정부는 진행하라고 허락했다.

1989년 2월 어느 날 밤,[52] 39세의 변호사 팻 피누케인이 아내인 제럴딘과 세 자녀와 함께 북벨파스트의 부유한 동네의 자택에서 일요일 저녁 식사를 하고 있을 때 무장괴한들이 현관문을 커다란 쇠망치로 부수고 들어와 피누케인을 십여 차례나 쏘면서 살해했다. 아내는 튀어나온 총알에 맞았다. 어린 자녀들은 그 모든 것을 목격했다. 피누케인은 변호사로서 여러 공화파들에게 법률 자문을 해주고 있었다. 하지만 정작 IRA 조직원은 아니었다. 그럼에도 불구하고 당국은 그가 조직과 지나치게 가까워졌다고 느꼈다. 왕립얼스터보안대 대원들은 "실질적으로 테러범들의 통제하에 있는" 변호사들에 관해 불평했었다.[53] 총격에 앞서 피누케인에 관한 정보를 사전에 수집해 집행팀에 넘긴 사람이 바로 넬슨이었다.[54] 공격에 사용된 무기는 넬슨과 마찬가지로 경찰 정보원이기도 했던 또 다른 대원이 제공했다. 후속조사에서 "팻 피누케인을 살해하는 데 무엇보다도 국가의 음모가 있었다"는 결론까지 가지는 않았지만 "국가적 요소의 개입" 없이는 살해당하지 않았을 것이라고 밝혔다.[55] (피누케인의 가족은 실제로 무엇보다 중대한 음모가 있었다고 확신하며 조사 결과에 대해 "허위"이고 은폐 공작이라며 거부했다.)[56]

1987년에 브라이언 넬슨은 프레디 스카파티치의 목숨을 구한 적이 있었다. 한 왕당파 상관이 넬슨에게 암살 대상으로 가능한 급진파 IRA 조직원 명단을 건네주었다. 넬슨은 충실하게 그 명단을 FRU의 관리자들에게 전달했다. 명단에 오른 이름 중 하나가 프레디 스카파티치였다. 그 당시 스테이크나이프는 이미 10년 동안 귀중한 정보원으로 있었으며 향후에도 비밀로 되어 있는 첩보를 아낌없이 전달할 태세를 갖추고 있었다. 투자대상으로서 여전히 잘 무르익고 있었기에 그의 이름이 왕당파 살인 명단에 오른 것은 영국 관리자들 사이에서 극도의 혼란을 촉발했다. 넬슨 본인도 스카파티치 역시 정보원이라는 사실을 알지 못했다. 그 어떤 첩자들도 다른 첩자에 대해서는 알지 못했기 때문이다. 그래서 FRU는 넬슨의 왕당파 동지들의 살해 의도를 다른 데로 돌리려는 계획을 고안했다.[57] 당시 한 부대원의 말을 빌리자면 "또 다른 인물에게 관심을 돌리는 것이 목적이었다."

영국군 관리자들은 브라이언 넬슨에게 다른 잠재적인 목표물의 이름을 먹잇감으로 주었다. 프란치스코 노타란토니오였다. 스카파티치와 마찬가지로 벨파스트에 사는 이탈리아인으로 전직 택시운전사였다.[58] 이제는 66세의 연금생활자로 열한 명의 자식을 둔 아버지이자 할아버지이기도 했다. 젊었을 때 IRA에 연루된 적은 있었으나 지금은 아니었다. 그러나 넬슨의 관리자들은 그를 스카파티치와 동급인 급진파 대부이자 주요 인물로 만들어냈다. 어느 날 아침, 노타란토니오가 자택에서 39년을 함께 산 아내와 침실에 있을 때 무장 괴한들이 계단을 올라와 침대에 누워있는 그를 총으로 쏴 죽였다.[59] 며칠 뒤, 그를 매장하는 날 수많은 애도자들이 나와 장례 행렬에 합류했다. 그중에는 프레디 스카파티치도 있었다.[60] 그는 관에 있는 무고한 남자가 희생된 덕에 자신이 살 수 있었다는 사실을 전혀 눈치채지 못했다.

"경찰관으로 거의 30년 동안 근무하면서 나는 그렇듯 뒤엉킨 거짓말과 배신을 본 적이 없었습니다"라고 런던광역경찰청 청장인 존 스티븐스 경은 말했다.[61] 당시 스티븐스는 FRU에 대한 조사 및 왕당파 무장세력과 국가 간의 공모를 조사하기 위해 선발되었지만 그 과정에서 진실을 규명하려는 노력은 가로막혔다. 1990년, 스티븐스와 그의 팀원이 일하던 사무실에 화재가 발생했다.[62] 경찰은 후속조사에서 화재가 사고였다고 결론지었다. 그러나 스티븐스는 고의적인 파괴 행위, 즉 국가가 공모했다는 증거를 인멸하기 위해 고안한 의도적인 방화 행위라고 확신했다.

 2012년, 데이비드 캐머런 영국 총리는 "솔직히 충격적인 수준의 국가 공모"가 존재했었음을 인정했다.[63] "성금요일협정"에는 형사 사법에 관한 구체적인 조항이 몇 가지 포함되어 있었다. 협정을 맺을 당시 억류 중이던 무장세력 포로들을 석방하는 조항이 있었는데[64] 그 틀에 따라 향후 "분쟁" 관련 범죄에 대해 선고되는 형량은 2년으로 제한해야 했다. 그렇지만 그 외에, 평화협정에는 과거의 범죄를 어떻게 언도할 것인가에 대한 제시는 없었다. 증언의 대가로 사면받을 수 있는 구조적 장치도 없었다. 스카파티치와 넬슨이 가담하고 ─국가가 용이하게 하고 용납했던─살인사건들과 같은 것들도 전쟁 범죄로 기소되지 않았다. 현장의 실상이 무엇이었든 간에 "분쟁"은 결코 전쟁으로 선언된 적이 없었기 때문이다. 이것이 의미하는 바는 "분쟁" 기간 동안 일어났던 많은 미제 살인사건들이 여전히 계류 중인 형사사건으로 남아 있어서 전-무장세력들과 전-군인들이 아직 기소될 수 있다는 것이었다. 주목할 만한 예외가 하나 있기는 했다.[65] 실종자의 시체를 되찾는 것을 돕기 위해 1999년에 제정된 법률에 따라 그러한 사건에 관해 세부사항을 알고 있는 사람이 자발적으로 당국에 정보를 제보하려고 나설 경우 한시적으로 사면된다는 것이었다.

* * *

 캐슬레이에서 강도사건이 발생한 지 18개월이 지난 2003년 어느 늦여름 저녁, 존 갈런드라는 남자가 공화국의 칼링포드 부근의 셸링힐 해변을 따라 걷고 있었다. 갈런드는 자녀를 데리고 근처 묘지에 있는 어머니의 묘소를 방금 다녀온 다음 이제 해변을 따라 천천히 거닐며 되돌아오고 있었다. 바닷물이 빠져나가고 있었으며, 아이들은 게를 잡고 싶어했다. 아이들이 축축한 해변에서 신나서 깡충깡충 뛰어다니는 동안 갈런드의 시선이 무언가에 가닿았다. 천 조각이 모래 바깥으로 삐져나와 있었다. 그쪽으로 다가가면서 물 위에 떠다니는 나무토막을 하나 집어 들고는 모래밭에서 그 천을 끄집어내는 데 썼다. 하지만 천 조각은 꿈쩍도 하지 않았다.[66] 호기심이 발동한 갈런드는 더 세게 잡아당겼다. 그러다 흠칫 멈추었다. 천 조각이 풀어헤쳐지면서 사람의 뼈가 얼핏 보였다.

이후 병리의사는 보고서에서 이렇게 결론지었다. "성인의 탈구된 유골로 보임. 뼈에 붙은 연조직이 없고 뼈들은 으스러짐. 뼈에 식물이 자란 증거가 있음." 그것은 어떤 여자의 골격이었다. 갈비뼈의 수를 세고 손상되지 않은 뼈들을 나열한 후 보고서에 다음과 같이 기록했다. "뒤통수에 입은 총상 한 발이 사인의 사유로 충분해 보임."[67] 두개골에서 멀리 떨어지지 않은 곳에서 납작한 납탄 한 발이 회수되었다.[68]

1999년의 잠 못 드는 기나긴 여름밤을 보낸 지 4년 만에 맥콘빌 아이들은 길게 펼쳐진 해안가에 다시 모였다.[69] 이전에 광범위하게 발굴 작업을 했던 지역에서 수백 미터 떨어진 곳이었다. 최근 몇 차례 불어 닥친 폭풍우로 인해 그 지역의 침식이 심해져 수십 년 동안 숨겨져 있던 무덤이 비바람에 점차 모습을 드러낸 것이었다. 유전자 감식을 위해 골격의 왼쪽 대퇴골은 아치와 아그네스 맥콘빌의 DNA 샘플과 함께 보내졌다.[70] 하지만 유전자 감식을 하는 사이에도 수십 년에 걸쳐 아무런 표시가 없는 무덤 속에서 뼈들을 두르고 있던 헝클어진 옷가지들은 남아 있었다. 진 맥콘빌의 자식들은 근처의 시체 안치소로 한 명씩 안내되어 탁자 위에 펼쳐진 옷가지들을 살펴보았다. 팬티스타킹, 속옷, 치맛자락 자투리, 분홍색 모직 윗도리, 신발 밑창 하나였다.[71] 아치가 먼저 들어갔지만 차마 쳐다볼 수 없었다.

대신 그는 질문을 하나 던졌다. "옷핀이 있습니까?"[72]

경찰관이 옷가지를 살펴보고는 아니, 없다고 했다. 그런 다음 천 한 귀퉁이를 개키자 거기에 옷핀이 있었다. 진 맥콘빌이 사라지고 나서 31년 후에 시신이 발견되었다. 이후에 아치는 사인 규명을 위한 조사에서 선언했다. "내 어머니는 우리 모두에게 정말로 좋은 어머니였습니다. 어머니 없이 우리의 삶은 모두 지옥이었습니다."[73]

진은 그해 11월에 다시 매장되었다. 관은 꽃다발로 장식되었으며 자식들은 서벨파스트 거리를 통과하여 관을 운구했다. 브렌든 휴즈가 아직도 살고 있는 디비스 타워를 지나갈 때 그들은 묵도하려고 잠시 멈춰 섰다. 평화협정에서 중요한 역할을 톡톡히 했던 알렉 리드 신부도 장례식에 참석했다.[74] 그러나 관을 따라가는 일부 사람들은 서벨파스트가 이상하리만치 조용하다고 느꼈다.[75] 마치 그 지역 주민들이 멀찌감치 떨어져 있으라는 말을 들은 것처럼, 마치 맥콘빌 가족을 다시 한번 피하는 것처럼 말이다.

실종되었던 다른 사람들의 유해가 발견되었을 때 주요 초점은 시신을 회수하여 축성된 묘지에 매장하는 것에 맞춰졌다.[76] 그러나 진 맥콘빌 사건의 경

디비스 타워를 지나가는 진 맥콘빌의 관.

우, 검시관은 진의 시신이 IRA의 도움을 통해서가 아니라 우연히 해안가를 걷던 일반인이 발견했기 때문에 실종자에 적용되는 한시적 사면 협약 범위에 해당되지 않는다고 판결했다. 이는 대단히 중대한 뜻을 함의하고 있었다. 검시관이 공표했다. "이 형사사건은 여전히 계류 중입니다."[77]

25

마지막 총

리드 신부는 총을 든 사람을 계속 주시하고 있었다. 그는 감리교 목사인 해럴드 굿과 함께 IRA의 무기해체 증인을 서기로 동의했었다. 그 과정은 단계적으로 전개되었으며, IRA가 무기를 "사용 불가능한" 것으로 만들기 위해 쓰이는 정확한 기술은 철저히 비밀에 부쳐졌지만 무기를 콘크리트로 발라놓는 것이 포함되어 있다고들 했다. 2005년 현재, 두 성직자는 마지막으로 일괄 폐기처분하는 일을 감독하는 데 소환되었다. 그 과정을 지켜보는 동안 리드 신부는 가까이에 급진파 간부 한 명이 AK-47 소총(1947년형 칼라시니코프 자동소총—옮긴이)을 들고 서 있는 바람에 정신이 사나웠다. 나중에 리드 신부는 "우리가 가는 곳마다 그 칼라시니코프가 있었는데 총알이 장전되어 있는 것을 볼 수 있었지요"라고 했다. 그 총은 전시용이었다고 신부는 결론지었다.[2] 성직자들이 무슨 짓을 할까 두려워서가 아니라 아직 싸움을 포기할 준비가 되어 있지 않아 무기를 되찾으려 할지도 모르는 반체제 무장세력의 매복 공격에 대비해 급진파가 경계태세를 갖춰야 할 필요가 있었기 때문이다.

그렇지만 폐기 과정은 무사히 진행되었으며, 돌격용 자동 소총들, 화염방사기들, 박격포들, 바주카포와 같은 휴대용 로켓탄 발사기들이 덜거덕거리는 소리를 내며 처분되었고,[3] 이제 남은 무기는 그자의 손에 들린 칼라시니코

프뿐이었다. 리드 신부는 그자가 엄숙하게 칼라시니코프를 넘겨주는 모습을 지켜보며 감정이 격해졌다는 것을 알아차렸다. 그자는 그것이 "마지막 총"이라는 것을 잘 알고 있는 것 같다고, 리드 신부는 생각했다.[4]

IRA가 무기를 해체하고 있는 동안 브렌든 휴즈는 평생의 꿈을 실현하고 있었다. 동생인 테리와 함께 그는 쿠바로 날아갔다.[5] 이제 머리가 희끗희끗한 두 아일랜드인은 산타클라라에 있는 체 게바라 기념관을 방문하여 체 게바라 동상에 경의를 표했다. 쿠바 혁명에 참전했던 노익장들을 만나 끈끈한 정도 나누었다. 체가 싸웠던 곳에서 사진을 찍기도 했다. 브렌든은 무척 기뻤다.

벨파스트로 돌아오자 브렌든의 건강은 점점 악화되었다.[6] 25년 전 단식 투쟁을 하던 시절부터 몸 이곳저곳 골병이 나면서 고생하고 있었기 때문이다. 2008년 어느 날, 그는 혼수상태에 빠졌다. 가족이 병원에서 그를 둘러싸고 있었으며, D중대의 전우들도 전 지휘관이 죽음의 문턱에 다다랐다는 것을 알자 예를 갖추려고 모습을 드러내기 시작했다. 어느 날 밤, 제리 아담스가 병원으로 슬그머니 들어왔다. 휴즈가 깨어나면 아담스를 반기지 않으리라는 것을 아는 형제자매는 이 때문에 마음이 불편했다. 휴즈는 사람들에게 "살면서 내가 제리 아담스 대신 총에 맞겠다고 한 때가 있었지. 지금은 내가 그 자식에게 총알을 박아 넣을 거야"라고 말하곤 했다. 그러나 가족은 개입하지 않기로 결정했으며[7] 아담스는 홀로 병실에 들어가 브렌든의 병상 맡에 말없이 앉아있었다. 휴즈는 다음 날 사망했다. 향년 59세였다.

매섭게 추운 2월 어느 날에 치러진 장례식은 엄청난 사건이었다. 돌러스 프라이스가 참석했고, 맥커스도 아내인 캐리와 함께 왔다. 어느 순간, 프라이스는 낯익은 한 인물이 군중을 헤치며 지나가는 모습을 보았다. 아담스였다. 신페인당 지도자가 모습을 드러내는 것은 전혀 어색한 일이 아니었다.[8] 이제 아담스는 세계를 돌아다닐 때 열렬히 환영받고 있었다. 그는 정부 각료이자 전쟁을 종식시키려 애쓰는 평화 중재자였다. 사람들이 악수 한 번 하려고 줄 서서 기다리는 주인공이었다. 손을 내밀어 소맷자락이라도 만져보고 싶어하는 인물이었다. 그러나 여기서는 아니었다. 가장 가까운 친구 중 하나였던 사람의 장례식에서 일찍이 명령을 내렸던 사람들에게 둘러싸여 있는 아담스는 국외자였다. 브렌든의 동생인 테리 휴즈가 판단하기에 아담스는 잠깐 얼굴을 내미는 수밖에는 달리 도리가 없었을 것으로 보였다. 브렌든이 공화파의 우상이었기 때문이다. 모든 장례식이 무대인 IRA 정치학의 상징적 계산법에서 아담스는 삶에서는 휴즈와 관계를 끊을 수 있지만 죽음에서는 아니었다.[9]

아담스를 지켜보면서 프라이스는 전혀 예상치 못한 무언가를 느꼈다. 왠지 딱해 보여 가슴이 저려온 것이었다. 이 군중 속에서 몹시 불안해 보인다고, 그녀는 생각했다. 외로워 보였다.[10] 그런데도 그는 대단히 결연했다. 인파 사이로 요리조리 움직이며 장례 행렬에 끼어들었다. 그리고는 관을 운구하는 남자들 사이로 어깨로 밀치고 들어갔다.[11] 프라이스는 훗날 불평을 토로했다. "우리는 그곳에서 슬픔에 잠겨 있었지 사진 찍을 기회를 얻으려고 있었던 게 아니잖아요."[12] 그러나 아담스를 오로지 정치적인 것밖에 모른다고 비난하기에는 좀 늦었다. 시신을 매장한 후, 아담스는 신페인당 기관지인 「포블라흐트」에 휴즈가 비록 "최근 몇 년 동안 취한 방향에 동의하지 않았지만" 그를 아는 모든 사람들은 여전히 그를 "대단히 추앙"한다고 했다. 아담스는 "그는 나의 친구였습니다"라고 언급한 다음 게일어로 된 경구를 대략적으로 번역한 다음 말로 마무리지었다. "그는 진실로 가는 길에 있습니다."[13] 그 말은 얼마 안 가 아담스가 상상할 수 있는 것보다 더욱 적절한 것으로 밝혀질 감회였다.

* * *

휴즈가 사망한 당시 벨파스트 프로젝트의 존재는 여전히 극비에 부쳐진 상태였다. 그러나 "분쟁" 기간 동안의 IRA 역사의 서사에 대한 신페인당의 완전한 통제가 풀어지기 시작하고 있다는 조짐이 벌써 있었다. 리키 오라는 맥커스와 구술사를 진행하고 있을 때 마지막 회차까지 기다렸다가 최후의 여섯 명의 단식투쟁가들이 죽기 전인 1981년에 단식투쟁을 종료할 수도 있었던 영국 정부의 제안을 아담스 지도부가 어떻게 일축했는지에 관해 오랫동안 간직해온 비밀을 폭로했다. 그러나 오라는 인터뷰를 마치자마자 마음의 짐을 털어버리는 경험이 얼마나 후련한지 알았기에 그 이야기를 세상에 공개하기 위해 굳이 죽을 때까지 기다리지 않기로 결심했다.[14] 오라는 크고 둥근 얼굴에 희끗희끗한 머리는 바짝 깎았으며 활달한 성격이었다. 아직 비교적 젊고 건강했다. 사망하기까지 수십 년이 걸릴 수도 있을 터였다. 게다가 자신의 이야기를 보스턴 칼리지의 미래의 학생들로만 제한하고 싶지 않았다. 온 세상에 알리고 싶었다.

오라가 정말로 하고 싶었던 것은 책을 쓰는 것이었다. 그 생각은 좀 색다르게 들리기도 하고 위험해질 가능성도 있었다. 벨파스트 프로젝트의 책임자인 에드 몰로니는 오라의 계획을 알게 되자 경고하려 들었다. 오라가 책을 통해 공개하겠다는—제리 아담스가 신페인당의 선거 전망에 진전을 보기 위해 여섯 명의 단식투쟁자들의 목숨을 고의로 희생시켰다는—주장에 대해 너무 폭발적이라고 했다. 몰로니가 말했다. "그 책을 출간하면 자네는 십자가에 못 박힐 걸세."[15]

하지만 오라는 단념하지 않았다. "그 사실이 세상에 밝혀지기 전에 내가 죽는다면 그자들 모두 곤경을 면할 거요."[16] 2005년, 그는 책을 출간했다. 제목은 『담요투쟁가들』로 아담스를 냉철한 선지자이면서 또한 약삭빠른 수완가로 그려냈다. 오라는 단식투쟁 자체와 관련하여 "역사가 아담스를 어떻게 판단하기로 결정하든 간에 아담스와 단식투쟁가들이 없었다면 오늘날과 같은 외관상의 평화는 아일랜드에 없었을 것"[17]이라고 했다.

그런 식의 미묘한 어감은 『담요투쟁가들』의 출간이 제리 아담스를 정면으로 겨냥한 무기화된 개인사라고 인식하는 사람들을 달래는 데 전혀 도움을 주지 않았다. 신페인당 당수 제리 아담스는 오라에게 직접 대응하지 않으며 초연한 자세를 취하는 것을 더 선호했다. 대신 오라의 표현대로 "사냥개들을 풀었다." 대리인들과 추종자들로 하여금 언론에 책을 맹렬히 공격하도록 한 것이었다. 단식투쟁 기간 동안 오라와 긴밀히 작업했던 빅 맥팔른은[18] 영국이 어떤 거래도 제안한 적이 없었기에 아담스는 수감자들에게 그 제안을 받아들이지 말라고 지시하는 메시지를 보낼 수 없었다고 주장하며 그 책을 "완전히 소설"이라고 조롱했다.(몇 년 뒤, 맥팔른은 말을 바꾸어 영국이 비밀 제안을 했었다는 것은 인정하지만 그 제안을 일고의 가치도 없다며 단식투쟁을 계속하기로 선택한 것은 지도부가 아니라 단식투쟁가 본인들이었다고 주장했다.)[19]

『담요투쟁가들』을 공격한 것이 오라의 입을 틀어막기 위한 의도였다면 오히려 정반대의 효과를 낳았다. 오라는 자신이 전한 구체적인 내용에 문제를 제기하는 사람이라면 누구든 공개적으로 토론할 기회를 놓치지 않았으며 그로 인해 이제 단식투쟁과 그 여파에 관한 두 번째 책을 쓰겠다고 결심하게 되었다.[20] 또한 공화파의 정설과 상충되는 이야기를 기꺼이 들려주려는 의지가 지지자들을 얻었다는 사실도 알게 되었다. 돌러스 프라이스는 「블랭킷」지의 서평에서 오라를 칭찬하며 "문제의 핵심에 접근할 수 있도록 해주어 감사하다"는 말을 전했다.[21]

브렌든 휴즈도 마찬가지로 『담요투쟁가들』에 찬사를 보냈으며 죽기 전에 책을 지원하러 나섰다. 그는 「아이리시 뉴스」에 이런 편지를 썼다. "나는 오라가 여러 차례에 걸쳐 그와 관련된 여러 일들에 대해 이야기하고 종국에는 책에 등장했던 전 수감자이다."[22] 말년에 휴즈는 가끔 오라와 만나 감옥에서 보냈던 시절의 추억을 나누었다. 오라는 휴즈에게 말하곤 했다. "검둥이, 이 모든 걸 적어두어야 해."

휴즈가 말했다. "걱정 마. 테이프에 다 녹음해뒀으니까."[23]

* * *

2009년 어느 날, 돌러스 프라이스는 세인즈버리 슈퍼마켓에서 보드카 한 병을 훔치려 한 혐의로 체포되어 기소되었다. 프라이스는 일부러 술을 훔치려고 의도한 것은 아니었다고 주장했다. 그 가게에는 전자식 스캐너가 장착된 자동 계산대가 있었는데 그런 기계에 대해 헛갈렸을 뿐이었다고 했다. 프라이스는 "가게에서 돈을 지불하지 않고 물건을 갖고 가라고 교육받으며 자라지도 않았고 그런 성격도 아니"[24]라고 부연했다. 이후 좀도둑질 혐의에 대해 무죄를 선고받았지만 사실 프라이스는 한동안 알코올 중독과 약물 중독에다 외상 후 스트레스 장애로 고생하고 있었다.[25] 2001년에는 훔친 의약품 처방전으로 붙잡혀 절도죄로 유죄 판결을 받았다.[26] 몇 년 뒤에는 마가버리 교도소에 반체제 공화파 수감자를 면회하러 갔다가 쫓겨났다.[27] 교도소 관계자들은 그녀가 부인했지만 술에 취해 있었다고 했다. 친구들은 걱정했다. 프라이스는 데리 출신의 오랜 친구인 이몬 맥캔과 여전히 일주일에 한 번씩 대화를 나누고 있었다. 그녀는 툭하면 과거 얘기를 하고 싶어했지만 맥캔은 다른 주제로 돌리려고 애썼다. "하지 마." 그는 말하곤 했다. "알고 싶지 않아."[28] 리키 오라와 마찬가지로 프라이스도 IRA 조직원으로 있었던 시절에 관해 글을 쓰고 싶어했다. 그러나 맥캔은 쓰지 말라고 경고했다. "어린 시절에 대해 써. IRA에 대해 쓰지 말고."

공개적으로 말하는 것은 여전히 맹렬한 비난을 자초하는 것이었다. 2009년, 또 다른 IRA 참전용사인 제리 브래들리가 회고록을 썼다. 프라이스와 마찬가지로 브래들리는 신페인Sinn Féin당 당원들을 흔히 일컫는 말인 "시너스Shinners"를 경멸했다. 그는 그들 중 다수가 "IRA의 업적에 무임승차하고 있다"[29]고 느꼈다. 브래들리는 "분쟁"에 대해 존경받는 학자이자 공저자인 브라이언 피니에게 "내가 아는 것이라고는 내가 정보원이 아니라는 것"[30]이라고 했다. 그런데도 그 책이 출간되자마자 브래들리가 사는 북벨파스트 동네에는 그를 끄나풀이라고 비난하는 낙서가 쓰여졌다. "나는 그저 내 이야기를 전하고 있는 것"이라고 항변하면서 "IRA에서의 삶의 진실을 기록하고 싶었을 뿐"[31]이라고 주장했다. 결국 브래들리는 더블린으로 유배지를 찾아 벨파스트에서 달아날 수밖에 없었다.[32] 배척당하고 건강까지 나빠진 그는 어느 날 벨파스트만에 있는 노르만 양식의 캐릭퍼거스 성 근처 주차장으로 차를 몰고 가 차 안에서 스스로 목숨을 끊었다.[33]

"그 사람들만 책을 쓸 수 있답니까?" 브래들리가 죽은 후 리키 오라가 분개하며 물었다. "역사는 결코 제대로 기록되어선 안 되는 것입니까?"[34]

마침 그때 브렌든 휴즈는 죽음을 앞두고 신변을 정리하고 있었다. 그는 맥커스와 에드 몰로니에게 자신의 회고록을 책으로 출간해 줄 것을 약속해달라고 당부했다. 그때가 오자 몰로니는 자진해서 책을 썼다. 휴즈가 보스턴 칼리지 인터뷰에서 구술한 녹취록과 그 프로젝트에 참여했던 또 다른 사람, 즉 왕당파 무장세력인 얼스터 의용군Ulster Volunteer Force에 있다가 역시 최근에 사망한 데이비드 얼바인이라는 사람의 녹취록을 엮어서 『무덤의 목소리』라는 책을 펴냈다.[35] 책은 2010년에 출간되었다. 보스턴 칼리지의 봅 오닐과 톰 해치는 서문에서 "보스턴 칼리지의 분쟁에 관한 구술사 기록에서 발췌, 기획한 연작물 중 첫 작품"이라고 설명했다.

비밀 기록이 공식적으로 세상에 나왔다.[36] 책은 휴즈의 이름을 인용하며 제리 아담스가 IRA 지휘관이었다고 주장했을 뿐만 아니라 아담스가 어떻게 직접 살해를 명령했는지도 상세하게 묘사하고 있었다. 휴즈는 아말라이트 소총을 입수하기 위해 자신을 미국으로 보낸 사람이 바로 아담스였다고 자신의 입으로 직접 말하고 있었다. 런던에 폭탄테러를 하라고 돌러스 프라이스를 보낸 이도 바로 아담스였다고 했다. 진 맥콘빌의 살해를 명령한 것도 바로 아담스라고 했다. 페이버 앤드 페이버 출판사는 『무덤의 목소리』가 "공적인 삶에서 어떤 형태의 역사적 부인도 계속하지 못하도록 할 것"[37]이라고 전망했다.

책은 엄청난 관심을 불러일으키며 재빨리 대중의 격렬한 반발과 비판을 받았다. 책에 관한 질문을 받자 아담스는 "나는 브렌든 휴즈를 잘 압니다. 그는 그 인터뷰를 하고 있던 때를 포함해서 아주 오랫동안 건강이 좋지 않았어요. 브렌든은 또한 IRA 종식과 평화협정에도 반대했습니다."[38] 얼마 안 가 아일랜드공화국 의회인 다일 에이렌(Dáil Éireann, 아일랜드 의회의 하원을 칭하는 말. 5년마다 선거를 통해 의원을 선출한다-옮긴이) 의원으로 선출될 아담스는 진 맥콘빌 사건이나 "에드 몰로니가 조장하고 있는 그 어떤 다른 혐의"에도 "절대로" 관여한 바가 없다고 부인했다. 신페인당은 벨파스트 프로젝트에 참여한 모든 사람이 "악의적 의도"를 갖고 있다고 전면적으로 공표했다.[39]

곧 관심이 안토니 맥킨타이어에게로 쏠렸다. 책에서 휴즈를 인터뷰한 인물로 지목된 사람이었다. 맥커스는 아담스의 측근들과 사이가 틀어진 지 오래되었는데 이제 와서 위협을 받기 시작했다. 어느 날 밤, 이웃사람네 집에—분명 주소를 잘못 알고—누군가가 IRA의 전형적인 특징을 모두 보여주는—보복심과 치졸함의 조합의 표현인—똥을 마구 발라놓았다.[40] 한 언론 보도에 따르면 익명을 요구한 어떤 공화파 인사는 "맥커스가 이몬 콜린스와 같은 전철을 밟을 것"이라고 했다. IRA 조직원으로 살았던 삶에 관한 회고록을 출간한 지 얼마 되지 않은 1999년에 칼에 찔려 죽은 뉴리 출신의 남자였다.

그러나 『무덤의 목소리』는 뜨거운 평을 받았고 에드 몰로니는 책 홍보 여정을 이어갔다. 그는 휴즈의 구술사 육성 녹음을 포함하는 다큐멘터리를 아일랜드 텔레비전에 방영할 계획을 갖고 있었다. 그러던 2010년 여름 어느 날, 제리 아담스의 오랜 친구이자 지지자인 대니 모리슨이 보스턴 칼리지에 연락해 휴즈의 녹음테이프를 입수하겠다고 요청했다.

"분쟁" 기간 동안 모리슨은 IRA의 선전부장으로 "아말라이트 소총과 투표함"이라는 문구를 만들어내 공로를 인정받았었다. 만약 휴즈가 사망하기 전까지는 공개되지 않을 거라는 조건으로 보스턴 칼리지와 구술사를 진행했다면, 그렇다면 이제 휴즈가 사망했기에, 모리슨은 당연히 에드 몰로니의 책뿐만 아니라 원본 녹음테이프 자체도 입수할 수 있는 것 아니겠는가? 대학이 몰로니와 맥커스에게 이러한 요청 사항을 전달하자 그들은 극도로 당황스러웠다.[41] 몰로니는 어떤 경우에도 모리슨이 입수하도록 승인해서는 안 된다고 했다. 맥커스는 보스턴 칼리지에 있는 톰 해치에게 이메일을 썼다. "대니 모리슨은 IRA 첩보부에서 핵심적인 역할을 맡았었습니다. 그는 녹음테이프에 지적인 관심이 전혀 없습니다. 학술적이거나 탐사보도 작가가 아니라 선전선동가일 뿐입니다."[42]

"성금요일협정"의 여파로 원래 벨파스트 프로젝트를 구상했을 때 프로젝트의 설계자들은 희열에 들떠있었을 테지만 이와 같은 시나리오가 펼쳐질 거라고는 누구도 생각하지 못했을 것이다. 사실, 그 프로젝트의 원래 구상에는 모호했었던 상당히 중요한 점들이 있었다. 예를 들어, 안토니 맥킨타이어가 IRA 조직원들을 인터뷰했다면, 왕당파 공동체에서 모든 인터뷰를 진행한 윌슨 맥아서는 구술사를 수집하면서 모든 참여자들이 사망하기 전까지는 어떤 인터뷰도 공개되지 않을 거라는 인상을 받았었다. 그는 마지막 인터뷰를 끝낸

지 몇 년밖에 지나지 않았을 때 몰로니가 『무덤의 목소리』를 출간할 작정이라는 소식을 듣자 허를 찔린 기분이 들었다.[43] 그렇게 함으로써 참여자가 마지막으로 사망할 때까지 수십 년을 기다리는 게 아니라 첫 번째로 사망했을 때 기록물의 존재를 드러내게 되기 때문이다.

그들은 또한 누구에게 인터뷰 입수권을 허용해야 할지 결정한 적이 없었다. 대화는 언제나 "보스턴 칼리지의 미래의 학생들"에 관한 것이었다. 그러나 대학의 역사학부에서는 몰로니의 책이 출간될 때까지 그 프로젝트가 벌어지고 있다는 사실을 전혀 알지 못하고 있었다. 사실 기록물은 극비에 부쳐졌기에 해치와 오닐을 제외하고 보스턴 칼리지에서 그것의 존재를 아는 사람은 거의 없었다. 한 역사학 교수는 그 프로젝트에 관해 알게 되자 지도하고 있던 박사과정 학생을 번스 도서관으로 보냈다.[44] 논문에 휴즈와 얼바인의 인터뷰를 참고하기 위해서였다. 그러나 에드 몰로니는 그 사실을 알게 되자 반대했다. 그는 해치에게 이메일을 썼다. "지금이라도 모두 예외 없이 더는 기록물을 이용하지 못하도록 차단해 줄 것을 강력히 촉구합니다."[45] 그는 엄격한 규약이 있어야 한다고 제안했다.[46] 누구나 인터뷰 이용을 신청할 수는 있지만 신청자 명단을 몰로니에게 "검수차" 보내야 한다는 것이었다.

해치는 맥커스에게 보낸 이메일에서 분노를 표출했다. 애초부터 그 프로젝트가 "그렇게 오랜 기간 동안 보류"될 줄 인지했더라면 보스턴 칼리지는 그렇게 지원하지 않았을 거라고 지적했다. 그는 "우리는 예기치 못한 좋지 않은 결과가 있을 거라고는 생각도 하지 못했다"라고 불평했다. 대학은 "에드 몰로니를 제외하고는 학계와 언론계 전체에"[47] 기록물을 차단하는 것을 예상도 할 수 없었다.

처음부터 두 아일랜드인과 두 미국인—몰로니, 맥킨타이어, 해치, 오닐—은 벨파스트 프로젝트를 철저히 비밀에 부쳤었다. 그들이 착수하고 있는 사안이 얼마나 민감하고 잠재적인 위험이 도사리고 있는지 잘 알기 때문이었다. 운영 면에 있어서도 보안이 우려되었기에 프로젝트에 관해 알고 있는 인원을 극도로 적게 유지했으며, 몰로니의 책이 출간될 때까지 지난 10년의 대부분 기간 동안 꼭 알아두어야 하는 에토스(어떤 시대나 집단의 지배적 의식-옮긴이)를 용의주도하게 보존했다. 그러나 바로 그 극소수의 인원으로 인해 과정의 처리 방법에 대해 어떤 것들은 당연시 여기게 되고 또 중요한 질문은 하지 못하도록 막았기에 만약 모든 게 흐트러지기 시작하면 그들이 편집증적으로 두려워하는 최악의 시나리오가 현실이 될 터였다.

* * *

2010년 2월, 『무덤의 목소리』가 출간되기 직전 제리 아담스는 「아이리시 뉴스」와 긴 인터뷰를 나누었다. 인터뷰에서 그는 연적을 총으로 쏘라고 명령해 결국 "금간 컵"에서 총격사건을 일으켜 군법재판에 회부된 후 "분쟁"의 첫 실종자가 된 IRA의 "또라이 수도사" 조 린스키에 관한 질문을 받았다. 1999년에 IRA가 사람들을 실종시킨 사실을 인정하고 명단을 공개했을 때 셰이머스 라이트, 케빈 맥키와 같은 정보원뿐만 아니라 진 맥콘빌도 포함되어 있었지만 린스키는 명단에 없었다.[48] 사실 『무덤의 목소리』를 출간하기 전에 조 린스키가 IRA에 의해 실종되었다는 사실을 린스키 가족에게 처음으로 알린 사람은 에드 몰로니였다. 「아이리시 뉴스」 기자가 아담스에게 린스키에 관해 질문하자 아무렇지도 않다는 듯 "그 사람은 내 이웃이었어요"라고 했다. 린스키와 친하게 지냈는지 묻자 아담스는 "아, 그럼요. 잘 알죠. 그는 실종되었습니다"[49]라고 했다. 그러면서 린스키의 실종에 관해 정보를 갖고 있는 사람이라면 누구든 지금 당장 나서달라는 말을 덧붙였다.

돌러스 프라이스는 더블린 외곽에 있는 자택에서 그 인터뷰를 읽고 치를 떨었다.[50] 몇 년 동안 아담스와 직접 대화를 나누진 않았었지만 「블랭킷」지에서 기사를 통해 일종의 대화를 나누고 있었다. 그녀는 한 칼럼에서 "난 예전에는 당신을 알았지"라고 아담스를 떠올리며 썼다. 아담스를 대의에서 전향하도록 "개입하고 있던 성직자"가 혹시 알렉 리드 신부는 아닐까 하고 궁금해했다. 아니면 "미국인들의 입에 발린 찬사 때문이었나?" 그녀는 그에게 물었다. "그것 때문에 자만심이 생기고 자부심이 하늘을 찔러 마침내 당신이 뭐 대단한 사람이라도 될 가능성을 본 것인가?" 그녀는 몇 번이고 되풀이해서 개인적이고도 정치적인 배신감이 되살아났다. 그녀는 물었다. "뒤로 집 두어 채 갖고 멋진 양복 입으려고 그런 건 아니겠지, 그렇지? 궁금해 죽겠네."[51]

아담스는 그러한 도발에 일절 대응하지 않았으며, 새로이 퇴짜맞은 프라이스는 간혹 위협조로 바꾸었다. 2005년에 쓴 글에서는 "내가 경험했던 것들을 자유롭게 다 까발릴 수 있기만을 학수고대하고 있어"라며 다음과 같이 덧붙였다. "그게 내게 남은 유일한 자유야."[52]

프라이스는 최근 얘기할 마음이 날 때면 기자들에게 전화를 거는 습관이 생겼다. 집에 앉아있으면서 때로는 마실 것이 든 잔을 들고 과거에 대한 서글프고 허망한 몽상에 빠져들곤 했다. 단지 외로워서만은 아니었다. 그러한 순간에는 사태를 바로 잡고 싶다는 반항적인 충동에 사로잡혔다. 증언해야 했다. "돌러스, 도대체 뭐하는 짓이야?" 그녀가 개인사에 대해 잡담하려고 기자에게 전화를 거는 것이 얼마나 위험한 일인지 지적하며 이몬 맥캔은 군소리하곤 했다. 그러나 맥캔이 볼 때 프라이스는 거의 통제할 수 없는 수준의 "분개심으로 들끓는"[53] 것 같았다. 2010년 2월, 그녀는 아담스가 린스키에 관해 인터뷰한 기사를 읽자 전화기를 들었다.[54]

다음 날 아침, 벨파스트의 「아이리시 뉴스」의 앨리슨 모리스라는 기자는 출근했을 때 그녀를 잔뜩 기다리고 있는 메시지들을 발견했다.[55] 프라이스가 밤새도록 신문사 취재부에 전화를 걸었던 것으로 보였다. 공교롭게도 모리스도 프라이스와 마찬가지로 앤더슨스타운에서 자랐다. 그녀는 흠잡을 데 없는 공화파 소식통으로 황동빛 도는 금발머리에 공격적인 기자였다. 프라이스가 만나기를 기다리고 있는 더블린으로 갔다. 전직 무장세력들과 꽤 인터뷰를 나누었었기에 관련 위험요소에 대해 익히 알고 있었다. 즉, 트라우마로 인해 뒤틀린 사람들이 그렇듯 그들은 흔히 술과 처방약들로 막막한 나날을 보내고 있었다. 브렌든 휴즈가 사망하기 전에도 여러 차례 인터뷰를 가졌었는데 술에 취해 있어서 인터뷰를 중단해야 하는 경우가 더러 있었다. 그러나 문간으로 와 모리스와 사진기자를 맞이하는 프라이스의 모습은 말짱한 정신에 조리 있게 말하는 것으로 보였다. 짧은 머리는 순백에 가까운 금발로 염색했으며 카디건을 입고 목에는 붉은 스카프를 느슨하게 두르고 있었다. 모리스는 그녀의 태도와 아름다움에 매료되었다.[56] 많은 사람들에게 그렇듯, 그녀에게 프라이스는 보헤미안적인 연극배우처럼 보였다.[57]

프라이스는 실종자에 관해 말하고 싶어했다. 그녀로 하여금 울분을 터트리게 한 것은 오랜 친구인 조 린스키의 실종에 대해 아담스가 아무렇지도 않다는 듯 태평스럽게 이야기했다는 점이었다. 마치 아담스 본인이 명령했던 잔혹행위가 아니라 신의 섭리처럼 불가항력적이라는 듯 말이다. 프라이스는 린스키가 "신사"[58]였다고 했다. 그런 식으로 죽게 해선 안 되었다고 했다. 이 나라에서 도망치도록 도왔어야 했다고 했다. "아직도 그때 일을 생각하면 가슴이 찢어질 거 같아요. 내가 무언가를 좀 했어야 했는데."

"당신이 연루되었다는 것을 인정하는 건가요?" 모리스가 말했다.

"난 이제 아무것도 신경 안 써요. 그는 거짓말쟁이예요."[59]

모리스는 한동안 얘기를 나누다가 고개를 들었을 때 문간에서 머뭇거리며 서성이는 한 사내아이를 보고 깜짝 놀랐다. 피부는 창백했고 검은 머리칼은 북슬북슬했다. 모리스는 스티븐 레아를 꼭 빼닮았다고 생각했다. 돌러스의 아들 대니였다. 아이는 전화기를 들고 있었다. 아이가 모리스에게 말했다. "마리안 이모가 아줌마랑 통화하고 싶대요."[60]

모리스가 전화를 받자 마리안 프라이스는 인터뷰를 하고 있는 것에 격분했다. 그녀는 돌러스가 더블린에 있는 정신병원인 세인트 패트릭 병원에서 치료를 받아오고 있다고 설명했다. 마리안이 말했다. "언니는 건강이 좋지 않아요. 사람들과 얘기를 나누어선 안 된다고요."[61]

"당신 언니는 성인이에요."[62] 모리스가 항변했다. 그러나 마리안은 계속해서 우겼다.

모리스는 그 집에서 나온 후 부장과 상의하여 인터뷰를 살릴 방법을 궁리했다. 결국 그녀가 고안해낸 해결책은 약간 이야기를 완화해 돌러스 프라이스가 "희생자유해장소찾기독립위원회"에 고백할 작정이라고 쓰는 것이었다. 정보를 갖고 위원회에 접촉하는 사람은 누구나, 이론적으로는, 기소를 면제받을 수 있기 때문이었다. 며칠 뒤 "IRA 실종자들에 대한 돌러스 프라이스의 트라우마"라는 제목 아래 기사가 실렸다. 프라이스가 조 린스키, 셰이머스 라이트, 케빈 맥키의 실종에 관해 공유할 수 있는 "중대한 정보"를 갖고 있다고 했다.[63] 하지만 세부사항에 대해서는 전혀 밝히지 않았다. 모리스는 또한 프라이스가 "열 명의 자식을 둔 어머니 진 맥콘빌의 마지막 나날들"[64]에 관한 정보도 갖고 있다고 언급했다. 기사가 나가기 전에 모리스는 프라이스에게 전화를 걸어 위원회에 연락했는지 물었다.[65] 프라이스는 연락했다고 거짓말했다.[66]

* * *

모리스의 기사가 나가고 사흘 뒤, 벨파스트의 타블로이드 신문 「선데이 라이프」는 자체 기사를 내보냈다. "제리 아담스와 실종자들"이라는 제목 아래 모리스가 일부러 누락시켰던 세부사항들이 정확히 실려 있었으며, 그러한 세부사항들은 "영화배우와 결혼한 미니스커트를 입은 테러범" 돌러스 프라이스가 제공했다고 밝혔다. 「선데이 라이프」에 따르면, 프라이스는 아담스를 직접적으로 가리키며 "그가 희생자들의 실종에 핵심적인 역할을 맡았다"는 말을 했다고 전했다. 프라이스는 조 린스키가 살해당하기 전에 차에 태우고 갔는데 이는 "제리 아담스의 명령에 따른" 것이라고 했다. 진 맥콘빌을 태워 국경을 넘어가 죽음에 이르게 했다고도 했다. IRA의 일부 조직원들이 "진의 시신을 알버트 스트리트 한복판에 버리고 싶어했다"는 말도 빼먹지 않았다. 그러나 제리 아담스가 "길바닥에 버리는 것은 급진파의 이미지에 나쁠 것"이라고 말하며 "반대했다"는 프라이스의 주장을 실었다.

　그 고발은 특수성 면에서 엄청난 충격을 일으켰으며 브렌든 휴즈의 진술과 상당히 정확하게 일치했다. 하지만 「선데이 라이프」의 기사에는 뭔가 특이한 점이 있었다. 무엇보다도 그 기사를 쓴 키어런 반스 기자가 돌러스 프라이스와 직접 얘기를 나눈 것으로 보이지 않았다. 대신 그는 "프라이스의 녹음 테이프 고백을 「선데이 라이프」가 들었다"고 인용했다. 그런데 대체 그 고백은 어떻게 된 것일까? 반스는 기사 한켠에 "프라이스는 보스턴 대학교의 학자들에게 납치에서 자신이 맡았던 역할에 대해 녹음테이프에 고백했다"라고 써놓았다. 잘못된 이름—보스턴 대학교와 보스턴 칼리지는 엄연히 다른 학교라는 것—은 별개로 치더라도 그것이 함의하는 바는 명백했다. 벨파스트 타블로이드지 기자인 키어런 반스는 돌러스 프라이스의 보스턴 칼리지 녹음 테이프를 어떻게든 들은 것으로 보이며, 게다가 그녀가 사망하기 전인데도 기사로 내보냈다는 것이다.

「선데이 라이프」에 관해 알게 된 에드 몰로니는 기겁하는 반응을 보였다. 그 기사는 반스가 보스턴 칼리지의 기록물을 입수했다는 것을 분명히 암시했다. 그러나 몰로니는 그게 말이 안 된다는 것을 알고 있었다. 녹음물들은 번스 도서관의 보물실에 자물쇠와 열쇠로 보관되어 있었다. 그 외에도 몰로니는 반스가 녹음물들을 입수할 리 없었을 거라는 또 다른 이유를 제시할 수 있었다. 즉, 돌러스 프라이스는 맥커스가 녹음기를 틀고 인터뷰할 때 진 맥콘빌을 전혀 언급한 적이 없었다. 맥커스가 얘기하지 말라고 경고했었기 때문이다. 몰로니는 이후 선서진술서에 "돌러스 프라이스는 진 맥콘빌이라는 이름을 한 번도 언급하지 않았다"라고 썼다.

반스가 보스턴 칼리지의 녹음테이프를 듣지 않았다면 그가 언급하고 있는 고백은 어떻게 된 걸까? 몰로니와 맥커스는 도대체 어떻게 된 일일까 추측하다가 한 가지 가설에 도달했다. 앨리슨 모리스와 키어런 반스는 과거 「앤더슨스타운 뉴스」에서 함께 일했던 동료이자 친구였다. 몰로니와 맥커스는 마리안 프라이스가 개입하는 바람에 중단되어 「아이리시 뉴스」 인터뷰가 수포로 돌아간 것에 관해 알고 있었다. 그들은 모리스가 프라이스와 인터뷰를 나눈 뒤 이빨 빠진 이야기를 실은 후, 인터뷰 테이프를 친구인 반스와 공유한 것이 틀림없다고 결론내렸다.[69] 기사에서 반스는 "녹음한 고백"을 들었다고 썼으며, 돌러스 프라이스가 벨파스트 프로젝트를 위해 "고백을 녹음했다"는 말도 쓰여 있었다. 그 기사는 고백 테이프가 단 하나라는 것을 함축하고 있었다. 그러나 사실은 두 개였다.

앨리슨 모리스는 반스와 인터뷰를 공유했다는 것을 부인했으며, 반스는 출처에 관해 이야기하는 것은 "직무 태만이 될 것"이라고 말할 뿐이었다. 한편, 제리 아담스는 프라이스가 "신페인당 및 평화협정을 오랜 세월에 걸쳐 반대해왔다"[70]라고 언급하면서 프라이스의 주장에 발끈하여 이의를 제기했다.

거기에 덧붙여 프라이스가 "트라우마"에 시달리고 있기에 "그녀 자신을 위해 지나간 것을 온전히 받아들이고 새로운 것으로의 전환을 존중해야 할 필요가 분명히 있다"라고 지적했다. 휴즈에게 퍼부었던 것과 똑같은 비난이었다. 그는 휴즈를 "여러 문제와 어려움"을 갖고 있는 사람으로 특징지었었다.

만약 아담스가 정말로 프라이스와 휴즈의 지휘관이었다면 그 논지는 극도로 냉담한 것으로 해석될 수 있다. 둘 다 분개했다. 아담스는 그토록 잔인한 짓을 하라고 명령한 다음 그들과 연을 끊고 오로지 그들만 도덕적 책임을 짊어져야 한다고 주장하는 것이기 때문이다. 그는 절대 IRA에 몸담은 적이 없었기 때문이다. 마침내 둘이 각자 거리낌 없이 입을 열었을 때 아담스는 그들이 거짓말을 하고 있다고 주장했으며 그들에 대한 불신감을 주기 위해 그들이 겪고 있던 진짜 트라우마를 들먹였다. 아담스 본인은 한눈에 보기에도 과거에 의연한 것 같았다. 대단히 많은 사람들이 과거 "분쟁"에서 겪었던 것으로 인해 고문당하고 있었다. 그러나 그는 전혀 밤잠을 못 이루는 사람처럼 보이지 않았다. 그는 한 인터뷰에서 말했다. "브렌든이 뭐라고 했든 그건 브렌든의 말이고, 브렌든은 죽었습니다. 그러니 이쯤 해 두지요."[73]

26

미스터리 무전기

맥콘빌 가족으로서는 거의 동시에 폭로된 브렌든 휴즈에 관한 에드 몰로니의 책과 돌러스 프라이스에 관한 신문 기사가 고통스러웠다. 휴즈와 프라이스 둘 다 진이 정보원이었다고 주장했으며 휴즈는 진이 무전기를 소지하고 있다가 발견된 경위를 소상히 설명했다. 그 새로운 정보는 맥콘빌 가족이 결정적으로 해결되었다고 느꼈던 문제를 재개하는 것으로 보였다. 2006년, 북아일랜드 경찰 옴부즈맨(경찰을 감찰하는 외부 기구-옮긴이)인 누얼러 올론이 진 맥콘빌 사망 보고서를 공개했다. 올론은 당국이 납치에 대한 어떤 종류의 적절한 조사도 벌인 적이 없었다는 것을 알아냈다. 그러나 "맥콘빌이 정보원이라는 이유로 급진파에게 납치되었다"는 소문이 돌 때부터 기록했던 기밀문서를 찾아냈다.[2] 그렇지만 오래된 군 문서와 경찰 문서를 뒤져봐도 실종되기에 앞서 맥콘빌을 언급한 기록이나 디비스 플래츠에서 요원으로 일했을 수도 있다고 제시하는 어떤 기록도 찾아낼 수 없었다. 올론은 보고서에서 영국이 특정 개인이 국가의 비밀 요원으로 복무했는지 여부를 확인해주지도 않고 부인하지도 않는 방침을 갖고 있다고 지적했다. 그럼에도 그녀는 이 상황이 대단히 독특하다고 썼다. "그 가족은 어머니가 정보원이었다는 혐의 때문에 대대적으로 고통을 받아왔으며", 진이 사망한 지 오래되었으므로 이제 고인에게 누를 끼쳐서는 안

된다고 지적했다. "그녀는 어느 때고 요원이었다는 기록이 없다"라고 쓴 뒤 더욱 힘주어 "그녀는 납치되어 살해당한 무고한 여성이었다"라고 결론지었다.

그 단호한 선언은 부상당한 영국군 병사를 도와주게 되었다는 이유로 수십 년 동안 어머니가 부당하게 모함을 받았다고 주장해온 진의 자식들에게는 무죄를 입증하는 것처럼 느껴졌다. 마이클 맥콘빌은 보고서가 공개된 후 말했다. "내 어머니의 오명이 벗겨져서 기쁩니다. 우리는 살아오는 내내 그것이 거짓말이라는 것을 알고 있었습니다."

그렇지만 모두가 올론의 보고서를 최종적인 결론으로 순순히 받아들일 준비가 된 것은 아니었다. 조사 결과가 발표된 이후에도 급진파는 새 성명서에서 IRA가 맥콘빌의 살해를 둘러싼 정황에 대해 자체적으로 "철저한 조사"를 실시한 결과 "영국군 정보원으로 일하고 있었다"는 게 확인되었다며 원래의 입장을 고수했다. 성명서는 마이클 맥콘빌의 이름을 지목하며 그가 급진파의 설명을 반박할 수도 있다는 점을 인정했다. 그러면서 다음과 같은 말을 신랄하게 덧붙였다. "IRA는 그가 이 결론을 거부하는 것을 받아들인다."

에드 몰로니와 안토니 맥킨타이어 또한 맥콘빌이 정보원이었다는 것을 계속해서 믿고 있었다. 브렌든 휴즈의 구술사에 대한 그들의 믿음은 흔들릴 수 없는 것이었다. 몰로니가 보기에는 누얼러 올론이 필시 맥콘빌 아이들에게 연민을 느껴 크게 위로가 될 만한 단정적인 결론에 도달하기로 결정한 것만 같았다. 몰로니는 감정이 아닌 이성에 근거하는 냉철한 기자로서 보다 분석적이고 통렬한 관점을 갖고 있었다. 그의 견해로는 올론이 맥콘빌이 첩자였다는 것을 가리키는 어떤 기록도 찾아낼 수 없었다는 사실이 문제를 해결해주는 것은 아니었다. 영국군의 그 많은 기록 가운데 올론은 어떤 기밀문서를 찾아본 것인가? 그녀는 구체적으로 밝히기를 거부했다. 아마 그녀가 발견하지 못한 기록도 있을 터였다. 그녀는 정말 백방으로 기록을 찾기 위해 애썼을까? 맥커스는 군이나 경찰이 의도적으로 진의 연루를 은폐했을 수도 있다고 믿었다. 만약 실제로 진이 끄나풀이어서 IRA가 당장 그만두라고 경고했었는데 살해당할 공산이 대단히 큰 상황에서 당국이 또다시 무전기를 주면서 작업하라고 돌려보낸 조치는 상당히 끔찍해 보일 터였다.[7]

　무전기 자체의 세부사항과 관련된 미스터리도 있었다.[8] 트레버 캠벨과 같은 일부 전직 경찰관들은 당시 군도 경찰도 교신을 위한 휴대용 무전기를 사용하고 있지 않았는데 하물며 정보원들과 무전기로 교신한다는 건 말도 안 된다고 주장했다. 그러나 영국군에서 복무했던 조사원과 함께 일하고 있는 에드 몰로니는 영국의 오래된 문서들을 뒤지다가 1972년에 벨파스트에서 군이 사용했던 작은 무전기를 증거로 찾아냈다.[9] 그들은 심지어 그런 종류의 무전기를 손에 들고 돌격소총을 장착한 채 벽에 쪼그리고 앉아있는 영국군이 찍힌 사진도 한 장 찾아낼 수 있었다. 바로 디비스 플래츠에서였다.[10]

　그렇지만 설령 그런 무전기가 존재했더라도 공화파 밀집 지역에서 열 명의 자식들과 살았던 저급 정보원에게 그런 장치를 제공하는 것은 참으로 어리석은 짓일 것이다. 게다가 또 디비스 플래츠의 얇디얇은 벽은 어떤가? 차 한

디비스 플래츠에서 휴대용 무전기를 들고 있는 군인.

잔을 마시며 일상적인 대화를 나누는 소리조차 옆집에 사는 이웃이 다 들을 수 있었다. 그러니 비밀 무전기로 은밀하게 송수신하는 것은 심각한 위험요소를 노출하는 것이다. 마이클 맥콘빌은 브렌든 휴즈의 회상을 살펴보다가 휴즈가 문제의 그 무전기를 직접 봤다고 말한 적이 없다는 사실에 충격받았다. 어쩌면 그것은 기정사실로 받아들여질 정도로 지난 오랜 세월에 걸쳐 벨파스트 주위에서 맴돌던 소문일 뿐이었을 수도 있다. 어쩌면 진 맥콘빌을 살해한 자들이 자신들이 한 짓에 대해 덜 끔찍하게 느끼려고 서로에게(혹은 자기들끼리) 한 이야기일 수도 있다. 마이클은 또한 어머니가 이웃들을 염탐하는 음모에 맥콘빌 형제자매들이 어떻게든 조력했을 거라는 휴즈의 모욕적이고도 허무맹랑한 의견을 일고의 가치도 없다고 보았다.[11]

그러나 책에 나온 브렌든 휴즈의 설명으로 인해 더욱 꼬인 또 하나의 미스터리가 있었다. 진 맥콘빌의 실종 시각표와 관련된 것이었다. 누얼러 올론은 조사하면서 진 맥콘빌이 실종된 날 밤의 정확한 날짜를 알려주는 어떤 공식 문서도 찾아낼 수 없었다. 아이들은 늘 12월 초 어느 저녁이라고 주장했다. 진이 빙고게임을 하러 갔다가 붙들려 취조받고 구타당한 다음 거리에서 정신이 나간 채 헤매다니는 것을 군이 발견하고는 디비스 플래츠의 집으로 데려왔다고 했다. 아이들의 기억에 따르면 그녀가 끌려간 것은 다음 날 저녁이었으며, 그때까지도 구타당해 생긴 타박상을 치료하고 있었다. 아이들은 날짜를 전적으로 확신할 수는 없지만 1972년 12월 7일에 납치되었다고 믿었다.

그 시각표는 브렌든 휴즈가 들려준 말과 모순되는 것으로 보였다. 휴즈는 맥콘빌이 취조받고는 갖고 있던 무전기를 압수당한 다음 또다시 정보원으로 일하러 돌아왔으며, 얼마 뒤 두 번째 무전기를 갖고 있다가 또 붙잡혔다고 회상했다. 휴즈가 한 이야기, 그러니까 돌러스 프라이스가 뒷받침하고 IRA가 성명서에서 공식적으로 주장한 이야기에 따르면 진 맥콘빌은 단지 정보원일 뿐만 아니라 상습범이기도 했다. 즉, 영국을 돕지 말라는 경고를 받았는데도 계속해서 도왔으며 경고를 거역한 다음에서야 살해당했다는 것이었다. 그러나 만약 맥콘빌이 12월 6일 밤에 취조당하고 경고를 받고는 그 다음 날 밤에 아파트에서 납치되었다면 휴즈의 시각표는 말이 안 되는 주장이었다. 아무리 맥콘빌의 영국인 관리자들이 표면상 냉혈한이라 할지라도 IRA의 경고를 받은 후 다시 일터로 복귀하라고 내몬다는 시나리오가 어디 가능하겠는가. 그것도 24시간 이내에 새 무전기까지 주면서 말이다.

맥콘빌 아이들은 올론의 보고서를 어머니에 대한 완전한 면죄부로 받아들였다. 그들이 오랜 세월 말해왔던 모든 것이 수십 년이 지난 뒤에야 확인된 것이었다. 그러나 보고서는 몇 가지 중요한 사항에서 가족이 기억하는 사건과 실질적으로 상충되었다.[12] 역사상의 문서를 검토하면서 누얼러 올론은 IRA가 진을 취조하려고 빙고게임장에서 끌고간 날 밤에 대해 기술한 것으로 보이는 공식 기록을 발견했다. 오래된 경찰 일지에 따르면, 어느 날 밤 열한 시에 서벨파스트에서 거리를 헤매고 있는 한 여자가 발견되었다. 구타당한 상태였다. 일지에는 그녀의 이름이 메리 맥콘빌이라고 적혀 있었지만 진인 게 분명했다. 주소가 디비스 플래츠의 세인트 쥬드 워크로 기재되어 있었기 때문이다. 일지에는 그 여자가 "남자들 여럿이 위협적으로 다가와 말을 걸더니 군에 정보를 넘기는 것을 그만두라고 경고했다"라고 적혀 있었다.[13]

IRA가 진을 끄나풀이라고 믿은 게 옳은지 그른지에 대한 질문은 차치하고라도 그 문서를 보면 맥콘빌에게 경고가 가해졌다는 주장은 확실한 것으로 보였다. 그러나 경찰 일지는 또 다른 이유에서도 중요한 단서였다. 즉, 일지에 따르면 맥콘빌이 구타당하고 경고받은 후 거리를 헤매고 있다가 발견된 게 아이들이 설명한 것처럼 12월 6일 밤이 아니라 그보다 일주일 전 밤인 11월 29일로 적혀 있었다.

마이클 맥콘빌과 형제자매들은 1972년 당시 어린애들에 불과했다. 그들은 교전 지역에서 살았고 어머니는 끌려갔기에 음식물을 훔치거나 쓰레기 더미를 뒤질 수밖에 없었다. 동란과 비극의 한가운데에서 아무도 달력을 넘겨 보지 않았다. 그리고 기억이란 것은 참으로 이상한 것이다. 헬렌은 진이 빙고 게임장에서 끌려간 다음 날 동생들이 학교에 갔다고 기억하고 있다. 마이클은 모두 다 집에 있었다고 기억하고 있다.[14] 맥콘빌 형제자매는 지나고 나서 생각해 보니 날짜를 혼동했을 뿐이고, 진은 실제로 11월 29일에 취조받고 11월 30일에 끌려갔을 수도 있다. 그러나 아이들은 1973년 1월에 시작된 최초의 언론 인터뷰와 사회복지과에 한 설명에서 어머니가 11월 말이 아니라 12월 초에 끌려갔다고 분명히 밝힌 바 있다. 납치 날짜가 정확하고 올론이 발견한 경찰 일지가 믿을 만하다면 첫 신문과 경고받은 날과 진 맥콘빌이 끌려간 순간 사이에 하룻밤 이상의 시간이 경과한 것으로 보인다. 그게 만약 진짜로 사건이 발생한 순서라면 브렌든 휴즈가 제시한 시각표가 훨씬 더 그럴듯해 보인다.

* * *

올론의 보고서에는 혼란스러운 세부사항이 마지막 하나가 더 있다. 수십 년 동안 맥콘빌 아이들은 디비스 플래츠에서 어머니가 부상당한 영국군을 돕게 된 그날 밤에 관해 이야기했다. 한 명 이상의 아이들이 그날 저녁에 있었던 일을 생생하게 시시콜콜 떠올릴 수 있었다. 즉, 온 가족이 어두운 아파트에 옹기종기 모여 있을 때 콘크리트 복도에서 탕-탕-하고 짧고 날카롭게 울리는 총소리가 나더니 문밖에서 군인의 고통에 찬 신음소리가 들려왔다고 했다. 올론은 그 시기부터 군 기록을 쭉 찾아봤지만 디비스 플래츠 부근에서 영국군 병사가 부상을 입었다는 어떤 증거도 찾을 수 없었다.[15] 기록이 불완전했던 걸까? 아니면 부상의 성격이라든가 그 사건이 발생했을 때 맥콘빌 가족이 살았던 기간과 관련하여 어떤 착오가 있을 수도 있다. 그러나 진 맥콘빌의 자녀들도, 그녀를 납치한 사람들처럼, 사라진 여인을 둘러싸고 함께 살 수 있는 전설을 구성해낸 것은 아니었을까 하는 생각이 들기도 한다.[16]

 브렌든 휴즈는 맥콘빌의 실종에 대해 직접적인 정보를 갖고 있다는 사실이 드러났을 즈음에는 이미 사망했을 수 있다. 그러나 돌러스 프라이스는 여전히 살아있었다. 「선데이 라이프」에 기사가 실렸던 2010년에 맥콘빌 가족은 프라이스가 그토록 오랜 세월 철저히 비밀에 부쳐왔던 작전에 관여한 것에 대해 아무렇지도 않다는 듯 거리낌없이 말하는 것에 충격받았다. 더 많은 정보에 굶주린 마이클은 중재자를 통해 프라이스에게 만나보고 싶다는 전갈을 보냈다.[17] 하지만 아무런 회신을 받지 못했다. 헬렌은 그 이야기에 분노하며 당국에 이의를 제기하겠다는 반응을 보였다. "아담스와 프라이스, 쌍으로 잡아들여야 해. 내 어머니 살인사건에 연루된 사람들이 버젓이 거리를 활보하고 있다니 역겨워 죽겠어." 신페인당 대표인 아담스와 그의 거침없이 말하는 적대자인 프라이스가 "방아쇠를 당기지" 않았을 수도 있다는 점을 헬렌은 받아들였다. 그러나 그들도 "방아쇠를 당긴 사람만큼이나 유죄"[18]였다.

 이듬해 봄 어느 맑고 쌀쌀한 아침, 브롱크스의 리버데일 구역에 있는 자택에서 에드 몰로니는 가뜩이나 흉흉한 전화를 받았다. 보스턴 칼리지가 방금 소환장을 받았다는 것이었다. 영국과의 형사사법공조조약에 의거하여 미국 법무부는 북아일랜드경찰청으로부터 받은 공식 요청을 전달하고 있었다. 소환장에는 "영국의 법률을 위반한 혐의, 즉, 살인 혐의와 관련하여"[19] 당국을 돕기 위한 요청이라고 명시되어 있었다. 구체적으로, 소환장에는 "브렌든 휴즈와 돌러스 프라이스가 인터뷰한 원본 녹음테이프는 예외 없이" 요구한다고 쓰여 있었다.

27

보스턴 칼리지 녹음테이프들

"지겨울 정도로 누누이 법적 지위와 비밀 유지에 관해 물었습니다"라며 맥커스는 화가 나서 씩씩댔다. "완전한 비밀 유지와 완전한 보호. 그게 전적으로 미국의 대학에 녹음테이프를 보관한 이유였습니다!"¹ 소환장에 대해 어떻게 할 것인가를 논의하기 위해 벨파스트 프로젝트의 주 설계자들 간에 전화로 비상회의가 소집되었다. 더블린 외곽에 사는 맥커스와 그의 아내 캐리와 더불어 (뉴욕의)에드 몰로니, (벨파스트에서)왕당파 인터뷰들을 진행했던 윌슨 맥아서, 보스턴 칼리지의 톰 해치와 밥 오닐이 참여했다. 해치는 대학 총장인 윌리엄 레이히와 얘기를 나누었는데 레이히가 "우리는 인터뷰 진행자들이나 인터뷰들이 타협대상이 되는 것을 용납하지 않을 것"²이라고 자신에게 확언했다고 알렸다.

맥커스와 몰로니는 공황 상태에 빠져 있었다. 구술사 기록을 수집하고 있던 몇 년 동안 그들은 영국 당국이 녹음물을 입수하려고 각별히 애쓸 거라고는 전혀 생각하지도 않았었다. 그런 생각을 하는 것 자체가 터무니없어 보였다.³ 바로 몇 달 전, 아일랜드 정부와 더불어 영국 정부는 최대 30년 동안 봉인된다는 조건하에 보스턴 칼리지에 "분쟁 이후"의 무기해체 과정과 관련된 다량의 민감한 문서들을 위탁했기 때문이다. 동일한 정부의 관료들이 현재 바로 그 동일한 대학에서 유사한 금지 조항을 위반하려 한다는 게 있을 수 있단 말인가?

보스턴 칼리지 본부는 변호사들과 상의해 오고 있었지만 대학이 어떻게 대응할 것인지에 대해선 아직 명확한 입장을 내놓지 못하고 있었다. 비상 전화회의에서 해치와 오닐은 허둥대지 않고 차분히 그들을 안심시키고 있었다. 그러나 맥커스는 보스턴 칼리지가 결국엔 요청을 수락하고 테이프를 넘길지도 모른다며 우려를 표명했다. 인터뷰 진행자들과 비사를 공유했던 전 무장 세력들이 결국엔 그저 "팽당할 것"이라고 느꼈다.

그러한 우려를 똑같이 느낀 몰로니는 고요한 한밤중에 인계하는 것에 대비한 일종의 보험의 형태로서 이미 공개해 버리도록 했다. 그는 「뉴욕타임스」와 접촉했고, "북아일랜드 분쟁의 비밀 기록, 소환 직면"이라는 기사가 1면에 실렸다. 또한 「보스턴 글로브」와의 인터뷰에서는 보스턴 칼리지가 당국에 녹음테이프들을 넘겨주느니 차라리 "파기"할 수밖에 달리 도리가 있겠냐는 말을 했다. 몰로니와 맥커스에게는 언론의 자유와 학문의 자유의 원칙이 앞날을 알 수 없는 불확실한 상태라고밖에는 볼 수 없었으며, 언론의 주목을 더욱 많이 받을수록 보스턴 칼리지가 옳은 일을 할 가능성이 더욱 높을 거라는 생각이 들었다. 그러나 해치는 몰로니가 대학 본부와 먼저 상의하지 않고 곧장 언론과 접촉했다고 질타했으며, 기록물을 파기하는 것에 대한 협박은 "도가 지나쳤다"고 불평했다.

왜 갑작스럽게 인터뷰 기록물에 대한 요청을 추진하는지 그들 중 누구도 이유를 알지 못했지만 몰로니는 의심가는 게 하나 있었다. 북아일랜드경찰청은 서류상으로는 새로운 부서가 되기 위해 힘쓰고 있을지 몰라도 보안대에서 경찰로 이름만 바뀌었지 여러 면에서 여전히 동일한 경찰일 뿐이었다. 수십년 동안 왕립얼스터보안대 대원들은 제리 아담스를 주적으로 인식해왔고, "

분쟁" 기간을 거치면서 거의 300명에 달하는 경찰관들을 살해한 무장세력의 우두머리로 여겨왔다.¹⁰ 북아일랜드경찰청에서 잔뼈가 굵은 경찰들은 IRA의 손아귀에 사랑하는 사람들—동료 경찰들과 어린 시절 친구들, 아버지들—을 잃었다. 이제 그들은 바다 건너편의 보스턴 칼리지에 제리 아담스의 전 부하들이 증언이 담긴 기록물이 존재하며, 그러한 비밀 인터뷰들이 수십 년 동안 영국 당국을 교묘히 피해갔던 일종의 증거를 제공할 수도 있다는 것을 알게 되었다. 아담스를 IRA 조직원이라는 것뿐만이 아니라 살해범으로 감옥에 집어넣을 수 있는 빼도 박도 못하는 증거였다.

톰 해치는 전화회의에서 몰로니의 의견에 동의하면서 이렇게 말했다. "이쯤되면 피의 복수를 벌이자는 겁니다. 그들은 제리와 같은 사람을 체포할 수 있는 무언가를 찾아내려 하고 있습니다. 우리의 기록물을 그를 기소하는 데 이용하려는 거라면 그건 안 될 일이지요. 그러려고 우리가 이 기획에 착수한 건 아니잖습니까." 해치의 목소리는 분명 단호하게 들렸다. 그러나 해치와 봅 오닐이 그 프로젝트의 세부사항에 관해 다른 사람들에게 질문하는 동안 몰로니는 일련의 질문 속에서 보스턴 칼리지가 해치가 하는 말만큼이나 결연하게 느끼지 않을 수도 있다는 점을 감지했다.¹² 그들은 맥킨타이어와 윌슨 맥아서가 인터뷰를 진행할 당시 정확히 무엇을 보장했는지에 관해 몹시 궁금해했다. 대체 인터뷰 대상자들은 비밀보장이라고 할 만한 것들로 무엇을 약속받았을까? 맥아서는 왕당파 대상자들을 인터뷰하기 전에 비밀을 "철석같이" 보장한다고 그들에게 장담했다고 했다. 그들의 증언은 사망할 때까지 누구에게도 공개되지 않으며, 프로젝트에 참여했었다는 사실조차 인정되지 않을 거라고 장담했다고 했다. 맥아서는 해치와 오닐에게 10년 전 기록물에 관해 처음 논의할 때 "철석같이"라는 단어를 썼다는 것을 상기시켰다. 확실히 마음의 결정을 하지 못해 갈팡질팡하는 참여자들을 만났을 때 맥아서는 "보스턴 칼

리지 변호인단"이 이미 전 과정을 검토했다는 말을 전했다고 했다.[13]

　나중에 밝혀진 것처럼 그것은 실제로 사실이 아니었다. 2001년 초, 에드 몰로니는 참여자들이 서명할 계약서를 준비하면서 봅 오닐에게 이메일로 몇 가지 제안을 했다. "우리가 계약서를 쓰기 전에 귀하가 보스턴 칼리지 법률가들에게 한번 살펴보도록 하는 게 좋을 거 같습니다."[14] 다음 날, 오닐은 자신이 계약서 문구를 작성하고 있으며 대학의 변호사들에게 검토받을 거라는 답장을 보내왔다.[15] 하지만 결국에는 그렇게 하지 않은 것으로 보였다.[16] 그랬더라면 변호사는 계약서에 포함된 어떠한 비밀보장 관련 내용도 법원 명령으로부터 반드시 기록물을 보호할 수 있는 것은 아니라는 것을 구체적으로 명시해야 한다고 조언했을 것이다. 각 참여자가 서명한 계약서에는 그러한 어떤 조항도 포함되어 있지 않았으며, 보스턴 칼리지의 어떤 변호사도 그러한 계약을 검토한 적이 없었다.[17]

　해치는 긍정적인 분위기로 비상 전화회의를 마쳤다. 미식축구에서 쿼터백이 선수들을 불러 모아 작전회의를 한 다음 공격에 나서는 것처럼, 서로 한 팀으로서 전의를 가다듬고 전장으로 진군할 것 같은 기세였다. 하지만 그 뒤 이메일을 몇 통 더 주고 받기는 했지만 해치나 오닐이 벨파스트 프로젝트와 관련하여 동료들과 애기를 나눈 것은 그것이 마지막이었다.[18] 5월이 가기 전에 보스턴 칼리지는 브렌든 휴즈의 인터뷰를 넘겼다.[19] 휴즈가 이제 사망했고 그의 구술사의 내용이 이미 몰로니의 책에 많이 실렸다는 게 이유였다. 그러나 『무덤의 목소리』는 법적 및 보안상의 이유로 특정 신원을 보호하기 위해 세심하게 편집한 반면, 휴즈의 녹취록과 녹음물은 편집하지 않은 상태였다.[20] 몰로니는 북아일랜드경찰청이 그 자료를 수중에 넣게 되었다는 사실을 알고 격분했다. "당국은 이제 행동에 나설 정보를 갖고 있습니다." 그는 해치에게 이메일을 보냈다. "나는 지금 이 순간 영국 정부 내부에서 일하는 변호인단이 보스턴 칼리지로 하여금 다른 가능한 인터뷰 대상자들의 명단을 넘길 수밖에 없도록 하는 방법을 모색하고 있다는 데 내 모든 걸 걸지요."[21]

몰로니는 "대재앙"을 피하기 위해서는 해치와 오닐이 즉시 기록물을 전부 포장해 페덱스로 밤사이 아일랜드에 있는 맥커스에게 보내야 한다고 제안했다. 보스턴 칼리지로서는 질질 끄는 법적 싸움이 내키지 않을 테지만 맥커스는 달랐다. 몰로니는 녹음테이프들과 녹취록들을 넘기기 앞서 맥커스가 "기꺼이 감옥에 갈 것"[22]이라는 말을 했다고 했다. 현시점에서는 학자가 자료를 나라 밖으로 보내는 것이 사법방해죄(증거를 인멸하거나 허위자료를 제출하는 등 수사나 재판 절차를 막거나 방해하는 행위-옮긴이)에 해당될 수 있었다. 그러나 맥커스는 몰로니의 의견에 동의했다. 보스턴 칼리지는 비밀보장에 대한 책무를 존중할 도덕적 의무를 지녔으며 그것은 어떤 법적 세부사항보다도 우선시되었다. 사람들은 벨파스트 프로젝트에 저마다의 사연을 목숨 걸고 맡기는 위험을 감수했다. 보스턴 칼리지가 할 수 있는 최소한의 것은 그들을 보호하기 위해 약간의 시민 불복종을 벌이는 것이었다.[23] 몰로니는 이제 당국이 브렌든 휴즈의 자료를 갖고 있기에 그 자료에서 수집한 내용을 토대로 다른 인터뷰들을 입수하려고 두 번째 소환장을 보낼 "가능성이 대단히 높다"고 예측했다.[24]

해치는 대학이 "어떠한 상황에서도" 문서를 나라 밖으로 옮기지는 않을 거라는 간결한 답신을 보냈다. 이메일에서 그는 돌이켜 생각해보면 역설적인 것처럼 보이겠지만, 참여자들에게 보스턴 칼리지가 회고물을 보관하기에 가장 안전한 곳이라고 주장하며 그들에게 했던 약속을 지적했다.[25] 대학은 자료를 공개하는 것은 참여자들과 맺은 계약에 위배되고 학문의 자유를 침해하며 북아일랜드의 평화협정을 위태롭게 하며 프로젝트와 관련된 사람들의 목숨을 위험에 빠뜨리는 것이라고 주장하며 연방법원에 명령 신청을 제기해 프라이스의 녹음물 및 녹취록 소환장에 맞서 싸우기로 동의했다.[26] 법원에 제출한 변론취지서에는 "IRA는 마피아의 규율인 "침묵과 복종" 개념과 유사한 침묵 규율을 부과한다"[27]라고 썼다. 그런 까닭에 돌러스 프라이스와 같은 사람들은 "인터뷰를 안전한 곳에 보관한다"는 확신을 가졌을 때만 기꺼이 구술사에 참여했다고 밝혔다. 몰로니는 선서진술서에서 IRA 조직원들이 외부인들에게 무장세력으로서의 내력에 대한 세부사항을 폭로하는 것은 "사형감인 범죄"[28]라고 적시했다.

그러나 미국 정부는 왜 프라이스의 인터뷰를 인계해야 하는지 고유의 논거를 펼치며 공격적으로 반격했다. 몰로니와 맥킨타이어 및 보스턴 칼리지가 "지킬 수 없는 약속—즉, 가해자들이 사망해 무덤에 들어갈 때까지 살인 및 기타 범죄에 대한 증거를 은닉하겠다는 약속을 했다"는 것이었다. 벨파스트 프로젝트는 언론의 직무와 같은 것이 아니라 법률적인 문제로서 인터뷰를 인계하라는 법원 명령으로부터 보호할 "학문적 특권"이 없다고 했다.[29] 기록물 공개의 위험성에 대한 몰로니의 주장에 미국 정부는 몰로니 본인이 이미 그 프로젝트를 대대적으로 공개했다고 주장했다. 책으로 출간하지 않았냐는 것이었다! 또한 그 프로젝트를 위해 맥커스가 브렌든 휴즈 등등의 사람들을 인터뷰했다는 것이 다 드러났는데도 아무도 맥커스를 암살하지 않았다고 주장했다.[30] 그러니 정말로 그렇게 위험한 것일까?

미국 정부는 또한 프라이스 인터뷰가 벌써 봉인 해제되어 키어런 반스 기자가 『선데이 라이프』에 기사로 싣지 않았냐고도 했다.[31] 물론 잘못된 정보에 의한 것이었다. 보스턴 칼리지 변호인단은 법원에 소송을 제기하며 그것은 다음과 같이 사실이 아니라고 지적했다. 즉, 미정부 관계자들은 반스가 보스턴 녹음테이프들을 직접 들었다고 명확하게 말하지 않고 어디서 들었다는 식으로 은연중에 비친 술책에 명백히 속았음을 지적한 것이었다.[32] 그러나 8월이 되자 몰로니의 불길한 예측은 현실이 되었으며 보스턴 칼리지에 두 번째 소환장이 도착했다.[33] "진 맥콘빌 부인의 납치 및 사망"과 관련된 녹음테이프들을 예외 없이 요구하는 소환장이었다. 12월, 연방법원 판사는 보스턴 칼리지에 불리한 판결을 했으며, 녹음테이프들과 녹취록들을 검토차 법원에 인계하라고 명령했다. 대학은 판결에 항소하지 않기로 결정했다. 몰로니와 맥커스는, 별로 놀라지도 않았지만, 무조건 항복에 분통을 터뜨렸다. 그래서 그 두 아일랜드인은 자체적으로 변호사를 고용하여 판결에 항소했다.

* * *

불행하게도 아일랜드인들의 법적 소송은 그 결과가 이미 확정되어 있었다. 그들이 근거를 들 수 있는 법률적, 헌법적 보호장치는 거의 없었다. 그러나 몰로니와 맥커스는 캐리 트위미와 함께 법정에서 애쓰는 것과 병행하여 그들이 할 수 있는 사람이라면 누구에게든 지지를 호소하는 정치적 전략을 취했다. 당시 매사추세츠주 상원 의원이었던 존 케리는 아일랜드뿐만 아니라 (법학 학위를 받은)보스턴 칼리지와도 긴밀한 관계를 맺고 있었다. 케리는 힐러리 클린턴 국무장관에게 소환장이 평화협정을 위태롭게 할 수 있다며 그 문제에 대해 영국 당국과 협력할 것을 촉구하는 서신을 보냈다.[34] 미국시민자유연맹 매사추세츠 지부는 소환장에 반대하는 "법정의 친구(friend-of-the-court, 특정소송사건 당사자가 아닌 제3자가 그 사건에 대해 법원에 제출하는 의견서. 보통 법정조언자 제도라고 한다–옮긴이)" 의견서를 제출했다.[35]

몰로니와 맥커스는 이 논란이 학문의 자유에 대한 위기를 대변한다고 주장했으며, 보스턴 칼리지 자체도 교수진의 지지를 바랐을 수 있다. 그러나 소환장이 도착했을 즈음 대부분의 교수진은 벨파스트 프로젝트를 시큰둥하게 여겼다.[36] 기록물을 둘러싼 비밀로 인해 몰로니의 책이 출간되기 전에는 대학에서 기록물에 대해 아는 사람이 거의 없었기 때문이다. 원래 프로젝트를 구상했을 때는 학문적 엄격함을 감시할 수 있는 감독위원회를 두기로 되어 있었지만, 변호사들이 계약서를 면밀히 읽었어야 하는 것과 마찬가지로 그 생각은 결실을 맺지 못했다.[37] 프로젝트의 세부사항이 밝혀졌을 때 일부 교수진은 자신들이 알고 있는 것을 문제삼았다.[38] 즉, 안토니 맥킨타이어는 박사학위는 받았을지 몰라도 구술사에서 잔뼈가 굵은 현역이 아니었다. 윌슨 맥아서도 마찬가지였다. 둘 다 인터뷰 대상자들과 이데올로기로 뭉친 길동무들—경우에 따라서는 막역한 친구들—로 보였다. 학문적 객관성이라고는 찾아보기 어려웠다. 거기에 맥커스가 살인죄로 거의 20년 동안 감옥에서 복역했다는 사실도 한몫 더했다.

교수진은 톰 해치에게도 의혹의 눈길을 보냈다. 그는 레이히 총장의 오랜 친구로[39] 실제로 학과를 거의 책임지지도 않고 한직을 즐기는 것처럼 보였다. 번스 도서관을 통솔하고 있는 밥 오닐에게도 동일한 눈길을 보냈다고 말할 수 있다. 두 사람 모두 강단에서 뒷받침해줄 수 있는 강력한 지지층이 없었다. 해치는 몰로니에게 보낸 이메일에서 "격분한 학계에서 가시적으로 드러나는 지지가 전혀 없다"[40]라고 언급했다. 몰로니는 대학원생들의 기록물 이용을 금지하려고 애썼다는 점에서 그 프로젝트와 관련된 어떤 호의도 받지 못했을 것이다.[41] 2014년, 보스턴 칼리지 역사학부는 마침내 벨파스트 프로젝트와 관련, 성명서를 발표했다. 학문의 자유를 옹호하려고 나선 것이 아니라 역사학부가 그 프로젝트와 "현재에도 또 과거에도" 어떤 식으로든 연관되지 않았다는 점을 분명히 하기 위한 것이었다.[42] 한 교수는 이렇게 설명했다. "아무도 그 프로젝트의 진정성을 신뢰하지 않았다." 역사학부 교수들은 학문의 자유를 믿었다. "그러나 이것은 그 원칙에 매달리기에는 아주 나쁜 사례였다."[43]

몰로니와 맥커스는 제1순회항소법원에 소송을 제기했다가 패소했다.[44] 그들은 유예권을 얻었는데, 이로 인해 대법원에 상고할 때까지는 대학이 인터뷰들을 인계하는 것을 금지하게 되었다. 그러나 2013년 봄, 대법원은 사건의 심리를 거부했다.[45] 윌리엄 영 판사는 어느 인터뷰가 두 번째 소환장에 대응하는지를 결정하면서 맥커스에게 도움을 청했었다.[46] 진 맥콘빌의 납치 및 살해와 관련된 자료를 요청하는 소환장이었다. 보스턴 칼리지 기록물에는 보안을 위해 각 인터뷰가 인터뷰 대상자의 이름이 없이 대신 알파벳 암호명으로 기록되어 있었기 때문이다. 그러나 맥커스는 인터뷰했던 모든 사람들의 신원을 알고 있었으며, 그중 누가 진 맥콘빌에 관하여 논했었는지 떠올릴 수 있었다. 그렇지만 법원에 조력하는 것은 "나로 하여금 경찰 수사로부터 학문적 연구를 방어하는 경계선을 넘도록 하는 것"[47]이라고 말하며 도움을 주기를 거절했다. 영 판사는 밥 오닐에게 도움을 청했지만 인터뷰들을 읽지 않았다고 주장하며 그도 역시 난색을 표했다.[48] 그래서 판사는 크리스마스 날부터 며칠에 걸쳐 공화파 인터뷰 녹취록을 모조리 읽었다.[49] 그리고는 여섯 명의 참여자가 진 맥콘빌을 언급했다는 것을 알아냈다.[50] 그중 한 명은 넌지시 빗대기만 했을지라도 말이다. 그 결과 영 판사는 다섯 명의 참여자와 연관된 모든 녹음물의 공개를 승인했다.

그 참여자들 중 한 명이 돌러스 프라이스였다. 맥커스와 몰로니 둘 다 프라이스가 구술사에서 맥콘빌에 관해 말한 적이 없다고 완강히 주장했었다. 몰로니는 2012년 9월 보도자료를 통해 "돌러스 프라이스는 벨파스트 프로젝트 인터뷰에서 진 맥콘빌에 대해 언급하지도 않았고 그녀에게 무슨 일이 일어났었는지에 대해서도 말하지 않았다"[51]라고 밝혔다. 같은 달 선서진술서에도 이렇게 썼다. "그 불행한 여인의 실종에 대한 사안은 절대로, 단 한 번도 언급한 적이 없다."[52] 이 주장은 몰로니가 다음과 같이 설명했듯 의미심장한 법적 함의를 지니고 있었다. "진실은 안토니 맥킨타이어가 돌러스 프라이스와 진행한 인터뷰에 딱히 소환장 발부를 정당화할 만한 내용이 전혀 없다는 점이다."[93]

　엄밀히 말해서 그것은 사실이었다.[54] 돌러스 프라이스는 맥커스와 대화를 녹음하느라 약 15시간 정도를 보냈으며 그 녹음물에는 맥콘빌을 언급한 적이 한 번도 없었다. 그러나 기록보관소에는 프라이스가 진 맥콘빌의 실종에 대해 아주 소상히 논한 녹음물 세트가 하나 더 있었다.[55] 그렇지만 인터뷰 진행자는 안토니 맥킨타이어가 아니었다. 에드 몰로니였다.

* * *

　앨리슨 모리스 「아이리시 뉴스」 기자가 2010년 2월 말라하이드에 있는 돌러스 프라이스의 자택으로 인터뷰하러 갔을 때 벨파스트 프로젝트는 종료된 지 오래였다. 맥커스와 윌슨 맥아서는 2006년까지 마지막 인터뷰를 마쳤으며, 기록물은 명백히 완료되어 번스 도서관의 보물실에 보관되어 있었다. 그러나 프라이스가 모리스와 이야기를 나눈 후 얼마 지나지 않아 몰로니는 자체적으로 인터뷰를 실시하러 더블린으로 그녀를 찾아갔다. 그가 제안한 것은 그녀의 이야기를 책으로 출간하겠다는 것이 아니라 맥커스와 나눈 대화의 수위를 넘어서서 세부적으로 과거에 대해 묻겠다는 것이었다.[56] 그런 다음 벨파스트 프로젝트에 적용했던 것과 동일한 조건으로 인터뷰를 안전하게 보호하겠다고 했다. 즉, 그녀가 사망하기 전까지는 진술을 공개하지 않는다는 조건이었다.

　프라이스는 동의했다. 당시 그녀는 세인트 패트릭 병원에 입원해 있으면서 우울증과 외상 후 스트레스 장애를 치료받고 있었다. 어느 날 아침, 몰로니가 그곳으로 그녀를 방문했고 두 사람은 병실에서 몇 시간 동안 대화를 나누었다. 몰로니는 대화를 디지털 녹음기로 녹음했다. 며칠 뒤 그들은 병원 바깥에서 다시 만났다. 빌린 아파트에서였다. 이번에 몰로니는 인터뷰를 촬영하기 위해 촬영진을 몇 명 불러 모았다. 지난번 대화와 마찬가지로 이번에도 대화를 나누는 내내 프라이스는 말짱한 정신에 조리있었다. 순백에 가까운 금발머리는 구불구불 자연스럽게 말고 눈가에는 마스카라가 칠해져 있었다. 그녀는 몰로니에게 브리디 이모에 관해 이야기했다. 언제 어떻게 IRA 무기고에서 벌어진 사고 이후 눈이 멀고 불구가 된 채 집으로 돌아왔는지, 또 돌란 할머니가 어떻게 집을 초상집 분위기로 만들었는지에 대해 얘기했다. 이모들은 춤추러 가는 것이 허용되지 않았다고 프라이스는 말했다. "살아있는 몸으로 초상집에서 밤을 새는 것 같았죠." 그녀가 투쟁에 가담하게 될 수밖에 없었던 것은 부분적으로는 브리디 이모가 겪는 고통 때문이었다고 했다. "그것이 이모가 바친 희생의 정당성을 입증하는 것이었거든요."[57] 그녀는 번톨렛 다리에서 구타당하고 IRA에 가담하고, 그런 다음 "무명인들"에 합류하게 된 사연에 관해 얘기했다.[58]

몰로니가 사람들을 실종시키는 관행에 관해 묻자 프라이스는 절대 그런 일을 믿지 않았다고 했다. "팻 맥클루어와 나와 또 다른 의용군들은 그 문제를 우리끼리 논의했을 거예요. 우린 그런 식으로 하는 게 그렇게 현명한 생각인 줄 몰랐으니까. 하지만 "그런 식으로 하고 있다"는 말은 들었어요."

"전쟁 범죄라고 생각합니까?" 몰로니가 물었다.

"전쟁 범죄라고 생각해요, 네. 전쟁 범죄라고 생각해요. 나는 분명히… 시체를 거리에 내던져야 한다고 주장했어요. 그런 식의 삶을 선택하는 사람 누구에게라도 공화주의 운동과 하느님에 대한 두려움을 심어주기 위해서죠."

맥콘빌을 국경 너머로 데려가라는 명령을 받았을 때는 이미 한동안 사람들의 실종을 도와주고 있던 상태였다고, 프라이스는 말했다. 그때까지는 그 여자를 알지도 못했고, 그 여자에 대해 들은 바도 없었다. 하지만 프라이스는 맥콘빌이 정보원이었다는 것을 자백했다고 주장했다. 그녀의 아파트에서 무전기가 발견되었다고 했다. 또 다른 세부사항도 있다고 프라이스는 말했다. 즉, 일부 IRA 의용군들이 헤이스팅스 스트리트에 있는 막사에서 진 맥콘빌을 발견했다는 것이었다. "그녀는 눈만 빼꼼히 내다볼 수 있게 구멍이 뚫린 담요 뒤에 숨어 있었어요."

마우마우단이 눈만 빼꼼히 내다볼 수 있게 구멍이 뚫린 천으로 가린 채 프랭크 킷슨을 위하여 동포를 식별했듯이 프라이스 말로는 진 맥콘빌이 담요 뒤에 숨어서 정렬한 사람들 중 IRA 조직원들을 골라냈다고 했다.[59] 프라이스는 계속해서, 담요가 바닥까지 닿지 않았을 때 그중 한 명이 "슬리퍼를 알아봤다"고 했다.

프라이스는 계속해서, 맥콘빌이 취조를 받자 "시인했다"고 했다. 정보원이었다는 것을 실토했다는 것이었다. "돈 때문에 그랬어요."

프라이스는 몰로니를 찬찬히 똑바로 바라보면서 말했다. "우리는 정보원들이 인간 삶의 형태 중에 최하라고 믿었어요. 인간 이하였지요. 그런 자들한테는 죽음도 과분해요."

"땅꼬마" 팻 맥클루어와 또 다른 의용군 한 명과 함께[60] 프라이스는 진 맥콘빌이 붙들려 있던 서벨파스트의 집에서 차에 태워 국경 쪽으로 갔다고 했다. 프라이스의 친구인 조 린스키는 함께 차에 탄 순간부터 죽이려고 데려가고 있다는 것을 알았을지 몰라도 진 맥콘빌은 그런 예감을 하지 못했다. 프라이스는 그녀에게 가톨릭 자선단체인 레지오 마리에(Legion of Mary, 가톨릭 평신도 사도직 단체 중의 하나로 1921년 아일랜드의 더블린에 있는 파트리시오 성당에서 시작되었다. "마리아의 군단"이라는 뜻으로 "자비의 모후회"로도 알려져 있다-옮긴이)에 인계할 예정이며, 그 단체에서 그녀를 안전한 곳으로 데려갈 거라고 말했다.

"아이들도 내게 데려올 건가요?" 맥콘빌이 물었다.

프라이스는 그 순간까지 그녀에게 자식이 있다는 것을 깨닫지 못하고 있었다.

"네, 그 사람들이 당연히 데려오겠죠." 그녀는 거짓말했다.

"그 사람들이 나한테 돈을 줄까요?" 맥콘빌이 물었다. "집도 한 채 얻어줄까요?"

프라이스에 따르면 맥콘빌은 이미 IRA에 모든 것을 자백했기에 전혀 두려움을 느끼지 않았다. 프라이스는 가는 도중 차를 멈추어 맥콘빌에게 피시앤칩스와 담배를 사주었다. 프라이스는 몰로니에게 맥콘빌이 마음에 들지 않았다고 했다. "어느 순간 그녀가 "급진파 놈들은 나를 쏠 배짱이 없을 줄 알았어"라고 말했어요. 그리고 그 여자가 생각하기에 차를 몰고 있던 "급진파 놈"은, "아, 그럴까요?"라고 했죠." 프라이스는 매몰차게 다음과 같은 말을 덧붙였다. "그 여자는 말이 너무 많았어요. 본인 입으로 직접 유죄임을 드러냈죠."

그게 사실이었을까? 그것은 퍽 구체적인 기억이었으며, 맥콘빌 아이들이 어머니에 대해 갖고 있던 기억과 극명히 상충하는 것이었다. 아이들이 회상하는 어머니는 입이 거친 선동가가 아니라 주눅들고 소심한 은둔자였다. 프라이스와 만났을 때 뻔히 위험천만한 상황이었는데도 맥콘빌이 정말 그렇게 자멸을 초래하는 충동적인 방식으로 급진파에게 폭언을 퍼부을 수 있었을까? 프라이스가 의식적으로 그 여자에 관해 거짓말을 하고 있었을까? 아니면 진 맥콘빌을 인간 이하로 기억함으로써 스스로 책잡힐 만한 일을 했다는 느낌을 타개하려는 것일까? 몰로니와 대화하는 대부분의 시간 동안 그녀는 강철같이 단단했다. 그러나 때로는 갑옷을 입은 것 같은 태도를 취하고 있다는 느낌이 들었다. 그리고 가끔 말을 더듬었다.

프라이스는 맥콘빌에 대해 비난을 퍼부은 직후 "난 그 여자가 무엇을 했는지, 또 무엇을 하지 않았는지 구체적으로 알지는 못해요"라고 했다. 맥콘빌의 범죄 혐의에 대해 직접적으로 아는 게 없었다. 즉, 그녀가 아는 것은 조직이 열 명의 자식을 둔 어머니가 정보원이라는, 있을 성싶지 않은 결론에 도달하게 되었다는 것이었다. 설령 그러한 혐의가 사실이라고 해도—그리고 프라이스가 그것을 사실로 믿고 있다고 해도—그러한 처벌이 적절한 것인지 내심 의구심이 들었다고 했다. 그녀가 몰로니에게 말했다. "무엇이 죽음을 정당화하죠? 나 자신에게 물어야겠죠. 무엇이 죽음을 정당화할까?" 이어서 계속 말했다. "나는 정말로 아이들이 있다는 것도, 또 몇 명인지도 전혀 몰랐어요. 하나도 몰랐어요. 그리고 만약 내가 벌어진 일에 대한 논의에 참여하게 된 상황이었다면 좀 더 가벼운 처벌을 내리자고 주장했을 거예요." 그녀는 아마 맥콘빌을 죽이기보다는 나라에서 추방하자고 제안했을 거라고 했다.

대신 그들은 국경을 넘었고, 던도크에 IRA 현지 부대와 함께 진을 두고 자신은 떠났다고 했다.

* * *

"그런 다음 어떻게 됐습니까?" 몰로니가 물었다.

"그녀는 한동안 그곳에 머물렀어요." 프라이스가 말했다. 그녀는 주저하고 있었다. 그런 다음 "이제부터 내가 위험해지는 지점이에요"라고 했다.

프라이스가 스스로를 끊임없이 괴롭히는 양심의 가책을 최소한 일부나마 누그러뜨리려고 계속해서 맥콘빌의 성격을 비방했다면 그것은 그 홀어미를 단순히 국경으로 태우고 가는 것 이상의 일을 했기 때문일 수 있다.

몰로니가 말했다. "사실관계를 알아야겠습니다."

"좋아요, 음, 우린 다시 소환됐어요. 그녀가 거기서 4~5일 정도 머물렀을 때였죠. 우린 던도크로 다시 불려갔어요." 현지 부대가 땅에 구덩이를 파 놓았다. 그들은 맥콘빌을 들판을 가로질러 이제 막 파낸 무덤으로 데려가 총으로 쏘기만 하면 되었다. 하지만 그러지 않았다. 프라이스가 말했다. "그들은 그러고 싶어하지 않았어요." 맥콘빌이 여자이기 때문이라는 게 그녀의 생각이었다.

"그래도 그렇게 해야 했잖아요." 몰로니가 말했다.

프라이스는 아무 말도 하지 않고 조그맣게 웅얼거리는 소리만 냈다.

"그렇지 않아요?" 그가 압박했다.

그녀가 다시 웅얼거렸다. 그런 다음, "네"라고 내뱉었다.

"그 얘기를 하고 싶으세요? 아님, 하고 싶지 않으세요?" 몰로니가 물었다.

프라이스는 맥콘빌이 죽었을 때 세 명의 "무명인들"이 있었다고 했다. "땅 꼬마" 팻 맥클루어, 또 한 명의 의용군, 그리고 프라이스 본인이었다고 했다. 그들은 총이 딱 한 자루 있었으며, 양심의 가책을 받을까 걱정된 나머지 각자 한 발씩 쏘기로 결정했기에 누가 쏜 총알에 맞았는지 확실하게 말할 수 없었다. 그것은 총살단이 쓰는 오래된 수법이었다. 즉, 소총 중 하나에 공포탄이 장전되어 있었기에 총을 쏜 후 저격범들은 저마다 자신이 목숨을 앗아간 사람이 아닐 수도 있다고 스스로에게 말할 수 있었다. 그것은 허구로 위안을 주는 역할을 했다. 비록 이 경우에는 총이 단 한 자루였기 때문에 그들 중 누가 살인을 저질렀는지에 대해 그다지 모호하지 않았을 터였지만 말이다. 프라이스가 말했다. "우리는 차례로 총을 쐈어요." 프라이스는 자신의 차례가 되어 총을 쐈을 때 의도적으로 빗맞혔다고 했다.[62] 그런 다음 나머지 둘 중 한 사람이 방아쇠를 당겼고, 맥콘빌은 고꾸라졌다.

프라이스가 말했다. "우린 그녀를 구덩이에 버려두었어요." 그런 다음 던도크 현지 부대가 무덤을 흙으로 덮었다.

* * *

"그리고는 벨파스트로 다시 돌아갔나요?" 몰로니가 물었다.

"그리고는 우린 벨파스트로 다시 돌아왔어요."

"그런 다음 무슨 일이 있었나요?"

"음, 우린 완전히 제정신이 아니었어요. 그리고 팻이 가서 보고했죠."

"제리에게?" 몰로니가 물었다.

"네." 프라이스가 대답했다.

몰로니가 갑자기 인내심 있는 고해 신부의 말투에서 단호한 반대 심문자의 말투로 바뀌며 말했다. "그 모든 작전의 일부로 있으면서, 지휘계통에서 명령을 내렸던 사람이 제리 아담스라는 사실에 의심의 여지가 없는 거죠—"

"네." 프라이스가 말했다.

"그리고 제리 아담스에게 보고가 들어갔고요. 확실합니까?"

"확실해요." 그런 다음 갑자기 말의 속도가 빨라졌다. "그 일이 벌어졌을 때 그는 롱 케시 교도소에 있었던 척하려고 했어요. 그 일이 일어났을 때 그는 롱 케시에 있지 않았어요. 네, 없었어요. 그리고, 음, 그건 굉장히, 굉장히 힘든 일이에요." 그녀는 속상해하고 있었다. "그런 경험들, 그러니까 내 말은⋯." 그녀가 말끝을 흐렸다. "그 사람들이 마음속에, 머릿속에 떠올라요."[63] 린스키, 라이트, 맥키, 맥콘빌이었다. 그녀가 말을 이어갔다. "그 사람들이 생각나요. 거짓말이 아니에요. 나는 기도드릴 정도로 좋은 사람이 아니에요. 하지만 가끔 한밤중에 이상한 기도를 드려요. 가끔 "하느님의 가호가 있기를. 그들이 더 좋은 곳에 있기를"이라고 기도드려요."

IRA 의용군으로서 프라이스는 "내 본성에 반하는 행위를 자주 요구받았어요"라고 했다. 때로는 복종하기 쉽지 않은 명령에 복종해야 했다. 그럴 때면 언제나 지시받은 대로 했다. 하지만 나중에 "흥분한 순간에는 묻지 못한 온갖 복잡한 질문들"을 자문할 기회를 갖게 되었다. "그 모든 것에 관해 여러 의사와 이야기하는 데 많은 시간을 보냈죠"라고 덧붙였다.

    몇 시간 후, 몰로니와 프라이스는 대화를 멈추었다. 그들은 헤어졌으며, 그는 그녀가 한 말을 지켜주겠다고 장담했다. 그는 녹음테이프들을 미국으로 가져가 그가 아는 가장 안전한 곳에 보관했다. 보스턴 칼리지의 보물실에 있는 벨파스트 프로젝트 기록보관소였다.

    북아일랜드경찰청의 두 형사가 3년 뒤인 2013년 7월에 보스턴의 로건 공항으로 날아왔을 때까지도 녹음테이프들은 계속 그곳에 있었다.[64] 그들은 영판사가 수거하라고 승인한 자료를 회수하기 위해 체스넛 힐로 향했다. 몰로니가 프라이스와 진행한 인터뷰들은 엄밀히 말해 벨파스트 프로젝트의 일부가 아니었다. 그러나 그는 그 인터뷰들을 안전하게 지키려고 하다가 실질적으로 위험에 빠트려 버렸다. 몰로니는 봅 오닐에게 대학이 넘겨야 하는 목록에 그 자료를 포함시키지 말아달라고 간곡히 청했다.[65] 소환장에는 목록이 대략적으로만 쓰여 있었지만 애초부터 아예 싸울 생각이 없던 대학은 다른 모든 인터뷰들과 함께 몰로니의 인터뷰들도 포기하기로 결정했다. 이듬해 봄 어느 날, 북아일랜드경찰청은 제리 아담스를 체포했다. 41년 전 일어났던 진 맥콘빌의 납치 및 살해와 관련해서였다.

28

과실사

토요일 밤이면 매서린 막사에 있는 젊은 영국 군인들은 피자 주문을 즐겼다.[1] 군부대에 갇혀 있었기에 그들은 근처의 도미노피자에 전화를 걸었다. 토요일 저녁 동안 도미노피자는 막사에 스무 건의 주문분을 배달했다. 군인들은 훌륭한 고객이었다. 2009년 3월 7일 밤 열 시가 되기 몇 분 전, 군인 둘이 기지 입구에 있는 벽돌로 된 초소로 갔다. 그들은 카키색 무늬의 사막 군복을 입고 있었는데, 몇 시간 뒤인 한밤중에 6개월간의 복무를 위해 아프가니스탄으로 가는 수송기를 탈 예정이었다.[2] 그러나 우선은 피자로 배를 채워야 했다. 배달 차량 한 대가 멈춰 섰고, 그다음 두 번째 배달 차량이 멈춰 섰다. 동일한 도미노피자에서 주문이 두 건 겹쳤고, 서로 다른 두 배달원이 단열처리가 된 가방에서 네모난 뜨거운 피자 상자를 꺼냈다. 그때 세 번째 차량이 멈춰 섰다.[3] 녹색의 세단형 자동차였다. 그러더니 돌연 차에서 총알을 난사하는 소리가 빗발쳤다. 검은 옷을 입은 남자 둘이 총을 들고 있었다. 얼굴엔 복면을 쓰고 있었다. 처음에 집중 사격을 가한 후, 그들은 땅바닥에 쓰러져 있는 두 군인에게 다가가 그들 위에 서서 근거리에서 연거푸 총알을 발사했다.[4] 잠깐 동안 60발 이상을 발사한 뒤 무장괴한들은 녹색 자동차에 다시 잽싸게 타고는 사라졌다.[5] 두 군인은 사망했다. 패트릭 아짐카는 북런던 출신으로 스물한 살이었다.

마크 퀸지는 버밍엄 출신으로 스물세 살이었다. 그 공격으로 다른 두 명의 군인도 부상당했으며 도미노피자의 배달원 두 명도 부상당했다. 그중 한 명은 현지 청년이었고, 또 다른 한 명은 폴란드에서 온 이민자였다.[6]

북아일랜드에서 영국 군인이 마지막으로 살해된 지 12년이 흘렀다.[7] 더블린의 신문사에 전화가 한 통 걸려왔다. 반체제 무장단체인 "진정파 IRA(Real IRA, 약자로 보통 RIRA라고 함-옮긴이)"가 자신들의 소행임을 주장했다. 조직의 대변인은 "영국군에게 서비스를 제공함으로써 영국과 협력하고 있었기 때문에" 배달원들까지도 정당한 표적이었다고 주장했다.[8] 휴 오드 북아일랜드경찰청 청장은 성명서에서 "갈수록 더 절박해지는 소집단이 이 공동체의 99퍼센트의 사람들이 다시는 돌아가고 싶어하지 않는 곳으로 끌고 가겠다고 작정해 저지른 만행"[9]이라고 했다.

대대적인 수사에 착수하여 여럿이 체포되었다. 총격사건 발생 8개월 후, 중무장한 경찰관들이 앤더슨스타운에 있는 한 주택에 들이닥쳤다.[10] 당국은 공격에 대한 책임을 묻기 위해 진정파 IRA가 사용한 전화를 추적했었다. 총격사건이 벌어진 바로 다음 날 뉴튼애비(북아일랜드 앤트림주의 도시-옮긴이)에 있는 테스코 슈퍼마켓에서 구매한 선불제 휴대폰이었다. 경찰은 상점에서 CCTV 화면을 살펴보다가 짙은 색상의 두꺼운 코트를 걸친 중장년으로 보이는 낯빛이 창백한 여성을 발견했다. 계산대에 서서 휴대폰을 구입하기 위해 지갑에 손을 넣고 있던 여자는 위쪽으로 시선을 두리번거리다가 불쑥 감시카메라를 똑바로 쳐다보고 있었다.[11] 마리안 프라이스였다.[12]

돌러스는 "성금요일협정"을 혐오했을 수는 있지만 계속해서 폭력행위에 전념하는 공화파 분파에 투신할 마음은 없었다. 동생은 그러한 것에 아무 거리낌이 없었다. "무장투쟁은 현재에도 또 미래에도 설 자리가 있다"[13]라고 마리안은 말하곤 했다. 장성한 딸들이 있고 관절염을 앓는 50대 후반이었지만 아직 총을 내려놓을 준비가 되어 있지 않았다. 그녀는 막사 총격사건에 관하여 이틀간 신문을 받은 후 무혐의로 풀려났다. 그러나 18개월 뒤, 당국에 의해 다시 구금되었는데 이번에는 풀어주지 않았다. 마리안은 결국 "테러를 목적으로 재물을 공여한" 혐의로 기소되었다.[14] 데리에서 열린 반체제 집회와 관련한 또 다른 혐의도 있었다.[15] 그 집회에서 복면을 쓴 진정파 IRA 남자는 경찰관들을 점령군이라며 "처형에 처해져야 한다"라고 위협하는 성명서를 낭독했다. 그가 성명서를 낭독하는 동안 마리안 프라이스는 원고를 들고 그 옆에 서 있었다. 복면은 쓰지 않은 채였다.[16]

그 후 2년 동안 마리안은 독방에 장기 구금되는 등 감옥에 갇혀 있었다.[17] 건선이 퍼지며 살이 빠지기 시작했다. 다시 시설 생활에 익숙해진 그녀는 머릿속에서 가끔 마치 잉글랜드의 감옥으로 되돌아갔다거나, 마치 지난 30년의 세월이 실제로 일어나지 않았다거나, 마치 결혼도 한 적이 없고 자식도 없고 교도소 담장 바깥의 삶을 즐긴 적도 없었던 것 같았다. 돌러스는 동생 걱정으로 심란했다.[18] 그녀는 교도소 바깥에서 "마리안 프라이스를 석방하라!"는 시위에 참여했다. 진심어린 편지들이 쓰여지고 소규모 집회들이 열렸다. 지지자들은 마리안을 "심리적 고문과 재판 없이 억류된 피해자"[19]라고 칭했다. 그 모든 것은 1970년대 초 프라이스 자매들의 석방 운동을 뚜렷이 연상시켰다.

하지만 이 운동은 프라이스 자매가 수십 년 전에 아일랜드 공화파들 사이에서 누렸던 것과 같은 대중적 지지를 얻지는 못했다. 마리안은 그 자리에서 한 발자국도 나아가지 않았을지 모르지만 세상은 달라졌다. 극도로 돌이킬 수 없는 방식으로 변해 있었다. 전쟁은 큰 타격을 입혔으며, 타협과 화해의 정신이라는 새로운 분위기가 감돌고 있었다. 마리안이 수감된 바로 그 달, 엘리자베스 2세 여왕은 아일랜드를 방문했다.[20] 한 세기 전인 1911년에 영국의 조지 5세 국왕이 방문한 이래 처음이었다. 그때는 섬 전체가 여전히 영국 연합의 일부였다. 돌러스의 학교 동창인 메리 맥컬리스는 자라서 아일랜드 대통령이 되었다.[21] 그녀는 영국 왕실의 방문을 역사적인 사건으로 맞이하며 "여왕 폐하께서 아일랜드 땅에 오신 것을 환영해 마지않는 순간"[22]이라고 했다. 북아일랜드 부수반이 된 데리의 전 총기범 마틴 맥기네스가 여왕을 만나 악수를 했을 때인 이듬해까지도 마리안은 여전히 감옥에 있었다.[23] 맥기네스와 제리 아담스는 누구와도 공동의 관심사를 찾을 수 있는 듯 보였다. 그들은 심지어 독설가인 이안 페이즐리와도 손잡아 맥기네스는 정부에서 그와 긴밀하게 협력하게 되었다. 페이즐리는 스토몬트에서 맥기네스와 나란히 등장해 이렇게 말했다. "정치에서는 인생에서와 마찬가지로 어느 누구도 자신들이 열망하는 것을 백퍼센트 가질 수 없다는 것은 자명한 이치입니다. 사람들은 충분히 달성했다고 여길 때 평결을 내려야 합니다."[24]

그러나 이제 다른 모든 사람들이 투쟁을 포기할 준비가 되었다고 해서 마리안도 그렇다는 뜻은 아니었다. 그녀는 투쟁 문제와 관련, 자신의 외고집이 근본적으로 반민주적이라는 것을 순순히 인정했다. 북아일랜드의 극소수의 사람들만이 영국을 몰아내자는 명분하에 계속해서 유혈사태를 벌이는 것을 지지하고 있었기 때문이다. "하지만 공화파로 존재한다는 것은 인기 경연대회에 입장하는 것이 아닙니다. 지금까지 그런 적은 없었습니다."[25] 그녀는 지난 2001년에 "또 다른 세대는 공화주의의 횃불을 치켜들고 계속 싸워야 합니다"라고 밝힌 적이 있었다. 그러나 부모가 조부모로부터 횃불을 넘겨받았듯 마리안도 부모로부터 횃불을 넘겨받았지만 정작 딸들은 돌러스의 아들들과 마찬가지로 무장투쟁에 헌신할 의향이 보이지 않았다. 마리안은 전사가 아닌 민간인을 둘 키웠다. 20세기의 분쟁을 겪은 피조물이 아니라 세계화된 21세기의 젊은 여성들이었다. 딸 중 한 명은 기자가 되어 BBC에서 일했다.

마리안의 일부 친구들은 그녀가 젊은 반체제 동지들에게 이용당하고 있다며 걱정했다. 혁명가를 동경하는 그들은 그녀가 바로 그 유명한 프라이스 자매이기 때문에 떠받들어 준다는 것이었다. 즉, 그 지독히도 힘든 투쟁의 세월을 상징하는 전형으로서, 좀 과거 지향적이긴 하지만, 일정 정도 대리만족을 주고 신뢰성도 부여하기 때문이라는 것이다.[27] 2년 동안 수감된 후인 2013년, 마리안은 기소된 두 혐의에 대한 유죄가 인정되어 12개월의 징역형을 선고받았다. 점점 허약해지는 건강과 이미 복역한 시간 때문에 판사가 집행유예를 선고하긴 했지만 말이다. 쇠약해진 그녀는 심리가 열린 날 지팡이를 짚고 피고석으로 갔다.[28]

감옥에서 마리안은 일상적으로 제공되는 문화생활을 지속했는데 그것은 급진적인 선동가적 특성을 보인다기보다는 정치에 관심 없는 중산층 연금수령자의 특성을 보였다. 그녀는 「데일리 메일」의 낱말 맞추기를 즐겼다. 스티그라르손의 소설들을 읽었다. 유독 좋아하는 TV 드라마를 몇 시간이고 시청하며 보냈다.[29] 잉글랜드를 배경으로 영주의 멋진 저택에 대한 향수를 불러일으키는 작품인 「다운튼 애비」가 바로 그것이었다.

* * *

옛 동지인 제리 아담스가 체포된 것은 마리안 프라이스가 구속에서 풀려난 지 약 1년이 지난 후였다. 보스턴 칼리지의 인터뷰들로 무장한 북아일랜드 경찰청은 그때까지 이미 다수의 사람들을 체포하여 진 맥콘빌의 납치 및 살해에 관해 취조했다.[30] 맥콘빌이 끌려갔을 당시 그중 일부는 디비스 구역에 살고 있었다. 그러나 1972년에는 그중 많은 이들이 십 대였기 때문에 그 사건에서 어떤 역할을 맡았더라도—그날 밤 맥콘빌을 아파트에서 몰아내는 동네사람들을 도왔을 뿐인—사소한 역할로 경찰 조사를 받고 난 다음 모두 풀려났다. 단 한 사람만이 실제로 혐의를 인정받았다.[31] 공화파 노병인 아이버 벨이었다. 브렌든 휴즈에 따르면 아이버 벨은 진 맥콘빌을 실종되게 하는 게 아니라 죽여서 길바닥에 버려두어야 한다고 주장했으며, 제리 아담스가 그 주장을 기각했다고 했다. 벨은 살인을 방조한 혐의와 IRA 조직원이라는 혐의에 봉착했다. "분쟁" 이후일지라도 과거에 무장세력의 일원이었다면 여전히 기소될 수 있었기 때문이다.

　아담스는 당국이 자신을 구속하고 싶어한다는 사실을 익히 잘 알고 있었다. 2011년 이래 그는 아일랜드공화국의 의회 의원이었기에 특별대우를 누릴 수 있었다. 경찰은 변호사를 통해 사전에 연락해 앤트림에 있는 북아일랜드경찰청에 출두하라고 요청했다. 아담스가 자진 출두하겠다고 고집부려서 그들은 청사 내에서 체포할 수 있었다. 그때 즈음 그는 "정치 광학political optics의 명예교수라고 불릴 정도로 정치 9단"[32]이었기에 경찰청 바깥인 주차장에서 체포할 기회를 주고 싶지 않았다. 경찰이 사전에 언론사 사진기자들에게 귀띔해 놓아 수갑 찬 모습을 찍을 수 있었기 때문이다. 4월 30일 수요일 저녁 여덟시 직후, 아담스는 경찰청사 안으로 소리도 없이 들어왔다.[33] 허리띠와 시계와 넥타이는 풀러졌으며 취조실로 호송되었다. 그곳에서 두 경찰관—남자 한 명과 여자 한 명—이 그에게 질문을 쏟아부었다.

　사람들은 아담스가 그간 실종자의 운명에 관한 질문을 숱하게 받았다는 점을 감안했을 때, 미리 준비된 갈고닦은 여러 변명 중 하나를 선택할 거라고 추측할 것이다. 그러나 그러한 상황에서 그가 내놓은 답변들은 딱히 설득력 있는 것들이 아니었다. 브렌든 휴즈와 돌러스 프라이스의 구술사에 관한 질문에 아담스는 그들이 평화협정에 분개하는 적대자이기 때문에 그들의 이야기들은 모조리 들을 가치도 없다고 반복적으로 주장했다. 휴즈와 프라이스가 원한을 품었다는 게 틀린 말은 아니었다. 프라이스 본인도 보스턴 칼리지 인터뷰에서 "풀어야 할 원한 같은 게 있다"[34]라고 인정한 바 있다. 그러나 아담스는 휴즈와 프라이스가 각기 자신에 관한 이야기를 어떻게 그토록 똑같이 상세하게 했는지에 대해선 설명할 길이 없는 것으로 보였다.

"그렇다", 그들은 아담스에게 분개했으며, "그렇다", 그들은 악령에 시달렸으며, "그렇다", 그들은 과거에 벌인 짓을 잊을 수 없어 고통스러워했으며, 그리고 "그렇다", 그것이 자신들의 죄상을 녹음한 이유였을 거라고 이몬 맥캔은 「아이리시 타임스」에 썼다. "그러나 그러한 여러 감정으로 인해 그들이 아담스에 대한 신용을 떨어트리려고 악의적인 거짓말을 꾸며냈다는 그의 주장은 전혀 옳지 않다. 적어도 그들이 IRA의 비밀엄수 규정을 파기한 것은 아담스와 측근들이 채택한 전략이 무의미하다고 믿었기 때문이었을 것이다." 맥캔은 "그들을 그렇게 하도록 내몬 것은 거짓을 말하기 위해서가 아니라 진실을 말하기 위해서"라고 결론지었다. 프라이스가 말했듯, "나는 제리 아담스가 속했던 곳, 그러니까 그가 있었던 곳으로 그를 돌려놓고 싶은 마음뿐입니다."[36]

실종자에 관한 것과 같은 특정한 질문에 아담스는 "분쟁" 여명기의 벨파스트에서 그가 했던 역할과 일치시키기 난감할 정도로 아무것도 모르는 척했다. 조 린스키는 "내 이웃이었습니다. 길 건너편에 살았어요"라고 인정했다. 그런데도 린스키가 돌연 실종되었을 때에 관해 질문하면 전혀 기억나지 않는다고 대답했다. 아담스는 「아이리시 뉴스」에 린스키로 보이는 사람을 버밍엄, 맨체스터, 또 오스트레일리아에서 목격했다는 풍문을 언급하면서 "지난 40년간 무수한 소문이 떠돌았다"[37]라고 했다. IRA가 그를 살해하고는 아무런 표시도 없는 무덤에 묻었다는 것을 자기가 어떻게 알았겠냐고 했다.

다라 맥킨타이어라는 벨파스트의 탐사보도 전문기자가 "포 스퀘어 세탁소" 작전 이후 실종된 정보원들인 셰이머스 라이트와 케빈 맥키에 관해 질문하자 아담스는 IRA가 그들을 살해하기로 결정한 바에 관해서도 역시 모르쇠로 일관했다. 하지만 그는 회고록에서 IRA가 "포 스퀘어 세탁소"를 발견한 것에 관해 극찬하는 글을 썼다고 맥킨타이어는 지적했다.[38] 라이트와 맥키가 이중첩자임을 자백한 이후에서야 급진파가 세탁소 작전을 발견했다는 아직 알려지지 않은 사실에 관해 아담스는 자기가 무슨 수로 알 수 있었겠냐고 했다. 아담스는 논리정연한 답변을 할 수 없었다. 맥킨타이어가 압박했다. "그 두 청년의 운명에 관해 전혀 궁금하지 않았는가?"

"오래전에 알았다." 아담스가 답변했다. "묻지도 않았는데 말할 수는 없잖은가."[39]

한참 전으로 거슬러 올라가, 어쩌면 어린 시절부터, 아담스는 의도적인 부인의 기술에 탁월한 능력을 발휘했을지 모른다. 2009년, 아담스의 남동생인 리암의 딸로 아담스에게는 질녀인 온야 티렐이라는 여성은 아버지가 그녀 나이 네 살 때부터 시작해 거의 10년 동안 자신을 강간하고 성추행했다는 사실을 한 뉴스 프로그램에서 폭로했다.[40] 그 프로그램 인터뷰에서 제리 아담스는 온야의 주장에 대해 22년 동안 알고 있었다──그리고 믿었다──는 것을 시인했다.[41] 그런데도 그는 경찰에 신고한 적이 없었다. 사실 리암 아담스는 신페인당에서 청년들과 함께 일하는 전문가로서 활발한 당원 활동을 펼쳤다.[42] 급기야 벨파스트의 제리 아담스의 지역구에 있는 청소년 센터에서 지역 아동들에게 상담하는 일까지 하게 되었다. 이후에 제리는 그것이 리암에게 최선의 환경이 아닐 수도 있다고 설득하기 위해 개입했었다고 주장했다.[43] 그러나 제리가 개입했을 때쯤 리암은 이미 그 일을 1년 넘게 해오고 있었다.[44]

동생이 괴물이었다는 것을 오래 전부터 알고 있었다는 폭로로 인해 휘청거리자 아담스는 자신이 갖고 있던 비밀을 폭로했다. 즉, 아버지인 제리도 마찬가지로 포식자였다는 사실을 폭로한 것이었다. 아버지는 "정신적으로, 육체적으로, 또 성적으로" 식구를 학대했다고 밝혔다. 아담스는 본인은 학대당하지 않았으며 아홉 명의 형제자매 중 누가 그런 식으로 희생당했는지는 구체적으로 밝히지 않았다. 더욱이 자신은 성인이 될 때까지는 학대에 관해 알지 못했다고 주장했다. 아담스는 성범죄 문제와 관련하여 아일랜드인들의 삶 속에 "은폐 문화"가 있다는 사실을 인정했다.[45] 하지만 이제 공개적으로 밝히는 이유는 "같은 곤경에 처한 다른 가정들을 돕기 위해서"라고 했다.

한편으로, 그것은 경악스러운 전환이었으며, 또한 아담스가 했던 것에 대한 암호를 풀게 되는 창이기도 했다. 즉, 여기 빛이 부분적으로 차단된 비밀 세계에서 자라면서 생존주의자의 재빠르고 비감정적인 반사작용 능력을 길러낸 한 사람이 있었던 것이다. 동시에 일부 관측통은 그 충격적인 발표를 통해 능숙한 솜씨로 홍보활동을 펼치고 있다는 것을 감지했다. 온야 티렐은 훗날 "턱수염 삼촌"이라고 불렀던 제리 아담스가 비밀을 공개하지 말라고 강력히 권고하며 아버지에 관한 폭로가 밝혀지지 않도록 전력을 다해 막았다고 주장했다.[46] 아담스는 학대받는 가정에서 자란 자신의 이야기를 세상에 밝히기 시작하면서 뒤늦게 학대를 창궐하게 했던 침묵의 규약을 깨고 있었다. 그런데 왜 동생의 이야기가 폭로된 지 며칠이 지난 지금에서야 아버지에 대한 이야기를 꺼내는 것일까? 벨파스트의 한 정치부 기자는 "언론 담당 참모들에게 조언을 받아 그렇게 해야만 리암의 이야기에서 다른 이야기로 화제가 전환될 수 있다는 것을 알고 있었던 게 틀림없다"라고 썼다. 아담스는 뉴스 매체의 신진대사에 관해 비상할 정도로 잘 파악하고 있었다. 새로운 이야기가 "후속편을 제공하면서 새로운 반전을 주며" 심지어는 "아담스에게 연민을 불러일으킬 것"을 알고 있었다는 것이었다.[47]

실종자에 관해 질문받았을 때 아담스는 언제나 그 논란투성이 전술 배후의 의사결정 과정에 대해 전혀 아는 바가 없다고 단호히 부인했다. 그러나 결정은 내렸을 것이다. 1972년 말의 유혈이 낭자했던 그 기괴한 시절에도 급진파는 위계질서를 충실하게 지키는 조직이어서 핵심 간부의 승인 없이 무단으로 사람들을 실종시키는 것은 물론 처형도 할 수 없었기 때문이다.[48] 아무런 표시도 없는 무덤에 시체를 유기하는 것은 사고가 아니었다. 방침이었다. 돌러스 프라이스는 에드 몰로니에게 누군가를 실종시키게 하는 결정은 벨파스트 여단이 내린 것이라고 했다. "여단 참모가 착석해 철저히 논의했을 것"[49]이라고 그녀는 말했다. 그리고 제리 아담스는 여단장이었다.

앤트림주의 경찰서에서 경찰들은 아담스에게 보스턴 칼리지 인터뷰에 관해 물었다.[50] 짐작건대 그들은 프라이스와 휴즈 등등의 진술을 꼼꼼하게 검토하고는 벨파스트 여단의 구조에 관해 자신들이 알고 있는 바를 상세히 설명했을 것이다. 그러나 아담스는 그 모든 것에 대해 간단하고도 확고부동한 대답을 갖고 있었다. 그들의 논리에는 한 가지 문제가 있었다. 즉, 그는 1972년에 벨파스트 여단의 지휘관이 될 수 없었다. 애초에 IRA에 가담한 적이 없었기 때문이다. 아담스는 신문에서 살아남는 최선의 논리를 설명하면서 젊은 시절 체포되어 메이드스톤에 수감되기 전에 취조받았던 때를 상기시킨 적이 있었다. 그때 그는 자신의 이름이 제리 아담스가 아니라고 주구장창 주장했었다. 당시 모든 주장은 명백히 거짓이었지만 훗날 그것이 "그들의 취조를 견뎌내기 위한 버팀목"이기도 했다고 시인한 바 있다. 묵비권을 행사하는 것이 최선의 방침이라고, 그는 이미 젊었을 때 결정했다. 그래서 "설령 그들이 내가 누군지 알고 있더라도 상관없었다. 나는 그들이 말하는 사람이 내가 아니라는 것을 근거로 그들의 질문에 대답할 수가 없기 때문이다."[51]

* * *

어떤 다른 정당이나 어떤 다른 곳에서는 열 명의 자식을 둔 홀어미를 살해하고 암매장한 악명 높은 미제 사건과 연루된 정치인이 체포되는 것은 정치 경력에 신속하게 종지부를 찍는 것 이상의 의미를 가질 것이다. 그러나 제리 아담스는 특별한 경우였다. 신페인당은 비단 북아일랜드에서만이 아니라 공화국에서도 정당으로서 탄탄대로를 달리며 당 지도부의 야심찬 상상을 뛰어넘는 위상과 영향력을 성취한 바로 그 순간에도 당의 성쇠는 여전히 그 카리스마 넘치는 당대표의 성쇠와 불가분의 관계로 묶여 있는 것 같았다. 신페인당에는 최악의 "분쟁"이 끝난 뒤에 성장한 젊고 세련된 대표자들이 상당히 많았는데 그들은 명예를 손상시키는 무장폭력 세력이라는 오명을 품고 있지 않았다. 그 새로운 세대는 야망이 부족한 것은 아니었다. 그러나 그들은 IRA 노병들을 무대에서 끌어내리기를 꺼리거나, 혹은 그럴 수 없었다. 아담스가 소아성애자 동생의 사건을 효과적으로 덮었다는 사실이 드러났을 때 당내에서 그를 지지하지 않는다는 말을 누구도 공개적으로 입 밖에 내지 않았다.[52] 신페인당은 여전히 연합전선이라는 외양을 꾀하는 데 있어 타의 추종을 불허하는 능력을 유지하고 있었으며, 지도부는 이제 제리 아담스를 체포하는 것은 당 자체를 공격하는 것이나 다름없다고 주장하고 있었다.

밤사이에 한 미술팀이 폴스 로드의 담벼락에 새 벽화를 그려 놓았다. 미소 짓고 있는 아담스 곁에는 "평화 중재자, 지도자, 선지자"라는 문구가 써 있었다. 벽화를 처음으로 공개하기 위해 덮개를 벗기는 집회에서 마틴 맥기네스는 체포가 "정치적으로 편향되었다"라고 밝혔다. 그는 앞으로 몇 주 안으로 다가오는 지방정부 선거와 유럽연합 선거를 언급하면서 아담스에게 굴욕을 주는 시기가 신페인당의 선거 전망을 해치기 위해 고안된 것이라고 말했다. 맥기네스는 여전히 경찰 내부에 잔존하는 "적의를 품은 구 왕립얼스터보안대 잔당"을 비난하면서 이제 "정치적 비용이 얼마가 들든 해묵은 원한을 풀어야 한다"라고 주장했다.[53] 멀리 디비스 타워가 보이는 가운데 수백 명의 지지자들은 저마다 손에 "평화협정 수호, 제리 아담스 석방"이라는 문구가 쓰여진 플래카드를 들고 서성거리고 있었다. 문구 한가운데에는 아담스와 넬슨 만델라가 함께 찍은 사진이 있었다.[54]

맥기네스가 발언하는 동안 바로 옆에 덩치가 곰처럼 큰 남자가 서 있었다. 은발의 머리를 바짝 깎은 이마가 넓은 남자는 눈살을 찌푸린 채 껌을 씹으며 맥기네스가 읽고 있는 원고를 들고 있었다.[55] 오랫동안 IRA의 집행자로 일하면서 공화파계 내에서는 "빅 보비"라는 애칭으로 알려진 보비 스토리였다. 제리 아담스가 어떻게 평화 중재자라는 반감을 사는 미사여구를 얻고 있는지를 감안했을 때 빅 보비가 그 자리에 있는 것은 어울리지 않았다. 그는 1970년대 초에 십 대의 나이로 IRA에 가담했으며 최종적으로 감옥에서 20년을 복역했다.[56] 평화협정 후, 벨파스트에서 신페인당 의장이 되었지만 흔히 IRA 첩보대장으로 통했다. 실제로 그는 2002년 캐슬레이 청사 침입의 설계자로 명성이 자자했다.[57] 또한 2,600만 파운드를 강탈해 달아난 또 다른 강도사건인 노던뱅크 강도사건에도 연루된 것으로 널리 알려져 있었다.[58] 이는 당시 영국 역사상 최대 규모의 은행강도 사건이었다. 그리고 그 강도사건이 일어났던 때는 더욱 의미심장한 시기였다. 은행은 2004년 12월에 털렸는데 "성금요일협정"을 맺은 지 몇 년이 지난 해였던 것이다. IRA는 그때 더는 무기를 구입하기 위한 자금이 필요하지 않았다. 실제로 강도사건이 발생했을 때 조직은 무기를 포기하고 있었다. 그즈음에는 리드 신부의 감독하에 무기해체 과정이 거의 완료되었기 때문이다. 신페인당을 비판하는 사람들에게 그 강도사건은 IRA가 마피아 조직으로 변모했다는 인상을 굳히게 했다. 돌러스 프라이스는 강도사건의 여파에 대해 이렇게 썼다. "나를 구식이라고 불러도 상관없지만 상도덕이란 게 있기 마련이다. 전쟁이 끝났다고들 한다… 그런데 도대체 왜 그 돈이 필요하단 말인가?"[59]

빅 보비는 아담스의 최측근이었다. 그러나 그는 폭력배 같은 거동을 보였다.[61] 벽화 앞에 서서 마이크를 잡고 당국이 "감히 우리 당의 지도자를 건드리는"[62] 오만함에 관해 우렁차게 소리쳤다. 점점 분노가 솟구치면서 그는 외쳤다. "저 바깥에 있는 도당인 영국 정부, 아일랜드 정부에 전할 말이 있습니다." 그리고는 이렇게 말했다. "알다시피, 우린 사라진 게 아닙니다."[63]

벨파스트에서 그 말은 듣는 누구에게나 여지없이 울림을 주었다. 스토리는 다분히 의도적으로 "분쟁" 기간에 아담스가 했던 아주 유명한 어록을 인용하고 있었다.[64] 19년 전, 아담스가 연설할 때 어떤 사람이 야유를 퍼부으며 끼어들어 "IRA를 돌려내라!"라고 소리치자 아담스는 "그들은 사라지지 않았습니다, 알잖아요"라고 응수했었다. 빅 보비로부터 그런 말을 듣자 마이클 맥콘빌은 간담이 서늘해졌다. 맥콘빌 아이들은 보스턴 칼리지 녹음테이프를 입수하려고 추진해오고 있었으며[65] 제리 아담스가 체포됐다는 소식을 듣고는 한시름 놓고 있었다. 그런데 그 말에는 명백한 위협 같은 게 있었다.[66]

맥커스 역시 그 발언에서 순전한 협박을 보았다. "그는 신페인당이 사라졌다는 것을 뜻한 게 아니었습니다. 그가 뜻한 것은 IRA였습니다."[67] 벨파스트 프로젝트에 참여했던 사람들에게 그 메시지가 뜻하는 바는 명확했다. 리키 오라는 말했다. "나는 신페인당이라든가 정치 과정 따위는 관심도 없습니다. 나팔수들의 헛소리는 신경도 안 써요. 내가 신경쓰는 건 진실일 뿐입니다." 그렇지만 스토리는 제리 아담스뿐만 아니라 IRA를 거역하여 감히 자신들의 사연을 전하고자 하는 사람들에게 통보하고 있었다. 오라는 그 도시가 갑자기 안전하지 않다고 느꼈다. IRA 자체가 그에게 어떤 조처를 취하는 것을 승인할 필요도 없을 것 같았다. 일부 풋내기들은 스토리가 인용한 어록을 품고 얼른 동원 명령이 떨어져 지도부를 기쁘게 하기를 고대하며 이름을 떨치고 싶어 몸이 근질근질할 터였다.[68]

벨파스트 건물들 주변에 새로운 욕설이 낙서로 등장하기 시작했다. "보스턴 칼리지 ㅂㅈ나풀들."[89] 「선데이 월드」는 "보스턴 시한폭탄"이라는 제목의 기사에서 벨파스트 프로젝트에 대한 공화파계의 "공황 상태"를 자세히 설명하며 안토니 맥킨타이어와 인터뷰한 것으로 알려진 여러 사람들을 추가로 밝혔다. 예전에 IRA에 몸담았던 한 사람은 신문에 말했다. "맥커스는 무수한 왕립얼스터보안대 대원들도 하지 못한 일을 해냈습니다. 선량한 사람들을 ㅂㅈ나풀들로 만들어버렸어요."[90] 맥커스는 자녀들에게 누가 문을 두드려도 앞으로는 절대 대답해선 안 된다고 지시했으며, 폭발 장치가 장착된 흔적이 보이는지 차 밑을 확인해야 했다.[91]

나흘간 취조를 받은 뒤 풀려난 아담스는 선언했다. "진 맥콘빌 살해에 나를 연루시키려고 작정한 지속적이고 악의적이며 사실에 어긋나는 악랄한 작전입니다. 나는 맥콘빌 부인의 납치, 살해 및 매장과 관련, 어떤 죄도 범하지

벨파스트 담벼락에 쓰여진 낙서.

않았습니다."[72] 그는 기자회견에서 자신에 대한 혐의를 "날조"라고 맹렬히 비난하며 에드 몰로니에게 2010년에 돌러스 프라이스와 왜 후속 인터뷰를 했는지 설명해보라고 이의를 제기했다. 아담스는 브렌든 휴즈와 아이버 벨의 인터뷰와 함께 "나를 체포하기 위한 주축이 형성된 것이 바로 그 인터뷰였다"[73]라고 했다. 그러면서 이제 과거가 아닌 미래에 초점을 맞추는 것이 중요하다고 강조했다. 스토리의 발언에 비추어 봤을 때 다소 설득력이 떨어지지만 그는 "IRA는 사라졌습니다"라고 주장했다. "다 끝났습니다."[74]

* * *

북아일랜드경찰청은 아담스를 풀어준 후 그에 관한 자료를 공공기소국(경찰이 진행한 수사 및 경찰이 확보한 증거에 대해 공익의 대표자로서 기소 여부나 재판 진행 등 그 법률적 판단과 구형 등을 담당하고 있다. 우리나라 검찰처럼 행정부 소속 기관이 아니라 법조 조직에 속해 있을 뿐이다-옮긴이)에 송달했다.[75] 이제 기소국에서 살해혐의를 제기할 만한 충분한 증거가 존재하는지 여부를 결정하면 되었다. 아담스는 대단히 심각한 위기에 처해 있는 것처럼 보였다. 돌러스 프라이스로서는 그러한 전개가 분명 반길 만한 일이라고 말하는 게 타당할 터이다.

그러나 그 무렵, 프라이스는 이미 사망했다. 그녀는 관심도 없다고 주장하긴 했지만 미국에서 보스턴 칼리지 인터뷰를 두고 벌어지는 법정 싸움에 대해 잘 알고 있었다. 2012년 여름, 그녀는 말했다. "머릿속에서 그 생각을 치워버렸어요. 이젠 그 생각하느라 밤잠을 설치지 않으려고요."[76] 그렇지만 음주는 우울증처럼 더욱 심해졌다. 이듬해 1월, 그녀는 술에 취해 계단에서 넘어져 잠시 병원에 입원했다. 병원에서 퇴원해 말라하이드의 자택으로 돌아온 뒤에도 계속해서 술을 마시고 신경안정제를 복용했다. 그녀가 죽던 날, 아들인 대니는 아침에 집을 나서기 전에 그녀가 침대에 누워 잠들어 있는 것을 확인했다.[77] 그날 저녁 집으로 돌아왔을 때 그녀는 움직이지 않았다.[78] 나중에 그는 말했다. "숨을 쉬지 않았어요. 그 즉시 돌아가셨다는 걸 알았습니다." 검시한 결과 혈액에서 항우울제, 진정제, 항정신병약 성분이 복합적으로 검출되었다.(사망 당시 체내에 알코올 성분은 없었다.)[79] 향년 62세였다.[80]

1975년, 프라이스 자매는 어머니를 매장하려고 감옥에서 특별 휴가를 청원했을 때 승인을 거부당했다.[81] 그러나 2013년, 당국은 마리안이 몇 시간 동안 감옥을 나서는 것을 허락했다.[82] 그래서 슬리브갤리온 드라이브에 있는 본가에서 망자를 위해 밤을 새울 수 있었다. 다음 날, 앤더슨스타운 로드에 늘어선 가로등에 조기가 매달렸다.[83] 스티븐 레아와 아들들이 추적추적 찬비가 내리는 가운데 세인트 아그네스 성당으로 관을 운구하는 동안 사람들이 길게 행렬을 이루며 느릿느릿 따라갔다.

앞머리가 벗겨진 백발이 성성한 안경 쓴 사제가 위령 미사를 올렸다. 레이먼드 머리 예하였다. 돌러스와 마리안이 아마 교도소에 수감자로 있을 때 군종신부였으며, 1983년 돌러스와 스티븐이 아마 대성당에서 비밀 결혼식을 올렸을 때도 그 자리에 있었다. "참 희한한 방식으로 그녀는 돌러스(Dolours에는 sorrow, grief, 즉, 슬픔, 비탄이라는 뜻이 있으며, 밑에 나오는 것처럼 성모 마리아를 일컫기도 한다-옮긴이)라는 이름에 걸맞게 살았습니다. 틀림없이 성모 마리아 Our Lady of Sorrows를 경건하게 기리며 그녀에게 붙여진 세례명일 것입니다."[84] 그는 그녀가 어렸을 때 참여했던 학생 시위와 평생 고생하게 했던 단식투쟁을 회고했다.[85] 오랜 친구이자 공동피고인이었던 휴 피니도 미사에 참석했다. 그는 40년 전 자신과 제리 켈리가 돌러스와 마리안과 더불어 단식투쟁을 벌였던 일을 언급했다.[86] 이제 돌러스는 땅에 묻히고 있었고, 피니는 장례식에 있었으며, 마리안은 감옥으로 돌아갔고, 제리 켈리는 정치판에 있었다. 신페인당 정치인이 되어 프라이스와 사이가 틀어진 지 오래였던 켈리는 장례식에 참석하지 않았다. 프라이스의 옛 지휘관인 제리 아담스도 마찬가지였다.

바깥에서는 비가 억수같이 쏟아지고 있었다. 음산하고 바람이 휭휭 부는 겨울철 벨파스트의 날씨였다. 애도자들이 성당을 나서서 밀타운 묘지로 터벅터벅 걷기 시작하면서 검은 우산 수백 개가 펼쳐졌다. 관은 환한 삼색기로 감싸여 있었다. 잠시 거무스름한 우산의 물결 속에 안겨 있는 모습이 꼭 요동치는 바다에서 뗏목이 떠다니는 것 같았다.

"우리는 지난 40년간의 잔인한 전쟁과 죽음과 희생과 감옥과 비인간성이 우리 모두의 마음과 정신과 영혼에 계속 영향을 주지 않은 척할 수는 없습니다." 애도자들이 묘지에 다다르자 1960년대에 학생 시위를 주도했던 프라이스의 옛 친구 버나데트 데블린이 말했다. "그것은 우리의 가슴을 찢어지게 했고 우리의 몸을 망가뜨렸습니다. 우리의 전망을 바꾸어 버렸으며 매일매일을 힘들게 했습니다."[87]

이몬 맥캔도 맞은편 무덤가에서 추도사를 읊었다. 그는 프라이스의 모순에 대해 이야기하며 지난 40년간 그녀를 무척 아꼈다고 했다. "돌러스에게 큰 잘못이 있었다면, 다른 많은 사람들 또한 헌신했다고 주장했던 이상에 지나칠 정도로 절실하게 헌신하며 살았다는 것일 겁니다. 그녀는 해방군이었지만 정작 본인은 그러한 관념에서 해방된 적이 없었습니다."[88] 흠뻑 젖은 대지에 빗줄기가 세차게 쏟아지자 애도자들이 우산 밑에서 몸을 옹송그렸다. 맥캔이 말했다. "때로는 우리는 이상에 갇혀 있습니다."[89]

검시관이 대니 레아에게 어머니가 자살에 관해 이야기한 적이 있었냐고 물었을 때, 직접적인 의도를 갖고 표현한 적은 없었지만 "질환의 자기 파괴적 성질"[90]을 언급한 적은 있었다고 대답했다. 검시관은 자살 가능성을 배제했다. 편지나 쪽지도 없었다. 그러나 프라이스가 말년에 가깝게 지냈던 캐리 트위미는 그녀가 사실상 스스로 목숨을 끊었다고 여겼다. 트워미는 휴즈에 대해서도 "브렌든도 마찬가지예요. 그들은 여러 해에 걸쳐 자살했습니다"라고 했다.

"몸은 환상적인 기계라오." 휴즈는 보스턴 칼리지 인터뷰에서 맥커스에게 온몸이 녹초가 되었던 단식투쟁에 관해 되새기며 이런 말을 했었다. "먼저 모든 지방조직을 먹어 치운 다음에 근육을 조금씩 갉아먹기 시작한다오. 뇌를 살아있도록 하기 위해서지요." 휴즈와 프라이스는 단식투쟁에 종지부를 찍고 다시 사회에 통합되려고 시도한 지 오래되었음에도 해묵은 원한을 품고 있었으며 전쟁시의 최악의 혐오를 끝없이 재연했다. 어떤 의미에서는 그들은 스스로를 집어삼키는 일을 전혀 멈추지 않았다. 검시관 보고서에서 돌러스 프라이스의 공식 사인은 "과실사"였다.

무덤가에서 추도사를 마치자 애도자들은 침묵에 잠겼다.[93] 빗줄기가 세차게 휘몰아치는 소리와 머리 위 잿빛 하늘 저 멀리서 경찰 헬기가 맴돌며 우두두두- 내는 소리만이 있었다. 관이 땅속으로 내려가기 전에 누군가가 아일랜드 국기를 회수하더니 비에 흠뻑 젖은 환한 천을 곱게 접어 프라이스의 아들들에게 건네주었다.

다 지나간 일

2015년 가을, 테레사 빌리어스 북아일랜드 담당장관은 북아일랜드경찰청과 영국 정보부가 만들어낸 무장세력 활동에 관한 보고서를 공개했다. 보고서는 ""분쟁" 기간 동안 활동을 펼쳤던 모든 주요 무장세력 조직이 존속하고 있다" 라고 밝히면서 거기에 급진파 IRA가 포함되어 있다고 명시했다. 급진파는 "훨 씬 축소된 형태"이긴 하지만 본래의 기능을 계속하고 있으며, 여전히 무기를 입수하고 있었다. 빅 보비 스토리가 옳았다. 그들은 사라진 게 아니었다.

제리 아담스는 그 보고서를 "허튼소리"라고 일축했다. 그러나 격렬한 폭 발을 야기했다. 빌리어스가 주장한 한 가지는, 급진파 병사의 시각에서 볼 때 IRA 군 최고회의─수십 년 동안 무장투쟁을 지휘한 7인의 지도부로 구성된 기구─가 IRA뿐만 아니라 신페인당까지도 "포괄적인 전략을 갖고" 계속해서 통제한다는 것이었다. 비밀리에 배후에서 군이 여전히 상황을 지휘하고 있다 는 것이었다. 보고서는 조직이 더는 폭력활동에 종사하고 있지 않으며 현재 " 전적으로 정치에 초점을 맞추고 있음"을 나타내는 데 유의했다. 그렇다 하더라 도 한 칼럼니스트가 「아이리시 타임스」에서 제시했듯, 그것은 "복면을 쓴 남 녀가 정치 쇼를 상연하고 있다"는 생각을 강화하는 것 같았다.

"성금요일협정"을 맺은 지도 거의 20년이 지났다. 간간이 벌어지는 반체제적 공격을 제외하고 북아일랜드는 이제 평화로웠다. 그런데도 사회는 그 어느 때나 다름없이 분열되어 있는 것 같았다. 가톨릭교도와 개신교도 지역 사이의 경계선에는, 마치 대리석의 균열처럼, 도시 위를 정맥처럼 뻗어 나가는 소위 평화의 벽이라 불리는 철책이 세워져 있다. 사실 "분쟁"이 절정에 달했던 그 어느 때보다도 지금이 훨씬 더 평화의 벽이 많았다. 그 우뚝 솟은 구조물들은 도시의 인구를 마치 동물원의 동물들처럼 물리적으로 분리시킴으로써 어느 정도 평온을 유지하게 했다. 그러나 담벼락에는 여전히 고대 북유럽의 룬 문자로 쓴 것과 같은 비방하는 말들이 휘갈겨져 있었다. 예를 들어, 한쪽에는 가톨릭교도를 경멸하는 약어인 K.A.T., 즉 "가톨릭교도를 모조리 죽여버리자Kill all Taigs"가 쓰여 있었고, 또 한쪽에는 개신교도들을 언급하는 K.A.H., 즉 "야만인 훈족들을 모조리 죽여버리자Kill all Huns"와 같은 약어가 쓰여 있었다.

벨파스트 시내는 거의 세계 각지의 사람들로 북적거리는 것 같았다. 유럽의 번화한 다른 소도시에서 볼 수 있는 동일한 체인점들―워터스톤스(283개의 지점을 거느린 종합 대형서점-옮긴이), 카페 네로, 키엘(미국의 화장품 브랜드-옮긴이)―이 도시를 장악하고 있었다. 현지 영화제작 시설인 타이타닉 스튜디오는 텔레비전 드라마 "왕좌의 게임" 촬영지로 명소가 되었다. 심지어 관광객들에게는 "분쟁 관광"도 인기를 끌었다. 전투원이었던 택시운전사들은 유명한 전투와 순교자들과 무장괴한들이 그려진 벽화들에 대해 간략하게 설명하며 관광객들을 그 몹쓸 세월의 화약고로 안내했다. 그 효과는 "분쟁"을 머나먼 역사처럼 보이게 하는 것이었다.

그러나 진실은 대부분의 주민들이 여전히 종교로 선이 그어진 지역에 살고 있으며, 북아일랜드의 어린이들 중 90퍼센트 이상이 서로 분리된 초등학교에 계속 다닌다는 것이었다. 벨파스트의 일부 지역의 버스 정류장은 비공식적으로 가톨릭교도나 개신교도가 타는 곳이 지정되어 있으며, 사람들은 성가신 상황이 벌어질 염려가 없는 정류장에서 버스를 기다리려고 한두 블록을 더 걸어갔다. 개신교도 지역에는 수백 개의 영국 국기가 여전히 펄럭이는 반면, 가톨릭교도 지역에는 흔히 삼색기나 팔레스타인 국기로 장식되어 있었다. 팔레스타인 국기는 연대의 표시이기도 했지만 바로 지금 이 순간에도 북아일랜드의 많은 공화파들이 스스로를 점령당한 인민들로 여긴다는 표식이기도 했다. 한때 미국의 외교관 리처드 하스는 평화협정에서 미해결인 채로 남아 있는 문제들에 대해 일련의 다자간 협상을 주재했다. 그러나 회담은 국기 문제로 적지 않은 진통을 겪었다.[5] 벨파스트에는 종파 중심주의와 그에 따르는 장식적 요소들이 강력하게 남아 있었기에 그 상징물들의 전시를 통제하는 방법에 대해 여러 면에서 의견의 일치를 볼 수 없었다. 2012년, 벨파스트 시의회가 투표로 영국 국기를 시청에 게양할 수 있는 일수를 제한하자 시위대가 건물을 덮치려 했고, 시 전역에서 통합론주의자 시위대가 벽돌과 화염병을 던지는 등 폭동이 일어났다.[6]

이렇듯 계속되는 불화를 감안하여 빌리어스 보고서는 대단히 흥미로운 소견을 한 가지 내놓았다. "휴전 선언 이래 이 무장세력 단체들의 존재와 결속은 극단적 폭력에서 정치적 진보로의 이행을 가능하게 하는 데 중요한 역할을 했다." 그것은 반직관적인 발견이었으며, 그 보고서를 반기는 빗발치는 언론 보도에서 간과되었을 정도로 미묘한 사안이었다. 공화파와 왕당파 집단이 계속해서 존재하는 것은 평화협정에 해를 끼치는 게 아니라 오히려 도움을 준다는 것이었다. 보고서는 그러한 여러 단체가 조직원들에게 "영향을 미치고 저지하고 관리할" 수 있었던 것은 그렇듯 지속적 위계질서가 부여한 "권위" 때문이었다며 "오늘날까지 반대 의견이 제한적으로만 나타났던" 이유는 "지도부"가 신속히 다룰 수 있었기 때문이라고 지적했다.

브렌든 휴즈에게나 돌러스 프라이스 혹은 마리안 프라이스 혹은 안토니 맥킨타이어에게 반대 의견을 용납하지 않는 신페인당의 경향은 사익적이고 자유를 제한하고 잔인해 보였다. 그러나 빌리어스 보고서에서 제시했듯, 그렇듯 무자비한 규율—과 아일랜드 공화주의는 국외자에게는 관용을 베풀면 안 되는 거대한 단일조직이어야 한다는 주장—을 통해서만이 아담스와 그의 측근들은 불붙기 쉬운 상황에 뚜껑을 덮어둠으로써 전쟁이 재점화되는 것을 간신히 막을 수 있었을 것이다.

* * *

빌리어스 보고서가 공개될 무렵, 벨파스트에서 기소인들은 진 맥콘빌 살해와 관련하여 아이버 벨을 재판에 부치겠다고 발표했다. 정부 변호사는 "현재 피고를 기소하겠다는 결정이 내려졌다"라고 했다. 카디건을 입은 팔순이 다 된 벨은 등이 구부정한 노인이었다. 새하얀 콧수염에 성긴 눈썹이 꼭 늙은 마법사 같았다. 법원 계단을 오르는 것도 힘겨워 보였다. 그러나 일이 그렇게 전개되는 것은 체포되었다가 풀려나긴 했지만 아직 기소되지 않은 제리 아담스에게는 위험한 전환을 예고하는 신호일 수 있는 것처럼 보였다. 벨이 진 맥콘빌의 살해를 "방조한" 혐의로 재판을 받는다면 과연 누가 실제로 살해를 명령했는지, 또 누가 실제로 살해를 집행했는지에 관해 언급하는 증언이 나올 터였다. 보비 스토리처럼 일부 충실한 신페인당 당원은 당수를 보호하려고 기꺼이 감옥에 갈지 모르지만 벨은 아담스에게 전혀 충성을 바치지 않았다.

"분쟁" 초기 시절 벨과 아담스는 동지였다. 그들은 벨파스트 여단에서 긴밀하게 협력했고 롱 케시 교도소에서도 함께 복역했다. 1972년에 있었던 평화회담도 아담스가 감옥에서 석방되어야만 가능하다고 주장했던 이도 벨이었으며, 아담스와 함께 런던으로 간 이도 바로 벨이었다. 벨은 물리력에 대한 열렬한 지지자로, 리비아의 무아마르 알 카다피에게 IRA의 "대사" 역할을 하면서 국제사회에서 따돌림당하는 리비아에서 중화기들을 대량 선적해 입수했었다.[10] 1980년대 중반에 이르러 그는 IRA 참모총장 자리까지 올라갔다. 그러나 신페인당이 보비 샌즈의 단식투쟁 기간 동안 선거 접근방식을 수용하여 공직 후보자로 다른 후보자들을 출마시키기 시작한 후 벨은 자원과 관심이 무장투쟁에서 의석 확보 활동으로 전환되고 있다는 우려감이 점점 커져 갔다.[11] 투표함은 넘쳐났고 아말라이트 소총은 부족했다. 결국 벨과 일부 동지들은 그 전략에 점점 의구심을 품으면서 제리 아담스를 전복시킬 음모를 꾸몄다. 그러나 변절을 꾀한다는 말이 아담스의 귀에 들어갔으며 그는 신속하게 벨을 반역행위에 대한 대가로 군법회의에 회부했다. 사형선고로 이어질 수 있는 혐의였다. 벨은 유죄로 판결났지만 처벌받게 되었을 때 아담스가—옛 친구에 대한 충성심에서 나온 것이었든 아니면 그러한 조치에 대한 대중의 시선을 고려해서 나온 것이었든—돕고 나서서 목숨을 구해주었다. 그렇지만 여전히 사형선고를 받을 수 있다는 걱정이 뇌리에서 떠나지 않은 벨은 운동에서 물러나 서벨파스트에서 조용한 삶을 살았다.[12] 이후로는 IRA에서의 경험에 관해 기자들과 이야기하는 것을 거부했다. 1990년대에 빅 보비 스토리가 이전 급진파들에게 진 맥콘빌 사건에 관해 아는 것을 여기저기 묻고 돌아다닐 때 벨은 도우려 하지 않았다. 그는 돌러스 프라이스와 동일 선상에서 "가서 제리에서 물어보쇼"라고 했다. "그가 제일 잘 아니까."[13]

사실 벨이 IRA에서의 이력에 대해 소상히 이야기하고 선뜻 녹음을 했던 것은 단 하나의 맥락에서만이었다. 안토니 맥킨타이어와만 벨파스트 프로젝트를 위한 구술사 인터뷰에 참여한다는 것이 그것이었다. 법정에서 기소인은 벨파스트 프로젝트에 참여해 보스턴 칼리지 녹음테이프에서 "Z"로만 지칭된 어떤 사람이 맥콘빌 살해에서 맡았던 역할을 인정했다고 밝혔다.[14] (벨에 대한

혐의는 결국 살인을 "방조한" 혐의에서 "청탁한" 혐의로 바뀌었다.)[15]

그러나 벨의 변호사인 피터 코리건이라는 저명한 벨파스트 변호사는 보스턴 테이프들이 "전혀 증거로 채택할 수 없다"는 논지를 펼쳤다. 구술사 기록물은 "교육적이고 학술적인 프로젝트지만 부정확한 것투성이"며 그렇기에 대단히 "신뢰할 수 없고 주관적"[17]이라 형사 사건에서 증거에 필요한 엄격한 기준에 부합되지 않는다고 주장했다. 코리건은 어떤 경우에도 자신의 의뢰인은 맥콘빌이 납치된 해인 1972년에 벨파스트에 있은 적이 없으며 이를 증명할 알리바이도 제시할 수 있다고 했다.[18]

그렇지만 그러한 주장은 벨을 변호하는 보다 주요한 주장을 과감하게 밀고 나가는 것에 비하면 부차적인 것이었다. 즉, 벨이 "Z"가 아니라는 주장을 밀고 나가기로 했다. 맥커스는 벨파스트 프로젝트 인터뷰를 진행할 때 녹음물과 녹취록에 절대 인터뷰 대상자의 실명을 첨부하지 않고 알파벳 암호명만 첨부했다. 각 개인의 실제 신원은 별도의 서식 형태로 실려 있었다. 그 서식은 암호명을 실명으로 옮긴 유일한 문서였다. 실명은 아주 민감한 사안이라 컴퓨터로 전송하지 않고 번스 도서관 관장인 밥 오닐에게 직접 건넸다. 그런데 이제 그사이 몇 년이 흐르는 동안 보스턴 칼리지는 "Z" 문서를 포함하여 일부 문서를 분실했다는 사실이 드러났다. 기소인들은 Z라는 이름의 인터뷰 대상자가 실제로 아이버 벨이라는 것을 증명할 수 있는 어떤 문서도 꺼내 보일 수 없었다. 당연히 에드 몰로니와 안토니 맥킨타이어는 Z가 누구인지 정확히 알고 있었다. 그러나 그들은 이미 법정에 협력할 의사가 눈곱만큼도 없음을 밝혔다. 피터 코리건은 그것이 "사건의 쟁점"이라고 했다. "녹음테이프에 나온 Z라는 사람이 아이버 벨입니까? 입증할 수 없습니다."[20]

이 대담한 수에 어안이 벙벙해진 기소인들은 음성분석가를 소환하겠다고 발표했다.[21] "법음성학" 전문가들은 때때로 법정에서 증언하는데 그들은 음색과 음성 주파수뿐만 아니라 어휘, 구문, "음—"과 "아—"와 같은 특유의 추임새 사용까지 비교했다.[22] 그렇지만 벨이 자신이 Z가 아니라고 말하는 것은 제리 아담스가 IRA에 몸담은 적이 없다고 말하는 것과 상당히 유사한 구석이 있었다. 소극으로 변한 허위였기 때문이다. 벨파스트 프로젝트 참여자들 대부분은 몇 시간이고 쉬지 않고 맥커스와 이야기를 나누었으며, 맥커스는 친구에게 세심하게 배려하는 식으로 이름을 부르거나 종종 자기도 모르게 이름이 새어 나오곤 했다. 따라서 Z 녹음물에는 맥커스가 Z를 아이버라고 지칭한 경우가 포함되었을 가능성이 높다. 게다가 벨의 나머지 인터뷰 맥락으로 보건대 Z라는 것을 부인하는 것은 불가능했다.[23] 1972년 평화회담에 아담스와 동행한 IRA 조직원이 몇이나 되며, 또 리비아에 대사 역할을 한 조직원이 몇이나 되겠는가? 그러다 IRA 참모총장이 되고, 이후에 반역행위에 대한 대가로 군법회의에 회부된 조직원이 몇이나 되겠는가?

　음성분석가는 결국 Z가 아이버 벨일 "가능성이 높다"라고 증언했다. 그러나 코리건은 정부가 자신의 의뢰인이 Z라는 것을 입증할 수 있다고 해도 여전히 혐의에 대해 무죄라고 주장했다. 코리건은 녹음 내용 자체를 들어보면 "Z가 진 맥콘빌 살인에 연루되지 않았다는 것을 명확하게 진술하고 있다"[24]라고 제시했다. 북아일랜드경찰청의 한 형사는 자신도 그 인터뷰를 들었는데 Z가 "살인을 방조하고 교사하고 조언하고 알선하는 데 중대한 역할을 했다"[25]는 것을 인정했다며 그 주장에 동의하지 않았다.

　이 사건을 방조죄에 초점을 맞추려 한다면 여전히 질문은 남아 있게 된다. 누구를 방조했는가? 브렌든 휴즈와 돌러스 프라이스 둘 다 살인을 명령한 사람이 아담스라는 주장을 굽히지 않았었다. 그러나 이제 아담스는 기소당할 염려가 없어 보였다. 2014년 북아일랜드경찰청에서 취조받은 후, 그에 관한 자료는 기소국으로 송달되었다. 그러나 배라 맥그로리라는 기소국장(범죄 혐의자의 기소 여부를 결정하는 직위-옮긴이)은 그 사건을 기피해야만 했다.[26] 아버지 또한 변호사였는데 이전에 아담스를 변호했었기 때문이다. 이런 종류의 잠재적 이해충돌은 북아일랜드 도처에 있었다. 아담스 체포에 대한 결정을 승인한 북아일랜드경찰청 간부는 드류 해리스라는 사람이었다.[27] 그의 아버지는 IRA에게 살해당했다. 그렇지만 기소인들은 보스턴 칼리지 녹음테이프들을 들은 후 아담스에 대한 증거가 입증되지 않은 혐의에 해당한다고 결론지으며 따라서 기소의 근거가 성립될 수 없다고 했다.[28] 정말로 아담스가 진 맥콘빌의 처형을 명령했더라도 이 결정으로 인해 그는 공식적으로 살인에 관한 처벌을 모면하게 되었다. 구술사 인터뷰에서 본인이 연루되었음을 시사하는 발언은 기소하는 데 이용될 수 있는 반면 다른 사람이 연루되었음을 시사하는 발언은 기소하는 데 이용될 수 없는 것으로 보였다. 아이버 벨은 아담스가 젊은 시절 이래 그토록 확고히 고수했던 신조에 주의를 기울였더라면 좋았을 것이다. "절대 아무 말도 하지 마라." 그랬더라면 스스로를 구할 수 있었을 것이다.

* * *

폭력의 역사를 공유한 책임은 누가 져야 하는가? 그것은 북아일랜드 전체를 오랫동안 괴롭히고 있는 질문이었다. 피터 코리건은 아이버 벨에 대해 이렇게 말했다. "내 의뢰인은 법 앞에서 평등하게 대우받을 권리가 있습니다." 그는 "피의 일요일"에 비무장한 민간인들에게 발포한 영국 군인들에게도 동일한 정의가 적용될 것인가?라고 물었다. "모든 사람이 충돌 관련 범죄에 대해 평등하게 대우받아야죠, 안 그래요?"[29] 과거사를 다루기 위해 만들어진 어떤 구조적 장치도 없었기에 수십 년 된 잔혹행위에 대한 공식적인 접근법은 완전히 주먹구구식이었으며 이는 모든 사람들을 불만족스럽게 했다. 경찰 옴부즈맨과 정부의 특별조사위원회가 조사와 수사에 착수했다. 과거사는 형사사법제도에서 대형 사건이었다. 벨파스트 신문들은 현재 재조사되어야 할 새로운 미제 사건들을 연일 싣고 있었다. 북아일랜드경찰청에는 "분쟁" 관련 범죄만 수사하는 데 전담하는 "유산" 부서가 있었다.[30] 밀린 사건이 거의 천 건에 달했다.

설령 사람들이 당연히 경찰의 선의와 의도를 받아들인다 해도—많은 경우 그렇지 않았지만—편향되었다는 비난을 듣지 않으면서 그러한 프로젝트에 착수할 방법은 없었다. 당국은 한정된 자원을 갖고 있었다. 예산은 대폭 삭감되고 있었다. 그리고 경찰은 실질적으로 오늘날에도 북아일랜드를 계속해서 감시해야 했다. "유산" 부서 형사들에게 그것은 때로는 영화 「환상특급」의 시나리오처럼 살아가고 있는 것처럼 보일 수 있었다. 일터 바깥에서의 삶은 2018년이지만 직업에서의 삶은 언제나 1973년 혹은 1989년 혹은 먼 과거에 피 흘리던 순간이었다. 부서의 부서장은 마크 해밀턴이라는 가톨릭교도 경찰로 구 왕립얼스터보안대에서 몇 안 되는 가톨릭교도 경찰의 아들이었다. 1994년, 해밀턴이 경찰이 되었을 때쯤에는 이미 평화협정이 진행 중이었다. 그는 "휴전 경찰"이라고 농담 삼아 말하곤 했다. 그는 그저 보통 경찰관이 되고 싶었을 뿐이었다. "분쟁"으로 소송에 소송을 반복하는 경찰로서의 이력을 보내고 싶지 않았다.

때때로 해밀턴은 경찰 대표로 오래전에 벌어졌던 이런저런 유혈사태와 관련된 청문회에 출석해 남 대신 비난받는 역할도 충실히 해냈다. 수십 년 동안 답변이 없어 고통을 겪어 왔던 슬픔에 빠진 유족들은 그에게 좌절감을 표출하곤 했다. 유족들은 당국을 신뢰하지 않았으며 신뢰하지 못할 이유가 충분하다고 느꼈다. 그에게 욕설을 퍼붓는 일도 잦았다. 대개는 그저 묵묵히 받아들였다. 그것은 직업의 일부였으며, 그는 폭력에 의해 삶이 뒤집혀버린 희생자들의 마음을 깊이 이해했다. 그러나 때로는 항의할 때도 있었다. 그는 이렇게 말했다. "그 범죄가 발생했을 때 나는 아기였어요. 기저귀를 차고 있었다고요. 나는 이 자리에서 적이 아닙니다."[31]

때로는 역사적 수사가 대단히 중요하거나 혹은 대단히 민감해서 아예 부서 전체를 차출해야 하기도 했다. 2016년, "스테이크나이프"에 대한 새로운 수사가 착수되었다. 잉글랜드의 베드퍼드셔주 지방 경찰청장인 존 부처가 이끄는 팀에 3천만 파운드가 넘는 예산으로 5년에 걸쳐 50명의 형사들이 투입되었다. "시간의 경과와 이러한 범죄의 성질이라는 이 두 가지로 인해 진실은 찾기 어렵고 교묘히 달아나는 사냥감이 될 것"[32]임을 부처는 인정했다.

프레디 스카파티치와 그의 영국인 관리자들이 공모한 것으로 보이는 수십 건의 살인사건에 대해 그들에게 결코 책임을 지게 할 수 없을 거라고 믿을 만한 근거가 있었다. 전하는 바에 따르면 스카파티치는 현재 그를 수사하고 있다고 주장하는 바로 그 정부가 운영하는 증인보호 프로그램하에서 가명으로 살면서 여전히 숨어 있었다.[33] 그러나 2018년 1월, 그는 영국 경찰에 의해 검거되었다. 부처는 세심하게 신경써서 쓴 성명서를 발표했다. "72세 노인이 체포되었습니다. 그는 현재 모처에 구금되어 있습니다."[34] 스카파티치는 며칠간 취조를 받은 후 무혐의로 풀려났다.[35] 영국 당국이 스테이크나이프 음모에 대한 진상을 규명하는 것은 요원한 일일 듯싶었다. 그렇게 하면 영국이 연루되었다는 것을 철저히 보여주기 때문이었다.

스카파티치는 또한 기소하기에 위험한 인물이기도 했다. "너팅 스쿼드"가 저지른 학살과 관련, 여왕의 정부(Her Majesty's Government, 영국 정부를 말함-옮긴이)가 어느 정도로 묵인하거나 조장했는지에 대해 그가 알고 있다는 것을 알기 때문이었다. 정부로서는 스테이크나이프가 이야기를 시작할 필요가 있다고 느끼는 자리에 앉히는 것은 극도로 위험한 일일 터였다. 전 IRA 동지들에 관한 한, 스카파티치는 유사한 면책특권을 누렸을지도 모른다. 그는 너무 많은 사람들에 대해 너무 많은 것을 알고 있었다. 어쩌면 무슨 일이 일어날 경우에 대비해 어디 안전한 곳에 비밀 증거인 자료 일체를 은닉하고 있다가 공개할지도 모를 터였다.[36] 2017년 봄, 스카파티치의 아버지가 사망했을 때 벨파스트에는 그가 장례식에 참석하려고 슬그머니 마을로 들어왔다는 소문이 돌았다.[37] 장례행렬은 가족이 장사하던 아이스크림 트럭이 이끌었다.[38] IRA 최악의 끄나풀에게 원한이 사무친 사람이라면 그를 대면할 수 있는 절호의 기회였을 것이다. 그러나 설령 그가 그곳에 있었어도 아무도 그러지 못했을 것이다.

　스카파티치는 형사상으로 기소되지는 않더라도 고소당할 수는 있었다. 형사사법제도가 남긴 형사상 책임의 공백 상태에서 민사 변호사들은 의뢰인들과 계약을 맺어 민사소송을 제기하는 방법을 취했다.[39] 수많은 희생자 유족이 스카파티치를 상대로 소송을 개시했다.[40] 억류 중 고문을 당했던 "두건이 씌워진 남자들" 또한 이전에 자신들을 억류했던 자들에 대한 소송을 추진하고 있었다. 2015년, 대對반란계획 권위자인 프랭크 킷슨 준장도 고소당했다. 퇴역한 지 오래된, 이제는 노인이었다. 그는 2002년에 잠시 다시 수면 위로 떠올랐었다. "피의 일요일" 사건에 대한 조사에 들어가기에 앞서 증언하는 자리에서 그는 열세 명의 비무장 민간인에게 발포한 공수부대 대원들을 "지체 없이 뛰어들 준비가 된 진짜 사나이"[41] 부대라고 칭송했다. 하지만 그때 말고는 조용한 삶을 살았다. 최근에는 아내인 엘리자베스 킷슨이 젊었을 때 키웠던 전시용 조랑말에 관한 감상적인 책을 쓰는 것을 돕고 있었다.[42]

　메리 히넌이라는 여성이 킷슨을 고소했다.[43] 그녀의 남편은 1973년 왕당파에게 살해당했다. "아무도 신경쓰지 않았어요. 우린 거기에 덩그러니 내버려져 있었지요. 우린 아무것도 몰랐어요." 히넌은 소송에서 킷슨이 "분쟁" 초기 시절 영국의 대반란계획 전략의 설계자로서 "국가 요원들이 살인사건에 연루되는지 여부에 대해 개의치 않았다"라고 주장했다. 노인을 상대로 그런 소송에 시달리게 하는 것이 적절한지 이의를 제기하자 88세의 허년은 "킷슨이 나보다 한 살 어리다"라고 지적했다.

"작은 준장" 킷슨은 1973년에는 벌써 아일랜드를 떠났을 때라면서 혐의를 부인했다. 그는 "분쟁"에서 단순히 부대의 사단장이었을 뿐 영국의 전략에 대해 공식적인 정책을 수립하거나 더욱 광범위하게 추진한 데 대해 비난받을 만한 위치에 있지 않았다고 따졌다. 그는 "우리는 절대 무장세력 폭력배들을 쓰라고 부추긴 적이 없다"라고 궁색하게 덧붙였다.

* * *

경찰과 기소인들이 전 영국 군인들을 상대로 소송을 제기했을 때 그들은 어려운 환경에서 묵묵히 주어진 일만 하고자 했던 청년들을 상대로 "마녀 사냥"을 벌인다며 비난받았다. 그렇듯 편향적이라는 비난에 대해 배라 맥그로리 기소국장은 "불균형적으로 접근한" 적은 없으며 테러범의 잔혹행위에 대한 수사가 국가를 상대로 한 소송보다 훨씬 더 건수가 많다고 응수했다. 하지만 그것 자체가 일종의 편견 아니었을까? 공화파가 저지른 살인들과 왕당파가 저지른 살인들의 수를 조사해서 서로 대응시키는 게 적절한 것일까? 완벽한 일대일 비율로는 절대 충족될 수 없는 것 아닐까? 북아일랜드 사람들은 "희생자 계급"의 위험성에 관해 이야기했다. 분노는 잔혹행위의 성질에 의해서가 아니라 피해자와 가해자가 어디에 소속되어 있냐에 의해 좌우된다. 법적으로 말하자면, 국가는 물리력의 합법적인 사용에 대한 독점권을 갖고 있기 때문에 더욱 관대함을 부여받아야 하는 걸까? 혹은, 역으로, 우리는 군인이나 경찰을 무장세력보다 한층 더 높은 기준에 맞추어야 하는 걸까?

어떤 학자에 따르면,[51] "분쟁"에서 "이상적인 희생자"는 전투원이 아니라 수동적인 민간인이었다고 한다. 많은 사람들에게 진 맥콘빌은 완벽한 희생자였다. 즉, 열 명의 자식을 둔 어머니이자 홀어미였다. 또 다른 사람들에게 진 맥콘빌은 결코 희생자가 아니라 스스로 명을 자초한 대리 전투원이었다. 물론, 논의를 진척시키기 위해, 설령 맥콘빌이 정보원이었다는 것을 인정한다 하더라도 그녀의 살해와 실종이 정당화되어야 하는 도덕적 세계는 없다. 사람이 비극을 어떻게 인식하는가는 그가 어디에 자리하느냐에 따라 영원히 좌우되어야 하는 문제일까? 인류학자 클로드 레비-스트로스는 "대부분의 인간 종들에게, 그리고 수만 년의 세월 동안, 인류가 지구상에 있는 모든 인간을 포함한다는 생각은 전혀 존재하지 않는다. 그 명칭은 각 부족 혹은 언어학상 집단의 경계에서 멈추기도 하고 때로는 심지어 마을 끝자락에서도 멈춘다"[52]라고 말한 바 있다. "분쟁"에 관한 이야기가 나올 때면 충돌하는 두 집단 사이에서 서로를 비난하며 "그래서 너는 어떻고?"라고 알려진 현상이 확고히 자리 잡았다. 진 맥콘빌이라는 이름을 입 밖에 내면 누군가는 말한다. "피의 일요일은 어떻고?" 그러면 그 말에 이어 이렇게 말할 수 있다. "피의 금요일은 어떻고?" 그러면 또 사람들은 그 말에 이어 이렇게 말할 수 있다. "팻 피누케인은 어떻고? 라 몽(1978년 급진파 IRA가 폭탄 공격을 한 레스토랑-옮긴이) 폭탄테러는 어떻고? 발리머피 대학살은 어떻고? 에니스킬른은 어떻고? 맥거크 술집(1971년 왕당파 무장세력이 일으킨 폭탄테러 사건-옮긴이)은 어떻고? 이건, 저건, 또 저건 어떻고?"

북아일랜드경찰청이 진 맥콘빌의 살인과 관련된 보스턴 칼리지 녹음테이프들을 구하고 있다는 사실이 드러난 후, 경찰에 대해 편향적이라고 비난하는 사람들도 있었다. 적의를 품은 구 왕립얼스터보안대 잔당들이 이길 수 없는 상대인 제리 아담스를 잡으려는 최후의 시도로 정의를 왜곡하고 있다고 했다. 경찰이 역사적 범죄에 관심이 있다면 왕당파 인터뷰들도 요청하지 그래? 왕당파들 역시 "분쟁" 기간 동안 무수한 살인을 저질렀다. 보스턴 칼리지는 자체적으로 성명을 통해 경찰이 "왕당파 무장세력인 얼스터 의용군 조직원들의 녹음테이프들을 무시"[53]함으로써 소환장이 정치적 동기에 기인한 것이라는 혐의에 신빙성을 더하고 있다고 밝혔다. 이러한 비판에 대한 영국 정부의 반응은 공화파 인터뷰들에 대한 요청을 철회하는 것이 아니라, 보스턴 칼리지가 실질적으로 그렇게 하도록 권유했듯, 왕당파 인터뷰들을 넘기라고 요청하는 것이었다.

경찰은 윈스턴 처칠 레아의 녹음물에 대해 새 소환장을 발부했다.[54] 한때 "레드 핸드 코만도(RHC, Red Hand Commando. 북아일랜드의 소규모 비밀무장단체로 얼스터 의용군과 밀접한 관계가 있었다. 목표는 IRA와 싸우는 것이었다-옮긴이)"라고 불리는 무장단체의 조직원이었다. 레아는―오해의 소지가 있을 정도로 무해한―"윙키"라는 별명으로 통했는데 (윈스턴 처칠은 말할 것도 없고) 스티븐 레아와도 아무런 관련이 없는 사람이다. 그는 보스턴 칼리지가 자신의 녹음테이프를 넘기는 것을 막으려고 법적 이의신청을 제기했다. 하지만 몰로니와 맥커스가 했던 것보다 별반 나을 게 없었으며, 테이프는 경찰에 건네졌다. 레아는 결국 1991년에 있었던 두 명의 가톨릭교도 살해 음모를 포함하여 여러 범죄 혐의로 기소되었다. 혐의를 부인하려고 법정에 나타났을 때 그는 휠체어를 타고 있었다.[55] 희부연 눈동자에 흰 수염은 까칠하게 자라 있었고 상체는 앞으로 구부정했다. 에드 몰로니는 성명서에서 "북아일랜드경찰청이 보스턴 칼리지 녹음테이프들을 쫓는 과정에서 공명정대하다는 것을 보여주려는 가소로운 시도"라고 매도했다. 몰로니는 윙키 레아가 "형식상 개신교도도 혐의를 받는다는 것을 보여주려는 징표"[56]라고 했다.

안토니 맥킨타이어 또한 레아를 기소하려고 애쓰는 모습을 신랄하게 비판했다. 그는 당국이 "분쟁" 기간 동안 실제로 일어났던 일에 대해 용기 내어 말하는 사람에게 살인 혐의로 소송을 제기한다면 진실이 어떻게 세상에 밝혀지겠냐고 물었다. 그는 한 인터뷰에서 다음과 같이 말했다. "나는 북아일랜드경찰청의 입장이 진실을 입수하기 보다는 진실을 기소하는 것에 있다고 평하겠습니다."[57]

북아일랜드경찰청은 맥커스의 비판을 잘 인식하고 있었다. 경찰 내부에서는 그의 공개 비판을 면밀히 주시하고 있었다. 그는 말이 많은 유형이었다. 기자들에게 말을 거는 것을 즐겼으며 기자들도 그에게 말을 거는 것을 좋아했다. 권력에 대한 진실을 말한다는 생각에 애착을 갖고 있다는 점을 감안했을 때, 그는 당국의 배신에 관한 한 잠자코 있을 사람이 아니었다. 그러나 북아일랜드경찰청은 맥커스가 2014년 한 텔레비전 인터뷰에서 흘린 말에 각별한 관심을 가졌다. 그는 보스턴 기록물의 민감성과 기밀성을 주제로 한 인터뷰에서 "자세히 설명하지는 않겠지만, 위험에 노출된 다른 사람만큼이나 나도 정확히 똑같은 위험에 노출되어 있습니다"[58]라고 했다.

맥커스는 인터뷰 진행자로서 공화파 구술사를 수집한 것만은 아니었다. 본인도 직접 구술사를 녹음했다. 한 북아일랜드경찰청 형사는 공공기소국에 보낸 문서에서 텔레비전 인터뷰를 인용하며 "그는 자신이 벌인 테러 활동을 논했을 뿐만 아니라… 북아일랜드경찰청이 인터뷰 내용을 입수하는 것도 반대하고 있다. 인터뷰들이 수사관들에게 공개되면 그 결과 기소될 수 있다는 두려움이 은연 중에 내포되어 있기 때문인 것으로 보인다"[59]라고 지적했다.

2016년 4월 어느 날, 맥커스는 드로히다에 있는 자택에 있다가 보스턴의 변호사에게서 온 이메일을 열었다.[60] "보스턴 칼리지는 귀하의 벨파스트 프로젝트 인터뷰를 요구하는 소환장을 첨부했음을 알려드리고자 편지를 씁니다." 당국은 맥커스가 수감되어 있던 1978년에 무장세력 조직의 일원으로 있으면서 모조 총기를 소지한 것에서부터 벨파스트에서 파이프 폭탄을 터트린 작전에 관여한 것에 이르기까지 여러 다양한 범죄에 연루되어 있다고 주장하고 있었다.[61] 맥커스는 겁에 질렸다. 구술사 전체가 금지된 조직에서 지낸 세월의 연대기였기 때문이다. 다른 전 무장세력들의 진술과 마찬가지로 그의 진술도 그간 자신이 저지른 불법적인 이야기들로 가득했다. 정부 관리들이 그를 구인하겠다고 나선다면—그는 그럴 거라고 믿었다—그리고 그러한 여러 범죄에 대해 공소시효가 없다면, 정부는 그가 진술한 구술사에서 만족스럽게 정보를 낚아채 영구히 날조된 혐의로 그를 기소할 터였다.[62]

맥커스의 견해에 따르면, 정부가 악의를 갖고 있다는 것을 가장 잘 보여주는 것이 바로 자신을 상대로 부당한 혐의를 뒤집어씌우는 것이라고 했다. 경찰이 실제로 경찰 기록을 제대로 확인했더라면 자신이 파이프 폭탄테러에 가담할 수 없었다는 사실을 발견했을 거라고 했다.[63] 그 사건이 발생했을 당시 그는 유치장에 갇혀 있었기 때문이다. 당국은 최종적으로는 그를 상대로 공식적인 소송 절차를 밟을 것 같지는 않았지만 그렇다고 해서 위안이 되는 것은 아니었다. 맥커스와 아내인 캐리 둘 다 한동안 실직상태로 있었기 때문이다. 그들에게는 먹여 살려야 할 자식들이 있었으며, 벨파스트 프로젝트의 여파를 다루는 데 사실상 10년의 세월의 대부분을 보냈다. 그들은 IRA가 보복할까 봐 두려움이 끊이질 않았으며, 이제는—맥커스는 확신했다—순전히 보복하려는 동기를 가진 정부와 싸워야 했다. 북아일랜드경찰청을 공개 비판한 것에 대한 보복일 뿐만 아니라 Z를 식별하는 데 당국에 협력하기를 거부한 데서 기인한 보복이기도 했다. 그는 애당초 역사를 건드리지 않고 벨파스트 프로젝트를 떠맡지 않았더라면 얼마나 좋았을까 거의 날마다 생각했다.

* * *

시골 지역에서는 계속해서 땅을 파고 있었다. 2010년, IRA에게 살해당한 학습장애를 가진 청년인 피터 윌슨의 시신이 발견되었다.[64] 유해는 앤트림주의 그림 같은 해변에서 발굴되었다. 그가 실종된 후 수십 년 동안 유족들은 아무것도 알지 못한 채 그 해변을 자주 찾아갔더랬다.

보스턴 테이프를 둘러싼 스캔들은 "희생자유해장소찾기독립위원회"에 좌절감만 가중시키고 있었다.[65] 보스턴 칼리지의 낭패에도 불구하고 위원회 위원들은 실종자의 행방과 관련된 정보를 가진 사람이라면 누구나 "완전한 신뢰" 속에서 위원회와 정보를 공유할 수 있다는 것을 대중에게 확신시킬 의무가 있다고 느꼈다.[66] 2014년 가을, 위원회는 조 린스키의 유해를 미스주의 특정 지역에서 찾을 수 있을 거라는 제보를 받았다. 은퇴한 맨체스터 형사 제프 크누퍼가 이끄는 팀이 작업에 착수했다. 그들은 사체 탐지견과 법인류학자를 데려왔고 땅속에 이형물이 있는지 찾으려고 지중탐사 레이더를 이용했다.[67] 12월, 조 린스키의 질녀 마리아는 조심스럽게 낙관했다. "큰아버지의 유해가 발견되어 제대로 묻힐 수 있게 되기를 간절히 바랍니다." 그러나 몇 달 동안 계속 땅을 팠으나 찾지 못했다.

그러던 이듬해 여름 어느 날, 점심시간에 누군가가 외쳤다. "여기 뭔가 있어요!"[69] 수사관들은 기계식 굴착기를 팽개치고는 진흙땅에 웅크리고 앉아 모종삽으로 흙을 조심조심 걷어내기 시작했다. 점점 유골들이 드러났다. 평소 조용하고 꼼꼼하게 일을 처리하는 크누퍼가 크게 흥분했다. 그 발견의 순간, 불가피하게 희비가 엇갈리긴 했지만 말이다. 누군가가 마리아 린스키에게 알리자 그녀가 현장으로 차를 몰고 왔다.[70]

그날 수사팀은 밤까지 계속 작업하고 있었다. 8시 30분경, 무덤 현장에서 돌연 소란스러운 소리가 났다. 수사관들이 무덤에서 유골들 밑에 놓여 있는 무언가를 발견했다.[71] 또 한 사람의 유골이 있었던 것이다. 수색대원들은 어떻게 된 일인지 즉각 파악했다. 시체 두 구가 함께 묻혀 있었는데, 한 구가 또 하나의 시체 위에 놓여 있던 것이었다. 그동안 그들은 조 린스키의 시신을 찾고 있었다. 그러나 그들이 발견한 것은 돌러스 프라이스가 차에 태워 죽음으로 몰고 간 어린 삼중첩자, 세이머스 라이트와 케빈 맥키였다.[72] 마리아 린스키는 망연자실했지만 라이트와 맥키의 유족에게는 다행스런 일이기도 했다. 세이머스 라이트를 위한 위령 미사에서 누이인 브리지는 아직 발견되지 않은 조 린스키 및 다른 희생자들과 관련된 어떤 정보라도 좋으니 제발 제보해달라고 간청했다.

* * *

2016년, 더블린에 있는 애비 극장에서는 동벨파스트의 극작가 데이비드 아일랜드의 도발적인 새 연극 「사이프러스 애비뉴」가 초연되었다. 에릭 밀러라는 벨파스트 왕당파에 대한 이야기로 난잡한 블랙코미디이다. 에릭의 딸은 최근 딸아이를 낳았지만 에릭은 미친 망상에 사로잡혀 있다. 즉, 그는 아기가 제리 아담스와 닮았다고 생각한다. 처음에 그것은 코믹한 요소로 작동한다. 에릭은 딸에게 사실은 신페인당 대표가 아기의 아버지가 아닌지 묻는다. 어느 순간, 아기와 단둘이 있을 때 그는 굵은 사인펜을 가져와 아기의 두 뺨에 검은색 수염을 마구 그려놓는다. 에릭은 이렇게 지적한다. "제리 아담스의 수염은 제리 아담스를 상징하는 핵심적인 부분이지. 그것은 그의 혁명에 대한 열정, 헌법상의 변화에 대한 열망을 상징해. 그리고 이제 수염이 희어질수록 지위는 더욱 공고해지고 있어. 연로한 철인왕(哲人王, 철인 정치를 하는 왕. 플라톤이 지배자의 이상적인 像으로 삼은 철학적으로 단련·계발된 주권자—옮긴이), 뒷방 상왕으로서 말이야."[73]

에릭 역은 스티븐 레아가 맡았다. 그는 돌러스 프라이스가 사망한 이래 영화와 연극에서 꾸준히 활동해왔는데 전처의 생애나 족적에 관해서는 어떤 식으로든 여전히 말하지 않고 있었다. 그러나 지금 그는 제리 아담스에 대한 강박에 사로잡혀 망가진 남자를 연기하고 있었다. 에릭의 망상은 걷잡을 수 없이 심해지며, 아담스는 벨파스트 개신교도이자 왕당파로서의 그의 정체성을 위협하는 모든 것을 대변하는 것처럼 보인다. 그는 아기가 실제로 제리 아담스라고 믿게 된다. 동네 공원에서 우연히 슬림이라는 이름의 왕당파 총기범을 만나게 되었을 때 에릭은 털어놓는다. "나는 제리 아담스가 갓난아기로 위장해 우리 집안에 성공적으로 잠입했다고 생각하고 있소."[74]

슬림은 한 치도 망설임 없이 대꾸한다. "그가 하는 일이 바로 그런 거라오!"

연극은 우스꽝스럽고 터무니없지만 끔찍한 폭력으로 끝난다. 그것은 과열된 사회적 병리에 휩싸인 나라로서의 북아일랜드의 초상으로 편협한 신앙의 광기에 대한 연구이며, 이전에 닥쳤던 일을 떨쳐버릴 수 없는 것에 대한 탐구이다.

"이젠 과거라오." 어느 순간 에릭은 슬림에게 말한다.

"아니, 이건 바로 현재라오."[75] 슬림이 바로잡는다.

"아니, 다 지나간 일이라오." 에릭이 말한다.

* * *

2017년 여름, 맥콘빌 아이들은 막내 쌍둥이 형제 중 빌리가 암으로 죽었을 때 다시 한번 모였다. 빌리는 죽기 전에 여러 형제자매들과 더불어 북아일랜드의 시설에 있을 당시 아동학대에 대한 조사에서 증언했었다. "얼마 있다가 나는 내가 마치—그런 걸 뭐라고 부르죠?—음, 마치 로봇 같았어요. 무슨 뜻인지 알죠? 보호시설 생활에 워낙 익숙해져 있었던 거예요." 빌리는 암에 무너지면서 가족에게 임종 시 마지막 소원으로 성당에 장례 미사를 위한 운구시 발부터 먼저 운구해달라고 당부했다. 아동학대 피해자의 마지막 저항의 몸짓이었다.[77]

빌리의 딸은 장례식에서 말했다. "아버지는 내가 아는 어떤 사람보다도 강하고 믿을 수 없을 정도로 용감했습니다." 진이 끌려갔을 때 그는 겨우 여섯 살이었다. 그리고 쉰 살에 죽었다. 한 신부가 말했다. "1972년 12월에 무참하게 납치되어 살해당하고 암매장당한, 자식들을 끔찍이도 아꼈던 한 평범한 벨파스트 어머니의 이름을 온 세상이 알고 있습니다." 그녀의 실종은 "변명의 여지가 없는 악행"으로 "빌리와 형제자매들을 평생 악몽의 구렁텅이로 빠트렸습니다."[79]

누군가가 책임을 지는 것을 보고 싶어하는 아이들의 바람은 여전히 불분명한 상태였다. 마이클과 형제자매는 아이버 벨 소송 심리에 참석해 방청석에 조용히 앉아있었다. 일종의 "도덕적 증인(악행을 목격할 뿐만 아니라 그 결과로 고통받는 사람을 칭하는 말. 법정에서 실제로 증언하는 증인이 아니라 언론 인터뷰라든가 회고록 등을 통해 직접적이고 개인적인 경험을 제시하여 가해자들이 저지른 악행을 세상에 알린다-옮긴이)" 역할을 하고 있던 것이었다. 그러나 2016년 12월에 열린 심리에서 벨의 담당 변호사는 그 소송에서 공정한 재판을 받을 수 없다고 밝혔다. 혈관성 치매를 앓고 있어서 "재판 절차를 제대로 따라갈 수 없기 때문"[80]이라고 했다. 정부는 자체적으로 지정한 전문의들에게 벨의 진료 기록을 검토한 뒤 진단을 내리도록 하겠다고 밝혔다. 그러나 누구든 살인 혐의로 재판에 처해질 가능성은 갈수록 낮아지는 것 같았다.

기소인들이 제리 아담스를 기소하지 않겠다고 말한 후, 헬렌은 런던 소재의 법률회사와 상의했다. 1998년 오마에서 자동차 폭탄 공격을 벌였던 진정파 IRA 조직원 네 명을 상대로 한 소송에서 수백만 달러의 획기적인 합의금을 이끌어내며 승소한 곳이었다. 법률회사는 헬렌이 아담스를 상대로 민사소송을 제기하는 게 가능한지 알아봐달라는 의뢰를 했다고 밝혔다.[82] 마이클이 말했다. "맥콘빌 가족은 끝장을 볼 것입니다. 우리는 이미 지난 40여 년 동안 정의를 위해 싸워왔으며 이제 와서 멈추지는 않을 것입니다."[83]

30

무명인

인구 조사에 따르면 약 3,300만 명의 미국인—총인구의 대략 10퍼센트—이 아일랜드계라고 주장한다. 나도 그중 한 명이다. 친가 쪽 조상들은 19세기에 코크와 도네갈에서 이주해왔다. 나는 실질적으로는 아일랜드인이라기보다는 호주인에 가깝다. 어머니가 멜버른 출신이기 때문이다. 하지만 나는 보스턴에 서 자랐다. 고국에 발을 들여놓은 적도 없는 아일랜드계 미국인들이 여전히 아일랜드와 정서적으로 강한 유대관계를 느낄 수 있는 곳이다. 내 이름이 눈 에 띄게 아일랜드식인 걸 보고 사람들은 나 역시 그럴 거라고 생각할 것이다.

그러나 적어도 자랄 때 나는 그렇지 않았다. 북아일랜드의 통합론주의자 들이 "영국인보다도 더 영국적인" 사람들이었다면, 보스턴의 아일랜드계 미국 인들은 때때로 아일랜드인보다 더 아일랜드적인 듯 보였으며, 나는 내가 언제 나 "클로버와 기네스의 나라"라는 판에 박힌 문구와 종족 간의 결속에 대해 감상적인 태도를 보이는 것만은 아니라는 것을 알았다. 내가 자란 보스턴에서 는 1980년대에 IRA에 대한 주변의 지지가 상당히 높았다. 그 조직이 엄청난 손상을 가하는 테러 행위를 저지르는 바로 그 순간에도 말이다. 나는 아직도 아버지가 내게 어렸을 적 살던 집에서 거리를 따라 내려가면 나오는 아일랜드 식 술집에서는 한 남자가 "친구들을 위한" 기부금을 간청하며 돈이 가득 담긴 통을 들고 손님들 사이를 돌아다닌다고 말하던 모습이 눈에 선하다. 술집에는 IRA 전사자를 기리는 검은 화환이 걸려 있었다. 그러나 나는 북아일랜드에서의 충돌에 딱히 흥미를 느낀 적이 없었다. 조상으로부터 물려받은 유산에도 불구하고 사람들이 외국에서 일어난 전쟁 이야기에 특별한 정서적 공감 없이 덤덤하게 읽듯 나도 그랬다.

기자로 일하면서 "분쟁"에 관한 기사를 쓴 적도 없거니와 딱히 써야겠다는 충동을 느낀 적도 없었다. 그러다가 2013년 1월, 돌러스 프라이스가 사망했다는 부고기사를 「뉴욕타임스」에서 읽었다. 기사는 그녀의 극적인 일대기를 대략적으로 전하는 수준이었지만 보스턴 칼리지의 비밀 기록물을 두고 벌어지는—그때까지도 여전히 부글부글 끓고 있던—싸움도 언급하고 있었다. 내가 기자로서 매료되었던 한 가지 주제는 집단 부정이었다. 즉, 비극적이라든가 위법적인 사건들에 대처하기 위하여 공동체가 말한다는 이야기였다. 전직 전투원들이 개인적으로 회상하는 기록물이 그토록 폭발적일 수 있다고 생각하니 호기심이 발동했다. 도대체 어떤 내용이기에 오늘날에도 그토록 위협적인 걸까? 진 맥콘빌, 돌러스 프라이스, 브렌든 휴즈, 그리고 제리 아담스의 뒤얽힌 삶에서 나는 사람들이 타협이라곤 모르는 채 대의에 헌신하면서 어떻게 급진적이 되는지, 또 각 개인이—그리고 사회 전체가—혹독한 시련의 도가니를 통과하여 마침내 되돌아볼 시간을 갖게 되면 정치적 폭력을 어떻게 이해하는지에 관한 이야기를 전할 수 있는 기회라고 보았다.

4년간의 조사와 집필 끝에 이 책을 마무리지으면서도 좀처럼 사그라들지 않는 수수께끼가 좀 있었는데, 그 비밀스러운 사화史話의 모든 진실이 결코 완전히 다 알려지지는 않을 거라는 결론을 어쩔 수 없이 받아들이기로 했다. 여전히 진실을 알고 있는 소수의 사람들이 무덤까지 진실을 갖고 갈 것이기 때문이었다. 그러다가 원고를 막 완성하고 있던 찰나 놀라운 사실을 발견했다.

돌러스 프라이스가 에드 몰로니에게 진 맥콘빌의 생애 마지막 순간에 관하여 심중을 털어놓았을 때, 자신과 "무명인들"의 다른 두 조직원이 맥콘빌을 갓 파 놓은 무덤가로 어떻게 데려갔는지에 관한 이야기였다. 그녀와 동행했던 두 동지 중 한 명은 "무명인들"의 대장인 "땅꼬마" 팻 맥클루어였다.

　　오랫동안 나는 맥클루어에게 무슨 일이 일어났는지 알아낼 수 없었다. 내가 아는 것은 1980년대에 사라졌다는 것이었다. 그 악명 높은 라 몽 레스토랑의 폭탄테러 사건 직후 맥클루어를 봤다는 한 남자를 인터뷰했다. 1978년에 벨파스트에서 발생한 그 끔찍한 사건은 네이팜 같은 물질을 함유한 폭탄 장치를 써서 12명을 죽이고 30명에게 끔찍한 화상을 입혔었다. 맥클루어는 폭발 후 체포되어 일주일 동안 경찰에 붙들려 있었다고 했다. 그는 그 경험으로 인해 몹시 동요했으며, 공안부가 급진파에 대한 정보를 갖고 있는 것으로 보인다며 걱정했다고 했다. "나 떠나." 맥클루어는 그 남자에게 그렇게 말했다. 벨파스트에서 맥클루어와 알고 지냈던 사람들은 내게 그가 조국을 떠나 캐나다로 이주하여 1980년대 어느 시점에 사망하였다고 했다.

　　캐나다에는 맥클루어가 상당히 많았으며, 팻 맥클루어의 가족을 백방으로 수소문했으나 찾을 수 없었다. 그러던 어느 날, 내가 캐나다에서 "땅꼬마" 팻 맥클루어의 가족이 어디서 거주하는지 찾을 수 없었던 이유가 그들이 그곳에 산 적이 없기 때문이라는 것을 한 친구를 통해 알게 되었다.² 라 몽 폭탄테러 이후 얼마 지나지 않아 맥클루어가 아내와 자식들과 함께 벨파스트에서 달아났을 때 캐나다 대신 미국으로 간 것이었다. 사실 그의 가족은 코네티컷에서 쭉 살고 있었다. 내가 사는 뉴욕에서 그리 멀지 않은 곳이었다.

　　맥클루어는 1986년에 사망했다.³ 죽기 전 5년 동안 그는 경비가 삼엄하기로 유명한 교도소인 체셔 교도소에서 교도관으로 일했다.⁴ 프라이스 자매와 함께 런던 폭탄테러 사건을 일으키고 단식투쟁에도 돌입했던 "무명인" 동지인 휴 피니를 만났을 때 그는 숭배했던 맥클루어가 결국 "간수"가 되었다는 소식을 듣자 말없이 경악했다. 나는 맥클루어의 미망인인 브리디와 자녀들이 나와 이야기를 나눌 수 있는지 알아보려고 접근했다. 어쨌든 돌러스 프라이스는 팻이 진 맥콘빌을 무덤가로 데려갔으며 그가 "분쟁" 기간 동안 다른 여러 악명 높은 사건에 관여했다고 진술했었다. 그러나 가족은 대화에 관심이 없었으며, 나는 퍼뜩 그들이 아는 사랑하는 남편이자 아버지가 또한 전범이기도 했다는 사실을 깨닫지 못하고 있을 거라는 생각이 들었다. 맥클루어의 부고기사에는 그가 지역 가톨릭 성당의 교구민이었다고 쓰여 있었다.[5] 나는 그가 죽기 전에 고해성사를 했는지 궁금했다.

몇 년 동안, 나는 에드 몰로니와 만나려고 브롱크스를 주기적으로 오갔다. 결국엔 그는 돌러스 프라이스와 진행했던 두 번의 긴 인터뷰 중 미공개 녹취록 하나를 나와 공유했다. 30페이지의 문서는 행간의 여백 없이 빽빽하게 타자기로 쳐져 있었다. 나에게 넘기기 전에 몰로니는 한 가지 핵심적인 편집 작업을 마친 상태였다. 즉, 맥콘빌의 무덤가에 있던 세 번째 집행자에 관하여 신원을 특정할 수 있는 세부사항을 삭제한 것이었다. 이유는 단순했다. 프라이스와 맥클루어는 죽었지만 세 번째 인물은 여전히 살아있기 때문이다. 그때까지 "분쟁" 관련 사실을 녹음한 몰로니의 수십 년에 걸친 장기 프로젝트는 많은 사람들을 상당한 법적 곤경에 처하게 했기에 이제 더는 그런 곤경에 처하게 하고 싶지 않다고 느꼈을지도 모르겠다.

그렇지만 그 수수께끼의 인물에 관한 세부사항을 몇 가지 추릴 수 있었다. 얼마 전, 드로히다에서 저녁 식사를 하던 어느 밤, 안토니 맥킨타이어는 내게 돌러스 프라이스가 보스턴 칼리지 인터뷰 녹음에서 진 맥콘빌의 운명에 대해 결코 이야기한 적이 없다고 말했지만 "녹음을 끄고" 무슨 일이 있었는지 말했다고 했다. 그녀는 세 명의 암살단과 아무런 표시도 없는 무덤에 관해 몰로니에게 했던 얘기와 동일한 얘기를 맥커스에게도 들려주었다. 몰로니와 마찬가지로 맥커스는 내게 그곳에 팻 맥클루어가 프라이스와 함께 있었다고 했다. 또한 몰리니와 마찬가지로, 맥커스는 내게 세 번째 인물의 정체를 말하기를 거부했다. 그가 말한 것은 총을 쏴서 진 맥콘빌을 죽인 사람이 바로 그 세 번째 인물이라는 것이었다. 그리고 그는 나에게 한 가지 단서를 더 주었다.[8] 맥커스가 말하기를, 어느 시점에 제리 아담스가 그 저격범에게 자신의 개인 운전기사가 되어달라는 부탁을 했었다는 것이었다.

그 누설로 인해 일이 잘 풀릴 것 같은 예감이 들었다. 지난 세월을 거치는 동안 아담스의 운전기사였던 사람들을 모두 추적하는 것은 그리 어렵지 않을 거라고 생각했다. 그러나 그런 다음 맥커스는 내게 그 살해범이 실제로 운전기사 일을 받아들이지는 않았다고 했다. 아담스의 제안을 거절했다는 것이었다. 그래서 그 감질나게 하는 세부사항으로 애타게 하고는 나를 다시 거의 원점으로 남겨 놓았다. 결국 나는 실제 저격범의 정체를 절대 알 수 없겠다고 결론지었다. 말 그대로 "무명인"인 상태로 남겠구나 싶었다.

몰로니가 프라이스와의 인터뷰 녹취록을 건네주었을 때 나는 문서 전체를 재빨리 탐독한 다음 며칠에 걸쳐 계속해서 특정 부분을 세세히 읽어보며 이 책에서 다루고 있는 사건들과 관련된 세부사항들을 추려내었다. 원고를 마감하기 전에 혹시 중요한 세부사항들을 간과했을 가능성을 염두에 두고 인터뷰를 처음부터 끝까지 다시 읽기로 했다. 12페이지를 읽는 순간 나는 전에 놓쳤던 것을 맞닥뜨리고는 깜짝 놀라 똑바로 앉았다.

녹취록에서 몰로니는 1970년대 초에 제리 아담스가 IRA의 여러 여단과 대대에서 맡았던 요직에 관해 묻고 있었다. 어느 시점에선가 프라이스가 말했다. "실제로 그때쯤에는 여단으로 옮겨갔을 거예요. 내 동생이 자신의 운전기사가 되기를 바랐거든요."

그녀는 그저 지나가는 말로 무심코 그 말을 하고 있었으며, 몰로니는 그 말에 대해 그녀를 다그치거나 끼어들지 않았다.

"알다시피 그는 늘 운전기사가 있어야 했잖아요." 프라이스가 계속해서 말했다. "동생은 거절했어요. 너무 따분한 일이라면서요."

* * *

마리안 프라이스는 이 책에 대해 나와 이야기하려 들지 않았다. 벨파스트에 있는 그녀의 변호사는 내가 여러 경로를 통해 접근했음에도 철저하게 차단했다. 그녀의 딸들 중 한 명을 찾아내자 딸은 정중하게 다시는 연락하지 말라고 부탁했다. 대중의 상상 속에서는 돌러스 프라이스가 진 맥콘빌의 실종과 상당히 깊이 결부되어 있었기에 나는 그녀의 동생 또한 살인에 한몫했을 거라는 생각을 미처 하지 못했었다.

물론 이것은 모두 그저 보기 드문 우연의 일치일 수도 있고 내가 모은 세부사항들이 아귀가 맞아떨어졌을 뿐 실제로 마리안 프라이스에게 죄를 씌울 수 있는 것은 아닐지도 모른다. 오랜 세월을 거치면서 제리 아담스가 제안한 운전기사직을 거절한 다른 사람들도 분명 있을 것이다. 진위가 무엇이든 간에 어쨌든 아담스의 대리인은 내게 아담스가 진 맥콘빌 살해범에게 그러한 제안을 했을 수 있다는 주장에 대해 "이 사건과 관련하여 그간 제기된 수많은 다른 주장과 마찬가지로 순 가짜"라고 했다.

몰로니가 내게 제공한 인터뷰 녹취록은 실제 저격범의 이름을 편집했을지라도 북아일랜드경찰청 또한 보스턴 칼리지에서 입수한 원본 녹취록을 소유하고 있다는 점 역시 주목할 만하다. 게다가 그것은 원본이기에 편집되지 않았다. 만약 돌러스 프라이스가 진 맥콘빌 살해에 동생이 연루되었다고 말했고, 벨파스트에서 경찰이 그 사실을 알고 있다면, 벌써 마리안 프라이스를 살인죄로 기소하지 않았을까?

꼭 그렇지는 않다. 프라이스는 제리 아담스도 연루되었다고 말했으며 브렌든 휴즈도 구술사에서 그녀의 진술을 확증했다. 그런데도 아담스는 기소된 적이 없었다. 아이버 벨과 안토니 맥킨타이어를 상대로 한 소송을 보면, 벨파스트 구술사 프로젝트에서 본인이 연루되었다고 하는 발언은 법정에서 그 사람에게 불리하게 이용될 수 있지만, 다른 누군가가 연루되었다고 하는 발언은 법정에서 채택될 수 있는 증거가 아니라 단순히 다른 사람에게서 전해 들은 소문일 뿐이라는 것을 시사하는 것으로 보인다.

마리안 프라이스가 무덤가에 있던 세 번째 "무명인"이고 진 맥콘빌의 목숨을 끊은 총알을 발사한 장본인이었을 거라는 생각을 더욱 오랫동안 할수록 더욱 말이 되는 것 같았다. 어쨌든 자매 둘 다 "무명인들"이었다. 그들 둘 다 팻 맥클루어의 지시를 받았다. 돌러스가 즐겨 말했듯, 그들은 모든 것을 함께했다. 돌러스가 에드 몰로니에게 진 맥콘빌에 대해 극도로 험악한 말로 비난하면서 때로는 살인이 정당한 것이었다고 주장했다면, 그것은 자신의 행위뿐만 아니라 훨씬 더 심한 동생의 행위를 그럴듯한 도덕적 규범에 일치시키기 위해 고투하는 과정에서 느꼈던 중압감의 표현이었을지도 모른다.

2018년 봄, 나는 마지막으로 한 번 더 비행기를 타고 벨파스트로 가 드로히다행 기차를 탔다. 맥커스와 캐리에게 긴히 할 말이 있다고 해둔 터였다. 우리는 어느 날 저녁 보인강 기슭에 있는 한 레스토랑에서 만났다. 창밖으로 해가 지는 동안 나는 그들에게 진 맥콘빌을 살해한 사람이 바로 마리안 프라이스라고 믿는다는 근거를 제시했다. 위스키를 주문한 맥커스는 내가 말하는 동안 위스키만 뚫어지게 바라보고 있었다. 그가 내게 들려준 얘기, 그러니까 제리 아담스가 운전기사직을 제안한 것에 관한 얘기는 인정했지만, 이런저런 이유로 마리안이 총을 쏜 장본인인지 여부는 절대 확인해줄 수 없다고 했다. 캐리는 자신과 맥커스가 결혼했을 때 마리안이 신부 들러리를 섰었다는 것을 내게 상기시켰다. 그들은 마리안의 건강이 좋지 않으며, 그러한 혐의를 책으로 펴내면 이제 장성한 그녀의 자식들에게 불행한 영향을 줄 수도 있다고 지적했다. 그러나 그날 밤 식사를 마치고 헤어질 때 둘 중 누구도 내가 틀렸다는 말은 하지 않았다.

내가 얘기하고 싶은 사람이 한 명 더 있다. 돌러스가 죽기 전에 알고 지내며 흉금을 털어놓았던 사람이다. 나는 그간 추론한 것을 설명하며 돌러스가 맥콘빌 살해에서 마리안이 한몫했었다는 사실을 언급한 적이 있었는지 물었다. 그 사람은 진 맥콘빌 처형에 대해 돌러스가 "자매가 함께한 것"이라고 말했다는 것을 확인시켜 주었다.

마지막으로 벨파스트에 있는 마리안의 변호사에게 편지를 썼다. 내가 알게 된 것을 책으로 출간하겠다는 뜻을 상세히 설명하며 마리안이 그것을 부인할 것인지 묻는 편지였다. 그에게선 답장이 오지 않았다.[10]

* * *

2017년 말, 제리 아담스는 신페인당 대표직에서 물러나 당에서 오랫동안 부대표직을 맡았던 메리 루 맥도널드에게 당권을 넘기겠다고 발표했다. 48세의 맥도널드는 "성금요일협정" 이후에 성년이 되었기에 직업적으로 무장세력 역사에 물들지 않은 사람이었다. 일부 관측통은 아담스가 배후에서 권력을 계속 행사할 것인가 여부에 대해 궁금해했지만 그는 "꼭두각시놀음을 조종"하는 데는 전혀 흥미가 없으며 진심으로 퇴진하겠다는 뜻을 밝힌다고 약속했다.[11]

아담스는 이제 곧 일흔줄에 접어든다. 그는 여전히 활기차지만 거동이 그 어느 때보다 조금 느려졌으며 언제나 그가 가진 가장 큰 자산 중 하나였던 목소리는 더는 예전만큼 강력하지 않다. 유명한 수염은 눈처럼 하얗게 세었다. 전쟁 때나 평화 때나 아담스의 오랜 심복이었던 마틴 맥기네스는 지난봄 희귀한 유전병으로 세상을 떠났다. "마틴 맥기네스는 테러범이 아니었습니다." 아담스는 박수 갈채를 받으며 맥기네스의 무덤에서 낮은 목소리로 추도사를 읊조렸다. "마틴 맥기네스는 자유 투사였습니다."[12]

물론 지지자들과 비방자들 모두에게 똑같이 아담스는 위험한 구석이 있었다. 여론조사에 따르면 신페인당 투표자들조차도 IRA에 가담한 적이 없다는 그의 주장을 믿지 않았으며 북아일랜드에서는 여전히 그에게서 "코르다이트(총알·폭탄 등에 쓰이는 화약—옮긴이) 냄새가 풍긴다"[13]고들 한다. 그러나 대단히 수수께끼 같은 인물인 아담스는 정계에서 은퇴할 준비를 하면서 대중적인 이미지를 구축하는 데 다시 한번 성공했다. 그는 이제 눈망울을 반짝이는 원로 유명인사의 상징이자 말 붙이기 쉬운 고위층 인사 역할을 종종 맡고 있다. 그렇듯 새로이 전개된 국면은 초현실적인 트위터에서 정점을 찍고 있다.[14] 아담스의 트위터는 인기 있는 계정으로, 시답잖은 정치문제에 관한 지루한 트윗들 사이사이에 신중하게 의도적으로 고양이 사진들과 거품이 인 욕조, 욕조에 띄운 오리 장난감들, 테디베어 인형들에 대한 찬사를 배치하고 있다.("나는 테디베어 인형들을 굉장히 좋아합니다. 아주 많이 소장하고 있지요"[15]라고 그는 BBC에 말했다.) 아일랜드의 한 작가는 그렇듯 인상적인 활동 방식을 "찻주전자 덮개 소장품을 과시하는 찰스 맨슨(희대의 연쇄살인마로 맨슨 패밀리라고 불리는 추종세력을 이끌었으며, 60년대 후반 로만 폴란스키 감독의 아내와 친구들을 살해하도록 사주한 것으로 유명하다—옮긴이)"[16]에 비유했는데, 때때로 그렇듯 적극적으로 기발하게 표현하는 방식은 냉소적인 계산의 한 형태로 보이기도 한다. 서벨파스트의 맬러카이 오도허티 기자는 아담스 전기에서 신페인당 지도자인 아담스가 수시로 "자신이 얼마나 인간적인지를 선전한다"라고 했다.

그러나 점점 쌓여가는 아담스의 트윗은 기나긴 역경을 기이할 정도로 잘 견뎌낸 한 남자의 현기증 나는 모습을 제시한다. 그는 왕당파 무장괴한들의 총에 맞아 거의 죽을 뻔했었고 영국 정부에 의해 투옥되고 고문당했었다. 그럴 수도 있을까 싶게, 충돌에서 살아남아 싸움을 종식시키는 데 일조했으며 북아일랜드에서뿐만 아니라 공화국에서도 세력을 가진 엄청난 성공을 거둔 정당을 만들었다. 역사학자 앨빈 잭슨은 아담스에게 있어 민주적인 활동은 "그렇지 않으면 달리 회복할 수 없는, 무장괴한들에 의해 축적된 정치 자본(political capital, 정치인 혹은 정당과 유권자 사이의 관계나 선의, 신뢰, 영향력 등을 통해 구축된 자원과 권력의 축적을 개념화하기 위해 정치이론에서 사용되는 은유이다-옮긴이)을 청산하는 한 방법이었다"라고 쓴 바 있다.

브렌든 휴즈는 안토니 맥킨타이어와의 대화에서 은유의 형태로 유사한 말을 한 적이 있다. 휴즈는 무장투쟁을 배 한 척을 바다에 띄우는 것으로 생각해보라고 했다. "배를 밀어내려고 백 명의 사람을 동원합니다. 배는 모래밭에 빠져 있어요. 자, 사람들이 배를 밀어내면 모래밭을 떠나 백 명을 뒤에 남겨둡니다. 그렇죠? 난 그렇게 느낍니다. 배는 멀리 떨어져 누구의 통제도 받지 않는 먼 바다에서 배가 가져다 주는 온갖 사치품을 실은 채 항해하지요. 배를 띄운 가난한 사람들은 먼지구덩이와 오물과 진창과 모래밭에 남겨진 채 뒤에 앉아있고요."[19]

휴즈와 감정적으로 공감하지 않는 것은 어려운 일이다. 그러나 정치적으로는 아담스와 공감하지 않는 것이 어리석은 일일 것이다. 아담스는 자기 보호를 위한 반사회적 인격장애성 본능을 갖고 있을 수도 있으며, 배에서 자신의 자리를 확보하고는 뒤에 남겨진 휴즈와 같은 동지들을 뒤도 한 번 안 돌아볼 정도로 싸늘한 구석이 있다. 그러나 역사란 실제로 휴즈를 뒤로하고 떠나는 것이다. 북아일랜드는 충분히 고통을 겪었다. 아담스가 갖고 있을 수 있는 냉혈한 같은 동기가 무엇이든 간에, 그리고 그가 썼을 수 있는 기만적인 책략이 무엇이든 간에, 그는 IRA라는 배를 고질적으로 피비린내를 일으키는 전쟁터에서 깨지기 쉽지만 평화가 오래 지속되는 곳으로 몰고 갔다.

"성금요일협정" 이후에도 아담스는 언제나 아일랜드의 통일을 위해 공화주의의 초석이 되겠다는 열망을 결코 포기한 적이 없다고 주장했다. 그곳에 도달하는 수단만 바뀌었을 뿐이라는 것이었다. 장기적으로는 인구 통계에 의해 전쟁이 승리할 수도 있다.[20] 일부 추정치에 따르면, 2021년에 이르면 북아일랜드에서 가톨릭교도 수가 개신교도 수를 능가할 거라고 한다. 이것이 반드시 영국이 얼마 안 가 섬에서 투표로 떨어져 나간다는 것을 뜻하지는 않는다. 2008년의 경제 위기와 그로 인해 더블린에서 불경기가 이어지면서 일부 여론 조사에 따르면 북아일랜드의 대부분의 가톨릭교도들은 영국 연합의 일부로 잔류하기를 더 선호하는 것으로 밝혀졌다.[21] 아담스는 이런 말을 한 적이 있다. "통합론주의자를 이계교배異系交配시키는 것은 힘이 넘치는 사람들에게는 즐거운 취미가 될 수 있겠지요. 하지만 그건 정치 전략에 해당한다고 보기는 어려워요."[22]

2016년 여름, 영국 국민은 투표를 통해 근소한 차이로 유럽연합에서 탈퇴했다. 국민투표가 통과된 후에서야 영국의 대중들은 그러한 조치가 가져오는 결과를 충분히 숙고하게 되었다. "성금요일협정" 이래 북아일랜드와 공화국 사이의 국경은 때때로 사실상 사라진 것처럼 보였다. 군인들과 모래주머니가 쌓인 검문소들은 오래전에 없어졌으며 매일 수만 명의 사람들과 물건을 가득 실은 수많은 트럭들이 국경선을 넘나들며 오갔다. 북아일랜드는 영국 연합의 일부이면서 동시에 유럽의 일부라는 이점을 동시에 누릴 수 있게 되었다. 그러나 필연적으로 브렉시트는 분열된 정체성을 더욱 복잡하게 만들고, 조치가 어떻게 이행되느냐에 따라 궁극적으로 북아일랜드로 하여금 선택할 수밖에 없도록 할 것이다.[23]

아담스는 그러한 가능성에 적절히 대응하고 있다. "우리 중 통일된 아일랜드를 바라는 사람들은 브렉시트를 이용해 먹으려 한다는 비난을 받지 않도록 각별히 조심해야 할 필요가 있습니다. 하지만 공론의 면에서 볼 때 나는 아일랜드의 통일에 대한 개념이 이제 훨씬 더 널리 퍼져 있다는 생각이 듭니다."[24] 그는 5년 이내에 북아일랜드가 계속 영국 연합의 일부로 잔류해야 하는지 여부를 묻는 새로운 국민투표를 보고 싶다고 밝혔다.[25]

다른 말 보탤 것도 없이, 브렉시트 국민투표의 의도치 않은 장기적인 결과—30년 동안 참혹한 유혈사태를 벌이고 약 3,500명이 목숨을 잃어도 달성하지 못했던 결과—가 아일랜드 통일이라는 것은 아이러니한 일일 것이다. 그러나 이것은 어떤 면에서는 제리 아담스의 유산에 드리워져 있는 본질적인 문제이다. 젊었을 때 그는 한 가지 중요한 경고와 함께 정치적 폭력의 사용을 정당화하는 글귀를 썼다. "나의 인민이 진정으로 번영할 수 있는 상황을 달성해야만 나의 행동 방침이 정당하다고 보여질 수 있다."[26]

아담스는 아마 통일된 아일랜드를 보지 못하고 죽을지도 모르지만 그런 날은 필연적으로 올 수밖에 없을 것 같다. 진짜 문제는 IRA의 폭력적인 개입 없이 결국 그런 일이 일어났을 것인가의 여부이다. 그것은 돌러스 프라이스와 브렌드 휴즈를 오랫동안 괴롭혔던 난제이지만 말년의 아담스는 그런 어떤 혹독한 자기 성찰로부터도 자유로워 보인다. 2010년에 한 기자가 손에 피를 묻힌 적이 있냐는 질문을 하자 그는 이렇게 대답했다. "그런 적 없습니다. 난 지극히 평화를 사랑하는 사람이에요. 암요, 그렇고말고요."[27]

* * *

　　마이클 맥콘빌이 벨파스트 외곽의 시골에 가족을 위해 지은 널찍한 현대
식 주택 뒤의 드넓게 펼쳐진 푸르른 잔디밭에는 목재로 지은 비둘기장이 쭉
줄지어 있다. 그 작은 집들에는 수백 개의 조그만 방이 있는데 수십 마리의
비둘기들이 그 안에서 꾸르륵꾸르륵 울고 고개를 까딱거리고 종종걸음을 쳤
다. 어린 시절 야생의 비둘기들을 찾아 폐허가 된 전시의 벨파스트를 샅샅이
뒤지며 자란 마이클은 수백 마리의 비둘기들을 기르며 시합에서 경주시켰다.
그는 비둘기 한 마리를 조심조심 손에 동그랗게 모아 쥐며 "'분쟁' 기간 내내
비둘기를 기르는 개신교도와 가톨릭교도 사이에는 어떤 성가신 일도 없었습
니다"[28]라고 했다. 비둘기는 고개를 까딱까딱하며 안절부절못하는 눈길로 그
를 쳐다보았기에 보는 각도에 따라 돌연 빛깔이 변하는 공작새의 깃털처럼 회
색 깃털 속에서 자홍빛과 청록빛이 언뜻언뜻 비쳤다.

　　비둘기들은 인간에 의해 길들여진 최초의 동물 중 하나로, 5천여 년 전으
로 거슬러 올라간다.[29] 그들은 일부일처제이며 새끼를 맹렬히 보호한다. 인간
운동선수가 하는 것과 동일한 방식으로 지구력을 키워 점진적으로 더 먼 거
리를 비행한다. 아일랜드인 비둘기 경주 참가자들이 잉글랜드나 프랑스까지
가서 자신의 비둘기들을 날려 보내면 그들은 둥지로 되돌아오기 위해 수백
킬로미터에 달하는 거리를 악천후를 뚫고 바다를 건너 집으로 날아올 것이
다. 때로는 기나긴 경주 후 집으로 돌아왔을 때 진력을 다해 날아왔기에 체중
의 절반을 태워버렸을 것이다.[30] 그러나 씨앗을 주고 편안하게 해주며 알뜰살
뜰 보살피면 다시 경주할 힘을 기를 것이다.

　　경주가 열리는 날이면 마이클은 비둘기들을 날려 보냈고, 비둘기들은 수
평선 너머로 사라지곤 했다. 그런 다음, 결국엔 집으로 돌아오곤 했다. 그는 언

제나 비둘기들의 그런 점을 무척 소중히 여겼다. 그들은 정처 없이 떠돈다. 그러나 그들의 타고난 본능은 태어난 곳으로 다시 날아오는 것이다.

우선 진 맥콘빌의 자녀들에게 감사의 말을 전한다. 그중 몇몇은 나와 이야기 하느라 시간을 많이 보냈다. 말을 꺼내기 힘든 대화들이었다. 맥콘빌 자녀들 은 상상할 수도 없는 고통을 굉장히 의젓하게 겪었다. 그들 가족에게 일어난 일에 대한 이야기를 최대한 진실하고 철저히 전했기를 바란다.

수많은 도서관과 자료실 직원들에도 신세를 졌다. 특히 벨파스트의 리넨 홀 도서관, 더블린의 아일랜드 국립도서관, 큐의 영국 국립기록보관소, 케임브 리지 대학교의 처칠 아카이브센터, 뉴욕 공립도서관, 뉴욕 대학교의 태미먼트 도서관과 로버트 F. 와그너 기록보관소, 보스턴 칼리지의 존 J. 번스 도서관과 토머스 P. 오닐 2세 도서관의 직원들에게 감사드린다. 얼스터 대학교의 "인터넷 "충돌" 기록보관소CAIN" 또한 매우 귀중한 자료를 제공해 주었다.

에드 몰로니는 "분쟁"에 관한 보다 폭넓은 통찰력을 전해주었을 뿐만 아 니라 자신의 이야기도 극도의 인내심을 갖고 전해주었다. 또한 수십 년에 걸 친 조사를 통해 모은 중요한 자료도 공유했는데 그렇듯 기꺼이 공유하고자 하는 동지애적 정신에 깊은 감사를 드린다. 안토니 맥킨타이어, 캐리 트워미, 리키 오라 및 휴 피니는 일부러 시간을 내서 회고담을 전해줄 정도로 각별히 너그러웠다. 웨이브 트라우마 센터의 샌드러 피크, "희생자유해장소찾기독립위원회"의 데니스 고드프리, 북아일랜드경찰청의 리즈 영 모두 도움을 주었다. 벨파스트에서 환대와 우정, 길잡이가 되어 준 제리와 쉴라 모리아티 부부, 앨리슨 밀러, 그리고 폴 하워드(와 아들 샘), 레이철 후퍼, 다라 맥킨타이어, 그리고 내 오랜 친구 스티브 위비에게도 신세를 졌다. 올라 조지와는 로스앤젤레스에서 처음 만나 벨파스트에서 다시 연락이 닿았다. 그 과정에서 그녀는 내 머릿속에서 쭉 덜거덕거렸던 "분쟁" 관련 문제들에 대해 몇 가지 의견을 제시했는데 그것은 미묘하지만 중요한 방식으로 이 책에 영향을 미쳤다. 더블린에서는 소중한 친구들인 존 레이시, 숀 오닐, 클로다 던이 신경을 많이 써주었다. 팻 맥클루어를 찾아낸 「뉴욕타임스」의 애덤 골드만에게 각별히 감사의 말을 전한다. 타라 키넌-톰슨은 고맙게도 2003년에 돌러스 프라이스와 나눈 인터뷰 녹취록을 공유해 주었다. "분쟁"에 남다른 관심을 가진 집요한 조사원 제임스 킨친-화이트는 이 책에 인용된 여러 정부 문서들을 찾아냈다.

책 쓰기는 외로운 작업이 될 수 있지만 여러 유능한 분들과 함께 일하게 되어 운이 좋았다. 어떤 분들은 단 한 번 실린 기사를 찾아내는 데 도움을 주었고, 또 어떤 분들은 수십 년에 걸친 기사를 찾아내는 작업을 했다. 그들 모두 이 책을 더욱 공동 작업처럼 느끼게 해주었다. 루비 멜른, 린다 킨스틀러, 지울리아 리코, 케이티 와인브랜트, 콜손 린, 제이크 맥컬리, 레이철 루반, 그리고 특히 빅토리아 빌에게 깊이 감사드린다. 에밀리 고골락과 루스 마가릿은 원본 기사의 사실 확인을 해주었다. 정확하고 포기할 줄 모르는 퍼거스 맥킨토시는 이 책의 사실 확인을 해주었다. 두말할 필요도 없이, 이 책에 오류가 남아 있다면 전적으로 내 책임이다.

2016년에서 2017년까지 나는 뉴아메리카 재단에서 에릭앤웬디슈미트 특별연구원으로 1년을 보냈다. 그 프로젝트를 지원해준 재단과 앤-마리 슬로터, 피터 버겐, 콘스탄틴 카카이스, 오이스타 아이윱에게 기회를 주어 감사하다는 말을 전한다. 이 책은 2016년 4월에 처음으로 책처럼 느껴지기 시작했다. 록펠러 재단의 벨라지오 센터에서 몇 주 동안 귀중한 시간을 보냈을 때였다. 그곳의 코모호수에서 시간과 공간을 보내며 종이 위에 글자를 끄적거리기 시작했다. 클로디아 주에치, 엘레나 온가니아, 필라 팔라치아가 그 특별한 경험을 하게 해준 덕분이다. 뉴아메리카 재단과 벨라지오 센터, 또 뉴욕인문학연구소에서도 이 책의 워크숍을 진행했었는데 통찰력 있는 비평을 해주신 각 기관의 동료 연구원들에게 지금도 진심으로 감사드린다.

어렸을 때부터 「뉴요커」를 읽어왔다. 내가 그토록 애지중지하는 출판물을 발행하는 곳이 나의 일터가 되었다는 생각을 하면 아직도 놀라워서 정신을 못 차릴 지경이다. 「뉴요커」에서 일하는 데이비드 렘닉, 팸 맥카시, 도로시 위켄덴, 헨리 핀더 모두가 내가 이 작업을 할 수 있도록 도와주었다. 모두에게 감사를 표한다. 특히 손대는 원고마다 기막히게 좋은 원고로 만드는 재주꾼 편집자이자 한결같은 친구인 대니얼 잘레프스키에게 심심한 감사의 말을 전한다. 모든 동료들에게 고마운 마음이지만 특히 파비오 베르토니, 앤드류 마란츠, 타일러 포갯, 라피 캐차도리언, 레이철 아비브, 데이비드 그랜, 필립 고레비치, 조지 패커, 쉴라 콜햇커, 조나단 블리처, 셔반 보내커에게 감사드린다. 브루스 디오네스가 없었더라면 나는 아직도 회사 건물로 들어오지 못하고 있을 것이다.

더블데이 출판사의 빌 토머스는 이 이야기에 관해 첫 대화를 나눈 순간 장래성을 보았고 평소 그렇듯 예리한 눈과 꾸준한 손으로 원고를 편집했다. 빌에게 무한히 감사드리고, 또한 마고 쉬크먼터, 마이클 골드스미스, 토드 도티, 대니얼 노박, 레일라 고든, 윌 파머, 마리아 매시 외에도 더블데이 출판사의 모든 이들에게 감사드린다. 또한 원고에 대한 격려와 지도를 아끼지 않은 런던 소재 윌리엄 콜린스 출판사의 애러벨라 파이크와 그녀의 동료들 모두에게 대단히 감사드린다. 늘 변함없는 나의 훌륭한 에이전트 티나 베넷에게도 감사의 말을, 그리고 윌리엄모리스인데버 에이전시의 애나 드로이, 트레이시 피셔, 스페트라나 카츠에게도 감사의 인사를 드린다. 테아 트래프는 한 치의 오차도 없는 눈으로 사진을 찾아내는 데 도움을 주었다. 저자 사진을 찍어준 최고의 재능을 가진 나의 친구이자 동료인 필립 몽고메리에게도 신세를 졌으며, 근사한 표지를 만들어준 올리버 먼데이에게도 감사드린다.

마이클 슈텐더-아우어바흐, 사이 스리스칸다라하, 마이클 와히드 한나, 사라 마곤, 댄 쿠츠-필란, 에드 시저, 링크 캐플런, 윌리엄 챈, 알렉스 기브니, 제이슨 번스, 데이비드 파크, 앤디 고커, 네이트 레이비, 진 스트라우스, 멜라니 레해크, 에릭 뱅크스, 마야 자사노프, 사이먼 카스웰, 트레버 버니, 누얼러 커닝햄, 기든 루이스-크라우스, 그리고 매튜 디그에게 이런저런 이유로 감사드린다.

부모님인 프랭크 키프와 제니퍼 라든께도 감사의 말을 빼먹을 수 없다. 그분들은 여전히 다른 누구보다 먼저 내가 쓰는 단어 하나하나를 다 읽고 있으며, 내가 되고 싶은 부류의 사람(과 부모)에 대해 생각할 때면 여전히 본보기가 되어 주신다. 비어트리스 라든 키프와 그레그 데 소우자에게도, 그리고 트리스탐 라든 키프와 칼로타 멜로에게도 특별한 감사를 전한다. 또한 아기 E도 꼬옥 안아주고 싶다.

장인어른인 타데우스와 장모님인 에바가 계셔 얼마나 행운인지 모른다. 막판에 그분들이 아이들을 돌봐주지 않았더라면 이 책은 쓰여질 수 없었을 것이다.

그러나 가장 크게 감사하는 이는 그분들의 아름답고 예리한 지성을 지닌 딸 저스티나이다. 우리가 처음 만난 지도 벌써 20년이 흘렀지만 그녀와 인생을 함께하게 되어 내가 얼마나 운이 좋은지 하루도 생각하지 않는 날이 없다.(실제로 그녀는 수시로 나에게 그 사실을 상기시키곤 한다.) 우리 아들인 루션과 펠릭스로 말하자면, 루션은 방금 전에도 내게 "기본적으로 우리가 이 작업을 다했다고 쓰세요"라고 했다. 아이들이 이 프로젝트의 진척을 가속화시켰다고 말할 수는 없지만, 그렇다, 기이하면서도 익살맞은 삶의 위안을 날마다 일깨워 주었다. 이 책을 아이들에게 바친다.

이 책은 4년간의 연구, 조사와 일곱 차례의 북아일랜드 여행, 백 명이 넘는 사람들과의 인터뷰 등을 바탕으로 하고 있다. 그러나 이 책의 제목이 전하는 정신처럼, 나와 이야기하는 것을 거부하거나 혹은 이야기를 시작했다가도 변심하는 사람들이 많았다. 거의 반세기 전의 사건들이 아직도 그렇듯 공포와 고뇌를 유발할 수 있다는 게 참으로 이상해 보일지도 모르겠다. 나는 이 책이 명료하게 해주기를 바라지만 벨파스트에서 역사는 살아있고 위험하다.

기억이란 것은 불안정해 믿을 수 없는 것이라 나는 개개인의 회상을 확증하기 위해 가능한 곳이라면 어디든 갔다. 사람들 간의 진술이 서로 일치하지 않는 경우, 이 책의 본문에서는 사건에 대해 가장 타당해 보이는 진술을 썼고, 그 외 다른 진술들이나 미묘하게 차이가 나는 진술들은 각주에서 상술했다.

이 책은 역사책이 아니라 실화에 근거하는 논픽션이다. 일부러 지어내거나 상상해서 쓴 대화라든가 세부사항은 전혀 없다. 인물의 내면을 묘사한 경우는 각주에 자세히 설명해 놓았다시피 속마음을 나에게 들려주거나 또는 다른 사람들에게 들려주었기 때문이다. 나는 이 특별한 이야기를 전하는 데 있어서 선정을 해야 했기에 "분쟁"의 중요한 측면이 다뤄지지 않은 게 있다. 한 가지만 예를 들자면, 이 책은 왕당파의 테러활동에 대해서는 거의 언급하지 않는다. 비난의 화살을 한쪽으로만 돌리는 거 아니냐고 느낀다면, 각주에서 인용한 여러 훌륭한 책들 중에 "분쟁"에 관해 보다 폭넓게 언급하거나 혹은 여러분이 특히 선호하는 주제를 소개하는 책들이 있으므로 그 책들을 읽어보기를 권한다. "분쟁"의 역사는 매우 골치 아픈 사안이고, 또 당파적 성향에 의해 자주 변질되기 때문에 이 책에서 묘사한 일화들 중 일부는 논쟁과 분분한 해석의 대상이 되기 쉽다. 빈번하게 주제에서 벗어나는 이야기로 중심축에 부담을 지우기보다는 그러한 논쟁거리를 각주에서 다루는 게 낫겠다 싶었다.

여러 인터뷰 외에도 이 책은 미공개 편지들과 이메일들, 최근에 기밀문서에서 해제된 정부 자료들, 출간되거나 출간되지 않은 회고록들, 동시대의 선전물들, 선서진술서들, 증언 녹취록들, 검안서들, 검시관 보고서들, 증인의 증언들, 일기들, 영상 자료화면과 사진들, 전화 통화 녹음물뿐만 아니라 당대의 여러 신문 기사를 포함하는 광범위한 기록물 조사를 기반으로 하고 있다. 프라이스 집안의 내력을 상술하면서는 돌러스 프라이스와 나눈 두 번의 광범위한 미공개 인터뷰에 크게 의존했다. 하나는 2003년에 타라 키넌-톰슨이 진행한 인터뷰이고, 또 하나는 2010년에 에드 몰로니가 진행한 인터뷰이다.

이 책은 주로 원래 내가 썼던 기사를 바탕으로 하고 있지만 오랜 시간 동안 "분쟁"의 연대기를 기록해 온 기록자들의 획기적인 작업들이 포함되어 있다. 수전 맥케이, 데이비드 맥키트릭, 에드 몰로니, 피터 테일러, 마크 어번, 마틴 딜론, 리처드 잉글리시, 팀 팻 쿠건, 맬러카이 오도허티, 수잰 브린, 앨리슨 모리스, 헨리 맥도널드의 작업물이 그것이다. 처음 몇 챕터에서는 사이먼 윈체스터와 맥스 헤이스팅스의 훌륭한 기사를 활용하기도 했다. 여러 빼어난 다큐멘터리들, 특히 「실종」(1999), 「실종자」(2013), 그리고 에드 몰로니가 제작한 다큐멘터리 「나, 돌러스」(2018)에도 크게 의지했다.

제리 아담스는 빈번히 인터뷰를 하지만 내 질문의 주제를 알게 되자 나와의 대화를 거절했다. 그는 대리인을 통해 보스턴 칼리지 구술사 프로젝트가 일부 "심각한 결함이 있고 부당하며 본인 위주로 편향되었으며", 에드 몰로니와 안토니 맥킨타이어는 "신페인당의 지도부와 당의 평화 전략에 반대하기로 유명한 사람들"이라는 성명서를 보냈다. 아담스는 진 맥콘빌의 살해를 명령하지도 또 IRA 조직원이었다는 사실도 계속 부인하고 있다. 그러나 모든 사람이 사실로 알고 있는 것을 부인하는 것의 부정적인 면은 어떤 말을 하든 필연적으로 그 가치가 떨어지기 시작한다는 것이다. 나는 아담스의 초상을 만들면서 그와 함께 IRA에서 복무했던 수많은 사람들의 회상과 그가 했던 수많은 인터뷰들과 그가 직접 쓴 자서전에 의존했다.

2014년에 이 책을 기획하기 시작했을 때 에드 몰로니는 브렌든 휴즈가 보스턴 칼리지 구술사 프로젝트에서 인터뷰한 민감한 사항이 편집되지 않은 완전한 녹취록을 내게 주었는데 그것은 없어서는 안 될 출처가 되었다. 하지만 그 구술사를 제외하고는 벨파스트 프로젝트에 관여했던 그 누구도 나와 인터뷰를 공유하지 않았다. 나는 돌러스 프라이스라든가 아이버 벨, 또 그 외 이 책에서 언급하고 있는 다른 참여자들의 구술사에는 접근할 수 없었지만 안토니 맥킨타이어를 인터뷰함으로써 대화의 일부를 재구성할 수 있었다. 보스턴 칼리지 녹음테이프들은 참여자들이 사망하고 학자들이 "분쟁"을 이해하기 위하여 그들의 증언을 연구할 수 있는 그 날이 올 때까지 포도주 저장실의 포도주들처럼 손대지 않은 채 놓여있기로 되어 있었다. 그런데 오히려 그 테이프들은 범죄의 증거가 되었다. 정치적 무기가 되었던 것이다. 테이프들은 오래된 범죄를 기소하는 데 이용될지도 모른다. 하지만, 이제, 연구자들은 절대 이용할 수 없게 될 것으로 보인다.

몇 년 전, 보스턴 칼리지는 프로젝트에 참여했던 사람들에게 인터뷰를 돌려받을 수 있다고 알리기 시작했다. 발화성의 재료를 부주의하게 취급해서 태워버린 대학은 녹음테이프 보관자로서의 책임을 내던지고 싶어했다. 여러 참여자들이 대학의 제안을 받아들였다. 리키 오라도 그중 한 명이었다. 어느 날, 그는 보스턴 칼리지에서 온 상자 하나를 받았다. 10여 년 전 맥커스와 나눈 대화의 녹음물과 녹취록이 담긴 상자였다. 처음에는 그걸 어떻게 해야 할지 판단이 서지 않았다. 그러다가 한 가지 생각이 떠올랐다. 그는 CD와 녹취록을 서재로 가져간 다음 벽난로에 불을 지폈다. 그리고는 근사한 보르도산 포도주를 한 병 따서 잔에 따랐다. 벽에 늘어선 사진 액자들에 불빛이 일렁였다. "분쟁" 시절을 함께했던 옛 친구들과 동지들의 사진들로 그중 많은 이들이 이제는 세상을 떠났다. 패트릭 피어스가 아일랜드의 독립을 선언한 1916년의 선언문 사본도 있었고, 브렌든 휴즈의 사진도 하나 있었다. 오라는 자신의 증언을 불길 속으로 던져 넣었다. 그런 다음 보르도산 포도주를 마시며 불타는 광경을 지켜보았다.

각주

출처 축약어

인터뷰

H-BC 보스턴 칼리지 구술사 프로젝트에서 안토니 맥킨타이어가 진행한 브렌든 휴즈 인터뷰 녹취록

P-EM 2010년 에드 몰로니가 돌러스 프라이스와 나눈 미공개 인터뷰

P-TKT 2003년 타라 키넌-톰슨이 돌러스 프라이스와 나눈 미공개 인터뷰

소송 절차

아치 맥콘빌 증언 녹취록

Deposition of Arthur(Archie) McConville, Inquest on the Body of Jean McConville, Coroner's District of County Louth, April 5, 2004.

보스턴 칼리지 소환장 송달 각하신청

Motion of Trustees of Boston College to Quash Subpoenas, June 2, 2011(U.S. District Court of Massachusetts, M.B.D. No. 11-MC-91078).

소환장 송달 각하신청에 대한 정부의 이의신청

Government's Opposition to Motion to Quash and Motion for an Order to Compel, July 1, 2011(U.S. District Court of Massachusetts, M.B.D. No. 11-MC-91078).

에드 몰로니 벨파스트 선서진술서

First Affidavit of Ed Moloney in the Matter of an Application by Anthony McIntyre for Judicial Review(High Court of Justice in Northern Ireland, September 12, 2012).

에드 몰로니 매사추세츠 선서진술서

Affidavit of Ed Moloney, June 2, 2011(U.S. District Court of Massachusetts, M.B.D. No. 11-MC-91078).

로버트 K. 오닐 선서진술서

Affidavit of Robert K. O'Neill, "In Re: Request from the United Kingdom Pursuant to the Treaty Between the Government of the United States of America and the Government of the United Kingdom on Mutual Assistance in Criminal Matters in the Matter of Dolours Price," June 2, 2011(U.S. District Court of Massachusetts, M.B.D. No. 11-MC-91078).

돌러스 프라이스 선서진술서

　　Affidavit of Dolours Price, *Price & Price v. Home Office*(High Court of Justice, Queen's Bench Division), April 23, 1974.

　__ 그 외 보고서와 속기록

데스몬드 데 실바 보고서

　　The Report of the Patrick Finucane Review, December 12, 2012.

HIAI(1922~1995년 사이 북아일랜드의 보호시설 아동학대에 대한 조사) 속기록

　　Historical Institutional Abuse Inquiry, hearing transcript, 2014.

2011년 5월 16일, 전화회의

　　에드 몰로니, 안토니 맥킨타이어, 캐리 트위미, 윌슨 맥아서, 밥 오닐, 톰 해치 사이에 이루어진 전화회의 녹음기록.

경찰 옴부즈맨 보고서

　　"Report into the Complaint by James and Michael McConville Regarding the Police Investigation into the Abduction and Murder of Their Mother Mrs. Jean McConville," Police Ombudsman for Northern Ireland, July 18, 2006.

　프롤로그 __ 보물실

1 Charles Donovan, Paul FitzGerald, and Paul Dunigan, *History of Boston College: From the Beginnings to 1990*(Chestnut Hill, Mass.: University Press of Boston College, 1990), pp. 2–3.

2 "FBI Busts Librarian Accused of Stealing Books," United Press International, October 8, 1986.

3 "Librarian Helps Foil the Theft of Irish Artifacts," *New York Times*, September 1, 1991.

4 로버트 오닐의 선서진술서.

5 "U.S. Hands Over Bomber Dolours Price's Secret Interview Tapes to PSNI," *Belfast Telegraph*, July 8, 2013; 에드 몰로니와의 인터뷰.

6 에드 몰로니 및 안토니 맥킨타이어와의 인터뷰.

　1장 __ 납치

1 "Snatched Mother Missing a Month," *Belfast Telegraph*, January 16, 1972. 진의 생년월일에 대해 그간 모순되는 설명이 있었다. 딸인 헬렌은 어머니가 1935년에 태어났다고 말했으며, 진의 묘비에도 37세의 나이에 사망했다고 새겨진 것으로 보아 1935년생임을 말해준다. 그녀가 실종되었을 때 대

부분의 언론 기사에는 37세로 실렸다. 그러나 내가 입수한 출생증명서에 따르면 정확한 생년월일은 1934년 5월 7일로, 그녀의 나이가 38세임을 말해준다.

2 달리 언급하지 않는 한, 이 부분의 세부사항은 마이클 맥콘빌과 나눈 여러 차례의 인터뷰에서 가져온 것이다. 앤 맥콘빌은 1952년 11월 28일에 태어나 1992년 9월 29일에 사망했다. 그녀는 평생 결절성 경화증으로 고생했다. 14명의 아이들에 대한 자세한 내용은 수잔 맥케이가 2013년 12월 19일 「런던 리뷰 오브 북스」에 쓴 "일기"에서 가져왔다.

3 아치 및 수지 맥콘빌과의 인터뷰.

4 같은 곳.

5 "Snatched Mother Missing a Month," *Belfast Telegraph*, January 16, 1972; 아치 맥콘빌 증언 녹취록.

6 맥콘빌 자녀들 대부분의 기억 속에서 그 수는 여덟 명이다. 예를 들어, 아치 맥콘빌의 증언 녹취록을 보라. 하지만 다른 아이들의 진술을 보면 그 수가 더 많았다는 것을 시사한다. 수잔 맥케이와의 인터뷰에서 헬렌은 일당이 "여자 넷과 남자 넷"으로 이루어져 있었다고 주장했다. 그러나 실제로 진이 납치될 당시 헬렌은 집에 없다가 나중에 돌아왔다. 2013년 12월 19일, 수잔 맥케이가 「런던 리뷰 오브 북스」에 쓴 "일기"를 보라. 나와의 인터뷰에서 마이클 맥콘빌은 열 명에서 열두 명 사이라고 했다.

7 마이클, 아치, 수지 맥콘빌과의 인터뷰.

8 "Sons Recall 30 Years of Painful Memories," *Irish News*, October 24, 2003; 아그네스 맥콘빌의 라디오 인터뷰(*Marian Finucane Show*, RTÉ Radio, November, 23, 2013).

9 마이클 맥콘빌과의 인터뷰.

10 아치 맥콘빌 증언 녹취록.

11 마이클 맥콘빌과의 인터뷰.

12 아치 맥콘빌과의 인터뷰; "Sons Recall 30 Years of Painful Memories," *Irish News*, October 24, 2003.

13 "Sons Recall 30 Years of Painful Memories," *Irish News*, October 24, 2003.

14 아치 맥콘빌과의 인터뷰; 아치 맥콘빌 증언 녹취록.

15 아치 맥콘빌과의 인터뷰.

16 "Sons Recall 30 Years of Painful Memories," *Irish News*, October 24, 2003.

2장 __ 알버트의 딸들

1 다큐멘터리 「나, 돌러스」에서 돌러스 프라이스의 인터뷰. 모리스 스위니 감독, 에드 몰로니&누얼러 커닝햄 제작(New Decade Films, 2018).

2 P-EM.

3 P-TKT.

4 "Lest We Forget," *Daily Express*, June 1, 1974.

5 이몬 맥캔과의 인터뷰.

6 "Protest Now, Before It Is Too Late!" *Irish People*, January 12, 1974; "'Republicanism Is Part of Our DNA,' Says IRA Bomber Dolours Price," *Telegraph*, September 23, 2012.

7 P-EM.

8 "Lest We Forget," *Daily Express*, June 1, 1974.

9 같은 곳. 탈옥에 관한 자세한 내용은 다음에서 볼 수 있다. Uinseann Ó Rathaille Mac Eoin, *The I.R.A. in the Twilight Years 1923–1948*(Dublin: Argenta, 1997), p. 452.

10 Tim Pat Coogan, *The IRA*(New York: St. Martin's Press, 2002), p. 185.

11 P-EM.

12 같은 곳.

13 같은 곳; P-TKT.

14 Dolours Price, "Gerry Kelly: He's Not the Boy I Loved," *Fortnight*, September 2004.

15 P-EM.

16 제리 아담스의 회고록 서두에 의도치않게 우스꽝스럽게 정리한 "사건의 역사 연대표"를 보면 싸움이 1169년에 개시되었다고 한다. Gerry Adams, *A Farther Shore: Ireland's Long Road to Peace*(New York: Random House, 2005), p. xi.

17 Peter de Rosa, Rebels: *The Irish Rising of 1916*(New York: Random House, 1990), p. 268.

18 Ruth Dudley Edwards, *Patrick Pearse: The Triumph of Failure*(Dublin: Poolbeg Press, 1990), pp. 7–8.

19 Ruán O'Donnell, *16 Lives: Patrick Pearse*(Dublin: O'Brien Press, 2016), pp. 18, 63.

20 O'Donnell, *16 Lives*, pp. 140–41.

21 De Rosa, *Rebels*, p. 89.

22 O'Donnell, *16 Lives*, p. 273.

23 이 법은 1987년에 폐지되었다.

24 Price, "Gerry Kelly: He's Not the Boy I Loved."

25 같은 곳.

26 "Big Arms Haul in Belfast," *Irish Times*, May 30, 1938; "The Belfast Explosion," *Irish Times*, May 31, 1938.

27 P-TKT.

28 "Old Bailey Bomber Ashamed of Sinn Féin," *Village Magazine*, December 7, 2004.

29 같은 곳.

30 Price, "Gerry Kelly: He's Not the Boy I Loved."

31 P-TKT.

32 P-EM.

33 같은 곳.

34 P-TKT.

35 같은 곳.

36 같은 곳: Dolours Price, "Gerry Kelly," *Fortnight*, September 2004.

37 이몬 맥캔과의 인터뷰.

38 다음을 보라. Michael Farrell, *Northern Ireland: The Orange State*(London: Pluto Press, 1987).

39 Michael Farrell, Introduction, in *Twenty Years On*, ed. Michael Farrell(Dingle, Ireland: Brandon, 1988), p. 14.

40 Marc Mulholland, *Northern Ireland: A Very Short Introduction*(Oxford: Oxford University Press, 2002), p. 24.

41 Daniel Finn, "The Point of No Return? People's Democracy and the Burntollet March," *Field Day Review* no. 9(2013), pp. 4–21.

42 자료화면.

43 돌러스는 흔히 1951년 6월 21일 출생이라고 보도되며, 이로 인해 이때 나이가 17세인 셈이 된다. 내가 입수한 출생증명서에 따르면, 실제 생일은 1950년 12월 16일이었기에 1969년 1월 1일에 18세였다.

44 Dolours Price to her family, January 28, 1974, in *Irish Voices from English Jails: Writings of Irish Political Prisoners in English Prisons*(London: Prisoners Aid Committee, 1979), p. 54.

45 Letters from Dolours and Marian Price to their family, both dated January 7, 1974, reproduced in "The Price Sisters," *Spare Rib* no. 22(April 1974).

46 Dolours Price, "Afraid of the Dark," *Krino* no. 3(Spring 1987).

47 P-TKT.

48 이몬 맥켄과의 인터뷰.

49 Dolours Price, "Gerry Kelly," *Fortnight*, September 2004.

50 "Ulster's Price Sisters: Breaking the Long Fast," *Time*, June 17, 1974. 당시 학생 지도자였던 마이클 파렐은 이후에 아일랜드에서 체의 죽음이 자신의 세대에 미치는 영향을 다음 책의 서문에서 상세히 기술했다. *Twenty Years On*, p. 11.

51 여기 나온 설명은 프라이스가 찍은 비디오와 그를 아는 사람들과의 대화, 그중에서도 특히 토미 고먼의 대화에서 가져온 것이다.

52 Tara Keenan-Thomson, *Irish Women and Street Politics*, 1956–1973(Dublin: Irish Academic Press, 2010), p. 146.

53 같은 곳.

54 P-EM.

55 P-TKT.

56 이몬 맥캔과의 인터뷰.

57 Bowes Egan and Vincent McCormack, *Burntollet*(London: LRS, 1969), p. 26.

58 Max Hastings, *Barricades in Belfast: The Fight for Civil Rights in Northern Ireland*(London: Taplinger, 1970), p. 71; Walter Ellis, *The Beginning of the End: The Crippling Disadvantage of a Happy Irish Childhood*(Edinburgh: Mainstream, 2006), p. 137; Ed Moloney and Andy Pollak, *Paisley*(Dublin: Poolbeg Press, 1986), p. 161.

59 Hastings, *Barricades in Belfast*, p. 84.

60 Marc Mulholland, *Northern Ireland at the Crossroads: Ulster Unionism in the O'Neill Years*(London: Palgrave, 2000), p. 1.

61 기자는 맥스 헤이스팅스였다. "Why Britain is Committed in Northern Ireland," *Irish Times*, January 27, 1972.

62 러디어드 키플링의 시집 중에서 "얼스터"(London: Wordsworth Editions, 1994), p. 243.

63 P-EM; "Documents Shed More Light on Burntollet Attack," *Irish News*, October 15, 2010.

64 Ellis, *Beginning of the End*, pp. 124, 157.

65 이몬 맥캔과의 인터뷰.

66 Ellis, *Beginning of the End*, p. 138.

67 P-EM. 로니 번팅은 결국 아일랜드민족해방군INLA의 지도자가 되었다. 1980년에 그는 침대에서 살해당했다. 향년 32세였다. 다음을 참조하라. Martin Dillon, *The Trigger Men*(Edinburgh: Mainstream, 2003), pp. 95–96.

68 Laura K. Donohue, "Regulating Northern Ireland: The Special Powers Acts, 1922–1972," *The Historical Journal*, vol. 41, no. 4(1998).

69 Wallace Clark, *Guns in Ulster*(Belfast: Constabulary Gazette, 1967), p. 9.

70 Bob Purdie, *Politics in the Streets: The Origins of the Civil Rights Movement in Northern Ireland*(Belfast: Blackstaff Press, 1990), pp. 213–14.

71 Farrell, *Northern Ireland*, p. 249; "End in Sight After Long March," *Guardian*, October 27, 2001.

72 일부 관측통은 민권운동 시위자들이 IRA와 크게 다르지 않다는 의견을 피력했다. 퀸즈 대학의 리처드 잉글리시 교수는 민권운동이 "구 IRA 내에서 시작된 기획이며, 구 IRA 공화파가 관련된 한 명백히 북아일랜드 정부를 무너뜨리려는 의도를 갖고 있었다"라고 썼다. Richard English, *Armed Struggle: The History of the IRA*(New York : Oxford University Press, 2003), p. 82. 이몬 맥캔은 내게 데

리로 행진하는 동안 IRA 총기범들이 행진자들을 "보호하기" 위해 밤에 불쑥 나타났다고 말했다. 그는 그들을 발견한 게 전혀 기쁘지 않았다고 했다.

73 Daniel Finn, "The Point of No Return? People's Democracy and the Burntollet March," *Field Day Review* no. 9(2013).

74 "Battling Through to Derry," *Irish Times*, January 6, 1969; 자료화면. 확성기를 든 남자는 마이클 파렐 이었다.

75 Purdie, *Politics in the Streets*, pp. 213–14; Egan and McCormack, Burntollet, p. 22.

76 Moloney and Pollak, *Paisley*, p. 159.

77 같은 곳, p. 201.

78 Dolours Price, "Ideals Live On," *The Blanket*, November 29, 2006.

79 Egan and McCormack, *Burntollet*, p. 22.

80 Ellis, *Beginning of the End*, p. 137.

81 Egan and McCormack, *Burntollet*, p. 22.

82 Moloney and Pollak, *Paisley*, p. 168.

83 Tommy McKearney, *The Provisional IRA: From Insurrection to Parliament*(London: Pluto Press, 2011), p. 42.

84 Egan and McCormack, *Burntollet*, p. 26.

85 같은 곳, pp. 29–30.

86 "Battling Through to Derry," *Irish Times*, January 6, 1969; Purdie, *Politics in the Streets*, p. 214.

87 Bernadette Devlin, *The Price of My Soul*(New York: Vintage, 1970), pp. 139.41; "Battling Through to Derry," *Irish Times*, January 6, 1969.

88 "Battling Through to Derry," *Irish Times*, January 6, 1969.

89 P-TKT.

90 P-EM.

91 P-TKT.

92 "Attack on March—Bunting Fined," *Irish Times*, March 11, 1969; "Battling Through to Derry," *Irish Times*, January 6, 1969.

93 Egan and McCormack, *Burntollet*, pp. 31–32.

94 같은 곳, p. 33.

95 Hastings, *Barricades in Belfast*, p. 86.

96 "Battling Through to Derry," *Irish Times*, January 6, 1969.

97 같은 곳.

98 "Attack on March. Bunting Fined," *Irish Times*, March 11, 1969.

99 같은 곳.

100 "Battling Through to Derry," *Irish Times*, January 6, 1969; "Riots Injure 120 on Belfast March," Reuters, January 5, 1969.

101 "Battling Through to Derry," *Irish Times*, January 6, 1969.

102 P-EM.

103 Egan and McCormack, *Burntollet*, p. 37.

104 Dolours Price, "Gerry Kelly," *Fortnight*, September 2004.

105 Keenan-Thomson, *Irish Women and Street Politics*, p. 41.

106 P-TKT.

107 Purdie, *Politics in the Streets*, p. 215; Michael Farrell, "Long March to Freedom," in *Twenty Years On*, p. 58.

108 밥 퍼디는 다음과 같이 썼다. "많은 폭행범들이 흰색 완장을 착용했기에 행진자들과 쉽게 구별될 수 있었다. 이건과 맥코맥은 여러 사진에서 다수의 공격자를 식별할 수 있었다.… 많은 이들이 B특공대 대원이었다. 그것은 민권운동 측에서 보자면 훌륭한 선전 요소였지만, 그 지역의 B특공대가 개신교도 신분의 건강한 성인 남성과 대략적으로 거의 동일했기 때문에 이는 지역 주민들이 공격했다는 점을 뒷받침한다." Purdie, *Politics in the Streets*, p. 215.

109 Dolours Price, "Gerry Kelly," *Fortnight*, September 2004.

110 같은 곳. 찢어진 옷에 대한 세부사항은 다음에서 가져온 것이다. "Lest We Forget," *Daily Express*, June 1, 1974.

3장 __ 피난

1 헬렌과의 인터뷰를 바탕으로 한 이 훌륭한 기사에서 수잔 맥케이는 사진이 1965년에 찍혔다고 한다. 맥케이, "일기", 「런던 리뷰 오브 북스」, 2013년 12월 19일.

2 마이클, 수잔, 아치 맥콘빌은 나와의 인터뷰에서 저마다 옷핀을 떠올렸다. 헬렌은 수잔 맥케이에게 그 핀에 대한 기억이 없다고 말했다. 이는 트라우마를 겪은 유년시절의 기억과 상충되는 맥콘빌 자녀들에게 종종 나타나는 전형적인 패턴이다.

3 필자는 아보니엘 로드를 찾아갔다.

4 맥케이, "일기", 「런던 리뷰 오브 북스」, 2013년 12월 19일.

5 셰이머스 맥켄드리, 『실종』(Dublin: Blackwater Press, 2000), p. 9.

6 "Many Killed in Mass Air Attack on Belfast," *Irish Independent*, April 17, 1941; Ian S. Wood, *Britain, Ireland and the Second World War*(Edinburgh: Edinburgh University Press, 2010), pp. 174– 75.

7 맥케이, "일기", 「런던 리뷰 오브 북스」, 2013년 12월 19일.

8 맥켄드리, 『실종』, p. 9.

9 같은 곳; 맥케이, "일기", 「런던 리뷰 오브 북스」, 2013년 12월 19일.

10 Edward Moxon-Browne, "National Identity in Northern Ireland," in *Social Attitudes in Northern Ireland: The First Report*, ed. Peter Stringer and Gillian Robinson(Belfast: Blackstaff Press, 1991).

11 Cormac Ó Gráda and Brendan M. Walsh, "Intermarriage in a Divided Society: Ireland a Century Ago," *Explorations in Economic History*, vol. 56(2015).

12 맥케이, "일기", 「런던 리뷰 오브 북스」, 2013년 12월 19일.

13 맥콘빌 자녀들의 진술이 서로 엇갈리는 부분이다. 헬렌의 남편인 세이머스 맥켄드리는 자신의 책『실종』에서 머리 할머니가 결혼에 대해 크게 염려하지 않은 것으로 보인다고 했다. 결국엔 알 버트와 자식들이 동벨파스트에 있는 머리 부인의 집으로 옮겨간 것이 사실이기 때문이다. 그러 나 진 맥콘빌이 실종된 후 몇몇 아이들은 머리 부인이 딸인 진(그리고 더 나아가서는 손자들)과 사실상 의절했다고 말했다. 진이 가톨릭교도와 결혼했다는 이유 때문이라는 것이었다. 1960년대 보다는 오히려 1950년대에 그러한 사회적 규범을 위반하는 것이 더 아무렇지도 않게 여겨졌을 수 있다. 메리 맥콘빌이 결혼 문제로 그다지 애를 먹지 않았다는 견해에 대해, 또 삼촌이 때렸다 는 의견에 대해서는 세이머스 맥켄드리의 『실종』 10쪽을 보라. 마이클 맥콘빌은 내게 "외가는 우 리와 연락을 끊고 살았어요. 어머니가 가톨릭교도와 결혼했기 때문이죠"라고 말했다. 2013년 5 월 23일, 제임스 맥콘빌을 대신하여 소송을 제기한 조 멀홀랜드 법무법인이 진 맥콘빌의 사망과 관련, 법무총감에게 제출한 자료에 따르면, "외가는 그녀와 의절한 상태"였다는 동일한 주장이 있다.

14 맥케이, "일기", 「런던 리뷰 오브 북스」, 2013년 12월 19일; 맥켄드리, 『실종』, p. 9.

15 맥케이, "일기", 「런던 리뷰 오브 북스」, 2013년 12월 19일.

16 맥켄드리, 『실종』, p. 10.

17 맥케이, "일기", 「런던 리뷰 오브 북스」, 2013년 12월 19일.

18 맥켄드리, 『실종』, p. 10.

19 Moloney and Pollak, *Paisley*, p. 89.

20 맥켄드리, 『실종』, p. 10; 맥케이, "일기", 「런던 리뷰 오브 북스」, 2013년 12월 19일.

21 English, *Armed Struggle*, p. 102. 다음도 참고하라. Russell Stetler, *The Battle of Bogside: The Politics of Violence in Northern Ireland*(London: Sheed and Ward, 1970).

22 Hastings, *Barricades in Belfast*, pp. 142–43.

23 자료화면.

24 Hastings, *Barricades in Belfast*, p. 143.

25 다큐멘터리 「봄베이 스트리트의 화염」에서 목격자 진술(BBC One Northern Ireland, 2011).

26 Seamus Brady, "Eye-witness Account of Events in Belfast," August 22, 1969, National Archives of Ireland. 또한 다큐멘터리 「봄베이 스트리트의 화염」을 참조하라.

27 McKearney, *The Provisional IRA*, p. 47.

28 1969년 7월과 9월 사이에 1,820 가구가 집을 버리고 달아난 것으로 보인다. 개신교도는 315 가구, 가톨릭교도는 1,505 가구였다. 「아이리시 타임스」, 「가디언」 및 기타 언론 매체는 팀 팻 쿠건의 다음 책에서 비롯된 것으로 보이는 동일한 수치를 인용하고 있다. 다음을 보라. "Day the Troops Marched in to Nationalist Welcome," *Irish Times*, August 14, 1999; Tim Pat Coogan, *The Troubles*(New York: Palgrave, 2002), p. 91.

29 1971년 벨파스트시 인구 조사.

30 Paul Doherty and Michael A. Poole, "Ethnic Residential Segregation in Belfast, Northern Ireland, 1971–1991," *Geographical Review*, vol. 87, no. 4(October 1997).

31 맥케이, "일기", 「런던 리뷰 오브 북스」, 2013년 12월 19일.

32 Seamus Brady, "Eye-witness Account of Events in Belfast," August 22, 1969, National Archives of Ireland.

33 같은 곳.

34 "Army Under Crossfire," *Telegraph*, July 16, 1972. 다음도 참조하라. "Thousands of Northern Refugees Streamed over the Border in the 1970s—Some Were Called 'Ungrateful'"*The Journal.ie*, December 27, 2014.

35 마이클 맥콘빌과의 인터뷰.

36 맥케이, "일기", 「런던 리뷰 오브 북스」, 2013년 12월 19일; 맥켄드리, 『실종』, p. 10.

37 다큐멘터리 「봄베이 스트리트의 화염」을 참조하라.

38 Hastings, *Barricades in Belfast*, pp. 146–47.

39 Ciarán Carson, *Belfast Confetti*(Winston-Salem, N.C.: Wake Forest University Press, 1989).

40 1970년 7월 4일 토요일, 폴스 로드에서 총격전이 소강상태에 접어든 동안 오마 스트리트의 상점으로 향하는 여자들의 자료화면이 있다.

41 맥케이, "일기", 「런던 리뷰 오브 북스」, 2013년 12월 19일; 맥켄드리, 『실종』, p. 10.

42 마이클 맥콘빌과의 인터뷰; 1972년 12월 13일, 맥콘빌 자녀들 관련 사회복지사의 보고서.

43 맥케이, "일기", 「런던 리뷰 오브 북스」, 2013년 12월 19일; 맥켄드리, 『실종』, p. 11.

44 "Flight: A Report on Population Movement in Belfast During August, 1971," Northern Ireland Community Relations Commission Research Unit, Belfast, 1971.

45 맥케이, "일기", 「런던 리뷰 오브 북스」, 2013년 12월 19일; 맥켄드리, 『실종』, p. 11.

46 맥케이, "일기", 「런던 리뷰 오브 북스」, 2013년 12월 19일.

47 마이클 맥콘빌과의 인터뷰; 맥켄드리, 『실종』, p. 12; 맥케이, "일기", 「런던 리뷰 오브 북스」, 2013년 12월 19일.

48 다큐멘터리 「하이 라이프」(BBC, 2011); Megan Deirdre Roy, "Divis Flats: The Social and Political Implications of a Modern Housing Project in Belfast, Northern Ireland, 1968–1998," *Iowa Historical Review*, vol. 1, no. 1(2007).

49 다큐멘터리 「하이 라이프」.

50 마이클 맥콘빌과의 인터뷰.

51 Roy, "Divis Flats," *Iowa Historical Review*, vol. 1, no. 1(2007).

52 마이클 맥콘빌과의 인터뷰.

53 맥케이, "일기", 「런던 리뷰 오브 북스」, 2013년 12월 19일.

54 Roy, "Divis Flats" *Iowa Historical Review*, vol. 1, no. 1(2007). 다큐멘터리 「하이 라이프」.

55 Lynsey Hanley, *Estates: An Intimate History*(London: Granta, 2000), p. 97.

56 Hastings, *Barricades in Belfast*, p. 147.

57 맥케이, "일기", 「런던 리뷰 오브 북스」, 2013년 12월 19일.

58 Hastings, *Barricades in Belfast*, p. 147.

59 같은 곳, p. 144.

60 같은 곳, p. 144.

61 같은 곳, p. 145.

62 "Belfast's Night Patrol: An Uneasy Tour," *Newsday*, September 17, 1971.

63 David McKittrick, Seamus Kelters, Brian Feeney, and Chris Thornton, *Lost Lives: The Stories of the Men, Women and Children Who Died As a Result of the Northern Ireland Troubles,* 2nd ed.(Edinburgh: Mainstream, 2004), table 1, p. 1494.

64 Roy, "Divis Flats," *Iowa Historical Review*, vol. 1, no. 1(2007). 또한 다음을 보라. Jeffrey Sluka, *Hearts and Minds, Water and Fish: Support for the IRA and INLA in a Northern Ireland Ghetto*(Greenwich, Conn.: JAI Press, 1989).

65 맥켄드리, 『실종』, p. 15.

66 Hastings, *Barricades in Belfast*, p. 144.

67 McKittrick et al., *Lost Lives*, p. 34.

68 Hastings, *Barricades in Belfast*, p. 144.

69 McConville, "Disappearance of Jean McConville,"in *The Disappeared of Northern Ireland's Troubles*(Belfast: Wave Trauma Centre, 2012), p. 16.

70 마이클 맥콘빌과의 인터뷰.

71 Simon Winchester, *In Holy Terror* (London: Faber, 1975), pp. 68–69.

72 같은 곳, p. 70.

73 Patrick Bishop and Eamonn Mallie, *The Provisional IRA* (London: Heinemann, 1987), p. 123.

74 Winchester, *In Holy Terror*, p. 73.

75 Winchester, *In Holy Terror*, pp. 71–72.

76 자료화면.

77 Winchester, *In Holy Terror*, p. 72; 자료화면.

78 자료화면.

79 리처드 오라와의 인터뷰.

80 Winchester, *In Holy Terror*, p. 71.

81 같은 곳, p. 70; "Falls Road Curfew, 40th Anniversary," *Irish News*, June 30, 2010.

82 Winchester, *In Holy Terror*, p. 32.

83 마이클 맥콘빌과의 인터뷰.

84 맥켄드리, 『실종』, p. 12.

85 Roy, "Divis Flats," *Iowa Historical Review*, vol. 1, no. 1(2007).

86 "Sons Recall 30 Years of Painful Memories," *Irish News*, October 24, 2003.

87 "How Belfast Feels Behind the Barricades," *Christian Science Monitor*, September 10, 1969.

88 Kevin C. Kearns, *Dublin Street Life and Lore: An Oral History* (Dublin: Glendale, 1991), p. 63.

89 마이클 맥콘빌과의 인터뷰.

90 맥켄드리, 『실종』, p. 13.

91 맥케이, "일기", 「런던 리뷰 오브 북스」, 2013년 12월 19일; 맥켄드리, 『실종』, p. 13.

92 마이클 맥콘빌과의 인터뷰.

4장 __ 지하군

1 이 부분에 대한 설명은 P-TKT와 타라 키넌-톰슨의 다음 책에 근거한다. *Irish Women and Street Politics*, pp. 213–14.

2 이 부분은 토미 맥키어니의 *The Provisional IRA*, p. 47과 윈체스터의 *In Holy Terror*, p. 164에 신세를 졌다.

3 H-BC; "IRA Provisionals Put Up Barriers in Belfast," *Telegraph*, June 30, 1972.

4 리암 맥밀런은 1969년 기준으로 120명이라고 추산했다. Liam McMillen, "The Role of the I.R.A. 1962–1967"(lecture, Dublin, June 1972), reproduced in "Liam McMillen: Separatist, Socialist, Republican," Repsol Pamphlet no. 21(1975). 어떤 수정주의자의 설명에 의하면 IRA가 감소된(그리

고 더욱 평화로워진) 것은 대단히 과장되었다는 주장이다. 브라이언 핸리의 다음 글을 참조하라. "'I Ran Away'? The IRA and 1969: The Evolution of a Myth," *Irish Historical Studies*, vol. XXXVIII, no. 152(November 2013). 그는 영국 정보부가 1969년 봄 당시 북아일랜드 전역에 있는 IRA 조직원을 대략 500명 정도라고 추산했으며, 공화국에서는 그 수를 훨씬 더 높게 추산했다고 썼다.

5 English, *Armed Struggle*, p. 84; H- BC.

6 "Why Britain Is Committed in Northern Ireland," *Irish Times*, January 27, 1972.

7 H-BC; "The I.R.A., New York Brigade," *New York*, March 13, 1972. 핸리는 역사 문헌 속에 널리 회자된 이야기, 즉 벨파스트의 담벼락에 "I Ran Away"라는 낙서가 쓰여졌다는 것은 아마도 사실이 아닐 듯하다고 지적한다. 벨파스트에는 수백 명의 기자들이 있었지만 그러한 문구를 찍은 보도 사진은 전혀 존재하지 않는다. 그러나 핸리는 1970년 현재 그러한 표현이 사용되었다는 것은 인정하며, 브렌든 휴즈는 보스턴 칼리지 구술사에서 도시의 담벼락에서 그 문구를 보았다고 회상했다.

8 빌리 맥키와의 인터뷰; "IRA Founder, 89, Has 'No Regrets,'" *Belfast News Letter*, May 17, 2011.

9 "Political Process Will Not Deliver a United Ireland," *Irish News*, March 30, 2016.

10 H-BC.

11 Martin Dillon, *The Dirty War: Covert Strategies and Tactics Used in Political Conflicts*(New York: Routledge, 1999), p. 11; 또한 다음을 보라. English, *Armed Struggle*, p. 105.

12 John F. Morrison, *The Origins and Rise of Dissident Irish Republicanism*(London: Blooms bury, 2013), p. viii.

13 같은 곳, p. 54.

14 McKittrick et al., *Lost Lives*, table 1, p. 1494.

15 다큐멘터리 「나, 돌러스」에서 돌러스 프라이스의 인터뷰; P-EM.

16 "Intelligence War by Army Cracks IRA Ranks," *Telegraph*, November 5, 1971.

17 "IRA Bomb School Uncovered by Army Swoop," *Telegraph*, January 8, 1972; "One Escapes After Seven Are Arrested at Bomb Lec-ture," *Guardian*, January 8, 1972.

18 "London Bomb Campaign Decision Taken by IRA in Dublin," *Irish Times*, November 16, 1973.

19 다큐멘터리 「나, 돌러스」에서 돌러스 프라이스의 인터뷰.

20 Winchester, *In Holy Terror*, p. 164.

21 "Soldiers Scurry in Sniper Country," *Baltimore Sun*, November 26, 1971.

22 "Army Under Crossfire," *Telegraph*, July 16, 1972.

23 앤 데블린과의 인터뷰.

24 "London Bomb Campaign Decision Taken by IRA in Dublin," *Irish Times*, November 16, 1973.

25 P-TKT.

26 "Home Often Raided, Says Accused Girl," *Irish Times*, October 24, 1973; "London Bomb Campaign Decision Taken by IRA in Dublin," *Irish Times*, November 16, 1973; "Dolours Price Won Rapid Promotion As Gunmen Died," *Telegraph*, November 15, 1973.

27 "Lest We Forget," *Daily Express*, June 1, 1974.

28 P-EM.

29 P-TKT.

30 다큐멘터리 「나, 돌러스」에서 돌러스 프라이스의 인터뷰.

31 P-TKT.

32 P-EM.

33 다큐멘터리 「나, 돌러스」에서 돌러스 프라이스의 인터뷰.

34 Keenan-Thomson, *Irish Women and Street Politics*, 19566–1973, p. 149.

35 "Lest We Forget," *Daily Express*, June 1, 1974; P-TKT.

36 프랜시 맥기건과의 인터뷰.

37 휴 피니와의 인터뷰.

38 프랜시 맥기건 및 케빈 해너웨이와의 인터뷰.

39 숀 맥 슈타이오페인 부고기사(「텔레그라프」, 2001년 5월 19일). 맥 슈타이오페인은 이렇게 말한 적이 있다. "내가 아주 어렸을 때, 그러니까 일곱 살도 안 되었을 때인데, 하루는 어머니가 내게 이렇게 말했죠. 난 아일랜드 사람이란다. 그러니 너도 아일랜드 사람인 거야. 어쨌든 너도 반은 아일랜드 사람이잖니. 그 사실을 절대 잊지 말아라." 몇몇 부고에서 그의 어머니가 벨파스트 출신이라고 잘못된 정보를 싣는 바람에 그가 사망할 때쯤에는 그 신화가 확고히 자리잡았다. 다음도 참고하라. "Adams Leads Tributes As Mac Stíofáin Dies," *Irish Independent*, May 19, 2011; "Former Chief-of-Staff of the IRA Seán Mac Stíofáin Dies Aged 73," *Irish Times*, May 19, 2001.

40 "IRA Threatens to Kill Ceasefire Breakers," *Guardian*, June 24, 1972.

41 Brendan O'Brien, *The Long War: The IRA and Sinn Fein*(Syracuse, N.Y.: Syracuse University Press, 1999), p. 119.

42 "Death of the Englishman Who Led the Provisionals," *Observer*, May 19, 2001.

43 Seán Mac Stíofáin, *Revolutionary in Ireland*(Edinburgh: R&R Clark, 1975), p. 117.

44 P-EM; P-TKT; "IRA Bomber Says Adams Ordered Terror Attacks on London Targets," *Irish Independent*, September 23, 2012.

45 P-EM; "Irish Women Play a Growing Role in IRA Struggle against British," *Washington Post*, April 11, 1972.

46 "IRA Bomber Says Adams Ordered Terror Attacks on London Targets," *Irish Independent*, September

23, 2012.

47 P-EM.

48 "IRA Bomber Says Adams Ordered Terror Attacks on London Targets," *Irish Independent*, September 23, 2012.

49 같은 곳.

50 Keenan-Thomson, *Irish Women and Street Politics*, p. 232.

51 P-TKT.

52 다큐멘터리 「나, 돌러스」에서 돌러스 프라이스의 인터뷰.

53 H-BC.

54 P-TKT.

55 같은 곳.

56 같은 곳.

57 P-EM; P-TKT.

58 이 세부사항들은 H-BC에서 가져온 것이다.

59 IRA 장례식 자료 사진 참조.

60 H-BC.

61 P-EM; P-TKT; "London Bomb Campaign Decision Taken by IRA in Dublin," *Irish Times*, November 16, 1973.

62 "Two Sisters from Belfast Republican Family—and Their Allies in IRA Unit," *Guardian*, November 15, 1973; "Girl Out of Her Depth," *Telegraph*, November 15, 1973.

63 휴 피니와의 인터뷰.

64 다큐멘터리 「차량 폭탄」(케빈 툴리스 감독, Many Rivers Films, 2008)에서 마리안 프라이스의 인터뷰.

65 P-EM.

66 P-TKT.

67 "What Ever Happened to the IRA?" *Time*, March 28, 2008.

68 다큐멘터리 「차량 폭탄」에서 마리안 프라이스의 인터뷰.

69 Dieter Reinisch, "Cumann na mBan and the Acceptance of Women in the Provisional IRA: An Oral History Study of Irish Republican Women in the Early 1970s," in *Socheolas: Limerick Student Journal of Sociology*, vol. 5, no. 1(September 2013).

70 "Three British Soldiers Shot Dead in Ulster," *Guardian*, March 11, 1971; Dillon, *The Dirty War*, pp. 214–15.

71 "Memorial to Scottish Soldiers Attacked," *Belfast Telegraph*, May 3, 2015.

72 P-EM; P-TKT; 또한 앤드류 샌더스의 다음 블로그를 보라. "Dolours Price, Boston College, and the Myth of the 'Price Sisters,'" *The United States of America and Northern Ireland* blog, January 24, 2013.

73 "Woman Hijacker Feels 'Engaged to the Revolution,'" *New York Times*, September 9, 1970.

74 "I Made the Ring from a Bullet and the Pin of a Hand Grenade," *Guardian*, January 25, 2001.

75 Jeffrey Toobin, *American Heiress: The Wild Saga of the Kidnapping, Crimes, and Trial of Patty Hearst*(New York: Doubleday, 2016), p. 157.

76 캐리 트위미와의 인터뷰.

77 "Dolours Price Won Rapid Promotion As Gunmen Died," *Telegraph*, November 15, 1973.

78 "The Sisters of Terror," *Observer*, November 18, 1973.

79 "IRA Female Terrorists Work Havoc in Ireland," *Associated Press*, September 21, 1976.

80 "Dolours Price Won Rapid Promotion As Gunmen Died," *Telegraph*, November 15, 1973.

81 동일한 기간 동안 베트남에서도 유사한 이야기가 떠돌았다. 다음 책 9장을 보라. "Sweetheart of the Song Tra Bong," in Tim O'Brien, *The Things They Carried*(New York: Houghton Mifflin, 1990).

82 "Dolours Price Won Rapid Promotion As Gunmen Died," *Telegraph*, November 15, 1973.

83 이몬 맥캔과의 인터뷰.

84 안토니 맥킨타이어와의 인터뷰.

85 P-TKT.

86 당시 강도사건은 언론 보도는 되었지만 강도들의 신원은 알려지지 않았다. "Spate of Robberies Throughout North," *Irish Times*, June 27, 1972; "Nuns' Hold Up Belfast Bank," United Press International, June 27, 1972; "IRA Ceasefire Preceded by More Killing," *Guardian*, June 27, 1972; "Cease-fire Off to Uneasy Start in Northern Ireland," *Associated Press*, June 27, 1972.

87 다큐멘터리 「나, 돌러스」에서 돌러스 프라이스의 인터뷰.

88 "A.I.B. Branch Robbed Again by Women," *Irish Times*, July 18, 1972.

89 P-EM.

90 "Hospital Gang Grab IRA Chief," *Telegraph*, December 30, 1972; "Two Sisters from Belfast Republican Family—and Their Allies in IRA Unit," *Guardian*, November 15, 1973; "IRA Leader Is Caught Year After Escape," *Times*(London), February 2, 1974. 돌러스 프라이스는 P-EM에서 이 작전에 관여했음을 직접 시인했다.

91 P-EM; "Disappeared IRA Victim and Provo 'Love Triangle,'" *Irish Independent*, July 12, 2014.

92 조 린스키 친척과의 인터뷰(더 구체적인 신분은 밝혀지기를 바라지 않았다); "Behind the Story: Allison Morris on How She Broke the Story of Joe Lynskey's IRA Execution," *Irish News*, June 25, 2015.

93 조 린스키 친척과의 인터뷰.

94 조 클라크와의 인터뷰.

95 "Searching for the Mysterious 'Mad Monk' Who Fought for—and Was Killed by—the IRA," *Washington Post*, June 30, 2015.

96 다큐멘터리 「나, 돌러스」에서 돌러스 프라이스의 인터뷰.

97 Gerry Adams, *Before the Dawn: An Autobiography*(Dingle, Ireland: Brandon, 2001), pp. 62–64.

98 삼촌의 이름은 패디 아담스였다. Uinseann Ó Rathaille Mac Eoin, *The I.R.A. in the Twilight Years 1923–1948*(Dublin: Argenta, 1997), p. 453.

99 Adams, *Before the Dawn*, pp. 88–89.

100 아담스는 결코 IRA 조직원인 적이 없었다고 주장하지만 여러 증거를 참고했을 때 그러한 주장을 용인하는 것은 불가능하다. 여러 서적에서는 아담스가 10대 때 IRA에 가입한 것으로 본다는 게 일반적 정설이다. 다음을 보라. English, *Armed Struggle*, p. 110; Ed Moloney, *A Secret History of the IRA*(New York: Norton, 2002), p. 46; David Beresford, *Ten Men Dead: The Story of the 1981 Irish Hunger Strike*(New York: Atlantic Monthly Press, 1987), p. 23; Malachi O'Doherty, *Gerry Adams: An Unauthorised Life*(London: Faber, 2017), p. 24. 일찍이 1972년에 언론에서는 아담스를 벨파스트의 IRA 지도자로 인정했다. 진 맥콘빌이 납치되었던 그해 12월 런던의 「타임스」는 "현재 벨파스트에서 급진파를 통솔하는 25세의 전직 바텐더 제리 아담스는 북아일랜드의 신페인당 운동에서 더욱 큰 정치적 역할을 맡고 싶어하지만 그럴 수가 없다. 그랬다가는 즉시 체포되리라는 것을 알기 때문이다"라고 했다("The High Stakes on Mr. Whitelaw's Luck," *Times*[London], December 1, 1972). 2010년, 위키리크스는 미국의 기밀 외교문서 폭로를 통해 2005년부터 더블린 주재 미국 대사였던 제임스 케니가 "아일랜드 정부가 제리 아담스와 마틴 맥기네스가 IRA 군사령부의 조직원이라는 "확고한 증거"를 갖고 있다"라고 언급했다("Peace Process: GOI Shaken by Second IRA Statement," U.S. diplomatic cable, February 4, 2005).

101 P-EM.

102 같은 곳.

103 같은 곳.

104 "'Republicanism Is Part of Our DNA,' Says IRA Bomber Dolours Price," *Telegraph*, September 23, 2012.

105 "Hunger Strikers Seek Only to Serve Sentences in North," *Irish Times*, January 21, 1974.

106 "Lest We Forget," *Daily Express*, June 1, 1974.

107 같은 곳.

108 "Bloody Sunday in Derry," *New York Times*, February 1, 1972; "'Bloody Sunday,' Derry 30 January 1972—Names of the Dead and Injured," CAIN.

109 존 위저리가 이끄는 첫 조사는 "피의 일요일"이 발발한 이후 11주 만에 결론을 내렸는데 그 내용은 주로 영국 군인들이 무죄임을 밝히는 것이었다. 조사위원회는 "영국군이 총격을 받았으며, 자신들에게 총을 쏘고 폭탄을 투척하며 공격하는 무장괴한들만 겨냥해 발포했다"라는 말을 액면 그대로 받아들였다. Lord Widgery, *Report of the Tribunal Appointed to Inquire into the Events on Sunday, 30 January 1972*(April 1972). 이 조사는 사실을 은폐하기 위한 눈가림이라며 대대적으로 비난받았다. 1998년에 와서야 마크 사빌이 이끄는 후속조사가 개시되었다. 사빌은 2010년 보고서에서 "영국군이 제시한 반대 증거에도 불구하고… 그들 중 누구도 공격에 대응하여 발포한 것이 아니었다"라고 결론지었다. *Independent Report of the Bloody Sunday Inquiry*(June 15, 2010).

110 P-TKT.

111 "Nation Mourns Derry's Dead," *Irish Times*, February 1, 1972.

112 "British Take Direct Rule in N. Ireland: Heath Suspends Ulster Self-Rule, Names Aide to Run Province," *Washington Post*, March 25, 1972.

113 풀비오 그리말디와의 인터뷰: "Misteriosa 'pasionaria' irlandese illustra l'attività rivoluzionaria dell'IRA," *Corriere della Sera*, March 24, 1972.

114 "Evidence Given on Handwriting," *Irish Times*, October 26, 1973; "Violence 'Not Included in IRA Principles,'" *Guardian*, October 26, 1973.

115 "Condannata all'ergastolo," *L'Europeo*, November 29, 1973.

116 "Espulsi dall'Italia, i 2 irlandesi dell'IRA," *Corriere Milano*, March 24, 1972.

5장 __ 세인트 쥬드 워크

1 맥켄드리, 『실종』, p. 14.

2 마이클 맥콘빌과의 인터뷰: 맥켄드리, 『실종』, p. 13; "Snatched Mother Missing a Month," *Belfast Telegraph*, January 16, 1973.

3 맥케이, "일기", 「런던 리뷰 오브 북스」, 2013년 12월 19일.

4 같은 곳.

5 Eileen Fairweather, Roisín McDonough, and Melanie McFadyean, *Only the Rivers Run Free: Northern Ireland; The Women's War*(London: Pluto Press, 1984), p. 35.

6 Jeffrey Sluka, "Living on Their Nerves: Nervous Debility in Northern Ireland," *Healthcare for Women International*, vol. 10(1989). 다음도 참고하라. R. M. Fraser, "The Cost of Commotion: An Analysis of the Psychiatric Sequelae of the 1969 Belfast Riots," *British Journal of Psychiatry*, vol. 118(1971); "Mental Illness in the Belfast Trouble Areas," *Irish Times*, September 3, 1971.

7 "Mental Illness in the Belfast Trouble Areas," *Irish Times*, September 3, 1971.

8 맥케이, "일기", 「런던 리뷰 오브 북스」, 2013년 12월 19일.

9 맥켄드리, 『실종』, p. 13.

10 "Jean McConville's Daughter: 'If I Give Up Fighting, They've Won,'" *Observer*, July 6, 2014.

11 McKittrick et al., *Lost Lives*, table 1, p. 1494; table NI-SEC04, "Deaths(Number) Due to the Security Situation in Northern Ireland(Only) 1969–2002," assembled by the Conflict Archive on the Internet(CAIN).

12 맥켄드리, 『실종』, p. 13. 다음도 참고하라. McConville, "Disappearance of Jean McConville," p. 16.

13 마이클 맥콘빌과의 인터뷰.

14 "Helen McKendry: Some People Ignored Us . . . Others Didn't Give a Damn," *Belfast Telegraph*, April 13, 2015.

15 마이클 맥콘빌과의 인터뷰; 맥켄드리, 『실종』, p. 14.

16 마이클 맥콘빌과의 인터뷰; 맥켄드리, 『실종』, p. 14.

17 마이클 맥콘빌과의 인터뷰; 맥켄드리, 『실종』, p. 14; "Helen McKendry: Some People Ignored Us . . . Others Didn't Give a Damn," *Belfast Telegraph*, April 13, 2015.

18 "Helen McKendry: Some People Ignored Us . . . Others Didn't Give a Damn," *Belfast Telegraph*, April 13, 2015; 맥켄드리, 『실종』, p. 14.

19 맥켄드리, 『실종』, p. 14; "Sons Recall 30 Years of Painful Memories," *Irish News*, October 24, 2003.

20 벨파스트에서 어떻게 공개적인 고문과 굴욕을 통해 더 큰 맥락에서 사회적 통제를 하는지에 관한 설명은 다음 책을 참고하라. Heather Hamill, *Hoods: Crime and Punishment in Belfast*(Princeton, N.J.: Princeton University Press, 2011), pp. 76–77.

21 Winchester, *In Holy Terror*, p. 110; "3 IRA Men Jailed for Tarring Incident," *Hartford Courant*, May 13, 1972.

22 "Ulster Women Tar 2 Girls for Dating British Soldiers," *New York Times*, November 11, 1971; "Ulster Girl Who Was Tarred Secretly Weds British Soldier," *Boston Globe*, November 16, 1971; "Irish Girl Who Was Tarred Weds Her British Soldier," *New York Times*, November 16, 1971.

23 "Officers of IRA Group Give Account of Fights," *Irish Times*, March 18, 1971.

24 "Belfast Confetti," *The New Yorker*, April 25, 1994.

25 마이클 맥콘빌과의 인터뷰.

26 "Sons Recall 30 Years of Painful Memories," *Irish News*, October 24, 2003.

27 아치 맥콘빌 및 마이클 맥콘빌과의 인터뷰.

28 맥켄드리, 『실종』, pp. 13–14.

29 같은 곳, p. 15.

30 "Sons Recall 30 Years of Painful Memories," *Irish News*, October 24, 2003.

31 맥켄드리, 『실종』, p. 15.

32 마이클 맥콘빌과의 인터뷰: 맥켄드리, 『실종』, p. 15.

33 "Shops Suffer in Bomb Attacks," *Belfast Telegraph*, December 20, 1972.

34 "Sons Recall 30 Years of Painful Memories," *Irish News*, October 24, 2003.

35 맥켄드리, 『실종』, p. 15. 빙고게임을 하러 간 날 밤의 시일에 관해서는 약간의 의견 차이가 있지만, 현재 맥콘빌 자녀들은 이 사건이 어머니가 납치당하기 전날 밤에 일어났다고 주장한다. 이는 사건 직후에 그들이 말한 것이기도 하다. 1973년 1월 16일, 「벨파스트 텔레그라프」는 헬렌의 말을 인용, 어머니가 "빙고게임을 한 다음날 밤에 납치당했다"는 기사를 1면으로 실었다("Snatched Mother Missing a Month," *Belfast Telegraph*, January 16, 1973).

36 맥케이, "일기", 「런던 리뷰 오브 북스」, 2013년 12월 19일. 1973년 「벨파스트 텔레그라프」는 헬렌의 회상을 실었다. "내 어머니는 지갑, 핸드백, 신발, 코트를 빼앗기고 무참히 두들겨 맞았습니다. 당시 알버트 스트리트 밑에 주둔해 있던 군인들이 거리에서 헤매고 있는 어머니를 발견했어요."("Snatched Mother Missing a Month," *Belfast Telegraph*, January 16, 1973).

37 맥켄드리, 『실종』, p. 16. 이 진술은 나중에 경찰 옴부즈맨인 누얼러 올론이 찾아본 공식 기록에 의해 상당 부분 확증된 것으로 보인다. "경찰 기록에 따르면, 1972년 11월 29일 23시에 한 육군 부대가 거리를 헤매고 있는 한 여자를 발견했다고 진술했으며, 1972년 11월 30일 02시에 보고를 받았다. 여자는 사람들에게 구타당했다고 말했는데 누가 구타했는지에 관해서는 알려주지 않았다. 그녀는 몹시 고통스러워하고 있었으며 군은 그녀의 이름을 세인트 쥬드 워크에 사는 메리 맥콘빌이라고 기입했다. 진 맥콘빌의 시어머니 이름이 메리 맥콘빌이었다. 가족은 군이 발견한 여자가 진 맥콘빌일 거라고 생각했다(Police Ombudsman of Northern Ireland, "Report into the Complaint by James and Michael McConville Regarding the Police Investigation into the Abduction and Murder of Their Mother Mrs. Jean McConville," August 2006, p. 4). 이 보고서에 나온 11월 29일과 맥콘빌 자녀들이 진이 12월 7일까지는 납치되지 않았다고 주장한 시기 사이에는 명백한 차이가 있다. 이렇듯 이례적인 큰 차이에 관해서는 뒷장에서 자세히 살펴볼 것이다.

38 맥켄드리, 『실종』, p. 17.

39 다큐멘터리 「실종자」에서 아그네스 맥콘빌의 인터뷰(앨리슨 밀러 감독, BBC Northern Ireland, 2013).

40 맥케이, "일기", 「런던 리뷰 오브 북스」, 2013년 12월 19일.

41 마이클, 아치, 수잔 맥콘빌과의 인터뷰.

42 마이클 맥콘빌과의 인터뷰 및 "Sons Recall 30 Years of Painful Memories," *Irish News*, October 24, 2003.

43 맥켄드리, 『실종』, p. 18.

44 같은 곳, 18.

6장 __12인의 특공대

1 H-BC.

2 "British Troops May Have Exchanged Fire," *Irish Times*, September 4, 1972.

3 H-BC. 승합차가 녹색이었다는 사실은 다음 기사에 나온다. "British Troops May Have Exchanged Fire," *Irish Times*, September 4, 1972.

4 H-BC.

5 휴즈는 보스턴 칼리지 인터뷰에서 1948년 6월에 태어났다고 했다. 그는 이 사건의 날짜를 기억하지는 못했지만 당대의 보고서와 후속조사에 따르면 1972년 9월 2일이었다고 한다. 다음을 참조하라. Ed Moloney and Bob Mitchell, "British 'War Diary' Suggests Possible MRF Role in Effort to Kill Brendan Hughes While London Buries Secret Military Files for 100 Years," *The Broken Elbow* blog, February 23, 2013. 다음도 참조하라. Margaret Urwin, "Counter-Gangs: A History of Undercover Military Units in Northern Ireland, 1971.1976," Spinwatch report(Public Interest Investigations, November 2012), p. 15.

6 H-BC; Brendan Hughes, "IRA Volunteer Charlie Hughes and the Courage of the Brave," *The Blanket*, September 10, 2002.

7 "Portrait of a Hunger Striker: Brendan Hughes," *Irish People*, December 6, 1980.

8 H-BC.

9 브렌든 휴즈 인터뷰(*Radio Free Éireann*, WBAI, 2000년 3월 17일).

10 H-BC.

11 같은 곳; 돌러스 프라이스의 "Gerry, Come Clean, You'll Feel Better," *The Blanket*, February 26, 2008.

12 H-BC.

13 P-EM.

14 돌러스 프라이스, "Brendan Hughes: Comrade and Friend," *The Blanket*, February 17, 2008.

15 브렌든 휴즈 부고기사(「가디언」, 2008년 2월 18일). (부고기사에서는 휴즈가 피터 테일러 기자에게 전한 말을 인용하고 있는데, 나는 여기서 인용은 하되 이해를 돕기 위해 다른 말로 표현을 바꾸었다.)

16 H-BC.

17 같은 곳.

18 Bishop and Mallie, *The Provisional IRA*, p. 218.

19 H-BC.

20 "Portrait of a Hunger Striker: Brendan Hughes," *Irish People*, December 6, 1980.

21 같은 곳.

22 "Coffee? No Thanks, Said the Major—I Want a Tranquilizer," *Observer*, April 23, 1972.

23 같은 곳.

24 H-BC.

25 마오쩌둥의 원문은 다음을 보라. *On Guerrilla Warfare*(Champaign: University of Illinois Press, 2000), p. 93.

26 급진파의 존재에 대해 분개하며 이런 형태의 충성을 강요한다고 느끼는 서벨파스트 가톨릭 교도의 관점은 다음을 참조하라. Malachi O'Doherty, *The Telling Year: Belfast 1972*(Dublin: Gill & Macmillan, 2007).

27 H-BC.

28 "Portrait of a Hunger Striker: Brendan Hughes," *Irish People*, December 6, 1980.

29 다큐멘터리 「무덤의 목소리」(케이트 오캘러핸 감독, RTÉ, 2010).

30 H-BC.

31 다큐멘터리 「무덤의 목소리」(케이트 오캘러핸 감독, RTÉ, 2010).

32 H-BC. 이 작전의 기술에 관한 자세한 내용은 다음을 참조하라. Taylor, Behind the Mask: The IRA and Sinn Fein(New York: TV Books, 1999), p. 131.

33 Adams, *Before the Dawn*, p. 186.

34 이 일화는 전설적인 것이 되었다. 휴즈가 보스턴 칼리지 구술사에서 진술한 것 외에도, 이 사건은 「아이리시 피플」에서 자세히 다루어졌다. 기사는 다음과 같다. "창문은 박살나지 않았다. 창문에는—아주 둥글고 아주 작은—구멍만 하나 났을 뿐이었다. 브렌든은 체구가 큰 사람이 아니었기 때문이다." 다음을 보라. "Portrait of a Hunger Striker: Brendan Hughes," *Irish People*, December 6, 1980.

35 H-BC.

36 "Portrait of a Hunger Striker: Brendan Hughes," *Irish People*, December 6, 1980.

37 같은 곳.

38 H-BC.

39 같은 곳.

40 같은 곳.

41 같은 곳.

42 같은 곳.

43 같은 곳.

44 다큐멘터리 「무덤의 목소리」에서 돌러스 프라이스의 인터뷰.

45 P-EM.

46 "Portrait of a Hunger Striker: Brendan Hughes," *Irish People*, December 6, 1980.

47 H-BC.

48 다큐멘터리 「무덤의 목소리」 중 테리 휴즈의 인터뷰에서 인용; 테리 휴즈와의 인터뷰.

49 전 IRA 의용군 패디 조 라이스는 「무덤의 목소리」에서 아담스가 의사를 데려왔다는 일화가 사실임을 확인해 주었다.

50 H-BC.

51 마크 어반의 다음 책을 참조하라. *Big Boys'Rules: The SAS and the Secret Struggle Against the IRA*(London: Faber, 1992), p. 26. 핀탄 오툴이 지적했듯이, 1996년에 제리 아담스는 데이비드 베레스포드의 책 『10인의 죽음』을 극찬했다. 이 책에는 아담스가 1972년 7월부터 1973년 7월까지 벨파스트 여단의 지휘관으로 있었다고 쓰여 있다(Fintan O'Toole, "The End of the Troubles?" *New York Review of Books*, February 19, 1998).

52 "'Provos' Go into Hiding," *Observer*, June 4, 1972.

53 "Portrait of a Hunger Striker: Brendan Hughes," *Irish People*, December 6, 1980.

54 H-BC.

55 에드 몰로니와 조사원은 영국군 서류에서 증거를 확증하는 일련의 문서들을 발견했다. 휴즈 살해 작전은 일명 "톰 타임TOM TIME"으로 알려졌다. 에드 몰로니와 밥 미첼의 다음 글을 참조하라. "British 'War Diary' Suggests Possible MRF Role in Effort to Kill Brendan Hughes While London Buries Secret Military Files for 100 Years," *The Broken Elbow* blog, February 23, 2013. 총격전에 관한 당시 기록을 보려면 다음 기사를 참조하라. "British Troops May Have Exchanged Fire," *Irish Times*, September 4, 1972.

7장 _ 작은 준장

1 Frank Kitson, *Gangs and Counter-Gangs*(London: Barrie Books, 1960), p. 1.

2 "The Guru of the New Model Army," *Times*(London), May 14, 1972.

3 같은 곳.

4 Kitson, *Gangs and Counter-Gangs*, p. 1.

5 같은 곳, p. 7.

6 "The Guru of the New Model Army," *Times*(London), May 14, 1972.

7 Kitson, *Gangs and Counter-Gangs*, pp. 28, 90.

8 *War School*, part 1: "Kitson's Class"(BBC documentary, 1980).

9 같은 곳.

10 Mike Jackson, *Soldier: The Autobiography*(London: Bantam Press, 2007), p. 81.

11 Kitson, *Gangs and Counter-Gangs*, p. 163.

12 같은 곳. p. 163. 유감스럽게도 "검둥이처럼 새까맣게"라는 표현은 일상적으로 쓰이는 구어였다. 다음 책을 보면 킷슨은 케냐에 있던 시절과 관련, 특히 그 표현을 들먹인다. Peter Taylor, *Brits: The War Against the IRA*(London: Bloomsbury, 2001), p. 127.

13 Kitson, *Gangs and Counter-Gangs*, pp. 180–81.

14 같은 곳, p. 79.

15 같은 곳, p. 79.

16 같은 곳, p. 127.

17 Caroline Elkins, *Imperial Reckoning: The Untold Story of Britain's Gulag in Kenya*(New York: Henry Holt, 2005), p. xvi.

18 같은 곳, p. xiv.

19 같은 곳, pp. 54, 66.

20 Seventh Supplement to *London Gazette*, December 31, 1954(상은 실제로는 1955년 1월 1일에 수여됐다).

21 Kitson, *Gangs and Counter-Gangs*, p. 184.

22 "The Guru of the New Model Army," *Times*(London), May 14, 1972.

23 Frank Kitson, *Bunch of Five*(London: Faber, 2010), pp. 155–201.

24 같은 곳, pp. 205–77; Dillon, *The Dirty War*, pp. 25–26.

25 Frank Kitson, *Low Intensity Operations: Subversion, Insurgency, Peace-Keeping*(London: Faber, 1991), bibliography.

26 Kitson, *Low Intensity Operations*, pp. x–xi.

27 Table NI-SEC03, "British Army Personne(Number) in Northern Ireland, 1969 to 2005," CAIN.

28 "Soldiers Scurry in Sniper Country," *Baltimore Sun*, November 26, 1971.

29 같은 곳.

30 나일 오 도허티의 다음 책 4장을 보라. *From Civil Rights to Armalites: Derry and the Birth of the Irish Troubles*(Cork, Ireland: Cork University Press, 1997).

31 Taylor, *Brits*, p. 53.

32 Jackson, *Soldier*, p. 82.

33 "Paras Were 'Jolly Good' Says Bloody Sunday Brigadier," *Daily Mail*, September 25, 2002.

34 Kitson, *Low Intensity Operations*, p. 50.

35 *War School*: "Kitson's Class"

36 Dillon, *The Dirty War*, p. 33.

37 Taylor, *Brits*, p. 138.

38 "Soldiers Scurry in Sniper Country," *Baltimore Sun*, November 26, 1971.

39 Jackson, *Soldier*, p. 82.

40 "Brigadier Denies T.D.'s Claims," *Irish Times*, November 11, 1971.

41 Kitson, *Low Intensity Operations*, p. 49.

42 Coogan, *The Troubles*, p. 150.

43 Taylor, *Brits*, p. 67.

44 Winchester, *In Holy Terror*, p. 163.

45 "두건이 씌워진 남자" 중 한 명과 그의 아들의 경우가 바로 그랬다. 둘 다 이름이 숀 맥케나였다.

46 Taylor, *Brits*, p. 67.

47 Ministry of Defence, *Operation Banner: An Analysis of Military Operations in Northern Ireland*, 2006, pp. 2–7.

48 Taylor, *Brits*, p. 67.

49 Dillon, *The Dirty War*, p. 26.

50 Frank Kitson, *Bunch of Five*, pp. 58–59.

51 같은 곳, p. 58.

52 "The Laws of Emotion," *Guardian*, October 18, 1973.

53 "Intelligence War by Army Cracks IRA Ranks," *Telegraph*, November 5, 1971.

54 Winchester, *In Holy Terror*, pp. 154–55.

55 Taylor, *Brits*, p. 66.

56 Winchester, *In Holy Terror*, p. 154.

57 Ian Cobain, *Cruel Britannia: A Secret History of Torture*(London: Portobello, 2013), p. 139.

58 "Joe Cahill," *Telegraph*, July 26, 2004.

59 P-EM.

60 프랜시스 맥기건과의 인터뷰. 다음도 참조하라. "The McGuigans: One Radical Irish Family," *New York Times*, June 11, 1972, and "The Fighting Women of Ireland," *New York*, March 13, 1972.

61 이 설명은 프랜시스 맥기건과의 인터뷰 및 맥기건이 데니스 파울과 레이먼드 머리에게 직접 진술한 다음 책을 기반으로 한다. *The Hooded Men: British Torture in Ireland, August, October 1971*(Dublin: Wordwell Books, 2016).

62 프랜시스 맥기건과의 인터뷰.

63 같은 곳.

64 처음에는 12명이었다. 다른 두 명은 동일한 수법으로 추후에 선택되었다. John McGuffin, *The Guinea Pigs*(London: Penguin, 1974), p. 46.

65 Faul and Murray, *The Hooded Men*, p. 58.

66 프랜시스 맥기건과의 인터뷰; "Hooded Man: 'They Asked Me to Count to Ten; I Refused In Case I Couldn't Do It,'" *Journal.ie*, March 24, 2018.

67 맥기건의 이야기는 세월이 흐르면서 약간씩 달라졌다. 1972년 「타임스」 기사에서는 땅바닥에 엎어졌다고 했다. 파울과 머리에게는 헬리콥터가 착륙한 다음 끌려나왔다고 했다. 나와의 인터뷰와 또 그 외 인터뷰에서는 내던져진 다음 붙들렸다고 했다.

68 "The Torture Centre: Northern Ireland's 'Hooded Men,'" *Irish Times*, July 25, 2015.

69 이 설명은 프랜시스 맥기건, 케빈 해너웨이, 조 클라크와의 인터뷰에 기반한다. 사이먼 윈체스터의 다음 책도 참조하라. *In Holy Terror*, pp. 170. 172. 다음 기사도 참조하라. "The Torture Centre: Northern Ireland's 'Hooded Men,'" *Irish Times*, July 25, 2015. 존 맥거핀이 직접 쓴 *The Guinea Pigs*와 파울 및 머리의 *The Hooded Men*도 참조하라.

70 Cobain, *Cruel Britannia*, pp. 128–34; Taylor, *Brits*, p. 65.

71 "Gen Sir Anthony Farrar-Hockley," *Telegraph*, March 14, 2006.

72 Taylor, *Brits*, p. 69.

73 Cobain, *Cruel Britannia*, p. 131.

74 같은 곳, p. 130. 이안 코베인은 억류 사건 이후인 1971년 11월, 영국군 정보부의 리처드 맨스필드 브렘너 준장이 2차 세계대전 이래 영국의 신문 기법의 진화를 보여주는 문서를 작성했다고 밝혔다. 대단히 민감한 문서로 보였기에 처음에 "최소 100년"으로 분류되었다(영국 국가기록원은 작성된 지 30년이 지난 정부 기밀문서들을 일반에 공개하고 있는데, 결국 그 30년 조항에 위배된다며 기밀 목록에서 제외된 것이었다).

75 프랜시스 맥기건과의 인터뷰.

76 "The Torture Centre: Northern Ireland's 'Hooded Men,'" *Irish Times*, July 25, 2015.

77 그 남자는 숀 맥케나였다. John Conroy, *Unspeakable Acts, Ordinary People: The Dynamics of Torture*(Berkeley: University of California Press, 2000), p. 123.

78 같은 곳, p. 188.

79 프랜시스 맥기건과의 인터뷰.

80 "The Book Answer to the Guerrillas," *Times Literary Supplement*, February 11, 1972.

81 Report of the Committee of Privy Counsellors Appointed to Consider Authorised Procedures for the

Interrogation of Persons Suspected of Terrorism(the "Parker Report"), March 1972.

82 1978년 1월 18일, 유럽인권재판소, 아일랜드 v. 영국 재판(사건번호 5310/71) 판결. 재판소는 이 결정을 확정했지만 2018년 새로운 이의신청에 직면하였다. 2018년 3월 20일, 유럽인권재판소, 아일랜드 v. 영국 재판(사건번호 5310/71) 판결. 또한 다음을 참조하라. "Hooded Men Torture Ruling Is 'Very Disappointing,'" Amnesty International, March 20, 2018.

83 미 법무부 법률자문국 차관보였던 제이 바이비는 앨버토 곤잘레스 백악관 법률 보좌관에게 테러 용의자들에 대한 고문기법을 담은 메모를 보냈다. "RE: Standards of Conduct for Interrogation under 18 U.S.C. §§2340– 2340A," August 1, 2002, p. 28.

84 군 내에서 적어도 얼마간은 기동타격대Mobile Reaction Force라고 불렸다. 1972년 2월 17일, W. G. H. 비치 육군 소장이 M. E. 티켈 준장에게 보낸 기밀문서(국립기록보관소, 큐).

85 Taylor, Brits, pp. 128–30. 영국 정부의 기밀문서로 분류된 일부 문서에 따르면 그 조직은 예컨대 기동타격대라고 언급되었다. "Northern Ireland Visit," Loose Minute prepared by Maj. P. H. Courtenay, February 10, 1972(국립기록보관소, 큐).

86 "Undercover Soldiers 'Killed Unarmed Civilians in Belfast,'" BBC, November 21, 2013.

87 같은 곳.

88 Urban, Big Boys' Rules, p. 36.

89 같은 곳, p. 36.

90 "Under-cover Soldiers 'Killed Unarmed Civilians in Belfast,'" BBC, November 21, 2013.

91 Dillon, The Dirty War, p. 30.

92 Urban, Big Boys' Rules, p 36.

93 프랭크 킷슨의 "제39보병여단 여단장의 향후 벨파스트 발전 계획(1971년 12월)"(이전에는 기밀문서였던 것을 아일랜드 탐사보도 작가인 키어런 맥카르트가 큐의 기록보관소에서 발견했다).

94 Dillon, The Dirty War, p. 42.

95 같은 곳, p. 42.

96 1978년, MRF 부대원이었던 어떤 사람은 다음과 같이 상술했다. "우리는 러시아제 AK-47 돌격 소총과 아말라이트 소총, 톰슨 기관단총 사용법을 배웠다. 모두 급진파가 선호하는 무기였다. 그 무기들이 영국군의 표준 규격이 아닌데도 킷슨 여단장이 왜 그 무기들의 사용법이 필요하다고 생각했는지는 여러분의 상상에 맡기겠다." 또한 마거릿 어윈의 다음 보고서를 참조하라. "Counter Gangs: A History of Undercover Military Units in Northern Ireland, 1971–1976," Spinwatch report(Public Interest Investigations, November 2012), p. 9.

97 "Britain's Secret Terror Force," Panorama(BBC, 2013).

98 "Woman, 24, Shot Dead," Guardian, June 9, 1972.

99 "Undercover Army Unit Linked to Killing Previously Blamed on IRA," *Irish News*, June 9, 2015.

100 사이먼 윈체스터와의 인터뷰. 또한 다음 두 기사를 참조하라. "Journalist Believes Army Used Him to Feed Stories," *Irish Times*, May 22, 2001. "My Tainted Days," *Guardian*, May 22, 2001.

101 Dillon, *The Dirty War*, p. 26.

102 *War School*: "Kitson's Class."

103 Dillon, *The Dirty War*, p. 26.

104 "The Kidnap Target," *Daily Mail*, August 11, 1973.

105 *War School*: "Kitson's Class."

106 "Exposed: The Army Black Ops Squad Ordered to Murder IRA's Top 'Players,'" *Daily Mail*, November 16, 2013.

8장 __ 금간 컵

1 J. J. Colledge, *Ships of the Royal Navy*(Newbury, U.K.: Casemate, 2010), p. 244.

2 "Seven IRA Suspects Swim to Freedom," *Guardian*, January 18, 1972.

3 "Mac Stíofáin Tells Why Escapers Were Chosen," *Irish Times*, January 25, 1972.

4 같은 곳.

5 Adams, *Before the Dawn*, p. 192.

6 Gerry Adams, *Cage Eleven*(New York: Sheridan Square Press, 1993), p. 2.

7 Adams, *Before the Dawn*, p. 192.

8 같은 곳, p. 189.

9 같은 곳, pp. 191–92.

10 같은 곳, pp. 191–92.

11 같은 곳, p. 192.

12 이 설명은 토미 고먼과의 인터뷰와 다음 기사들에서 가져온 것이다. "7 At Large after Maidstone Swim," *Irish Times*, January 13, 1972; "Seven IRA Suspects Swim to Freedom," *Guardian*, January 18, 1972; "7 Maidstone Escapers Cross Border to Freedom," *Irish Times*, January 24, 1972.

13 토미 고먼과의 인터뷰; Coogan, *The IRA*, p. 403; "7 IRA Guerrillas Tell of Prison Escape," *Globe and Mail*, January 25, 1972.

14 "Thirty Years On—the Maidstone," *Andersonstown News*, September 9, 2000.

15 토미 고먼과의 인터뷰.

16 "Thirty Years On—the Maidstone," *Andersonstown News*, September 9, 2000.

17 "7 At Large after Maidstone Swim," *Irish Times*, January 18, 1972.

18 "Mac Stíofáin Tells Why Escapers Were Chosen," *Irish Times*, January 25, 1972.

19 Adams, *Before the Dawn*, p. 196.

20 롱 케시는 이후 메이즈 교도소로 이름이 바뀌었다. 그러나 이 책에 나오는 대부분의 공화파 수 감자들은 그곳을 계속 롱 케시라고 불렀다. 그래서 혼란을 피하고자 나는 그 이름을 계속 사용 하였다.

21 Adams, *Before the Dawn*, p. 197.

22 같은 곳, p. 198.

23 H-BC.

24 H-BC.

25 "IRA Ceasefire Follows MP's Peace Moves," *Guardian*, June 23, 1972.

26 "IRA Threatens to Kill Ceasefire Breakers," *Guardian*, June 24, 1972.

27 "IRA Provisionals, British Agree to Indefinite Truce," *Boston Globe*, June 23, 1972.

28 "Truce by Provisional IRA Opens Way to Peace," *Irish Times*, June 23, 1972.

29 Mac Stíofáin, *Revolutionary in Ireland*, p. 281; David McKittrick and David McVea, *Making Sense of the Troubles: The Story of the Conflict in Northern Ireland*(Chicago: New Amsterdam Books, 2002), pp. 84–85.

30 Taylor, *Behind the Mask*, p. 164.

31 Adams, *Before the Dawn*, p. 202.

32 1982년의 한 인터뷰에서 아담스는 휘슬러의 어머니가 그곳에 살았다는 것을 말해주는 명판이 있었다고 회상했다. 실제로 휘슬러는 그곳에서 살았었다. "Sinn Féin Vice-President Gerry Adams," *Irish People*, November 27, 1982.

33 Mac Stíofáin, *Revolutionary in Ireland*, p. 281.

34 같은 곳, p. 281.

35 Adams, *Before the Dawn*, p. 204.

36 같은 곳, p. 204.

37 에드 몰로니와 밥 미첼은 2014년 1월 21일, "브로큰 엘보우" 블로그에 "1972년 IRA 휴전 회담에 대한 영국 내각의 보고서"를 올렸다. 이 부분은 북아일랜드 담당장관이었던 화이트로와 차관 필립 우드필드가 회담 직후 작성해 당시 총리였던 테드 히스에게 제출한 "기밀 보고서"에서 가져왔다.

38 Mac Stíofáin, *Revolutionary in Ireland*, p. 281; Adams, *Before the Dawn*, p. 204.

39 Taylor, *Behind the Mask*, p. 169

40 Taylor, *Brits*, p. 80.

41 Taylor, *Brits*, pp. 107–8, 116–17.

42 Taylor, *Behind the Mask*, p. 164.

43 같은 곳, pp. 169–70.

44 "Adams and IRA's Secret Whitehall Talks," BBC, January 1, 2003.

45 William Whitelaw, *The Whitelaw Memoirs*(London: Headline Books, 1989), pp. 128–29.

46 Taylor, *Behind the Mask*, p. 165.

47 같은 곳, p. 165.

48 같은 곳, p. 166.

49 "IRA Ceasefire Follows MP's Peace Moves," *Guardian*, June 23, 1972.

50 다큐멘터리 「무덤의 목소리」에서 테리 휴즈의 말 인용.

51 Adams, *Before the Dawn*, p. 189.

52 "Portrait of a Hunger Striker: Brendan Hughes," *Irish People*, December 6, 1980.

53 같은 곳.

54 "Ulster Truce Ends in Street Battle," *Guardian*, July 10, 1972.

55 "IRA Truce Falls Apart, 5 Die in Hour," *Boston Globe*, July 10, 1972. 또한 프랭크 마틴이 감독한 다음 다큐멘터리를 보라. *Behind the Mask*(BBC, 1991).

56 다큐멘터리 「무덤의 목소리」에서 브렌든 휴즈의 인터뷰.

57 McKearney, *The Provisional IRA*, pp. 112–13; Mac Stíofáin, *Revolutionary in Ireland*, p. 243.

58 McKearney, *The Provisional IRA*, pp. 112–13.

59 북아일랜드국에 따르면 그날 19개의 폭탄이 폭발했다. 일부 언론 보도에서는 폭탄 수가 24개에 달했다고 했지만, IRA는 그보다 더 많은 폭탄을 설치했으며 그중 19개만 성공적으로 폭발했을 수도 있다. "Timetable of Terror," brochure published by the Northern Ireland Office, July 1972.

60 "11 Die in Belfast Hour of Terror," *Guardian*, July 22, 1972.

61 "Timetable of Terror."

62 일부 초기 보도에서는 사망자 수가 더 많았지만 북아일랜드국은 사망자가 9명(민간인 7명과 군인 2명)이라고 기록했다. "Timetable of Terror."

63 다큐멘터리 「차량 폭탄」.

64 "Bombing Wave Kills 13, Injures 130 in Belfast," *Boston Globe*, July 22, 1972.

65 "Bomb-a-Minute Blitz in Belfast: Many Injured," *Belfast Telegraph*, July 22, 1972.

66 "The Only Message," *Irish Times*, July 22, 1972.

67 H-BC.

68 같은 곳.

69 같은 곳.

70 에드 몰로니에 따르면, 러셀은 문간으로 왔을 때 아이를 안고 있었다. 저격범이 왜 일을 제대로 마치지 못했는지 설명할 수 있는 대목이다. Ed Moloney, *Voices from the Grave: Two Men's War in Ireland*(New York: PublicAffairs, 2010), p. 114.

71 H-BC.

72 조 클라크와의 인터뷰; "Trio Vanished Forever," *Sunday Life*, February 21, 2010.

73 "Thriving Shebeens Where Law and Order Has Ceased," *Irish Times*, December 29, 1972.

74 H-BC; "IRA Volunteer Charlie Hughes and the Courage of the Brave," *The Blanket*, September 10, 2002.

75 "Disappeared IRA Victim and Provo 'Love Triangle,'" *Irish Independent*, December 7, 2014; Gerry Adams, *Falls Memories: A Belfast Life*(Niwot, Colo.: Roberts Rinehart, 1994), pp. 124–25.

76 Kevin Myers, *Watching the Door: Drinking Up, Getting Down, and Cheating Death in 1970s Belfast*(Brooklyn, N.Y.: Soft Skull Press, 2009), p. 247.

77 H-BC; "Man Gets Life for Murder at Club," *Irish Times*, January 24, 1973.

78 McKittrick et al., *Lost Lives*, p. 203.

79 "Club Death in IRA Power Struggle," *Telegraph*, June 20, 1972. "Man Gets Life for Murder at Club," *Irish Times*, January 24, 1973.

80 "Man Gets Life for Murder at Club," *Irish Times*, January 24, 1973.

81 "Rejection of Provisional IRA Policy Urged," *Irish Times*, July 1, 1972.

82 "Club Death in IRA Power Struggle," *Telegraph*, June 20, 1972; "Whitelaw Move Gives New Status to Belfast Prisoners," *Guardian*, June 20, 1972.

83 "Club Death in IRA Power Struggle," *Telegraph*, June 20, 1972.

84 "Whitelaw Move Gives New Status to Belfast Prisoners," *Guardian*, June 20, 1972.

85 H-BC.

86 린스키 가족 일원과의 인터뷰.

87 자세한 설명과 이 인용문은 『북아일랜드 분쟁의 실종자』라는 책(*The Disappeared of Northern Ireland's Troubles*, p. 6.) 중 "조 린스키의 실종"에서 마리아 린스키와 나눈 구술사 인터뷰에서 가져온 것이다.

88 조 린스키 친척과의 인터뷰.

89 다큐멘터리 「나, 돌러스」에서 돌러스 프라이스의 인터뷰.

90 H-BC.

91 조 린스키 친척과의 인터뷰.

92 조 클라크와의 인터뷰.

93 같은 곳.

94 H-BC: 다큐멘터리「나, 돌러스」에서 돌러스 프라이스의 인터뷰: "Disappeared Victim Killed Over Affair with IRA Man's Wife," *Irish News*, February 8, 2010.

95 조 클라크와의 인터뷰; 다큐멘터리「나, 돌러스」에서 돌러스 프라이스의 인터뷰: "Disappeared Victim Killed Over Affair with IRA Man's Wife," *Irish News*, February 8, 2010; "Disappeared IRA Victim and Provo 'Love Triangle,'" *Irish Independent*.

96 다큐멘터리「나, 돌러스」에서 돌러스 프라이스의 인터뷰.

97 H-BC; 에드 몰로니,『무덤의 목소리』, p. 114.

98 "Disappeared IRA Victim and Provo 'Love Triangle,'" *Irish Independent*, July 12, 2014; "I Didn't Order Jean's Killing," *Sunday Life*, February 21, 2010.

99 다큐멘터리「나, 돌러스」에서 돌러스 프라이스의 인터뷰: "IRA Man: I Held Lynskey Captive Until His Murder," *Irish News*, December 15, 2009.

100 휴 피니 및 리처드 오라와의 인터뷰; H-BC.

101 패트릭 F. 맥클루어 부고기사(*Record-Journal*(Meridien, Conn.), December 5, 1986).

102 휴 피니와의 인터뷰; H-BC.

103 휴 피니 및 리처드 오라와의 인터뷰.

104 H-BC; P-EM.

105 H-BC.

106 리처드 오라와의 인터뷰.

107 휴 피니와의 인터뷰.

108 P-EM.

109 휴 피니와의 인터뷰; H-BC.

110 콜린 스미스와의 인터뷰: "'The Night the Truce Ended," *Observer*, July 16, 1972.

111 P-TKT; "The Sisters of Terror," *Observer*, November 18, 1973.

112 "Violence 'Not Included in IRA Principles,'" *Guardian*, October 26, 1973. 그러한 사진 하나가 이후에 런던에서 열린 그녀의 재판에서 선보였고 언론에도 실렸다. 다음 기사를 참조하라. "IRA Planning to Kidnap 10 Hostages from an English Village in Reprisal for Sentences," *Times*(London), November 16, 1973.

113 P-TKT. 그들은 다시는 그럴 기회를 갖지 못했다. 1978년, 코든-로이드는 헬리콥터를 타고 있을 때 IRA가 발포한 총에 맞아 헬리콥터가 추락하면서 작전 중에 사망했기 때문이다.

114 조 린스키 친척과의 인터뷰.

115 같은 곳.

116 마리아 린스키의 인터뷰(*Marian Finucane Show*, RTÉ Radio, April 4, 2015); "Emigration Rumor Hid

Lynskey Murder," *Irish News*, December 8, 2009.

117 P-EM.

118 P-EM.

119 다큐멘터리 「나, 돌러스」에서 돌러스 프라이스의 인터뷰.

120 P-EM.

121 다큐멘터리 「나, 돌러스」에서 돌러스 프라이스의 인터뷰.

122 P-EM; 다큐멘터리 「나, 돌러스」에서 돌러스 프라이스의 인터뷰.

123 P-EM.

124 P-EM; 다큐멘터리 「나, 돌러스」에서 돌러스 프라이스의 인터뷰.

125 P-EM.

9장 __ 고아들

1 BBC 방송국의 그레이엄 리치 기자가 찾아와 인터뷰를 나누었다.

2 "Where Is Jean McConville," *Civil Rights*, January 14, 1973.

3 "Snatched Mother Missing a Month," *Belfast Telegraph*, January 16, 1973.

4 "Help Trace Kidnapped Mother—MP's Appeal to Falls," *Belfast Telegraph*, January 17, 1973.

5 1973년 1월 17일 BBC 자료화면.

6 "Snatched Mother Missing a Month," *Belfast Telegraph*, January 16, 1973.

7 1972년 12월 13일, 맥콘빌 자녀들을 방문했던 사회복지사의 보고서.

8 1972년 12월 13일, 세인트 쥬드 워크를 방문했던 사회복지사의 보고서.

9 1972년 12월 14일, 사회복지사의 보고서.

10 1972년 12월 18일, 사회복지사의 보고서.

11 마이클 및 수잔 맥콘빌과의 인터뷰.

12 1973년 1월 10일, 사회복지사의 보고서.

13 1973년 1월 15일, 사회복지사의 보고서.

14 1972년 12월 18일, 사회복지사의 보고서.

15 "Sons Recall 30 Years of Painful Memories," *Irish News*, October 24, 2003.

16 마이클 맥콘빌과의 인터뷰.

17 마이클 맥콘빌과의 인터뷰; 1973년 2월 15일, 사회복지사의 보고서.

18 마이클 맥콘빌과의 인터뷰; 마이클 맥콘빌의 라디오 인터뷰(*Marian Finucane Show*, RTÉ Radio, November 23, 2013); McConville, "Disappearance of Jean McConville," p. 19.

19 마이클 맥콘빌과의 인터뷰; 마이클 맥콘빌의 라디오 인터뷰(*Marian Finucane Show*, RTÉ Radio,

November 23, 2013).

20 1973년 1월 24일, 사회복지사의 보고서.

21 이 세부사항은 2012년 11월 23일, 제임스 맥콘빌이 변호사에게 자신이 겪었던 일을 자세하게 설명한 편지에서 발췌한 것이다.

22 Police Ombudsman for Northern Ireland, "Report into the Complaint by James and Michael McConville Regarding the Police Investigation into the Abduction and Murder of Their Mother Mrs. Jean McConville," August 2006.

23 1973년 1월 17일, 사회복지사의 보고서.

24 패디 데블린과 제리 피트 하원의원이었다. "Help Trace Kidnapped Mother—MPs Appeal to Falls," *Belfast Telegraph*, January 17, 1973.

25 아서, 수잔, 마이클 맥콘빌과의 인터뷰.

26 "Sons Recall 30 Years of Painful Memories," *Irish News*, October 24, 2003.

27 마이클 맥콘빌과의 인터뷰. 영국군에도 2월 11일자에 이 사건에 대한 기록이 있다. "전투복을 입은 복면한 남자 셋이 가톨릭교도 아이 둘을 차에 실었다. 이후 한 아이는 돌아왔지만 (10세의 가톨릭교도인)마이클 맥콘빌은 1973년 2월 11일 일요일 오전 07시~2월 12일 월요일 오전 07시 현재 여전히 실종 상태이다." 영국군 상황 보고서, Annex C to A/BR/30/8/M04, February 12, 1973(국립기록보관소, 큐).

28 마이클 맥콘빌과의 인터뷰.

29 1973년 2월 15일, 사회복지사의 보고서.

30 1973년 2월 27일, 사회복지사의 보고서.

31 McConville, "Disappearance of Jean McConville," p. 19.

32 국제형사재판소에 관한 로마규정(1998), 제7조(1항)(i).

33 맥켄드리, 『실종』, p. 20.

34 마이클 맥콘빌과의 인터뷰.

35 같은 곳.

10장 __ 프레드

1 "Shot Laundry Man Was British Agent," *Irish Times*, October 3, 1972.

2 같은 곳.

3 같은 곳.

4 "Medal for Van WRAC," *Guardian*, September 19, 1973.

5 "Shot Laundry Man Was British Agent," *Irish Times*, October 3, 1972.

6 Dillon, *The Dirty War*, pp. 26–27. 이 부분에 대한 묘사는 테드 스튜어트가 살해된 후 그의 어머니가 다음 기사에서 한 인터뷰에서 발췌한 것이다. "Provos Admit Killing Army Secret Agent," *Belfast Telegraph*, October 3, 1972.

7 "Shot Laundry Man Was British Agent," *Irish Times*, October 3, 1972.

8 같은 곳.

9 같은 곳.

10 Dillon, *The Dirty War*, pp. 26–27.

11 같은 곳, pp. 26–27.

12 H-BC; Dillon, *The Dirty War*, pp. 30–31; "IRA Never Got Spy's Secrets," *Guardian*, May 14, 1973.

13 "More Double Agents at Work," *Irish Times*, May 14, 1973.

14 Taylor, *Brits*, p. 134.

15 H-BC.

16 같은 곳.

17 Dillon, *The Dirty War*, pp. 31–32.

18 Taylor, *Brits*, p. 135.

19 Dillon, *The Dirty War*, pp. 32–34.

20 같은 곳, pp. 32–34.

21 같은 곳, p. 34.

22 H-BC; Dillon, *The Dirty War*, pp. 32–34.

23 "Kevin and the Pain That Has Never Disappeared," *Belfast Telegraph*, August 30, 2013. 일부 소식통은 맥키가 열일곱 살이었다고 주장하지만, 이 기사에서 필로미나 맥키는 가족이 그의 열일곱 살 생일을 치렀는지 전혀 알지 못한다며 실종 당시 열여섯 살이었을 거라고 했다.

24 "The IRA and the Disappeared: Tell Us Where Kevin Is Buried and I'll Shake Hands," *Irish Times*, October 5, 2013.

25 H-BC.

26 "The IRA and the Disappeared: Tell Us Where Kevin Is Buried and I'll Shake Hands," *Irish Times*, October 5, 2013; Phil McKee, "The Disappearance of Kevin McKee," in *The Disappeared of Northern Ireland's Troubles*, p. 10.

27 『실종자』에서 마리아 맥키의 인터뷰.

28 리처드 오라와의 인터뷰.

29 리처드 오라와의 인터뷰; McKee, "The Disappearance of Kevin McKee," p. 11.

30 McKee, "The Disappearance of Kevin McKee," p. 11.

31 같은 곳, p. 11.

32 Watch Keeper's Diary, C Company, 1 Battalion, King's Own Scottish Borderers, December 28, 1971–April 24, 1972(National Archives, Kew).

33 H-BC.

34 Dillon, *The Dirty War*, pp. 34–35.

35 Kitson, *Gangs and Counter-Gangs*, p. 126.

36 H-BC.

37 Dillon, *The Dirty War*, p. 35.

38 같은 곳, p. 35.

39 H-BC.

40 Dillon, *The Dirty War*, pp. 33–34.

41 H-BC.

42 Adams, *Before the Dawn*, pp. 212–13.

43 H-BC.

44 H-BC; Dillon, *The Dirty War*, pp. 39–40.

45 다음 책에서 테일러는 아담스의 이름을 직접적으로 언급하지 않은 채 그의 지위를 특징짓고 있다. Taylor, *Brits*, p. 135.

46 "Provos Admit Killing Army Secret Agent," *Belfast Telegraph*, October 3, 1972.

47 Dillon, *The Dirty War*, pp. 26–27.

48 다음 책에서 브렌든 휴즈의 인터뷰. *Brits*, part 1: "The Secret War," directed by Sam Collyns(BBC, 2000).

49 Dillon, *The Dirty War*, p. 39.

50 같은 곳, pp. 28, 37–39.

51 H-BC; Adams, *Before the Dawn*, p. 213.

52 "More Double Agents at Work," *Irish Times*, May 14, 1973.

53 이 세부사항은 1973년 라이트의 아내 캐슬린이 앤더슨스타운에 있는 교육대학의 브라이언 브래디 신부와 나눈 인터뷰에서 가져왔다. 다음을 참조하라. "More Double Agents at Work," *Irish Times*, May 14, 1973; "IRA Never Got Spy's Secrets," *Guardian*, May 14, 1973.

54 "More Double Agents at Work," *Irish Times*, May 14, 1973.

55 "More Double Agents at Work," *Irish Times*, May 14, 1973; "IRA Never Got Spy's Secrets," *Guardian*, May 14, 1973.

56 "IRA Never Got Spy's Secrets," *Guardian*, May 14, 1973.

57 『실종자』.

58 P-EM.

59 같은 곳.

60 "Every Time We Met a Family We Found New Material, New Facts," *Irish Independent*, November 10, 2013.

61 H-BC.

62 McKee, "The Disappearance of Kevin McKee," p. 12.

63 "The IRA and the Disappeared: Tell Us Where Kevin Is Buried and I'll Shake Hands," *Irish Times*, October 5, 2013; "Every Time We Met a Family We Found New Material, New Facts," *Irish Independent*, November 10, 2013.

64 H-BC.

65 같은 곳.

66 Dillon, *The Dirty War*, p. 44.

67 같은 곳, p. 44. 마틴 딜런 기자는 그를 쏜 범인이 짐 브라이슨과 토미 "토들러" 톨란(현재 둘 다 사망)임을 확인했다.

68 H-BC.

69 Adams, *Before the Dawn*, pp. 217–18; H-BC; "IRA Chiefs Among 17 Held in Army Raids," *Guardian*, July 20, 1973.

70 H-BC.

71 Adams, *Before the Dawn*, p. 217.

72 Taylor, *Brits*, pp. 154–55. *Brits*: "The Secret War"에서 영국 군인의 인터뷰를 보라.

73 Adams, *Before the Dawn*, pp. 217–18.

74 같은 곳, pp. 217–18.

75 같은 곳, p. 218.

76 Taylor, *Brits*, pp. 154–55.

77 H-BC.

78 H-BC. 아담스와 휴즈는 당시 잔인한 처사에 대해 이의를 제기했다. 다음을 보라. "Brutality Against Adams Alleged," *Irish Times*, July 23, 1973.

79 H-BC.

80 Taylor, *Brits*, p. 156.

81 H-BC; "Portrait of a Hunger Striker: Brendan Hughes," *Irish People*, December 6, 1980. 당시 관련된 정보장교 중 한 명은 훗날 피터 테일러 기자에게 "전리품" 기념 사진을 찍었다는 사실을 인정하

며 휴즈와 아담스의 상태가 "엉망진창이었다"고 덧붙였다. Peter Taylor, *Provos: The IRA and Sinn Fein*(London: Bloomsbury, 1998), p. 158.

82 H-BC.

83 같은 곳.

11장 _ 잉글랜드를 봉쇄하라!

1 "Bombs in Placid London," *Christian Science Monitor*, March 10, 1973.

2 같은 곳.

3 "Police Admit 'Human Error' Which Garbled Bomb Warning," *Irish Times*, March 10, 1973; "Warnings on Phone Sent Reporters Rushing to Find Named Cars," *Irish Times*, September 21, 1973.

4 마틴 허커비와의 인터뷰.

5 "Warnings on Phone Sent Reporters Rushing to Find Named Cars," *Irish Times*, September 21, 1973.

6 마틴 허커비와의 인터뷰; "A Taste of Ulster's Violence," *Guardian*, March 9, 1973.

7 "Warnings on Phone Sent Reporters Rushing to Find Named Cars," *Irish Times*, September 21, 1973; "Police Holding 10 in London Blasts," *New York Times*, March 10, 1973.

8 "Warnings on Phone Sent Reporters Rushing to Find Named Cars," *Irish Times*, September 21, 1973.

9 다음 책에 빌리 맥키의 이러한 정서가 표현되어 있다. Taylor, *Provos*, p. 152.

10 P-EM.

11 "IRA Bomber Says Gerry Adams Sanctioned Mainland Bombing Campaign," *Telegraph*, September 23, 2012.

12 "IRA Bomber Says Gerry Adams Sanctioned Mainland Bombing Campaign," *Telegraph*, September 23, 2012; P-EM. 아담스는 런던을 공격하는 계획에 관여했다는 것을 극구 부인했지만 프라이스와 브렌던 휴즈 둘 다 그가 관여했다고 주장했다. "무명인들"의 조직원으로 그 임무에도 참여했던 휴 피니는 내게 그 기간 동안 아담스가 "무명인들"의 활동과 밀접한 관계가 있었음을 확인시켜 주었다.

13 P-EM.

14 H-BC. 휴즈는 인터뷰에서 이렇게 말했다. "벨파스트 여단 회의에서 처음으로 그 아이디어에 대한 논의가 있었소. 그래요, 맞아요. 나와 제리 아담스, 아이버 벨, 팻 맥클루어, 톰 케이힐이 기본적으로 그 그룹의 사람들이었지요. 우리는 당시 벨파스트 여단의 참모였소. 런던 폭탄테러에 대한 아이디어와 논의와 전체적인 구상은 바로 그 특정한 그룹 사람들 사이에서 나왔습니다." 또한 다음을 참조하라. "IRA Bomber Says Gerry Adams Sanctioned Mainland Bombing Campaign," *Telegraph*, September 23, 2012.

15 H-BC.

16 "IRA Bomber Says Gerry Adams Sanctioned Mainland Bombing Campaign," *Telegraph*, September 23, 2012.

17 H-BC.

18 그럼에도 아담스는 다음과 같이 부인했다. 즉, IRA에 몸담았던 적이 없었다고 부인한 것이다. 그러나 IRA에서 모습을 드러내거나 IRA에서 그가 한 발언들에 대한 증거는 널려있다. 아담스의 말을 빌린 이 인용은 돌러스 프라이스의 회상에서 가져왔다. 다음을 참조하라. "'Republicanism Is Part of Our DNA,' Says IRA Bomber Dolours Price," *Telegraph*, September 23, 2012. 브렌든 휴즈도 보스턴 칼리지 구술사에서 비슷한 말로 회의를 설명했다.

19 P-EM.

20 같은 곳.

21 같은 곳.

22 휴 피니와의 인터뷰; "Central London Bombs Trial Opens," *Irish Times*, September 11, 1973.

23 P-EM.

24 "Protest Now Before It Is Too Late!" *Irish People*, January 12, 1974; "Biography of an IRA Bomb Squad," *Times*(London), November 15, 1973; Gerry Kelly, *Words from a Cell*(Dublin: Sinn Féin Publicity Department, 1989), p. 8.

25 Dolours Price, "I Once Knew a Boy," *The Blanket*, July 17, 2004.

26 "Biography of an IRA Bomb Squad," *Times*(London), November 15, 1973.

27 Bob Huntley, *Bomb Squad: My War against the Terrorists*(London: W.H. Allen, 1977), pp. 1–2; "Police Kept Watch on Group at London Airport," *Irish Times*, September 18, 1973.

28 "Police Kept Watch on Group at London Airport," *Irish Times*, September 18, 1973; "Bomb Trial Court Told of Threat," *Irish Times*, October 6, 1973.

29 휴 피니와의 인터뷰.

30 "'Republicanism Is Part of Our DNA,' Says IRA Bomber Dolours Price," *Telegraph*, September 23, 2012.

31 휴 피니와의 인터뷰; Taylor, *Provos*, p, 153.

32 P-EM; H-BC.

33 H-BC.

34 Urban, *Big Boys' Rules*, pp. 32–33.

35 "IRA Bomb Making Manual and Rocket Seized by Troops," *Telegraph*, January 11, 1972.

36 Mac Stíofáin, *Revolutionary in Ireland*, p. 243.

37 "Empty Car Causes Panic," *Belfast Telegraph*, January 3, 1973.

38 휴 피니와의 인터뷰.

39 "Central London Bombs Trial Opens," *Irish Times*, September 11, 1973.

40 같은 곳.

41 Huntley, *Bomb Squad*, p. 4. "A Taste of Ulster's Violence," *Guardian*, March 9, 1973; "London Explosions Came from Bombs in Cars Hijacked at Gunpoint in Ulster, Crown Says," *Times*(London), September 11, 1973.

42 Huntley, *Bomb Squad*, pp. 2, 7; Taylor, *Provos*, p. 153; P-EM.

43 다큐멘터리 「차량 폭탄」에서 마리안 프라이스의 인터뷰.

44 Kelly, *Words from a Cell*, p. 9.

45 같은 곳, p. 9.

46 "Bombs Trial Jury Told Girl May Have Had Timing Circuit Sketch," *Times*(London), September 12, 1973.

47 같은 곳.

48 Huntley, *Bomb Squad*, p. 8.

49 "Bombs Trial Jury Told Girl May Have Had Timing Circuit Sketch," *Times*(London), September 12, 1973.

50 Huntley, *Bomb Squad*, p. 8; "Bombs Trial Jury Told Girl May Have Had Timing Circuit Sketch," *Times*(London), September 12, 1973.

51 Huntley, *Bomb Squad*, p. 8; "Central London Bombs Trial Opens," *Irish Times*, September 11, 1973.

52 휴 피니와의 인터뷰; P-EM.

53 "Central London Bombs Trial Opens," *Irish Times*, September 11, 1973.

54 같은 곳.

55 Taylor, *Provos*, p. 153.

56 휴 피니와의 인터뷰.

57 P-EM.

58 "Puncture Gives Raid Disastrous Start," *Telegraph*, November 15, 1973; Huntley, *Bomb Squad*, p. 10.

59 Huntley, *Bomb Squad*, p. 11.

60 다큐멘터리 「나, 돌러스」에서 돌러스 프라이스의 인터뷰; "The Day of the Terror," *Daily Mirror*, November 15, 1973.

61 휴 피니와의 인터뷰.

62 "Central London Bombs Trial Opens," *Irish Times*, September 11, 1973.

63 Brian Friel, *The Freedom of the City*, in *Brian Friel: Plays 1*(London: Faber, 1996).

64 "London Preview of Friel's New Play," *Irish Times*, February 23, 1973. 이 작품은 이전에 더블린에서 막을 올렸었다. "Shows Abroad," *Variety*, February 28, 1973.

65 "Stephen Rea's Tribute to Brian Friel: A Shy Man and a Showman," *Irish Times*, October 2, 2015.

66 "Patriot Games," *People*, February 8, 1993.

67 "Central London Bombs Trial Opens," *Irish Times*, September 11, 1973.

68 "London Explosions Came from Bombs in Cars Hijacked at Gunpoint in Ulster, Crown Says," *Times*(London), September 11, 1973.

69 "Central London Bombs Trial Opens," *Irish Times*, September 11, 1973.

70 같은 곳: Huntley, *Bomb Squad*, p. 16.

71 Peter Gurney, *Braver Men Walk Away*(London: HarperCollins, 1993), p. 140.

72 Taylor, *Provos*, p. 154.

73 "A Taste of Ulster's Violence," *Guardian*, March 9, 1973.

74 Gurney, *Braver Men Walk Away*, p. 140.

75 Taylor, *Provos*, p. 154.

76 "Central London Bombs Trial Opens," *Irish Times*, September 11, 1973.

77 "A Taste of Ulster's Violence," *Guardian*, March 9, 1973.

78 Huntley, *Bomb Squad*, p. 16.

79 "Bombs Trial Jury Told Girl May Have Had Timing Circuit Sketch," *Times*(London), September 12, 1973.

80 Gurney, *Braver Men Walk Away*, p. 143.

81 "Suspect Car Exploded As Expert Pulled on Line to Disconnect Fuse," *Irish Times*, September 15, 1973; "Central London Bombs Trial Opens," *Irish Times*, September 11, 1973.

82 "Central London Bombs Trial Opens," *Irish Times*, September 11, 1973.

83 Huntley, *Bomb Squad*, p. 16.

84 Gurney, *Braver Men Walk Away*, p. 144.

85 Huntley, *Bomb Squad*, p. 16.

86 "Central London Bombs Trial Opens," *Irish Times*, September 11, 1973.

87 "Police Admit 'Human Error' Which Garbled Bomb Warning," *Irish Times*, March 10, 1973.

88 마리안 프라이스는 앤드류 샌더스에게 다음과 같이 말했다. "우린 그날 처음부터 밀고당했다는 것을 알고 있었어요.… 경찰이 우리를 공항에서 저지하긴 했지만 실제로는 우리가 오는 것을 기다리고 있었던 거예요." Andrew Sanders, "Dolours Price, Boston College, and the Myth of the 'Price Sisters,'" *The United States of America and Northern Ireland* blog, January 24, 2013. 또한 다음을 참조하

라. P-EM.

89 휴 피니와의 인터뷰.

90 George Clarke, *Border Crossing: True Stories of the RUC Special Branch, the Garda Special Branch and the IRA Moles*(Dublin: Gill & Macmillan, 2009), p. 7.

91 "Police Admit 'Human Error' Which Garbled Bomb Warning," *Irish Times*, March 10, 1973.

92 마틴 허커비와의 인터뷰.

93 "Bombings: 'A Sickening Bang, a Pea-Soup Cloud of Dust,'" *Washington Post*, March 9, 1973.

94 같은 곳.

95 "A Taste of Ulster's Violence," *Guardian*, March 9, 1973.

96 Huntley, *Bomb Squad*, p. 21.

97 다큐멘터리 「차량 폭탄」에서 피터 거니의 인터뷰.

98 "Victims Remember," *Daily Express*, June 1, 1974.

99 같은 곳: "Police Admit 'Human Error,'" *Irish Times*; Huntley, *Bomb Squad*, p. 21.

100 "Police Admit 'Human Error' Which Garbled Bomb Warning," *Irish Times*, March 10, 1973; Huntley, *Bomb Squad*, p. 21.

101 Huntley, *Bomb Squad*, p. 16.

102 "Central London Bombs Trial Opens," *Irish Times*, September 11, 1973; Huntley, *Bomb Squad*, p. 17; "Suspect Car Exploded as Expert Pulled on Line to Disconnect Fuse," *Irish Times*, September 15, 1973.

103 Huntley, *Bomb Squad*, p. 17; "Thousands Checked in Heathrow Hunt," *Irish Times*, September 19, 1973.

104 Huntley, *Bomb Squad*, p. 17.

105 "Police Kept Watch on Group at London Airport," *Irish Times*, September 18, 1973.

106 다큐멘터리 「차량 폭탄」에서 마리안 프라이스의 인터뷰.

107 Huntley, *Bomb Squad*, p. 17.

108 같은 곳, p. 17.

109 "Central London Bombs Trial Opens," *Irish Times*, September 11, 1973.

110 Huntley, *Bomb Squad*, p. 18.

111 "Central London Bombs Trial Opens," *Irish Times*, September 11, 1973.

112 Huntley, *Bomb Squad*, p. 18.

113 "Jury Told Why Crucifix Was Taken Off Girl," *Times*(London), October 10, 1973.

114 "Girl Branded 'Evil Maniac,' Court Told," *Irish Times*, October 10, 1973.

115 같은 곳.

116 "Car-bomb Defendant Smiled at Watch In Interview, Court Told," *Irish Times*, October 9, 1973.

117 같은 곳.

118 "A Taste of Ulster's Violence," *Guardian*, March 9, 1973.

119 "Whitehall Shaken by Blast," *Guardian*, March 9, 1973.

120 "Suspect Car Exploded as Expert Pulled on Line to Disconnect Fuse," *Irish Times*, September 15, 1973.

121 Huntley, *Bomb Squad*, p. 20.

122 "A Taste of Ulster's Violence," *Guardian*, March 9, 1973.

123 같은 곳.

124 "Whitehall Shaken by Blast," *Guardian*, March 9, 1973.

125 "Bombs in Placid London," *Christian Science Monitor*, March 10, 1973.

126 "Shattering Day that Brought the Ulster Troubles Home," *Guardian*, March 6, 1993.

127 "A Taste of Ulster's Violence," *Guardian*, March 9, 1973.

128 "Shattering Day that Brought the Ulster Troubles Home," *Guardian*, March 6, 1993.

129 "A Taste of Ulster's Violence," *Guardian*, March 9, 1973.

130 "Bombings: 'A Sickening Bang, a Pea-Soup Cloud of Dust,'" *Washington Post*, March 9, 1973.

131 Huntley, *Bomb Squad*, p. 21.

132 같은 곳, p. 21.

133 "A Taste of Ulster's Violence," *Guardian*, March 9, 1973.

134 같은 곳.

135 "Bombings: 'A Sickening Bang, a Pea-Soup Cloud of Dust,'" *Washington Post*, March 9, 1973.

136 마틴 허커비와의 인터뷰; "Warnings on Phone Sent Reporters Rushing to Find Named Cars," *Irish Times*, September 21, 1973.

137 "Bombings: 'A Sickening Bang, a Pea-Soup Cloud of Dust,'" *Washington Post*, March 9, 1973.

138 같은 곳.

139 "Bombs in Placid London," *Christian Science Monitor*, March 10, 1973.

140 "A Taste of Ulster's Violence," *Guardian*, March 9, 1973.

141 "Car Bombs Wreak Terror and Havoc in London," *Irish Times*, March 9, 1973.

142 "Bombings: 'A Sickening Bang, a Pea-Soup Cloud of Dust,'" *Washington Post*, March 9, 1973; "London Is Shaken by Two Bombings," *New York Times*, March 9, 1973.

143 "London Is Shaken by Two Bombings," *New York Times*, March 9, 1973.

144 McKittrick et al., *Lost Lives*, pp. 1515–16.

145 Huntley, *Bomb Squad*, p. 22; McKittrick et al., *Lost Lives*, pp. 1515–16.

146 같은 곳.

147 "Old Bailey Bomber Dolours Price Accused Gerry Adams of Being Behind Abductions of 'The Disappeared,'" *Telegraph*, May 2, 2014.

148 폭파 대원 중 한 명인 로이 윌시는 추후에 이렇게 말했다. "우리는 우리가 한 경고로 충분하다고 믿었다. 한 시간이면 넉넉하다고 생각했다. 자동차 번호판과 주차되어 있는 장소까지 소상히 설명해줬다. 사람들의 부상을 초래한 것은 경찰의 늑장 대응 때문이라고 생각한다." Taylor, *Provos*, p. 155.

149 "Police Admit 'Human Error' Which Garbled Bomb Warning," *Irish Times*, March 10, 1973; "Our Blunder Say Police," *Daily Express*, March 10, 1973.

150 "Central London Bombs Trial Opens," *Irish Times*, September 11, 1973.

151 H-BC.

152 Huntley, *Bomb Squad*, p. 24.

153 "Girl Branded 'Evil Maniac' Court Told," *Irish Times*, October 10, 1973; "Jury Told Why Crucifix Was Taken Off Girl," *Times* (London), October 10, 1973; "Bomb Trial Court Told of Threat," *Irish Times*, October 6, 1973; "Photo with No Blanket Alleged," *Guardian*, October 6, 1973.

154 Huntley, *Bomb Squad*, p. 24; "Girl Branded 'Evil Maniac' Court Told," *Irish Times*, October 10, 1973; "Car-bomb Defendant Smiles at Watch in Interview, Court Told," *Irish Times*, October 9, 1973.

155 Huntley, *Bomb Squad*, p. 24.

12장 _ 벨파스트 텐

1 H-BC.

2 "IRA Leader Escapes from Maze Prison," *Irish Times*, December 10, 1973.

3 H-BC. 발리데이는 1987년에 사망했다. 약물을 과다복용한 후 구토물이 목에 걸려 질식한 것으로 보인다. 다음을 참조하라. "Hooded Men Stalk Feud Opponents in Belfast," *Irish Times*, February 20, 1987. 소시지 롤빵에 비유한 것은 내가 만들어낸 표현이 아니라 다음 책에서 가져온 것이다. Taylor, *Provos*, p. 160.

4 Adams, *Before the Dawn*, p. 225.

5 H-BC.

6 "IRA Man Escapes from Long Kesh," *Irish Times*, February 8, 1972; "McGuigan Keeps Secret of Escape from Long Kesh," *Irish Times*, February 14, 1972.

7 "More Violence As IRA Factions Agree," Reuters, September 11, 1973.

8 Adams, *Before the Dawn*, p. 225.

9 Homer, *The Odyssey*, trans. Robert Fagles (New York: Penguin, 1997), Book 9, p. 225.

10 H-BC.

11 H-BC. Adams, *Before the Dawn*, p. 225; "Provos Claim Chief Evaded Security Net," *Guardian*, April 8, 1974.

12 "Helicopter Snatch from Dublin Gaol a Boost to Provos," *Guardian*, November 1, 1973.

13 H-BC.

14 같은 곳.

15 같은 곳.

16 Adams, *Before the Dawn*, p. 227; 브렌든 휴즈의 라디오 인터뷰(*Radio Free Éireann*, WBAI, March 17, 2000).

17 위 라디오 인터뷰에서 휴즈는 너덧 시간이 걸렸다고 했다.

18 H-BC.

19 H-BC. 이 일화와 관련된 제리 아담스의 회상은 브렌든 휴즈의 회상과 상당히 그 궤를 같이한다. 즉, 그날 인원 점검할 때 "바람잡이"가 있어서 당일 탈옥했다는 사실이 발각되지 않았다고 기억한다. 다음 책을 보라. Adams, *Before the Dawn*, pp. 227. 28. 그러나 휴즈는 애당초 "바람잡이"가 탈옥을 돕긴 했지만 그 계획은 오후의 인원 점검 시간에 발각되었다고 회상한다.

20 H-BC.

21 같은 곳.

22 같은 곳.

23 같은 곳; 브렌든 휴즈의 라디오 인터뷰(*Radio Free Éireann*, WBAI, March 17, 2000).

24 H-BC.

25 "Hunt on for Long Kesh Escapee," *Irish People*, December 22, 1973.

26 이 세부사항과 나머지 일화에 대한 설명은 H-BC에서 발췌한 것이다.

27 마이클 맨스필드와의 인터뷰.

28 Michael Mansfield, *Memoirs of a Radical Lawyer*(London: Bloomsbury, 2009), p. 146.

29 "The Best Form of Attack," *Guardian*, October 25, 1997.

30 마이클 맨스필드와의 인터뷰; Mansfield, *Memoirs*, pp. 33–34.

31 "Meet Britain's Boldest Barrister," *Independent*, May 7, 2008.

32 "The Best Form of Attack," *Guardian*, October 25, 1997.

33 Mansfield, *Memoirs*, p. 146.

34 같은 곳, p. 146.

35 마이클 맨스필드 및 데이비드 월시와의 인터뷰.

36 마이클 맨스필드와의 인터뷰; Mansfield, *Memoirs*, p. 147.

37 마이클 맨스필드와의 인터뷰.

38 Mansfield, *Memoirs*, p. 147.

39 "Britain Charges Ten in London Bombings," *New York Times*, March 13, 1973.

40 마이클 맨스필드와의 인터뷰.

41 Raleigh Trevalyan, *Sir Walter Raleigh*(New York: Henry Holt, 2002), pp. 376–77.

42 Ruán O'Donnell, *Special Category: The IRA in English Prisons, vol. 1: 1968–1978*(Sallins, Ireland: Irish Academic Press, 2012), p. 115.

43 Dolours Price, "The UnHung Hero," *The Blanket*, August 3, 2004.

44 "Central London Bombs Trial Opens," *Irish Times*, September 11, 1973.

45 "Security Precautions at Winchester Courthouse," *Times*(London), November 15, 1973.

46 "Marksmen on Watch at Conspiracy Trial," *Times*(London), September 10, 1973.

47 O'Donnell, *Special Category*, vol. 1, p. 117.

48 "Central London Bombs Trial Opens," *Irish Times*, September 11, 1973.

49 "Actress, Novelist, and MP Offer Bail for 10 'Bomb Plot' Accused," *Guardian*, March 28, 1973.

50 "The Sisters of Terror," *Observer*, November 18, 1973.

51 "Biography of an IRA Bomb Squad," *Times*(London), November 15, 1973.

52 같은 곳.

53 "Deadlier Than the Male," *Daily Mirror*, September 25, 1975.

54 "Lord Rawlinson of Ewell," *Telegraph*, June 29, 2006; "Central London Bombs Trial Opens," *Irish Times*, September 11, 1983.

55 "Central London Bombs Trial Opens," *Irish Times*, September 11, 1973.

56 같은 곳.

57 "Bomb Trial Court Told of Threat," *Irish Times*, October 6, 1973.

58 "Accused Girl Says She Would Back IRA Aims," *Times*(London), October 25, 1973.

59 마이클 맨스필드와의 인터뷰; Mansfield, *Memoirs*, p. 148.

60 Peter Rawlinson, *A Price too High: An Autobiography*(London: Weidenfeld and Nicolson, 1989), p. 229.

61 "Bomb Trial Jury Told of Tools in Shopping Bag," *Times*(London), September 20, 1973.

62 "Police Say What Handbags Held," *Irish Times*, September 20, 1973.

63 "Yard Man Describes Indentations in Notebook," *Times*(London), September 27, 1973; "Ulster's Price Sisters: Breaking the Long Fast," *Time*, June 17, 1974.

64 "London Bombs Trial Told About Handbag Secrets," *Irish Times*, September 12, 1973; "Bombs Trial Jury Told Girl May Have Had Timing Circuit Sketch," *Times*(London), September 12, 1973; "Court Moves to

Darkened Room for Notebooks Demonstration," *Irish Times*, October 3, 1973.

65 "Bomb Trial Court Told of Threat," *Irish Times*, October 6, 1973.

66 Huntley, *Bomb Squad*, p. 2; "Bomb Trial Court Told of Threat," *Irish Times*, October 6, 1973.

67 Huntley, *Bomb Squad*, p. 24.

68 O'Donnell, *Special Category*, vol. 1, p. 116.

69 이몬 맥캔과의 인터뷰.

70 "The Sisters of Terror," *Observer*, November 18, 1973.

71 같은 곳.

72 "Violence 'Not Included in IRA Principles,'" *Guardian*, October 26, 1973; "Evidence Given on Handwriting," *Irish Times*, October 26, 1973.

73 "Defiance from IRA Group Who Pledge Jail Protest," *Irish Times*, November 16, 1973.

74 "Defiant Right to the End," *Daily Express*, November 16, 1973.

75 "Snipers on Rooftops in Huge Security Check," *Daily Mirror*, September 11, 1973.

76 "Sentences Today As Eight Are Convicted on All Charges," *Irish Times*, November 15, 1973.

77 마이클 맨스필드와의 인터뷰.

78 "Sentences Today As Eight Are Convicted on All Charges," *Irish Times*, November 15, 1973.

79 "Marks in Notebook 'Showed Time Bomb Circuits,'" *Guardian*, September 12, 1973.

80 "Hostage Threat As IRA Eight Are Convicted in London Bombs Trial," *Times*(London), November 15, 1973.

81 "Sentences Today As Eight Are Convicted on All Charges," *Irish Times*, November 15, 1973.

82 같은 곳.

83 휴 피너와의 인터뷰; "Sentences Today As Eight Are Convicted on All Charges," *Irish Times*, November 15, 1973; "Hostage Threat As IRA Eight Are Convicted in London Bombs Trial," *Times*(London), November 15, 1973.

84 "But for Roisin Freedom and a Secret Hide-Out," *Daily Express*, November 15, 1973.

85 같은 곳.

86 "IRA Eight Start Hunger Strike after Being Jailed for Life," *Times*(London), November 16, 1973.

87 "Life Sentences for Winchester Eight," *Irish Times*, November 16, 1973.

88 "IRA Eight Start Hunger Strike after Being Jailed for Life," *Times*(London), November 16, 1973.

89 같은 곳.

90 "Defiance from IRA Group Who Pledge Jail Protest," *Irish Times*, November 16, 1973.

91 "Defiant Right to the End," *Daily Express*, November 16, 1973.

92 "Defiance from IRA Group Who Pledge Jail Protest," *Irish Times*, November 16, 1973.

93 "Hostage Threat As IRA Eight Are Convicted in London Bombs Trial," *Times*(London), November 15, 1973.

94 "IRA Planning to Kidnap 10 Hostages from an English Village in Reprisal for Sentences," *Times*(London), November 16, 1973.

95 "Deadliest Sentence of Them All," *Daily Mirror*, November 17, 1973.

96 "IRA Eight Start Hunger Strike after Being Jailed for Life," *Times*(London), November 16, 1973.

97 같은 곳.

98 "Sinn Féin Start Campaign over London Bombers," *Times*(London), November 24, 1973.

13장 __ 장난감 외판원

1 Dillon, *The Dirty War*, p. 64.

2 Taylor, *Brits*, p. 157.

3 "Two Top IRA Men Captured in Flat in Fashionable Belfast Suburb," *Times*(London), May 11, 1974; H-BC. 그 시기의 언론 보도에서는 종종 휴즈가 입은 양복을 "가느다란 세로줄 무늬가 있는" 양복이라고 묘사했지만 휴즈 본인 말에 따르면 회색 체크무늬 양복이었다.

4 "IRA Terror Den Smashed," *Daily Express*, May 11, 1974.

5 *Brits*: "The Secret War."

6 같은 곳.

7 H-BC.

8 같은 곳.

9 Taylor, *Brits*, p. 157.

10 Jonathan Stevenson, *We Wrecked the Place: Contemplating an End to the Northern Irish Troubles*(New York: Free Press, 1996), p. 32.

11 브렌든 휴즈의 라디오 인터뷰(*Radio Free Éireann*, WBAI, March 17, 2000); Dillon, *The Dirty War*, p. 63.

12 "Bridegroom Guise in Kesh Escape," *Irish People*, April 27, 1974.

13 H-BC.

14 Taylor, *Brits*, p. 158; Dillon, *The Dirty War*, p. 65.

15 같은 곳.

16 같은 곳.

17 *Brits*: "The Secret War"; "Provisionals Breach British Security," *Irish Times*, July 22, 1974. 이 작전이 드러

난 후, 영국군 대변인은 도청 방지를 위해 주파수를 바꾼 전화에서조차도 장교들은 민감한 사안에 관해 절대 말하지 않도록 조심했다면서 휴즈가 당연히 어떤 중요한 정보도 얻지 못했다고 주장했다. 다음을 참조하라. "Phone Tapping 'Unimportant,'" *Irish People*, August 3, 1974.

18 "Army Smashes the Provos' Life at the Top," *Guardian*, May 11, 1974.

19 "Two Men Get 15 Years for Having Rifles," *Irish Times*, February 4, 1975; "British Army Aims to Press Charges after Disclosure About Lisburn Phone Tapping," *Irish Times*, July 23, 1974; Taylor, *Brits*, p. 159.

20 Dillon, *The Dirty War*, pp. 65–66.

21 *Brits*: "The Secret War."

22 "Decommissioned Provos Thrown on Scrap Heap of History," *Sunday Tribune*, April 16, 2006.

14장 __최종병기

1 Price, "Afraid of the Dark," *Krino* no. 3(Spring 1987), p. 7. 그 외 다른 세부사항들은 1970년대 후반 브릭스턴 교도소에서 19개월을 복역했던 작가 로넌 베넷의 회고에서 발췌한 것이다. "Back to Brixton Prison," *Guardian*, January 31, 2001.

2 돌러스 프라이스가 1974년 1월 8일에 가족에게 보낸 편지. 다음 책에 실렸다. *Irish Voices*, p. 46.

3 O'Donnell, *Special Category*, vol. 1, p. 96.

4 "The Price Sisters," *Spare Rib* no. 22(April 1974).

5 Price, "Afraid of the Dark," *Krino* no. 3(Spring 1987), p. 9.

6 "Back to Brixton Prison," *Guardian*, January 31, 2001.

7 돌러스 프라이스의 라디오 다큐멘터리 인터뷰(*The Chaplain's Diary*, produced by Lorelei Harris, RTÉ Radio, 2002).

8 프라이스가 브릭스턴 교도소에 있던 시절의 수감번호는 현재 큐의 국립기록보관소에 보관된 여러 문서에서 볼 수 있다.

9 1973년 3월 8일의 런던 폭탄테러 및 이후에 벌어진 여러 폭탄테러와 관련한 사건의 연표는 아일랜드 국립기록보관소의 아일랜드공화국 외무부 자료(1973)를 참고하라.

10 휴 피니와의 인터뷰.

11 Beresford, *Ten Men Dead*, p. 7.

12 "왕의 문턱The King's threshold" 중에서. William Butler Yeats, *The Collected Works of W. B. Yeats*, vol. II: The Plays(New York: Scribner, 2001), p. 122.

13 "Mayor McSwiney Dies," *The Independent*(U.S.), November 6, 1920.

14 "MacSwi ney's Funeral," *The Independent*(U.S.), November 13, 1920; "Tribute Paid in Chicago by Great Throng," *Chicago Tribune*, November 1, 1920; "10,000 in 'Cortege,'" *Washington Post*, November 1, 1920;

"Thousands March in Mac Swi ney's Funeral Cortege in London," Associated Press, October 28, 1920.

15 Padraig O'Malley, *Biting at the Grave: The Irish Hunger Strikes and the Politics of Despair*(Boston: Beacon Press, 1990), pp. 26–27.

16 "Thousands March in MacSwiney's Funeral Cortege in London," Associated Press, October 28, 1920.

17 마리안 프라이스가 1974년 2월 3일에 가족에게 보낸 편지. 다음 책에 실렸다. *Irish Voices*, p. 57.

18 Price, "Afraid of the Dark," *Krino* no. 3(Spring 1987), p. 9.

19 Dolours Price to her family, January 10, 1974, in *Irish Voices*, p. 48.

20 Dolours Price, "Once Again, the Big Transition," *The Blanket*, January 28, 2007.

21 Price, "Afraid of the Dark," *Krino* no. 3(Spring 1987), p. 10.

22 Ian Miller, *A History of Force Feeding: Hunger Strikes, Prisons and Medical Ethics, 1909–1974*(Basingstoke, U.K.: Palgrave Macmillan, 2016), p. 197.

23 "Protest Now Before It Is Too Late!" *Irish People*, January 12, 1974.

24 이 통계들은 문헌 속에서 끝없이 논쟁이 벌어지고 있지만 모두 합의된 추정치이다. 다음을 참조하라. R. F. Foster, *Modern Ireland, 1600–1972*(New York: Penguin, 1989), pp. 323–24.

25 "영국과 아일랜드의 기나긴 분쟁의 역사에서 아일랜드 국민들이 굶주림으로 죽어가는 기간 내내 아일랜드에서 영국으로 대량의 식량이 수출되었다는 반론의 여지가 없는 사실만큼이나 두 나라 사이의 관계에 크게 분노를 일으키거나 적의를 품게 한 일도 없었다." Cecil Woodham-Smith, *The Great Hunger: Ireland, 1845–1849*(New York: Penguin, 1991), p. 75. 이 문제는 개요를 훑는 것보다 세부사항으로 들어가면 더욱 복잡해진다. 즉, 문제의 그 세월 동안, 아일랜드는 대기근 내내 계속해서 수출했을지라도 식량 순수입국이었다. 또한 아일랜드는 단일체도 아니었다. 나라의 서로 다른 지역들이 서로 다른 농작물을 재배하고 소비했다. 본국에서 소비되었을 수 있는 식량이 이런 식으로 전용되도록 공모한 것은 영국인뿐만이 아니라 아일랜드의 지주계급이기도 했다. 가톨릭교도 상인들과 농부들은 사적으로 이문을 남기려고 식량에 투기했을 것이다. 수정주의자들의 다음 논쟁을 보라. Colm Tóibín and Diarmaid Ferriter, *The Irish Famine: A Documentary*(New York: St. Martin's Press, 2001), pp. 6–16. 더욱 폭넓게 알고 싶다면 다음을 보라. Foster, *Modern Ireland*, chap. 14. 도덕적 책임 소재를 실제로 어느 정도로 영국인에게 돌리는 게 적절한지에 관한 논쟁은 이 맥락에서는 핵심을 벗어난 것이다. 즉, 돌러스와 마리안의 세계에서는 당연히 영국에 죄를 물었을 것이다.

26 John Mitchel, *The Last Conquest of Ireland(Perhaps)*(Glasgow: R. & T. Washbourne, 1861).

27 Dolours Price, "Post Traumatic Stress Syndrome," *The Blanket*, June 29, 2006.

28 돌러스 프라이스가 1974년 5월 23일에 친구에게 보낸 편지. 다음 신문에 실렸다. *The Irish People*, June 22, 1974.

29 Dolours Price, "A Salute to Comrades," *The Blanket*, May 18, 2005.

30 Roy Jenkins, *A Life at the Centre*(London: Macmillan, 1991), p. 382.

31 프라이스 선서진술서: R. I. K. 블라이스 박사의 진료 기록(국립기록보관소, 큐).

32 이 부분은 1974년 5월 13일 브릭스턴 교도소의 의료과장인 R. I. K. 블라이스 박사가 정부의 모든 법무를 관장하는 송무청 변호사인 D. A. 왓슨에게 보낸 문서에서 발췌한 것이다. 또한 프라이스의 선서진술서와 프라이스가 이후에 다음 신문에 제공한 경험담에서도 발췌했다. "English Government Tortures Irish Prisoners by Force Feeding," *Irish People*, December 15, 1973. 그리고 2004년 마리안 프라이스가 그 경험에 관해 수잰 브린과 나눈 다음 인터뷰에서도 발췌했다. "Old Bailey Bomber Ashamed of Sinn Féin," *Village*, December 7, 2004.

33 프라이스의 선서진술서.

34 강제취식에 관한 세부사항은 다음에서 발췌한 것이다. 돌러스 프라이스가 1974년 1월 23일에 가족에게 보낸 편지. 다음 책에 실렸다. *Irish Voices*, p. 53; "Concern Grows among Relatives of Four Hunger Strikers," *Times*(London), January 16, 1974; and "Old Bailey Bomber Ashamed of Sinn Féin," *Village*, December 7, 2004. 성분은 돌러스 프라이스 의료 기록에서 가져왔다(국립기록보관소, 큐).

35 "Old Bailey Bomber Ashamed of Sinn Féin," *Village*, December 7, 2004.

36 마리안 프라이스의 의료 기록.

37 돌러스가 미지의 수취인에게 1973년 12월 10일에 쓴 것으로, 다음 신문에 그 편지가 인용되어 있다. *The Irish People*, December 22, 1973.

38 "Forcibly Fed: The Story of My Four Weeks in Holloway Gaol," *McClure's*, August 1913.

39 돌러스 프라이스가 가족에게 보낸 편지로 다음 기사에서 발췌했다. "Concern Grows among Relatives of Four Hunger Strikers," *Times*(London) January 16, 1974.

40 같은 곳.

41 같은 곳.

42 "Mrs. McAliskey Visits Price Girls," *Irish Times*, January 11, 1974; "Frightening Appearance of Dolours Price Described," *Irish Times*, February 7, 1974.

43 "Letters on Force Feeding Treatment Forbidden," *Irish People*, February 2, 1974. 이는 브릭스턴 교도소의 치과의사에 의해 확인된 사실이다. 또한 다음을 보라. "Ulster's Price Sisters: Breaking the Long Fast," *Time*, June 17, 1974.

44 "Sister Tells of Visiting Price Girls," *Irish People*, February 2, 1974.

45 "Letters on Force Feeding Treatment Forbidden," *Irish People*, February 2, 1974.

46 Price, "Afraid of the Dark," *Krino* no. 3(Spring 1987), p. 10.

47 "Old Bailey Bomber Ashamed of Sinn Féin," *Village*, December 7, 2004.

48 같은 곳.

49 같은 곳.

50 Jenkins, *A Life at the Centre*, p. 378.

51 같은 곳. p. 377.

52 같은 곳.

53 마리안 프라이스의 의료 기록(국립기록보관소, 큐).

54 Miller, *A History of Force Feeding*, p. 210.

55 "Effect of Force Feeding Like Multiple Rape Says Psychiatrist," *Irish People*, March 23, 1974.

56 마리안 프라이스가 1974년 1월 7일에 가족에게 보낸 편지. 다음 잡지에 실렸다. "The Price Sisters," *Spare Rib* no. 22(April 1974).

57 "Lest We Forget," *Daily Express*, June 1, 1974.

58 "England, You Shall Pay Dearly," *Irish People*, March 2, 1974.

59 P-TKT.

60 "'Let the Price Sisters Starve,' Send Them Back Says MP," *Irish People*, February 16, 1974.

61 1973년 4월 14일과 5월 20일 사이, 브릭스턴 교도소 소장 B. D. 위긴턴의 일지에 기재되어 있다. 크리스토퍼 임피가 운영하는 "런던에서 가장 오래된 교도소" 웹사이트에서 확인할 수 있다.

62 "Bomb Victim's Father Now Supports Prices," *Irish People*, June 8, 1974.

63 같은 곳.

64 "UDA Back Price Girls," *Irish People*, February 16, 1974.

65 돌러스 프라이스가 가족에게 1974년 2월 4일에 보낸 편지. *Irish Voices*, pp. 58–59.

66 Price, "Afraid of the Dark," *Krino* no. 3(Spring 1987), p. 10.

67 같은 곳. p. 7.

68 돌러스 프라이스가 가족에게 1974년 1월 28일에 보낸 편지. *Irish Voices*, p. 54.

69 "Letter to 'The Times' Says That Vermeer Will Be Burnt on Sunday," *Times*(London), March 13, 1974.

70 같은 곳.

71 "Price Sisters Ask That Painting Be Returned," *Irish People*, March 23, 1974.

72 "Threat to Destroy Stolen Vermeer," *Irish Times*, March 13, 1974.

73 "Stolen Vermeer Found in a Churchyard," *Belfast Telegraph*, May 7, 1974.

74 "Demand by Art Thieves," *Irish Times*, May 4, 1974; "Ransom Note Offers Five Paintings If Prisoners Are Moved to Ulster," *Times*(London), May 4, 1974.

75 "Dr. Rose Faces Court Today," *Daily Express*, May 6, 1974.

76 "Hostages Teach IRA Kidnappers All About Racing," *Irish Times*, June 10, 1974. 또 한 명의 인질은 별

로 운이 좋지 않았다. 토머스 니더마이어는 45세의 독일인 사업가로 던머리에서 그룬딕 전자 회사의 관리이사로 있었다. 그는 1973년 12월 27일에 자택에서 납치되었다. 그를 인질로 잡는데 연루된 공모자 두 명에 따르면, 니더마이어를 프라이스 자매와 "맞교환하려는" 의도였다고 했다. 그러나 납치된 지 며칠 지나지 않아 그는 납치범들과 싸우다 죽었다. 니더마이어는 야트막한 무덤에 암매장됐다. 1980년까지 유해는 발견되지 않았다. 유해가 발견되지 않았더라면 그의 이름은 오늘날 "분쟁" 기간 동안 실종당한 또 다른 사례로 더 잘 알려졌을 것이다. 다음을 참조하라. McKittrick et al., *Lost Lives*, p. 410.

77 돌러스 프라이스가 친구에게 1974년 5월 23일에 보낸 편지. 다음 신문에 실렸다. *The Irish People*, June 22, 1974.

78 같은 곳.

79 같은 곳.

80 Jenkins, *A Life at the Centre*, p. 377.

81 "Jenkins Demands Ultimate: Death for Price Sisters," *Irish People*, June 8, 1974.

82 "Price Sisters Losing 1lb Weight a Day," *Irish Times*, May 27, 1974.

83 돌러스 프라이스가 친구에게 1974년 5월 23에 보낸 편지. 다음 신문에 실렸다. *The Irish People*, June 22, 1974.

84 Price, "Afraid of the Dark," *Krino* no. 3(Spring 1987), p. 10.

85 같은 곳.

86 "Price Sisters Losing 1lb Weight a Day," *Irish Times*, May 27, 1974.

87 돌러스 프라이스가 어머니인 크리시 프라이스에게 보낸 편지. 다음 기사에서 발췌. "Price Sisters Threat," *Daily Mirror*, May 31, 1974.

88 Price, "Afraid of the Dark," *Krino* no. 3(Spring 1987), p. 9.

89 돌러스 프라이스가 어머니인 크리시 프라이스에게 1974년 5월 27에 보낸 편지. *Irish Voices*, p. 61.

90 "Price Sisters Threat," *Daily Mirror*, May 31, 1974.

91 Price, "Afraid of the Dark," *Krino* no. 3(Spring 1987), pp. 11–12.

92 "Jenkins Demands Ultimate: Death for Price Sisters," *Irish People*, June 8, 1974.

93 "Fears Havoc in Ulster If Daughters Die In London," Associated Press, June 1, 1974.

94 "An IRA Warning If Sisters Die," *Belfast Telegraph*, May 30, 1974.

95 "Price Sisters' 'Last Rites,'" *Daily Mirror*, May 28, 1974.

96 돌러스 프라이스가 친구에게 1974년 5월 23에 보낸 편지. 다음 신문에 실렸다. *The Irish People*, June 22, 1974.

97 Coogan, *The IRA*, pp. 415–17.

98 Price, "Afraid of the Dark," *Krino* no. 3(Spring 1987), p. 12.

99 같은 곳.

100 "The Gaughan Funeral," *Irish Press*, June 19, 1974.

101 Jenkins, *A Life at the Centre*, p. 378.

102 같은 곳, p. 380.

103 "Statement from Dolours and Marian, Gerry Kelly and Hugh Feeney," June 8, 1974.

104 "Price Girls in Durham," *Irish Independent*, December 16, 1974.

105 돌러스 프라이스의 라디오 다큐멘터리 인터뷰(*The Chaplain's Diary*, RTÉ Radio).

106 Dolours Price, "Brixton, Durham and Armagh Gaol, 1973," in *In the Footsteps of Anne: Stories of Republican Women Ex-Prisoners*, ed. Evelyn Brady, Eva Patterson, Kate McKinney, Rosie Hamill, and Pauline Jackson(Belfast: Shanway Press, 2011), p. 134.

107 같은 곳.

108 같은 곳.

109 돌러스 프라이스의 라디오 다큐멘터리 인터뷰(*The Chaplain's Diary*, RTÉ Radio).

110 Price, "Brixton, Durham and Armagh Gaol, 1973," in Brady et al., *Footsteps of Anne*, p. 134.

111 "Provisional Sinn Fein to Establish Its Own 24-Hour Centres to Monitor Ceasefire," *Irish Times*, February 12, 1975.

112 "A Voice Uncompromised by Prison, Hunger Strike, Years," *Sunday Tribune*, March 9, 2003.

113 "IRA Leaders at Price Funeral," *Irish Press*, February 19, 1975; "Price Sisters Send Wreaths As Mother Is Buried in Belfast," *Irish Times*, February 19, 1975.

114 "Price Sisters Send Wreaths As Mother Is Buried in Belfast," *Irish Times*, February 19, 1975.

15장 __포로들

1 맥켄드리, 『실종』, p. 23.

2 같은 곳, p. 24.

3 같은 곳.

4 마이클 맥콘빌과의 인터뷰.

5 *Report of the Historical Institutional Abuse Inquiry*, vol. 3, chap. 9, module 4: "Sisters of Nazareth, Belfast—Nazareth Lodge"(2017). 맥콘빌 자녀들은 나자렛의 집에 오기 전에 처음에는 또 다른 곳으로 옮겨졌었다. 이야기를 간략하게 하고자 나는 이 기간 동안 옮겼던 일련의 거처를 축약해야 했다.

6 같은 곳.

7 "The Nuns Poured Boiling Water on Our Heads," *Belfast News Letter*, May 7, 2016.

8 마이클 맥콘빌과의 인터뷰.

9 같은 곳.

10 마이클 맥콘빌과의 인터뷰.

11 같은 곳.

12 HIAI 속기록; HIAI 증인 진술.

13 *Report of the Historical Institutional Abuse Inquiry*, vol. 4, chap. 11, module 3: "De La Salle Boys Home, Rubane House."

14 HIAI 속기록.

15 *Report of the Historical Institutional Abuse Inquiry*: Rubane; HIAI 속기록; HIAI 증인 진술.

16 HIAI 증인 진술.

17 *Report of the Historical Institutional Abuse Inquiry*: Rubane.

18 HIAI 증인 진술. 커커빈에 소재한 "루베인 소년의 집"의 일부 전직 직원들은 이러한 주장에 이의를 제기했다.

19 *Report of the Historical Institutional Abuse Inquiry*: Rubane.

20 같은 곳.

21 마이클 맥콘빌과의 인터뷰.

22 같은 곳.

23 HIAI 증인 진술; "Sons Recall 30 Years of Painful Memories," *Irish News*, October 24, 2003.

24 HIAI 속기록.

25 HIAI 증인 진술. 몇몇 맥콘빌 자녀들은 HIAI에 증언을 했다. 이 증언의 속기록은 공개되었지만 익명성을 유지하기 위해 개개인의 실명은 삭제되었다. 나는 여기서 그러한 관례를 존중하는 한편, 증언 자체는 당시 소년의 집 상황을 이해하는 데 귀중한 자료였다. 빌리 맥콘빌은 이제 고인이 되었지만, 증언할 때 익명을 포기하기로 결정했다. 다음을 참조하라. "Son of Jean McConville Reveals Hell of Being Abused by Notorious Paedophile Priest Brendan Smyth," *Irish Mirror*, November 6, 2014; "I Was Victim of Abuse in Boys' Home, Jean McConville's Son Tells Inquiry," *Belfast Telegraph*, November 7, 2014; "McConville Children Abused in Home Following Murder of Their Mother," *Irish News*, January 21, 2017.

26 "Sisters of Nazareth Become Second Catholic Order to Admit to Child Abuse," *Guardian*, January 14, 2014.

27 맥켄드리, 『실종』, p. 29.

28 같은 곳, p. 29.

29 "Jean McCon ville's Daughter: 'If I Give Up Fighting, They've Won,'" *Guardian*, July 5, 2014; 맥켄드리, 『

실종』, pp. 2–6.

30 마이클 맥콘빌과의 인터뷰.

31 *Report of the Historical Institutional Abuse Inquiry*, vol. 5, chap. 15, module 7: "Lisnevin."

32 같은 곳.

33 마이클 맥콘빌과의 인터뷰: *Report of the Historical Institutional Abuse Inquiry*: Lisnevin.

34 마이클 맥콘빌과의 인터뷰.

35 "Inquiry Told of 'Sectarian Abuse' at Co Down Training School," *Belfast Telegraph*, September 2, 2015.

36 마이클 맥콘빌과의 인터뷰.

37 마이클 맥콘빌과의 인터뷰.

38 "Release of Long Kesh Men Cancelled After Car Bombings," *Times*(London), July 27, 1974; Adams, *Before the Dawn*, pp. 230–32.

39 Adams, *Before the Dawn*, p. 222.

40 H-BC.

41 Adams, *Before the Dawn*, p. 242.

42 같은 곳, p. 223.

43 H-BC.

44 Adams, *Cage Eleven*, p. 3. 다음도 참조하라. Lachlan Whalen, "'Our Barbed Wire Ivory Tower': The Prison Writings of Gerry Adams," *New Hibernia Review*, vol. 10, no. 2(Summer 2006), pp. 123–39.

45 H-BC.

46 "Portrait of a Hunger Striker: Brendan Hughes," *Irish People*, December 6, 1980.

47 Moloney, *Secret History of the IRA*, p. 197.

48 같은 곳, p. 150.

49 같은 곳, p. 197.

50 같은 곳, pp. 149–51.

51 조 도허티의 이 회상은 존 F. 모리슨의 박사 논문에 인용되었다. *"The Affirmation of Behan?" An Under-standing of the Politicisation Process of the Provisional Irish Republican Movement through an Organisational Analysis of Splits from 1969 to 1997*(University of St. Andrews, 2010), pp. 184–85.

52 아담스는 "브라우니"가 자신의 필명이라는 사실을 인정했다. 다음을 참조하라. Adams, *Cage Eleven*, p. 3.

53 Beresford, *Ten Men Dead*, p. 19.

54 Adams, *Before the Dawn*, p. 247.

55 H-BC.

56 H-BC.

57 Urban, *Big Boys' Rules*, pp. 30–31.

58 H-BC; Adams, *Before the Dawn*, p. 251.

59 H-BC.

60 "Cautious Reactions As the Last N.I. Detainees Are Set Free," *Irish Times*, December 6, 1975.

61 Moloney, *Secret History of the IRA*, p. 177.

62 "One Man, One Cell," *Irish Times*, February 26, 1976.

63 Tim Pat Coogan, *On the Blanket: The Inside Story of the IRA Prisoners' "Dirty" Protest*(New York: Palgrave, 2002), pp. 93–94.

64 프랜시 브롤리, "H동 노래".

65 Coogan, *On the Blanket*, p. 93.

66 Beresford, *Ten Men Dead*, p. 17.

67 이 국면은 "안 씻기 투쟁"으로 알려져 있다. English, *Armed Struggle*, p. 191; Beresford, *Ten Men Dead*, p. 27; O'Malley, *Biting at the Grave*, p. 21.

68 Beresford, *Ten Men Dead*, p. 17; "Rebels Refuse to Use Toilets in Ulster Jail," Reuters, April 25, 1978.

69 Taylor, *Behind the Mask*, p. 257.

70 같은 곳, p. 258.

71 McKittrick and McVea, *Making Sense of the Troubles*, p. 140.

72 H-BC.

73 Moloney, *Secret History of the IRA*, pp. 159–60.

74 "Ballybofey Republican Reunion," *Irish People*, May 10, 1980.

75 "IRA Bombs Kill Mountbatten and 17 Soldiers," *Guardian*, August 28, 1979.

76 Margaret Thatcher, *The Path to Power*(New York: HarperCollins, 1995), pp. 31–32.

77 "The Airey Neave File," *Independent*, February 22, 2002.

78 이것은 다음 다큐멘터리에서 데이빗 구달 경과 마이클 릴리스의 진술에 따른 것이다. *Thatcher and the IRA: Dealing with Terror*(BBC, 2014).

79 "Neave's Assassins Linked with North Political Killings," *Irish Times*, April 2, 1979.

80 "Commons Car Bomber Assassinates Neave," *Guardian*, March 31, 1979.

81 "A Look at Ulster's Maze and the 'Men on the Blanket,'" Associated Press, March 16, 1979.

82 Taylor, *Behind the Mask*, p. 258.

83 같은 곳, p. 254.

84 같은 곳, p. 253.

85 1981년 3월 5일, 벨파스트에서 마거릿 대처의 연설.

86 1981년 4월 21일, 마거릿 대처가 사우디아라비아의 리야드에서 기자회견에서 한 발언.

87 브렌든 휴즈를 다각적으로 인터뷰했던 피터 테일러는 그 수가 170명에 달한다고 했다(Taylor, *Behind the Mask*, p. 270). 보스턴 칼리지 구술사에서 휴즈는 "90명이 넘었다"고 했다.

88 "Hunger Strike Begins," *Irish People*, November 1, 1980.

89 H-BC.

90 Beresford, *Ten Men Dead*, p. 28.

91 "Don't Let Them Die!" *Irish People*, November 8, 1980.

92 "Hunger Striker Fights for Eyesight," *Irish Republican News*, October 20, 2006.

93 Moloney, *Secret History of the IRA*, p. 206.

94 H-BC.

95 같은 곳.

96 같은 곳.

97 "Hunger Striker Fights for Eyesight," *Irish Republican News*, October 20, 2006.

98 O'Malley, *Biting at the Grave*, p. 35.

99 H-BC.

16장 __시계태엽장치 인형

1 Raymond Murray, *Hard Time: Armagh Gaol 1971–1986*(Dublin: Mercier Press, 1998), p. 7.

2 Margaretta D'Arcy, *Tell Them Everything*(London: Pluto Press, 1981), p. 11.

3 "Terror Sisters Flown Out," *Daily Express*, March 19, 1975.

4 돌러스 프라이스 "1973년, 브릭스턴, 더럼, 아마 교도소". Brady et al., *Footsteps of Anne*, p. 134.

5 같은 곳, p. 135.

6 제럴딘 맥캔의 회고. Brady et al., *Footsteps of Anne*, p. 48.

7 캐슬린 맥키니의 회고. Brady et al., *Footsteps of Anne*, p. 142.

8 돌러스 프라이스의 회고. Brady et al., *Footsteps of Anne*, p. 135.

9 같은 곳, p. 135.

10 "Special Status for Sisters Expected," *Irish Times*, March 20, 1975.

11 같은 곳.

12 Coogan, *On the Blanket*, pp. 236–37.

13 Brady et al., *Footsteps of Anne*, p. 135.

14 같은 곳, p. 135.

15 Coogan, *On the Blanket*, p. 236.

16 1977년 9월 29일, 돌러스 프라이스가 페너 브록웨이에게 보낸 편지(Brockway Papers, Churchill Archives Centre, University of Cambridge).

17 Brady et al., *Footsteps of Anne*, p. 144. 수공예품에 관해서는 다음을 보라. Máirtín Ó Muilleoir, "The Art of War: A Troubles Archive Essay," Arts Council of Northern Ireland, 2009.

18 Brady et al., *Footsteps of Anne*, p. 136.

19 1977년 10월 29일, 돌러스 프라이스가 페너 브록웨이에게 보낸 편지(Brockway Papers).

20 Brady et al., *Footsteps of Anne*, p. 216.

21 같은 곳, p. 136.

22 같은 곳.

23 Murray, *Hard Time*, p. 11.

24 P-TKT.

25 "La Mon Bomb Produced Ball of Fire 60 Feet in Diameter," *Irish Times*, July 26, 1978.

26 P-TKT.

27 Dolours Price, "Bun Fights & Good Salaries," *The Blanket*, March 27, 2007.

28 1980년 6월 27일, 페너 브록웨이가 험프리 앳킨스에게 보낸 문서(Brockway Papers).

29 돌러스 프라이스의 라디오 다큐멘터리 인터뷰(*The Chaplain's Diary*, RTÉ Radio).

30 "Mystery of the Four Who Got Away," *Daily Express*, April 24, 1981.

31 1980년 5월(정확한 날짜는 명시되지 않음), 북아일랜드국의 R. A. 해링턴이 다우닝 스트리트(영국 총리 관저가 있는 곳)의 마이클 알렉산더에게 보낸 문서에 동봉한 "마리안 프라이스 석방"의 견서(국립기록보관소, 큐).

32 같은 곳.

33 "Marian Price Set Free," *The Irish Times*, May 1, 1980.

34 "마리안 프라이스 석방" 의견서.

35 "Mystery of the Four Who Got Away," *Daily Express*, April 24, 1981.

36 돌러스 프라이스의 라디오 다큐멘터리 인터뷰(*The Chaplain's Diary*, RTÉ Radio).

37 O'Malley, *Biting at the Grave*, pp. 36–37, 44–45; Beresford, *Ten Men Dead*, pp. 41–42.

38 O'Malley, *Biting at the Grave*, p. 3.

39 Beresford, *Ten Men Dead*, p. 57.

40 같은 곳, pp. 62–63.

41 McKittrick and McVea, *Making Sense of the Troubles*, p. 146.

42 Beresford, *Ten Men Dead*, pp. 69–72.

43 같은 곳, pp. 72–73.

44 McKearney, *The Provisional IRA*, pp. 149–50.

45 Moloney, *Secret History of the IRA*, p. 198.

46 "Sinn Féin Vice-President Gerry Adams," *Irish People*, November 27, 1982.

47 Coogan, *The Troubles*, p. 282; Moloney, *Secret History of the IRA*, p. 202.

48 "Sands Election a Propaganda Win for Hunger Strike," *Irish Times*, April 11, 1981.

49 "1981년 4월 25일 토요일 저녁, 북아일랜드 담당장관과 총리와의 전화 통화." 총리실 공식 기록(국립기록보관소, 큐).

50 돌러스 프라이스의 라디오 다큐멘터리 인터뷰(*The Chaplain's Diary*, RTÉ Radio).

51 1980년 6월 17일, 북아일랜드국이 페너 브록웨이에게 보낸 무서명 문서(Brockway Papers).

52 돌러스 프라이스가 페너 브록웨이에게 보낸 편지로 날짜는 "1980년 10월 이십 며칠쯤"이라고 적혀 있다(Brockway Papers).

53 1980 년 11월 2일, M. W. 홉킨스(북아일랜드국)가 마이클 알렉산더(다우닝 스트리트 10번지)에게 보낸 문서(국립기록보관소, 큐).

54 돌러스 프라이스가 페너 브록웨이에게 보낸 편지로 날짜는 "1980년 10월 이십 며칠쯤"이라고 적혀 있다(Brockway Papers).

55 같은 곳.

56 1980년 10월 25일, 페너 브록웨이가 마거릿 대처에게 보낸 문서(Brockway Papers).

57 1980년 11월 11일, 마거릿 대처가 페너 브록웨이에게 보낸 문서(Brockway Papers).

58 1980년 10월 25일, 페너 브록웨이가 마거릿 대처에게 보낸 문서에 마거릿 대처가 손글씨로 쓴 메모(Brockway Papers).

59 Coogan, *On the Blanket*, pp. 236–37.

60 1981년 4월 3일, 토마스 오 피아치가 마거릿 대처에게 보낸 문서(국립기록보관소, 큐).

61 1981년 4월 13일, 마거릿 대처가 토마스 오 피아치에게 보낸 문서(국립기록보관소, 큐).

62 1981년 4월 10일, M. W. 홉킨스가 마이클 알렉산더에게 보낸 문서(국립기록보관소, 큐).

63 "Worst Violence in Eight Nights Hits Northern Ireland," Associated Press, April 23, 1981.

64 Dolours Price, "Post Traumatic Stress Syndrome," *The Blanket*, June 29, 2006.

65 O'Malley, *Biting at the Grave*, p. 3.

66 Adams, *Before the Dawn*, p. 297.

67 Beresford, *Ten Men Dead*, p. 103.

68 Taylor, *Behind the Mask*, p. 283; McKittrick and McVea, *Making Sense of the Troubles*, p. 144.

69 "Price Release Sparks Protest," *Irish Times*, April 23, 1981.

70 Dolours Price, "Post Traumatic Stress Syndrome," *The Blanket*, June 29, 2006.

71 O'Malley, *Biting at the Grave*, p. 64.

72 Dolours Price, "Post-Traumatic Stress Syndrome," *The Blanket*, June 29, 2006.

73 Steven H. Miles and Alfred M. Freedman, "Medical Ethics and Torture: Revisiting the Declaration of Tokyo," *The Lancet*, vol. 373, no. 9660(January 2009).

74 이러한 정책의 변화를 촉발한 역학관계에 대해 자세히 알고 싶다면 다음을 참조하라. Miller, *A History of Force Feeding*, chap. 7. 또 다음 기사도 참조하라. "Why H-Block Hunger Strikers Were Not Force Fed," *Irish Times*, July 5, 2016.

75 Dolours Price, "Post Traumatic Stress Syndrome," *The Blanket*, June 29, 2006.

17장 __ 필드데이

1 "Fury As IRA Terror Girl Goes Free," *Daily Express*, April 23, 1981; "'She Should Be Left to Rot,'" *Daily Mail*, April 23, 1981.

2 "Price Release Sparks Protest," *Irish Times*, April 23, 1981; "IRA 'Trick' Freed Bomb Girl," *Daily Star*, April 23, 1981.

3 Dolours Price, "Post Traumatic Stress Syndrome," *The Blanket*, June 29, 2006.

4 1981년 7월 31일, M. W. 홉킨스(북아일랜드국)가 마이클 알렉산더(다우닝 스트리트 10번지)에게 보낸 문서(국립기록보관소, 큐).

5 1981년 8월 3일, 총리 개인비서 클라이브 휘트모어가 다우닝 스트리트 10번지에서 북아일랜드국의 M. W. 홉킨스에게 보낸 문서(국립기록보관소, 큐).

6 Dolours Price, "Mind Over Matter Can Lead to Death," *Irish Press*, December 6, 1982.

7 1983년 2월 2일, 데렉 힐(북아일랜드국)이 윌리엄 리켓(다우닝 스트리트 10번지)에게 보낸 문서(국립기록보관소, 큐).

8 1984년 10월 24일, M. W. 홉킨스가 "돌러스 프라이스/레아"라는 제목으로 작성한 "비밀"로 표기된 메모(국립기록보관소, 큐).

9 "The Saturday Column," *Irish Times*, November 20, 1982.

10 이몬 맥캔과의 인터뷰; Price, "Afraid of the Dark," *Krino* no. 3(Spring 1987), p. 10.

11 "The Trying Game," *Times*(London), June 5, 1993.

12 "Wolf Wistful; Janet Watts Meets Stephen Rea," *Guardian*, February 3, 1977.

13 "Fame, Family & Field Day," *Belfast Telegraph*, December 6, 2006.

14 "Stephen Rea: 'I Never Wanted to Be a Polite Actor,'" *Telegraph*, March 25, 2016.

15 "Wolf Wistful; Janet Watts Meets Stephen Rea," *Guardian*, February 3, 1977.

16 같은 곳.

17 "The Trying Game," *Times*(London), June 5, 1993.

18 Ronan Bennett, "Don't Mention the War: Culture in Northern Ireland," in *Rethinking Northern Ireland*, ed. David Miller(New York: Addison Wesley Longman, 1998), p. 210.

19 "Wolf Wistful; Janet Watts Meets Stephen Rea," *Guardian*, February 3, 1977.

20 "Stephen Rea: 'I Never Wanted to Be a Polite Actor,'" *Telegraph*, March 25, 2016.

21 Bennett, "Don't Mention the War: Culture in Northern Ireland," in *Rethinking Northern Ireland*, p. 210.

22 "Fame, Family & Field Day," *Belfast Telegraph*, June 12, 2006.

23 "The Trying Game," *Times*(London), June 5, 1993.

24 레이먼드 머리와의 인터뷰.

25 "Dolours Price Marries Actor," *Irish Times*, November 5, 1983; "Dolours Price Weds in Secret," *Belfast Telegraph*, November 4, 1983.

26 "Secret Wedding for Actor and Car Bomb Girl," *Daily Mail*, November 5, 1983.

27 Carole Zucker, *In the Company of Actors: Reflections on the Craft of Acting*(New York: Routledge, 2001), pp. 110–11.

28 Marilynn J. Richtarik, *Acting between the Lines: The Field Day Theatre Company and Irish Cultural Politics 1980–1984*(Washington, D.C.: Catholic University of America Press, 2001), p. 23.

29 Brian Friel, *Brian Friel in Conversation*, ed. Paul Delaney(Ann Arbor: University of Michigan Press, 2000), p. 127; Zucker, *In the Company of Actors*, pp. 110–11.

30 Richtarik, *Acting between the Lines*, p. 65.

31 Bennett, "Don't Mention the War: Culture in Northern Ireland," in *Rethinking Northern Ireland*, p. 207.

32 "Stephen Rea's Tribute to Brian Friel: A Shy Man and a Showman," *Irish Times*, October 2, 2015.

33 "Working Both Ends of the Terrorist's Gun," *Newsweek*, February 7, 1993.

34 Richtarik, *Acting between the Lines*, pp. 66, 74.

35 "Two Vehicles Carry an Irish Actor to America," *New York Times*, November 22, 1992.

36 1986년 5월 16일, 돌러스 프라이스가 줄리(성은 미상)에게 보낸 편지(Papers of the Field Day Theatre Company, National Library of Ireland).

37 Zucker, *In the Company of Actors*, p. 111.

38 조니 무어가 제작한 다큐멘터리 「필드데이 이야기」(BBC Northern Ireland, 2006)에서 레아가 전한 일화이다.

39 "How Can They Let Back the Girl Bomber Who Ruined My Husband's Life?" *Daily Express*, December 2, 1983.

40 같은 곳.

41 1985년 8월 30일, 조너선 듀크-에반스(북아일랜드국)가 팀 플레셔(다우닝 스트리트 10번지)에게 보낸 문서(국립기록보관소, 큐).

42 1983년 3월 17일, 데렉 힐(북아일랜드국)이 팀 플레셔(다우닝 스트리트 10번지)에게 보낸 문서(국립기록보관소, 큐).

43 그녀는 이것을 1983년 3월 17일 데렉 힐이 팀 플레셔에게 보낸 문서에 손글씨로 썼다. 대처의 입장은 1983년 3월 21일 팀 플레셔가 데렉 힐에게 보낸 문서에도 잘 요약되어 있다(국립기록보관소, 큐).

44 1985년 8월 30일, 조너선 듀크-에반스(북아일랜드국)가 팀 플레셔에게 보낸 문서(국립기록보관소, 큐).

45 1986년 5월 16일, 돌러스 프라이스가 줄리(성은 미상)에게 보낸 편지(Papers of the Field Day Theatre Company, National Library of Ireland).

46 1985년 8월 30일, 조너선 듀크-에반스가 팀 플레셔에게 보낸 문서(국립기록보관소, 큐).

47 1985년 11월 5일, 닐 워드가 마거릿 대처에게 보낸 문서(국립기록보관소, 큐).

48 1985년 8월 30일, 조너선 듀크-에반스가 팀 플레셔에게 보낸 문서(국립기록보관소, 큐).

49 1985년 11월 6일, 찰스 파웰(다우닝 스트리트 10번지)이 짐 다니엘(북아일랜드국)에게 보낸 문서(국립기록보관소, 큐).

50 1985년 12월 16일, 닐 워드가 찰스 파웰에게 보낸 문서(국립기록보관소, 큐).

51 1985년 8월 30일, 조너선 듀크-에반스가 팀 플레셔에게 보내는 문서에 마거릿 대처가 손글씨로 쓴 메모(국립기록보관소, 큐).

52 "High Life for IRA Bomber," *Times*(London), August 28, 1988.

53 "IRA Bomber Avoids Royal Theater Date," *Telegraph*, February 3, 1987.

54 "Price Husband's TV Role," *Evening Herald*, March 18, 1986.

55 "Stephen Rea: 'I Never Wanted to Be a Polite Actor," *Telegraph*, March 25, 2016.

56 "The Trying Game," *Times*(London), June 5, 1993.

57 "Even Better Than the Rea Thing," *Irish Independent*, February 18, 2000.

58 "Patriot Games," *People*, February 8, 1993.

59 "The Trying Game," *Times*(London), June 5, 1993.

60 "History Boys on the Rampage," *Arena*(BBC, 1988).

61 1985년 8월 30일, 조너선 듀크-에반스가 팀 플레셔에게 보낸 문서(국립기록보관소, 큐).

62 Moloney, *Secret History of the IRA*, p. 188.

63 Dolours Price, "Get On with It," *The Blanket*, September 14, 2004.

1 1995년. 유럽인권재판소는 군인들이 "사살" 방침하에 작전을 수행하고 있지는 않았지만 IRA 조직원 셋이 사살을 필요로 할 정도로 즉각적인 위협 태세를 취하지 않았으며 사살하는 대신 체포할 수도 있었다고 판결했다. 파렐의 생사에 관해 더 자세히 알고 싶다면 다음을 참조하라. "Death of a Terrorist," *Frontline*(PBS, 1989); "Priest, Writing Eulogy, Recalls Woman in IRA," *New York Times*, March 16, 1988; McKittrick et al., *Lost Lives*, pp. 1112–15.

2 다음을 참조하라. *McCann and Others v. The United Kingdom*, application no. 18984/91, European Court of Human Rights(1995).

3 Martin McKeever, *One Man, One God: The Peace Ministry of Fr Alec Reid C.Ss.R.*(Dublin: Redemptorist Communications, 2017), p. 1.

4 McKeever, *One Man, One God*, p. 17.

5 John Conroy, *Belfast Diary: War As a Way of Life*(Boston: Beacon Press, 1995), pp. 1–2.

6 "Priest Tried to Revive Dying British Soldier," *South China Morning Post*, March 22, 1988.

7 McKeever, *One Man, One God*, p. 21.

8 다큐멘터리 「14일」(BBC, 2013).

9 Adams, *Before the Dawn*, p. 33.

10 H-BC.

11 다큐멘터리 「14일」.

12 같은 곳.

13 같은 곳.

14 장례식 자료화면.

15 "Belfast Candidate Wins Parliament Seat for IRA," Reuters, June 11, 1983.

16 "3 Killed by Grenades at IRA Funeral," *New York Times*, March 17, 1988.

17 "Gunfire, Grenades Kill 3 at IRA Funeral," *Chicago Tribune*, March 17, 1988.

18 이 설명은 특히 다음 책에서 가져온 것이다. McKittrick et al., *Lost Lives*, pp. 1117–20.

19 자료화면.

20 자료화면; "3 Killed by Grenades at IRA Funeral," *New York Times*, March 17, 1988; "Gunfire, Grenades Kill 3 at IRA Funeral," *Chicago Tribune*, March 17, 1988.

21 Martin Dillon, *Stone Cold: The True Story of Michael Stone and the Milltown Massacre*(London: Random House, 1992), p. 151.

22 McKittrick et al., *Lost Lives*, p. 1117.

23 이 부분에 대한 설명은 대부분 다큐멘터리 「14일」에서 가져온 것이다.

24 Dillon, *Stone Cold*, p. 169.

25 McKee ver, *One Man, One God*, p. 33(브래디의 이름은 때때로 아일랜드식 철자로 Caoimhín Mac Brádaigh라고 쓰여진다).

26 McKeever, *One Man, One God*, p. 34; McKittrick et al., *Lost Lives*, p. 1120.

27 다큐멘터리 「14일」.

28 McKeever, *One Man, One God*, p. 34.

29 같은 곳.

30 자료화면; McKittrick et al., *Lost Lives*, p. 1121.

31 다큐멘터리 「14일」에 군인 중 한 명이 손에 총을 들고 있는 사진이 선명하게 포착되었다.

32 "From Irish Pulpit, Sense of Revulsion," *New York Times*, March 21, 1988.

33 McKeever, *One Man, One God*, p. 34.

34 자료화면. 공중에 대고 발사한 것은 우드였다. McKittrick et al., *Lost Lives*, p. 1121.

35 "Murdered Soldiers 'Defied Orders,'" *Guardian*, March 21, 1988. 벨파스트에서는 군인들이 단순히 실수로 장례식장으로 가는 길로 접어든 것이 아니라 은밀히 감시하고 있었을 거라는 소문이 끊이지 않았다.

36 같은 곳.

37 McKeever, *One Man, One God*, p. 34.

38 다큐멘터리 「14일」; McKeever, *One Man, One God*, p. 34.

39 다큐멘터리 「14일」.

40 "Father Alec Reid Reveals How He Tried to Save Two British Soldiers Killed in One of the Most Shocking Episodes of the Troubles," *Independent*, March 10, 2013.

41 McKeever, *One Man, One God*, p. 34.

42 "Father Alec Reid Reveals How He Tried to Save Two British Soldiers Killed in One of the Most Shocking Episodes of the Troubles," *Independent*, March 10, 2013.

43 McKittrick et al., *Lost Lives*, p. 1121. McKeever, *One Man, One God*, p. 34.

44 McKeever, *One Man, One God*, p. 35.

45 McKittrick et al., *Lost Lives*, p. 1124.

46 McKittrick et al., *Lost Lives*, p. 1121; "Murdered Soldiers 'Defied Orders,'" *Guardian*, March 21, 1988.

47 다큐멘터리 「14일」.

48 같은 곳.

49 사진작가는 데이비드 케언즈이다. "Father Alec Reid Reveals How He Tried to Save Two British Soldiers Killed in One of the Most Shocking Episodes of the Troubles," *Independent*, March 10, 2013.

50 "Priest Tried to Revive Dying British Soldier," *South China Morning Post*, March 22, 1988.

51 같은 곳.

52 "Father Alec Reid Reveals How He Tried to Save Two British Soldiers Killed in One of the Most Shocking Episodes of the Troubles," *Independent*, March 10, 2013; "Fr Alec Reid Death," *Belfast Telegraph*, November 23, 2013.

53 McKeever, *One Man, One God*, pp. 21–23.

54 다큐멘터리 「14일」. 다음도 참조하라. Moloney, *Secret History of the IRA*, pp. 232–33.

55 McKeever, *One Man, One God*, p. 31.

56 H-BC.

57 McKeever, *One Man, One God*, p. 28.

58 같은 곳, p. 30.

59 Paul Routledge, *John Hume*(London: HarperCollins, 1997), p. 217.

60 같은 곳, p. 211.

61 McKeever, *One Man, One God*, pp. 31–32.

62 McKeever, *One Man, One God*, p. 33. 이에 앞서 회담의 가능성에 대한 논의가 있었지만 무산된 상태였다. 다음을 참조하라. Adams, *A Farther Shore*, pp. 44–45.

63 Routledge, *John Hume*, p. 216.

64 "Bombing in Ulster Kills 11 in Crowd; IRA Is Suspected," *New York Times*, November 9, 1987.

65 "Making the Words Flow Like Blood," *Times*(London), November 12, 1987.

66 Routledge, *John Hume*, p. 216.

67 "Firebomb Attack on Home of John Hume," *Irish Times*, May 9, 1987.

68 George Drower, *John Hume: Man of Peace*(London: Victor Gollancz, 1996), p. 133.

69 아담스에 따르면 첫 회동은 1986년에 이루어졌다. Adams, *A Farther Shore*, p. 45.

70 Routledge, *John Hume*, p. 214.

71 John Hume, *A New Ireland: Politics, Peace, and Reconciliation*(Boulder, Colo.: Roberts Rinehart, 1996), p. 115.

72 McKeever, *One Man, One God*, p. 33.

73 같은 곳, p. 35.

74 다큐멘터리 「14일」.

75 "Belfast Candidate Wins Parliament Seat for IRA," *Reuters*, June 11, 1983.

76 "Making the Words Flow Like Blood," *Times*(London), November 12, 1987.

77 *Behind the Mask*.

78 예를 들어, 다음을 보라. "Gerry Adams Is Held by Troops," *Belfast Telegraph*, July 19, 1973; "Sinn Féin Leader to See Minister," *Times*(London), November 6, 1982; "In the Shadow of Violence," *Times*(London), May 28, 1983.

79 "I Am an IRA Volunteer," *Republican News*, May 1, 1976.

80 "Sinn Féin Boss Denies IRA Control," Reuters, December 14, 1982; "IRA Tries New Mix—Violence, Politics," *Los Angeles Times*, December 18, 1982.

81 "Making the Words Flow Like Blood," *Times*(London), November 12, 1987.

82 "IRA Politicians Shift Tactics for Election," Associated Press, May 23, 1983.

83 "The Case Against Gerry Adams," *Irish People*, September 23, 1978.

84 "Sinn Féin Not the Same As IRA, Says Court," *Guardian*, September 7, 1978.

85 "Sinn Féin Vice-President Gerry Adams," *Irish People*, November 27, 1982.

86 같은 곳.

87 "Junior Executive Types Canvass with Adams," *Irish Times*, June 7, 1983.

88 Gerry Adams, *Falls Memories: A Belfast Life*.

89 "IRA Politicians Shift Tactics for Election," Associated Press, May 23, 1983.

90 "A Gunman Cleans Up His Act," *Observer*, April 17, 1983.

91 같은 곳.

92 같은 곳.

93 "Terrorism Continues As Sinn Féin Heads for Wider Role in Politics," *Times*(London), November 14, 1983.

94 "Thatcher Moves to Silence Men Behind the IRA," *Times*(London), December 23, 1983.

95 "Adams Denies Rift in Republican Ranks," *Times*(London), December 20, 1983.

96 "Bomb Ours, Says IRA," *Guardian*, October 13, 1984. 이 사건을 흥미롭게 구성한 다음 소설도 참조하라. Jonathan Lee, *High Dive*(New York: Knopf, 2016).

97 McKittrick and McVea, *Making Sense of the Troubles*, p. 162.

98 "Sinn Féin 'Fears Murder Plot,'" *Times*(London), November 5, 1984.

99 "Thatcher and the IRA: Dealing with Terror."

100 "Adams Arrested," *Irish Times*, June 9, 1983.

101 "Gunmen Wound Sinn Féin Leader," *Boston Globe*, March 15, 1984; "Adams Shot Three Times after Court Appearance," *Irish Times*, March 15, 1984.

102 "Gerry Adams Is Shot 3 Times in Street Attack," *Times*(London), March 15, 1984.

103 "Gunmen Wound Sinn Féin Leader," *Boston Globe*, March 15, 1984.

104 "Gerry Adams Is Shot 3 Times in Street Attack," *Times*(London), March 15, 1984.

105 "Gunmen Wound Sinn Féin Leader," *Boston Globe*, March 15, 1984; "Adams Shot Three Times after Court Appearance," *Irish Times*, March 15, 1984; "Public Statement by the Police Ombudsman Under Section 62 of the Police(Northern Ireland) Act 1998: Relating to the Complaints in Respect of the Attempted Murder of Mr. Gerry Adams on 14 March 1984," Police Ombudsman for Northern Ireland(2014).

106 "Gunmen Wound Sinn Féin Leader," *Boston Globe*, March 15, 1984.

107 "Adams Says Army Knew of 'Loyalist' Attack Plan," *Times*(London), March 16, 1984.

108 They greeted the news: "An Everyday Story of Ulster Folk," *Times*(London), March 16, 1984.

19장 __ 푸른 리본

1 H-BC.

2 "Decommissioned Provos Thrown on Scrap Heap," *Sunday Tribune*, April 16, 2006.

3 "Decommissioned Provos Thrown on Scrap Heap," *Sunday Tribune*, April 16, 2006.

4 H-BC.

5 "Hughes No Longer Toes the Provo Line," *Sunday Tribune*, December 17, 2000.

6 마틴 갤빈과의 인터뷰.

7 H-BC.

8 같은 곳.

9 같은 곳.

10 아기 출생 통지 카드에 쓰인 이름은 핀튼 다니엘 슈거 레아이다(Papers of the Field Day Theatre Company, National Library of Ireland).

11 "'Game' Player," *Entertainment Weekly*, December 11, 1992.

12 1990년 5월 30일, 돌러스 프라이스가 콜레트 넬리스에게 보낸 편지(Papers of the Field Day Theatre Company, National Library of Ireland); 오스카 레아 출생 통지 카드(Papers of the Field Day Theatre Company, National Library of Ireland).

13 "Patriot Games," *People*, February 8, 1993.

14 "Seamus Heaney Loved Dirty Jokes? Tell Us Another One," *Irish Times*, February 23, 2017.

15 "Two Vehicles Carry an Irish Actor to America," *New York Times*, November 22, 1992.

16 "The Trying Game," *Times*(London), June 5, 1993.

17 전반적인 방송금지법과 관련해서는 다음을 참조하라. Ed Moloney, "Closing Down the Airwaves: The Story of the Broadcasting Ban," in *The Media and Northern Ireland: Covering the Troubles*, ed. Jim

Smith(London: Macmillan, 1991).

18 "Fury Over TV Dirty Trick," *Daily Mail*, April 10, 1990.

19 "Why I Spoke for Gerry Adams," *Independent*, November 4, 1993.

20 "How We Made The Crying Game," *Guardian*, February 21, 2017.

21 "Two Vehicles Carry an Irish Actor to America," *New York Times*, November 22, 1992.

22 "The Trying Game," *Times*(London), June 5, 1993.

23 "'Game' Player," *Entertainment Weekly*, December 11, 1992.

24 "Patriot Games," *People*, February 8, 1993.

25 캐리 트위미와의 인터뷰.

26 "Patriot Games," *People*, February 8, 1993.

27 같은 곳.

28 "A Man Who Laughs at His Demons," *Irish Times*, February 20, 1993.

29 Dolours Price, "Rummaging," *The Blanket*, July 9, 2004.

30 Padraic Pearse, "Why We Want Recruits," in *The Collected Works of Padraic H. Pearse: Political Writings and Speeches*(Dublin: Éire-Gael Society, 2013), p. 66.

31 같은 곳, p. 173.

32 McKearney, *The Provisional IRA*, p. 179.

33 같은 곳, p. 176.

34 "IRA Victims Campaign Stepped Up," *Irish Times*, June 27, 1995.

35 같은 곳.

36 1998년, 헬렌은 마흔 살 나이에 할머니가 되었다. "Family's Plea to IRA over Fate of Mother," *Guardian*, May 13, 1998.

37 "IRA Embarrassed by Family's 'Secret Burial' Campaign," *Guardian*, August 30, 1995.

38 마이클 맥콘빌과의 인터뷰.

39 "Woman Beaten As She Intervened in Loyalist Attack on Belfast Home," *The Irish Times*, June 19, 1995.

40 마이클 맥콘빌과의 인터뷰.

41 앤 맥콘빌 사망증명서. 1952년 11월 28일 출생, 1992년 9월 29일 사망.

42 "Jean McConville's Daughter: 'If I Give Up Fighting, They've Won,'"*Observer*, July 6, 2014.

43 "An IRA Death Squad Took Our Mother. There'll Be No Peace for Us until We Find Her Body," *Daily Express*, July 23, 1998.

44 "Secret Graves of the Missing Ones," *Sunday Tribune*, July 5, 1998.

45 같은 곳.

46 "IRA Victims Campaign Stepped Up," *Irish Times*, June 27, 1995.

47 "Secret Graves of the Missing Ones," *Sunday Tribune*, July 5, 1998.

48 "Five Men Quizzed on 'Disappeared,'" *Belfast Telegraph*, January 24, 1996.

49 "Secret Graves of the Missing Ones," *Sunday Tribune*, July 5, 1998.

50 "Kevin and the Pain That Has Never Disappeared," *Belfast Telegraph*, August 30, 2013.

51 "Grim Reunion for Family As Dig for Body Begins," *Telegraph*, May 31, 1999.

52 "Kin of Missing Appeal to IRA," *Boston Globe*, August 28, 1995.

53 "Clinton and Mandela Get Grief Symbol," *Belfast Telegraph*, June 26, 1995.

54 "The Disappeared: And That's Not in Latin America We're Discussing, It's Mainland Britain," *Daily Mail*, May 11, 1995.

55 "Ireland Calling: The Disappeared Reappear," *Irish Voice*, June 15, 1999.

56 "Families of Vanished Victims Open Campaign," *Belfast News Letter*, June 26, 1995.

57 "IRA Embarrassed by Family's 'Secret Burial' Campaign," *Guardian*, August 30, 1995.

58 같은 곳.

59 "Adams Called On to Pressurize IRA over Graves of 'Disappeared,'" *Irish Times*, August 16, 1995.

20장 __비밀 기록물

1 "U.S. Shifts, Grants Visa to President of IRA's Political Wing," *Washington Post*, January 31, 1994.

2 이 설명은 해당 영상에서 가져온 것이다.

3 Seamus Heaney, *The Cure at Troy: A Version of Sophocles' Philoctetes*(New York: Farrar, Straus & Giroux, 1991), p. 77.

4 "IRA Smash Ceasefire," *Guardian*, February 10, 1996.

5 "The Long Good Friday," *Observer*, April 11, 1998.

6 다음을 참조하라. George Mitchell, *Making Peace*(Los Angeles: University of California Press, 2000).

7 관측통은 소설가인 콜룸 맥캔이었다. "Ireland's Troubled Peace," *New York Times*, May 15, 2014.

8 "The Long Good Friday," *Observer*, April 11, 1998.

9 1999년 6월 10일, 빌 클린턴과 토니 블레어와의 전화 통화 기록(Clinton Digital Library).

10 영국 협상가 중 한 명인 조나단 파웰은 다음과 같이 지적했다. "IRA는 공식적으로 금지된 조직이기에 우리는 그런 조직의 지도자들과 대화해서는 안 되었다. 물론 우리는 우리가 대화하고 있던 사람들이 신페인당 지도자들로서 IRA 지도자들이기도 했다는 사실을 알고 있었다." Jonathan Powell, *Great Hatred, Little Room: Making Peace in Northern Ireland*(London: Vintage, 2009), p. 24.

11 "Hope and History Rhyme Once More," *An Phoblacht*, June 25, 1998.

12 폴 뷰와의 인터뷰. 참여자들이 사망하기 시작하기 전에 "분쟁"을 문서화한다는 개념은 폴 뷰의 생각이었던 것으로 보인다. 뷰가 에드 몰로니와 그 생각에 관해 상의했을 때 구술사를 엮겠다는 구체적인 개념을 제안한 사람은 몰로니였다. 에드 몰로니와의 인터뷰 및 에드 몰로니의 매사추세츠 선서진술서.

13 에드 몰로니와의 인터뷰.

14 "Journalist Wins Right to Keep Notes from Police," *Independent*, October 28, 1999.

15 에드 몰로니와의 인터뷰.

16 같은 곳.

17 "Secrets from Belfast," *Chronicle of Higher Education*, January 26, 2014.

18 폴 뷰와의 인터뷰.

19 안토니 맥킨타이어와의 인터뷰.

20 "Decommissioned Provos Thrown on Scrap Heap of History," *Sunday Tribune*, April 16, 2006.

21 안토니 맥킨타이어와의 인터뷰.

22 폴 뷰와의 인터뷰.

23 "Secrets from Belfast," *Chronicle of Higher Education*, January 26, 2014.

24 에드 몰로니와의 인터뷰.

25 윌슨 맥아서와의 인터뷰.

26 "Secrets from Belfast," *Chronicle of Higher Education*, January 26, 2014.

27 남아프리카공화국에는 진실-화해 과정에 관한 방대한 문헌이 있지만, 나는 특히 다음 책을 추천한다. Antjie Krog, *Country of My Skull: Guilt, Sorrow, and the Limits of Forgiveness in the New South Africa*(New York: Three Rivers Press, 2000).

28 "McGuinness Confirms IRA Role," BBC, May 2, 2001.

29 "Adams Warns Ministers IRA Has Not Gone Away," *Independent*, August 14, 1995.

30 "Secrets from Belfast," *Chronicle of Higher Education*, January 26, 2014.

31 에드 몰로니와의 인터뷰.

32 같은 곳.

33 Padraic Pearse, "Ghosts," in *The Collected Works of Padraic H. Pearse*, p. 123.

34 안토니 맥킨타이어와의 인터뷰.

35 McKearney, *The Provisional IRA*, p. 185.

36 Ian McBride, "The Truth About the Troubles," in *Remembering the Troubles: Contesting the Recent Past in Northern Ireland*, ed. Jim Smyth(Notre Dame, Ind.: University of Notre Dame Press, 2017), p. 11.

37 오닐의 선서진술서.

38 Robert K. O'Neill, ed., *Management of Library and Archival Security: From the Outside Looking In*(Binghamton, N.Y.: Haworth Press, 1998), p. 1.

39 안토니 맥킨타이어와의 인터뷰.

21장 _ 창턱에서

1 Roy, "Divis Flats," *Iowa Historical Review*, vol. 1, no. 1(2007).

2 "Wrecking Ball Brings Hope to Slum," Associated Press, October 31, 1993.

3 영국군은 "비무장화" 과정의 일환으로 2005년에 와서야 비우기 시작했다.

4 "Hughes No Longer Toes the Provo Line," *Sunday Tribune*, December 17, 2000.

5 "Decommissioned Provos Thrown on Scrap Heap of History," *Sunday Tribune*, April 16, 2006.

6 같은 곳.

7 같은 곳.

8 같은 곳.

9 "Hunger Striker Fights for Eyesight," *Irish Republican News*, October 20, 2006.

10 "Decommissioned Provos Thrown on Scrap Heap of History," *Sunday Tribune*, April 16, 2006.

11 안토니 맥킨타이어와의 인터뷰.

12 같은 곳.

13 H-BC.

14 안토니 맥킨타이어와의 인터뷰.

15 Brendan Hughes, "The Real Meaning of G.F.A.," *The Blanket*, October 8, 2000.

16 "Interview with Brendan Hughes," *Fourthwrite* no. 1, Spring 2000.

17 H-BC.

18 안토니 맥킨타이어와의 인터뷰.

19 "Hunger Striker Fights for Eyesight," *Irish Republican News*, October 20, 2006.

20 "Hughes No Longer Toes the Provo Line," *Sunday Tribune*, December 17, 2000.

21 안토니 맥킨타이어와의 인터뷰.

22 리처드 오라 및 안토니 맥킨타이어의 인터뷰.

23 Richard O'Rawe, *Blanketmen: The Untold Story of the H-Block Hunger Strike*(Dublin: New Island, 2005), pp. 176.80.

24 같은 곳, p. 181.

25 같은 곳, p. 184.

26 같은 곳, 서문.

27 O'Rawe, *Blanketmen*, p. 253.

28 리처드 오라와의 인터뷰.

29 같은 곳.

30 Ed Moloney, introduction to *Afterlives: The Hunger Strike and the Secret Offer That Changed Irish History*, by Richard O'Rawe(Dublin: Lilliput Press, 2010), p. xii.

31 리처드 오라와의 인터뷰. 오라의 주장과 단식투쟁에 연관된 다른 여러 인물들의 사실 주장 및 반론에 대한 철저하고 미묘한 논쟁은 다음을 참조하라. O'Doherty, *Gerry Adams*, chapter 14.

32 "Hughes No Longer Toes the Provo Line," *Sunday Tribune*, December 17, 2000; H- BC.

33 "Hunger Striker Fights for Eyesight," *Irish Republican News*, October 20, 2006.

34 캐리 트워미와의 인터뷰.

35 H-BC.

36 H-BC. 로스 박사에 관한 비극적인 이야기는 휴즈의 구술사를 바탕으로 한 에드 몰로니의 책에서 처음으로 공개적으로 알려졌지만(에드 몰로니, 『무덤의 목소리』, p. 242), 그 일화에 대한 그 외의 자세한 내용은 거의 알려지지 않았다. 나는 그의 아버지—또한 영국인 의사였는데—데이비드 니콜을 통해 로스 박사가—1986년에 국제적십자위원회와 함께 교도소를 방문한—에르난 레이에스와 함께 의과대학을 다녔고 단식투쟁에 관해 의료진과 이야기를 나눴다는 기본적인 사실을 확인할 수 있었다.

37 H-BC.

38 같은 곳. 그리고 안토니 맥킨타이어와의 인터뷰.

22장 __ 끄나풀

1 Liam O'Flaherty, *The Informer*(New York: Har-court, 1980), p. 22.

2 다음을 참조하라. Ron Dudai, "Informers and the Transition in Northern Ireland," *British Journal of Criminology*, vol. 52, no. 1(January 2012).

3 "Adams Offers 'Regret' As Digging Resumes," BBC, May 31, 1999.

4 Ed Moloney and Anthony McIntyre, "The Security Department: IRA Defensive Counterintelligence in a 30-Year War Against the British"(unpublished paper, April 2006).

5 달리 언급하지 않는 한, 트레버 캠벨과 관련된 자료는 캠벨과 나눈 두 번의 인터뷰에서 발췌한 것이다.

6 "Inside Cas tle reagh: 'We Got Confessions by Torture,'" *Guardian*, October 11, 2010.

7 "The Leader, His Driver, and the Driver's Handler: Chauffeur Revealed As MI5 Agent," *Guardian*, February 9, 2008.

8 제라드 호진스와의 인터뷰; "The Hunter and His Prey," *Spotlight*(BBC Northern Ireland, 2015).

9 "How, and Why, Did Scappaticci Survive the IRA's Wrath?" *Irish Times*, April 15, 2017.

10 Eamon Collins, *Killing Rage*(London: Granta, 1997), chapter 18.

11 "Double Blind," *The Atlantic*, April 2006.

12 H-BC.

13 "Accused IRA Man Denies Being Agent for Security Services," *Independent*, May 14, 2003.

14 "The Hunter and his Prey," *Spotlight*.

15 "A Path Paved with Blood: The Family of IRA Victim Frank Hegarty Insist That Martin McGuinness Lured Him to His Death," *Daily Mail*, September 25, 2011.

16 "McGuinness Denies Involvement in 1986 Killing," *Irish Times*, September 30, 2011.

17 원래 인터뷰는 BBC 「파노라마」 시리즈(1988)의 "기나긴 전쟁"에서 이루어졌다. 차후 아일랜드공화국의 기밀문서에서 해제되면서 맥기네스가 연루되었다는 의견에 신빙성을 더해 준다. 다음을 참조하라. "Martin McGuinness Set Up Meeting Where Suspected IRA Informer Frank Hegarty Was Killed, Bishop Claimed," *Irish News*, December 29, 2017.

18 트레버 캠벨과의 인터뷰.

19 안토니 맥킨타이어와의 인터뷰.

20 Moloney, *Secret History of the IRA*, pp. 113–15.

21 H-BC.

22 안토니 맥킨타이어와의 인터뷰.

23 "Cast in the Middle of the Long Conflict in Northern Ireland," *New York Times*, February 15, 1998.

24 레이먼드 머리 신부가 돌러스 프라이스의 추도사에서 한 말.

25 "Stephen Rea Breaks Up with Bomber," *Irish Independent*, July 13, 2003.

26 안토니 맥킨타이어와의 인터뷰; 프라이스의 여러 사진들.

27 타라 키넌-톰슨과의 인터뷰.

28 Dolours Price, "Don't Be Afraid, Do Not Be Fooled," *The Blanket*, January 16, 2007.

29 "Woman in the Technicolor Coat Became the Talk of Our Class," *Belfast Telegraph*, January 25, 2013.

30 Dolours Price, "Rummaging," *The Blanket*, July 9, 2004.

31 캐리 트위미와의 인터뷰.

32 프랜시 맥기건과의 인터뷰.

33 패트릭 패럴리와의 인터뷰.

34 "Woman in the Technicolor Coat Became the Talk of Our Class," *Belfast Telegraph*, January 25, 2013.

35 이몬 맥캔과의 인터뷰.

36 돌러스 프라이스의 RTÉ 라디오 인터뷰, 다큐멘터리 「나, 돌러스」에서 발췌.

37 다음을 참조하라. Jonathan Shay, *Achilles in Vietnam: Combat Trauma and the Undoing of Character*(New York: Scribner, 2003), p. 20; Robert Emmet Meagher, *Killing from the Inside Out: Moral Injury and Just War*(Eugene, Ore.: Cascade Books, 2014), pp. 3–5; Brett T. Litz et al., "Moral Injury and Moral Repair in War Veterans: A Preliminary Model and Intervention Strategy," *Clinical Psychology Review* 29(2009).

38 "Gerry Adams Was My Commander, Says IRA Bomber," *Telegraph*, March 16, 2001.

39 "Jilted Lady," *Times*(London), March 24, 1999.

40 "'Misled' SF Members Urged to Join Former Colleagues," *Irish Times*, November 10, 1997.

41 Dolours Price, "Bun Fights & Good Salaries," *The Blanket*, March 27, 2007.

42 에드 몰로니와의 인터뷰.

43 Dolours Price, "Money . . . Money . . . Money," *The Blanket*, January 17, 2005.

44 "Cast in the Middle of the Long Conflict in Northern Ireland," *New York Times*, February 15, 1998.

45 Dolours Price, "Get On with It," *The Blanket*, September 14, 2004.

46 Dolours Price, "UnHung Hero," *The Blanket*, August 3, 2004.

47 "Hunger Striker Bobby Sands Is Just a Money-Spinner for Sinn Féin," *Belfast Telegraph*, March 1, 2016.

48 P-TKT.

49 Dolours Price, "Bun Fights & Good Salaries," *The Blanket*, March 27, 2007.

50 Dolours Price, "I Once Knew a Boy," *The Blanket*, July 17, 2004.

51 P-TKT.

52 같은 곳.

53 안토니 맥킨타이어와의 인터뷰.

23장 __ 늪지의 여왕

1 제프 크누퍼와의 인터뷰.

2 "Fourth 'Moors Murders' Victim Found, Fifth Sought," United Press International, July 2, 1987.

3 제프 크누퍼와의 인터뷰.

4 "Speaking for the Dead," *Guardian*, June 14, 2003.

5 "Chile Sentences 33 for Pinochet's Disappeared," *Financial Times*, March 23, 2017.

6 "Children of Argentina's 'Disappeared' Reclaim Past, with Help," *New York Times*, October 11, 2015.

7 "희생자유해장소찾기독립위원회" 웹사이트에서 검색된 "실종자" 명단.

8 같은 곳.

9 "Police Recover Remains of 'Disappeared' IRA Victim," *Guardian*, May 28, 1999; "A Touch of Irony As IRA Delivers Victim's Remains," *Irish Independent*, May 29, 1999.

10 IRA에서 몰로이의 역할과 정보를 제공하는 기법에 관한 자세한 내용은 다음을 참조하라. Moloney, *Secret History of the IRA*, pp. 133–40.

11 달리 언급하지 않는 한, 이 일화에 대한 자세한 내용은 다음을 참조한 것이다. "A Prayer Before Dying: IRA Took Priest to Disappeared Victim before Murder," BBC News, November 3, 2013.

12 Moloney, *Secret History of the IRA*, p. 134.

13 "A Prayer Before Dying: IRA Took Priest to Disappeared Victim before Murder," BBC News, November 3, 2013. 이후에 신부는 성직을 떠났으며 10여 년 전에 사망했다.

14 Margaret McKinney, "The Disappearance of Brian McKinney," in *The Disappeared of Northern Ireland's Troubles*, p. 52; "Their Sons Were Best Friends. In 1978 They Were Disappeared by the IRA," *Belfast Telegraph*, February 4, 2017.

15 "Combing the Sands Where a Mother's Bones Are Said to Lie," *Independent*, June 2, 1999.

16 "Ireland Calling: Digging for the Disappeared," *Irish Voice*, June 15, 1999.

17 다큐멘터리 「실종」(조애나 헤드 감독, October Films, 1999).

18 익명의 제보자; "Woman Beaten As She Intervened in Loyalist Attack on Belfast House," *Irish Times*, June 19, 1995.

19 "Sons Recall 30 Years of Painful Memories," *Irish News*, October 24, 2003.

20 "Woman Says IRA Confirms Mur-der of Mother," *Irish Times*, December 5, 1998; "IRA Admits Killing Widow Who 'Disappeared' 26 Years Ago," *Guardian*, December 5, 1998.

21 "Ahern and Blair Join Talks, But Trimble, Adams Hold to Positions," *Irish Times*, March 30, 1999.

22 마이클, 수잔, 아치 맥콘빌과의 인터뷰.

23 "The Bitter Tears of Jean's Children," *Guardian*, December 7, 1999.

24 "Sons Recall 30 Years of Painful Memories," *Irish News*, October 24, 2003.

25 마이클 맥콘빌과의 인터뷰.

26 다큐멘터리 「실종」.

27 "Combing the Sands Where a Mother's Bones Are Said to Lie," *Independent*, June 2, 1999.

28 "Digging for the Disappeared," *Irish Voice*, June 15, 1999.

29 이 모든 대화는 다큐멘터리 「실종」에 나오는 것이다.

30 "Give Me My Mam," *Observer*, May 30, 1999. 마이클 맥콘빌 또한 한 인터뷰에서 이 대화에 대해 상세히 이야기했다.

31 다큐멘터리 「실종」.

32 "The Bitter Tears of Jean's Children," *Guardian*, December 7, 1999.

33 비밀보장 인터뷰.

34 "IRA Victims Campaign Stepped Up," *Irish Times*, June 27, 1995.

35 안토니 맥킨타이어와의 인터뷰. IRA는 누가 봐도 스토리임을 알 수 있도록 언급하면서 당시 "가장 고위급 간부" 중 한 명이 숨겨진 무덤을 찾기 위한 일을 하고 있다고 발표했다("'Disappeared' Phone Bid," *Belfast Telegraph*, September 7, 1998). 다음도 참조하라. "Police Forced to Free Ex-IRA Boss Bobby Storey after Learning of Immunity," *Sunday Life*, December 1, 2014.

36 에드 몰로니와의 인터뷰.

37 "Jean McConville's Daughter: 'If I Give Up Fighting, They've Won,'" *Observer*, July 6, 2014.

38 마이클 맥콘빌과의 인터뷰.

39 "Adams Is Accused of Justifying Deaths," *Irish News*, June 1, 1999.

40 Moloney, *Secret History of the IRA*, p. 125.

41 "Gerry Adams: Unrepentant Irishman," *Independent*, September 8, 2009.

42 H-BC.

43 "The Agony Goes On," *Belfast Telegraph*, May 31, 1999.

44 "IRA Panic Over Lost Bodies," *Guardian*, June 1, 1999.

45 『실종자』.

46 "Kevin and the Pain That Has Never Disappeared," *Belfast Telegraph*, August 30, 2013. 다음도 참조하라. McKee, "The Disappearance of Kevin McKee."

47 같은 곳.

48 익명의 제보자.

49 "The IRA and the Disappeared: Tell Us Where Kevin Is Buried and I'll Shake Hands," *Irish Times*, October 5, 2013.

50 같은 곳.

51 "The Dark Secrets of the Bog Bodies," *Minerva*, March /April 2015.

52 Seamus Heaney, *Preoccupations: Selected Prose, 1968–1978*(London: Faber, 1980), pp. 57–58.

53 같은 곳, pp. 57–58.

54 Seamus Heaney, "Bog Queen," in *North: Poems*(London: Faber, 1975), p. 25.

55 Anthony Bailey, *Acts of Union: Reports on Ireland 1973–1979*(New York: Random House, 1980), p. 128.

56 영국군도 사람들을 실종시키기는 마찬가지였다. 다음을 보라. Pádraig Óg Ó Ruairc, *Truce: Murder, Myth, and the Last Days of the Irish War of Independence*(Cork, Ireland: Mercier Press, 2016), pp. 80–81. 다음도 참조하라. Lauren Dempster, "The Republican Movement, 'Disappearing' and Framing the Past

in Northern Ireland," *International Journal of Transitional Justice*, vol. 10(2016).

57 다음 신문에 최근의 예가 하나 실려 있다. "Body Exhumed in Clare of British Soldier Killed and Secretly Buried in 1921," *Irish Examiner*, May 14, 2018.

58 "Combing the Sands Where a Mother's Bones Are Said to Lie," *Independent*, June 2, 1999.

59 다큐멘터리 「실종」.

60 같은 곳. 마이클 맥콘빌은 형제자매 중 누가 어머니를 가장 닮았느냐는 질문에 이렇게 대답했다. "정말로 대답할 수가 없어요. 말할 수가 없는 게, 솔직히 말해서, 내 어머니가 어떻게 생겼는지 잊어버렸거든요."

61 "Give Me My Mam," *Observer*, May 30, 1999.

62 마이클 맥콘빌과의 인터뷰.

24장 __뒤엉킨 거짓말들

1 "How Three Sharply Dressed Robbers Walked into Belfast's Intelligence Hub," *Guardian*, March 22, 2002.

2 트레버 캠벨과의 인터뷰.

3 "'New Era' As NI Police Change Name," BBC News, November 4, 2001.

4 "Who Stole the Secrets of Room 2/20?" *Observer*, March 23, 2002.

5 달리 언급하지 않는 한, 세부사항은 다음에서 발췌한 것이다. "How Three Sharply Dressed Robbers Walked into Belfast's Intelligence Hub," *Guardian*, March 22, 2002.

6 "Raid on Anti-Terror Hub Puts Informers at Risk," *Telegraph*, March 20, 2002.

7 "Who Stole the Secrets of Room 2/20?" *Observer*, March 23, 2002.

8 "Police Helped IRA Steal Special Branch Secrets," *Telegraph*, September 28, 2002.

9 "Analysis: Story Behind the Break-In," BBC News, April 19, 2002.

10 "Castlereagh Break-In Row: Chef 'Relieved but Angry,'" *Belfast Telegraph*, July 4, 2009.

11 "Castlereagh Break-In: The Same Old(Bobby) Storey?" *Irish Echo*, April 16, 2002.

12 "The British Spy at Heart of IRA," *Times*(London), August 8, 1999; "Focus: Scappaticci's Past Is Secret No More," *Times*(London), May 18, 2003.

13 "The British Spy at Heart of IRA," *Times*(London), August 8, 1999.

14 P-TKT.

15 다음을 보라. David C. Martin, *Wilderness of Mirrors: Intrigue, Deception, and the Secrets That Destroyed Two of the Cold War's Most Important Agents*(Guilford, Conn.: Lyons Press, 2003).

16 "The Hunter and His Prey," *Spotlight*.

17 Martin Ingram and Greg Harkin, *Stakeknife: Britain's Secret Agents in Ireland*(Madison: University of

Wisconsin Press, 2004), p. 33. 다음도 참조하라. "Anthony Braniff—IRA Statement," *An Phoblacht*, September 25, 1003.

18 H-BC.

19 같은 곳.

20 조 클라크 및 제리 브래니건과의 인터뷰.

21 "Informant 'Killed by IRA Despite Warning from British Spy,'" *Telegraph*, April 11, 2017; "Exposed: The Murky World of Spying During the Troubles," *Irish Times*, April 11, 2017.

22 H-BC.

23 "Half of All Top IRA Men 'Worked for Security Services,'" *Belfast Telegraph*, December 21, 2011.

24 "How Stakeknife Was Unmasked," *Guardian*, May 12, 2003.

25 "Freddie Scappaticci Was Our Most Valuable Spy in IRA During Troubles: British Army Chief," *Belfast Telegraph*, April 20, 2012.

26 "How Stakeknife Was Unmasked," *Guardian*, May 12, 2003.

27 "Wearing Short Sleeves and Tan, Scappaticci Steps from the Shadows to Say: I'm No Informer," *Independent*, May 15, 2003.

28 Ingram and Harkin, *Stakeknife*, p. 61.

29 같은 곳, p. 66.

30 이는 토미 맥커니의 다음 발언에서 가져왔다. "The Hunter and His Prey," *Spotlight*.

31 "Wearing Short Sleeves and Tan, Scappaticci Steps from the Shadows to Say: I'm No Informer," *Independent*, May 15, 2003.

32 "Double Blind," *The Atlantic*, April 2006.

33 "Adams Says 'Securocrats' Out to Create New Crisis," *Irish Times*, December 17, 2005.

34 "Donaldson Admits to Being British Agent Since 1980s," *Irish Times*, December 16, 2005.

35 "Dennis Donaldson: Squalid Living after a Life of Lies," *Sunday Tribune*, March 26, 2006.

36 "Dead Man Walking," *Times*(London), April 9, 2006.

37 "'Spy' Donaldson Living in Donegal," *Derry Journal*, March 21, 2006.

38 "Spy and Former SF Official Donaldson Shot Dead," *Irish Times*, April 4, 2006.

39 "Denis Donaldson Murder: The Unanswered Questions That Bedevil Gerry Adams," *Belfast Telegraph*, September 22, 2016.

40 "Double Blind," *The Atlantic*, April 2006.

41 "Exposed: The Murky World of Spying During the Troubles," *Irish Times*, April 11, 2017. 추측성 계산에 관한 전 공안부 장교의 빈틈없는 논리를 보라. ""분쟁" 기간 동안 공화파 불법 테러조직의 첩보원

들은 최소 16,500명의 목숨을 구했다. 한 전직 (공안부)부장은 믿을 수 있는 첩보원 15명이 어느 때고 IRA에서 활동했다고 평가한다(IRA 조직원 500명을 기준으로 했을 때 33:1 비율이다). 1년 단위로 보면 믿을 수 있는 1명의 첩보원이 연평균 37명의 목숨을 구했으므로 555명에 해당하고, 지난 30년 동안 구한 목숨은 16,650명에 달한다." William Matchett, *Secret Victory: The Intelligence War That Beat the IRA*(Belfast: self-published, 2016), pp. 100–101.

42 "Top Spy 'Stakeknife' Allegedly Linked to 50 Killings 'Unlikely to Ever Face Prosecution,'" *Irish Independent*, April 27, 2016.

43 1975년 8월, 콜린 월리스가 리즈번에 있는 군 정보부의 정보부장 토니 스토턴에게 쓴 편지이다. 2006년 12월 10일, 「아이리시 메일」 일요일판의 "Death Squad Dossier"에서 인용했다. 상당히 흥미로운 인물인 월리스에 대해 더 자세히 알고 싶다면 다음을 참조하라. *Interim Report on the Report of the Independent Commission of Inquiry into the Dublin and Monaghan Bombings*, Houses of the Oireachtas(Ireland), December 2003, and Paul Foot, *Who Framed Colin Wallace?*(London: Macmillan, 1989).

44 1975년 9월 30일, 콜린 월리스에게서 받은 편지. 2006년 12월 10일, 「아이리시 메일」 일요일판의 "Death Squad Dossier"에도 인용되어 있다.

45 다음을 참조하라. Anne Cadwallader, *Lethal Allies: British Collusion in Ireland*(Cork, Ireland: Mercier Press, 2013).

46 다큐멘터리 「파노라마」 시리즈 중, "Britain's Secret Terror Force".

47 레이먼드 화이트와의 인터뷰.

48 Ian Cobain, *The History Thieves: Secrets, Lies and the Shaping of a Modern Nation*(London: Portobello, 2016), p. 186.

49 Ingram and Harkin, *Stakeknife*, p. 25.

50 "'Nelson Files' Link Authorities to UDA Death Squads," *Irish Independent*, November 14, 2015.

51 내가 입수한 넬슨이 죽기 전에 쓴 미출간 자서전에 따르면, 군부는 아담스가 살해되는 것을 원치 않았다. 그의 영국인 관리자들은 그에게 아담스가 살해당하는 것은 "완전히 역효과"를 낳을 거라고 말했다. 1984년에도 이미 아담스는 공화주의 운동을 폭력으로부터 멀어지게 할 수 있는 사람으로 부상했기 때문이다. 넬슨은 군부가 아담스를 살해할 계획을 사전에 알고 있었고 진행을 허락했지만, 암살이 성공하는 것을 막으려고 탄약을 조작하기 전에는 허락하지 않았다고 주장한다. 2014년 북아일랜드의 경찰 옴부즈맨은 이러한 주장에 대해 조사하고 당국이 공격에 대해 사전에 알지 못했으며 총알은 조작되지 않았다고 밝혔다. 다음을 보라. "Public Statement by the Police Ombudsman Under Section 62 of the Police(Northern Ireland) Act 1998 Relating to the Complaints in Respect of the Attempted Murder of Mr. Gerry Adams on 14 March 1984," Police

Ombudsman for Northern Ireland(2014). 그러나 평소 명확한 근거를 갖고 기사를 써서 신뢰도가 높은 고故 리암 클라크 기자는 2011년에 쓴 기사에서 아담스를 쏘는 데 사용된 총알들을 군 정보부가 조작했다는 이야기를 실제로 "국방자문위원회로부터 확인했다"고 주장했다. 다음을 보라. "Half of All Top IRA Men 'Worked for Security Services,'" *Belfast Telegraph*, December 21, 2011.

52 Kevin Toolis, *Rebel Hearts: Journeys within the IRA's Soul*(New York: St. Martin's Press, 1995), pp. 84–85.

53 데 실바 보고서, p. 15.

54 Ingram and Harkin, *Stakeknife*, p. 197; Peter Cory, *Cory Collusion Inquiry Report: Patrick Finucane*(London: Stationery Office, 2004), pp. 53–54.

55 데 실바 보고서, p. 23.

56 "Pat Finucane's Widow Calls de Silva Report 'a Whitewash,'" *Guardian*, December 12, 2012.

57 "Was an IRA Informer So Valuable That Murder Was Committed to Protect Him?" *Guardian*, September 25, 2000.

58 노타란토니오는 청년 시절에는 분명 IRA에 연루되어 있었지만 더 이상은 아니었다. 다음을 보라. "Come Spy with Me," *Irish Times*, May 17, 2003.

59 "Innocent Victim of Ulster's Dirty War," *Guardian*, January 12, 2001.

60 Ingram and Harkin, *Stakeknife*, p. 218.

61 "Shadowy Group Linked to Collusion and Murder," *Times*(London), September 13, 2005.

62 "Stevens Enquiry 3: Overview & Recommendations," report by Sir John Stevens, April 17, 2003, p. 13; John Stevens, *Not for the Faint-Hearted: My Life Fighting Crime*(London: Orion, 2006), p. 185.

63 "Prime Minister David Cameron Statement on Patrick Finucane," December 12, 2012.

64 다음을 보라. 벨파스트협정 10항(1998) : "포로들". 1998년 북아일랜드에서 법률로 제정되었다.

65 다음을 보라. Kieran McEvoy, Louise Mallinder, Gordon Anthony, and Luke Moffett, "Dealing with the Past in Northern Ireland: Amnesties, Prosecutions and the Public Interest," paper(2013), p. 15.

66 2004년 4월 5일, 라우스주 검시관 법원, 진 맥콘빌 시신 사인 규명에 대한 존 갈런드의 증언 녹취록.

67 2003년 9월 1일, 병리의사 M. 캐시디의 진 맥콘빌 검시 보고서.

68 2003년 8월 28일, 병리의사 R. T. 셰퍼드의 진 맥콘빌 유해 추정 검시 보고서.

69 "Beach Body 'Is Mother Killed by IRA 30 Years Ago,'" *Telegraph*, August 28, 2003.

70 2003년 9월 1일, 검시.

71 2003년 8월 28일, 검시.

72 마이클 맥콘빌 및 아치 맥콘빌과의 인터뷰.

73 아치 맥콘빌 증언 녹취록.

74 "Waiting Comes to an End As Mother Is Laid to Rest," *Irish News*, November 3, 2003.

75 누얼러 올론과의 인터뷰.

76 "Daughter Demands Justice for IRA Victim," *Irish News*, April 7, 2004.

77 "Forensics May Trap McConville Killers," *Irish News*, February 24, 2004.

25장 __마지막 총

1 "IRA Destroys All Its Arms," *New York Times*, September 27, 2005.

2 "Insults Fly at Decommissioning Priest's Meeting," *Irish Examiner*, October 12, 2005.

3 이 무기들 목록은 다음 기사에서 가져온 것이다. "IRA Destroys All Its Arms," *New York Times*, September 27, 2005.

4 "Insults Fly at Decommissioning Priest's Meeting," *Irish Examiner*, October 12, 2005.

5 안토니 맥킨타이어 및 테리 휴즈와의 인터뷰.

6 테리 휴즈와의 인터뷰.

7 같은 곳.

8 토미 고먼과의 인터뷰.

9 테리 휴즈와의 인터뷰.

10 Dolours Price, "Gerry, Come Clean, You'll Feel Better," *The Blanket*, February 26, 2009.

11 아담스가 관에 다다르는 데는 고생을 좀 했다는 말이 널리 퍼졌다. 나는 안토니 맥킨타이어와 토미 고먼과 같은 목격자들을 통해 그 사실을 확인했다. 리암 클라크 기자는 이런 기사를 썼다. "아담스는 관을 든 모습을 사진 찍히려고 휴즈의 유산을 가로채고 싶어하는 진정파 IRA 지지자들을 밀치고 나아가야 했다. 마틴 맥기네스는 좀 겸연쩍어하는 모습이었다." "A Coffin Adams Had to Carry," *Times*(London), February 24, 2008.

12 Dolours Price, "Irish News Report of the Funeral of Brendan Hughes," *The Blanket*, February 24, 2008.

13 "Death of Brendan Hughes," *An Phoblacht*, February 21, 2008.

14 리처드 오라와의 인터뷰.

15 에드 몰로니와의 인터뷰.

16 리처드 오라와의 인터뷰.

17 O'Rawe, *Blanketmen*, p. 251.

18 "Former Comrades' War of Words over Hunger Strike," *Irish News*, March 11, 2005.

19 "British 'Had No Intention of Resolving the Hunger Strike," *Belfast Telegraph*, June 4, 2009.

20 리처드 오라와의 인터뷰. 두 번째 책의 제목은 『Afterlives』이다.

21 Dolours Price, "A Salute to Comrades," *The Blanket*, May 18, 2005.

22 "Brendan Hughes: O'Rawe Told Me His Concerns," *Irish News*, May 19, 2006.

23 리처드 오라와의 인터뷰.

24 "Former IRA Bomber Price Acquitted of Alcohol Theft," *Irish News*, August 24, 2010.

25 같은 곳. 외상 후 스트레스 장애 관련은 캐리 트위미와의 인터뷰에서 들은 이야기이다.

26 "Her Name Is Dolours, the IRA Bomber Who Married a Hollywood Star. Now She Has Become an Alcoholic," *Daily Mirror*, March 30, 2001.

27 "Murky Maghaberry," *Republican News*, January 31, 2006.

28 이몬 맥캔과의 인터뷰.

29 Gerry Bradley and Brian Feeney, *Insider: Gerry Bradley's Life in the IRA*(Dublin: O'Brien Press, 2009), p. 16.

30 같은 곳, p. 7.

31 "Death of 'Whitey' Bradley," *Irish Republican News*, October 28, 2010.

32 "IRA Chief Suicide Horror," *Daily Mirror*, October 28, 2010.

33 "Former IRA Man Gerry 'Whitey' Bradley Found Dead in Car," BBC News, October 28, 2010.

34 "IRA Gunman Turned Author Found Dead," UTV, October 28, 2010.

35 에드 몰로니, 『무덤의 목소리』, p. 1.

36 "Brendan Hughes Revelations—Book Tells IRA Secrets," *Irish News*, March 29, 2010.

37 페이버 앤 페이버 출판사 도록 2010년 1월~6월.

38 "Adams Linked to IRA Actions," *Irish Republican News*, March 29, 2010.

39 같은 곳.

40 "SF Deny Journalist in Danger," *Sunday World*, April 11, 2010. On Collins, see Toby Harnden, *Bandit Country: The IRA & South Armagh*(London: Hodder & Stoughton, 1999), pp. 446–47.

41 에드 몰로니가 필자에게 제공한 문서, "A Preliminary Note on Embargoes".

42 안토니 맥킨타이어가 톰 해치에게 보낸 이메일(2010년 6월 하순으로 날짜는 적혀 있지 않음). 작가 토비 한든에 따르면, 모리슨에 대해 이렇게 인식하는 사람은 맥킨타이어만이 아니었다. "모리슨은 정보원에 대한 생사여탈권을 쥐고 있는 사람이었기 때문에 IRA 내에서 "수석재판관"으로 알려져 있었다." Harnden, *Bandit Country*, p. 284.

43 윌슨 맥아서와의 인터뷰.

44 대학원생은 메건 마이어스였으며, 결국엔 다음 논문에서 기록물을 인용하게 되었다. *Moving Terrorists from the Streets to a Diamond-Shaped Table: The International History of the Northern Ireland Conflict, 1969–1999*(Department of History, Boston College, December 2011). 톰 해치가 에드 몰로니에게 2010년 6월 4일에 보낸 이메일.

45 에드 몰로니가 톰 해치에게 2010년 6월 4일에 보낸 이메일.

46 에드 몰로니가 톰 해치에게 2010년 6월 7일에 보낸 이메일.

47 톰 해치가 안토니 맥킨타이어에게 2010년 6월 21일에 보낸 이메일.

48 마리아 린스키의 라디오 인터뷰(*Marian Finucane Show*, RTÉ Radio, April 4, 2015).

49 "Gerry Adams Interview: No Parade Unless the Residents Support One," *Irish News*, February 11, 2010.

50 앨리슨 모리스와의 인터뷰.

51 Dolours Price, "An Open Letter to Gerry Adams," *The Blanket*, July 31, 2005.

52 같은 곳.

53 이몬 맥캔과의 인터뷰.

54 앨리슨 모리스와의 인터뷰.

55 같은 곳.

56 같은 곳.

57 "Death of Dolours Price," *Irish News*, January 25, 2013.

58 같은 곳.

59 앨리슨 모리스와의 인터뷰.

60 같은 곳.

61 2011년 10월 14일에 에드 몰로니에게 보낸 이메일에서 캐리 트위미는 마리안 프라이스가 했던 말을 그대로 전하고 있다.

62 앨리슨 모리스와의 인터뷰.

63 "Dolours Price's Trauma over IRA Disappeared," *Irish News*, February 18, 2010.

64 같은 곳.

65 앨리슨 모리스와의 인터뷰.

66 같은 곳; 데니스 고드프리와의 인터뷰.

67 "Gerry Adams and the Disappeared," *Sunday Life*, February 21, 2010.

68 같은 곳.

69 앨리슨 모리스와의 인터뷰; 키어런 반스가 필자에게 보낸 이메일.

70 "Dolours Price's Trauma over IRA Disappeared," *Irish News*, February 18, 2010.

71 "I Didn't Order Jean's Killing," *Sunday Life*, February 21, 2010.

72 "Gerry Adams: 'I'm Happy with Who I Am ... It's Very Important to Be a Subversive," *Guardian*, January 24, 2011.

73 같은 곳.

26장 __미스터리 무전기

1 누얼러 올론과의 인터뷰.

2 경찰 옴부즈맨 보고서.

3 같은 곳.

4 "McConville Family Relieved Their Mother's Name Is Finally Cleared," *Irish News*, July 8, 2006.

5 1972년 12월에 있었던 진 맥콘빌 부인의 납치 및 살인에 대한 IRA 성명서(2006년 7월 8일), CAIN 웹사이트를 통해 확인 가능.

6 『무덤의 목소리』 출간을 위해 누얼러 올론과 진행한 인터뷰 녹취록.

7 안토니 맥킨타이어와의 인터뷰.

8 트레버 캠벨과의 인터뷰.

9 조사원은 제임스 킨친-화이트였다. 노르웨이 회사가 만든 무전기는 스토노폰이라고 불리는 휴대용 송수신기였다. 제임스 킨친-화이트는 필자에게 이메일을 보내왔다. "피의 일요일 조사위원회" 보고서에 1972년 군에서 스토노폰 무전기(일명 "스토노스")를 사용했다고 언급한 기록이 있다는 것이었다. 다음을 보라. *Report of the Bloody Sunday Inquiry*, British House of Commons(2010), vol. IX, chapter 181.

10 1972년이라고 적힌 이 사진은 잉글랜드의 글로스터셔 군인박물관에 소장되어 있다.

11 마이클 맥콘빌과의 인터뷰.

12 경찰 옴부즈맨 보고서.

13 같은 곳.

14 마이클 맥콘빌과의 인터뷰; 맥켄드리, 『실종』, p. 17.

15 경찰 옴부즈맨 보고서.

16 생각해볼 만한 흥미로운 정황 증거가 하나 있다. 북아일랜드에서의 충돌 당시를 회상하며 스무 명의 사람들이 2011년에 출간한 회고록에서 이전에 디비스 플래츠에 거주했던 메리 케네디라는 사람은 어린 시절에 겪었던 기이할 정도로 유사한 사건을 떠올린다. "아파트 문밖에 부상당한 영국군이 한 명 있었다. 그는 총에 맞은 게 아니었다. 한 아이가 벽돌을 던져 옆통수에 맞은 것이었다. 엄마는 몸이 좋지 않아 침대에 누워 있었는데 캐롤이 아래층으로 내려가 엄마를 데려왔다. 엄마는 발코니에 있는 그를 따라 느릿느릿 걸어갔다. 그를 맞히려고 발코니에 몽둥이들이 나타나고 있었다. 엄마는 "우리 아이들 앞에선 그러지 마세요. 그럼 안 돼요"라고 하며 그를 현관으로 데리고 갔다. 엄마는 시끄럽게 외치는 소리를 들었다. 다음 날 아침 일어났을 때 문 바깥의 벽에 이런 문구들이 쓰여 있었다. "끄나풀. 영국군 정부. 끄나풀을 몰아내자." 엄마가 돌아오지 못할 거라고 상상했기 때문에 나는 엄마가 바깥에 나가는 것을 싫어하게 되었다는 점에서 그 모든 일은 내게 영향을 미쳤다. 엄마가 혼자 갈 수 있는 유일한 장소는 욕실뿐이었다. 심지어 가게에

가려 할 때조차도 "저랑 같이 가요"라고 했다. 엄마가 이제 더는 집에 없을까 봐 학교에 가고 집에 오는 것도 두려웠다." 이 별개의 이야기는 비록 메리 케네디의 어머니(어머니 이름 또한 메리 케네디였다)는 끌려가서 총살당하지는 않았을지라도 영국군을 위로해주었다는 인식과 관련된 사회적 제재가 어느 정도인지를 잘 포착하고 있다. Bill Rolston, *Children of the Revolution: The Lives of Sons and Daughters of Activists in Northern Ireland*(Derry, Ireland: Guildhall Press, 2011), pp. 139–40.

17 마이클 맥콘빌과의 인터뷰.

18 "Arrest Adams Now," *Sunday Life*, February 21, 2010.

19 보스턴 칼리지 소환장 송달 각하신청.

27장 __보스턴 칼리지 녹음테이프들

1 2011년 5월 16일, 전화회의.

2 같은 곳.

3 "N. Ireland Papers on Disarmament Archived at BC," *Boston Globe*, March 27, 2011.

4 2011년 5월 16일, 전화회의.

5 "Secret Archive of Ulster Troubles Faces Subpoena," *New York Times*, May 13, 2011.

6 "BC Ordered to Give Up Oral History Tapes on IRA," *Boston Globe*, May 14, 2011.

7 에드 몰로니와의 인터뷰.

8 2011년 5월 15일, 톰 해치가 에드 몰로니에게 보낸 이메일.

9 이 주제에 대해 도발적으로 탐구한 다음 기사를 참조하라. Eamonn McCann, "Norman Baxter's Long Crusade," *Counterpunch*, February 13, 2012. 몰로니는 2011년 1월에 북아일랜드경찰청 소속 형사들이 매길리건 교도소에 수감 중이던 짐 맥콘빌을 찾아가서는 보스턴 칼리지 인터뷰가 어머니의 사망 경위를 밝혀줄 것으로 믿는다는 내용의 고소장을 작성하라고 제안한 일에 주목했다. 그렇게 하면 경찰에게 기록물을 소환할 수 있는 권한을 주기 때문이라고 몰로니는 주장했다. 맥콘빌 가족이 어머니의 사망에 책임이 있는 자들을 상대로 민사소송을 제기하기 위해 기록물의 내용을 이용할 수 있을 거라는 북아일랜드경찰청의 제안을 에드 몰로니는 "뇌물"에 해당한다고 여겼다.(당시 맥콘빌 가족은 금전적으로 궁핍한 처지라 북아일랜드경찰청은 금전적 지원을 하겠다고 나섰다.) 에드 몰로니는 2015년 10월 6일에 북아일랜드 경찰 옴부즈맨에 민원을 넣었다. 다음을 보라. Ed Moloney, "Boston College Case: PSNI Detectives Offered 'Bribe' to McConville Family Member to Enable Invasion of Archive," *The Broken Elbow blog*, September 30, 2015.

10 "Mothers Angry at 'Betrayal' of RUC's Dead," *Guardian*, September 10, 1999.

11 2011년 5월 16일, 전화회의.

12 에드 몰로니와의 인터뷰.

13 2011년 5월 16일, 전화회의; 윌슨 맥아서와의 인터뷰.

14 2001년 1월 30일, 에드 몰로니가 봅 오닐에게 보낸 이메일.

15 2001년 1월 31일, 봅 오닐이 에드 몰로니에게 보낸 이메일.

16 에드 몰로니 및 안토니 맥킨타이어와의 인터뷰; "Secrets from Belfast," *Chronicle of Higher Education*, January 26, 2014. 오닐은 필자와의 인터뷰를 거부했다.

17 "BC Reflects on Missteps in Northern Ireland Project," *Boston Globe*, May 18, 2014.

18 에드 몰로니 및 안토니 맥킨타이어와의 인터뷰.

19 소환장 송달 각하신청에 대한 정부의 이의신청.

20 에드 몰로니와의 인터뷰.

21 2011년 5월 31일, 에드 몰로니가 톰 해치에게 보낸 이메일.

22 같은 곳.

23 안토니 맥킨타이어와의 인터뷰.

24 2011년 6월 2일, 에드 몰로니가 톰 해치에게 보낸 이메일.

25 2011년 6월 2일, 톰 해치가 에드 몰로니에게 보낸 이메일.

26 보스턴 칼리지의 소환장 송달 각하신청.

27 같은 곳.

28 몰로니의 매사추세츠주 지방법원 선서진술서.

29 이 사건을 둘러싼 윤리적·법적 문제에 대한 포괄적인 논의는 다음을 참조하라. Ted Palys and John Lowman, "Defending Research Confidentiality 'to the Extent the Law Allows': Lessons from the Boston College Subpoenas," *Journal of Academic Ethics*, vol. 10, no. 4(2012).

30 소환장 송달 각하신청에 대한 정부의 이의신청.

31 같은 곳.

32 2011년 7월 15일, 소환장 송달 각하신청에 대한 정부의 이의신청 및 정부의 강제처분 요청에 대한 이의신청 관련 보스턴 칼리지 이사회의 의견서(U.S. District Court of Massachusetts, M.B.D. no. 11-MC-91078).

33 2011년 8월 17일, 보스턴 칼리지 이사회의 새 소환장 송달 각하신청(U.S. District Court of Massachusetts, M.B.D. no. 11-MC-91078).

34 2012년 1월 23일, 존 케리가 힐러리 클린턴에게 보낸 문서.

35 "소건訴件에 관하여: 미합중국 정부와 영국 정부 간의 형사사법 공조 조약에 의거한 영국의 요청." Amicus Curiae Brief of American Civil Liberties Union of Massachusetts in Support of Appellants, February 27, 2012.

36 제임스 크로닌과의 인터뷰.

37 "Secrets from Belfast," *Chronicle of Higher Education*, January 26, 2014.

38 보스턴 칼리지 전·현직 역사학부 교수진과의 인터뷰.

39 같은 곳.

40 2011년 5월 15일, 토머스 해치가 에드 몰로니에게 보낸 이메일.

41 제임스 크로닌과의 인터뷰.

42 2014년 5월 5일, 보스턴 칼리지 역사학부 성명서. "벨파스트 프로젝트는 현재에도 또 과거에도 보스턴 칼리지 역사학부의 프로젝트가 아니다."

43 제임스 크로닌과의 인터뷰.

44 "소건訴件에 관하여: 돌러스 프라이스 사안과 관련, 미합중국 정부와 영국 정부 간의 형사사법 공조 조약에 의거한 영국의 요청." Opinion, First Circuit Court of Appeals, May 31, 2013.

45 2013년 4월 15일, "몰로니 v. 미국" 청원 기각, 미국 연방 대법원, 명령 고시: 569 U.S.

46 2011년 12월 20일, 제프리 스위프트가 안토니 맥킨타이어에게 보낸 이메일.

47 2011년 12월 20일, 안토니 맥킨타이어가 제프리 스위프트에게 보낸 이메일.

48 2011년 12월 22일, 윌리엄 영 판사 주재로 열린 연방사법회의 속기록.

49 같은 곳. 또한 다음을 보라. 2012년 1월 20일, 연방 지방법원, 매사추세츠 지방법원, 윌리엄 영 판사의 판결 및 명령.

50 2011년 12월 22일, 윌리엄 영 판사 심리에서 변호사의 메모.

51 "Adams Says Bombing Claims False," *Irish Times*, September 27, 2012.

52 몰로니의 벨파스트 선서진술서.

53 같은 곳.

54 안토니 맥킨타이어와의 인터뷰.

55 에드 몰로니와의 인터뷰.

56 에드 몰로니와의 인터뷰.

57 다큐멘터리 「나, 돌러스」에서 돌러스 프라이스의 인터뷰.

58 달리 언급하지 않는 한, 이 부분의 자료는 다큐멘터리 「나, 돌러스」 및 P-EM에서 가져온 것이다.

59 이런 기법이 벨파스트에서 IRA 용의자를 식별하는 데 사용되었다고 알려진 다른 사례도 여럿 있었다. 2000년, 한 인터뷰에서 전 IRA 의용군이었던 토미 고먼은 1971년 12월에 체포되어 있던 당시에 대해 소상히 전했다. "지하실에는 눈만 빼꼼히 내다볼 수 있게 구멍이 뚫린 담요들이 있었고, 우리는 그 담요 뒤에서 "네, 저 사람 맞아요"라고 하는 목소리들을 들었어요." "Tommy Gorman: Recalling the Maidstone," *Andersonstown News*, September 9, 2000.

60 P-EM.

61 "Old Bailey Bomber Dolours Price Accused Gerry Adams of Being Behind the Abductions of 'The

Disappeared," *Telegraph*, May 2, 2014.

62 몰로니는 프라이스가 일부러 빗맞혔다는 얘기를 자신에게 말했는지 여부에 대해 내게 말하지 않았으며, 이 인터뷰 맥락에서 그녀가 그렇게 말했는지 불분명한 식으로 대화의 녹취록을 편집했다. 하지만 프라이스는 발포 당시의 상황에 관해 안토니 맥킨타이어에게도 비밀을 털어놓았으며, 의도적으로 빗맞혔다고 말했다.

63 P-EM.

64 "Row over Interviewee Identities," UTV News, July 28, 2013.

65 에드 몰로니와의 인터뷰.

28장 __과실사

1 "Antrim Soldier Shooting: Dead Soldiers Just Minutes from Leaving for Afghanistan," *Telegraph*, March 9, 2009.

2 같은 곳.

3 "Army Attack 'Brutal and Cowardly,'" BBC News, March 9, 2009.

4 "Chilling Video at Trial Opening," *Irish Echo*, November 9, 2011.

5 "Terrorists Murder Ulster Policeman," *Scotsman*, March 10, 2009.

6 "Tributes Paid to Murdered Northern Ireland Soldiers," *Guardian*, March 9, 2009.

7 "Shootings Were Attempt at Mass Murder, Says PSNI," BBC News, March 8, 2009.

8 "Real IRA Claims Responsibility for Antrim Barracks Murder," *Telegraph*, March 8, 2009.

9 "Antrim Soldier Shooting: Dead Soldiers Just Minutes from Leaving for Afghanistan," *Telegraph*, March 9, 2009.

10 "Old Bailey Bomber Held over Murder of Soldiers," *Independent*, November 18, 2009.

11 당국은 얼굴을 포함한 CCTV 화면을 공개했다. 다음을 참조하라. "Marian Price Sentenced for Massereene Attack Phone Link," *Irish Times*, January 7, 2014.

12 "Old Bailey Bomber 'Bought Phone Real IRA Used to Claim Murder of Soldiers,'" *Guardian*, November 19, 2013.

13 "Republicans' Defiant Dame Warns of War," *Observer*, February 4, 2001.

14 "Old Bailey Bomber Marian Price on New Charge," *Guardian*, July 22, 2011.

15 "Old Bailey Bomber Charged over Dissident Threats to Police," *Irish Times*, May 16, 2011.

16 "Marian Price and the Lost Document," *Irish Times*, February 18, 2012.

17 "Republican Marian Price Reveals Horror of Seven Months' Solitary Confinement in Prison," *Sunday World*, December 18, 2011.

18 "Jailed Republican Price in Legal Limbo Despite Her Illness," *Irish Times*, July 21, 2012.

19 같은 곳.

20 "Irish Eyes Are Smiling: Show of Respect Turns Queen into Runaway Favourite," *Guardian*, May 19, 2011.

21 P-EM.

22 "Major Terror Alert As Queen Visits Ireland," *Daily Express*, May 17, 2011.

23 "'Historic Handshake' for Queen and Ex-IRA Leader Martin McGuinness," *Independent*, June 26, 2012.

24 "Paisley and McGuinness Mark New Era," *Guardian*, May 8, 2007.

25 "Republican Marian Price Reveals Horror of Seven Months' Solitary Confinement in Prison," *Sunday World*, December 18, 2011.

26 "Republicans' Defiant Dame Warns of War," *Observer*, February 4, 2001.

27 이몬 맥캔과의 인터뷰.

28 "Marian Price Sentenced for Massereene Attack Phone Link," *Irish Times*, January 7, 2014.

29 이몬 맥캔과의 인터뷰; "Republican Marian Price Reveals Horror of Seven Months' Solitary Confinement in Prison," *Sunday World*, December 18, 2011.

30 "Corporals' Killer Arrested over McConville Murder," *Irish News*, April 3, 2014; "MLA's Sister Released in McConville Investigation," *Irish News*, April 11, 2014; "Sinn Féin Candidate Quizzed About Jean McConville Murder," *Irish News*, April 19, 2014.

31 "Republican Charged in Connection with 1972 McConville Murder," *Irish News*, March 22, 2014.

32 "The Jean McConville Killing: I'm Completely Innocent. But What Are My Accusers' Motives?" *Guardian*, May 7, 2014.

33 같은 곳.

34 "IRA Bomber Says Gerry Adams Sanctioned Mainland Bombing Campaign," *Telegraph*, September 23, 2012.

35 "Disillusioned Republicans Breached IRA's Code of Secrecy," *Irish Times*, November 7, 2013.

36 "IRA Bomber Says Gerry Adams Sanctioned Mainland Bombing Campaign," *Telegraph*, September 23, 2012.

37 "Gerry Adams Interview: No Parade Unless the Residents Support One," *Irish News*, February 11, 2010.

38 『실종자』에서 발췌한 것이다.

39 같은 곳.

40 "Adams' Brother Sought over Alleged Abuse," RTÉ News, December 19, 2009.

41 같은 곳.

42 "Adams Said RUC Should Not Be Used over Abuse," *Irish Times*, December 22, 2009.

43 "Adams' Paedophile Brother Was Youth Worker in Dundalk," *Sunday Tribune*, December 20, 2009.

44 "Adams Is a Liability with Much to Explain," *Times*(London), December 27, 2009.

45 "Gerry Adams Reveals Family's Abuse by Father," *Guardian*, December 20, 2009.

46 "Gerry Adams' Niece Reveals: 'The Beard Tried to Get Me to Gag Press over Abuse,'" *Belfast Telegraph*, October 7, 2013.

47 "Adams Is a Liability with Much to Explain," *Times*(London), December 27, 2009.

48 익명의 관계자 인터뷰.

49 P-EM.

50 "The Jean McCon ville Killing: I'm Completely Innocent. But What Are My Accusers' Motives?" *Guardian*, May 7, 2014.

51 Adams, *Before the Dawn*, p. 191.

52 "Adams' Family Values Strip Him of All Moral Authority," *Sunday Tribune*, December 27, 2009.

53 "Gerry Adams Arrested: Martin McGuinness Speaks at Falls Road Rally Demanding Sinn Féin Leader's Release," *Belfast Telegraph*, May 3, 2014.

54 2014년 5월 3일, 「포블라흐트」 뉴스 중 집회 자료화면.

55 2014년 5월 3일, 「스카이 뉴스」 뉴스 중 집회 자료화면. On his being the enforcer: "IRA Calls in Peace 'Fixer,'" *Times*(London), January 8, 1995.

56 "'Big Bobby': Arrests, Interrogations, Imprisonment, and Struggle—the 'Storey' of His Life," *An Phoblacht*, December 18, 2008.

57 "'Key Spymaster'a Crucial Adams Ally," *Irish News*, November 1, 2007; "We Will Defend the Integrity of the Republican Struggle: Interview with Bobby Storey," *Hot Press*, June 12, 2009. 캐슬레이 경찰 청사 침입 사건 이후 스토리의 자택은 습격당했다. 다음을 보라. "Bobby Storey: 'Enforcer' Is Key Ally of Gerry Adams," *The Belfast Telegraph*, May 6, 2014.

58 "We Will Defend the Integrity of the Republican Struggle: Interview with Bobby Storey," *Hot Press*, June 12, 2009; "Bobby Storey: 'Enforcer' Is Key Ally of Gerry Adams," *Belfast Telegraph*, May 6, 2014.

59 "10 Facts About the IRA's £26.5m raid on Northern Bank," *Belfast Telegraph*, Decem-ber 19, 2014.

60 Dolours Price, "Money . . . Money . . . Money," *The Blanket*, January 17, 2005.

61 스토리의 이런 성격을 생생하게 묘사한 다음 책을 참고하라. Malachi O'Doherty, *The Trouble with Guns: Republican Strategy and the Provisional IRA*(Belfast: Blackstaff Press, 1998), pp. 1–3.

62 2014년 5월 3일, BBC 뉴스 중 집회 자료화면.

63 같은 곳.

64 "Sinn Féin Hints at Possible Renewal of IRA Violence," Associated Press, August 14, 1995.

65 2013년 10월 21일, 피터 몽고메리 경위가 조 멀홀랜드 법무법인의 변호사들에게 의뢰.

66 마이클 맥콘빌과의 인터뷰.

67 안토니 맥킨타이어와의 인터뷰.

68 리처드 오라와의 인터뷰.

69 안토니 맥킨타이어와의 인터뷰, 리처드 오라와의 인터뷰.

70 "The Boston Time Bomb," *Sunday Life*, May 11–13, 2014.

71 안토니 맥킨타이어 및 캐리 트워미와의 인터뷰; "Ex-Provo's Life Is at Risk Over IRA Tapes Row, Court to Be Told," *Belfast Telegraph*, July 5, 2012.

72 "The Jean McConville Killing: I'm Completely Innocent. But What Are My Accusers' Motives?" *Guardian*, May 7, 2014.

73 "Boston College Says It Will Return Interviews about the North," *Irish Times*, May 7, 2014.

74 "Gerry Adams Freed in Jean McConville Murder Inquiry," BBC News, May 4, 2014.

75 같은 곳.

76 "Jailed Republican Price in Legal Limbo Despite Her Illness," *Irish Times*, July 21, 2012.

77 "Dolours Price-Rea Died from Prescription Drugs Mix," *Irish Times*, April 15, 2014.

78 같은 곳.

79 같은 곳.

80 프라이스가 61세로 사망했다고 주장하는 여러 부고기사들은 틀린 생년월일을 기준으로 하고 있다. 그녀는 1950년 12월 16일에 태어났다.

81 "IRA Leaders at Price Funeral," *Irish Press*, February 19, 1975.

82 "Marian Price Released to Attend Sister's Wake," *Irish Times*, January 28, 2013. 정말 아이러니하게도 변호인단은 마리안의 석방을 모색하는 과정에서 사랑하는 사람의 죽음을 제대로 슬퍼할 기회를 거부당했을 때 생길 수 있는 정서적 외상에 관해 증언하기 위해 의사를 소환했다. 다라 맥킨과의 인터뷰.

83 "Old Bailey Bomber Dolours Price Buried in Belfast," *Irish Times*, January 29, 2013.

84 Angela Nelson, "L'Addio a Dolours Price," *The Five Demands* blog, January 29, 2013.

85 "Dolours Price-Rea Died from Prescription Drugs Mix," *Irish Times*, April 15, 2014.

86 Angela Nelson, "L'Addio a Dolours Price," *The Five Demands* blog, January 29, 2013.

87 "Crying Pain for Stephen; Actor's Farewell to Dolours," *Daily Mirror*, January 29, 2013.

88 "Old Bailey Bomber Price Buried," *Belfast Telegraph*, January 29, 2013.

89 "Crying Pain for Stephen; Actor's Farewell to Dolours," *Daily Mirror*, January 29, 2013.

90 "Dolours Price-Rea Died from Prescription Drugs Mix," *Irish Times*, April 15, 2014.

91 캐리 트워미와의 인터뷰.

92 "Dolours Price-Rea Died from Prescription Drugs Mix," *Irish Times*, April 15, 2014.

93 "Crying Pain for Stephen; Actor's Farewell to Dolours," *Daily Mirror*, January 29, 2013; "Hundreds of Mourners Crowd Church As Actor Stephen Rea and Sons Carry Coffin of Dolours Price," *Irish Independent*, January 28, 2013.

29장 __ 다 지나간 일

1 북아일랜드 담당장관이 위임한 평가서 "북아일랜드의 무장세력 단체들"(2015년 10월 19일).

2 "Gerry Adams Rejects Reports on IRA Existence," *Irish Examiner*, October 22, 2015.

3 "Gerry Moriarty: Robinson Gambles That Adams and McGuinness Can Finally Make the IRA Go Away," *Irish Times*, October 21, 2015.

4 *Segregated Lives: Social Division, Sectarianism and Everyday Life in Northern Ireland*, Institute for Conflict Research, 2008; "Liam Neeson in Call for More Integrated Schools," BBC News, February 8, 2017.

5 리처드 하스와의 인터뷰.

6 "Flag Protesters Storm Belfast City Hall," *Irish Examiner*, December 3, 2012; "Union Flag Dispute: Riot Breaks Out in East Belfast," BBC News, January 15, 2013.

7 "Ivor Bell to Be Prosecuted over Jean McConville Murder," *Irish Times*, June 4, 2015.

8 "Ivor Bell Remanded over Jean McConville Murder," RTÉ, March 24, 2014.

9 Moloney, *Secret History of the IRA*, p. 242.

10 같은 곳, p. 14.

11 같은 곳, pp. 242–43.

12 같은 곳, pp. 244–45.

13 H-BC.

14 "Forms to Identify Interview Tapes 'Lost,'" *Irish News*, May 8, 2014.

15 "Ex-IRA Chief Granted Extended Bail from Jean McConville Trial," *Guardian*, October 14, 2016.

16 "Voice Analyst Enlisted in Jean McConville Murder Case," *Irish Times*, October 30, 2014.

17 "Bell Lawyer Claims Boston Tapes Are Unreliable and Inaccurate," *Irish News*, June 7, 2014.

18 같은 곳.

19 "Forms to Identify Interview Tapes 'Lost,'" *Irish News*, May 8, 2014.

20 "Ivor Bell to Be Prosecuted over Jean McConville Murder," *Irish Times*, June 4, 2015.

21 "Voice Analyst Enlisted in Jean McConville Murder Case," *Irish Times*, October 30, 2014.

22 이는 단연코 불완전한 과학이다. 다음을 참조하라. "Voice Analysis Should Be Used with Caution in Court," *Scientific American*, January 25, 2017.

23 "Jean McConville Murder: Veteran Republican Ivor Bell to Stand Trial," *Belfast Telegraph*, July 7, 2016.

24 "Ivor Bell Remanded over Jean McConville Murder," RTÉ, March 24, 2014.

25 같은 곳.

26 "Revolutionary Appointment Reflects 'Transformation' in Northern Society," *Irish Times*, December 3, 2011.

27 "Profile: Drew Harris of the PSNI," *Belfast Telegraph*, September 20, 2014. 2018년 6월, 해리스는 아일랜드공화국 경찰청의 청장으로 임명되었다.

28 "Adams Won't Be Charged over Jean McConville Murder," *Irish News*, July 10, 2015.

29 "McConville Accused Calls in Voice Analyst," *Irish News*, October 31, 2014.

30 마크 해밀턴과의 인터뷰: "Figures Dismiss Army 'Witch Hunt' Allegations," *Irish News*, January 27, 2017.

31 마크 해밀턴과의 인터뷰.

32 "'No Stone to Be Left Unturned' in Stakeknife Probe," RTÉ, June 11, 2016.

33 "Top Spy 'Stakeknife' Allegedly Linked to 50 Killings 'Unlikely to Ever Face Prosecution,'" *Irish Independent*, April 27, 2016.

34 "'IRA Informer' Fred Scappaticci Arrested over Dozens of Murders," *Independent*, January 30, 2018.

35 "Man Believed to Have Been IRA Double Agent 'Stakeknife' Released on Bail," *Guardian*, February 2, 2018.

36 "How, and Why, Did Scappaticci Survive the IRA's Wrath?" *Irish Times*, April 15, 2017.

37 헨리 맥도널드와의 인터뷰.

38 "Freddie Scappaticci's Father Laid to Rest in Belfast," *Irish News*, April 13, 2017.

39 케빈 윈터스와의 인터뷰.

40 "Stakeknife: Alleged One-Time Top British Agent Inside IRA Facing At Least 9 Separate Lawsuits," *Belfast Telegraph*, December 13, 2016.

41 "Soldiers Who Shot 13 Dead 'Not Thugs,'" *Guardian*, September 24, 2002.

42 "Lady Elizabeth Kitson OBE of Yelverton Writes a Book About Her Famous Show Pony Legend," *Tavistock Times Gazette*, August 22, 2016.

43 "Widow Seeks Damages Relating to Claims against British General Frank Kitson," *Irish Times*, April 30, 2015.

44 "메리 히넌 v. 북아일랜드경찰청장 및 국방부 장관 및 프랭크 에드워드 킷슨 경", 원고의 최초의

진술, 북아일랜드 고등법원, 여왕좌 법원((여왕 통치하의 영국 고등법원을 말함-옮긴이), 2015년).

45 "Widow Seeks Damages Relating to Claims against British General Frank Kitson," *Irish Times*, April 30, 2015.

46 "메리 히넌 v. 북아일랜드경찰청장 및 국방부 장관 및 프랭크 에드워드 킷슨 경", 피고의 세 번째 변론, 북아일랜드 고등법원, 여왕좌 법원(2017년 12월 24일).

47 "Army General Sued over 1973 Loyalist Murder," *Telegraph*, April 27, 2015.

48 "Northern Ireland Troubles Army Veterans Slam 'Witch Hunt,'" *Belfast Telegraph*, December 12, 2017.

49 "Cases against Terrorist Suspects Far Outweigh Ones Involving Ex-Army and Police, PPS Insists," *Belfast Telegraph*, January 31, 2017.

50 다음을 보라. Susan McKay, *Bear in Mind These Dead*(London: Faber, 2008), part II, chapter 3.

51 Bill Rolston, *Unfinished Business: State Killings and the Quest for Truth*(Belfast: Beyond the Pale, 2000), p. xi.

52 다음에서 인용. Alain Finkielkraut, *In the Name of Humanity: Reflections on the Twentieth Century*(New York: Columbia University Press, 2000), pp. 5–6.

53 "Boston College Tapes Request 'Politically Motivated,'" BBC News, August 25, 2011.

54 "Winston 'Winkie' Rea to Be Charged over 1991 Murder of Two Catholic Workmen," *Belfast Telegraph*, November 28, 2016.

55 "Loyalist Winston Rea Denies Conspiracy to Murder Catholic Men and Paramilitary Activity," *Irish News*, October 24, 2017.

56 "Ulster Loyalist's Murder Case 'a Cynical Attempt to Protect Police,'" *Guardian*, June 6, 2016.

57 2015년 2월 27일, 팟캐스트 "Off the Record"에서 안토니 맥킨타이어의 인터뷰.

58 2015년 2월 9일, 북아일랜드경찰청 피터 몽고메리 경위가 공공기소국에 보낸 문서.

59 같은 곳.

60 2016년 4월 23일, 제프리 스위프트가 안토니 맥킨타이어에게 보낸 이메일.

61 2015년 2월 9일, 북아일랜드경찰청 피터 몽고메리 경위가 공공기소국에 보낸 문서.

62 안토니 맥킨타이어와의 인터뷰.

63 2016년 8월, 안토니 맥킨타이어가 신청한 사법심사, 안토니 맥킨타이어의 네 번째 선서진술서, 북아일랜드 고등법원, 여왕좌 법원.

64 라디오 다큐멘터리 「외줄타기」, 키어런 캐시디 제작(RTÉ Radio, 2014); "Peter Wilson: 'Disappeared' by the IRA, Found at the Beach His Family Treasured," *Belfast Telegraph*, November 3, 2010.

65 제프 크누퍼 및 데니스 고드프리와의 인터뷰.

66 "Forms to Identify Interview Tapes 'Lost,'" *Irish News*, May 8, 2014.

67 "'Preliminary Work' Begins to Recover Remains of Joe Lynskey," *Irish News*, November 7, 2014.

68 "Disappeared Victim's Family 'Hopeful' As Dog Aids Search," *Irish News*, December 2, 2014.

69 제프 크누퍼와의 인터뷰.

70 "Emotional Scenes As Families of Two IRA 'Disappeared' Visit Site," *Irish Independent*, June 26, 2015.

71 제프 크누퍼와의 인터뷰.

72 같은 곳; "Courage and Resilience of Family Praised As Disappeared Man Finally Gets Proper Burial," *Irish News*, September 16, 2015.

73 David Ireland, *Cyprus Avenue*(London: Bloomsbury, 2016), p. 16.

74 같은 곳, p. 16.

75 같은 곳, p. 43.

76 HIAI 속기록.

77 "Billy McConville Brought His Family Back Together, Mourners Told," *Irish News*, July 26, 2017.

78 "Son of Murdered Jean McConville Brought His Family Back Together, Funeral Told," *Irish Examiner*, July 26, 2017.

79 "Billy McConville Brought His Family Back Together, Mourners Told," *Irish News*, July 26, 2017.

80 "Republican Charged over Jean McConville Murder 'Has Dementia,'" *Irish Times*, December 5, 2006.

81 같은 곳.

82 맥큐앤파트너스 법률회사의 매튜 주리 변호사가 필자에게 보낸 이메일; "McConville Daughter to Seek Civil Case," *Irish News*, October 1, 2015.

83 "Jean McConville's Family Will 'Fight to the Bitter End for Justice,'" *Independent*, May 4, 2014.

30장 __무명인

1 조 클라크와의 인터뷰.

2 그 친구의 이름은 애덤 골드만으로 현재 「뉴욕타임스」 기자로 있다.

3 부고기사에 따르면 맥클루어는 "잠시 병을 앓은" 후 사망했다. 향년 46세였다. "Patrick F. McClure, Obituary," *Record-Journal*(Meriden, Conn.), December 5, 1986.

4 같은 곳.

5 "Patrick F. McClure—Obituary," *Observer*(Southington, Conn.), December 11, 1986.

6 이 주장에 대한 답변을 구하고자 제리 아담스의 두 대리인에게 연락했지만 둘 다 확인도 부인도 해 주지 않았다.

7 P-EM.

8 리처드 맥컬리가 필자에게 보낸 이메일.

9 익명의 제보자.

10 내가 이메일과 우편으로 여러 차례 편지를 보낸 변호사는 아이버 벨을 대변하기도 했던 KRW 법률회사의 피터 코리건이었다.

11 "Gerry Adams: 'I Won't Be a Puppet Master,'" *Belfast Telegraph*, January 4, 2018.

12 "Gerry Adams: 'Martin McGuinness Was Not a Terrorist,'" BBC News, March 23, 2017.

13 "Adams 'Relaxed' over Poll Doubting His Denial of IRA Membership," *Irish Times*, May 20, 2014. 많은 유권자들은 아담스가 진 맥콘빌의 실종에서도 중요한 역할을 했다고 믿었다. 다음을 보라. "Half of Voters Believe Adams Was Involved in McConville Murder," *Irish Independent*, May 17, 2014.

14 2016년, 아담스는 소책자를 출간했다. *My Little Book of Tweets*(Cork, Ireland: Mercier Press, 2016).

15 "Gerry Adams Tweets: Ducks, Teddy Bears and a Dog Called Snowie," BBC News, February 14, 2014.

16 Damien Owens(@Owens Damien), "Gerry Adams tries too hard to be cute and whimsical on Twitter. It's like Charles Manson showing you his collection of tea cosies," Twitter, January 2, 2014, 1:11 p.m.

17 O'Doherty, *Gerry Adams*, p. 68.

18 Alvin Jackson, *Home Rule: An Irish History, 1800–2000*(New York: Oxford University Press, 2003), p. 287.

19 H-BC.

20 "'Catholic Majority Possible' in NI by 2021," BBC News, April 19, 2018.

21 "Survey Deals Blow to Sinn Féin Hopes of United Ireland," *Guardian*, June 17, 2011.

22 "The Survivor," *Guardian*, April 30, 2001.

23 브렉시트 시대의 국경에 대해 고찰해보고자 한다면 다음을 참조하라. 맥케이, "일기", 「런던 리뷰 오브 북스」, 2017년 3월 30일.

24 "Gerry Adams Takes Parting Shot at UK—Brexit Has BOOSTED United Ireland Campaign," *Daily Express*, February 9, 2018.

25 "Gerry Adams Tells Irish America of Party's Aim for a Unity Referendum Within Five Years," *Irish News*, November 10, 2017.

26 Gerry Adams(as Brownie), "I Am an IRA Volunteer," *Republican News*, May 1, 1976.

27 "I Don't Have Any Blood on My Hands," *Sunday Life*, February 21, 2010.

28 마이클 맥콘빌과의 인터뷰.

29 Andrew Blechman, *Pigeons: The Fascinating Saga of the World's Most Revered and Reviled Bird*(New York: Grove Press, 2006), p. 11.

30 Kevin C. Kearns, *Dublin Street Life & Lore: An Oral History*(Dublin/Glendale, N.Y.: Glendale, 1991), pp. 195–98.

참고문헌

Adams, Gerry. *Before the Dawn: An Autobiography*. Dingle, Ireland: Brandon, 2001.

.... *Cage Eleven*. New York: Sheridan Square Press, 1993.

.... *Falls Memories: A Belfast Life*. Niwot, Colo.: Roberts Rinehart, 1994.

.... *A Farther Shore: Ireland's Long Road to Peace*. New York: Random House, 2005.

Alexander, Yonah, and Alan O'Day, eds. *The Irish Terrorism Experience*. Brookfield, Vt.: Dartmouth, 1991.

Bailey, Anthony. *Acts of Union: Reports on Ireland, 1973–1979*. New York: Random House, 1980.

Bell, J. Boyer. *The Secret Army: The IRA*. New Brunswick, N.J.: Transaction, 1997.

Beresford, David. *Ten Men Dead: The Story of the 1981 Irish Hunger Strike*. New York: Atlantic Monthly Press, 1987.

Bishop, Patrick, and Eamonn Mallie. *The Provisional IRA*. London: Heinemann, 1987.

Blechman, Andrew. *Pigeons: The Fascinating Saga of the World's Most Revered and Reviled Bird*. New York: Grove Press, 2006.

Bloom, Mia. *Bombshell: Women and Terrorism*. Philadelphia: University of Pennsylvania Press, 2011.

Boulton, David. *The UVF: An Anatomy of Loyalist Rebellion*. Dublin: Torc Books, 1973.

Boyd, Andrew. *Holy War in Belfast*. Belfast: Pretani Press, 1987.

Bradley, Gerry, and Brian Feeney. *Insider: Gerry Bradley's Life in the IRA*. Dublin: O'Brien Press, 2009.

Brady, Evelyn, Eva Patterson, Kate McKinney, Rosie Hamill, and Pauline Jackson. *In the Footsteps of Anne: Stories of Republican Women Ex-Prisoners*. Belfast: Shanway Press, 2011.

Cadwallader, Anne. *Lethal Allies: British Collusion in Ireland*. Cork, Ireland: Mercier Press, 2013.

Carson, Ciaran. *Belfast Confetti*. Winston-Salem, N.C.: Wake Forest University Press, 1989.

Clark, Wallace. *Guns in Ulster*. Belfast: Constabulary Gazette, 1967.

Clarke, George. *Border Crossing: True Stories of the RUC Special Branch, the Garda Special Branch and the IRA Moles*. Dublin: Gill & Macmillan, 2009.

Cobain, Ian. *Cruel Britannia: A Secret History of Torture*. London: Portobello, 2013.

.... *The History Thieves: Secrets, Lies and the Shaping of a Modern Nation*. London: Portobello, 2016.

Collins, Eamon. *Killing Rage*. London: Granta, 1997.

Conroy, John. *Belfast Diary: War As a Way of Life*. Boston: Beacon Press, 1995.

.... *Unspeakable Acts, Ordinary People: The Dynamics of Torture*. Berkeley: University of California Press,

2000.

Coogan, Tim Pat. *The Famine Plot: England's Role in Ireland's Greatest Tragedy*. New York: Palgrave, 2012.

.... *The IRA*. New York: St. Martin's Press, 2002.

.... *On the Blanket: The Inside Story of the IRA Prisoners' "Dirty" Protest*. New York: Palgrave, 2002.

.... *The Troubles*. New York: Palgrave, 2002.

Darby, John, ed. *Northern Ireland: The Background to the Conflict*. Syracuse, N.Y.: Syracuse University Press, 1987.

D'Arcy, Margaretta. *Tell Them Everything*. London: Pluto Press, 1981.

Deane, Seamus. *Strange Country: Modernity and Nationhood in Irish Writing since 1790*. New York: Oxford University Press, 1997.

de Rosa, Peter. *Rebels: The Irish Rising of 1916*. New York: Random House, 1990.

Devlin, Bernadette. *The Price of My Soul*. New York: Vintage, 1970.

Dillon, Martin. *The Dirty War: Covert Strategies and Tactics Used in Political Conflicts*. New York: Routledge, 1999.

.... *Stone Cold: The True Story of Michael Stone and the Milltown Massacre*. London: Random House, 1992.

.... *The Trigger Men*. Edinburgh: Mainstream, 2003.

Drower, George. *John Hume: Man of Peace*. London: Victor Gollancz, 1996.

Edwards, Ruth Dudley. *Patrick Pearse: The Triumph of Failure*. Dublin: Poolbeg Press, 1990.

Egan, Bowes, and Vincent McCormack. *Burntollet*. London: LRS, 1969.

Elkins, Caroline. *Imperial Reckoning: The Untold Story of Britain's Gulag in Kenya*. New York: Henry Holt, 2005.

Ellis, Walter. *The Beginning of the End: The Crippling Disadvantage of a Happy Irish Childhood*. Edinburgh: Mainstream, 2006.

English, Richard. *Armed Struggle: The History of the IRA*. New York: Oxford University Press, 2003.

Fairweather, Eileen, Roisin McDonough, and Melanie McFadyean. *Only the Rivers Run Free: Northern Ireland; The Women's War*. London: Pluto Press, 1984.

Farrell, Michael. *Northern Ireland: The Orange State*. London: Pluto Press, 1987.

.... ed. *Twenty Years On*. Dingle, Ireland: Brandon, 1988.

Faul, Dennis, and Raymond Murray. *The Hooded Men: British Torture in Ireland, August, October 1971*.

Dublin: Wordwell Books, 2016.

Feeney, Brian. *Sinn Féin: A Hundred Turbulent Years*. Madison: University of Wisconsin Press, 2003.

Fiacc, Padraic. *The Wearing of the Black: An Anthology of Contemporary Ulster Poetry*. Belfast: Blackstaff Press, 1974.

Fiske, Alan Page, and Tage Shakti Rai. *Virtuous Violence: Hurting and Killing to Create, Sustain, End, and Honor Social Relationships*. Cambridge: Cambridge University Press, 2015.

Foot, Paul. *Who Framed Colin Wallace?* London: Macmillan, 1989.

Foster, R. F. *Modern Ireland, 1600–1972*. New York: Penguin, 1989.

Friel, Brian. *Brian Friel: Plays 1*. London: Faber, 1996.

Friel, Brian, and Paul Delaney. *Brian Friel in Conversation*. Ann Arbor: University of Michigan Press, 2000.

Geraghty, Tony. *The Irish War: The Military History of a Domestic Conflict*. London: HarperCollins, 2000.

Gurney, Peter. *Braver Men Walk Away*. London: HarperCollins, 1993.

Hamill, Heather. *The Hoods: Crime and Punishment in Belfast*. Princeton, N.J.: Princeton University Press, 2011.

Hamill, Pete. *Piecework: Writings on Men and Women, Fools and Heroes, Lost Cities, Vanished Calamities and How the Weather Was*. New York: Little, Brown, 1996.

Harnden, Toby. *Bandit Country: The IRA & South Armagh*. London: Hodder & Stoughton, 1999.

Hastings, Max. *Barricades in Belfast: The Fight for Civil Rights in Northern Ireland*. London: Taplinger, 1970.

Heaney, Seamus. *The Cure at Troy: A Version of Sophocles' Philoctetes*. New York: Farrar, Straus and Giroux, 1991.

.... *North: Poems*. London: Faber, 1975.

.... *Preoccupations: Selected Prose, 1968.1978*. London: Faber, 1980.

Hume, John. *A New Ireland: Politics, Peace, and Reconciliation*. Boulder, Colo.: Roberts Rinehart, 1996.

Huntley, Bob. *Bomb Squad: My War against the Terrorists*. London: W. H. Allen, 1977.

Ingram, Martin, and Greg Harkin. *Stakeknife: Britain's Secret Agents in Ireland*. Madison: University of Wisconsin Press, 2004.

Ireland, David. *Cyprus Avenue*. London: Bloomsbury, 2016.

Jackson, Alvin. *Home Rule: An Irish History, 1800–2000*. New York: Oxford University Press, 2003.

Jackson, Mike. *Soldier: The Autobiography*. London: Bantam Press, 2007.

Jenkins, Roy. *A Life at the Centre*. London: Macmillan, 1991.

Kearns, Kevin. *Dublin Street Life and Lore: An Oral History*. Dublin: Glendale, 1991.

Keenan-Thomson, Tara. *Irish Women and Street Politics, 1956–1973*. Dublin: Irish Academic Press, 2010.

Kelly, Gerry. *Words from a Cell*. Dublin: Sinn Fein Publicity Department, 1989.

Kiely, Benedict. *Proxopera*. Belfast: Turnpike Books, 2015.

Kipling, Rudyard. *Collected Poems of Rudyard Kipling*. London: Wordsworth Editions, 1994.

Kitson, Frank. *Bunch of Five*. London: Faber, 2010.

.... *Gangs and Counter-Gangs*. London: Barrie Books, 1960.

.... *Low Intensity Operations: Subversion, Insurgency, Peace-Keeping*. London: Faber, 1991.

Krog, Antjie. *Country of My Skull: Guilt, Sorrow, and the Limits of Forgiveness in the New South Africa*. New York: Three Rivers Press, 2000.

Lee, Jonathan. *High Dive*. New York: Knopf, 2016.

MacAirt, Ciaran. *The McGurk's Bar Bombing: Collusion, Cover-Up and a Campaign for Truth*. Edinburgh: Frontline Noir, 2012.

MacEoin, Uinseann Ó Rathaille. *The IRA in the Twilight Years: 1923–1948*. Dublin: Argenta, 1997.

Mac Stíofáin, Seán. *Revolutionary in Ireland*. Edinburgh: R. & R. Clark, 1975.

Mansfield, Michael. *Memoirs of a Radical Lawyer*. London: Bloomsbury, 2009.

Martin, David C. *Wilderness of Mirrors: Intrigue, Deception, and the Secrets That Destroyed Two of the Cold War's Most Important Agents*. Guilford, Conn.: Lyons Press, 2003.

Matchett, William. *Secret Victory: The Intelligence War That Beat the IRA*. Belfast: self-published, 2016.

McCann, Colum. *TransAtlantic*. New York: Random House, 2013.

McCann, Eamonn. *War and an Irish Town*. London: Pluto Press, 1993.

McGuffin, John. *The Guinea Pigs*. London: Penguin, 1974.

McIntyre, Anthony. *Good Friday: The Death of Irish Republicanism*. New York: Ausubo Press, 2008.

McKay, Susan. *Bear in Mind These Dead*. London: Faber, 2008.

McKearney, Tommy. *The Provisional IRA: From Insurrection to Parliament*. London: Pluto Press, 2011.

McKeever, Martin. *One Man, One God: The Peace Ministry of Fr Alec Reid C.Ss.R.* Dublin: Redemptorist Communications, 2017.

McKendry, Séamus. *Disappeared: The Search for Jean McConville*. Dublin: Blackwater Press, 2000.

McKittrick, David, Seamus Kelters, Brian Feeney, and Chris Thornton. *Lost Lives: The Stories of the Men, Women, and Children Who Died As a Result of the Northern Ireland Troubles*. 2nd ed. Edinburgh: Mainstream, 2004.

McKittrick, David, and David McVea. *Making Sense of the Trouble: The Story of the Conflict in Northern*

Ireland. Chicago: New Amsterdam Books, 2002.

Meagher, Robert Emmet. *Killing from the Inside Out: Moral Injury and Just War*. Eugene, Ore.: Cascade Books, 2014.

Miller, David, ed. *Rethinking Northern Ireland*. New York: Addison Wesley Longman, 1998.

Miller, Ian. *A History of Force Feeding: Hunger Strikes, Prisons and Medical Ethics, 1909–1974*. Basingstoke, U.K.: Palgrave Macmillan, 2016.(PDF).

Mitchel, John. *The Last Conquest of Ireland(Perhaps)*. Glasgow: R. & T. Washbourne, 1882.

Mitchell, George. *Making Peace*. Los Angeles: University of California Press, 2000.

Moloney, Ed. *A Secret History of the IRA*. New York: Norton, 2002.

.... *Voices from the Grave: Two Men's War in Ireland*. New York: PublicAffairs, 2010.

Moloney, Ed, and Andy Pollak. *Paisley*. Dublin: Poolbeg Press, 1986.

Morrison, Danny. *Rebel Columns*. Belfast: Beyond the Pale, 2004.

Morrison, John F. *The Origins and Rise of Dissident Irish Republicanism*. London: Bloomsbury, 2013.

Mulholland, Marc. *Northern Ireland at the Crossroads: Ulster Unionism in the O'Neill Years*. London: Palgrave, 2000.

.... *Northern Ireland: A Very Short Introduction*. Oxford: Oxford University Press, 2002.

Murphy, Dervla. *A Place Apart: Northern Ireland in the 1970s*. London: Eland, 2014.

Murray, Raymond. *Hard Time: Armagh Gaol, 1971–1986*. Dublin: Mercier Press, 1998.

Myers, Kevin. *Watching the Door: Drinking Up, Getting Down, and Cheating Death in 1970s Belfast*. Brooklyn, N.Y.: Soft Skull Press, 2009.

O'Brien, Brendan. *The Long War: The IRA and Sinn Fein*. Syracuse, N.Y.: Syracuse University Press, 1999.

Ó Dochartaigh, Niall. *From Civil Rights to Armalites: Derry and the Birth of the Irish Troubles*. Cork, Ireland: Cork University Press, 1997.

O'Doherty, Malachi. *Gerry Adams: An Unauthorised Life*. London: Faber, 2017.

.... *The Telling Year: Belfast 1972*. Dublin: Gill & Macmillan, 2007.

.... *The Trouble with Guns: Republican Strategy and the Provisional IRA*. Belfast: Blackstaff Press, 1998.

O'Donnell, Ruán. *16 Lives: Patrick Pearse*. Dublin: O'Brien Press, 2016.

.... *Special Category: The IRA in English Prisons*, vol. 1: 1968–1978. Sallins, Ireland: Irish Academic Press, 2012.

.... *Special Category: The IRA in English Prisons*, vol. 2: 1978–1985. Sallins, Ireland: Irish Academic Press, 2015.

O'Flaherty, Liam. *The Informer*. New York: Harcourt, 1980.

O'Malley, Padraig. *Biting at the Grave: The Irish Hunger Strikes and the Politics of Despair*. Boston: Beacon Press, 1990.

O'Neill, Robert K., ed. *Management of Library and Archival Security: From the Outside Looking In*. Binghamton, N.Y.: Haworth Press, 1998.

O'Rawe, Richard. *Afterlives: The Hunger Strike and the Secret Offer That Changed Irish History*. Dublin: Lilliput Press, 2010.

.... *Blanketmen: The Untold Story of the H-Block Hunger Strike*. Dublin: New Island, 2005.

Ó Ruairc, Pádraig Óg. *Truce: Murder, Myth, and the Last Days of the Irish War of Independence*. Cork, Ireland: Mercier Press, 2016.

Patterson, Henry. *The Politics of Illusion: A Political History of the IRA*. London: Serif, 1997.

Pearse, Padraic. *The Collected Works of Padraic H. Pearse: Political Writings and Speeches*. Dublin: Éire-Gael Society, 2013.

Powell, Jonathan. *Great Hatred, Little Room: Making Peace in Northern Ireland*. London: Vintage, 2009.

Prisoners Aid Committee. *Irish Voices from English Jails: Writings of Irish Political Prisoners in English Prisons*. London: Prisoners Aid Committee, 1979.

Purdie, Bob. *Politics in the Streets: The Origins of the Civil Rights Movement in Northern Ireland*. Belfast: Blackstaff Press, 1990.

Rawlinson, Peter. *A Price too High: An Autobiography*. London: Weidenfeld and Nicolson, 1989.

Richtarik, Marilynn J. *Acting between the Lines: The Field Day Theatre Company and Irish Cultural Politics, 1980–1984*. Washington, D.C.: Catholic University of America Press, 2001.

Rolston, Bill. *Children of the Revolution: The Lives of Sons and Daughters of Activists in Northern Ireland*. Derry, Ireland: Guildhall Press, 2011.

.... *Unfinished Business: State Killings and the Quest for Truth*. Belfast: Beyond the Pale, 2000.

Routledge, Paul. *John Hume*. London: HarperCollins, 1997.

Sanders, Andrew. *Inside the IRA: Dissident Republicans and the War for Legitimacy*. Edinburgh: Edinburgh University Press, 2012.

Shannon, Elizabeth. *I Am of Ireland: Women of the North Speak Out*. Boston: Little, Brown, 1989.

Shay, Jonathan. *Achilles in Vietnam: Combat Trauma and the Undoing of Character*. New York: Scribner, 2003.

Sluka, Jeffrey. *Hearts and Minds, Water and Fish: Support for the IRA and INLA in a Northern Ireland Ghetto*. Greenwich, Conn.: JAI Press, 1989.

Smyth, Jim, ed. *Remembering the Troubles: Contesting the Recent Past in Northern Ireland*. Notre Dame, Ind.:

University of Notre Dame Press, 2017.

Stetler, Russell. *The Battle of Bogside: The Politics of Violence in Northern Ireland*. London: Sheed and Ward, 1970.

Stevens, John. *Not for the Faint-Hearted: My Life Fighting Crime*. London: Orion, 2006.

Stevenson, Jonathan. *We Wrecked the Place: Contemplating an End to the Northern Irish Troubles*. New York: Free Press, 1996.

Stringer, Peter, and Gillian Robinson. *Social Attitudes in Northern Ireland: The First Report*. Belfast: Blackstaff Press, 1991.

Taylor, Peter. *Behind the Mask: The IRA and Sinn Fein*. New York: TV Books, 1999.

.... *Brits: The War Against the IRA*. London: Bloomsbury, 2001.

.... *Provos: The IRA and Sinn Fein*. London: Bloomsbury, 1998.

Thatcher, Margaret. *The Path to Power*. New York: HarperCollins, 1995.

Tóibín, Colm. *Bad Blood: A Walk along the Irish Border*. London: Picador, 2001.

Tóibín, Colm, and Diarmaid Ferriter. *The Irish Famine: A Documentary*. New York: St. Martin's Press, 2001.

Toolis, Kevin. *Rebel Hearts: Journeys within the IRA's Soul*. New York: St. Martin's Press, 1995.

Urban, Mark. *Big Boys' Rules: The SAS and the Secret Struggle Against the IRA*. London: Faber, 1992.

Wave Trauma Centre. *The Disappeared of Northern Ireland's Troubles*. Belfast: Wave Trauma Centre, 2012.

Winchester, Simon. *In Holy Terror*. London: Faber, 1975.

Wood, Ian S. *Britain, Ireland and the Second World War*. Edinburgh: Edinburgh University Press, 2010.

Woodham-Smith, Cecil. *The Great Hunger: Ireland, 1845–1849*. New York: Penguin, 1991.

Zucker, Carole. *In the Company of Actors: Reflections on the Craft of Acting*. New York: Routledge, 2001.

세이 나씽

북아일랜드의 살인의 추억

패트릭 라든 키프
지은현 옮김

초판 1쇄 발행 _ 2021년 4월 20일
펴낸이 강경미 **| 펴낸곳** 꾸리에북스 **| 디자인** 앨리스
출판등록 2008년 8월 1일 제313-2008-000125호
주소 121-840 서울 마포구 합정동 성지길 36, 3층
전화 02-336-5032 **| 팩스** 02-336-5034
전자우편 courrierbook@naver.com

ISBN 9788994682396